AF833733

Kohlhammer

Studienreihe Rechtswissenschaften

herausgegeben von

Professor Dr. Winfried Boecken und Professor Dr. Heinrich Wilms (†)

fortgeführt von

Professor Dr. Winfried Boecken und Professor Dr. Stefan Korioth

Schwerpunktbereich Arbeits- und Sozialrecht

Gutachtliche Falllösungen
Fragen zur Wiederholung und Vertiefung
Beispiel für eine Seminararbeit

von

Prof. Dr. Winfried Boecken, LL.M (EHI Florenz)
em. Ordinarius für Bürgerliches Recht, Arbeitsrecht und Recht der Sozialen Sicherheit
an der Universität Konstanz

und

Lea-Marie Loosen
Rechtsanwältin

2., überarbeitete Auflage

Verlag W. Kohlhammer

2. Auflage 2026

Gesamtherstellung: W. Kohlhammer GmbH, Heßbrühlstr. 69, 70565 Stuttgart
produktsicherheit@kohlhammer.de

Print:
ISBN 978-3-17-045454-5

E-Book Formate:
pdf: ISBN 978-3-17-045455-2
epub: ISBN 978-3-17-045456-9

Vorwort

Nach inzwischen elf Jahren seit dem Erscheinen der ersten Auflage im Jahr 2015 ist es an der Zeit, eine aktualisierte zweite Auflage vorzulegen. Die Fallsammlung wurde unter Beibehaltung ihrer bisherigen Konzeption inhaltlich umfassend überarbeitet und auf den neuesten Stand von Gesetzgebung, Rechtsprechung und Literatur gebracht. Diese konnten bis Ende 2025 Berücksichtigung finden.

Ihrer Zielsetzung nach dient die Fallsammlung als Arbeitsgrundlage zur Vorbereitung auf die universitäre Schwerpunktbereichsprüfung im Schwerpunktbereich Arbeits- und Sozialrecht und versteht sich als Ergänzung zur klassischen Lehrbuchliteratur. Den Studentinnen und Studenten soll ein erster Zugang zu den erörterten Rechtsfragen eröffnet und zugleich die praktische Anwendung, Wiederholung und Vertiefung des bereits abstrakt erlernten Wissens ermöglicht werden. Des Weiteren soll das für die selbstständige Fallbearbeitung erforderliche Problembewusstsein anhand examensrelevanter, klausurtypischer Konstellationen geschult werden. Ein besonderes Augenmerk ist darauf gerichtet, sowohl die dogmatischen Strukturen als auch die praktischen und verfahrensrechtlichen Zusammenhänge der behandelten Rechtsfragen offenzulegen und nachvollziehbar zu machen.

Die Fallsammlung ist unverändert in drei Abschnitte gegliedert. Der erste Abschnitt enthält ausführliche gutachterliche Falllösungen mit zahlreichen Hinweisen zur vertiefenden Nachbereitung. Der weit überwiegende Teil der zumeist auf höchstrichterlichen Entscheidungen basierenden Fälle ist bereits Gegenstand von Examensklausuren im Schwerpunktbereich Arbeits- und Sozialrecht gewesen. Der zweite Abschnitt enthält Fragen zur Wiederholung und Vertiefung, die insbesondere auch zur Vorbereitung auf eine mündliche Prüfung dienen. Die Fragen werden jeweils ausführlich mit zahlreichen Hinweisen für das selbstständige Studium beantwortet. Im dritten Abschnitt ist ein Beispiel einer Studien- bzw. Seminararbeit enthalten, die als Orientierungshilfe für Studentinnen und Studenten dient, die ebenfalls eine Studien- bzw. Seminararbeit zu erstellen haben.

Die Verfasser danken Frau Melanie Polk herzlich für die zuverlässige und souveräne Durchführung der Schreibarbeiten.

Kritik und sonstige Hinweise sind erwünscht. Bitte verwenden Sie dafür die Mailadresse lea.loosen@web.de.

Konstanz/Frankfurt, im Februar 2026

Winfried Boecken
Lea-Marie Loosen

Inhaltsverzeichnis

Abkürzungen

Soweit nicht im Text des Buches erklärt, wird für die verwendeten Abkürzungen verwiesen auf *Kirchner*, Abkürzungsverzeichnis der Rechtssprache, 11. Auflage, Berlin 2024.

Literaturverzeichnis

Adomeit, Klaus, „Das Günstigkeitsprinzip – neu verstanden“, NJW 1984, S. 26 f.

Ders., Die Regelungsabrede als die neben der Betriebsvereinbarung zulässige Ausübungsform der Mitbestimmung in sozialen Angelegenheiten, 2. Aufl., 1961 (zit.: *Adomeit,* Regelungsabrede).

Altenburg, Stephan/Leister, Thomas, „Der Widerspruch des Arbeitnehmers beim umwandlungsbedingten Betriebsübergang und seine Folgen“, NZA 2005, S. 15–24.

Anders, Monika/Gehle, Burkhard, Zivilprozessordnung – mit GVG und anderen Nebengesetzen, 83. Aufl., 2025 (zit.: Anders/Gehle/*Bearbeiter,* ZPO).

Annuß, Georg, „Der Eingriff in den Arbeitsvertrag durch Betriebsvereinbarung“, NZA 2001, S. 756–763.

Ante, Johann, „Aktuelle Entscheidungen zur Erforderlichkeit der Teilnahme von Betriebsratsmitgliedern an Schulungsveranstaltungen und damit verbundener Kosten“, NZA-RR 2024, 393–398.

Arnold, Christian, „Differenzierungsklauseln – Legitimatorisch betrachtet“, Festschrift für Eduard Picker zum 70. Geburtstag am 3. November 2010, hrsg. von Reinhard *Richardi,* Jan *Wilhelm,* Thomas *Lobinger,* 2010, S. 873–888.

Ascheid, Reiner/Preis, Ulrich/Schmidt, Ingrid/Linck, Rüdiger (Hrsg.), Kündigungsrecht – Großkommentar zum gesamten Recht der Beendigung von Arbeitsverhältnissen, 7. Aufl., 2024 (zit.: APS/*Bearbeiter*).

Bachoff, Otto, „Über öffentliches Recht“, Verwaltungsrecht zwischen Freiheit, Teilhabe und Bindung – Festgabe aus Anlaß des 25jährigen Bestehens des Bundesverwaltungsgerichts, hrsg. von Otto *Bachoff,* Ludwig *Heigl,* Konrad *Redeker,* 1978, S. 1–22.

Bauer, Jobst-Hubertus, „Betriebliche Bündnisse für Arbeit vor dem Aus?“, NZA 1999, S. 957–962.

Becker, Ulrich/Kingreen, Thorsten (Hrsg.), SGB V – Gesetzliche Krankenversicherung, Kommentar, 9. Aufl., 2024 (zit.: Becker/Kingreen/*Bearbeiter,* SGB V).

Beck-online.GROSSKOMMENTAR zum BGB, hrsg. von Beate *Gsell,* Wolfgang *Krüger,* Stephan *Lorenz,* Christoph *Reymann,* BGB – Bürgerliches Gesetzbuch (zitiert: BeckOGK BGB/*Bearbeiter* (Stand)).

beck-online.GROSSKOMMENTAR zum SGB, hrsg. von Christian *Rolfs,* Anne *Körner,* Martin *Krasney* et al., SGB I – Allgemeiner Teil (Kasseler Kommentar), SGB III – Arbeitsförderung (Gagel), SGB IV – Sozialversicherung (Kasseler Kommentar), SGB V – Gesetzliche Krankenversicherung (Kasseler Kommentar), SGB VI – Gesetzliche Rentenversicherung (Kasseler Kommentar), SGB VII – Gesetzliche Unfallversicherung (Kasseler Kommentar), SGB X – Sozialverwaltungsverfahren und Sozialdatenschutz (Kasseler Kommentar), SGB XI – Soziale Pflegeversicherung (Kasseler Kommentar) (zit.: BeckOGK SozR/*Bearbeiter* (Stand)).

beck-online.GROSSKOMMENTAR zum SGG, hrsg. von Elke *Roos,* Volker *Wahrendorf,* Henning *Müller,* SGG – Sozialgerichtsgesetz (zit.: BeckOGK SGG/*Bearbeiter* (Stand)).

Beck'scher Online-Kommentar zum Arbeitsrecht, hrsg. von Christian *Rolfs,* Richard *Giesen,* Miriam *Meßling,* Peter *Udsching,* Stand 1.12.2025, Edition 78 (zit.: BeckOK ArbR/*Bearbeiter*).

Beck'scher Online-Kommentar zum Sozialrecht, hrsg. von Christian *Rolfs,* Richard *Giesen,* Miriam *Meßling,* Peter *Udsching,* Stand 1.12.2025, Edition 79 (zit.: BeckOK SozR/*Bearbeiter*).

Benkel, Jürgen, „Sozialrecht und Sozialgerichtsbarkeit im deutschen Rechtssystem“, NZS 2002, S. 617–620.

Berchtold, Josef, Krankengeld, Handbuch, 2004 (zit.: *Berchtold,* Krankengeld).

Ders., „§ 127 SGB IV und die Versicherungspflicht von Lehrern – Zu den rechtspolitischen Folgen des sog. Herrenberg-Urteils des BSG“, ASR 2025, 111–115.

Bethge, Herbert, „Das Phantom der doppelten Verfassungsunmittelbarkeit“, JuS 2001, S. 1100–1102.

Biedenkopf, Kurt, Grenzen der Tarifautonomie, 1964 (zit.: *Biedenkopf,* Grenzen der Tarifautonomie).

Bieder, Marcus, „Dynamisierung außer- und übertariflicher Entgeltbestandteile durch betriebliche Übung“, RdA 2019, 377–381.

Biedermann, Anna Kristin, „(K)ein freier Markt für Gewerkschaften – Entspricht das Kriterium der sozialen Mächtigkeit der Europäischen Menschenrechtskonvention (EMRK)?“, EuZA 2025, 123–141.

Blomeyer, Wolfgang, „Die «ablösende Betriebsvereinbarung» im Meinungsstreit“, NZA 1985, S. 641–647.

Ders., „Kündigung und Neuabschluß einer Betriebsvereinbarung über technische teilmitbestimmungspflichtige Sozialleistungen“, DB 1985, S. 2506–2510.

Boecken, Winfried, „Befreiung von der Versicherungspflicht in der gesetzlichen Rentenversicherung – Zugehörigkeit zu einer berufsständischen Versorgung – Anrechnung von Kindererziehungszeiten“, SGb 1999, S. 574–576.

Ders., „Rentenreform 2000 – Anlass zur Diskussion über die Befreiung angestellter Freiberufler von der gesetzlichen Rentenversicherung“, NZS 2000, S. 121 f.

Ders., „Zur Befreiung von der Versicherungspflicht in der gesetzlichen Rentenversicherung für Mitglieder ärztlicher Versorgungswerke nach Inkrafttreten der Rentenreform 1992“, ArztR 1991, Beilage Heft 10.

Ders., BGB – Allgemeiner Teil, 3. Aufl., 2019 (zit.: *Boecken*, BGB-AT).

Ders., Unternehmensumwandlungen und Arbeitsrecht, 1996 (zit.: *Boecken*, Unternehmensumwandlungen und Arbeitsrecht).

Ders., „Rechtliche Folgen im Zusammenhang mit einer Sperrzeit bei Arbeitsaufgabe (Lösungstatbestand)“, SGb 2020, 713–723.

Ders., „Zur Anwendbarkeit von § 141 Abs. 1 Satz 3 SGB III bei Ausübung des Bestimmungsrechts nach § 137 Abs. 2, 2. Alt. SGB II“, SGb 2025, 452–456.

Ders., „Zum zeitlichen Anwendungsbereich der „Übergangsregelung für Lehrtätigkeiten nach § 127 SGB IV“, ASR 2025, 183–186.

Boecken, Winfried/Joussen, Jacob, Teilzeit- und Befristungsgesetz, Handkommentar, 7. Aufl., 2024 (zit.: Boecken/Joussen/*Bearbeiter*, TzBfG).

Borho, Christopher, „Zum maßgeblichen Zeitpunkt für das Eingreifen des Bestandsschutzes nach § 323 Abs. 1 UmwG“, RdA 2022, S. 159–163.

Brand, Jürgen, Sozialgesetzbuch Arbeitsförderung: SGB III, Kommentar, 9. Aufl., 2021 (zit.: Brand/*Bearbeiter*, SGB III).

Brock, Martin, „Herrenberg und die Folgen – die Umsetzung der neuen Rechtsprechung des BSG zur Selbstständigkeit von Lehrkräften und die Übergangsregelung in § 127 SGB IV“, öAT 2025, 67–70.

Brors, Christiane, „«Leiharbeitnehmer wählen ohne zu zählen» – eine kurzlebige Entscheidung“, NZA 2003, S. 1380–1383.

Brose, Wiebke, „Die betriebsverfassungsrechtliche Stellung von Leiharbeitnehmern nach den Änderungen des AÜG“, NZA 2005, S. 797–800.

Dies., „Haftung und Risiken nach den arbeitsrechtlichen Grundsätzen und dem SGB VII“, RdA 2011, S. 205–221.

Brox, Hans/Rüthers, Bernd, Arbeitskampfrecht, 2. Aufl., 1982 (zit.: Brox/Rüthers/*Bearbeiter*, Arbeitskampfrecht).

Brox, Hans/Rüthers, Bernd/Henssler, Martin, Arbeitsrecht, 20. Aufl., 2020 (zit.: *Brox/Rüthers/Henssler*, Arbeitsrecht).

Bruckdorfer, Sophia/Bögle, Benedikt, „Vertragsgestaltung für Honorarkräfte nach dem Herrenberg-Urteil“, NZA-RR 2025, 353–362.

Buchner, Herbert, „Der Unterlassungsanspruch der Gewerkschaft – Stabilisierung oder Ende des Verbandstarifvertrages? – Zum Beschluß des BAG vom 20.4.1999 – 1 ABR 72/98“, NZA 1999, S. 897–902.

Buchner, Herbert, „Die tarifrechtliche Situation bei Verbandsaustritt und bei Auflösung eines Arbeitgeberverbandes“, RdA 1997, S. 259–267.

Buhr, Laura, „Nach über einem Jahr Pandemie: Gesetzgeber regelt Unfallversicherungsschutz im Homeoffice“, NZS 2021, 825–827.

Bündenbender, Ulrich/Bachert, Patric/Humbert, Doreen, „Hinweise für das Verfassen von Seminararbeiten“, JuS 2002, S. 24–27.

Byrd, B. Sharon/Lehmann, Matthias, Zitierfibel für Juristen, 2. Aufl. 2016 (zit.: *Byrd/Lehmann*, Zitierfibel für Juristen).

Canaris, Claus-Wilhelm, „Atypische faktische Arbeitsverhältnisse“, BB 1967, S. 165–170.

Ders., Die Vertrauenshaftung im deutschen Privatrecht, 1971 (zit.: *Canaris*, Die Vertrauenshaftung im deutschen Privatrecht).

Ders., „Grundrechte und Privatrecht“, in AcP 184 (1984), S. 201–246.

Cirsovius, Thomas, „Schwerbehinderung und Erwerbsminderung – Parallelen und Unterschiede“, SRa 2017, 170–175.

Clemenz, Susanne/Kreft, Burghard/Krause, Rüdiger, AGB-Arbeitsrecht, 3. Aufl. 2023 (zit.: Clemenz/Kreft/Krause/*Bearbeiter*).

Commandeur, Gert, „Individualrechtliche Probleme des Widerspruchs des Arbeitnehmers beim Betriebsübergang", NJW 1996, S. 2537–2546.
Creuzfeldt, Malte, „Die konkludente Vereinbarung einer „Betriebsvereinbarungsoffenheit von Arbeitsverträgen", NZA 2018, 1111–1120.
Däubler, Wolfgang, „Die veränderte Betriebsverfassung – Erste Anwendungsprobleme", AuR 2001, S. 285–291.
Ders., „Tarifliche Leistungen nur für Gewerkschaftsmitglieder?", BB 2002, S. 1643–1648.
Ders., „Verschlechterung der Arbeitsbedingungen durch Betriebsvereinbarung? – Rechtsgutachten für den Vorstand der IG Metal", AuR 1984, S. 1–28.
Ders. (Hrsg.), Arbeitskampfrecht – Handbuch für die Rechtspraxis, 4. Aufl., 2018 (zit.: Däubler/*Bearbeiter*, Arbeitskampfrecht).
Ders. (Hrsg.), Tarifvertragsgesetz – mit Arbeitnehmer-Entsendegesetz, 5. Aufl., 2022 (zit.: Däubler/*Bearbeiter*, TVG).
Däubler, Wolfgang/Heuschmid, Johannes, „Tarifverträge nur für Gewerkschaftsmitglieder?", RdA 2013, S. 1–9.
Dankelmann, Helmut, „Befreiung von der Rentenversicherungspflicht nur bei berufsgruppenspezifischer Tätigkeit – Anmerkung zu LSG Stuttgart 11. Senat, Urteil vom 1.3.2011, L 11 R 4872/09", jurisPR-SozR 4/2012 Anm. 3.
Deinert, Olaf, „Zur Tariffähigkeit einer Arbeitnehmerkoalition", AuR 2004, S. 212–217.
Detterbeck, Steffen, Allgemeines Verwaltungsrecht – mit Verwaltungsprozessrecht, 22. Aufl., 2024 (zit.: *Detterbeck*, VerwR-AT).
Diepenbrock, Thorsten/Plambeck, Ruben, „Das neue Statusfeststellungsverfahren nach § 7a SGB IV", NZS 2021, 865–870.
Dietlein, Georg/Klomfaß, Sam, „Der Nachweis des Zugangs einer E-Mail", NJW 2025, 1539–1541.
Dornbusch, Gregor/Krumbiegel, Markus/Löwisch, Manfred (Hrsg.), AR – Kommentar zum gesamten Arbeitsrecht, 10. Aufl., 2021 (zit.: AR/*Bearbeiter*).
Dürig, Günter, „Grundrechte und Zivilrechtsprechung", vom Bonner Grundgesetz zur gesamtdeutschen Verfassung – Festschrift zum 75. Geburtstag von Hans Nawiasky, hrsg. von Theodor *Maunz*, 1956, S. 157–190.
Dürig, Günter/Herzog, Roman/Scholz, Roman, Grundgesetz, Kommentar, Loseblatt, 106. EL, Stand Oktober 2024 (zit.: Dürig/Herzog/Scholz/*Bearbeiter,* GG).
Dütz, Wilhelm/Thüsing, Gregor, Arbeitsrecht, 29. Aufl., 2024 (zit.: *Dütz/Thüsing*, Arbeitsrecht).
Düwell, Franz Josef/Lipke, Gert-Albert (Hrsg.), ArbGG – Arbeitsgerichtsgesetz, Kommentar zum gesamten Arbeitsverfahrensrecht, 6. Aufl., 2025 (zit.: Düwell/Lipke/*Bearbeiter,* ArbGG).
Düwell, Franz Josef, „Änderungen des Umwandlungsgesetzes", jurisPK-ArbR 39/2022 Anm. 1.
Ebenroth/Boujong , Handelsgesetzbuch, hrsg. von Detlev Joost, Lutz Strohn, Dörte Poelzig, Volker Sander, Band 1, §§ 1–342e HGB, 5. Aufl., 2024 (zit.: Ebenroth/Boujong/*Bearbeiter,* HGB).
Ehmer, Matthias/Knaier, Ralf, „Dogmatik der Herausforderungsfälle zwischen Aufwendung und Schaden", ZfPW 2022, 81–104.
Engelbrecht, Andreas, „Der Wegeunfall", DAR 2017, 617–622.
Engesser Means, Nicole/Klebeck, Ulf, „Sperrzeit durch Widerspruch bei Betriebsübergang", NZA 2008, S. 143–147.
Erfurter Kommentar zum Arbeitsrecht, hrsg. von Rudi *Müller-Glöge*, Ulrich *Preis*, Inken *Gallner,* Ingrid *Schmidt*, 25. Aufl., 2025 (zit.: ErfK/*Bearbeiter*).
Erman BGB, hrsg. von Harm Peter *Westermann*, Barbara *Grunewald*, Georg *Maier-Reimer,* 17. Aufl. 2023 (zitiert: Erman/*Bearbeiter*).
Fichte, Wolfgang/Jüttner, Andreas (Hrsg.), SGG – Sozialgerichtsgesetz, Kommentar, 3. Aufl., 2020 (zit.: Fichte/Jüttner/*Bearbeiter*, SGG).
Fischer, Ulrich, „Gerichtswahl in eilbedürftigen Arbeitskampfsachen", FA 2008, S. 2–4.
Fitting, Karl/Trebinger, Yvonne/Linsenmaier, Wolfgang/Schelz, Hanna/Schmidt, Kristina, Betriebsverfassungsgesetz: BetrVG, Handkommentar, 32. Aufl., 2024 (zit.: *Fitting*, BetrVG).
Flume, Werner, Allgemeiner Teil des Bürgerlichen Rechts, Band 1: Die Juristische Person, 2. Halbband, 1983, Band 2: Das Rechtsgeschäft, 3. Aufl., 1979 (zit.: *Flume*, BGB-AT).
Fuchs, Maximilian/Preis, Ulrich/Brose, Wiebke, Sozialversicherungsrecht und SGB II – Lehrbuch für Studium und Praxis, 3. Aufl., 2021 (zit.: FPB/*Bearbeiter,* Sozialversicherungsrecht).
Fuhlrott, Michael, „Der Schmerzensgeldausschluss durch die Unfallversicherung – Verfassungswidriger Zustand oder gerechtfertigte Ungleichbehandlung", NZS 2007, S. 237–242.
Gamillscheg, Franz, Kollektives Arbeitsrecht, Band 1 – Grundlagen, Koalitionsfreiheit, Tarifvertrag, Arbeitskampf und Schlichtung, 1997, Band 2 – Betriebsverfassung, 2008 (zit.: *Gamillscheg*, Kollektives Arbeitsrecht, Bd.).

Geiger, Udo, „Mögliche Auswirkungen der Übergangsregelung zum sozialversicherungsrechtlichen Status von Lehrkräften (§ 127 SGB IV) auf die Arbeitslosenversicherung", info also 2025, 155–158.

Gelhausen, Reinhard/Weiner, Bernhard, SGB XIV – Soziales Entschädigungsrecht mit Versorgungsmedizinverordnung (VersMedV), Kommentar, 8. Aufl. 2024 (zit.: Gelhausen/Weiner/*Bearbeiter*).

Germelmann, Claas-Hinrich/Matthes, Hans-Christoph/Prütting, Hanns, Arbeitsgerichtsgesetz, Kommentar, 10. Aufl., 2022 (zit.: Germelmann/*Bearbeiter*, ArbGG).

Gemeinschaftskommentar zum Betriebsverfassungsgesetz, bearb. von Günther *Wiese*, Peter *Kreutz*, Hartmut *Oetker* et al., 12. Aufl., 2022 (zit.: GK-BetrVG/*Bearbeiter*).

Gemeinschaftskommentar zum Kündigungsschutzgesetz, und zu sonstigen kündigungsschutzrechtlichen Vorschriften (KR), bearb. von Bettina *Bubach*, Inken *Gallner*, Ronny *Heinkel* et al., 14. Aufl., 2025 (zit.: KR/*Bearbeiter*).

Gemeinschaftskommentar zum Sozialgesetzbuch – Gesetzliche Rentenversicherung, hrsg. von Franz *Ruland*, Sylvia *Dünn*, Loseblatt, 300. EL, Stand März 2025 (zit.: GK-SGB VI/*Bearbeiter*).

Gießen, Richard, „Gegnerabhängige GDL", NZA 2024, S. 25–28.

Gooren, Paul, „Tarifeinheit und Tarifkollision (§ 4a TVG) in der Praxis", NZA 2022, 444–452.

Greiner, Stefan, „Differenzierungsklauseln im Kontext von Koalitionsmittelfreiheit und Gewerkschaftspluralismus", DB 2009, S. 398–402.

Grube, Christian/Wahrendorf, Volker/Flint, Thomas, SGB XII – Sozialhilfe mit Eingliederungshilfe (SGB IX Teil 2) und Asylbewerberleistungsgesetz, 8. Aufl., 2024 (zit.: Grube/Wahrendorf/Flint/*Bearbeiter*).

Grüneberg, Christian, Bürgerliches Gesetzbuch, bearb. von Jürgen *Ellenberger*, Isabell *Götz*, Christian *Grüneberg* et al., 84. Aufl. 2025 (zit.: Grüneberg/*Bearbeiter*).

Grunsky, Wolfgang/Waas, Bernd/Benecke, Martina/Greiner, Stefan, Arbeitsgerichtsgesetz, Kommentar, 8. Aufl., 2014 (zit.: Grunsky/*Bearbeiter*, Arbeitsgerichtsgesetz).

Guckenmus, Charlotte, „Befreiung von der Versicherungspflicht 2.0: Der elektronische Befreiungsantrag", ASR 2023, 12–19.

Görzel, Volker/Schalla, Chantal, „Das arbeitsgerichtliche Beschlussverfahren", BRuR 2022, 381–383

Hablitzel, Hans, „Das Verhältnis von Tarif- und Betriebsautonomie im Lichte des Subsidiaritätsprinzips", NZA 2001, S. 467–472.

Hanau, Peter, „Der Tarifvertrag in der Krise", RdA 1998, S. 65–71.

Ders., „Objektive Elemente im Tatbestand der Willenserklärung – Ein Beitrag zur Kritik der «stillschweigenden und schlüssigen Willenserklärung»„, AcP 165 (1965), S. 220–284.

Ders., „Verbands-, Tarif- und Gerichtspluralismus", NZA 2003, S. 128–132.

Hanau, Peter/Adomeit, Klaus, Arbeitsrecht, 14. Aufl., 2007 (zit.: *Hanau/Adomeit*, Arbeitsrecht).

Hanau, Peter/Preis, Ulrich, „Die Kündigung von Betriebsvereinbarungen", NZA 1991, S. 81–93.

Handkommentar Bürgerliches Gesetzbuch , hrsg. v. Reiner *Schulze*, Heinrich *Dörner*, Ina *Ebert*, et al., 12. Aufl., 2024 (zitiert: HK-BGB/*Bearbeiter*).

Hartmann, Felix/Lobinger, Thomas, „Die Arbeits- und Wettbewerbsfreiheit als Grenze tarifvertraglicher Vorteilsregelungen", NZA 2010, S. 421–427.

Hauck, Karl (†)/Noftz, Wolfgang, Sozialgesetzbuch (SGB) IV – Gemeinsame Vorschriften für die Sozialversicherung, Loseblatt, Stand EL 2/24 (zit.: Hauck/Noftz/*Bearbeiter*, SGB IV).

Dies., Sozialgesetzbuch (SGB) V – Gesetzliche Krankenversicherung, Loseblatt, Stand EL 10/24 (zit.: Hauck/Noftz/*Bearbeiter*, SGB V).

Dies., Sozialgesetzbuch (SGB) VI – Gesetzliche Rentenversicherung, Loseblatt, Stand EL 3/24 (zit.: Hauck/Noftz/*Bearbeiter*, SGB VI).

Haupt, Günter, „Über faktische Vertragsverhältnisse", Festschrift der Leipziger Juristenfakultät für Heinrich Siber zum 10. April 1940, Band 2, 1943, S. 1–37.

Heinz, Andreas/Schmidt-De Caluwe, Reimund/Scholz,Bernhard Joachim (Hrsg.), Sozialgesetzbuch III – Arbeitsförderung Großkommentar, 7. Aufl., 2021 (zit.: Heinz/Schmidt-De Caluwe/Scholz/*Bearbeiter*, SGB III).

Heinze, Meinhard, „Tarifautonomie und sogenanntes Günstigkeitsprinzip", NZA 1991, S. 329–326.

Hennig, Werner, Sozialgerichtsgesetz (SGG), Loseblatt, 58. EL, Stand Dezember 2024 (zit.: *Hennig/Bearbeiter, SGG*).

Henssler, Martin, „Die gesetzliche Regelung der Rechtsanwalts-GmbH", NJW 1999, S. 241–248.

Ders., „Tarifbindung durch betriebliche Übung", Festschrift 50 Jahre Bundesarbeitsgericht, hrsg. von Hartmut *Oetker*, Ulrich *Preis*, Volker *Rieble*, 2004, S. 638–712.

Ders., „Stärkung der Tarifbindung durch den Gesetzgeber?", RdA 2021, S. 1–8.

Henssler, Martin/Mansel, Heinz-Peter, „Die Limited Liability Partnership als Organisationsform anwaltlicher Berufsausübung", NJW 2007, S. 1393–1400.

Henssler, Martin/Moll, Wilhelm/Bepler, Klaus (Hrsg.), Der Tarifvertrag — Handbuch für das gesamte Tarifrecht, 2. Aufl. 2016 (zit.: Henssler/Moll/Bepler/*Bearbeiter,* Der Tarifvertrag).

Henssler, Martin/Willemsen, Heinz J./Kalb, Heinz-Jürgen (Hrsg.), Arbeitsrecht Kommentar, 11. Aufl., 2024 (zit.: HWK/*Bearbeiter*).

Herold, Ramona/Müller, Christian H., „«No-Gos» in Seminaren", JA 2013, S. 808–814.

Hilger, Marie Luise/Stumpf, Hermann, „Kündigungsfreiheit und Vertrauensschutz im Recht der Betriebsvereinbarung – Am Beispiel einer Betriebsvereinbarung über eine betriebliche Altersversorgung", BB 1990, S. 929–936.

Hintz, Manfred/Lowe, Sabine, SGG Sozialgerichtsgesetz, Kommentar, 2012 (zit.: *Hintz/Lowe,* SGG).

Horn, Jan, „Das Befreiungsrecht des § 6 SGB VI der verkammerten Freien Berufe zugleich ein Beitrag zu BSG B 12 R 3/11, B 12 R 5/10 R sowie B 12 R 8/10 R", NZS 2013, S. 605–612.

von Hoyningen-Huene, Gerrick/Linck, Rüdiger, Kündigungsschutzgesetz, Kommentar, 15. Aufl., 2013 (zit.: v. Hoyningen-Huene/Linck/*Bearbeiter,* KSchG).

Hromadka, Wolfgang/Maschmann, Frank, Arbeitsrecht – Band 2 – Kollektivarbeitsrecht + Arbeitsstreitigkeiten, 8. Aufl., 2020 (zit.: *Hromadka/Maschmann,* Arbeitsrecht, Bd. 2).

Hueck, Alfred/Nipperdey, Hans Carl, Lehrbuch des Arbeitsrechts, Band 1, 7. Aufl., 1963, Band 2, Halbband 1 – Kollektives Arbeitsrecht, 2. Aufl., 1967, Band 2, Halbband 2 – Kollektives Arbeitsrecht, 7. Aufl., 1970 (zit.: *Hueck/Nipperdey,* ArbR).

Höpfner, Clemens, „Die Binnendifferenzierung im System tarifvertraglicher Differenzierungsklauseln", RdA 2019, 146–157.

Höpfner, Clemens/Schneck, Jakob, „Die Rechtmäßigkeit von Arbeitskämpfen am Beispiel des Tagesstreiks – Teil 1", RdA 2022, 131–145.

Hümmerich, Klaus, „Die arbeitsgerichtliche Abfindung – Ein Beitrag zur Abfindungspraxis und zur gesetzlichen Neuregelung", NZA 1999, S. 342–358.

Hütter-Brungs, Gisela, „Rechtsfragen der Nachwirkung des Tarifvertrags", ZfA 2021, 197–215.

Hützen, Peter/Maiß, Sebastian, „Veränderte Beteiligungsrechte des Betriebsrats beim Einsatz von Fremdpersonal", ArbRAktuell 2017, 299–301.

Hufen, Friedhelm, Verwaltungsprozessrecht, 13. Aufl., 2013 (zit.: *Hufen,* Verwaltungsprozessrecht).

Ipsen, Jörn, Staatsrecht II – Grundrechte, 24. Aufl., 2021 (zit.: *Ipsen,* Staatsrecht II).

Jacobs, Matthias/Krause, Rüdiger/Oetker, Hartmut/Schubert, Claudia, Tarifvertragsrecht, 2. Aufl., 2013 (zit.: JKOS/*Bearbeiter,* TVR).

Jacobs, Matthias/Krois, Christopher, Klausurenkurs im Arbeitsrecht II – Ein Fall- und Repetitionsbuch zum Schwerpunktbereich Arbeitsrecht, 2014 (zit.: *Jacobs/Krois*).

Jansen, Christoph, „Das Recht der Gesetzlichen Krankenversicherung – Eine Einführung", JA 2025, 705–709.

Jarass, Hans D., „Sicherung der Rentenfinanzierung und Verfassungsrecht", NZS 1997, S. 545–551.

Jarass, Hans D./Pieroth, Bodo/Kment, Martin, Grundgesetz für die Bundesrepublik Deutschland: GG, Kommentar, 18. Aufl., 2024 (zit.: *Jarass/Pieroth/Bearbeiter,* GG.).

John, Uwe, „Fiktionswirkung oder Schutz typisierten Vertrauens durch das Handelsregister – Zur Frage der negativen Publizität bei nicht eingetragener Veränderung selbst nicht eingetragener Rechtsverhältnisse", ZHR 140 (1976), S. 236–255.

Jordanow, Kristin/Kübler, Alfred, „Gewerkschaftsbonus – Eine kritische Betrachtung der Praxis", NZA 2024, 1015–1023.

Junker, Abbo, Grundkurs Arbeitsrecht, 23. Aufl., 2024 (zit.: *Junker,* Grundkurs Arbeitsrecht).

Kamanabrou, Sudabeh, „Der Streik durch Spartengewerkschaften – Zulässigkeit und Grenzen", ZfA 2008, S. 241–281.

Kania, Thomas, „Tarifbindung bei Ausgliederung und Aufspaltung eines Betriebs", DB 1995, S. 625–631.

Keller, Wolfgang, „Beweisanträge im Sozialgerichtsprozess – eine Darstellung aus richterlicher Sicht", ASR 2009, S. 139–143.

Kempen, Otto Ernst/Zachert, Ulrich (†), TVG – Tarifvertragsgesetz – Kommentar für die Praxis, hrsg. von *Brecht-Heitzmann,* Holger, *Kempen,* Otto Ernst, *Schubert,* Jens M. et al. 5. Aufl., 2014 (zit.: Kempen/Zachert/*Bearbeiter,* TVG).

Kempter, Michael/Steinat, Björn, „Der (Weiter-)Beschäftigungsanspruch – Voraussetzungen, Rechtsfolgen und taktische Fragestellungen", NZA 2016, 913–918.

Kilger, Hartmut/Prossliner, Michael, „Die Rechtsprechung zum Recht der berufsständischen Versorgung seit dem Jahre 2001", NJW 2004, S. 821–828.

Kingreen, Thorsten, „Verfassungsrechtliche Zulässigkeit exklusiver Tariföffnungsklauseln – Zugleich ein Beitrag zur Dogmatik der negativen Koalitionsfreiheit", NZA 2021, 1–8.

Kissel, Otto Rudolf, „Die neuen §§ 17 bis 17b GVG in der Arbeitsgerichtsbarkeit", NZA 1995, S. 345–356.

Klattenhoff, Roland, „Gesetzliche Rentenversicherung und berufsständische Altersversorgung – Die Regelung von Kompetenzkonflikten durch Befreiung von der Rentenversicherungspflicht", DAngVers 1996, S. 404–411.

Kleindiek, Detlef, Deliktshaftung und juristische Person: Zugleich zur Eigenhaftung von Unternehmensleitern, 1997 (zit.: *Kleindiek,* Deliktshaftung und juristische Person).

Klocke, Kyra, „Die Mächtigkeitsrechtsprechung auf dem Prüfstand des Konventionsrechts" – RdA 2024, 118–227.

Klumpp, Steffen, „Widerspruch bei Betriebsübergang und Sperrzeit nach § 144 I 2 Nr. 1 SGB III", NZA 2009, S. 354–357.

Kluth, Winfried (Hrsg.), Handbuch des Kammerrechts, 3. Aufl. 2020 (zit.: Kluth/*Bearbeiter,* HdB des Kammerrechts).

Knickrehm, Sabine/Roßbach, Gundula/Waltermann, Raimund, Kommentar zum Sozialrecht, 9. Aufl., 2025 (zit.: Knickrehm/*Bearbeiter,* SozR).

Koch, Harald/Magnus, Ulrich/Winkler von Mohrenfels, Peter, IPR und Rechtsvergleichung, 4. Aufl., 2010 (zit.: *Koch/Magnus/Winkler von Mohrenfels,* IPR und Rechtsvergleichung).

von Koppenfels-Spies, Katharina/Wenner, Ulrich (Hrsg.), SGB VI – Kommentar Gesetzliche Rentenversicherung, 2. Aufl. 2022 (zitiert: v. Koppenfels-Spies/Wenner/*Bearbeiter,* SGB VI).

Kögel, Andreas M., „Der Abfindungsanspruch nach § 1a KSchG", RdA 2009, S. 358–367.

Konzen, Horst, „Der Regierungsentwurf des Betriebsverfassungsreformgesetzes", RdA 2001, S. 76–92.

Kopp, Ferdinand (†)/Schenke, Wolf-Rüdiger, Verwaltungsgerichtsordnung: VwGO, Kommentar, 29. Aufl., 2023 (zit.: *Kopp/Schenke,* VwGO).

Krasney, Otto Ernst, „Zum Krankheitsbegriff in der Entwicklung der gesetzlichen Krankenversicherung", ZfS 1976, S. 411–428.

Krasney, Otto Ernst/Udsching, Peter/Groth, Andy/Meßling, Miriam, Handbuch des sozialgerichtlichen Verfahrens – Systematische Gesamtdarstellung mit zahlreichen Beispielen und Mustertexten, 8. Aufl., 2022 (zit.: Krasney/Udsching/*Bearbeiter,* HdB-SGB).

Krauskopf – Soziale Krankenversicherung, Pflegeversicherung, hrsg. von Regine *Wagner,* Stefan *Knittel,* Loseblatt, 124. EL, Stand Januar 2025 (zit.: Krauskopf/*Bearbeiter*).

Kreikebohm, Ralf/Dünn, Sylvia, SGB IV – Sozialgesetzbuch – Gemeinsame Vorschriften für die Sozialversicherung, Kommentar, 4. Aufl., 2022 (zit.: Kreikebohm/Dünn/*Bearbeiter,* SGB IV).

Kreikebohm, Ralf/Roßbach, Gundula, SGB VI – Sozialgesetzbuch – Gesetzliche Rentenversicherung, Kommentar, 6. Aufl., 2021 (zit.: Kreikebohm/Roßbach/*Bearbeiter,* SGB VI).

Krieger, Steffen/Arnold, Christian/Zeh, Ricarda, „Betriebsvereinbarungsoffene Arbeitsverträge – Gestaltungsmöglichkeiten und Grenzen der Praxis", NZA 2020, 81–87.

Kühl, Martin, Die Sperrzeit bei Arbeitsaufgabe, 2007 (zit.: *Kühl,* Die Sperrzeit bei Arbeitsaufgabe).

Kummer, Peter, „Der Antrag im sozialgerichtlichen Verfahren", DAngVers 1984, S. 308–317.

Langenbrink, Bernhard/Schaarwächter, Meike, „Die neue gesetzliche Übergangsregelung des § 127 SGB IV für Lehrtätigkeiten", ZTR 2025, 346–368.

Langner, Sören, „Gesetzliche Beitragsbefreiung für Honorar-Notärzte im Rettungsdienst", DStR 2017, 789–791.

Lahnsteiner, Eva, „Seminar- und Abschlussarbeiten effektiv und erfolgreich schreiben", JURA 2011, S. 580–587.

Lehr- und Praxiskommentar zum Sozialgesetzbuch I, Sozialgesetzbuch I – Allgemeiner Teil, hrsg. von Utz *Krahmer,* Peter *Trenk-Hinterberger,* 4. Aufl., 2020 (zit.: LPK-SGB I/*Bearbeiter*).

Lehr- und Praxiskommentar zum Sozialgesetzbuch III, Sozialgesetzbuch III – Arbeitsförderung, hrsg. v. Walter *Böttiger,* Yasemin *Körtek,* Torsten *Schaumberg,* 4. Aufl. 2025 (zit.: LPK-SGB III/*Bearbeiter*).

Lehr- und Praxiskommentar zum Sozialgesetzbuch V, Sozialgesetzbuch V – Gesetzliche Krankenversicherung, hrsg. von Andreas *Hänlein,* Rolf *Schuler,* 6. Aufl., 2022 (zit.: LPK-SGB V/*Bearbeiter*).

Lehr- und Praxiskommentar zum Sozialgesetzbuch VI, Sozialgesetzbuch VI – Gesetzliche Rentenversicherung SGB VI | Versorgungsausgleich, hrsg. von Helmut *Reinhardt,* Wolfgang *Silber,* 5. Aufl., 2021 (zit.: LPK-SGB VI/*Bearbeiter*).

Lehr- und Praxiskommentar zum Sozialgesetzbuch VII, Sozialgesetzbuch VII – Gesetzliche Unfallversicherung, hrsg. von Harald *Becker,* Edgar *Franke,* Thomas *Molketin,* Denis *Hedermann,* 6. Aufl., 2024 (zit.: LPK-SGB VII/*Bearbeiter*).

Lehr- und Praxiskommentar zum Sozialgesetzbuch XI, Sozialgesetzbuch XI – Soziale Pflegeversicherung, hrsg. von Utz *Krahmer,* Markus *Plantholz,* 5. Aufl., 2018 (zit.: LPK-SGB XI/*Bearbeiter*).

Lehr- und Praxiskommentar zur Zivilprozessordnung, Zivilprozessordnung, hrsg. von Ingo *Saenger*, 10. Aufl., 2023 (zit.: LPK-ZPO/*Bearbeiter*).

Leinemann, Wolfgang, „Änderung von Arbeitsbedingungen durch Betriebsvereinbarungen – Fragen zum Beschluß des Großen Senats des Bundesarbeitsgerichts vom 16. September 1986", BB 1989, S. 1905–1912.

Löw, Hans-Peter/Oldehaver, Nina, „Stärkung der Tarifautonomie, der Tarifpartner und der Tarifbindung – Kritische Bestandsanalyse und alternative Optionen", NZA 2024, S. 88–92.

Löwisch, Manfred, „Deliktsschutz gegen abtrünnige Mitglieder? – Zur Tarifbruch-Unterlassungsentscheidung des BAG", BB 1999, S. 2080–2083.

Löwisch, Manfred/Caspers, Georg/Klumpp, Steffen, Arbeitsrecht, 12. Aufl., 2019 (zit.: *Löwisch/Caspers/Klumpp*, ArbR).

Löwisch, Manfred/Rieble, Volker, Tarifvertragsgesetz, Kommentar, 4. Aufl., 2017 (zit.: *Löwisch/Rieble*, TVG).

Lüke, Wolfgang, Zivilprozessrecht I – Zivilprozessrecht, Erkenntnisverfahren, Europäisches Zivilverfahrensrecht, 11. Aufl., 2020 (zit.: *Lüke*, Zivilprozessrecht).

Luther, Christoph, „Einführung in das Umwandlungsrecht", JURA 2009, S. 770–775.

Mann, Thomas, Einführung in die juristische Arbeitstechnik, 5. Aufl., 2015 (zit.: *Mann*, Juristische Arbeitstechnik).

Maurer, Hartmut/Waldhoff, Christian, Allgemeines Verwaltungsrecht, 21. Aufl., 2024 (zit.: *Maurer/Waldhoff*, VerwR-AT).

Maurer, Hartmut/Schwarz, Kyrill-A., Staatsrecht I – Grundlagen, Verfassungsorgane, Staatsfunktionen, 7. Aufl., 2023 (zit.: *Maurer/Schwarz*, Staatsrecht I).

Mayer-Maly, Theo, „Ergänzende Tarifvertragsauslegung und Tarifautonomie", RdA 1988, S. 136 f.

Mecke, Christian, „Arbeitnehmer und Beschäftigte – was gleich erscheint, muss nicht gleich sein – Zur Abgrenzung von Beschäftigung und Selbstständigkeit aus sozialrechtlicher Perspektive", SR 2023, 81–99.

Meilicke, Wienand/Graf v. Westphalen, Friedrich/Hoffmann, Jürgen et al.,, Partnerschaftsgesellschaftsgesetz, 4. Aufl., 2024 (zit.: MWHLW/*Bearbeiter*, PartGG).

Meller-Hannich, Caroline, Zivilprozessrecht, 3. Aufl. 2022 (zit.: *Meller-Hannich*, Zivilprozessrecht).

Mergner, Tobias, „Der Verkehrsunfall als Wege- und Arbeitsunfall", NJW 2023, 2924–2926.

Meyer, Cord, „Regelungsfragen zumutbarer Weiterbeschäftigung beim Betriebsübergang", NJW 2002, S. 1615–1622.

Meyer-Ladewig, Jens/Keller, Wolfgang/Schmidt, Benjamin, Sozialgerichtsgesetz: SGG, Kommentar, 14. Aufl., 2023 (zit.: MKS/*Bearbeiter*, SGG).

Möllers, Thomas M.J., Juristische Arbeitstechnik und wissenschaftliches Arbeiten, 11. Aufl., 2024 (zit.: *Möllers*, Juristische Arbeitstechnik).

Mrozynski, Peter, SGB I – Sozialgesetzbuch Allgemeiner Teil, Kommentar, 7. Aufl., 2024 (zit.: *Mrozynski*, SGB I).

Muckel, Stefan/Ogorek, Markus/Rixen, Stephan, Sozialrecht, 5. Aufl., 2019 (zit.: *Muckel/Ogorek/Rixen*, SozR).

Mühlheims, Laurenz, „Homeoffice und Gesetzliche Unfallversicherung – Was Rechtsprechung tat und Gesetzgebung nun will", NZS 2022, 5–11.

Münchener Anwaltshandbuch Arbeitsrecht, begründet von Wilhelm *Moll*, 6. Aufl., 2025 (zit.: MAH-ArbR/*Bearbeiter*).

Münchener Anwaltshandbuch Sozialrecht, begründet von Hermann *Plagemann*, 6. Aufl., 2024 (zit.: MAH-SozialR/Bearbeiter).

Münchener Handbuch zum Arbeitsrecht, hrsg. von Heinrich *Kiel*, Stefan *Lunk*, Hartmut *Oetker*, Band 1: Individualarbeitsrecht I, 6. Aufl. 2024, Band 2: Individualarbeitsrecht II, 5. Aufl., 2021, Band 3: Kollektives Arbeitsrecht I, 5. Aufl., 2022, Band 4: Kollektives Arbeitsrecht II, Arbeitsgerichtsverfahren, 5. Aufl. 2022 (zit.: MHdB-ArbR/*Bearbeiter*).

Münchener Handbuch des Gesellschaftsrechts, hrsg. Jan *Lieder*, Nima *Ghassemi-Tabar*, Band 1: BGB-Gesellschaft, Offene Handelsgesellschaft, Partnerschaftsgesellschaft, EWIV, 6. Aufl. 2024, Band 2: Kommanditgesellschaft, GmbH & Co. KG, Publikums-KG, Stille Gesellschaft, 6. Aufl. 2024, Band 3: Gesellschaft mit beschränkter Haftung; GmbH, 6. Aufl. 2023, Band 4: Aktiengesellschaft, 6. Aufl. 2024, Band 5: Verein, Stiftung, bürgerliches Recht, 5. Aufl. 2021, Band 6: Internationales Gesellschaftsrecht, Grenzüberschreitende Umwandlungen, 5. Aufl. 2022, Band 7: Gesellschaftsrechtliche Streitigkeiten (Corporate Litigation), 6. Aufl. 2020, Band 8: Umwandlungsrecht, 6. Aufl. 2025, Band 9: Recht der Familienunternehmen, 6. Aufl. 2021 (zit.: MHdB-GesR/*Bearbeiter*).

Münchener Kommentar zum Bürgerlichen Gesetzbuch, hrsg. von Franz Jürgen *Säcker,* Roland *Rixecker,* Hartmut *Oetker,* Bettina *Limperg,* Band 1: Allgemeiner Teil, 9. Aufl. 2021, Band 2: Schuldrecht – Allgemeiner Teil I, 9. Aufl. 2022, Band 3: Schuldrecht – Allgemeiner Teil II, 9. Aufl. 2022, Band 5: Schuldrecht Besonderer Teil II, 9. Aufl. 2023, Band 7: Schuldrecht – Besonderer Teil IV, 9. Aufl. 2024, (zit.: MüKo-BGB/*Bearbeiter*).

Münchener Kommentar zur Zivilprozessordnung, hrsg. von Thomas *Rauscher,* Wolfgang *Krüger,* Band 1: §§ 1–354, 7. Aufl., 2025 (zit.: MüKo-ZPO/*Bearbeiter*).

Musielak, Hans-Joachim/Voit, Wolfgang, Grundkurs ZPO, 16. Aufl., 2022 (zit.: *Musielak/Voit,* Grundkurs ZPO).

Dies., Kommentar zur Zivilprozessordnung: ZPO, 21. Aufl., 2024 (zit.: Musielak/Voit/*Bearbeiter*).

Nebeling, Martin/Arntzen, Marina, „Das Günstigkeitsprinzip – Der Tarifvertrag als «Gesamtwerk»", NZA 2011, S. 1215–1217.

Neuner, Jörg, Allgemeiner Teil des Bürgerlichen Rechts, 12. Aufl., 2020 (zit.: *Neuner,* BGB-AT).

Niebler, Michael/Schmiedl, Wolfgang, „Sind Abweichungen vom Tarifvertrag zur Beschäftigungssicherung zulässig? – Überlegungen zur «Obstrechtsprechung» des BAG", BB 2001, S. 1631–1636.

Nikisch, Arthur, Arbeitsrecht, Band 1, 3. Aufl., 1961 – Allgemeine Lehren und Arbeitsvertragsrecht, Band 2, 2. Aufl., 1959 – Koalitionsrecht, Arbeitskampfrecht und Tarifvertragsrecht, Band 3, 2. Aufl., 1966 – Betriebsverfassungsrecht (zit.: *Nikisch,* Arbeitsrecht).

Nipperdey, Hans Carl, „Gleicher Lohn der Frau für gleiche Leistung", RdA 1950, S. 121–128.

Ders., Grundrechte und Privatrecht, 1961 (zit.: *Nipperdey,* Grundrechte und Privatrecht).

N.N., „Verwaltungspraxis nach Änderungen im Befreiungsrecht der Rentenversicherung – Ergänzende Information zur Umsetzung der BSG-Urteile vom 31.10.2012", Deutsche Rentenversicherung Bund, NZA 2014, S. 136–138.

Nomos Kommentar Gesamtes Arbeitsrecht, hrsg. von Winfried *Boecken,* Franz Josef *Düwell,* Martin *Diller,* Hans *Hanau,* 2. Aufl 2023 (zit.: NK-GA/*Bearbeiter*).

Nomos Kommentar Sozialgesetzbuch III, hrsg. von Andreas *Heinz,* Reimund *Schmidt De Caluwe,* Bernhard Joachim *Scholz,* 7. Aufl. 2021 (zit.: NK-SGB III/*Bearbeiter*).

Otto, Sven-Joachim, „Die rechtliche Zulässigkeit einer tarifbindungsfreien Mitgliedschaft in Arbeitgeberverbänden", NZA 1996, S. 624–631.

Offermann-Burckart, Susanne, „Das Gesetz zur Neuordnung des Rechts der Syndikusanwälte", NJW 2016, 113–120.

Pant, Benjamin, „Tarifautonomie und Mindestlohn", RdA 2025, 104–119.

Peters, Horst/Sautter, Theodor/Wolff, Richard, Kommentar zur Sozialgerichtsbarkeit, Loseblatt, 108. EL, Stand Januar 2020 (zit.: Peters/Sautter/Wolf/*Bearbeiter*).

Picker, Christian, Die betriebliche Übung, 2011 (zit.: Christian *Picker,* Die betriebliche Übung).

Picker, Eduard, „Fristlose Kündigung und Unmöglichkeit, Annahmeverzug und Vergütungsgefahr im Dienstvertragsrecht – Teil 2 – Zur Problematik substratsbedingter Leistungsstörungen, dargelegt an den Internats-Entscheidungen des Bundesgerichtshofs", JZ 1985, S. 693–706.

Ders., „Tarifautonomie – Betriebsautonomie – Privatautonomie", NZA 2002, S. 761–770.

Pieronczyk, Marc-Christian, „Fehlerhafte Dauerverträge", JuS 2022, 910–914.

Pohlmann, Petra, Zivilprozessrecht, 5. Aufl., 2022 (zit.: *Pohlmann,* Zivilprozessrecht).

Polten, Stephan, „Sozialversicherungsfreiheit für Notärzte – Bestandsaufnahme einer Neujustierung", NZS 2017, 495–500.

Polzin, Daniel, „Die Maßgeblichkeit des Streikbeschlusses für die Ermittlung des Streikziels", NZA 2019, 753–758.

Pottmeyer, Klaus, „Das Widerspruchsrecht des Arbeitnehmers im Falle des Betriebsinhaberwechsels und die Sperrzeit nach § 119 Abs. 1 AFG", NZA 1988, S. 521–528.

Preis, Ulrich, Grundfragen der Vertragsgestaltung im Arbeitsrecht, Neuwied [u. a.], 1993 (zit.: *Preis,* Grundfragen).

Preis, Ulrich/Greiner, Stefan, Kollektivarbeitsrecht, Lehrbuch für Studium und Praxis, 5. Aufl., 2020 (zit.: *Preis/Greiner,* Kollektivarbeitsrecht).

Preis, Ulrich/Temming, Felipe, Individualarbeitsrecht, Lehrbuch für Studium und Praxis, 6. Aufl., 2020 (zit.: *Preis/Temming,* Individualarbeitsrecht).

Preis, Ulrich/Schulze, Judith, „Die Reform des Nachweisgesetzes", NJW 2022, 2297–2301.

Preis, Ulrich/Ulber, Daniel, „Die Wiederbelebung des Ablösungs- und Ordnungsprinzips?", NZA 2014, S. 6–10.

Prütting, Hanns/Wegen, Gerhard/Weinreich, Gerd (Hrsg.), BGB – Kommentar, 19. Aufl., 2024 (zit.: PWW/*Bearbeiter*).

Reichhold, Hermann, „Abschied von der Tarifeinheit im Betrieb und die Folgen", RdA 2007, S. 321–328.

Ders., „Entgeltmitbestimmung beim tariffreien Arbeitgeber: nur «Erfurter Allerlei»“, BB 2009, S. 1470–1472.
Reimer, Philipp, Allgemeines Verwaltungsrecht, 1. Aufl. 2024 (zitiert: *Reimer*, Allgemeines Verwaltungsrecht).
Reuter, Dieter, „Änderung von Ruhegeldordnungen durch die Versorgungsrichtlinien einer Unterstützungskasse oder durch Betriebsvereinbarung – Anmerkung zu BAG v. 8.12.1981 – 3 ABR 53/80 und BAG v. 8.12.1981 – 3 AZR 518/80“, SAE 1983, S. 201–204.
Richardi, Reinhard, „Der Beschluß des Großen Senats des Bundesarbeitsgerichts zur ablösenden Betriebsvereinbarung“, NZA 1987, S. 185–191.
Ders., „Der CGM-Beschluss des ArbG Stuttgart: Tariffähigkeit und Tarifzensur“, NZA 2004, S. 1025–1029.
Ders., „Eingriff in eine Arbeitsvertragsregelung durch Betriebsvereinbarung“, RdA 1983, S. 201–217.
Ders., „Formzwang im Arbeitsverhältnis“, NZA 2001, S. 57–63.
Ders., „Verbandsmitgliedschaft und Tarifgeltung als Grundprinzip der Tarifautonomie“, NZA 2013, S. 408–412.
Ders., Betriebsverfassungsgesetz: BetrVG, 8. Aufl., 2002 (zit.: Richardi/*Bearbeiter*, BetrVG, 8. Aufl., 2002).
Ders., Betriebsverfassungsgesetz: BetrVG, 17. Aufl., 2022 (zit.: Richardi/*Bearbeiter*, BetrVG).
Richardi, Reinhard/Bayreuther, Frank, Kollektives Arbeitsrecht, 5. Aufl., 2023 (zit.: *Richardi/Bayreuther*, Kollektives Arbeitsrecht).
Ricke, Wolfgang, „Die Feststellung von Wegeunfällen in der gesetzlichen Unfallversicherung“, NZV 2019, 506–510.
Ricken, Oliver, „Betriebliche Übung und Vertragskontrolle im Arbeitsrecht“, DB 2006, S. 1372–1376.
Rieble, Volker, „Das neue Arbeitskampfrecht des BAG“, BB 2008, S. 1506–1515.
Ders., „Kompensation der Betriebsspaltung durch den Gemeinschaftsbetrieb mehrerer Unternehmen (§ 322 UmwG)“, Festschrift für Günther Wiese zum 70. Geburtstag, hrsg. von Peter *Hanau*, Egon *Lorenz* und Hans-Christoph *Matthes*, 1998, S. 453–478.
Robert, Lars, „Betriebliche Bündnisse für Arbeit versus Tarifautonomie?“, NZA 2004, S. 633–640.
Roller, Steffen, „Richterliche Möglichkeiten zur Beschleunigung des sozialgerichtlichen Verfahrens“, SGb 2010, S. 636–641.
Rosenberg, Leo (†)/Schwab, Karl Heinz (†)/Gottwald, Peter, Zivilprozessrecht, 18. Aufl., 2018 (zit.: *Rosenberg/Schwab/Gottwald*, Zivilprozessrecht).
Ruland, Franz, „Beschäftigungsverhältnis oder „Neue Selbstständigkeit“?“, NZS 2019, 681–693.
Rüthers, Bernd, „Mehr Beschäftigung durch Entrümpelung des Arbeitsrechts?“, NJW 2003, S. 546–552.
Sachs, Michael, Grundgesetz, Kommentar, 10. Aufl., 2024 (zit.: Sachs/*Bearbeiter*, GG).
Schack, Haimo, Internationales Zivilverfahrensrecht – mit internationalem Insolvenz- und Schiedsverfahrensrecht, 9. Aufl., 2025 (zit.: *Schack*, Internationales Zivilverfahrensrecht).
Schaub, Günter, „Änderungskündigung und Kündigungsschutz bei Betriebsvereinbarungen“, BB 1990, S. 289–291.
Schaub, Günter (†), Arbeitsrechts-Handbuch, 20. Aufl., 2023 (zit.: Schaub/*Bearbeiter*, ArbR-Hdb.).
Schenke, Wolf-Rüdiger, Verwaltungsprozessrecht, 18. Aufl., 2023 (zit.: *Schenke*, Verwaltungsprozessrecht).
Schliemann, Harald, „Tarifliches Günstigkeitsprinzip und Bindung der Rechtsprechung“, NZA 2003, S. 122–128.
Schmidt, Karsten, Gesellschaftsrecht, 4. Aufl., 2002 (zit.: *K. Schmidt*, Gesellschaftsrecht).
Schmidt-Graumann, Anke, „Zur Gewährung einer Rente wegen Erwerbsminderung“, PflR 2025, 389–390.
Schmitt, Jochem, SGB VII – Gesetzliche Unfallversicherung, Kommentar, 4. Aufl., 2009 (zit.: Schmitt/*Bearbeiter*, SGB VII).
Schoch, Friedrich/Schneider, Jens-Peter (Hrsg.), Verwaltungsrecht, Loseblatt, Kommentar, Bände zur VwGO, 45. EL, Stand Januar 2024 (zit.: Schoch/Schneider/*Bearbeiter*, VwGO).
Schomaker, Jason, Die Mitbestimmung des Betriebsrats bei personellen Einzelmaßnahmen, BRuR 2022, 365–370.
Schütze, Bernd (Hrsg.), Sozialgesetzbuch X – Sozialverwaltungsverfahren und Sozialdatenschutz, Kommentar, 9. Aufl., 2020 (zit.: Schütze/*Bearbeiter*, SGB X).

Schulin, Bertram (Hrsg.), Handbuch des Sozialversicherungsrecht, Band 1: Krankenversicherungsrecht, 1994, Band 2: Unfallversicherungsrecht, 1996, Band 3: Rentenversicherung 1999 (zit.: Schulin/*Bearbeiter*, SozVers).
Schwarze, Roland/Hartwig, Tibor, „Das arbeitsgerichtliche Beschlussverfahren", JuS 2005, S. 988–995.
Schweiger, Maximilian D., „Arbeitsförderungsrechtliche Folgen der Freistellung des Arbeitnehmers von der Arbeitsleistung", NZS 2013, S. 767–773.
Ders., „Die Systematik des wichtigen Grundes nach § 159 SG III bei Abschluss eines Aufhebungsvertrags im Falle drohender betriebsbedingter Kündigung", NZS 2015, 328–335.
Schwerdtner, Peter, „Die Änderung kollektivrechtlich begründeter Ruhegeldberechtigungen – Eine Auseinandersetzung mit dem Urteil des Bundesarbeitsgerichts vom 30.11.1973, 3 AZR 96/73", ZfA 1975, S. 171–206.
Seiter, Hugo, Die Betriebsübung – zugleich ein Beitrag zur Lehre vom Rechtsgeschäft und von den Zurechnungsgründen rechtserheblichen Verhaltens im Privatrecht, 1967 (zit.: *Seiter,* Die Betriebsübung).
Seiwerth, Stephan, „Die Zwei-Schranken-Theorie im Betriebsverfassungsrecht und die Stärkung der Tarifautonomie", NZA 2025, 905–909.
Singer, Reinhard, „Neue Entwicklungen im Recht der Betriebsübung – Die Rechtsprechung des Bundesarbeitsgerichts zur Vertragstheorie und zur Privilegierung öffentlicher Arbeitgeber", ZfA 1993, S. 487–516.
Spitzler, Thomas, „Grundstrukturen des Wegeunfalls", NZS 2020, 609–612.
Sodan, Helge, „Verfassungsrechtliche Determinanten der gesetzlichen Rentenversicherung", NZS 2005, S. 561–568.
Ders. (Hrsg.), Grundgesetz, Kommentar, 5. Aufl., 2024 (zit.: Sodan/*Bearbeiter,* GG).
Sodan, Helge/Ziekow, Jan, Grundkurs Öffentliches Recht – Staats- und Verwaltungsrecht, 10. Aufl., 2023 (zit.: *Sodan/Ziekow,* Grundkurs ÖR).
Sozialrechtshandbuch (SRH), hrsg. von Franz *Ruland,* Ulrich *Becker,* Peter *Axer,* 7. Aufl., 2022 (zit.: SRH/*Bearbeiter*).
Stahlhacke, Eugen/Preis, Ulrich/Vossen, Reinhard, Kündigung und Kündigungsschutz im Arbeitsverhältnis, 11. Aufl., 2015 (zit.: Stahlhacke/Preis/Vossen/*Bearbeiter*).
von Staudinger, Julius, Kommentar zum Bürgerlichen Gesetzbuch mit Einführungsgesetz und Nebengesetzen, Buch 1: Allgemeiner Teil, §§ 90–124; 130–133, Neubearbeitung 2021, Buch 2: Recht der Schuldverhältnisse, Neubearbeitung 2025. (zit.: Staudinger/*Bearbeiter*).
Stiegler, Sascha, „„Ohne Arbeit kein Lohn" – Grundsatz und Ausnahmen", JA 2024, 629–635.
Stoffels, Markus/Lembke, Mark, Betriebsverfassungsrecht, 7. Aufl., 2020 (zit.: *Stoffels/Lembke,* Betriebsverfassungsrecht).
Sutschet, Holger, „Bezugnahmeklausel kraft betrieblicher Übung", NZA 2008, S. 679–687.
Thüsing, Gregor/Wege, Donat, „Der Abfindungsanspruch des § 1a KSchG", JuS 2006, S. 97–106.
Thüsing, Gregor/Hütter, Gisela, „Gegnerabhängigkeit als Voraussetzung der Tariffähigkeit auf Arbeitgeberseite", RdA 2018, 129–137.
Thüsing, Gregor/Mantsch, Simon, „Mit dem letzten Omnibus nach Herrenberg: Der neue § 127 SGB IV", BB 2025, 628–633.
Triebel, Volker/Silny, Deny, „Die persönliche Haftung der Gesellschafter einer in Deutschland tätigen englischen Rechtsanwalts-LLP", NJW 2008, S. 1034–1038.
Ubber, Thomas/von Grundherr, Felicia, „Regelungsvorschläge zur gesetzlichen Gestaltung des Arbeitskampfrechts", NZA 2025, 1–12.
Udsching, Peter/Schütze, Bernd, SGB XI – Soziale Pflegeversicherung, Kommentar, 6. Aufl., 2024 (zit.: Udsching/Schütze/*Bearbeiter,* SGB XI).
Veit, Paul, „Arbeitsunfähigkeit und Erwerbsfähigkeit – Abgrenzungen an den Schnittstellen gesetzlicher Kranken- und Rentenversicherung", NZS 2020, 656–661.
Walker, Wolf-Dietrich, „Die betriebliche Übung", JuS 2007, S. 1–10.
Waltermann, Raimund, Arbeitsrecht, 20. Aufl., 2021 (zit.: *Waltermann,* Arbeitsrecht).
Ders., „Der unions- und verfassungsrechtliche Rahmen rechtspolitischer Maßnahmen zur Stärkung der Tarifautonomie", RdA 2025, 61–70.
Waltermann, Raimund/Schmidt, Benjamin/Chandna-Hoppe, Katja, Sozialrecht, 15. Aufl., 2022 (zit.: *Waltermann,* SozR).
Wank, Rolf, „Die Auslegung von Tarifverträgen", RdA 1998, S. 71–90.
Wannagat, Georg, Lehrbuch zum Sozialversicherungsrecht, Band 1, 1965 (zit.: *Wannagat,* Sozialversicherungsrecht).

Ders., Kommentar zum SGB VII, hrsg. von Eberhard *Eichenhofer*, Ulrich *Wenner*, 2011 (zit.: Wannagat/*Bearbeiter*, SGB VII).
Weber, Hansjörg/Weber, Jörg-Andreas, „Zur Dogmatik eines allgemeinen Beschäftigungsanspruchs im Arbeitsverhältnis", RdA 2007, S. 344–352.
Wiedemann, Herbert, „Tarifautonomie heute", BB 2013, S. 1397–1402.
Ders. (Hrsg.), Tarifvertragsgesetz: TVG – Mit Durchführungs- und Nebenvorschriften, Kommentar, 9. Aufl., 2023 (zit.: Wiedemann/*Bearbeiter*, TVG).
Willemsen, Heinz Josef/Hohenstatt, Klaus-Stefan/Schweibert, Ulrike/Seibt, Christoph Heiner, Umstrukturierung und Übertragung von Unternehmen – Arbeitsrechtliches Handbuch, 6. Aufl., 2021 (zit.: Willemsen/Hohenstatt/Schweibert/Seibt/*Bearbeiter*, Umstrukturierung und Übertragung von Unternehmen).
Worms, Christoph, „§ 127 SGB IV – eine tragfähige Brücke in die Legalität?", NZS 2025, 453–456.
Zeuner, Albrecht, „Gedanken zum Verhältnis von Richterrecht und Betätigungsfreiheit der Beteiligten – dargelegt an Beispielen aus der Rechtsprechung des Bundesarbeitsgerichts", 25 Jahre Bundesarbeitsgericht, hrsg. von Franz Gamillscheg, Götz Hueck und Herbert Wiedemann, 1979, S. 727–744.
Zieglmeier, Christian, „Das neue (Erwerbs-)Feststellungsverfahren", NZA 2021, 977–984.
Zieglmeier, Christian/Rittweger, Stephan, „Befristete Beitragsamnestien für Bildungseinrichtungen und Lehrende – § 127 SGB IV als „Lex Herrenberg"", NZA 2025, 462–467.
Zöller, Richard, Zivilprozessordnung: ZPO, 35. Aufl., 2024 (zit.: Zöller/*Bearbeiter*, ZPO).
Zöllner, Wolfgang, „Zu den Voraussetzungen für die Tariffähigkeit von Vereinigungen von Arbeitnehmern und Arbeitgebern", SAE 1969, S. 140 f.
Zöllner, Wolfgang/Loritz, Karl-Georg/Hergenröder, Curt Wolfgang, Arbeitsrecht, 7. Aufl., 2015 (zit.: *Zöllner/Loritz/Hergenröder*).

Erster Abschnitt: Gutachtliche Falllösungen

Unterabschnitt I: Betriebsverfassungsrecht

Fall 1

Sachverhalt Fall 1

Teil 1[1]

Der Arbeitnehmer D ist Mitglied des im Betrieb der X-OHG gebildeten Betriebsrats, der aus sieben Mitgliedern besteht. Die X-OHG ist ein mittelständischer Automobilzulieferer mit Sitz in Konstanz. Die Sitzungen des Betriebsrats fanden bis einschließlich Juni 2024 wöchentlich mittwochs statt. Mit Schreiben vom 6. Mai 2024 informierte der Betriebsrat die X-OHG darüber, dass die Sitzungen des Betriebsrats ab Juli 2024 wöchentlich montags während der betrieblichen Arbeitszeit stattfinden. Im Hinblick darauf, dass der D regelmäßig von mittwochs bis freitags arbeitet, muss er seit Juli 2024 von seinem 40 km entfernten Wohnort Ravensburg montags allein deshalb anreisen, um an den Sitzungen des Betriebsrats teilnehmen zu können. Dadurch entstehen dem D zusätzliche Kosten in Höhe von EUR 0,50/km zzgl. der Kosten für die Benutzung der Fähre zwischen Meersburg und Konstanz in Höhe von EUR 28,00 für die Hin- und Rückfahrt. Die Fahrtkosten in Höhe von insgesamt EUR 68,00 je Betriebsratssitzung möchte D von seinem Arbeitgeber erstattet bekommen. Die X-OHG verweigert die Erstattung der Fahrtkosten und weist unter anderem darauf hin, dass die Sitzungen des Betriebsrats weiter mittwochs stattfinden könnten und im Übrigen eine Erstattung nur in Betracht käme, wenn die Sitzungen aus betriebsbedingten Gründen außerhalb der persönlichen Arbeitszeit des D stattfinden müssten. Das sei jedoch nicht der Fall. Außerdem könnte anstelle des anreisenden D das montags sowieso im Betrieb anwesende Ersatzmitglied E an den Betriebsratssitzungen teilnehmen.
D macht nunmehr die Erstattung der Fahrtkosten vor dem Arbeitsgericht Lörrach – Kammern Radolfzell geltend.

Mit Erfolg?

Teil 2[2]

Auf einer ordnungsgemäß einberufenen Betriebsratssitzung der X-OHG im Dezember 2024 wird einstimmig beschlossen, dass das Betriebsratsmitglied Frau F zu einem Seminar „Soziale Sicherung – Grundlagen" fahren soll. Die Seminarteilnahme von Frau F wird damit begründet, dass diese allgemeine Kenntnisse über das Sozialrecht und das Sozialversicherungsrecht erwerben soll, weil diese Materie für jeden Arbeitnehmer von Bedeutung sei. Des Weiteren wird beschlossen, dass das Betriebsratsmitglied Herr M an einem Seminar „Mitbestimmung des Betriebsrats bei personellen Einzelmaßnahmen" teilnehmen soll. Dies wird im Hinblick darauf für erforderlich erachtet, dass die X-OHG in der Vergangenheit oftmals kurzfristige Einsätze von Leiharbeitnehmern im Betrieb angeordnet hat, ohne den Betriebsrat darüber vorher zu informieren.
Der Vorsitzende des Betriebsrats, Herr W, ist der Auffassung, dass die Teilnahme an den Seminaren notwendig ist, um die „intellektuelle Waffengleichheit" mit dem Arbeitgeber herzustellen.

---

1 Angelehnt an BAG 13.6.2007 – 7 ABR 62/06 – juris und BAG 16.1.2008 – 7 ABR 71/06 – juris.
2 Angelehnt an BAG 4.6.2003 – 7 ABR 42/02 – juris und BAG 20.12.1995 – 7 ABR 14/95 – juris.

Der Geschäftsführer der X-OHG lehnt die Teilnahme von Frau F und Herrn M an den jeweiligen Seminaren ab. Ein Seminar über die allgemeinen Grundlagen des Sozialrechts und des Sozialversicherungsrechts habe überhaupt nichts mit der Arbeit des Betriebsrats zu tun. Die Teilnahme von Herrn M an dem Mitbestimmungsseminar sei überflüssig, weil sich die X-OHG stets rechtskonform verhalte und sich bei Zweifelsfragen vorher ausführlich anwaltlich beraten lasse.
Frau F und Herr M nehmen gleichwohl an den jeweiligen Seminaren teil. Nach ihrer Rückkehr kürzt die X-OHG das Gehalt von Frau F und Herrn M in Höhe der jeweils ausgefallenen Arbeitszeit.

Haben F und M Anspruch auf den Lohn im Umfang der wegen der Seminarteilnahme jeweils ausgefallenen Arbeitszeit?

Prüfungsaufbau Fall 1

A. Teil 1
  I. Zulässigkeit
    1. Rechtswegzuständigkeit und richtige Verfahrensart
    2. Örtliche Zuständigkeit
    3. Ordnungsgemäße Antragsstellung
    4. Antragsbefugnis
    5. Beteiligten-, Prozess- und Postulationsfähigkeit
    6. Zwischenergebnis
  II. Begründetheit
    1. Erfasste Kosten
    2. Erforderlichkeit der Kosten
  III. Ergebnis
B. Teil 2
  I. Anspruch von F und M auf Lohnzahlung aus § 611a Abs. 2 BGB i. V. m. dem Arbeitsvertrag
  II. Anspruch von F und M auf Lohnzahlung aus §§ 37 Abs. 6 Satz 1, Abs. 2 BetrVG, 611a Abs. 2 BGB i. V. m. dem Arbeitsvertrag
    1. Beschlussfassung
    2. Erforderlichkeit
      a) Seminarteilnahme der Frau F
      b) Seminarteilnahme des Herrn M
    3. Ergebnis

Lösung Fall 1

A. Teil 1

Der Antrag des D hat Aussicht auf Erfolg, wenn er zulässig und begründet ist. 1

I. Zulässigkeit

Zu prüfen ist zunächst die Zulässigkeit des Antrags von D. 2

1. Rechtswegzuständigkeit[3] und richtige Verfahrensart

Der Rechtsweg zu den Arbeitsgerichten müsste eröffnet sein. 3

Die Rechtswegzuständigkeit könnte vorliegend aus § 2 Abs. 1 Nr. 3 lit. a) ArbGG oder aus § 2a Abs. 1 Nr. 1 ArbGG folgen. Nach § 2 Abs. 1 Nr. 3 lit. a) ArbGG sind die Gerichte für Arbeitssachen ausschließlich zuständig für bürgerliche Rechtsstreitigkeiten zwischen Arbeitnehmern und Arbeitgebern aus dem Arbeitsverhältnis. Gemäß der Regelung des § 2a Abs. 1 Nr. 1 ArbGG sind die Arbeitsgerichte ausschließlich zuständig für Angelegenheiten aus dem Betriebsverfassungsgesetz, soweit nicht ausnahmsweise die Zuständigkeit eines anderen Gerichts gegeben ist. 4

3 Die Frage der Zuständigkeit der Gerichte für Arbeitssachen im Verhältnis zu den Gerichten der ordentlichen Gerichtsbarkeit ist anders als früher keine Frage der sachlichen Zuständigkeit mehr, sondern eine Frage der Zulässigkeit des Rechtswegs, s. BAG 26.3.1992 – 2 AZR 443/91 – juris Rn. 26 ff.; *Kissel*, NZA 1995, 345 ff. (346) m. w. N.; *Waltermann*, Arbeitsrecht, Rn. 911; ausf. Germelmann/*Prütting*, ArbGG, Einl. Rn. 51–53 m. w. N.

5 Zu prüfen ist damit, ob eine bürgerliche Rechtsstreitigkeit aus dem Arbeitsverhältnis oder eine betriebsverfassungsrechtliche Streitigkeit vorliegt. Diese Frage beurteilt sich nach dem Streitgegenstand.[4] Der Streitgegenstand setzt sich nach h. M. aus dem Antrag und dem dazu vorgetragenen Lebenssachverhalt zusammen (sog. **zweigliedriger Streitgegenstandsbegriff**).[5]

6 Der D macht hier Fahrtkosten geltend, die ihm im Zusammenhang mit der Teilnahme an Sitzungen des Betriebsrats entstanden sind. Als Anspruchsgrundlage kommt § 40 Abs. 1 BetrVG in Betracht. Entscheidend ist daher, ob es sich bei dem geltend gemachten Anspruch um einen Anspruch aus dem Arbeitsverhältnis handelt, der lediglich betriebsverfassungsrechtlich geschützt ist (dann § 2 Abs. 1 Nr. 3 lit. a)), oder ob es um einen Anspruch geht, der aus der betriebsverfassungsrechtlichen Amtsstellung, sprich der Stellung als Mitglied eines Organs der Betriebsverfassung, folgt (dann § 2a Abs. 1 Nr. 1 ArbGG).[6] Mit anderen Worten kommt es darauf an, ob der streitgegenständliche Anspruch der geltend gemacht wird, nur ein arbeitsvertraglicher Anspruch aus Anlass der Amtstätigkeit ist oder ob er aus der Amtstätigkeit herrührt.[7]

7 Der von D geltend gemachte Anspruch auf Erstattung der Fahrtkosten kann allein in seiner Tätigkeit als Betriebsratsmitglied begründet sein. Als Anspruchsgrundlage kommt lediglich die Regelung des § 40 Abs. 1 BetrVG in Betracht. Es geht nicht um einen Anspruch aus dem Arbeitsvertrag. Vielmehr handelt es sich bei der Geltendmachung von Kostenerstattungsansprüchen nach § 40 BetrVG um eine Angelegenheit aus dem Betriebsverfassungsgesetz im Sinne des § 2a Abs. 1 Nr. 1 ArbGG.[8] Das gilt sowohl hinsichtlich der Frage, ob es sich um erstattungsfähige Kosten handelt als auch hinsichtlich der Frage, ob diese Kosten in der geforderten Höhe zu erstatten sind.[9] Zutreffende Verfahrensart für die Geltendmachung dieses Anspruchs ist gemäß §§ 2a Abs. 2, 80 ff. ArbGG das Beschlussverfahren, und zwar auch dann, wenn nicht der Betriebsrat als betriebsverfassungsrechtliches Organ die Erstattung der Kosten an eines seiner Mitglieder nach § 40 Abs. 1 BetrVG geltend macht, sondern, wenn – wie hier – ein einzelnes Betriebsratsmitglied die Erstattung von Kosten an sich selbst verlangt, die ihm persönlich entstanden sind.[10]

8 Der Rechtsweg zu den Gerichten für Arbeitssachen ist folglich eröffnet. Das Arbeitsgericht entscheidet gemäß § 2a Abs. 1 Nr. 1, Abs. 2 i. V. m. §§ 80 ff. ArbGG im Beschlussverfahren.

4 S. HWK/*Vogelsang*, § 2a ArbGG Rn. 7.

5 S. BAG 20.3.2024 – 5 AZR 161/23 – juris Rn. 24; aus der Literatur *Rosenberg/Schwab/Gottwald*, Zivilprozessrecht, § 93 Rn. 27 i. V. m. Rn. 8 ff.

6 S. *Richardi/Bayreuther*, Kollektives Arbeitsrecht, § 46 Rn. 6; *Dütz/Thüsing*, Arbeitsrecht, Rn. 1061.

7 S. NK-GA/*Mauer*, ArbGG § 2a Rn. 15.

8 S. grdl. BAG 18.4.1967 – 1 ABR 11/66 – juris Rn. 17; BAG 18.1.1989 – 7 ABR 89/87 – juris Rn. 12 sowie aus jüngerer Zeit BAG 25.10.2023 – 7 AZR338/22 – juris Rn. 35 ff.; *Richardi/Bayreuther*, Kollektives Arbeitsrecht, § 46 Rn. 7; *Grunsky/Waas*, ArbGG, § 2a Rn. 18 m. w. N.; *Dütz/Thüsing*, Arbeitsrecht, Rn. 1061; Düwell/Lipke/*Zimmermann*, ArbGG, § 2a Rn. 15.

9 S. nur BAG 18.1.1989 – 7 ABR 89/87 – juris Rn. 12.

10 S. nur BAG 18.1.1989 – 7 ABR 89/87 – juris Rn. 12.

2. Örtliche Zuständigkeit

Das Arbeitsgericht Lörrach – Kammern Radolfzell ist nach § 82 Abs. 1 Satz 1 ArbGG i. V. m. §§ 1, 2 ArbGG-BW[11] örtlich zuständig. **9**

3. Ordnungsgemäße Antragsstellung

Nach § 81 Abs. 1 Hs. 1 ArbGG wird das Beschlussverfahren nur durch einen Antrag eingeleitet. Die Antragsstellung muss schriftlich oder mündlich zur Niederschrift der Geschäftsstelle erfolgen, § 81 Abs. 1 Hs. 2 ArbGG.[12] Des Weiteren muss der Antrag gemäß § 253 Abs. 2 Nr. 2 ZPO i. V. m. §§ 80 Abs. 2, 46 Abs. 2 ArbGG, § 495 ZPO hinreichend bestimmt sein.[13] Von dem Vorliegen dieser Voraussetzungen ist mangels gegenteiliger Angaben im Sachverhalt auszugehen. **10**

4. Antragsbefugnis

Als weitere Zulässigkeitsvoraussetzung ist zu prüfen, ob das Betriebsratsmitglied D im Rahmen des Beschlussverfahrens antragsbefugt ist. Die Antragsbefugnis entspricht der Prozessführungsbefugnis im Urteilsverfahren bzw. in sonstigen Zivilprozessen und der Klagebefugnis im verwaltungsgerichtlichen Verfahren.[14] Sie dient der Vermeidung von Popularklagen.[15] Die Antragsbefugnis ist im Beschlussverfahren nur gegeben, wenn der Antragsteller durch die begehrte Entscheidung in seiner betriebsverfassungsrechtlichen Rechtsposition betroffen werden kann. Das ist grds. nur dann der Fall, wenn er eigene Rechte geltend macht,[16] sprich behauptet, selbst Träger des streitigen materiellen Rechts zu sein.[17] Diese Voraussetzung ist hier gegeben. Das Betriebsratsmitglied D will im Rahmen des Beschlussverfahrens wegen der aufgewendeten Fahrtkosten einen eigenen Anspruch auf Erstattung gegen den Arbeitgeber geltend machen. Damit ist D auch antragsbefugt. **11**

5. Beteiligten-, Prozess- und Postulationsfähigkeit

Weiter müssten die X-OHG und der D beteiligtenfähig sein. Die Beteiligtenfähigkeit im Beschlussverfahren entspricht der Parteifähigkeit im Urteilsverfahren.[18] § 10 ArbGG ergänzt die Vorschrift des § 50 ZPO über die Parteifähigkeit im Zivilprozess für die beiden arbeitsgerichtlichen Verfahrensarten: Wer nach § 50 ZPO parteifähig ist, ist dies auch im arbeitsgerichtlichen Urteils- und Beschlussverfahren.[19] Gemäß § 50 ZPO richtet sich die Parteifähigkeit nach der Rechtsfähigkeit. **12**

Die Beteiligtenfähigkeit der X-OHG folgt demnach aus § 50 ZPO i. V. m. §§ 80 Abs. 2, 46 Abs. 2 ArbGG, i. V. m. § 105 Abs. 2 HGB.[20] **13**

---

11 Entsprechende landesrechtliche Regelungen finden sich auch in allen anderen Bundesländern, s. Art. 2 f. ArbGOrgG Bayern, §§ 2, 3 ArbGG Saarland, §§ 13 f. GerOrgG Rheinland-Pfalz, §§ 2, 3 i. V. m. der Anlage zu § 3 ArbGGAG Hessen, § 2 i. V. m. der Anlage zu § 2 Abs. 2 ThürAGArbGG (Thüringen), § 3 Abs. 2 SächsJG (Sachsen), §§ 1, 2 ArbGG Sachsen-Anhalt, §§ 15, 21 i. V. m. der Anlage zu § 21 JustG NRW (Nordrhein-Westfalen), §§ 1 Abs. 2, 3 ArbGG Niedersachsen, § 1 Abs. 1 Nr. 1 ArbGG Bremen, § 1 ArbGGAG Hamburg, §§ 1, 2 AG ArbGG Berlin, § 2 ArbGG Brandenburg, § 6 GerStruktG Mecklenburg-Vorpommern, § 2 ArbGBezNeuEintG Schleswig-Holstein.

12 Zur Einreichung des Antrags mittels eines elektronischen Dokuments siehe § 46c ArbGG.

13 S. etwa BAG 23.10.2018 – 1 ABR 18/17 – juris Rn. 18; BAG 27.7.2016 – 7 ABR 16/14 – juris Rn. 13; BAG 30.5.2006 – 1 ABR 17/05 – juris Rn. 15; BAG 22.10.1985 – 1 ABR 38/83 – juris Rn. 15.

14 S. nur ErfK/*Koch*, § 81 ArbGG Rn. 10.

15 S. BAG 21.3.2017 – 7 ABR 17/15 – juris Rn. 9; BAG 18.2.2003 – 1 ABR 17/02 – juris Rn. 63.

16 S. BAG 21.3.2017 – 7 ABR 17/15 – juris Rn. 9; BAG 18.2.2003 – 1 ABR 17/02 – juris Rn. 63.

17 S. *Preis/Greiner*, Kollektivarbeitsrecht, § 178 Rz. 3087.

18 S. BAG 25.8.1981 – 1 ABR 61/79 – juris Rn. 32; *Junker*, Grundkurs Arbeitsrecht, Rn. 886.

19 S. nur ErfK/*Ahrendt*, § 10 ArbGG Rn. 1.

20 Nach § 105 Abs. 2 HGB kann die offene Handelsgesellschaft (OHG) Rechte erwerben und Verbindlichkeiten eingehen.

14 D ist nach § 50 ZPO (bzw. § 10 Satz 1 Hs. 2 ArbGG)[21] beteiligtenfähig.

15 Die Prozessfähigkeit der Beteiligten (§§ 80 Abs. 2, 46 Abs. 2 ArbGG, §§ 51 Abs. 1, 52 ZPO)[22] ist ebenso wie die Postulationsfähigkeit (§ 11 ArbGG) gegeben.

6. Zwischenergebnis

16 Der Antrag des D ist zulässig.

Die Beteiligtenfähigkeit ist von der Antragsbefugnis zu unterscheiden. Bei der Beteiligtenfähigkeit geht es darum, ob ein Rechtssubjekt überhaupt an einem arbeitsgerichtlichen Beschlussverfahren teilnehmen kann. Ob der Antragsteller befugt ist, den konkreten Antrag zur Entscheidung zu stellen, ist dagegen eine Frage seiner Antragsbefugnis.

II. Begründetheit

17 Ein Anspruch auf Erstattung der Reisekosten könnte sich aus § 40 Abs. 1 BetrVG ergeben. Danach trägt der Arbeitgeber die durch die Tätigkeit des Betriebsrats entstehenden Kosten.

1. Erfasste Kosten

18 Die Regelung des § 40 Abs. 1 BetrVG erfasst sowohl die Kosten der Tätigkeit des Betriebsrats und seiner Ausschüsse (§§ 27, 28 BetrVG) als auch die Kosten der Tätigkeit einzelner Betriebsratsmitglieder.[23] Die Norm ist vor dem Hintergrund zu sehen, dass der Betriebsrat einerseits für seine Tätigkeit keine Beiträge von den Arbeitnehmern erheben darf (sog. **Umlageverbot**), § 41 BetrVG, und andererseits den Betriebsratsmitgliedern durch die Erfüllung ihrer betriebsverfassungsrechtlichen Aufgaben keine wirtschaftlichen Nachteile entstehen dürfen, § 78 Satz 2 BetrVG.[24] Das Betriebsverfassungsgesetz weist daher die gesamte Kostenlast für die Betriebsratstätigkeit dem Arbeitgeber zu.

19 Zu den von § 40 Abs. 1 BetrVG erfassten Kosten gehören insbesondere die Kosten für die Geschäftsführung des Betriebsrats[25] und Aufwendungen der einzelnen Betriebsratsmitglieder,[26] die diesen bei der Wahrnehmung ihrer betriebsverfassungsrechtlichen Aufgaben entstehen.

2. Erforderlichkeit der Kosten

20 Die Kostenerstattungspflicht des Arbeitgebers ist jedoch nicht unbegrenzt. Sie greift vielmehr nur ein, soweit die geltend gemachten Kosten erforderlich[27] sind.[28] Zwar ist

---

21 Die Vorschrift des § 10 Satz 1 Hs. 2 ArbGG erscheint insoweit überflüssig, da natürliche Personen rechtsfähig und damit schon nach § 50 ZPO parteifähig und deshalb auch beteiligtenfähig sind, so etwa Germelmann/*Schlewing/Dickerhof-Borello*, ArbGG, § 10 Rn. 20; ebenso Düwell/Lipke/*Dreher*, ArbGG, § 10 Rn. 15.

22 Die X-OHG wird nach § 124 Abs. 1 HGB im Prozess durch ihre Gesellschafter vertreten.

23 S. nur GK-BetrVG/*Weber*, § 40 Rn. 7.

24 S. BAG 27.7.2016 – 7 AZR 255/14 – juris Rn. 19; *Nikisch*, Arbeitsrecht, Bd. 3, § 102 V. 1. [S. 194]; Richardi/*Thüsing*, BetrVG, § 40 Rn. 3; GK-BetrVG/*Weber*, § 40 Rn. 1.

25 Richardi/*Thüsing*, BetrVG, § 40 Rn. 3; GK-BetrVG/*Weber*, § 40 Rn. 39 ff. mit Bsp.

26 S. dazu BAG 23.6.2010 – 7 ABR 103/08 – juris Rn. 11; BAG 16.1.2008 – 7 ABR 71/06 – juris Rn. 13; BAG 13.6.2007 – 7 ABR 62/06 – juris Rn. 13; BAG 18.1.1989 – 7 ABR 89/87 – juris Rn. 14; BAG 3.4.1979 – 6 ABR 63/76 – juris Rn. 14; aus der Literatur s. nur Richardi/*Thüsing*, BetrVG § 40 Rn. 10 ff.

27 Teilweise wird darüber hinaus noch gefordert, dass die geltend gemachten Kosten dem Grundsatz der Verhältnismäßigkeit entsprechen, s. etwa Richardi/*Thüsing*, BetrVG, § 40 Rn. 7 u. 39 m. w. N.; a. A. GK-BetrVG/*Weber*, § 40 Rn. 13.

28 S. *Nikisch*, Arbeitsrecht, Bd. 3, § 102 V. 3. [S. 195]; GK-BetrVG/*Weber*, § 40 Rn. 11 ff.; Richardi/*Thüsing*, BetrVG, § 40 Rn. 6–8.

das Kriterium der Erforderlichkeit in § 40 Abs. 1 BetrVG im Unterschied zu anderen Regelungen wie beispielsweise den §§ 40 Abs. 2, 37 Abs. 2 und Abs. 6 Satz 1 BetrVG nicht ausdrücklich erwähnt. Gleichwohl wird allgemein davon ausgegangen, dass auch im Rahmen von § 40 Abs. 1 BetrVG arbeitgeberseits nur erforderliche Kosten der Betriebsratstätigkeit zu tragen sind.[29] Begründet wird das insbesondere mit Blick auf das in § 2 Abs. 1 BetrVG verwurzelte **Gebot der vertrauensvollen Zusammenarbeit** zwischen Arbeitgeber und Betriebsrat.[30] Bei der Beurteilung der Erforderlichkeit ist weder allein das subjektive Ermessen des Betriebsrats maßgebend noch ex-post ein objektiver Maßstab anzulegen. Entscheidend ist vielmehr, ob die Kosten im Zeitpunkt ihrer Verursachung[31] bei gewissenhafter Abwägung aller Umstände für notwendig gehalten werden durften.[32] Dem Betriebsrat kommt insoweit ein gewisser Beurteilungsspielraum zu.[33]

Von den in diesem Sinne erforderlichen Aufwendungen werden auch Reisekosten umfasst, die ein Betriebsratsmitglied zur Durchführung konkreter Betriebsratstätigkeiten aufgewendet hat.[34] Das gilt für Kosten der Anreise in den Betrieb jedoch nur, wenn das Betriebsratsmitglied ohne die konkret zu erledigende Betriebsratstätigkeit den Betrieb nicht hätte aufsuchen müssen. Wären dem Betriebsratsmitglied die Fahrtkosten sowieso entstanden, um sich im Betrieb zur Arbeit bereitzustellen, so sind die Fahrtkosten nicht aufgrund der Tätigkeit des Betriebsrats bzw. als Betriebsratsmitglied entstanden.[35] An diesem Kausalitätserfordernis scheitert vorliegend der Anspruch des D nicht. Denn die Sitzungen des Betriebsrats fanden montags statt, mithin an einem Tag, an welchem der D aufgrund der Lage seiner individuellen Arbeitszeit gerade nicht zur Erbringung von Arbeitsleistung verpflichtet war und deshalb nicht schon aus diesem Grund die Fahrtkosten ohnehin zu tragen hatte. 21

Fraglich ist, ob es sich bei der Teilnahme des Betriebsratsmitglieds D an den Sitzungen des Betriebsrats um erforderliche Betriebsratstätigkeit handelt. Insoweit ergibt sich insbesondere aus § 29 Abs. 2 BetrVG, dass die Teilnahme an den Sitzungen des Betriebsrats zu den gesetzlichen Aufgaben eines Betriebsratsmitglieds gehört. Hiernach beruft der Vorsitzende des Betriebsrats die Sitzungen des Betriebsrats ein (§ 29 Abs. 2 Satz 1 BetrVG). Er hat die Mitglieder des Betriebsrats zu den Sitzungen rechtzeitig unter Mitteilung der Tagesordnung zu laden (§ 29 Abs. 2 Satz 3 BetrVG). Kann ein Betriebsratsmitglied an der Sitzung nicht teilnehmen, so soll es dies unter Angabe der Gründe unverzüglich dem Vorsitzenden mitteilen (§ 29 Abs. 2 Satz 5 BetrVG). In ihrem Zusammenhang machen die vorgenannten Regelungen deutlich, dass es sich bei der Teilnahme des Betriebsratsmitglieds an den Sitzungen des Betriebsrats für D um eine erforderliche Betriebsratstätigkeit handelt. 22

Daran ändert sich auch nichts dadurch, dass die Sitzungen montags außerhalb der persönlichen Arbeitszeit des Betriebsratsmitglieds D stattfinden. Insbesondere scheitert die Erforderlichkeit der Betriebsratstätigkeit in Gestalt der Teilnahme an den Sitzungen und damit auch die Erforderlichkeit der aufgewendeten Reisekosten nicht daran, dass der D verpflichtet wäre, sich durch ein zu dieser Zeit im Betrieb sowieso anwesendes Ersatz- 23

---

29 S. BAG 17.11.2021 – 7 ABR 27/20 – juris Rn. 18; BAG 24.10.2018 – 7 ABR 23/17 – juris Rn. 12; BAG 19.4.1989 – 7 ABR 87/87 – juris Rn. 14; GK-BetrVG/*Weber*, § 40 Rn. 11 m. w. N.

30 S. BAG 23.6.2010 – 7 ABR 103/08 – juris Rn. 18; BAG 16.1.2008 – 7 ABR 71/06 – juris Rn. 13; BAG 18.1.1989 – 7 ABR 89/87 – juris Rn. 14.

31 Soweit eine Beschlussfassung des Betriebsrats notwendig ist, kommt es auf den Zeitpunkt der Beschlussfassung an.

32 S. etwa GK-BetrVG/*Weber*, § 40 Rn. 12 m. w. N.

33 S. dazu etwa BAG 7.2.2024 – 7 ABR 8/23 – juris Rn. 15; BAG 17.11.2021 – 7 ABR 27/20 – juris Rn. 18.

34 S. etwa BAG 27.7.2016 – 7 AZR 255/14 – juris Rn. 19; BAG 16.1.2008 – 7 ABR 71/06 – juris Rn. 13 m. w. N.; GK-BetrVG/*Weber*, § 40 Rn. 51.

35 S. etwa BAG 16.1.2008 – 7 ABR 71/06 – juris Rn. 13 m. w. N.

mitglied vertreten zu lassen. Der Umstand, dass der D für die Teilnahme an den Sitzungen extra von zuhause in den Betrieb anreisen muss, ist kein Verhinderungsgrund i. S. d. § 25 Abs. 1 Satz 2 BetrVG[36], der ein zeitweiliges Nachrücken des Ersatzmitgliedes, sprich eine Stellvertretung durch das Ersatzmitglied, rechtfertigen könnte.

24 Schließlich ist der Anspruch auf Kostenerstattung auch nicht davon abhängig, ob die Betriebsratssitzung aus betriebsbedingten Gründen außerhalb der persönlichen Arbeitszeit des Betriebsratsmitglieds D stattfindet. Zwar enthält § 37 Abs. 3 Satz 1 BetrVG im Zusammenhang mit dem Anspruch eines Betriebsratsmitglieds auf Freizeitausgleich die Voraussetzung, dass ein solcher arbeitgeberseits nur zu gewähren ist, wenn die Betriebsratstätigkeit aus betriebsbedingten Gründen außerhalb der persönlichen Arbeitszeit des Betriebsratsmitglieds durchzuführen ist. Diese Regelung kann jedoch nicht auf die Frage der Kostentragungspflicht übertragen werden. Sie regelt ihrem Inhalt nach nur einen Anspruch auf Freizeitausgleich für Betriebsratstätigkeit, die außerhalb der persönlichen Arbeitszeit und damit während der Freizeit des Betriebsratsmitglieds wahrzunehmen ist.[37] Über die Frage der Erstattung von getätigten Aufwendungen für erforderliche Betriebsratstätigkeit außerhalb der persönlichen Arbeitszeit sagt § 37 Abs. 3 Satz 1 BetrVG nichts aus. Diese Frage ist allein nach Maßgabe des § 40 Abs. 1 BetrVG zu beantworten.[38] Hiernach ist der Anspruch auf Kostenerstattung nicht von dem Erfordernis abhängig, dass die Sitzungen des Betriebsrats aus betriebsbedingten Gründen außerhalb der persönlichen Arbeitszeit des Betriebsratsmitglieds stattfinden.

25 Angesichts dessen, dass es sich bei der Teilnahme des Betriebsratsmitglieds D an den Sitzungen des Betriebsrats um erforderliche Betriebsratstätigkeit handelt, sind die in diesem Zusammenhang angefallenen Fahrtkosten als erforderliche Kosten nach § 40 Abs. 1 BetrVG vom Arbeitgeber zu erstatten.

III. Ergebnis

26 Der Antrag des D auf Erstattung der Fahrtkosten ist danach zulässig und begründet.

B. Teil 2

I. Anspruch von F und M auf Lohnzahlung aus § 611a Abs. 2 BGB i. V. m. dem Arbeitsvertrag

27 F und M könnten gegen die X-OHG einen Anspruch auf Lohnzahlung nach § 611a Abs. 2 BGB i. V. m. mit dem Arbeitsvertrag haben.

28 Zwischen F bzw. M und der X-OHG besteht ein Arbeitsvertrag i. S. d. § 611a BGB. Damit ist ein Anspruch auf Lohnzahlung auch für die Zeit der Seminarteilnahme entstanden.

29 Der Anspruch auf Lohnzahlung von F und M könnte aber nach Maßgabe der Regelung des § 326 Abs. 1 Satz 1 Hs. 1 BGB untergegangen sein. Nach dieser Regelung entfällt der Anspruch auf die Gegenleistung, soweit der Schuldner nach § 275 Abs. 1–3 BGB nicht zu leisten braucht.

30 Zu prüfen ist daher, ob der Anspruch der X-OHG gegen F und M auf Erbringung der Arbeitsleistung aus § 611a Abs. 1 Satz 1 BGB aufgrund von Unmöglichkeit i. S. v. § 275

---

36 S. näher zu den Anforderungen an einen Verhinderungsgrund etwa Richardi/*Thüsing*, BetrVG, § 25 Rn. 6 ff.
37 S. zur Abgrenzung zwischen § 40 Abs. 1 BetrVG und § 37 Abs. 3 Satz 1 BetrVG ausf. BAG 27.7.2016 – 7 AZR 255/14 – juris.
38 S. zum Ganzen BAG 27.7.2016 – 7 AZR 255/14 – juris Rn. 19; BAG 16.1.2008 – 7 ABR 71/06 – juris Rn. 15 f.

BGB untergegangen ist. Bei der arbeitnehmerseits geschuldeten Arbeitsleistung handelt es sich grundsätzlich[39] um eine absolute Fixschuld, deren Erbringung mit Ablauf der für die Leistung vorgesehenen Arbeitszeit nach § 275 Abs. 1 BGB unmöglich wird.[40] F und M haben während der Seminarteilnahme keine Arbeitsleistung erbracht, mit der Folge, dass für diese Zeit die Erbringung der geschuldeten Arbeitsleistung nach § 275 Abs. 1 BGB durch Zeitablauf unmöglich geworden ist. Das führt nach § 326 Abs. 1 Satz 1 Hs. 1 BGB dazu, dass der Anspruch auf die Gegenleistung– sprich der Anspruch auf Lohnzahlung für die Zeit während der Seminarteilnahme – untergeht.[41]

F und M haben daher für die Zeit der Seminarteilnahme keinen Anspruch aus § 611a 31
Abs. 2 BGB i. V. m. dem Arbeitsvertrag.

II. Anspruch von F und M auf Lohnzahlung aus §§ 37 Abs. 6 Satz 1, Abs. 2 BetrVG, 611a Abs. 2 BGB i. V. m. dem Arbeitsvertrag

Etwas anderes könnte sich jedoch aus §§ 37 Abs. 6 Satz 1, Abs. 2 BetrVG i. V. m. § 611a 32
Abs. 2 BGB und dem Arbeitsvertrag ergeben. Als Ausnahme zu § 326 Abs. 1 Satz 1 Hs. 1 BGB bestimmt § 37 Abs. 2 i. V. m. Abs. 6 Satz 1 BetrVG unter Durchbrechung des den Arbeitsvertrag prägenden konditionellen Synallagmas,[42] sprich des Prinzips des *do ut des*, dass der Arbeitnehmer seinen Vergütungsanspruch unter den dort genannten Voraussetzungen behält.[43]

Gemäß der Regelung des § 37 Abs. 2 BetrVG sind Mitglieder des Betriebsrats von ihrer 33
beruflichen Tätigkeit ohne Minderung des Arbeitsentgelts zu befreien, wenn und soweit es nach Umfang und Art des Betriebs zur ordnungsgemäßen Durchführung ihrer Aufgaben erforderlich ist. § 37 Abs. 6 Satz 1 BetrVG ordnet an, dass § 37 Abs. 2 BetrVG für die Teilnahme an Schulungs- und Bildungsveranstaltungen entsprechend gilt, soweit diese Kenntnisse vermitteln, die für die Arbeit des Betriebsrats erforderlich sind.

1. Beschlussfassung

Der Anspruch auf Freistellung ohne Minderung des Arbeitsentgelts für die Teilnahme 34
an Schulungs- und Bildungsveranstaltungen setzt nach h. M. für das einzelne Betriebsratsmitglied zunächst voraus, dass der Betriebsrat einen entsprechenden Beschluss[44] gefasst hat.[45] Der Grund hierfür liegt darin, dass es sich bei dem Schulungsanspruch aus § 37 Abs. 6 BetrVG nicht um einen individuellen Anspruch des einzelnen Betriebsratsmitglieds, sondern um einen **kollektiven Anspruch des Betriebsrats** darauf handelt, dass einem bestimmten Betriebsratsmitglied Kenntnisse vermittelt werden, die für die Arbeit des Gremiums erforderlich sind.[46] Der kollektive Anspruchscharakter zeigt sich auch darin, dass der Betriebsrat nach § 37 Abs. 6 S. 3–6 BetrVG bei der Festlegung der zeitlichen Lage der Teilnahme an Schulungs- und Bildungsveranstaltungen die betriebli-

39 Bei der Geltung eines flexiblen Arbeitszeitmodells (z. B. in Gestalt von Gleitzeitarbeit oder Arbeitszeitkonten) kann etwas anderes gelten.

40 Ganz h. M. s. nur ErfK/*Preis/Greiner*, § 611a BGB Rn. 762 f.; PWW/*Merten*, § 611 Rn. 80; MüKo-BGB/*Spinner*, § 611a Rn. 957.

41 Wichtig ist, dass in einer Klausur nicht unreflektiert auf den vielzitierten Grds. „ohne Arbeit kein Lohn" rekurriert wird, sondern das Entfallen des Entgeltanspruchs dogmatisch sauber begründet wird.

42 S. hierzu etwa MüKo-BGB/*Emmerich*, Vorb. zu § 320 Rn. 15.

43 S. BAG 12.6.2024 – 7 AZR 141/23 – juris Rn. 22; AR/*Maschmann*, § 37 BetrVG Rn. 7.

44 Zur Beschlussfassung des Betriebsrats s. § 33 BetrVG.

45 S. BAG 25.10.2023 – 7 AZR 338/22 – juris Rn. 19; BAG 18.1.2012 – 7 ABR 73/10 – juris Rn. 33; BAG 8.3.2000 – 7 ABR 11/98 – juris Rn. 14; *Preis/Greiner*, Kollektivarbeitsrecht, § 144 Rz. 1963.

46 BAG 25.10.2023 – 7 AZR 338/22 – juris Rn. 19; BAG 18.1.2012 – 7 ABR 73/10 – juris Rn. 25; *Gamillscheg*, Kollektives Arbeitsrecht, Bd. 2, § 40 9. b) (1) [S. 588] m. w. N.

chen Notwendigkeiten zu berücksichtigen sowie dem Arbeitgeber die Teilnahme und die zeitliche Lage der Schulungs- und Bildungsveranstaltung rechtzeitig bekannt zu geben hat und der Arbeitgeber – sofern er die betrieblichen Notwendigkeiten für nicht ausreichend berücksichtigt hält – die Einigungsstelle anrufen kann, deren Spruch die Einigung der Betriebsparteien ersetzt[47]. Erst mit dem Vorliegen eines Beschlusses des Betriebsrats zur Entsendung eines konkreten Betriebsratsmitglieds zu einer Schulungs- und Bildungsveranstaltung besteht für dieses Betriebsratsmitglied ein Individualanspruch gegen den Arbeitgeber, von der beruflichen Tätigkeit ohne Minderung des Arbeitsentgelts befreit zu werden.[48]
Aus dem Sachverhalt ist zu entnehmen, dass der Betriebsrat der X-OHG auf einer ordnungsgemäß einberufenen Betriebsratssitzung einstimmig über die Seminarteilnahme der Frau F und des Herrn M entschieden hat. Damit ist die Voraussetzung eines wirksamen Betriebsratsbeschlusses gegeben.

2. Erforderlichkeit

35 Weitere Voraussetzung für eine Freistellung nach § 37 Abs. 6 Satz 1 BetrVG i. V. m. § 37 Abs. 2 BetrVG ohne Minderung des Arbeitsentgelts ist, dass die Schulungs- und Bildungsveranstaltungen, an denen die Betriebsratsmitglieder teilnehmen wollen, Kenntnisse vermitteln, die für die Arbeit des Betriebsrats erforderlich sind. Die Schulung muss daher nach Gegenstand, Umfang und Auswahl der zu schulenden Person erforderlich sein.[49] Das ist der Fall, wenn sie unter Berücksichtigung der konkreten Verhältnisse im Betrieb und im Betriebsrat notwendig ist, damit der Betriebsrat seine gegenwärtigen oder in naher Zukunft anstehenden Aufgaben sach- und fachgerecht erfüllen kann. Dazu bedarf es der Darlegung eines aktuellen oder absehbaren betrieblichen oder betriebsratsbezogenen Anlasses, aus dem sich der Schulungsbedarf ergibt. Nur bei erstmals gewählten Betriebsratsmitgliedern ist ausnahmsweise auf eine nähere Darlegung der Schulungsbedürftigkeit zu verzichten, sofern es sich um die Vermittlung von Grundkenntnissen im Betriebsverfassungsrecht, im allgemeinen Arbeitsrecht oder im Bereich der Arbeitssicherheit und Unfallverhütung handelt.[50]

36 **a) Seminarteilnahme der F.** Ausgehend von den vorstehenden Grundsätzen zur Erforderlichkeit einer Schulungsveranstaltung vermittelt das von F besuchte Seminar „Soziale Sicherung – Grundlagen“[51] keine Kenntnisse, die für die Arbeit des Betriebsrats erforderlich sind. Im Unterschied zum allgemeinen Arbeitsrecht weist das Sozial- und Sozialversicherungsrecht keine engen Bezüge zu den Aufgaben des Betriebsrats nach dem Betriebsverfassungsrecht auf. Das Sozialversicherungsrecht regelt nicht das Verhältnis der Arbeitnehmer zum Arbeitgeber, sondern deren Verhältnis zum Staat in Gestalt der zur mittelbaren Staatsverwaltung gehörenden[52] Sozialversicherungsträger. Zwar hat der Betriebsrat gemäß § 80 Abs. 1 Nr. 1 BetrVG u. a. darüber zu wachen, dass die zugunsten der Arbeitnehmer geltenden Gesetze durchgeführt werden. Auch wenn dazu die arbeitgeberseits zu beachtenden sozialversicherungsrechtlichen Aufzeichnungs- und Meldepflichten gehören, rechtfertigt diese Überwachungsaufgabe nicht die Teilnahme an einem Seminar zur Einführung in das Sozialrecht und Sozialversicherungsrecht und die

---

47 S. § 36 Abs. 6 Satz 6 BetrVG.

48 BAG 25.10.2023 – 7 AZR 338/22 – juris Rn. 20; *Gamillscheg*, Kollektives Arbeitsrecht, Bd. 2, § 40 9. b) (1) [S. 588] m.w.N; *Preis/Greiner*, Kollektivarbeitsrecht, § 144 Rz. 1963; GK-BetrVG/*Weber*, § 37 Rn. 298; a. A. Richardi/*Thüsing*, BetrVG, § 37 Rn. 122 f.

49 S. *Gamillscheg*, Kollektives Arbeitsrecht, Bd. 2, § 40 9. c) (1) [S. 590].

50 S. zum Ganzen BAG 17.11.2021 – 7 ABR 27/20 – juris Rn. 17; BAG 14.1.2015 – 7 ABR 95/12 – juris Rn. 10; BAG 18.1.2012 – 7 ABR 73/10 – juris Rn. 25; BAG 12.1.2011 – 7 ABR 94/09 – juris Rn. 19; BAG 4.6.2003 – 7 ABR 42/02 – juris Rn. 11.

51 S. dazu den Fall BAG 4.6.2003 – 7 ABR 42/02 – juris.

52 S. *Maurer/Waldhoff*, VerwR-AT, § 23 Rn. 34.

diesbezüglich bedeutsamen Grundlagen. Darüber hinaus kann die Erforderlichkeit der Schulung über sozial- und sozialversicherungsrechtliche Grundkenntnisse auch nicht auf einen möglichen Beratungsbedarf betriebsangehöriger Arbeitnehmer gestützt werden. Die Beratung von Arbeitnehmern in sozialversicherungsrechtlichen Fragen gehört nicht zu den Aufgaben des Betriebsrats nach dem Betriebsverfassungsgesetz. Schließlich ist im vorliegenden Fall seitens des Betriebsrats wie auch des Betriebsratsmitglieds F nicht dargelegt worden, aufgrund welcher aktuellen oder in naher Zukunft anstehenden Fragestellungen die durch die Teilnahme an dem Sozialrechtsseminar vermittelten Kenntnisse für die sach- und fachgerechte Erfüllung der Betriebsratsaufgaben erforderlich gewesen sein könnten. Ohne einen konkreten betriebsbezogenen Anlass ist die Vermittlung allgemeiner Grundkenntnisse des Sozial- und Sozialversicherungsrechts jedoch nicht erforderlich im Sinne von § 37 Abs. 6 BetrVG.

Damit ist bezogen auf das von F besuchte Seminar die Erforderlichkeit i. S. v. § 37 Abs. 6 **37** BetrVG zu verneinen mit der Folge, dass F insoweit kein Anspruch auf Entgeltzahlung für den Zeitraum der Teilnahme an dem Seminar nach § 37 Abs. 6 BetrVG i. V. m. § 37 Abs. 2 BetrVG zusteht.

b) Seminarteilnahme des M. Anders ist die Rechtslage im Hinblick auf die Teilnahme **38** des Betriebsratsmitglieds M an dem Seminar „Mitbestimmung des Betriebsrats bei personellen Einzelmaßnahmen" zu beurteilen. Wiederum ausgehend von den einleitend dargestellten Grundsätzen zum Begriff der Erforderlichkeit i. S. v. § 37 Abs. 6 BetrVG ergibt sich die Notwendigkeit für die Teilnahme an dem Seminar zumindest aus den in der Vergangenheit erfolgten Verstößen des Arbeitgebers gegen § 99 BetrVG i. V. m. § 14 Abs. 3 Satz 1 AÜG. Nach § 14 Abs. 3 Satz 1 AÜG ist der Betriebsrat des Entleiherbetriebs nach § 99 BetrVG zu beteiligen, und zwar **vor** der Übernahme eines Leiharbeitnehmers zur Arbeitsleistung. Dagegen verstößt die X-OHG, wenn sie, wie in der Vergangenheit Leiharbeitnehmer einsetzt, ohne den Betriebsrat darüber vorher zu informieren. Damit ist die Schulungsveranstaltung, an der M teilgenommen hat, vor dem Hintergrund eines aktuellen Anlasses im Betrieb gerechtfertigt, wie dies von der Rspr. des BAG grundsätzlich vorausgesetzt wird.[53]

3. Ergebnis

Danach hat M für die Zeit der Teilnahme an dem Mitbestimmungsseminar auf der **39** Grundlage des § 37 Abs. 6 Satz 1, Abs. 2 BetrVG i. V. m. § 611a Abs. 2 BGB und dem Arbeitsvertrag einen Anspruch auf Fortzahlung seines Arbeitsentgelts. Die X-OHG durfte insoweit das Gehalt des M nicht kürzen. Für F besteht kein Anspruch auf Zahlung des Arbeitsentgelts für die Zeit der Teilnahme an der Schulung.

Zur Wiederholung und Vertiefung:

Zur Kostenerstattung nach § 40 BetrVG: BAG 13.6.2007 – 7 ABR 62/06 – juris – Fahrtkosten für freigestelltes Betriebsratsmitglied
Zu Schulungs- und Bildungsveranstaltungen des Betriebsrats: BAG 7.2.2024 – 7 ABR 8/23 – juris – Beurteilungsspielraum des Betriebsrats im Hinblick auf das Schulungsformat (Präsenz oder Webinar); BAG 18.1.2012 – 7 ABR 73/10 – juris. – Erforderlichkeit einer Betriebsratsschulung; *Ante*, Aktuelle Entscheidungen zur Erforderlichkeit der Teilnahme von Betriebsratsmitgliedern an Schulungsveranstaltungen

53 S. zu diesem Erfordernis etwa BAG 18.1.2012 – 7 ABR 73/10 – juris Rn. 25; BAG 12.1.2011 – 7 ABR 94/09 – juris Rn. 19; BAG 4.6.2003 – 7 ABR 42/02 –juris Rn. 11. Je stärker ein Schulungsthema der Vermittlung von Kenntnissen dient, die ein Betriebsrat aufgrund betriebsbedingter Fallgestaltungen stets benötigt, desto geringer sind die Anforderungen, die an den betriebsbezogenen Schulungsanlass zu stellen sind, vgl. BAG 20.12.1995 – 7 ABR 14/95 – juris Rn. 23.

und damit verbundener Kosten, NZA-RR 2024, 393 ff.; *Gamillscheg*, Kollektives Arbeitsrecht, Bd. 2, § 40 9. [S. 586 ff.].
Zur Zulässigkeitsprüfung im arbeitsgerichtlichen Verfahren: etwa *Hromadka/ Maschmann*, Bd. 2, § 21 und den Überblick bei *Dütz/Thüsing*, Arbeitsrecht, Rn. 1060 ff.

Fall 2[1]

Sachverhalt Fall 2

Die Arbeitgeberin X-GmbH betreibt ein Entsorgungsunternehmen mit mehreren Betrieben. Sie ist Mitglied im Verband der deutschen Entsorgungswirtschaft und an die von diesem Arbeitgeberverband unter anderem geschlossenen Lohntarifverträge gebunden. Zum Unternehmen der X-GmbH gehört auch der Betrieb B mit Sitz in Ulm, in dem ein Betriebsrat besteht.
Die X-GmbH hatte den Betrieb B zu Beginn des Jahres 2022 von der Y-AG, ebenfalls Mitglied im Verband der deutschen Entsorgungswirtschaft, im Wege einer umwandlungsrechtlichen Abspaltung übernommen. Der Betrieb B wurde von der X-GmbH ohne jede organisatorische Änderung als selbstständiger Betrieb fortgeführt. Zwischen der Y-AG und dem Betriebsrat des Betriebs B war im März 1999 eine Betriebsvereinbarung über ein „System von Prämienregelungen (BV-Prämien)" geschlossen worden. Die BV-Prämien sah Prämienzahlungen für ununterbrochene Anwesenheit, unfallfreies Fahren und Arbeiten sowie die betriebliche Ordnung respektierendes Verhalten vor. Ihrem persönlichen Anwendungsbereich nach galt die BV-Prämien für alle gewerblichen Arbeitnehmer. Eine Regelung über die Möglichkeit der Kündigung enthielt die BV-Prämien nicht. Allerdings war in § 9 der BV-Prämien geregelt:

„§ 9 Ausschluss der Nachwirkung
Die Parteien sind sich darüber einig, dass eine Nachwirkung der Betriebsvereinbarung ausgeschlossen wird."

Am 24. September 2021 wurde zwischen dem Verband der deutschen Entsorgungswirtschaft und den zuständigen Gewerkschaften ein sogenannter „Verkaufs-, Abspaltungs- und Überleitungstarifvertrag (TV-Umstrukturierung)" geschlossen. Dieser Tarifvertrag – der wirksam zustande gekommen ist – hat auszugsweise folgenden Wortlaut:

„Präambel
Ziel der folgenden Regelungen ist es, soziale Standards und Rechte aus Tarifverträgen, Betriebsvereinbarungen und sonstigen Bestimmungen für die derzeit Beschäftigten in Unternehmen der Entsorgungswirtschaft auch für den Fall einer Veräußerung von Betrieben zu erhalten.
(…)

§ 7 Betriebsvereinbarungen/Gesamt-/Konzernbetriebsvereinbarungen
Für die von einer Veräußerung eines Betriebs betroffenen Arbeitnehmer behalten alle bisher bestehenden Betriebsvereinbarungen, Gesamtbetriebsvereinbarungen und Konzernbetriebsvereinbarungen sowie alle sonstigen betrieblichen Regelungen materiellen Inhalts weiterhin Gültigkeit.
(…)

§ 9 Inkrafttreten
Dieser Tarifvertrag tritt zum 27.9.2021 in Kraft."

Am 16. März 2022 rief der Geschäftsführer G der X-GmbH den Betriebsratsvorsitzenden W des Betriebs B an und erklärte in diesem Telefonat die Kündigung der BV-Prämien zum 30. Juni 2022. Auf Nachfrage des W, was die Gründe für die Kündigung

---

1 Sachverhalt angelehnt an BAG 23.1.2008 – 1 ABR 82/06 – juris.

sind, gab der G keine Auskunft. Die X-GmbH stellte die Zahlung von Prämien nach Maßgabe der BV-Prämien mit Ablauf des 30. Juni 2022 ersatzlos ein.
Der Betriebsrat des Betriebs B ist unter anderem der Auffassung, die Kündigung der BV-Prämien sei unwirksam. Es fehle bereits an einer Kündigungsregelung in der Betriebsvereinbarung selbst. Des Weiteren hätte die X-GmbH sachlicher Gründe für die Kündigung bedurft. Außerdem sei die Kündigung durch den TV-Umstrukturierung ausgeschlossen.
Demgegenüber hält die X-GmbH die Kündigung der BV-Prämien für wirksam. Darüber hinaus ist die X-GmbH der Ansicht, dass es darauf schon deshalb nicht ankomme, weil sie die BV-Prämien selbst gar nicht abgeschlossen habe und auch im Zuge der Übernahme des Betriebs B von der Y-AG nicht rechtlich wirksam an die BV-Prämien gebunden werden konnte.
Der Betriebsrat des Betriebs B begehrt vor dem Arbeitsgericht Ulm die Feststellung, dass die Regelungen der BV-Prämien über den 30. Juni 2022 hinaus weiterhin anzuwenden sind.

Mit Aussicht auf Erfolg?

Prüfungsaufbau Fall 2

A. Zulässigkeit
- **I. Rechtswegzuständigkeit**
- **II. Richtige Verfahrensart**
- **III. Sachliche Zuständigkeit**
- **IV. Örtliche Zuständigkeit**
- **V. Ordnungsgemäße Antragstellung**
- **VI. Antragsbefugnis**
- **VII. Beteiligtenfähigkeit**
- **VIII. Prozess- und Postulationsfähigkeit**
- **IX. Feststellungsinteresse**
- **X. Zwischenergebnis**

B. Begründetheit
- **I. Auswirkungen der Abspaltung auf die Betriebsvereinbarung**
- **II. Beendigung der BV-Prämien durch Kündigung**
  1. Ordnungsgemäße Kündigungserklärung
  2. Fehlende Regelung zur Kündigung in der Betriebsvereinbarung
  3. Erforderlichkeit eines Kündigungsgrundes
  4. Kündigungsfrist
  5. Entgegenstehender Tarifvertrag
     a) Wirksamer Tarifvertrag
     b) Tarifbindung und Inkrafttreten
     c) Auslegung des Tarifvertrags
  6. Zwischenergebnis
- **III. Nachwirkung**
- **IV. Ergebnis**

Lösung Fall 2

Der Antrag des Betriebsrats hat Aussicht auf Erfolg, wenn er zulässig und begründet ist. 40

A. Zulässigkeit

I. Rechtswegzuständigkeit

Zunächst müsste der Rechtsweg zu den Arbeitsgerichten eröffnet sein. Das richtet sich nach §§ 2 ff. ArbGG. Gemäß der Regelung des § 2a Abs. 1 Nr. 1 ArbGG sind die Arbeitsgerichte grds. ausschließlich zuständig für Angelegenheiten aus dem Betriebsverfassungsgesetz. Immer dann, wenn die durch das BetrVG geregelte Ordnung des Betriebes und die gegenseitigen Rechte und Pflichten der Betriebspartner als Träger dieser Ordnung im Streit sind, liegt eine Angelegenheit aus dem Betriebsverfassungsgesetz i. S. d. § 2a Abs. 1 Nr. 1 ArbGG vor.[2] Damit handelt es sich bei Streitigkeiten zwischen dem 41

2 S. nur BAG 16.7.1985 – 1 ABR 9/83 – juris Rn. 24 m. w. N. Die Zuständigkeit im Beschlussverfahren nach § 2a Abs. 1 ArbGG ist exklusiv, s. BAG 25.10.2023 – 7 AZR 338/22 – juris Rn. 38. Das Beschlussverfahren unterliegt besonderen gesetzlichen Vorgaben, mittels derer den in diesem Verfahren zu entscheidenden Fragen Rechnung getragen werden soll. So gilt nach § 83 Abs. 1 Satz 1 ArbGG – anders als im Urteilsverfahren – ein (eingeschränkter) Amtsermittlungs- und Untersuchungsgrundsatz. Außerdem werden gemäß § 2 Abs. 2 GKG für das Beschlussverfahren Gerichtskosten nicht erhoben.

Betriebsrat als betriebsverfassungsrechtlichem Organ auf der einen Seite und dem Arbeitgeber auf der anderen Seite stets um eine Angelegenheit aus dem Betriebsverfassungsgesetz.[3] Vorliegend geht es um die Frage der Wirksamkeit einer Betriebsvereinbarung bzw. der Anwendbarkeit der Regelungen einer Betriebsvereinbarung. Hierbei handelt es sich um eine Angelegenheit nach § 2a Abs. 1 Nr. 1 ArbGG. Damit ist der Rechtsweg zu den Arbeitsgerichten eröffnet.

II. Richtige Verfahrensart

42 Weiterhin müsste der Betriebsrat des Betriebs B die richtige Verfahrensart gewählt haben. Richtige Verfahrensart ist gemäß § 2a Abs. 2 ArbGG das Beschlussverfahren nach den §§ 80 ff. ArbGG. Von der Geltendmachung seines Begehrens im Rahmen des Beschlussverfahrens ist mangels entgegenstehender Angaben im Sachverhalt auszugehen.

III. Sachliche Zuständigkeit

43 Darüber hinaus müsste die sachliche Zuständigkeit des Arbeitsgerichts gegeben sein. Das richtet sich hier nach § 8 Abs. 1 ArbGG. Die sachliche Zuständigkeit bestimmt, welches Gericht erster Instanz zuständig ist.[4] Dies ist in der Arbeitsgerichtsbarkeit unabhängig vom Streitwert oder der Bedeutung der Sache grds. immer das Arbeitsgericht.[5] Das Arbeitsgericht ist vorliegend nach § 8 Abs. 1 ArbGG sachlich zuständig.

IV. Örtliche Zuständigkeit

44 Das angerufene Arbeitsgericht Ulm müsste weiter örtlich zuständig sein. Die örtliche Zuständigkeit richtet sich nach § 82 Abs. 1 Satz 1 ArbGG i. V. m. §§ 1, 2 ArbGG-BW[6]. Nach § 82 Abs. 1 Satz 1 ArbGG ist das Arbeitsgericht zuständig, in dessen Bezirk der Betrieb liegt. Der Betrieb B hat seinen Sitz in Ulm. Das Arbeitsgericht Ulm ist folglich nach § 82 Abs. 1 Satz 1 ArbGG i. V. m. §§ 1, 2 ArbGG-BW örtlich zuständig.

V. Ordnungsgemäße Antragstellung

45 Weiterhin müsste ein ordnungsgemäßer Antrag des Betriebsrats vorliegen. Nach § 81 Abs. 1 Hs. 1 ArbGG wird das Beschlussverfahren nur auf Antrag eingeleitet, die Antragstellung muss nach § 81 Abs. 1 Hs. 2 ArbGG schriftlich oder mündlich zur Niederschrift der Geschäftsstelle erfolgen.[7] Mangels entsprechender Angaben im Sachverhalt ist von der Einhaltung dieser Voraussetzungen auszugehen.

---

3 S. Düwell/Lipke/*Zimmermann*, ArbGG, § 2a Rn. 4.

4 S. nur Germelmann/*Prütting*, ArbGG, § 8 Rn. 4; Dütz/*Thüsing*, Arbeitsrecht, Rn. 1037.

5 Bekannt sein sollten die erstinstanzlichen Zuständigkeiten der Landesarbeitsgerichte gem. §§ 97 Abs. 2, 98 Abs. 2 ArbGG. Die zudem bestehenden abweichenden erstinstanzlichen Zuständigkeiten für bestimmte gerichtsinterne Streitigkeiten (§§ 21 Abs. 5 Satz 2, 27 Satz 2, 28 Satz 1, 43 Abs. 3 ArbGG) sowie die Ausnahme nach § 240 Nr. 5 SGB IX bezüglich Rechtsstreitigkeiten aus dem SGB IX im Geschäftsbereich des Bundesnachrichtendienstes sind dagegen wenig ausbildungsrelevant.

6 Entsprechende landesrechtliche Regelungen finden sich auch in allen anderen Bundesländern, s. Art. 2 f. ArbGOrgG Bayern, §§ 2, 3 ArbGG Saarland, §§ 13 f. GerOrgG Rheinland-Pfalz, §§ 2, 3 i. V. m. der Anlage zu § 3 ArbGGAG Hessen, § 2 i. V. m. der Anlage zu § 2 Abs. 2 ThürAGArbGG (Thüringen), § 3 Abs. 2 SächsJG (Sachsen), §§ 1, 2 ArbGG Sachsen-Anhalt, §§ 15, 21 i. V. m. der Anlage zu § 21 JustG NRW (Nordrhein-Westfalen), §§ 1 Abs. 2, 3 ArbGG Niedersachsen, § 1 Abs. 1 Nr. 1 ArbGG Bremen, § 1 ArbGGAG Hamburg, §§ 1, 2 AG ArbGG Berlin, § 2 ArbGG Brandenburg, § 6 GerStruktG Mecklenburg-Vorpommern, § 2 ArbGBezNeuEintG Schleswig-Holstein.

7 Zur Einreichung des Antrags mittels eines elektronischen Dokuments siehe § 46c ArbGG.

Ferner müsste der Antrag gemäß § 253 Abs. 2 Nr. 2 ZPO i. V. m. §§ 80 Abs. 2, 46 Abs. 2 ArbGG, § 495 ZPO hinreichend bestimmt sein.[8] Hiernach ist der Streitgegenstand so genau zu bezeichnen, dass die Streitfrage mit Rechtskraftwirkung zwischen den Beteiligten entschieden werden kann.[9] Nach dem Sachverhalt begehrt der Betriebsrat die Feststellung, dass die Regelungen der BV-Prämien über den 30. Juni 2022 hinaus weiterhin anzuwenden sind. Dadurch wird der Streitgegenstand ausreichend klar bestimmt. Es geht um die Feststellung der Fortgeltung der BV-Prämien bzw. der Nachwirkung der Regelungen dieser Betriebsvereinbarung. Der Antrag genügt somit den Anforderungen des § 253 Abs. 2 Nr. 2 ZPO. Ein ordnungsgemäßer Antrag liegt vor. 46

VI. Antragsbefugnis

Der Betriebsrat müsste weiter antragsbefugt sein. Das ist der Fall, wenn der Antragsteller durch die begehrte Entscheidung in seiner kollektivrechtlichen Rechtsposition betroffen sein kann. Das kommt regelmäßig nur dann in Betracht, wenn der Betriebsrat eigene Rechte geltend macht und die Geltendmachung nicht von vornherein gänzlich aussichtslos erscheint.[10] Der Betriebsrat darf also beispielsweise nicht reine Individualansprüche der Arbeitnehmer geltend machen.[11] 47

Vorliegend geht es dem Betriebsrat um die Wirksamkeit der BV-Prämien bzw. die (weitere) Anwendbarkeit der Regelungen der BV-Prämien, womit er ein eigenes Recht geltend macht, und zwar den aus § 77 Abs. 1 BetrVG folgenden Anspruch auf Durchführung einer Betriebsvereinbarung. Hiernach ist die Antragsbefugnis des Betriebsrats zu bejahen. 48

VII. Beteiligtenfähigkeit

Die X-GmbH und der Betriebsrat müssten beteiligtenfähig sein. Die Beteiligtenfähigkeit im Beschlussverfahren entspricht der Parteifähigkeit im Urteilsverfahren.[12] § 10 ArbGG ergänzt die Vorschrift des § 50 ZPO über die Parteifähigkeit im Zivilprozess für die beiden arbeitsgerichtlichen Verfahrensarten: Wer nach § 50 ZPO parteifähig ist, ist dies auch im arbeitsgerichtlichen Urteils- und Beschlussverfahren.[13] 49

Nach § 50 ZPO richtet sich die Parteifähigkeit nach der Rechtsfähigkeit. Die Beteiligtenfähigkeit der X-GmbH folgt mithin aus § 50 ZPO i. V. m. §§ 80 Abs. 2, 46 Abs. 2 ArbGG i. V. m. § 13 Abs. 1 GmbHG. 50

Der Betriebsrat ist nach § 10 Satz 1 Hs. 2 ArbGG beteiligtenfähig. Nach dieser Regelung sind in den Fällen des § 2a Abs. 1 Nr. 1–3f ArbGG u. a. auch die nach dem Betriebsverfassungsgesetz beteiligten Stellen beteiligtenfähig. Zu den von § 10 Satz 1 Hs. 2 ArbGG erfassten Stellen gehört, gleichsam als Paradebeispiel, auch der Betriebsrat.[14] 51

Die Regelung des § 10 ArbGG sagt nichts darüber aus, wer neben dem Antragsteller im arbeitsgerichtlichen Beschlussverfahren zu beteiligen ist. Geregelt ist ausschließ-

---

8 S. etwa BAG 23.10.2018 – 1 ABR 18/17 – juris Rn. 18; BAG 27.7.2016 – 7 ABR 16/14 – juris Rn. 13; BAG 30.5.2006 – 1 ABR 17/05 – juris Rn. 15; BAG 22.10.1985 – 1 ABR 38/83 – juris Rn. 15.

9 S. BAG 23.10.2018 – 1 ABR 18/17 – juris Rn. 18; BAG 27.7.2016 – 7 ABR 16/14 – juris Rn. 13; BAG 30.5.2006 – 1 ABR 17/05 – juris Rn. 15; BAG 3.6.2003 – 1 ABR 19/02 – juris Rn. 17.

10 S. BAG 21.3.2017 – 7 ABR 17/15 – juris Rn. 9; BAG 17.6.2009 – 7 ABR 96/07 – juris Rn. 9 m. w. N.; Düwell/Lipke/*Reinfelder*, ArbGG, § 81 Rn. 13.

11 Vgl. BAG 21.3.2017 – 7 ABR 17/15 – juris Rn. 9; BAG 23.1.2008 – 1 ABR 82/06 – juris Rn. 12.

12 S. BAG 25.8.1981 – 1 ABR 61/79 – juris Rn. 32; *Junker*, Grundkurs Arbeitsrecht, Rn. 886.

13 S. nur ErfK/*Ahrendt*, § 10 ArbGG Rn. 1.

14 S. nur Düwell/Lipke/*Dreher*, ArbGG, § 10 Rn. 17.

lich (in Ergänzung zu § 50 ZPO) die **Beteiligtenfähigkeit.** Welche Personen daneben im arbeitsgerichtlichen Beschlussverfahren zu beteiligen sind (**sog. Beteiligungsbefugnis**), ergibt sich aus § 83 Abs. 3 ArbGG. Beides ist streng voneinander zu unterscheiden (s. nur Düwell/Lipke/*Dreher*, ArbGG, § 10 Rn. 13).

VIII. Prozess- und Postulationsfähigkeit

52 Weiterhin müsste die Prozessfähigkeit der Beteiligten gegeben sein. Darunter versteht man die Fähigkeit, Prozesshandlungen wirksam vorzunehmen oder entgegenzunehmen.[15] Die Prozessfähigkeit der X-GmbH ergibt sich aus den §§ 80 Abs. 2, 46 Abs. 2 ArbGG, §§ 51 Abs. 1, 52 ZPO. Die Gesellschaft wird gemäß § 35 Abs. 1 Satz 1 GmbHG von ihrem Geschäftsführer vertreten.

53 Der Betriebsrat müsste ebenfalls prozessfähig sein. Soweit eine betriebsverfassungsrechtliche Stelle nach § 10 ArbGG für beteiligtenfähig erklärt worden ist, wird dadurch auch die Prozessfähigkeit abgedeckt, weshalb es nicht mehr, wie sonst, auf die Frage ankommt, inwieweit die Möglichkeit besteht, sich durch Verträge zu verpflichten (§ 52 ZPO).[16] Der Betriebsrat wird gem. § 26 Abs. 2 Satz 1 BetrVG durch den Betriebsratsvorsitzenden vertreten.

IX. Feststellungsinteresse

54 Vorliegend handelt es sich um einen Feststellungsantrag des Betriebsrats. Der Antrag muss daher den Anforderungen des im arbeitsgerichtlichen Beschlussverfahren über §§ 80 Abs. 2 (analog), 46 Abs. 2 ArbGG i. V. m. § 495 ZPO ebenfalls anwendbaren § 256 Abs. 1 ZPO genügen.[17] Gemäß dieser Regelung kann Gegenstand eines Feststellungsantrags nur die Feststellung des Bestehens oder Nichtbestehens eines Rechtsverhältnisses sein, woran der Antragsteller, hier der Betriebsrat, ein rechtliches Interesse haben muss.

55 Zunächst ist deshalb zu prüfen, ob der Feststellungsantrag auf das Bestehen oder Nichtbestehen eines Rechtsverhältnisses gerichtet ist. Ein Rechtsverhältnis ist jede durch die Herrschaft einer Rechtsnorm über einen konkreten Sachverhalt entstandene rechtliche Beziehung einer Person zu einer anderen Person oder zu einer Sache.[18] Die Frage des Bestehens oder Nichtbestehens einer Betriebsvereinbarung bzw. der Regelungen einer Betriebsvereinbarung stellt ein feststellungsfähiges Rechtsverhältnis i. S. d. § 256 Abs. 1 ZPO dar. Denn der Abschluss einer wirksamen Betriebsvereinbarung ist u. a. nach § 77 BetrVG mit rechtlichen Folgen für den Arbeitgeber und den Betriebsrat verbunden.

56 Weiter müsste ein besonderes Feststellungsinteresse des Betriebsrats gegeben sein. Ein rechtliches Interesse an einer alsbaldigen Feststellung des Bestehens oder Nichtbestehens eines Rechtsverhältnisses ist nur gegeben, wenn dem Recht oder der Rechtslage des Antragstellers eine gegenwärtige Gefahr der Unsicherheit droht und wenn die erstrebte richterliche Entscheidung geeignet ist, diese Gefahr zu beseitigen.[19] Das ist vorliegend

---

15 S. nur *Lüke*, Zivilprozessrecht, § 9 Rn. 5; *Rosenberg/Schwab/Gottwald*, Zivilprozessrecht, § 44 Rn. 1.

16 S. Grunsky/*Greiner*, ArbGG, § 80 Rn. 12; vgl. auch MHdB-ArbR/*Pulz*, § 392 Rn. 22.

17 S. BAG 18.1.2012 – 7 ABR 73/10 – juris Rn. 23; BAG 3.5.2006 – 1 ABR 63/04 – juris Rn. 19; Düwell/Lipke/*Reinfelder*, ArbGG, § 81 Rn. 4.

18 S. BAG 12.6.2024 – 7 AZR 141/23 – juris Rn. 18; BAG 20.1.2009 – 1 ABR 78/07 – juris Rn. 28; BAG 20.5.2008 – 1 ABR 19/07 – juris Rn. 19; BAG 3.5.2006 – 1 ABR 63/04 – juris Rn. 19.

19 S. nur BAG 20.6.2013 – 6 AZR 842/11 – juris Rn. 22; BGH 13.1.2010 – VIII ZR 351/08 – juris Rn. 12; BAG 21.7.2009 – 9 AZR 279/08 – juris Rn. 29; BGH 16.9.2008 – VI ZR 244/07 – juris Rn. 13; BGH 7.2.1986 – V ZR 201/84 – juris Rn. 12.

der Fall, denn die X-GmbH bestreitet die Fortgeltung der BV-Prämien und ihrer Regelungen über den 30. Juni 2022 hinaus.

Im Beschlussverfahren kommen verschiedene Antragsarten in Betracht:
Der Antrag kann auf Leistung – ein Tun (z. B. die Zurverfügungstellung eines Internetanschlusses für den Betriebsrat) oder ein Unterlassen (z. B. das Unterlassen der einseitigen Festlegung der Lage der Arbeitszeit durch den Arbeitgeber) – gerichtet sein. In diesen Fällen spricht man von einem sog. **Leistungsantrag.**
Weiter kommen sog. **Gestaltungsanträge** in Betracht. Bei diesen wird durch die gerichtliche Entscheidung eine bestimmte Gestaltungswirkung herbeigeführt. Beispiele hierfür sind die Anfechtung einer Betriebsratswahl (§ 19 BetrVG), der Ausschluss einzelner Mitglieder bzw. die Auflösung des gesamten Betriebsrates (§ 23 Abs. 1 BetrVG) und die Zustimmungsersetzung nach §§ 99 Abs. 4, 103 Abs. 2 Satz 1 BetrVG.
Schließlich kommen sog. **Feststellungsanträge** in Betracht. Damit wird die Feststellung des Bestehens oder Nichtbestehens eines Rechtsverhältnisses oder der Echtheit oder Unechtheit einer Urkunde begehrt, vgl. § 256 Abs. 1 ZPO. Neben dem vorliegenden Fall sei als weiteres Beispiel nur auf mögliche Streitigkeiten über das Bestehen und den Umfang von Mitbestimmungsrechten verwiesen.

X. Zwischenergebnis

Im Ergebnis ist von der Zulässigkeit des Feststellungsantrags des Betriebsrats auszugehen. 57

B. Begründetheit

Der Feststellungsantrag des Betriebsrats ist begründet, wenn die BV-Prämien über den 30. Juni 2022 hinaus fortbesteht oder jedenfalls die Regelungen der BV-Prämien über diesen Zeitpunkt hinaus nachwirken. Das wäre dann nicht der Fall, wenn die BV-Prämien bereits im Zuge der Abspaltung ihre Wirksamkeit verloren hätte[20] oder durch wirksame Kündigung der X-GmbH zum 30. Juni 2022 beendet worden ist[21] und eine Nachwirkung über diesen Zeitraum hinaus nicht in Betracht kommt. 58

I. Auswirkungen der Abspaltung auf die Betriebsvereinbarung

Das Fortbestehen der BV-Prämien über den 30. Juni 2022 hinaus wäre zu verneinen, wenn die BV-Prämien bereits im Zuge der übertragenden Umwandlung in Gestalt der Abspaltung[22] des Betriebs B von der Y-AG auf die X-GmbH im Wege der sog. partiellen Gesamtrechtsnachfolge nach Maßgabe der §§ 123 Abs. 2, 131 Abs. 1 Nr. 1 UmwG geendet hätte. 59

Nach ganz h. M. gelten Betriebsvereinbarungen jedoch auch bei dem Erwerber bzw. dem übernehmenden Rechtsträger eines Betriebs jedenfalls dann **kollektivrechtlich** 60

20 S. dazu Rn. 59 ff.
21 S. dazu Rn. 63 ff.
22 S. allgemein zur (Ab-)Spaltung *K. Schmidt*, Gesellschaftsrecht, § 13 IV. 1. a) [S. 394 ff.]; *Luther*, JURA 2009, 770 ff. (772 ff.).

fort, wenn im Zuge der Übertragung eines Betriebs die **Betriebsidentität**[23] **gewahrt** bleibt.[24] Das ist jedenfalls dann der Fall, wenn der Betrieb als Organisationseinheit ohne jede Veränderung selbstständig bei dem übernehmenden Rechtsträger fortgeführt wird.[25] Im Hinblick darauf, dass hier der Betrieb B als solcher übertragen und ohne jede organisatorische Änderung von der X-GmbH als selbstständiger Betrieb fortgeführt wurde, ist von der Wahrung der Betriebsidentität auszugehen und damit von der Fortgeltung der BV-Prämien auch nach der Übertragung des Betriebs B auf die X-GmbH.

61 Der kollektivrechtlichen Fortgeltung stand auch nicht die Regelung des § 613a Abs. 1 Satz 2 BGB entgegen. Zwar werden hiernach für den Fall eines Betriebsübergangs die Rechte und Pflichten, die in Betriebsvereinbarungen geregelt sind, Inhalt der einzelnen Arbeitsverhältnisse zwischen dem Erwerber und den Arbeitnehmern, deren Arbeitsverhältnisse übergegangen sind, sog. **Transformation**[26]. § 613a Abs. 1 BGB ist gemäß §§ 125 Abs. 1 Satz 1, 35a Abs. 2 UmwG[27] auch im Rahmen von Spaltungen anwendbar, wenn Gegenstand der Spaltung ein Betrieb ist. Allerdings stellt die Regelung des **§ 613a Abs. 1 Satz 2 BGB lediglich einen Auffangtatbestand** dar, der dann nicht zum Tragen kommen kann, wenn die Betriebsvereinbarung wegen der Wahrung der Betriebsidentität kollektivrechtlich fortbesteht.[28]

62 Hiernach endete die Betriebsvereinbarung nicht bereits durch die Abspaltung des Betriebs B von der Y-AG auf die X-GmbH.

II. Beendigung der BV-Prämien durch Kündigung

63 Die BV-Prämien könnte jedoch aufgrund der von G für die X-GmbH gegenüber W erklärten Kündigung vom 16. März 2022 mit Wirkung zum 30. Juni 2022 beendet worden sein. Das setzt die Wirksamkeit der Kündigung voraus.

1. Ordnungsgemäße Kündigungserklärung

64 Zunächst müsste überhaupt eine ordnungsgemäße Kündigungserklärung vorgelegen haben. An die Kündigungserklärung werden, wie § 77 Abs. 5 BetrVG deutlich macht, keine besonderen Anforderungen hinsichtlich der einzuhaltenden Form gestellt.[29] Damit reicht auch eine **mündliche Kündigung** aus.[30] Hier hat der G den W am 16. März 2022 angerufen und die Kündigung der BV-Prämien zum 30. Juni 2022 erklärt. Damit liegt eine ordnungsgemäße Kündigungserklärung vor.

65 Des Weiteren müsste die Kündigung als empfangsbedürftige Willenserklärung dem Betriebsrat gegenüber ausgesprochen und zugegangen sein. Nach der sog. Vernehmungs-

---

23 S. ausf. zum sehr strittigen Begriff der Betriebsidentität etwa Willemsen/Hohenstatt/Schweibert/Seibt/*Hohenstatt/Sittard*, Umstrukturierung und Übertragung von Unternehmen, D Rn. 68 ff.

24 S. nur BAG 13.8.2019 – 1 AZR 213/18 – juris Rn. 32; BAG 5.5.2015 – 1 AZR 763/13 – juris Rn. 47; BAG 29.7.2003 – 3 AZR 630/02 – juris Rn. 68; *Boecken*, Unternehmensumwandlungen und Arbeitsrecht, Rn. 156 f.; NK-GA/*Boecken*, § 324 UmwG Rn. 71; Willemsen/Hohenstatt/Schweibert/Seibt/*Hohenstatt*, Umstrukturierung und Übertragung von Unternehmen, E Rn. 3 und 6.

25 S. BAG 13.8.2019 – 1 AZR 213/18 – juris Rn. 32; BAG 5.5.2015 – 1 AZR 763/13 – juris Rn. 47; *Boecken*, Unternehmensumwandlungen und Arbeitsrecht, Rn. 156.

26 S. zur Transformation nach § 613a Abs. 1 Satz 2 nur NK-GA/*Breinlinger*, § 613a BGB Rn. 100.

27 Vormals § 324 UmwG, s. dazu etwa NK-GA/*Boecken*, § 324 UmwG Rn. 4 ff. Zu weiteren für das Arbeitsrecht bedeutsamen Änderungen des UmwG s. *Düwell*, jurisPK-ArbR 39/2022 Anm. 1.

28 S. nur BAG 5.5.2015 – 1 AZR 763/13 – juris Rn. 47; BAG 29.7.2003 – 3 AZR 630/02 – juris Rn. 68; BAG 27.7.1994 – 7 ABR 37/93 – juris Rn. 31; BAG 5.2.1991 – 1 ABR 32/90 –juris Rn. 72; aus der Literatur s. näher NK-GA/*Boecken*, § 324 UmwG Rn. 71; BeckOK ArbR/*Gussen*, § 613a BGB Rn. 191–219a. A. A. ErfK/*Preis*, § 613a BGB Rn. 113, der die Norm als lex specialis einordnet.

29 S. nur BAG 9.12.1997 – 1 AZR 319/97 –juris Rn. 71; GK-BetrVG/*Kreutz*, § 77 Rn. 415 m. w. N.

30 S. Richardi/*Richardi/Picker*, BetrVG, § 77 Rn. 220.

theorie geht eine mündlich abgegebene Willenserklärung zu, wenn der Empfänger sie vernommen, sprich wahrgenommen hat.[31] Die Vernehmungstheorie findet auch auf telefonisch abgegebene Willenserklärungen Anwendung (vgl. § 147 Abs. 1 Satz 2 BGB).[32] Von der Wahrnehmung der Kündigung durch W ist nach der Beschreibung des Geschehensablaufs im Sachverhalt auszugehen. Der W als Betriebsratsvorsitzender ist nach § 26 Abs. 2 Satz 2 BetrVG auch empfangszuständig.

2. Fehlende Regelung zur Kündigung in der Betriebsvereinbarung

Die Wirksamkeit der Kündigung zum 30. Juni 2022 könnte unter dem Gesichtspunkt fraglich sein, dass die BV-Prämien keine Regelung zu deren Kündbarkeit enthielt. Allerdings bestimmt § 77 Abs. 5 BetrVG, dass Betriebsvereinbarungen, soweit nichts anderes bestimmt ist, mit einer Frist von drei Monaten gekündigt werden können. Hieraus wird deutlich, dass ein Recht zur Kündigung in einer Betriebsvereinbarung nicht ausdrücklich geregelt werden muss, sondern betriebsverfassungsgesetzlich vorgesehen ist, sofern das Recht zur Kündigung in der Betriebsvereinbarung nicht ausgeschlossen ist. Letzteres war vorliegend nicht der Fall, sodass die BV-Prämien kündbar war. **66**

3. Erforderlichkeit eines Kündigungsgrundes

Des Weiteren könnte der Wirksamkeit der Kündigung entgegenstehen, dass der G die Kündigung ausgesprochen hat, ohne einen Grund für die Kündigung zu nennen. Entgegen der Auffassung des Betriebsrats führte die fehlende Begründung seitens der X-GmbH jedoch nicht zur Unwirksamkeit der ordentlichen Kündigung. Aus der Regelung des § 77 Abs. 5 BetrVG ergibt sich nichts dafür, dass der Arbeitgeber die ordentliche Kündigung einer Betriebsvereinbarung begründen müsste.[33] Damit war die Kündigung auch ohne Begründung wirksam. **67**

4. Kündigungsfrist

Weiterhin könnte der Beendigung der Betriebsvereinbarung zum 30. Juni 2022 entgegenstehen, dass die nach § 77 Abs. 5 BetrVG maßgebende Kündigungsfrist von drei Monaten nicht eingehalten wurde. Die Fristberechnung bestimmt sich nach den §§ 187 Abs. 1, 188 Abs. 2 BGB.[34] Nach § 187 Abs. 1 BGB wird für den Anfang einer Frist, für die ein Ereignis maßgebend ist, bei der Berechnung der Frist der Tag nicht mitgerechnet, in welchen das Ereignis fällt. Die Frist begann danach am 17. März 2022. Das Fristende richtet sich nach § 188 Abs. 2 BGB. Nach dieser Regelung endet eine Frist, die u. a. nach Monaten bestimmt ist, im Falle des § 187 Abs. 1 BGB mit dem Ablauf des letzten Monats, welcher durch seine Benennung oder seine Zahl dem Tage entspricht, in den das Ereignis oder der Zeitpunkt fällt. Die Dreimonatsfrist endete vorliegend mit Ablauf des 16. Juni 2022. Durch die Kündigung zu Ende Juni 2022 hat die X-GmbH mithin die vorgeschriebene Dreimonatsfrist beachtet. **68**

5. Entgegenstehender Tarifvertrag

Schließlich könnte die Kündigung für die X-GmbH durch die Regelung des § 7 TV-Umstrukturierung ausgeschlossen und deshalb unwirksam gewesen sein. Nach dieser tarifvertraglichen Bestimmung behalten u. a. alle vor der Veräußerung eines Betriebs bestehenden Betriebsvereinbarungen weiterhin ihre Gültigkeit. **69**

a) **Wirksamer Tarifvertrag.** Der TV-Umstrukturierung müsste wirksam zustande gekommen sein. Das ist nach den Angaben im Sachverhalt der Fall. **70**

---

31 S. nur *Boecken*, BGB-AT, Rn. 204 m. w. N.

32 S. nur *Boecken*, BGB-AT, Rn. 206.

33 Ganz h. M. BAG 26.10.1993 – 1 AZR 46/93 -juris Rn. 19 ff.; *Stoffels/Lembke*, Betriebsverfassungsrecht, § 13 Rn. 38; GK-BetrVG/*Kreutz*, § 77 Rn. 404 mit umfangreichen Nachweisen auch zur Gegenansicht.

34 S. dazu ausf. *Boecken*, BGB-AT, Rn. 691–701.

71 b) **Tarifbindung und Inkrafttreten.** Ein Ausschluss der Kündigung nach § 7 TV-Umstrukturierung könnte überhaupt nur in Betracht kommen, wenn der Tarifvertrag auf die X-GmbH anwendbar war. Nach § 3 Abs. 1 TVG sind die Mitglieder der Tarifvertragsparteien tarifgebunden. Für die Tarifgeltung ist nach § 4 Abs. 1 Satz 1 TVG im Ausgangspunkt die beiderseitige Tarifgebundenheit erforderlich. Ausnahmsweise genügt jedoch gemäß §§ 4 Abs. 1 Satz 2, 3 Abs. 2 TVG für die normative Wirkung von betriebs- und betriebsverfassungsrechtlichen Normen die alleinige Tarifbindung des Arbeitgebers. Damit erfassen die letztgenannten Normen auch sog. Außenseiter, d. h. solche Arbeitnehmer, die nicht Mitglied in der tarifschließenden Gewerkschaft sind.

72 Unabhängig von der Frage, ob hier eine beiderseitige Tarifbindung erforderlich ist, oder die alleinige Tarifbindung des Arbeitgebers für eine normative Wirkung von § 7 TV-Umstrukturierung genügt, ist zunächst zu prüfen, ob dieser Regelung überhaupt Normcharakter zukommt. Das ist nur dann der Fall, wenn es sich um eine rechtsfolgenerzeugende Regelung handelt. Daran könnten aber unter dem Gesichtspunkt Zweifel bestehen, dass § 7 TV-Umstrukturierung auch lediglich als ein deklaratorischer Hinweis auf die bestehende Rechtslage verstanden werden könnte. Letzteres hätte zur Folge, dass § 7 TV-Umstrukturierung bereits kein Normcharakter zukäme, mit der weiteren Konsequenz, dass dieser Regelung keine unmittelbare und zwingende Wirkung zugeschrieben werden könnte.

73 Unterstellt man allerdings den Normcharakter des § 7 TV-Umstrukturierung, so ist für die Frage der Anforderungen an die normative Wirkung weiter zu prüfen, um welchen Normtypus i. S. d. §§ 1 Abs. 1, 4 Abs. 1 TVG es sich handelt. Hier könnte eine **Betriebsnorm** i. S. d. §§ 1 Abs. 1, 3 Abs. 2, 4 Abs. 1 TVG gegeben sein.

74 Nach der Rspr. des BAG liegt eine Betriebsnorm vor, wenn eine Regelung nicht Inhalt eines Individualarbeitsvertrages sein kann.[35] Damit ist nicht gemeint, dass die Möglichkeit individualarbeitsvertraglicher Vereinbarungen im naturwissenschaftlichen Sinne unmöglich ist. Denn theoretisch kann nahezu jede Sachmaterie als Arbeitsbedingung im Arbeitsvertrag geregelt werden.[36] Für die Annahme einer Betriebsnorm ist es deshalb ausreichend, wenn eine individualvertragliche Regelung wegen **evident sachlogischer Unzweckmäßigkeit** ausscheidet und im Hinblick darauf eine betriebseinheitliche Regelung unabdingbar notwendig ist.[37]

75 Ausgehend von dem vorbeschriebenen Verständnis der Betriebsnorm und dem bereits oben unterstellten Normcharakter des § 7 TV-Umstrukturierung handelt es sich bei dieser Regelung um eine Betriebsnorm. Die Anordnung der Weitergeltung u. a. von Betriebsvereinbarungen für den Fall der Veräußerung eines Betriebs macht nur Sinn, wenn dadurch alle Arbeitnehmer erfasst werden und zwar unabhängig von ihrer Gewerkschaftszugehörigkeit. Folglich genügt im vorliegenden Fall die Tarifbindung des Arbeitgebers für die Anwendbarkeit des Tarifvertrags, §§ 4 Abs. 1 Satz 2, 3 Abs. 2 TVG. Aus dem Sachverhalt ergibt sich, dass die X-GmbH Mitglied des tarifvertragschließenden Verbands der deutschen Entsorgungswirtschaft ist. Hiernach war die X-GmbH an den TV-Umstrukturierung gebunden, der gemäß § 9 TV-Umstrukturierung auch vor dem Zeitpunkt der Abspaltung, und zwar mit Wirkung zum 27. September 2021, in Kraft getreten ist.

---

35 S. BAG 22.2.2012 – 4 AZR 527/10 – juris Rn. 33; BAG 26.1.2011 – 4 AZR 159/09 – juris Rn. 24 und 28; BAG 8.12.2010 – 7 ABR 98/09 – juris Rn. 37; BAG 26.4.1990 – 1 ABR 84/87 –juris Rn. 63.

36 S. BAG 22.2.2012 – 4 AZR 527/10 – juris Rn. 33; BAG 26.1.2011 – 4 AZR 159/09 – juris Rn. 24 und 28; BAG 8.12.2010 – 7 ABR 98/09 – juris Rn. 37; BAG 26.4.1990 – 1 ABR 84/87 – juris Rn. 63.

37 S. BAG 22.2.2012 – 4 AZR 527/10 – juris Rn. 33; BAG 26.1.2011 – 4 AZR 159/09 – juris Rn. 24 und 28; BAG 8.12.2010 – 7 ABR 98/09 – juris Rn. 37; BAG 26.4.1990 – 1 ABR 84/87 – juris Rn. 63.

c) **Auslegung des Tarifvertrags.** Unter Zugrundelegung der Anwendbarkeit des TV-Umstrukturierung ist durch Auslegung zu ermitteln, ob vorliegend die Kündigung der Betriebsvereinbarung zum 30. Juni 2022 durch § 7 TV-Umstrukturierung ausgeschlossen war. 76

Die Auslegung des normativen Teils eines Tarifvertrags richtet sich nach der ständigen Rspr. des BAG nach den Grundsätzen der Gesetzesauslegung.[38] Insoweit ist von dem Wortlaut der maßgebenden Bestimmungen auszugehen. Darüber hinaus sind der Wille der Tarifvertragsparteien und der mit der Regelung verfolgte Zweck zu berücksichtigen.[39] Des Weiteren kann auf die Entstehungsgeschichte der tarifvertraglichen Regelung wie auch die Tarifvertragspraxis zurückgegriffen werden.[40] 77

Hiervon ausgehend kann aus der Regelung des § 7 TV-Umstrukturierung kein Ausschluss der Kündigung von Betriebsvereinbarungen entnommen werden. Dagegen spricht bereits der Wortlaut von § 7 TV-Umstrukturierung. Diesem zufolge „behalten alle bisher bestehenden Betriebsvereinbarungen (…) weiterhin Gültigkeit". Aus diesem Wortlaut ergibt sich nichts dafür, dass Betriebsvereinbarungen unkündbar sein sollten. Auch wenn zugunsten der Auffassung des Betriebsrats ein Regelungscharakter dieser Bestimmung angenommen würde, so hat § 7 TV-Umstrukturierung lediglich die unveränderte Weitergeltung von Betriebsvereinbarungen zum Inhalt. Eine Betriebsvereinbarung, die „weiterhin Gültigkeit behalten" soll, soll durch ein bestimmtes Ereignis – hier die Veräußerung von Betrieben – ihre bestehende Geltung nicht verlieren. Sie soll in jeder Hinsicht so weitergelten, wie vor dem Zeitpunkt der Veräußerung. Mit der Anordnung der Weitergeltung sind deshalb keine inhaltlichen Veränderungen verbunden. Deshalb kann der Regelung des § 7 TV-Umstrukturierung ein Ausschluss des Rechts zur Kündigung der Betriebsvereinbarung nicht entnommen werden.[41] 78

Dieses aus dem Wortlaut folgende Verständnis wird durch Sinn und Zweck der Bestimmung bestätigt. Der TV-Umstrukturierung hat zum Ziel, die sozialen Standards und Rechte der Beschäftigten unter anderem aus bestehenden Betriebsvereinbarungen zu erhalten (siehe die Präambel). Die Arbeitnehmer sollen durch die Veräußerung ihres Betriebs keine Nachteile erfahren. Dieser Zweck fordert nicht den Ausschluss der Kündigungsmöglichkeit einer Betriebsvereinbarung. Anderenfalls würden die Arbeitnehmer in der Regel besser gestellt, als sie vor der Veräußerung ihres Betriebs standen. Denn auch vor diesem Zeitpunkt waren die Betriebsvereinbarungen grundsätzlich jederzeit fristgemäß kündbar. Im Hinblick auf das Ziel des TV-Umstrukturierung, die sozialen Standards und Rechte der Beschäftigten zu erhalten, ist deshalb in Übereinstimmung mit dem Wortlaut der Regelung ein Ausschluss des in § 77 Abs. 5 BetrVG grundsätzlich vorgesehenen Rechts zur Kündigung einer Betriebsvereinbarung zu verneinen. Hiernach stand § 7 TV-Umstrukturierung der Kündigung der BV-Prämien nicht entgegen. 79

6. Zwischenergebnis

Damit wurde die BV-Prämien wirksam zum 30. Juni 2022 gekündigt. 80

---

38 S. BAG 13.7.2021 – 3 AZR 363/20 – juris Rn. 24; BAG 11.7.2012 – 10 AZR 488/11 – juris Rn. 13; BAG 23.1.2008 – 1 ABR 82/06 – juris Rn. 17; BAG 19.9.2007 – juris Rn. 30; BAG 7.7.2004 – 4 AZR 433/03 – juris Rn. 48; BAG 21.7.1993 – 4 AZR 468/92 – juris Rn. 24.

39 BAG 13.7.2021 – 3 AZR 363/20 – juris Rn. 24; BAG 11.7.2012 – 10 AZR 488/11 – juris Rn. 13.

40 BAG 13.7.2021 – 3 AZR 363/20 – juris Rn. 24; BAG 11.7.2012 – 10 AZR 488/11 – juris Rn. 13.

41 S. zum Ganzen BAG 30.1.2008 – 1 ABR 82/06 – juris Rn. 19.

III. Nachwirkung

81 Die BV-Prämien könnte jedoch im Wege der Nachwirkung über den 30. Juni 2022 hinaus anwendbar sein. Nach § 77 Abs. 6 BetrVG gelten die Regelungen einer Betriebsvereinbarung nach ihrem Ablauf in Angelegenheiten, in denen ein Spruch der Einigungsstelle die Einigung zwischen Arbeitgeber und Betriebsrat ersetzen kann, weiter, bis sie durch eine andere Abmachung ersetzt werden. Das ist stets bei erzwingbaren Betriebsvereinbarungen der Fall. Unabhängig von der Regelung des § 77 Abs. 6 BetrVG können die Betriebspartner nach allgemeiner Auffassung über die Nachwirkung disponieren.[42] Das folgt zum einen daraus, dass die Betriebspartner, die die Gestaltungsbefugnis zur Inkraftsetzung einer Betriebsvereinbarung haben, diese auch gleichsam im Wege eines actus contrarius ersatzlos aufheben können.[43] Zum anderen ergibt sich die Dispositivität auch daraus, dass die nachwirkenden Bestimmungen jederzeit durch eine andere Abmachung ersetzt, d. h. auch bloß aufgehoben werden können.[44] Der Ausschluss der Nachwirkung kann in der Betriebsvereinbarung selbst enthalten sein.[45]

82 Ausgehend von diesen Grundsätzen ist eine Nachwirkung der BV-Prämien aufgrund der Regelung des § 9 BV-Prämien ausgeschlossen. Hier haben die X-GmbH und der Betriebsrat ausdrücklich bestimmt, dass eine Nachwirkung der Betriebsvereinbarung nicht in Betracht kommt. Deswegen spielt es vorliegend keine Rolle, ob es sich bei der BV-Prämien möglicherweise um eine teilmitbestimmte Betriebsvereinbarung handelt und inwieweit teilmitbestimmte Betriebsvereinbarungen nach Maßgabe des § 77 Abs. 6 BetrVG Nachwirkung entfalten können.

IV. Ergebnis

83 Der zulässige Feststellungsantrag des Betriebsrats ist wegen der wirksamen Kündigung der BV-Prämien und der fehlenden Nachwirkung unbegründet. Der Antrag hat daher keine Aussicht auf Erfolg.

Zur Wiederholung und Vertiefung:

Zum Beschlussverfahren: *Görzel/Schalla*, Das arbeitsgerichtliche Beschlussverfahren, BRuR 2022, 381 ff.; *Schwarze/Hartwig*, Das arbeitsgerichtliche Beschlussverfahren, JuS 2005, 988 ff.
Zur Betriebsvereinbarung: *Preis/Greiner*, Kollektivarbeitsrecht, § 148 Rz. 2077 ff.
Zur Auslegung von Tarifverträgen: BAG 13.7.2021 – 3 AZR 363/20 – juris; *Preis/Greiner*, Kollektivarbeitsrecht, § 95 Rz. 444 ff.
Zu Betriebsnormen: BAG 26.4.1990 – 1 ABR 84/87 – juris.
Zum Umwandlungsrecht: Zu arbeitsrechtlichen Fragen in Zusammenhang mit dem Umwandlungsrecht *Boecken*, Unternehmensumwandlungen und Arbeitsrecht, 1996, Rn. 7 ff.; MhdB-GesR/*Lakenberg*, § 55 Rn. 1 ff.; Allgemein zum Umwandlungsrecht und Umwandlungsgesetz *Luther*, Einführung in das Umwandlungsrecht, JURA 2009, 770 ff.; *K. Schmidt*, Gesellschaftsrecht, § 13 IV. 1. a) [S. 394 ff.]

42 S. statt aller BAG 18.2.2003 – 1 ABR 17/02 –juris Rn. 61; BAG 17.1.1995 – 1 ABR 29/94 – juris Rn. 43; BAG 9.2.1984 – 6 ABR 10/81 – juris Rn. 25; ErfK/*Kania*, § 77 BetrVG Rn. 103; *Stoffels/Lembke*, Betriebsverfassungsrecht, § 13 Rn 41.

43 So GK-BetrVG/*Kreutz*, § 77 Rn. 474.

44 S. GK-BetrVG/*Kreutz*, § 77 Rn. 474.

45 S. BAG 9.2.1984 – 6 ABR 10/81 – juris Rn. 25.

Fall 3

Sachverhalt Fall 3

Der Arbeitnehmer B ist seit dem Jahr 2012 bei der H-GmbH beschäftigt. Die H-GmbH ist ein mittelständisches Unternehmen mit 453 Arbeitnehmern, das auf dem Gebiet der Halbleitertechnik tätig ist. Ein Betriebsrat ist errichtet.
Seit Beginn seiner Tätigkeit arbeitet B im Rahmen der bei der H-GmbH bestehenden Fünftagewoche montags bis freitags in Vollzeit (40 Stunden/Woche). Der Arbeitsvertrag enthält in Ziff. 7 folgende Schriftformklausel: „Änderungen und Ergänzungen dieses Vertrags bedürfen zu ihrer Wirksamkeit der Schriftform i. S. d. § 126 BGB."
Im Jahr 2004 hat die H-GmbH für alle Arbeitnehmer und Arbeitnehmerinnen, die eine tägliche Arbeitszeit von mehr als vier Stunden haben, freiwillig einen Essensgeldzuschuss für jeden Arbeitstag in Höhe von EUR 2,50 eingeführt. Die Ausgestaltung dieses Zuschusses (insbes. der begünstigte Personenkreis, die Höhe des Zuschusses, die Anzahl der wöchentlichen Arbeitstage, für die der Zuschuss gezahlt wird, monatliche Zahlung am Monatsende zusammen mit der Vergütung) werden in einem an die Arbeitnehmer gerichteten und in regelmäßigen Abständen wiederholten Rundschreiben „Informationsblatt über einen Essensgeldzuschuss (IB-EGZ)" beschrieben. Im Übrigen wird das IB-EGZ auch jedem neu eingestellten Arbeitnehmer zusammen mit den Vertragsunterlagen ausgehändigt. Vor der Darstellung der Ausgestaltung des Essensgeldzuschusses enthält das IB-EGZ den in Fettdruck gehaltenen ausdrücklichen Hinweis, dass das Informationsblatt lediglich den Zweck verfolgt, die Arbeitnehmer über den Essensgeldzuschuss und dessen Ausgestaltung zu informieren, nicht aber eine Anspruchsgrundlage auf Leistung eines Essensgeldzuschusses darstellt. In dem IB-EGZ ist an keiner Stelle von einem „Anspruch" auf einen Essensgeldzuschuss oder der „Gewährung" eines Essensgeldzuschusses die Rede. Vielmehr erschöpft sich das IB-EGZ in der bloßen Beschreibung der Bedingungen, unter denen der Essensgeldzuschuss geleistet wird.
Vor dem Hintergrund der durch die Corona-Epidemie eingetretenen wirtschaftlichen Turbulenzen auf wichtigen Absatzmärkten mit für die H-GmbH verbundenen nachhaltigen Umsatzeinbrüchen wird im Jahr 2024 von der Geschäftsführung des Unternehmens ein umfassendes Sparprogramm durchgeführt. Dazu gehört auch der am 15. Juni 2024 zwischen der H-GmbH und dem Betriebsrat erfolgte Abschluss einer „Betriebsvereinbarung zum Essensgeldzuschuss (BV-EGZ)". In der schriftlich niedergelegten Betriebsvereinbarung wird die Leistung eines Essensgeldzuschusses anstelle des bisherigen IB-EGZ im Einzelnen neu geregelt und unter Hinweis auf die wirtschaftlich schwierige Lage des Unternehmens in Ziff. 2 festgelegt, dass die Höhe des Essensgeldzuschusses für Arbeitnehmer und Arbeitnehmerinnen mit einer täglichen Arbeitszeit von mehr als vier Stunden ab 1. September 2024 für jeden Arbeitstag EUR 1,50 beträgt.
Der Arbeitnehmer B ist mit der Reduzierung der Höhe des Essensgeldzuschusses nicht einverstanden. Seiner Ansicht nach ist dessen Absenkung durch die BV-EGZ unwirksam. B verlangt von der H-GmbH über den 31. August 2024 hinaus die Zahlung eines Essensgeldzuschusses i. H. v. EUR 2,50.

Besteht dieser Anspruch?

Prüfungsaufbau Fall 3

Anspruch des B gegen die H-GmbH auf Zahlung eines Essengeldzuschusses i. H. v. EUR 2,50

I. Anspruch auf Zahlung eines Essensgeldzuschusses i. H. v. EUR 2,50 aus § 611a BGB i. V. m. einer Gesamtzusage

1. Arbeitsverhältnis zwischen B und der H-GmbH
2. Gesamtzusage der H-GmbH
   a) Ausgangspunkt
   b) Begriff, Voraussetzungen und Wirkung der Gesamtzusage
   c) Zur Begründung eines Anspruchs des B auf Zahlung eines Essensgeldzuschusses i. H. v. EUR 2,50 durch Gesamtzusage
3. Ergebnis

II. Anspruch auf Zahlung eines Essensgeldzuschusses i. H. v. EUR 2,50 aus § 611a BGB i. V. m. betrieblicher Übung

1. Ausgangspunkt
2. Arbeitsverhältnis zwischen B und der H-GmbH
3. Entstehung einer betrieblichen Übung über die Gewährung eines Essensgeldzuschusses
   a) Begriff, Voraussetzungen und Wirkung der betrieblichen Übung
   b) Zur Begründung eines Anspruchs des B auf Zahlung eines Essensgeldzuschusses i. H. v. EUR 2,50 aufgrund betrieblicher Übung
      aa) Entstehung der betrieblichen Übung
         (1) Vorliegen eines gleichförmigen und wiederholten Verhaltens der H-GmbH
         (2) Schützenswertes Vertrauen der begünstigten Arbeitnehmer in die Begründung eines Anspruchs auf den Essensgeldzuschuss
         (3) Bestehen der betrieblichen Praxis der Zahlung des Essensgeldzuschusses über eine für die Entstehung einer betrieblichen Übung maßgebliche Dauer
         (4) Fehlen von Hinderungsgründen für die Entstehung einer betrieblichen Übung
      bb) Erfüllung der Voraussetzungen für einen Anspruch des B auf den Essensgeldzuschuss aus betrieblicher Übung
   c) Ergebnis
4. Ablösung des vertraglichen Anspruchs des B aus § 611a BGB i. V. m. betrieblicher Übung nach Maßgabe des IB-EGZ durch die BV-EGZ
   a) Ablösung nach den Grundsätzen des sog. kollektiven Günstigkeitsvergleichs
      aa) Ausgangspunkt
      bb) Grundsätze des kollektiven Günstigkeitsvergleichs
      cc) Nichtvorliegen der Voraussetzungen des kollektiven Günstigkeitsvergleichs im vorliegenden Fall
   b) Ablösung aufgrund Vereinbarung der Betriebsvereinbarungsoffenheit der betrieblichen Übung
      aa) Ausgangspunkt
      bb) Anforderungen an die Vereinbarung der Betriebsvereinbarungsoffenheit vertraglicher Regelungen
      cc) Ablösung des Anspruchs des B aus § 611a BGB i. V. m. betrieblicher Übung durch die BV-EGZ
   c) Ergebnis

Lösung Fall 3

Anspruch des B gegen die H-GmbH auf Zahlung eines Essensgeldzuschusses i. H. v. EUR 2,50

I. Anspruch auf Zahlung eines Essensgeldzuschusses i. H. v. EUR 2,50 aus § 611a BGB i. V. m. einer Gesamtzusage

1. Arbeitsverhältnis zwischen B und der H-GmbH

84 Zunächst ist zu prüfen, ob zwischen B und der H-GmbH ein wirksames Arbeitsverhältnis i. S. d. § 611a BGB[1] besteht. Das ist der Fall. Aus dem Sachverhalt geht hervor, dass der B seit dem Jahr 2012 auf der Grundlage eines zwischen den Parteien geschlossenen Arbeitsvertrags im Rahmen eines Arbeitsverhältnisses bei der H-GmbH beschäftigt ist.

2. Gesamtzusage der H-GmbH

85 a) **Ausgangspunkt.** Der Anspruch des B auf Zahlung eines Essensgeldzuschusses i. H. v. EUR 2,50 könnte auf der Grundlage einer Gesamtzusage beruhen. Das ist der Fall, wenn die H-GmbH die Vereinbarung eines Essensgeldzuschusses im Wege einer Gesamtzusage versprochen hat.

86 b) **Begriff, Voraussetzungen und Wirkung der Gesamtzusage.** Nach der ständigen Rspr. des BAG ist eine Gesamtzusage die an alle Arbeitnehmer des Betriebs oder einen nach abstrakten Merkmalen bestimmten Teil von ihnen in allgemeiner Form gerichtete Erklärung des Arbeitgebers, jedem Arbeitnehmer, der die arbeitgeberseits abstrakt festgelegten Voraussetzungen erfüllt, eine bestimmte Leistung zu gewähren.[2] Der Arbeitnehmer erwirbt einen vertraglichen Anspruch auf diese Leistung, wenn er die vom Arbeitgeber genannten Anspruchsvoraussetzungen erfüllt, und zwar ohne dass es einer gesonderten Erklärung der Annahme des in der arbeitgeberseitigen Zusage enthaltenen Angebots bedarf.[3] Nach der Rspr. des BAG werden Gesamtzusagen bereits dann wirksam, wenn sie gegenüber den Arbeitnehmern in einer allgemeinen Form verlautbart werden, die den einzelnen Arbeitnehmer typischerweise in die Lage versetzt, von der Erklärung Kenntnis zu nehmen.[4] Insoweit ist für die erforderliche Verbreitung in allgemeiner Form die Bekanntmachung der rechtsgeschäftlichen Leistungsverpflichtung etwa durch Rundschreiben, Aushänge, Personalinformationen oder vergleichbaren Hausmitteilungen typisch.[5] Gesamtzusagen sind als „typisierte Willenserklärungen" nach objektiven, vom Einzelfall unabhängigen Kriterien auszulegen, maßgeblich ist der objektive Erklärungsinhalt aus der Sicht des Empfängers.[6] Hiernach ist die Gesamtzu-

1 § 611a BGB beschreibt den Inhalt des Arbeitsvertrags, der regelmäßig Rechtsgrund für die Begründung eines Arbeitsverhältnisses i. S. einer schuldrechtlichen Rechtsbeziehung zwischen Arbeitgeber und Arbeitnehmer ist, s. zur Abgrenzung nur NK-GA/*Schöne*, § 611a BGB Rn. 1 ff.

2 BAG 29.4.2025 – 9 AZR 37/24 – juris Rn. 27; BAG 15.5.2012 – 3 AZR 610/11 – juris Rn. 51; BAG 19.5.2005 – 3 AZR 660/03 – juris Rn. 25; BAG 15.2.2005 – 9 AZR 116/04 – juris Rn. 58.

3 BAG 21.5.2025 – 10 AZR 121/24 – juris Rn. 12; BAG 29.4.2025 – 9 AZR 37/24 – juris Rn. 28; BAG 15.5.2012 – 3 AZR 610/11 – juris Rn. 51; s. auch BAG 10.12.2002 – 3 AZR 92/02 – juris Rn. 38, wonach ein Zugang der Annahmeerklärung der Arbeitnehmer nach § 151 BGB entbehrlich ist, da dies nach der Verkehrssitte nicht zu erwarten ist.

4 BAG 29.4.2025 – 9 AZR 37/24 – juris Rn. 28; BAG 15.5.2012 – 3 AZR 610/11 – juris Rn. 51; BAG 24.1.2006 – 3 AZR 583/04 – juris Rn. 36.

5 S. z. B. BAG 24.1.2006 – 3 AZR 583/04 – juris Rn. 36; BAG 10.12.2002 – 3 AZR 92/02 – juris Rn. 38; BAG 23.10.2002 – 10 AZR 48/02 – juris Rn. 39.

6 BAG 2.8.2018 – 6 AZR 28/17 – juris Rn. 17; BAG 15.5.2012 – 3 AZR 610/11 – juris Rn. 51; BAG 13.12.2011 – 3 AZR 852/09 – juris Rn. 17; BAG 17.11.2009 – 9 AZR 765/08 – juris Rn. 19; BAG 15.2.2005 – 9 AZR 116/04 – juris Rn. 58; BAG 19.1.1999 – 9 AZR 667/97 – juris Rn. 26.

sage nichts anderes als ein Vertragsangebot des Arbeitgebers, das aus seinen verlautbarten und in allgemeiner Form bekannt gemachten Erklärungen besteht, mit deren Inhalt sich der Arbeitnehmer bzw. die Arbeitnehmer einverstanden erklären.[7] Im Kern geht es also um das Vorliegen eines in allgemeiner Form gegenüber den Arbeitnehmern bekundeten rechtsgeschäftlichen Verpflichtungswillens des Arbeitgebers, zusätzliche Leistungen zu gewähren.

87 c) **Zur Begründung eines Anspruchs des B auf Zahlung eines Essensgeldzuschusses i.H.v. EUR 2,50 durch Gesamtzusage.** Unter Zugrundelegung der vorstehend beschriebenen, von der Rspr. des BAG entwickelten Grundsätze zu Begriff, Voraussetzungen und Wirkung der Gesamtzusage ist zu prüfen, ob der B aufgrund Gesamtzusage der H-GmbH einen Anspruch auf einen Essensgeldzuschuss i.H.v. EUR 2,50 erworben hat. Das ist nicht der Fall.

88 Zwar kann in dem an die Arbeitnehmer gerichteten und in regelmäßigen Abständen wiederholten Rundschreiben in Gestalt des IB-EGZ die nach der Rspr. des BAG erforderliche Bekanntmachung über die Zahlung eines Essensgeldzuschusses in allgemeiner Form gesehen werden. Dadurch werden die Arbeitnehmer, die die von der H-GmbH abstrakt festgelegten Voraussetzungen erfüllen, typischerweise in die Lage versetzt, von der Erklärung der H-GmbH Kenntnis zu nehmen. Denn die Verlautbarung einer Erklärung in allgemeiner Form kann gerade auch durch Rundschreiben erfolgen.[8]

89 Allerdings fehlt es vorliegend an dem für eine Gesamtzusage weiteren Erfordernis eines **Rechtsbindungswillens** der H-GmbH dergestalt, dass diese sich durch die Personalinformation in Form des IB-EGZ in Gestalt der Abgabe eines Angebots zur Begründung eines Anspruchs auf einen Essensgeldzuschuss unmittelbar gegenüber den Arbeitnehmern verpflichten wollte. Dagegen spricht zunächst, dass die H-GmbH mit dem IB-EGZ die für einen Essensgeldzuschuss in Betracht kommenden Arbeitnehmer über die Voraussetzungen des Essensgeldzuschusses lediglich informieren wollte, wie schon die Bezeichnung „Informationsblatt über einen Essensgeldzuschuss" als solche deutlich macht. Darüber hinaus und damit im Einklang wird das Fehlen eines Rechtsbindungswillens der H-GmbH gerade ausdrücklich dadurch bestätigt, dass in dem IB-EGZ vor der Darstellung der Voraussetzungen des Essensgeldzuschusses einleitend im Fettdruck der Hinweis aufgenommen wurde, dass mit dem IB-EGZ allein der Zweck der Information über den Essensgeldzuschuss verfolgt wird und das Informationsblatt deshalb keine Anspruchsgrundlage für die Zahlung eines Essensgeldzuschusses darstellt. Schließlich gelangt der fehlende Rechtsbindungswille der H-GmbH auch darin zum Ausdruck, dass das IB-EGZ allein von einer „beschreibenden", nicht aber „gewährenden" Wortwahl geprägt ist. Damit hat die H-GmbH die Zahlung eines Essensgeldzuschusses mangels Rechtsbindungswillens nicht im Wege einer Gesamtzusage rechtlich bindend versprochen.

3. Ergebnis

90 Der B hat keinen Anspruch auf Zahlung eines Essensgeldzuschusses i.H.v. EUR 2,50 aus § 611a BGB i.V.m. einer Gesamtzusage. Mangels Rechtsbindungswillens der H-GmbH ist ein Anspruch auf einen Essensgeldzuschuss nicht durch eine Gesamtzusage der H-GmbH begründet worden.

---

7 BAG 10.12.2002 – 3 AZR 92/02 – juris Rn. 39.

8 S. oben Rn. 86.

II. Anspruch auf Zahlung eines Essensgeldzuschusses i. H. v. EUR 2,50 aus § 611a BGB i. V. m. betrieblicher Übung

1. Ausgangspunkt

Der B könnte einen Anspruch auf Zahlung eines Essensgeldzuschusses i. H. v. EUR 2,50 aus § 611a BGB i. V. m. betrieblicher Übung haben. Das setzt voraus, dass zwischen B und der H-GmbH ein Arbeitsverhältnis besteht, in dem Betrieb der H-GmbH eine betriebliche Übung entstanden ist und der B die Voraussetzungen für einen Anspruch auf den Essensgeldzuschuss nach Maßgabe der betrieblichen Übung erfüllt. 91

2. Arbeitsverhältnis zwischen B und der H-GmbH

Der Anspruch des B auf Zahlung eines Essensgeldzuschusses i. H. v. EUR 2,50 nach § 611a BGB i. V. m. betrieblicher Übung setzt zunächst das Vorliegen eines wirksamen Arbeitsverhältnisses i. S. d. § 611a BGB voraus. Das ist der Fall.[9] 92

3. Entstehung einer betrieblichen Übung über die Gewährung eines Essensgeldzuschusses

a) **Begriff, Voraussetzungen und Wirkung der betrieblichen Übung.** Nach der ständigen Rspr. des BAG ist unter einer betrieblichen Übung im Rechtssinne ein gleichförmiges und wiederholtes Verhalten des Arbeitgebers zu verstehen, das den Inhalt der Arbeitsverhältnisse gestaltet und geeignet ist, vertragliche Ansprüche auf eine Leistung oder sonstige Vergünstigung zu begründen, wenn und soweit Arbeitnehmer aus dem Verhalten des Arbeitgebers schließen durften, ihnen werde eine entsprechende Leistung oder Vergünstigung auch künftig gewährt.[10] Für die Frage, ob sich der Arbeitgeber binden wollte oder ob er die bindende Wirkung der betrieblichen Übung erkannt hat, kommt es nicht auf die subjektiven Vorstellungen des Arbeitgebers an.[11] Entscheidend ist vielmehr, ob der Arbeitnehmer dem Verhalten des Arbeitgebers einen Verpflichtungswillen entnehmen kann.[12] Denn für das Entstehen der betrieblichen Übung genügt es, dass der Arbeitgeber objektiv den Eindruck einer bindenden Zusage und damit einen schutzwürdigen Vertrauenstatbestand gesetzt hat.[13] Mithin kommt es für das Vorliegen einer betrieblichen Übung maßgeblich darauf an, wie das stetige Verhalten des Arbeitgebers aus der Sicht der begünstigten Arbeitnehmer nach Treu und Glauben unter Berücksichtigung der Verkehrssitte zu bewerten ist.[14] 93

Das Entstehen einer betrieblichen Übung hat nach der vom BAG in ständiger Rspr. vertretenen **Vertragstheorie** zur Folge, dass für die begünstigten Arbeitnehmer vertragli- 94

---

9 S. schon oben zu Rn. 84.

10 BAG 19.9.2023 – 1 AZR 281/22 – juris Rn. 19; BAG 27.4.2022 – 4 AZR 262/21 – juris Rn. 19; BAG 19.9.2018 – 5 AZR 439/17 – juris Rn. 16; BAG 15.5.2012 – 3 AZR 610/11 – juris Rn. 56; BAG 12.12.2006 – 3 AZR 57/06 – juris Rn. 27; BAG 19.5.2005 – 3 AZR 660/03 – juris Rn. 28; BAG 29.4.2003 – 3 AZR 247/02 – juris Rn. 11; BAG 16.7.1996 – 3 AZR 352/95 – juris Rn. 21; BAG 28.10.1987 – 5 AZR 518/85 – juris Rn. 25 f.; im Bereich der betrieblichen Altersversorgung hat der Gesetzgeber die betriebliche Übung ausdrücklich als Rechtsquelle anerkannt, s. § 1b Abs. 1 Satz 4 BetrAVG.

11 BAG 19.9.2023 – 1 AZR 281/22 – juris Rn. 19; BAG 27.4.2022 – 4 AZR 262/21 – juris Rn. 19; BAG 19.9.2018 – 5 AZR 439/17 – juris Rn. 16; BAG 12.12.2006 – 3 AZR 57/06 – juris Rn. 27; BAG 19.5.2005 – 3 AZR 660/03 – juris Rn. 28; BAG 29.4.2003 – 3 AZR 247/02 – juris Rn. 11; BAG 28.10.1987 – 5 AZR 518/85 – juris Rn. 26.

12 BAG 19.9.2023 – 1 AZR 281/22 – juris Rn. 19; BAG 27.4.2022 – 4 AZR 262/21 – juris Rn. 19; BAG 19.9.2018 – 5 AZR 439/17 – juris Rn. 16; BAG 12.12.2006 – 3 AZR 57/06 – juris Rn. 27; BAG 19.5.2005 – 3 AZR 660/03 – juris Rn. 28; BAG 29.4.2003 – 3 AZR 247/02 – juris Rn. 11.

13 BAG 19.9.2023 – 1 AZR 281/22 – juris Rn. 19; BAG 27.4.2022 – 4 AZR 262/21 – juris Rn. 19; BAG 19.9.2018 – 5 AZR 439/17 – NZA 2019, 106 ff. (107) Rn. 16; BAG 30.10.1984 – 3 AZR 236/82 – juris Rn. 18.

14 BAG 19.9.2023 – 1 AZR 281/22 – juris Rn. 19; BAG 27.4.2022 – 4 AZR 262/21 – NZA 2022, 1347 ff. (1348) Rn. 19; BAG 19.9.2018 – 5 AZR 439/17 – NZA 2019, 106 ff. (107) Rn. 16; BAG 15.5.2012 – 3 AZR 610/11 – juris Rn. 57; BAG 24.6.2003 – 9 AZR 302/02 – juris Rn. 33; BAG 28.10.1987 – 5 AZR 518/85 – juris Rn. 25.

che Ansprüche auf die üblich gewordenen Leistungen begründet werden.[15] Das daraus resultierende vertragliche Schuldverhältnis kommt nach der Ansicht des BAG dadurch zustande, dass dem Verhalten des Arbeitgebers eine konkludente Willenserklärung entnommen wird, die vom Arbeitnehmer nach § 151 BGB angenommen werden kann.[16] Der trotz Vorliegens der Voraussetzungen des § 151 Satz 1 BGB auf Seiten des Arbeitnehmers erforderliche Annahmewille kann jedenfalls dann als gegeben angesehen werden, wenn der Arbeitnehmer als Erklärungsempfänger ein für ihn lediglich vorteilhaftes Angebot nicht durch eine nach außen erkennbare Willensäußerung abgelehnt hat.[17] Die betriebliche Übung gestaltet als **vertragliche Regelung mit kollektivem Charakter**[18] den Inhalt der einzelnen Arbeitsverhältnisse.[19] Die hierdurch entstehenden Ansprüche sind nicht von minderer Qualität oder etwa geringerer Bestandskraft als Ansprüche, die auf anderen vertraglichen Grundlagen beruhen.[20]

95 Nach der Rspr. des BAG verdichtet sich eine betriebliche Praxis der Gewährung von Vorteilen an die Arbeitnehmer erst nach **Ablauf einer gewissen Zeit** zu einer betrieblichen Übung.[21] Wie lange die Übung bestehen muss, damit die Arbeitnehmer berechtigt erwarten können, dass sie fortgesetzt wird, hängt davon ab, wie häufig die Leistungen oder Vergünstigungen erbracht worden sind.[22] Insoweit spielt nicht nur die Zahl der Anwendungsfälle im Verhältnis zur Belegschaftsstärke eine Rolle.[23] Darüber hinaus sind für die Frage der Verdichtung auch Art und Inhalt der Leistungen relevant.[24] In Fällen von weniger wichtigen Leistungen sind an die Zahl der Wiederholungen höhere Anforderungen zu stellen als bei bedeutsameren Leistungsinhalten.[25]

96 Ihrem Inhalt nach kann eine betriebliche Übung auf jeden Gegenstand bezogen sein, der arbeitsvertraglich in allgemeiner Form regelbar ist.[26] Bei der Bestimmung des Inhalts sind Art, Bedeutung und Begleitumstände der üblich gewordenen Leistung zu berücksichtigen.[27]

97 Der Anspruch aus einer im Betrieb bestehenden betrieblichen Übung entsteht grds. mit Eintritt in den Betrieb. Das gilt jedenfalls dann, wenn der Arbeitnehmer im Zeitpunkt des Eintritts Kenntnis von der betrieblichen Übung hat.[28] Eine im Arbeitsvertrag nieder-

---

15 BAG 21.5.2025 – 4 AZR 155/24 – juris Rn. 42; BAG 19.9.2023 – 1 AZR 281/22 – juris Rn. 19; BAG 27.4.2022 – 4 AZR 262/21 – juris Rn. 19; BAG 19.9.2018 – 5 AZR 439/17 – juris Rn. 16; BAG 15.5.2012 – 3 AZR 610/11 – juris Rn. 56; BAG 5.8.2009 – 10 AZR 483/08 – juris Rn. 11; BAG 24.6.2003 – 9 AZR 302/02 – juris Rn. 33; BAG 28.10.1987 – 5 AZR 518/85 – juris Rn. 25. Nach a. A. ist die betriebliche Übung Ausfluss einer Vertrauenshaftung des Arbeitgebers, die auf der Grundlage des sich aus § 242 BGB ergebenden Verbots des *venire contra factum proprium* Verpflichtungen begründet, s. grdl. *Canaris*, Vertrauenshaftung, 254 ff. und 372 ff.; s. auch MHdB-ArbR/*Fischinger*, § 10 Rn. 11; MüKo-BGB/*Schubert*, § 242 BGB Rn. 543 f.

16 BAG 21.5.2025 – 4 AZR 155/24 – juris Rn. 42; BAG 19.9.2023 – 1 AZR 281/22 – juris Rn. 19; BAG 27.4.2022 – 4 AZR 262/21 – juris Rn. 19; BAG 19.9.2018 – 5 AZR 439/17 – juris Rn. 16; BAG 15.5.2012 – 3 AZR 610/11 – juris Rn. 56; BAG 15.2.2011 – 3 AZR 35/09 – juris Rn. 88; BAG 30.7.2008 – 10 AZR 606/07 – juris Rn. 27.

17 BAG 15.5.2012 – 3 AZR 610/11 – juris Rn. 56; vgl. auch BGH 12.10.1999 – XI ZR 24/99 – juris Rn. 15.

18 S. BAG 21.5.2025 – 4 AZR 155/24 – juris Rn. 46; BAG 26.4.2022 – 9 AZR 367/21 – juris Rn. 34; BAG 18.7.2017 – 9 AZR 850/16 – juris Rn. 22; BAG 12.12.2006 – 3 AZR 57/06 – juris Rn. 40; zum kollektiven Charakter der betrieblichen Übung s. noch folgend in Rn. 111 und 112 sowie Rn. 116.

19 BAG 28.10.1987 – 5 AZR 518/85 – juris Rn. 25.

20 BAG 18.3.2009 – 10 AZR 281/08 – juris Rn. 13; BAG 29.4.2003 – 3 AZR 247/02 – juris Rn. 15.

21 BAG 15.5.2012 – 3 AZR 610/11 – juris Rn. 58.

22 BAG 15.5.2012 – 3 AZR 610/11 – juris Rn. 58.

23 BAG 15.5.2012 – 3 AZR 610/11 – juris Rn. 58.

24 BAG 15.5.2012 – 3 AZR 610/11 – juris Rn. 58.

25 BAG 15.5.2012 – 3 AZR 610/11 – juris Rn. 58.

26 BAG 24.6.2003 – 9 AZR 302/02 – juris Rn. 33.

27 BAG 29.4.2003 – 3 AZR 247/02 – juris Rn. 15; vgl. auch BAG 24.6.2003 – 9 AZR 302/02 – juris Rn. 33.

28 BAG 17.8.2021 – 1 AZR 175/20 – juris Rn. 42; BAG 16.7.1996 – 3 AZR 352/95 – juris Rn. 25 ff.

gelegte **einfache Schriftform** hindert die Entstehung des Anspruchs aus einer betrieblichen Übung nicht.[29] Anderes gilt im Falle einer vertraglich vereinbarten **doppelten bzw. qualifizierten Schriftform.**[30]

98 Durch einen sog. **Freiwilligkeitsvorbehalt** kann der Arbeitgeber eine vertragliche Bindung für die Zukunft aufgrund eines gleichförmigen begünstigenden Verhaltens in der Vergangenheit verhindern.[31] Insoweit muss der Arbeitgeber das Fehlen jedes Rechtsbindungswillens bei seinem Verhalten zweifelsfrei deutlich machen, d. h. der Vorbehalt muss klar und unmissverständlich kundgetan werden.[32] Der Arbeitgeber ist nicht verpflichtet, den Vorbehalt mit einem bestimmten Inhalt zu formulieren. Vielmehr genügt es, dass sich der Vorbehalt durch Auslegung des Verhaltens mit Erklärungswert ermitteln lässt.[33]

b) Zur Begründung eines Anspruchs des B auf Zahlung eines Essensgeldzuschusses i. H. v. EUR 2,50 aufgrund betrieblicher Übung

aa) Entstehung der betrieblichen Übung

99 **(1) Vorliegen eines gleichförmigen und wiederholten Verhaltens der H-GmbH.** Unter Zugrundelegung der vorstehend dargelegten Grundsätze zur Entstehung einer betrieblichen Übung, wie sie von der Rspr. des BAG entwickelt worden sind,[34] ist zunächst zu prüfen, ob die H-GmbH in der Vergangenheit ein **gleichförmiges und wiederholtes Verhalten** gezeigt hat, das bei Vorliegen auch der weiteren Voraussetzungen[35] geeignet ist, einen vertraglichen Anspruch des B auf einen Essensgeldzuschuss i. H. v. EUR 2,50 zu begründen. Das ist der Fall. Aus dem Sachverhalt geht hervor, dass die H-GmbH im Jahr 2004 für alle Arbeitnehmer, die eine tägliche Arbeitszeit von mehr als vier Stunden haben, die Zahlung eines Essensgeldzuschusses für jeden Arbeitstag i. H. v. EUR 2,50 eingeführt hat. Diese Praxis hat die H-GmbH unverändert bis August 2024 beibehalten. Erst durch die am 15. Juni 2024 geschlossene Betriebsvereinbarung „BV-EGZ", die nunmehr die Leistung eines Essensgeldzuschusses regelt, wurde festgelegt, dass die Höhe des Essensgeldzuschusses für Arbeitnehmer mit einer täglichen Arbeitszeit von mehr als vier Stunden ab dem 1. September 2024 für jeden Arbeitstag EUR 1,50 beträgt. Damit hat die H-GmbH bezogen auf die Zahlung des Essensgeldzuschusses an alle Arbeitnehmer mit einer täglichen Arbeitszeit von mehr als vier Stunden über einen Zeitraum von 20 Jahren ein gleichförmiges Verhalten gezeigt. Zugleich spiegelt die über den vorgenannten Zeitraum fortlaufend erfolgte Zahlung eines Essensgeldzuschusses an den begünstigten Personenkreis ein ständig wiederholtes Verhalten der H-GmbH wieder.

100 **(2) Schützenswertes Vertrauen der begünstigten Arbeitnehmer in die Begründung eines Anspruchs auf den Essensgeldzuschuss.** Mit dem vorbeschriebenen gleichförmigen und wiederholten Verhalten müsste die H-GmbH als weiteres Erfordernis für die Begründung eines vertraglichen Anspruchs auf einen Essensgeldzuschuss aus betrieblicher Übung einen **Vertrauenstatbestand** geschaffen haben. Das bedeutet, die begünstigten Arbeitnehmer und damit auch der B durften aus dem Verhalten der H-GmbH schließen, dass bei Erfüllung der von dieser für die Zahlung des Essensgeldzuschusses

---

29 BAG 19.9.2023 – 1 AZR 281/22 – juris Rn. 24; BAG 20.5.2008 – 9 AZR 382/07 – juris Rn. 17; BAG 24.6.2003 – 9 AZR 302/02 – juris Rn. 36; BAG 28.10.1987 – 5 AZR 518/85 – juris Rn. 36 ff.
30 S. dazu BAG 20.5.2008 – 9 AZR 382/07 – juris Rn. 18 ff.
31 BAG 15.5.2012 – 3 AZR 610/11 – juris Rn. 61; BAG 19.5.2005 – 3 AZR 660/03 – juris Rn. 29.
32 BAG 19.9.2023 – 1 AZR 281/22 – juris Rn. 19; BAG 15.5.2012 – 3 AZR 610/11 – juris Rn. 61; BAG 24.6.2003 – 9 AZR 302/02 – juris Rn. 33; BAG 28.10.1987 – 5 AZR 518/85 – juris Rn. 26.
33 BAG 19.9.2023 – 1 AZR 281/22 – juris Rn. 19; BAG 15.5.2012 – 3 AZR 610/11 – juris Rn. 61.
34 Dazu oben Rn. 93 ff.
35 S. folgend zu Rn. 100 ff.

aufgestellten Voraussetzungen nach dem Ablauf einer gewissen Zeit kraft betrieblicher Übung ein vertraglich begründeter Anspruch auf dessen Leistung besteht. Ein solches schutzwürdiges Vertrauen der begünstigten Arbeitnehmer und damit auch des B ist vorliegend gegeben. Zunächst durften die begünstigten Arbeitnehmer aufgrund der über viele Jahre geübten Praxis der Zahlung eines Essensgeldzuschusses durch die H-GmbH den Schluss ziehen und die Erwartung haben, dass die H-GmbH einen Rechtsbindungswillen hatte, den Essensgeldzuschuss auch in Zukunft an die Arbeitnehmer zu zahlen, die die Voraussetzungen für dessen Gewährung erfüllen. Darüber hinaus wurde das Vertrauen der Arbeitnehmer in eine auch zukünftig erfolgende Zahlung des Essensgeldzuschusses seitens der H-GmbH dadurch besonders verstärkt, dass diese auch nach der Einführung des Essensgeldzuschusses in regelmäßigen Abständen durch das Rundschreiben „IB-EGZ" auf die Voraussetzungen und Ausgestaltung dieser Leistung hingewiesen und damit diese Praxis im Betrieb gegenüber den Arbeitnehmern immer wieder neu kommunizierend „manifestiert" hat.

101 (3) **Bestehen der betrieblichen Praxis der Zahlung des Essensgeldzuschusses über eine für die Entstehung einer betrieblichen Übung maßgebliche Dauer.** Die von der H-GmbH geübte betriebliche Praxis der Gewährung eines Essensgeldzuschusses nach Maßgabe des IB-EGZ müsste sich zu einer betrieblichen Übung verdichtet haben. Nach der Rspr. des BAG verdichtet sich eine betriebliche Praxis der Gewährung von Vorteilen an die Arbeitnehmer erst nach **Ablauf einer gewissen Zeit** zu einer betrieblichen Übung.[36] Wie lange die betriebliche Praxis bestehen muss, damit die Arbeitnehmer berechtigt erwarten können, dass die Praxis fortgesetzt wird, hängt davon ab, wie häufig die Leistungen oder Vergünstigungen erbracht worden sind.[37] Bezogen auf laufende Leistungen der betrieblichen Altersversorgung hat das BAG in verschiedenen Entscheidungen eine Gewährung über einen Zeitraum von fünf Jahren bzw. von acht Jahren für ausreichend erachtet.[38] Auch wenn es sich bei der Zahlung des Essensgeldzuschusses nach Maßgabe des IB-EGZ im Vergleich mit Betriebsrentenzusagen nicht um eine gleichermaßen „wirtschaftlich existenzielle" Leistung handelt, wird man im Hinblick darauf, dass der Essensgeldzuschuss nicht anders als Betriebsrentenzahlungen eine laufend gewährte Leistung darstellt, eine Parallele zur Betriebsrentenrechtsprechung des BAG bezogen auf die Entstehung einer betrieblichen Übung dahingehend ziehen können, dass jedenfalls bei einem über fünf Jahre hinausgehend fortlaufend praktizierten gleichförmigen und wiederholten Verhalten eine betriebliche Übung entstanden ist. Damit hat sich hier die Essensgeldzuschusspraxis der H-GmbH spätestens nach dem Jahr 2008 zu einer betrieblichen Übung verdichtet.

102 (4) **Fehlen von Hinderungsgründen für die Entstehung einer betrieblichen Übung.** Für die Entstehung eines vertraglichen Anspruchs des B auf den Essensgeldzuschuss aus betrieblicher Übung ist über das Vorliegen eines gleichförmigen und wiederholten Verhaltens der H-GmbH[39] sowie eines schutzwürdigen Vertrauens der begünstigten Arbeitnehmer in die Begründung eines Anspruchs auf den Essensgeldzuschuss[40] weiterhin erforderlich, dass der Entstehung eines Anspruchs aus betrieblicher Übung **kein Hinderungsgrund** entgegensteht.

---

36 BAG 15.5.2012 – 3 AZR 610/11 – juris Rn. 58.

37 BAG 15.5.2012 – 3 AZR 610/11 – juris Rn. 58.

38 S. BAG 19.8.2008 – 3 AZR 194/07 – juris Rn. 26; BAG 30.10.1984 – 3 AZR 236/82 – juris Rn. 58; vgl. auch BAG 15.5.2012 – 3 AZR 610/11 – juris Rn. 58; in Fällen von jährlich gezahlten Gratifikationen wie z.B. Weihnachtsgeld geht das BAG in ständiger Rspr. von der Regel aus, dass eine dreimalige vorbehaltlose Gewährung kraft betrieblicher Übung zur Verbindlichkeit erstarkt, s. nur BAG 5.8.2009 – 10 AZR 483/08 – juris Rn. 9 m.w.N.

39 S. dazu oben Rn. 99.

40 S. oben Rn. 100.

Insoweit könnte zunächst die in Ziff. 7 des Arbeitsvertrags enthaltene **Schriftformklausel**, wonach Änderungen und Ergänzungen dieses Vertrags zu ihrer Wirksamkeit der Schriftform i. S. d. § 126 BGB bedürfen, die Entstehung eines Anspruchs aus betrieblicher Übung hindern. Bei dieser Vertragsregelung handelt es sich um eine sog. einfache Schriftformklausel.[41] Bzgl. solcher Schriftformklauseln ist allgemein anerkannt, dass diese von den Vertragsparteien jederzeit konkludent und formlos aufgehoben werden können.[42] Das ist sogar für den Fall anerkannt, dass die Vertragsparteien bei ihrer mündlichen Abrede an die Schriftform nicht gedacht haben.[43] Hiervon ausgehend kann ein vereinbartes einfaches Schriftformerfordernis auch durch eine formfreie betriebliche Übung abbedungen werden.[44] Damit steht das in Ziff. 7 des Arbeitsvertrags zwischen B und der H-GmbH geregelte einfache Schriftformgebot nicht der Entstehung eines Anspruchs des B auf den Essensgeldzuschuss aus betrieblicher Übung entgegen. 103

Der Entstehung eines Anspruchs des B auf den Essensgeldzuschuss aus betrieblicher Übung steht auch nicht entgegen, dass das IB-EGZ vor der Beschreibung der Voraussetzungen des Essensgeldzuschusses den ausdrücklichen Hinweis enthält, dass mit dem Informationsblatt lediglich der Zweck verfolgt wird, die Arbeitnehmer über den Essensgeldzuschuss und dessen Ausgestaltung zu informieren, nicht aber ein Anspruch auf Leistung begründet wird. Damit wird zwar klargestellt, dass das IB-EGZ als solches keine rechtliche Grundlage für in Gestalt eines Angebots zum Abschluss einer vertraglichen Vereinbarung über die Gewährung eines Essensgeldzuschusses darstellen soll.[45] Ein die Entstehung einer betrieblichen Übung ausschließender **Freiwilligkeitsvorbehalt** kann darin allerdings nicht gesehen werden. Insoweit bedarf es einer klaren und unmissverständlichen Kundgabe des Arbeitgebers, dass aus der Stetigkeit des arbeitgeberseitigen Vorbehalts eine in die Zukunft wirkende Bindung nicht entstehen soll.[46] Daran fehlt es vorliegend, denn der Hinweis in dem IB-EGZ beschränkt sich allein auf die Mitteilung, dass aus dem Rundschreiben als solchem kein Anspruch auf den Essensgeldzuschuss abgeleitet werden kann. 104

Schließlich ist zu prüfen, ob einem Anspruch des B auf den Essensgeldzuschuss aus betrieblicher Übung entgegensteht, dass diese Leistung nicht Gegenstand einer betrieblichen Übung sein kann. Das ist jedoch nicht der Fall. Nach der Rspr. des BAG kann eine betriebliche Übung auf jeden Gegenstand bezogen sein, der arbeitsvertraglich in allgemeiner Form regelbar ist.[47] Insoweit ist kein Grund ersichtlich, was rechtlich der vertraglichen Vereinbarung eines Essensgeldzuschusses für Arbeitnehmer mit einer mehr als vierstündigen Arbeitszeit je Arbeitstag entgegenstehen sollte. Damit kann die Leistung eines entsprechend ausgestalteten Essensgeldzuschusses auch Inhalt einer betrieblichen Übung sein. 105

bb) Erfüllung der Voraussetzungen für einen Anspruch des B auf den Essensgeldzuschuss aus betrieblicher Übung. Der B müsste die Voraussetzungen für einen Anspruch auf den Essensgeldzuschuss aus betrieblicher Übung erfüllt haben. Das setzt zunächst voraus, dass der B die für die Gewährung des Essensgeldzuschusses nach Maßgabe des IB-EGZ aufgestellten Anforderungen erfüllt. Das ist der Fall, denn der B gehört mit einer Vollzeittätigkeit von 40 Stunden/Woche und damit einer täglichen Arbeitszeit 106

41 Zur davon zu unterscheidenden doppelten Schriftformklausel s. etwa BAG 20.5.2008 – 9 AZR 382/07 – juris Rn. 18 ff.

42 S. nur BAG 19.9.2023 – 1 AZR 281/22 – juris Rn. 24; BAG 25.1.2023 – 10 AZR 109/22 – juris Rn. 30; BAG 15.5.2012 – 3 AZR 610/11 – juris Rn. 69; BAG 20.5.2008 – 9 AZR 382/07 – juris Rn. 17.

43 BAG 19.9.2023 – 1 AZR 281/22 – juris Rn. 24; BAG 15.5.2012 – 3 AZR 610/11 – juris Rn. 69.

44 BAG 19.9.2023 – 1 AZR 281/22 – juris Rn. 24; BAG 15.5.2012 – 3 AZR 610/11 – juris Rn. 69.

45 S. schon oben Rn. 87 im Zusammenhang mit dem Vorliegen einer Gesamtzusage.

46 BAG 19.9.2023 – 1 AZR 281/22 – juris Rn. 19; BAG 15.5.2012 – 3 AZR 620/11 – juris Rn. 61.

47 BAG 24.6.2003 – 9 AZR 302/02 – juris Rn. 33.

von mehr als vier Stunden zu dem Kreis der begünstigten Arbeitnehmer. Des Weiteren müsste der B auch von der betrieblichen Übung erfasst sein, obwohl er erst acht Jahre nach Einführung der Gewährung des Essensgeldzuschusses durch die H-GmbH bei dieser eingestellt worden ist. Nach der Rspr. des BAG erwirbt der Arbeitnehmer, der erst nach Entstehung der betrieblichen Übung ein Arbeitsverhältnis bei dem die Übung praktizierenden Arbeitgeber aufnimmt, die kraft betrieblicher Übung vertraglich begründete Rechtsposition im Zeitpunkt des Eintritts in das Arbeitsverhältnis, wenn er zu diesem Zeitpunkt Kenntnis von der bestehenden betrieblichen Übung hat, wobei das BAG in seiner Rspr. von dem allgemeinen Erfahrungssatz ausgeht, dass Vergünstigungen im Betrieb allgemein bekannt werden.[48] Damit kann ein Arbeitnehmer, der die Leistungsvoraussetzungen erfüllt, bereits mit dem Beginn seiner Beschäftigung bei dem Arbeitgeber von einer betrieblichen Übung erfasst werden. Hiernach ist der B mit Eintritt in das Arbeitsverhältnis bei der H-GmbH von der betrieblichen Übung erfasst und dementsprechend ein vertraglicher Anspruch auch auf den Essensgeldzuschuss begründet worden. Denn aus dem Sachverhalt lässt sich entnehmen, dass dem B im Zuge seiner Einstellung bei der H-GmbH mit den Vertragsunterlagen auch das IB-EGZ ausgehändigt wurde und er zu diesem Zeitpunkt schon auf diesem Weg Kenntnis von der Zahlung des Essensgeldzuschusses erlangt hat.

107 c) **Ergebnis.** Der B hat einen vertraglichen Anspruch auf den Essensgeldzuschuss nach Maßgabe des IB-EGZ i. H. v. arbeitstäglich EUR 2,50 aus § 611a BGB i. V. m. betrieblicher Übung erworben.

4. Ablösung des vertraglichen Anspruchs des B aus § 611a BGB i. V. m. betrieblicher Übung nach Maßgabe des IB-EGZ durch die BV-EGZ

a) Ablösung nach den Grundsätzen des sog. kollektiven Günstigkeitsvergleichs

108 aa) **Ausgangspunkt.** Möglicherweise hat der B trotz der wirksamen Entstehung eines vertraglichen Anspruchs gegen die H-GmbH auf einen arbeitstäglichen Essensgeldzuschuss i. H. v. EUR 2,50 aus § 611a BGB i. V. m. betrieblicher Übung ab 1. September 2024 nach Maßgabe von Ziff. 2 der BV-EGZ lediglich einen Anspruch auf einen arbeitstäglichen Essensgeldzuschuss i. H. v. EUR 1,50. Das wäre der Fall, wenn der auf betrieblicher Übung beruhende vertragliche Anspruch des B durch die BV-EGZ wirksam abgelöst worden ist. Insoweit könnte vorliegend eine Ablösung durch den von der Rspr. des BAG entwickelten sog. kollektiven Günstigkeitsvergleich[49] in Betracht kommen.

109 bb) **Grundsätze des kollektiven Günstigkeitsvergleichs.** Nach § 77 Abs. 4 Satz 1 BetrVG gelten Betriebsvereinbarungen unmittelbar und zwingend. Diese gesetzliche Regelung ist allerdings insofern unvollständig, als sie durch das Günstigkeitsprinzip ergänzt wird.[50] Dieses Prinzip, das zwar in § 4 Abs. 3 TVG ausdrücklich normiert ist, nicht aber im Betriebsverfassungsgesetz, ist Ausdruck eines umfassenden Grundsatzes, der unabhängig von der Art der Rechtsquelle auch außerhalb des Tarifvertragsgesetzes Geltung beansprucht.[51] Deshalb kommt das Günstigkeitsprinzip auch für das Verhältnis von Inhaltsnormen einer Betriebsvereinbarung[52] zu günstigeren vertraglichen Abreden zum

48 BAG 17.8.2021 – 1 AZR 175/20 – juris Rn. 42; BAG 15.5.2012 – 3 AZR 610/11 – juris Rn. 59.

49 S. grdl. BAG GS 16.9.1986 – GS 1/82.

50 BAG GS 16.9.1986 – GS 1/82 – juris Rn. 55; BAG 5.3.2013 – 1 AZR 417/12 – juris Rn. 55.

51 BAG GS 16.9.1986 – GS 1/82 – juris Rn. 61; BAG 5.3.2012 – 1 AZR 417/12 – juris Rn. 55; BAG 19.7.2016 – 3 AZR 134/15 – juris Rn. 44.

52 Unter Inhaltsnormen einer Betriebsvereinbarung sind jedenfalls diejenigen Bestimmungen zu verstehen, die objektives Recht für den Inhalt und für die Beendigung von Arbeitsverhältnissen schaffen, s. BAG GS 16.9.1986 – GS 1/82 – juris Rn. 57.

Tragen.[53] Das bedeutet, dass Bestimmungen einer Betriebsvereinbarung nur einseitig zwingend sind und zugunsten der Arbeitnehmer stets dispositiven Charakter haben.[54]

Für die Frage, wie das Günstigkeitsprinzip wirkt, d. h., welche Kriterien als Vergleichsmaßstab heranzuziehen sind, unterscheidet die Rspr. des BAG bezogen auf das Verhältnis von Inhaltsnormen einer Betriebsvereinbarung zu günstigeren vertraglichen Abreden zwischen dem sog. **individuellen Günstigkeitsvergleich** und dem sog. **kollektiven Günstigkeitsvergleich.**[55] Im Rahmen eines individuellen Günstigkeitsvergleichs werden jeweils einzelne Ansprüche verglichen, die den von der vertraglichen Regelung begünstigten und von der nachfolgenden (verschlechternden) Betriebsvereinbarung betreffenden Arbeitnehmern zustehen.[56] Bei der Anwendung des kollektiven Günstigkeitsvergleichs wird nur die Gesamtheit der Leistungen des Arbeitgebers, die aus einem bestimmten Anlass oder Zweck gewährt werden, vor und nach dem Abschluss einer Betriebsvereinbarung gegenübergestellt.[57] 110

Gewährt der Arbeitgeber freiwillig soziale Leistungen,[58] die auf einer vertraglichen Einheitsregelung, einer Gesamtzusage oder betrieblichen Übung beruhen, so kommt bei der Frage der Ablösung der entsprechenden vertraglichen Anspruchsgrundlage durch Betriebsvereinbarung nach der Rspr. des BAG nur ein kollektiver Günstigkeitsvergleich in Betracht.[59] Zur Begründung der Heranziehung des in diesen Fällen allein maßgeblichen kollektiven Günstigkeitsvergleichs verweist das BAG im Kern auf die inhaltlichen Besonderheiten, die vertraglich begründete Ansprüche auf freiwillig gewährte soziale Leistungen prägen, wenn diese auf vertraglicher Einheitsregelung, Gesamtzusage oder betrieblicher Übung beruhen.[60] Diese Besonderheiten bestehen wesentlich darin, dass in den vorgenannten Fällen der vertragsrechtlichen Gestaltung Ansprüche für alle Arbeitnehmer oder für eine nach bestimmten Kriterien abgrenzbare Gruppe von Arbeitnehmern des Betriebs begründet werden und die individuelle Situation des einzelnen Arbeitnehmers bei der Zusage der Leistung keine Rolle spielt.[61] Bei der Begründung von Ansprüchen durch vertragsrechtliche Gestaltungen der hier in Rede stehenden Art werden die begünstigten Arbeitnehmer durch allgemeine Vertragsbedingungen zusammengefasst, insoweit spricht das BAG von vertraglichen Ansprüchen mit kollektivem Bezug.[62] Der kollektive Bezug spiegelt sich nach Ansicht des BAG auch in den Gründen wieder, die den Arbeitgeber als Vertragspartei zur umstrukturierenden Änderung von durch vertragliche Einheitsregelung, Gesamtzusage oder betriebliche Übung geschaffe- 111

53 BAG GS 16.9.1986 – GS 1/82 – juris Rn. 62; BAG 5.3.2013 – 1 AZR 417/12 – juris Rn. 55; BAG 19.7.2016 – 3 AZR 134/15 – juris Rn. 44.

54 BAG GS 16.9.1986 – GS 1/82 – juris Rn. 62.

55 Grdl. BAG GS 16.9.1986 – GS 1/82 – juris Rn. 71 ff.; s. zu dieser Unterscheidung aus der Lit. nur ErfK/*Kania*, § 77 BetrVG Rn. 68, 69 und Rn. 70, 71 bis 77; NK-GA/*Schwarze*, § 77 BetrVG Rn. 47 f., Rn. 49 ff.

56 BAG GS 16.9.1986 – GS 1/82 – juris Rn. 71.

57 BAG GS 16.9.1986 – GS 1/82 – juris Rn. 71.

58 Sozialleistungen sind Leistungen des Arbeitgebers, die nicht in einem synallagmatischen Bezug zur Arbeitsleistung stehen, s. Richardi/*Richardi/Picker*, BetrVG § 87 Rn. 852, z. B. Gratifikationen, Jubiläumszuwendungen oder auch Essensgeld.

59 BAG GS 16.9.1986 – GS 1/82 – juris Rn. 71 ff., insbes. Rn. 74 ff.; zur in der Lit. verbreiteten Kritik und Ablehnung der Rechtsfigur des kollektiven Günstigkeitsvergleichs s. die Nachweise bei ErfK/*Kania*, § 77 BetrVG Rn. 82.

60 BAG GS 16.9.1986 – GS 1/82 – juris Rn. 72.

61 BAG GS 16.9.1986 – GS 1/82 – juris Rn. 72.

62 BAG GS 16.9.1986 – GS 1/82 – juris Rn. 72. Die dem einzelnen Arbeitnehmer zukommenden Leistungen bilden nach Auffassung des Großen Senats ein Bezugssystem, das auf zwei Grundentscheidungen beruht, Höhe der einzusetzenden Mittel und deren Verteilung, die nur in einem geschlossenen Bezugssystem erreichbar seien mit der Folge, dass vertragliche Ansprüche aufgrund vertraglicher Einheitsregelung, Gesamtzusage oder betrieblicher Übung einen „Kollektivbezug" haben, so BAG GS 16.9.1986 – GS 1/82 – juris Rn. 49 unter Verweis auch auf *Coester*, BB 1984, 797 (799).

nen einheitlichen Arbeitsbedingungen veranlassen.[63] Denn diese stammten nicht aus den individuellen Rechtsbeziehungen des einzelnen Arbeitnehmers zu seinem Arbeitgeber, sondern betreffen vielmehr generelle Maßstäbe, nach denen freiwillige Leistungen verteilt werden sollen.[64]

112 Vor diesem Hintergrund des kollektiven Bezugs vertraglicher Ansprüche auf freiwillig gewährte soziale Leistungen, die durch vertragliche Einheitsregelung, Gesamtzusage oder betriebliche Übung als Rechtsquellen geschaffen worden sind, können bei der Anwendung des Günstigkeitsprinzips nicht die einzelnen Zusagen und individuellen Besitzstände der Arbeitnehmer als Maßstab zugrunde gelegt werden, vielmehr kann es nur auf den wirtschaftlichen Wert der Zusage insgesamt ankommen.[65] Mithin können nach der Rspr. des BAG im Falle der Ablösung einheitlicher Vertragsregelungen in Form der hier in Rede stehenden vertragsrechtlichen Gestaltungen[66] bei der Anwendung des Günstigkeitsprinzips im Sinne eines kollektiven Günstigkeitsvergleichs allein die Vorteile oder Nachteile maßgeblich sein, die die Neuregelung für die erfassten Arbeitnehmer insgesamt zur Folge hat.[67] Sofern sich im Zuge der Umstrukturierung durch Betriebsvereinbarung die Leistungen des Arbeitgebers insgesamt nicht verringern oder sogar erweitert werden, steht das Günstigkeitsprinzip einer Ablösung nicht entgegen, auch wenn einzelne Arbeitnehmer dadurch schlechter gestellt werden sollten.[68] Vertraglich begründete Ansprüche sind vorrangig gegenüber einer nachfolgenden Betriebsvereinbarung, wenn durch die Betriebsvereinbarung der Gesamtaufwand des Arbeitgebers verringert werden soll.[69]

113 cc) **Nichtvorliegen der Voraussetzungen des kollektiven Günstigkeitsvergleichs im vorliegenden Fall.** Unter Zugrundelegung der vorstehend dargelegten Rspr. des BAG zur Ablösung von mittels vertraglicher Einheitsregelung, Gesamtzusage oder betrieblicher Übung begründeter vertraglicher Ansprüche auf freiwillig gewährte Leistungen durch umstrukturierende Betriebsvereinbarung ist der Anspruch des B auf einen arbeitstäglichen Essensgeldzuschuss i. H. v. EUR 2,50 aus betrieblicher Übung nicht mit Wirkung zum 1. September 2024 durch die BV-EGZ abgelöst worden. Der kollektive Günstigkeitsvergleich kommt im Hinblick darauf nicht zum Tragen, dass mit der Absenkung der Höhe des arbeitstäglichen Essensgeldzuschusses auf EUR 1,50 der Gesamtaufwand des Arbeitgebers für die Leistung des Essensgeldzuschusses verringert wird. Damit stellt die Neuregelung des Essensgeldzuschusses nach Maßgabe der BV-EGZ eine Verschlechterung für die begünstigten Arbeitnehmer insgesamt dar. Die BV-EGZ hat mithin nicht zur Folge, dass der Anspruch des B auf einen Essensgeldzuschuss i. H. v. EUR 2,50 ab 1. September 2024 abgelöst worden ist.

b) Ablösung aufgrund Vereinbarung der Betriebsvereinbarungsoffenheit der betrieblichen Übung

114 aa) **Ausgangspunkt.** Der vertragliche Anspruch des B auf einen arbeitstäglichen Essensgeldzuschuss i. H. v. EUR 2,50 aus § 611a BGB i. V. m. betrieblicher Übung könnte aufgrund der Vereinbarung einer betriebsvereinbarungsoffenen Gestaltung der vertraglichen Regelung des Essensgeldzuschusses mit Wirkung zum 1. September 2024 durch die BV-EGZ abgelöst worden sein. Das hätte zur Folge, dass der B ab diesem Zeitpunkt nach Ziff. 2 BV-EGZ nur noch einen Anspruch auf einen arbeitstäglichen Essensgeldzu-

63 BAG GS 16.9.1986 – GS 1/82 – juris Rn. 73.
64 BAG GS 16.9.1986 – GS 1/82 – juris Rn. 73.
65 BAG GS 16.9.1986 – GS 1/82 – juris Rn. 74.
66 Vertragliche Einheitsregelung, Gesamtzusage, betriebliche Übung.
67 BAG GS 16.9.1986 – GS 1/82 – juris Rn. 75.
68 BAG GS 16.9.1986 – GS 1/82 – juris Rn. 83.
69 BAG GS 16.9.1986 – GS 1/82 – juris Rn. 83.

schuss i. H. v. EUR 1,50 hat. Insoweit ist zu prüfen, ob die Ablösung eines vertraglichen Anspruchs aus § 611a BGB i. V. m. betrieblicher Übung durch Vereinbarung eines Vorbehalts der Abänderung durch Betriebsvereinbarung zulässig ist und bejahendenfalls die diesbezüglich maßgeblichen Voraussetzungen gegeben sind.

bb) Anforderungen an die Vereinbarung der Betriebsvereinbarungsoffenheit vertraglicher Regelungen. Nach der ständigen Rspr. des BAG können die Arbeitsvertragsparteien ihre vertraglichen Vereinbarungen dahingehend gestalten, dass diese einer Abänderung durch betriebliche Normen unterliegen.[70] Ein solcher Vorbehalt der Abänderung vertraglicher Regelungen durch nachfolgende Betriebsvereinbarung kann ausdrücklich oder bei entsprechenden Begleitumständen auch stillschweigend (konkludent) erfolgen und kommt nicht nur bei arbeitgeberseits vertragseinheitlich erteilten Zusagen in Betracht, sondern auch bei einzelvertraglichen Abreden.[71] In der jüngeren Rspr. des BAG wird die konkludente Vereinbarung eines Vorbehalts der Abänderung vertraglicher Regelungen durch betriebliche Normen schon dann angenommen, wenn der Vertragsgegenstand in Allgemeinen Geschäftsbedingungen enthalten ist und einen kollektiven Bezug hat.[72] Mit der Verwendung von Allgemeinen Geschäftsbedingungen macht nach Auffassung das BAG der Arbeitgeber für den Arbeitnehmer erkennbar deutlich, dass im Betrieb einheitliche Vertragsbedingungen gelten sollen.[73] Dem stünde eine betriebsvereinbarungsfeste Geltung der Arbeitsbedingungen entgegen.[74] Im Hinblick darauf, dass Allgemeine Geschäftsbedingungen ebenso wie Bestimmungen in einer Betriebsvereinbarung auf eine Vereinheitlichung der Regelungsgegenstände gerichtet sind, geht die Rspr. des BAG davon aus, dass aus der Sicht eines verständigen und redlichen Arbeitnehmers nicht zweifelhaft sein könne, dass es sich bei den vom Arbeitgeber gestellten Arbeitsbedingungen um solche handelt, die einer Änderung durch Betriebsvereinbarung zugänglich sind.[75] Von einer konkludenten Vereinbarung über die Abänderung vertraglicher Absprachen durch betriebliche Normen ist nach der Rspr. des BAG bei der Gewährung von freiwilligen sozialen Leistungen insbes. durch vertragliche Einheitsregelung, Gesamtzusage und betriebliche Übung auszugehen, die vertragseinheit- 115

70 BAG 24.1.2024 – 10 AZR 33/23 – juris Rn. 27; BAG 17.8.2021 – 1 ABR 50/20 – juris Rn. 58; BAG 25.5.2016 – 5 AZR 135/16 – juris Rn. 52 f.; BAG 21.8.2013 – 5 AZR 581/11 – juris Rn. 47; BAG 5.3.2013 – 1 AZR 417/12 – juris Rn. 60; s. auch schon BAG GS 16.9.1986 – GS 1/82 – juris Rn. 53; s. aus der Lit. nur ErfK/*Kania*, § 77 BetrVG Rn. 79, 80 ff.; NK-GA/Schwarze, § 77 BetrVG Rn. 52.

71 S. nur BAG 5.3.2013 – 1 AZR 417/12 – juris Rn. 60; BAG 21.8.2013 – 5 AZR 581/11 – juris Rn. 47; BAG 30.1.2019 – 5 AZR 450/17 – juris Rn. 60.

72 So die Rspr. des Ersten, Dritten, Fünften und Zehnten Senats des BAG, s. die diesbezügliche Ausgangsentscheidung des Ersten Senats in BAG 5.3.2013 – 1 AZR 417/12 – juris Rn. 60; nachfolgend etwa BAG 21.8.2013 – 5 AZR 581/11 – juris Rn. 47; BAG 25.5.2016 – 5 AZR 135/16 – juris Rn. 52; BAG 30.1.2019 – 5 AZR 450/17 – juris Rn. 60; BAG 24.1.2024 – 10 AZR 33/23 – juris Rn. 27; der Vierte Senat des BAG lehnt diesen Ansatz entschieden ab, s. BAG 11.4.2018 – 4 AZR 119/17 – juris Rn. 42 ff.; zur Kritik an diesem Ansatz aus der Lit. s. etwa ErfK/*Kania*, § 77 BetrVG Rn. 82 mit Nachweisen aus der Lit.; NK-GA/*Schwarze*, § 77 BetrVG Rn. 52; Richardi/*Richardi/Picker*, § 77 Rn. 119d ff.

73 S. nur BAG 5.3.2013 – 1 AZR 417/12 – juris Rn. 60; BAG 21.8.2013 – 5 AZR 581/11 – juris Rn. 47; BAG 25.5.2016 – 5 AZR 135/16 – juris Rn. 52; BAG 30.1.2019 – 5 AZR 450/17 – juris Rn. 60; BAG 13.10.2020 – 3 AZR 410/19 – juris Rn. 66.

74 So BAG 5.3.2013 – 1 AZR 417/12 – juris Rn. 60 verbunden mit dem Hinweis, dass ansonsten die Änderung und Umgestaltung von betriebseinheitlich gewährten Leistungen nur durch den Ausspruch von Änderungskündigungen möglich wäre; ebenso nachfolgend etwa BAG 25.5.2016 – 5 AZR 135/16 – juris Rn. 52; BAG 30.1.2019 – 5 AZR 450/17 – juris Rn. 60.

75 S. nur BAG 13.10.2020 – 3 AZR 410/19 – juris Rn. 66; BAG 30.1.2019 – 5 AZR 450/17 – juris Rn. 60; BAG 25.2.2016 – 5 AZR 135/16 – juris Rn. 52; BAG 21.8.2013 – 5 AZR 581/11 – juris Rn. 47; BAG 5.3.2013 – 1 AZR 417/12 – juris Rn. 60.

lich durch Allgemeine Geschäftsbedingungen ausgestaltet sind[76] und einen kollektiven Bezug haben.[77] Dieser spiegelt sich wesentlich darin wider, dass die dem einzelnen Arbeitnehmer vertraglich zustehenden Leistungen einen Bezugsrahmen im Sinne eines geschlossenen Leistungssystems bilden.[78]

116 cc) **Ablösung des Anspruchs des B aus § 611a BGB i. V. m. betrieblicher Übung durch die BV-EGZ.** Unter Zugrundelegung der vorstehend dargelegten, von der Rspr. des BAG entwickelten und inzwischen verfestigten Grundsätze ist der durch betriebliche Übung begründete vertragliche Anspruch des B auf einen Essensgeldzuschuss betriebsvereinbarungsoffen ausgestaltet. Bei den durch die betriebliche Übung begründeten Vertragsbedingungen hinsichtlich des Essensgeldzuschusses handelt es sich um für eine Vielzahl von Arbeitsverhältnissen verwendete Arbeitsbedingungen und damit um Allgemeine Geschäftsbedingungen. Darüber hinaus ist der hier in Frage stehende Vertragsgegenstand auch durch den nach der Rspr. geforderten kollektiven Bezug gekennzeichnet. Dieser gelangt vorliegend darin zum Ausdruck, dass die dem einzelnen Arbeitnehmer und damit auch dem B vertraglich zustehenden Leistungen in Gestalt eines Essensgeldzuschusses nach Maßgabe des IB-EGZ untereinander ein Bezugssystem bilden, das durch den finanziellen Aufwand der H-GmbH und die Grundsätze der Verteilung der finanziellen Mittel bestimmt wird und dadurch als ein von den vertraglichen Ansprüchen der berechtigten Arbeitnehmer zu unterscheidendes „kollektives" Regelungssystem einzuordnen ist.[79]

117 c) **Ergebnis.** Hiernach ist der Anspruch des B auf einen Essensgeldzuschuss i. H. v. EUR 2,50 aus § 611a BGB i. V. m. betrieblicher Übung durch die zum 1. September 2024 in Kraft getretene BV-EGZ abgelöst worden. Aufgrund der Ablösung des vertraglichen Anspruchs des B aus § 611a BGB i. V. m. betrieblicher Übung durch die BV-EGZ hat der B nach Ziff. 2 BV-EGZ mit Wirkung ab 1. September 2024 einen Anspruch auf einen arbeitstäglichen Essensgeldzuschuss lediglich i. H. v. EUR 1,50.

Zur Wiederholung und Vertiefung:

Zur Gesamtzusage: BAG 24.1.2024 – 10 AZR 33/23 – juris Rn. 15 ff.; Schaub/*Ahrendt*, ArbR-Hdb, § 111 Rn. 1–12; ErfK/*Preis*, § 611a Rn. 237, 238.
Zur betrieblichen Übung: BAG 24.1.2024 – 10 AZR 33/23 – juris Rn. 19 f.; Christian *Picker*, Die betriebliche Übung; *Walker*, Die betriebliche Übung, JuS 2007, 1 ff.
Zum kollektiven Günstigkeitsvergleich: BAG Großer Senat 16.9.1986 – GS 1/82 – juris.; *Stoffels/Lembke*, Betriebsverfassungsrecht, § 13 Rn. 36 ff.
Zur Betriebsvereinbarungsoffenheit: BAG 30.1.2019 – 5 AZR 450/17 – juris; *Creuzfeldt*, „Die konkludente Vereinbarung einer „Betriebsvereinbarungsoffenheit von Arbeitsverträgen"", NZA 2018, 1111–1120; ErfK/*Kania*, § 77 BetrVG Rn. 79–86; Richardi/*Richardi/Picker*, § 77 Rn. 191–191h.

---

76 S. dazu, dass durch betriebliche Übung begründete Vertragsbedingungen, die der Arbeitgeber für eine Vielzahl von Arbeitsverhältnissen verwendet, Allgemeine Geschäftsbedingungen sind BAG 25.1.2023 – 10 AZR 116/22 – juris Rn. 19; BAG 16.2.2010 – 3 AZR 181/08 – juris Rn. 49; s. auch BAG 5.8.2009 – 10 AZR 483/08 – juris Rn. 13.

77 S. nur BAG 13.10.2020 – 3 AZR 410/19 – juris Rn. 66; BAG 30.1.2019 – 5 AZR 450/17 – juris Rn. 60.

78 S. dazu näher im Zusammenhang mit der Entwicklung der Rechtsfigur des sog. kollektiven Günstigkeitsvergleichs durch den Großen Senat des BAG, BAG GS 16.9.1986 – GS 1/82 – juris Rn. 49 und Rn. 72 f. und schon oben Rn. 111.

79 Vgl. zu dieser Begründung die Ausführungen des Großen Senats des BAG in BAG GS 16.9.1986 – GS 1/82 – juris Rn. 49 und Rn. 72 f.

Fall 4[1]

Sachverhalt Fall 4

Das Unternehmen X-AG mit Sitz in Essen betreibt Warenhäuser in ganz Deutschland. Zur X-AG gehört u. a. ein Warenhaus mit mehr als 200 Arbeitnehmern im Zentrum von Stuttgart. In diesem Warenhaus ist ein Betriebsrat gewählt. Die X-AG ist Mitglied des Verbandes der Mittel- und Großbetriebe des Einzelhandels e.V. Sie wendet auf die Arbeitsverhältnisse aller Mitarbeiter die Tarifverträge des Einzelhandels Baden-Württemberg an.

Gemäß §§ 2, 3 des Gehalts-Tarifvertrags vom 19. Juli 2021 sind Angestellte in eine von fünf möglichen Gehaltsgruppen eingruppiert. Danach sind Kassierer „mit einfachen Tätigkeiten“ in Gehaltsgruppe II, Kassierer „mit höheren Anforderungen“ in Gehaltsgruppe III und Kassierer in der Funktion der „Kassenaufsicht“ oder „mit zusätzlicher Verantwortung“ in Gehaltsgruppe IV eingeordnet.

Im Juni 2023 unterrichtete der Geschäftsleiter des Stuttgarter Warenhauses den Betriebsrat über eine ab 1. Januar 2024 geplante Umorganisation im Kassenbereich. In einem der Obergeschosse sollte eine sogenannte erweiterte Bereichskasse eingerichtet werden. An dieser neu einzurichtenden Bereichskasse sollte die seit fünf Jahren bei der X-AG in der Gehaltsgruppe III tätige Mitarbeiterin W als „erste Kraft“ eingesetzt werden. Der Betriebsrat stimmte der Versetzung der W in den Bereich der neuen Kasse zu.

Mit einem dem Betriebsratsvorsitzenden am Montag, dem 20. November 2023, übergebenen Schreiben beantragte der Geschäftsleiter die Zustimmung des Betriebsrats zur Einordnung von Frau W in die tarifliche Gehaltsgruppe IV ab 1. Januar 2024. Die beabsichtigte Einordnung der W in die Gehaltsgruppe IV wurde im Einzelnen damit begründet, dass die W – was zutraf – als „erste Kraft“ der Bereichskasse entsprechend den im Tarifvertrag für diese Gehaltsgruppe maßgebenden Tätigkeitsmerkmalen Aufsichts- und Leitungsfunktionen bezüglich aller diesem Bereich zugehörigen Kassen und der dort tätigen Mitarbeiter wahrzunehmen habe. Des Weiteren wurden dem Betriebsrat mit dem Schreiben Informationen über die bisherige Tätigkeit und Gehaltsgruppe der W sowie die Tätigkeitsanforderungen in der Bereichskasse und die geplante Gehaltsgruppe IV unter Überlassung der insoweit bedeutsamen Unterlagen gegeben.

Der Betriebsrat lehnte nach entsprechender Beschlussfassung mit Schreiben vom 27. November 2023 die von der X-AG vorgesehene Gehaltsgruppeneinordnung der Frau W allein mit dem allgemeinen Hinweis ab, die geplante Höherstufung der Mitarbeiterin W würde das austarierte Gehaltsgefüge unter den als Kassierern und Kassiererinnen tätigen Arbeitnehmern, die entweder in der Gehaltsgruppe II oder in der Gehaltsgruppe III eingeordnet seien, beinträchtigen. Das Schreiben endet mit der maschinenschriftlichen Wiedergabe des Namens des Betriebsratsvorsitzenden unter Nennung seiner Amtsfunktion. Es ist nicht handschriftlich unterzeichnet. Am Montag, dem 27. November 2023, wurde das Schreiben dem Geschäftsleiter des Stuttgarter Warenhauses vom Betriebsratsvorsitzenden persönlich übergeben.

Daraufhin beantragte die X-AG Anfang Dezember 2023 bei dem Arbeitsgericht Essen die Feststellung, dass die Zustimmung des Betriebsrats zur Einordnung der Frau W in die Gehaltsgruppe IV des Gehalts-Tarifvertrags des Einzelhandels Baden-Württemberg vom 19. Juli 2021 ab 1. Januar 2024 als erteilt gilt, hilfsweise, die Zustimmung zur

---

1 Nach BAG 9.12.2008 – 1 ABR 79/07 – juris.

Einordnung von Frau W in die Gehaltsgruppe IV des Gehalts-Tarifvertrags des Einzelhandels Baden-Württemberg vom 19. Juli 2021 ab 1. Januar 2024 zu ersetzen. Zur Begründung führte die X-AG im Wesentlichen aus, der Betriebsrat habe trotz ausreichender Unterrichtung über die geplante Höherstufung der Mitarbeiterin W die gesetzlich vorgesehene Frist für die Verweigerung der Zustimmung sowohl mangels Einhaltung der gebotenen Form für die Zustimmungsverweigerung als auch mangels ausreichender Angabe von Gründen nicht gewahrt. Demgegenüber beantragte der Betriebsrat, die Anträge der X-AG abzuweisen. Die Zustimmungsverweigerung sei rechtzeitig und ausreichend begründet erklärt worden, weshalb eine Fiktion der Zustimmung des Betriebsrats nicht eingetreten sei und die hilfsweise beantragte Ersetzung der Zustimmung nicht in Betracht komme. Ferner sei das angerufene Gericht unzuständig, weshalb die Anträge schon als unzulässig abzuweisen seien.

Haben die Anträge der X-AG Aussicht auf Erfolg?

Prüfungsaufbau Fall 4

A. Zulässigkeit der Anträge
- **I. Rechtswegzuständigkeit der Gerichte für Arbeitssachen**
- **II. Richtige Verfahrensart**
- **III. Sachliche Zuständigkeit des Arbeitsgerichts**
- **IV. Örtliche Zuständigkeit**
- **V. Beteiligten-, Prozess- und Postulationsfähigkeit**
- **VI. Ordnungsgemäße Antragstellung**
  1. Hauptantrag
  2. Hilfsantrag
  3. Zwischenergebnis
- **VII. Antragsbefugnis**
  1. Hauptantrag
  2. Hilfsantrag
  3. Zwischenergebnis
- **VIII. Feststellungsinteresse für den Hauptantrag**
- **IX. Rechtschutzbedürfnis für den Hilfsantrag**
- **X. Zwischenergebnis**

B. Begründetheit des Feststellungsantrags
- **I. Vorliegen einer mitbestimmungspflichtigen Maßnahme**
- **II. Ordnungsgemäße Unterrichtung des Betriebsrats**
- **III. Zustimmungsverweigerung durch den Betriebsrat**
  1. Einhaltung der Wochenfrist
  2. Einhaltung der Form
  3. Inhaltliche Anforderungen an die Verweigerungserklärung
- **IV. Ergebnis**

C. Endergebnis

Lösung Fall 4

Die Anträge der X-AG haben Aussicht auf Erfolg, wenn sie zulässig und begründet sind. 118

A. Zulässigkeit der Anträge

Die Anträge müssten zunächst zulässig sein. 119

I. Rechtswegzuständigkeit der Gerichte für Arbeitssachen

Die Rechtswegzuständigkeit der Gerichte für Arbeitssachen müsste gegeben sein. Nach der Regelung des § 2a Abs. 1 Nr. 1 ArbGG sind die Arbeitsgerichte grundsätzlich ausschließlich zuständig für Angelegenheiten aus dem Betriebsverfassungsgesetz. Hiervon werden alle Streitigkeiten erfasst, die eine Angelegenheit aus dem Betriebsverfassungsgesetz betreffen (**sog. betriebsverfassungsrechtliche Streitigkeiten**).[2] Dazu gehören unter anderem Streitigkeiten zwischen Arbeitgeber und Betriebsrat über das Bestehen und 120

2 S. nur NK-GA/*Mauer*, § 2a ArbGG Rn. 6.

den Umfang von Beteiligungsrechten des Betriebsrats.[3] Die Frage, ob der Arbeitgeber die Änderung der Gehaltsgruppeneinordnung eines Arbeitnehmers durchführen kann oder hieran aufgrund einer wirksamen Zustimmungsverweigerung des Betriebsrats nach § 99 Abs. 2, 3 BetrVG gehindert ist, stellt eine solche Angelegenheit aus dem Betriebsverfassungsgesetz dar. Demzufolge ist die Rechtswegzuständigkeit des Arbeitsgerichts eröffnet.

II. Richtige Verfahrensart

121 Weiterhin müsste die richtige Verfahrensart gewählt worden sein. Gemäß § 2a Abs. 2 ArbGG findet in betriebsverfassungsrechtlichen Fragen das Beschlussverfahren statt. Richtige Verfahrensart ist somit das Beschlussverfahren.

III. Sachliche Zuständigkeit des Arbeitsgerichts

122 Das Arbeitsgericht müsste auch sachlich zuständig sein. Die sachliche Zuständigkeit bestimmt, welches Gericht erster Instanz zuständig ist.[4] Nach § 8 Abs. 1 ArbGG sind im ersten Rechtszug grds. die Arbeitsgerichte zuständig.[5] Damit ist die sachliche Zuständigkeit des Arbeitsgerichts gegeben.

IV. Örtliche Zuständigkeit

123 Das angerufene Arbeitsgericht müsste zudem örtlich zuständig sein. Die örtliche Zuständigkeit der Gerichte für Arbeitssachen ist in § 82 ArbGG für das Beschlussverfahren abschließend und zwingend geregelt.[6] Gemäß der Regelung des § 82 Abs. 1 Satz 1 ArbGG ist das Arbeitsgericht, in dessen *Bezirk der Betrieb* liegt, örtlich zuständig. Nach Maßgabe von § 82 Abs. 1 Satz 2 ArbGG ist in Angelegenheiten u. a. des Gesamt- oder Konzernbetriebsrats das Arbeitsgericht zuständig, in dessen *Bezirk das Unternehmen seinen Sitz* hat.[7] Sinn und Zweck letzterer Regelung ist es, für zentrale Fragen des Unternehmens eine einheitliche örtliche Zuständigkeit am Sitz des Unternehmens zu schaffen und somit rechtssicher eine unternehmenseinheitliche Regelung zu ermöglichen.[8]

124 Maßgeblich für die örtliche Zuständigkeit im Beschlussverfahren ist damit die Frage, ob es sich um eine betriebsverfassungsrechtliche **Angelegenheit auf Unternehmensebene oder auf Betriebsebene handelt.**[9] Dies bestimmt sich nach materiellem Betriebsverfassungsrecht.[10]

---

3 S. Germelmann/*Schlewing/Dickerhof-Borello*, ArbGG, § 2a Rn. 39; AR/*Schütz*, § 2a ArbGG Rn. 2; BeckOK ArbR/*Roloff*, § 2a ArbGG Rn. 6.

4 S. nur Germelmann/*Prütting*, ArbGG, § 8 Rn. 4; *Dütz/Thüsing*, Arbeitsrecht, Rn. 1037.

5 Bekannt sein sollten die erstinstanzlichen Zuständigkeiten der Landesarbeitsgerichte gem. §§ 97 Abs. 2, 98 Abs. 2 ArbGG. Die zudem bestehenden abweichenden erstinstanzlichen Zuständigkeiten für bestimmte gerichtsinterne Streitigkeiten (§§ 21 Abs. 5 Satz 2, 27 Satz 2, 28 Satz 1, 43 Abs. 3 ArbGG) sowie die Ausnahme nach § 240 Nr. 5 SGB IX bezüglich Rechtsstreitigkeiten aus dem SGB IX im Geschäftsbereich des Bundesnachrichtendienstes sind dagegen wenig ausbildungsrelevant.

6 S. nur BAG 19.6.1986 – 6 ABR 66/84 – juris Rn. 9; HWK/*Vogelsang*, § 82 ArbGG Rn. 1.

7 Der Sitz des Unternehmens bestimmt sich nach seiner Satzung bzw. dem Gesellschaftsvertrag. Ergänzend gilt § 17 Abs. 1 Satz 2 ZPO.

8 So BAG 19.6.1986 – 6 ABR 66/84 – juris Rn. 9.

9 S. BAG 19.6.1986 – 6 ABR 66/84 – juris Rn. 9; AR/*Reinartz*, § 82 ArbGG Rn. 3.

10 S. BAG 19.6.1986 – 6 ABR 66/84 – juris Rn. 9; zum Betriebsbegriff i. S. d. BetrVG s. nur *Gamillscheg*, Kollektives Arbeitsrecht, Bd. 2, § 34 2. e) [S. 256 ff.]; *Stoffels/Lembke*, Betriebsverfassungsrecht, § 3 Rn. 9ff; zum Unternehmensbegriff s. *Gamillscheg*, Kollektives Arbeitsrecht, Bd. 2, § 34 5. [S. 304ff.]; *Stoffels/Lembke*, Betriebsverfassungsrecht, § 3 Rn. 31 ff.

Vorliegend geht es um die Gehaltsgruppeneinordnung der W im Warenhaus in Stuttgart und damit um eine auf diesen Betrieb bezogene Frage. Folglich liegt eine Angelegenheit auf Betriebsebene vor. Die örtliche Zuständigkeit richtet sich mithin nach § 82 Abs. 1 Satz 1 ArbGG. Gemäß § 82 Abs. 1 Satz 1 ArbGG i. V. m. §§ 1, 2 ArbGG-BW[11] ist das Arbeitsgericht Stuttgart örtlich zuständig. 125

Problematisch ist, dass die X-AG nach den Angaben im Sachverhalt nicht das – wie gezeigt – örtlich zuständige Arbeitsgericht Stuttgart, sondern das örtlich unzuständige Arbeitsgericht Essen angerufen hat. Fraglich ist somit, ob die Anträge der X-AG – wie der Betriebsrat meint – schon wegen der fehlenden örtlichen Zuständigkeit des angerufenen Gerichts als unzulässig abzuweisen sind. Gemäß § 48 Abs. 1 ArbGG gelten die §§ 17 bis 17b GVG mit Modifikationen entsprechend u. a. für die örtliche Zuständigkeit der Arbeitsgerichte. Nach Maßgabe des §§ 17a Abs. 2 Satz 1 GVG spricht das Gericht für den Fall, dass der beschrittene Rechtsweg unzulässig ist, dies von Amts wegen aus und **verweist den Rechtsstreit zugleich an das zuständige Gericht** des zulässigen Rechtsweges. Gemäß § 48 Abs. 1 Nr. 1 ArbGG ist dieser Verweisungsbeschluss unanfechtbar. Das Arbeitsgericht Essen wird die Anträge der X-AG daher nicht als unzulässig abweisen, sondern nach §§ 48 Abs. 1 ArbGG, 17a Abs. 2 Satz 1 GVG an das örtlich zuständige Arbeitsgericht Stuttgart verweisen. 126

V. Beteiligten-, Prozess- und Postulationsfähigkeit

Weiterhin müssten die X-AG und der Betriebsrat im Beschlussverfahren beteiligtenfähig sein. Die Beteiligtenfähigkeit im Beschlussverfahren entspricht der Parteifähigkeit im Urteilsverfahren.[12] § 10 ArbGG ergänzt die Vorschrift des § 50 ZPO über die Parteifähigkeit im Zivilprozess für die beiden arbeitsgerichtlichen Verfahrensarten: Wer nach § 50 ZPO parteifähig ist, ist dies auch im arbeitsgerichtlichen Urteils- und Beschlussverfahren.[13] Gemäß § 50 ZPO richtet sich die Parteifähigkeit nach der Rechtsfähigkeit. 127

Die Beteiligtenfähigkeit der X-AG ergibt sich somit aus § 50 ZPO i. V. m. §§ 80 Abs. 2, 46 Abs. 2 ArbGG i. V. m. § 1 Abs. 1 AktG. 128

Der Betriebsrat als Kollektivorgan ist nach § 10 Satz 1 Hs. 2 ArbGG beteiligtenfähig. 129

Die Prozessfähigkeit der Beteiligten (§§ 80 Abs. 2, 46 Abs. 2 ArbGG, §§ 51 Abs. 1, 52 ZPO) ist ebenso wie die Postulationsfähigkeit (§ 11 ArbGG) gegeben. 130

VI. Ordnungsgemäße Antragstellung

Nach § 81 Abs. 1 ArbGG wird das Beschlussverfahren nur auf Antrag eingeleitet. Die Antragstellung muss schriftlich oder mündlich zur Niederschrift der Geschäftsstelle erfolgen, § 81 Abs. 1 Hs. 2 ArbGG.[14] Des Weiteren müssten die Anträge gemäß § 253 131

---

11 Entsprechende landesrechtliche Regelungen finden sich auch in allen anderen Bundesländern, s. Art. 2 f. ArbGOrgG Bayern, §§ 2, 3 ArbGG Saarland, §§ 13 f. GerOrgG Rheinland-Pfalz, §§ 2, 3 i. V. m. der Anlage zu § 3 ArbGGAG Hessen, § 2 i. V. m. der Anlage zu § 2 Abs. 2 ThürAGArbGG (Thüringen), § 3 Abs. 2 SächsJG (Sachsen), §§ 1, 2 ArbGG Sachsen-Anhalt, §§ 15, 21 i. V. m. der Anlage zu § 21 JustG NRW (Nordrhein-Westfalen), §§ 1 Abs. 2, 3 ArbGG Niedersachsen, § 1 Abs. 1 Nr. 1 ArbGG Bremen, § 1 ArbGGAG Hamburg, §§ 1, 2 AG ArbGG Berlin, § 2 ArbGG Brandenburg, § 6 GerStruktG Mecklenburg-Vorpommern, § 2 ArbGBezNeuEintG Schleswig-Holstein.

12 S. BAG 25.8.1981 – 1 ABR 61/79 – juris Rn. 32; *Junker*, Grundkurs Arbeitsrecht, Rn. 886.

13 S. nur ErfK/*Ahrendt*, § 10 ArbGG Rn. 1.

14 Zur Einreichung des Antrags mittels eines elektronischen Dokuments siehe § 46c ArbGG.

Abs. 2 Nr. 2 ZPO hinreichend bestimmt sein.[15] Diese Regelung findet über §§ 80 Abs. 2, 46 Abs. 2 ArbGG und § 495 ZPO im Beschlussverfahren Anwendung. Hiernach ist der Streitgegenstand so genau zu bezeichnen, dass die Streitfrage mit Rechtskraftwirkung zwischen den Beteiligten entschieden werden kann.[16]

1. Hauptantrag

132 Nach dem Sachverhalt begehrt die X-AG mit dem Hauptantrag die Feststellung, dass die Zustimmung des Betriebsrats zur Einordnung der Arbeitnehmerin W in die Gehaltsgruppe IV des Gehalts-Tarifvertrags vom 19. Juli 2021 ab 1. Januar 2024 als erteilt gilt. Hiermit wird der Streitgegenstand ausreichend klar bestimmt. Es geht um die Frage des Eintritts der Zustimmungsfiktion nach § 99 Abs. 3 BetrVG.

2. Hilfsantrag

133 Bezogen auf den lediglich hilfsweise gestellten Antrag auf Zustimmungsersetzung wird den Anforderungen des § 253 Abs. 2 Nr. 2 ZPO ebenfalls genügt. Insoweit lässt der Antrag ausreichend deutlich erkennen, dass es um den Streitgegenstand der in § 99 Abs. 4 BetrVG geregelten Möglichkeit der Ersetzung einer seitens des Betriebsrats nach § 99 Abs. 2 BetrVG verweigerten Zustimmung durch das Arbeitsgericht geht.

3. Zwischenergebnis

134 Von einer ordnungsgemäßen Antragstellung ist daher sowohl für den Haupt- als auch den Hilfsantrag auszugehen.

VII. Antragsbefugnis

135 Die X-AG müsste des Weiteren zur Einleitung des Beschlussverfahrens antragsbefugt sein. Die Antragsbefugnis entspricht der Prozessführungsbefugnis im Urteilsverfahren bzw. in sonstigen Zivilprozessen und der Klagebefugnis im verwaltungsgerichtlichen Verfahren.[17] Sie dient der Vermeidung von Popularklagen.[18] Die Antragsbefugnis ist im Beschlussverfahren nur gegeben, wenn die Antragstellerin durch die begehrte Entscheidung in ihrer betriebsverfassungsrechtlichen Rechtsposition unmittelbar betroffen sein kann.[19]

1. Hauptantrag

136 Vorliegend geht es der X-AG mit dem von ihr gestellten Hauptantrag um die Feststellung des Eintritts der Zustimmungsfiktion nach § 99 Abs. 3 BetrVG. Durch eine entsprechende Entscheidung des Arbeitsgerichts wäre sie im Hinblick darauf unmittelbar in ihrer betriebsverfassungsrechtlichen Rechtsstellung betroffen, als damit feststeht, dass die zum 1. Januar 2024 geplante Änderung der Gehaltsgruppeneinordnung der Arbeitnehmerin W als personelle Einzelmaßnahme im Sinne des § 99 Abs. 1 BetrVG ohne die Risiken der §§ 100, 101 BetrVG durchgeführt werden kann.

2. Hilfsantrag

137 Bezogen auf den als Hilfsantrag gestellten Antrag auf Zustimmungsersetzung folgt die Antragsbefugnis der X-AG ohne weiteres gesetzlich aus § 99 Abs. 4 BetrVG.

3. Zwischenergebnis

138 Die Antragsbefugnis ist damit sowohl für den Haupt- als auch den Hilfsantrag gegeben.

---

15 S. etwa BAG 30.5.2006 – 1 ABR 17/05 – juris Rn. 15; BAG 22.10.1985 – 1 ABR 38/83 – juris Rn. 15.
16 S. etwa BAG 23.10.2018 – 1 ABR 18/17 – juris Rn. 18; BAG 27.7.2016 – 7 ABR 16/14 – juris Rn. 13.
17 S. nur ErfK/*Koch*, § 81 ArbGG Rn. 10.
18 S. BAG 4.12.2013 – 7 ABR 7/12 – juris Rn. 15; BAG 18.2.2003 – 1 ABR 17/02 – juris Rn. 63.
19 S. etwa BAG 21.3.2017 – 7 ABR 17/15 – juris Rn. 9.

VIII. Feststellungsinteresse für den Hauptantrag

Schließlich müsste der als Hauptantrag gestellte Feststellungsantrag der X-AG den Anforderungen des im arbeitsgerichtlichen Beschlussverfahren über die §§ 80 Abs. 2 (analog), 46 Abs. 2 Satz 1 ArbGG i. V. m. § 495 ZPO anwendbaren § 256 Abs. 1 ZPO genügen.[20] Gemäß dieser Regelung kann Gegenstand eines Feststellungsantrags nur die Feststellung des Bestehens oder Nichtbestehens eines Rechtsverhältnisses sein, woran der Antragsteller, hier die X-AG, ein rechtliches Interesse haben muss. Die Frage, ob die Zustimmungsfiktion nach § 99 Abs. 3 BetrVG eingetreten ist mit der Folge, dass der Arbeitgeber eine geplante personelle Einzelmaßnahme durchführen kann, stellt im Verhältnis zum Betriebsrat ein Rechtsverhältnis im Sinne des § 256 Abs. 1 ZPO dar. Das besondere rechtliche Interesse des Arbeitgebers liegt in dessen Interesse an der alsbaldigen Feststellung, ob der Betriebsrat der geplanten personellen Einzelmaßnahme wirksam widersprochen hat.[21] Fehlt es an einer form- und fristgerechten Zustimmungsverweigerung des Betriebsrats, kann der Arbeitgeber die geplante personelle Einzelmaßnahme durchführen. Er ist in diesem Fall nicht darauf angewiesen, die seitens des Betriebsrats verweigerte Zustimmung gerichtlich ersetzen zu lassen.[22] Hiernach ist vorliegend das besondere Feststellungsinteresse der X-AG im Sinne des § 256 Abs. 1 ZPO zu bejahen. 139

Dem steht auch nicht entgegen, dass das Gesetz in § 99 Abs. 4 BetrVG für den Fall der Zustimmungsverweigerung ausdrücklich die Möglichkeit der gerichtlichen Zustimmungsersetzung vorsieht. Der Antrag auf Zustimmungsersetzung kann als Gestaltungsantrag sinnvoll nur zum Tragen kommen, wenn der Arbeitgeber nicht schon mit seinem Hauptantrag bezüglich der Feststellung des Eintritts der Zustimmungsfiktion nach § 99 Abs. 3 BetrVG Erfolg hat.[23] Gilt nämlich die Zustimmung als erteilt, so bedarf es keiner gerichtlichen Ersetzung der Zustimmung.[24] Deshalb kommt der Antrag auf Feststellung, dass die Zustimmung des Betriebsrats als erteilt gilt, immer dann in Betracht, wenn der Arbeitgeber der Auffassung ist, der Betriebsrat habe der geplanten personellen Maßnahme nicht ordnungsgemäß widersprochen.[25] In diesem Fall kann der Arbeitgeber zunächst den Feststellungsantrag als Hauptantrag stellen und lediglich hilfsweise die Ersetzung der Zustimmung nach § 99 Abs. 4 BetrVG beantragen.[26] Hierfür sprechen auch Gründe der Prozessökonomie. Denn nur bei dem Hilfsantrag im Sinne des § 99 Abs. 4 BetrVG kommt es dann auf die Gründe an, aus denen der Betriebsrat nach § 99 Abs. 2 BetrVG seine Zustimmung verweigert.[27] Damit kann das Feststellungsinteresse der X-AG nicht mit Hinweis auf die Möglichkeit eines Antrags auf Zustimmungsersetzung nach § 99 Abs. 4 BetrVG verneint werden. 140

IX. Rechtsschutzbedürfnis für den Hilfsantrag

Bezogen auf den Hilfsantrag müsste das Rechtsschutzbedürfnis gegeben sein. Damit ist gefordert, dass ein berechtigtes Interesse an der Inanspruchnahme gerichtlicher Hilfe besteht.[28] Diese Voraussetzung liegt hier vor. Denn die X-AG ist für den Fall der Unbe- 141

---

20 S. BAG 23.10.2018 – 1 ABR 18/17 – juris Rn. 14; BAG 18.1.2012 – 7 ABR 73/10 – juris Rn. 23; BAG 3.5.2006 – 1 ABR 63/04 – juris Rn. 19. Düwell/Lipke/*Reinfelder*, ArbGG, § 81 Rn. 4.

21 S. BAG 28.1.1986 – 1 ABR 10/84 – juris Rn. 24.

22 S. BAG 28.1.1986 – 1 ABR 10/84 – juris Rn. 24.

23 S. BAG 28.1.1986 – 1 ABR 10/84 – juris Rn. 22.

24 S. BAG 28.1.1986 – 1 ABR 10/84 – juris Rn. 22.

25 S. BAG 28.1.1986 – 1 ABR 10/84 – juris Rn. 23.

26 S. BAG 28.1.1986 – 1 ABR 10/84 – juris Rn. 23.

27 S. auch BAG 28.1.1986 – 1 ABR 10/84 – juris Rn. 23.

28 S. *Meller-Hannich*, Zivilprozessrecht, Rn. 293; *Musielak/Voit*, Grundkurs ZPO, Rn. 267; *Pohlmann*, Zivilprozessrecht, Rn. 271.

gründetheit des Feststellungsantrags zur Durchführung der personellen Einzelmaßnahme auf die Ersetzung der Zustimmung durch das Arbeitsgericht angewiesen.[29]

X. Zwischenergebnis

142 Im Ergebnis ist danach von der Zulässigkeit des Haupt- und des Hilfsantrags der X-AG auszugehen. Zwar ist das örtlich unzuständige Arbeitsgericht angerufen worden. Das führt aber – wie ausgeführt – nicht zur Unzulässigkeit der Klage, sondern zur Verweisung des Rechtsstreits an das örtlich zuständige Arbeitsgericht Stuttgart.

B. Begründetheit des Feststellungsantrags

143 Der Antrag der X-AG auf Feststellung, dass die Zustimmung des Betriebsrats zur Einordnung der W in die Gehaltsgruppe IV des Gehalts-Tarifvertrags vom 19. Juli 2021 ab 1. Januar 2024 als erteilt gilt, ist begründet, wenn die Zustimmungsfiktion nach § 99 Abs. 3 Satz 2 BetrVG eingreift. Gemäß dieser Regelung gilt die Zustimmung als erteilt, wenn der Betriebsrat dem Arbeitgeber die Verweigerung seiner Zustimmung nicht innerhalb der Frist des § 99 Abs. 3 Satz 1 BetrVG schriftlich mitgeteilt hat. Nach § 99 Abs. 3 Satz 1 BetrVG hat der Betriebsrat seine Zustimmungsverweigerung unter Angabe von Gründen innerhalb einer Woche nach Unterrichtung durch den Arbeitgeber schriftlich mitzuteilen.

144 Hiernach kann die Rechtsfolge der Zustimmungsfiktion des § 99 Abs. 3 Satz 2 BetrVG nur eintreten, wenn die Wochenfrist des § 99 Abs. 3 Satz 1 BetrVG, innerhalb derer der Betriebsrat seine Zustimmungsverweigerung erklären muss, in Gang gesetzt worden ist.[30] Das setzt gemäß § 99 Abs. 3 Satz 1 BetrVG voraus, dass der Arbeitgeber den Betriebsrat ausreichend nach § 99 Abs. 1 Satz 1 BetrVG unterrichtet hat.[31] Gemäß § 99 Abs. 1 Satz 1 BetrVG hat der Arbeitgeber den Betriebsrat vor jeder personellen Einzelmaßnahme zu unterrichten, er hat ihm die erforderlichen Unterlagen vorzulegen und Auskunft über die Person der Beteiligten zu geben. Darüber hinaus muss er dem Betriebsrat unter Vorlage der erforderlichen Unterlagen Auskunft über die Auswirkungen der geplanten Maßnahme geben und die Zustimmung des Betriebsrats einholen.

I. Vorliegen einer mitbestimmungspflichtigen Maßnahme

145 Eine Unterrichtungspflicht der X-AG nach § 99 Abs. 1 Satz 1 BetrVG, deren ausreichende Erfüllung allein die Wochenfrist des § 99 Abs. 3 Satz 1 BetrVG in Gang setzen kann, kommt hiernach nur in Betracht, wenn die geplante Höherstufung der Arbeitnehmerin W in die tarifliche Gehaltsgruppe IV eine personelle Einzelmaßnahme im Sinne des § 99 Abs. 1 Satz 1 BetrVG darstellt. Hierbei könnte es sich um eine **Umgruppierung** handeln. Diese ist von der ebenfalls von § 99 Abs. 1 Satz 1 BetrVG erfassten **Eingruppierung** zu unterscheiden. Hierunter ist die im Zuge einer Einstellung bei Bestehen einer Vergütungsordnung notwendige erste Festlegung der für die Entlohnung des Arbeitnehmers maßgebenden Lohn- bzw. Gehaltsgruppe[32], sprich die **erstmalige Einordnung**

29 S. BAG 17.11.2021 – 7 ABR 42/19 – juris Rn. 15; BAG 21.3.2018 – 7 ABR 38/16 – juris Rn. 13.
30 BAG 9.12.2008 – 1 ABR 79/07 – juris Rn. 22; BAG 28.1.1986 – 1 ABR 10/84 – juris Rn. 35.
31 BAG 16.7.2024 – 1 ABR 25/23 juris Rn. 23; BAG 11.10.2022 – 1 ABR 16/21 – juris Rn. 25; BAG 9.12.2008 – 1 ABR 79/07 – juris Rn. 22.
32 S. BAG 23.2.2021 – 1 ABR 4/29 – juris Rn. 27; BAG 13.11.2019 – 4 ABR 3/19 – juris Rn. 17; BAG 16.3.2016 – 4 ABR 32/14 – juris Rn. 15; BAG 12.1.2011 – 7 ABR 15/09 – juris Rn. 23; *Fitting*, BetrVG, § 99 Rn. 79.

des Arbeitnehmers in ein kollektives Entgeltschema[33] zu verstehen. Mit dem Begriff der Umgruppierung ist hingegen **jede Änderung der Einordnung eines Arbeitnehmers in die tarifliche oder betriebliche Lohn- bzw. Gehaltsgruppenordnung**, und zwar unabhängig davon, ob es um eine Höherstufung oder Herabstufung des Arbeitnehmers geht, gemeint.[34]

Unter Zugrundelegung dieses Inhalts des Begriffs der Umgruppierung handelt es sich bei der seitens der X-AG geplanten Höherstufung der Arbeitnehmerin W von der Gehaltsgruppe III in die Gehaltsgruppe IV um eine Umgruppierung im Sinne des § 99 Abs. 1 Satz 1 BetrVG, zu welcher die X-AG angesichts der Anzahl der bei ihr beschäftigten Arbeitnehmer die Zustimmung des Betriebsrats einholen muss. Denn die bislang in der tariflichen Gehaltsgruppe III tätige W soll in die höhere Gehaltsgruppe IV eingestuft werden. Damit ist eine Änderung der Gehaltsgruppenzuordnung geplant. **146**

Mitbestimmungspflichtige Maßnahmen nach § 99 BetrVG

§ 99 BetrVG enthält den zentralen Mitbestimmungstatbestand für bestimmte personelle Einzelmaßnahmen. Nach § 99 Abs. 1 Satz 1 BetrVG werden von diesem Mitbestimmungsrecht die personellen Einzelmaßnahmen Einstellung, Versetzung, Eingruppierung und Umgruppierung erfasst.

Eine **Einstellung** i. S. v. § 99 BetrVG liegt nach heute h. M. vor, wenn eine Person in den Betrieb des Arbeitgebers eingegliedert wird, ihr also ein Arbeitsbereich zugewiesen wird, um gemeinsam mit den im Betrieb beschäftigten Arbeitnehmern durch weisungsgebundene Tätigkeit den arbeitstechnischen Zweck des Betriebs zu verwirklichen (s. BAG 12.6.2019 – 1 ABR 5/18 – juris Rn. 16; ferner GK-BetrVG/*Raab*, § 99 Rn. 28 m. w. N.). Damit ist der Begriff der Einstellung nicht deckungsgleich mit dem Abschluss des Arbeitsvertrags (s. nur Richardi/*Thüsing*, BetrVG, § 99 Rn. 29). So wird etwa die Verlängerung eines befristeten Arbeitsverhältnisses als Einstellung i. S. d. § 99 BetrVG angesehen (BAG 22.9.2021 – 7 ABR 22/20 – juris Rn. 31). Auch hat das BAG die Arbeitsaufnahme von Leiharbeitnehmern als Einstellung angesehen, was durch § 14 Abs. 3 AÜG nunmehr ausdrücklich klargestellt wurde (s. BeckOK ArbR/*Mauer*, § 99 BetrVG Rn. 4; zu Beteiligungsrechten bei Leiharbeitnehmern ausf. *Hützen/Maiß*, ArbRAktuell 2017, 299 ff.).

Der Begriff der **Versetzung** ist in § 95 Abs. 3 BetrVG legaldefiniert. Danach versteht man unter Versetzung die Zuweisung eines anderen Arbeitsbereichs, die voraussichtlich die Dauer von einem Monat überschreitet, oder die mit einer erheblichen Änderung der Umstände verbunden ist, unter denen die Arbeit zu leisten ist, § 95 Abs. 3 Satz 1 BetrVG. Der Versetzungsbegriff besteht damit aus zwei Elementen, die kumulativ erfüllt sein müssen. Nämlich erstens die Zuweisung eines anderen Arbeitsbereichs und zweitens entweder das in § 95 Abs. 3 Satz 1 BetrVG genannte Zeitmoment (länger als einen Monat) oder das dort genannte Umstandsmoment (erhebliche Änderung der Umstände).

Eingruppierung meint die *erste* Festlegung der für die Entlohnung des Arbeitnehmers maßgebenden Lohn- bzw. Gehaltsgruppe, sprich die *erstmalige* Einordnung des Arbeitnehmers in ein kollektives Entgeltschema (s. o.).

Von einer **Umgruppierung** spricht man, bei jeder *Änderung* der Einordnung eines Arbeitnehmers in die tarifliche oder betriebliche Lohn- bzw. Gehaltsgruppenordnung. Das gilt unabhängig davon, ob die Änderung zu einer Verbesserung oder Verschlechterung der Position des Arbeitnehmers führt (s. o.).

---

33 S. BAG 17.3.2005 – 8 ABR 8/04 – Rn. 17 GK-BetrVG/*Raab*, § 99 Rn. 64 m. w. N.

34 S. BAG 23.2.2021 – 1 ABR 4/29 – juris Rn. 27; BAG 13.11.2019 – 4 ABR 3/19 – juris Rn. 17; BAG 12.1.2011 – 7 ABR 15/09 – juris Rn. 23; BAG 17.6.2008 – 1 ABR 37/07 – juris Rn. 15; *Fitting*, BetrVG, § 99 Rn. 104; GK-BetrVG/*Raab*, § 99 Rn. 79; Richardi/*Thüsing*, BetrVG, § 99 Rn. 95 m. w. N.

II. Ordnungsgemäße Unterrichtung des Betriebsrats

147 Für den Fall einer Umgruppierung gehört zu einer ausreichenden Unterrichtung des Betriebsrats i. S. v. § 99 Abs. 1 Satz 1 BetrVG, welche allein den Lauf der Wochenfrist nach § 99 Abs. 3 Satz 1 BetrVG auslösen kann,[35] die Angabe der bisherigen und der vorgesehenen Vergütungsgruppe sowie die Erläuterung der Gründe, weshalb der Arbeitnehmer anders als bisher eingeordnet werden soll.[36] Insoweit ist dem Sachverhalt zu entnehmen, dass in dem Schreiben vom 20. November 2023 die geplante Höherstufung der Arbeitnehmerin W im Einzelnen begründet wurde. Damit verbunden wurden dem Betriebsrat Informationen über die bisherige Tätigkeit und Gehaltsgruppe der W zur Verfügung gestellt. Ebenso erhielt der Betriebsrat Informationen über die Tätigkeitsanforderungen in der Bereichskasse und die geplante Gehaltsgruppe IV. Damit hat die X-AG den Anforderungen an eine ausreichende Unterrichtung des Betriebsrats über die geplante Umgruppierung der W Rechnung getragen, sodass mit der Unterrichtung die Wochenfrist des § 99 Abs. 3 Satz 1 BetrVG in Gang gesetzt worden ist.

III. Zustimmungsverweigerung durch den Betriebsrat

148 Für den Eintritt der Zustimmungsfiktion nach § 99 Abs. 3 Satz 2 BetrVG ist deshalb weiter zu prüfen, ob der Betriebsrat gemäß den in § 99 Abs. 3 Satz 1 BetrVG aufgestellten Anforderungen die Zustimmung zu der geplanten Umgruppierung der W wirksam verweigert hat. Das setzt im Einzelnen voraus, dass der Betriebsrat die Erklärung über die Zustimmungsverweigerung innerhalb einer Woche nach der Unterrichtung durch den Arbeitgeber mitgeteilt hat, die Mitteilung schriftlich erfolgt ist und der Betriebsrat Gründe für die Verweigerung der Zustimmung angegeben hat.

149 Zudem bedarf die Erklärung der Zustimmungsverweigerung zu ihrer Wirksamkeit eines darauf gerichteten Beschlusses des Betriebsrats. Dies folgt bereits aus dem Wortlaut der Vorschrift, wonach die Zustimmungsverweigerung *dem Betriebsrat* obliegt. Hierfür spricht auch die Konzeption des Betriebsverfassungsgesetzes, wonach der Betriebsrat als Kollegialorgan handelt, das seinen gemeinsamen Willen durch Beschluss bildet.[37] Eine ordnungsgemäße Beschlussfassung des Betriebsrats über die Zustimmungsverweigerung liegt nach den Angaben im Sachverhalt vor.

1. Einhaltung der Wochenfrist

150 Die Berechnung der Wochenfrist des § 99 Abs. 3 Satz 1 BetrVG richtet sich nach §§ 187 Abs. 1, 188 Abs. 2 BGB.[38] Danach begann die Frist im Hinblick darauf, dass das Unterrichtungsschreiben dem Betriebsratsvorsitzenden am 20. November 2023 übergeben worden war,[39] gemäß § 187 Abs. 1 BGB am 21. November 2023 zu laufen und endete nach § 188 Abs. 2 BGB mit Ablauf des 27. November 2023. Nach dem Sachverhalt hat der Vorsitzende des Betriebsrats dem Geschäftsleiter die Verweigerung der Zustimmung mit einem am 27. November 2023 übergebenen Schreiben mitgeteilt. Damit wurde die Wochenfrist des § 99 Abs. 3 Satz 1 BetrVG als solche eingehalten.

---

35 BAG 16.7.2024 – 1 ABR 25/23 – juris Rn. 23; BAG 11.10.2022 – 1 ABR 16/21 – juris Rn. 25.

36 BAG 28.7.2020 – 1 ABR 5/19 – juris Rn. 23; BAG 9.12.2008 – 1 ABR 79/07 – juris Rn. 22; s. aus der Literatur auch NK-GA/*Preuss*, § 99 Rn. 143; GK-BetrVG/*Raab*, § 99 Rn. 158.

37 BAG 28.7.2020 – 1 ABR 5/19 – juris Rn. 35; BAG 30.9.2014 – 1 ABR 32/13 – juris Rn. 35.

38 S. ErfK/*Kania*, § 99 BetrVG Rn. 37; NK-GA/*Preuss*, § 99 BetrVG Rn. 153; Richardi/*Thüsing*, BetrVG, § 99 Rn. 290; GK-BetrVG/*Raab*, § 99 Rn. 160; 167.

39 Um die Wochenfrist des § 99 Abs. 3 Satz 1 BetrVG in Gang zu setzen, muss das Gesuch des Arbeitgebers auf Erteilung der Zustimmung dem Betriebsrat zugehen. Nach § 26 Abs. 2 Satz 2 BetrVG setzt dies grds. den Zugang beim Betriebsratsvorsitzenden voraus. Die Norm gilt nicht nur für rechtsgeschäftliche Willenserklärungen, sondern für Erklärungen und Mitteilungen aller Art, s. BAG 28.7.2020 – 1 ABR 5/19 – juris Rn. 27.

2. Einhaltung der Form

Allerdings ist weitere Voraussetzung für die Hinderung des Eintritts der Zustimmungsfiktion, dass der Betriebsrat die Mitteilung über die Zustimmungsverweigerung innerhalb der Wochenfrist schriftlich erklärt hat. Fraglich ist insoweit, was unter dem Begriff der Schriftlichkeit i. S. d. § 99 Abs. 3 Satz 1 BetrVG zu verstehen ist. Sollte damit das Erfordernis einer Unterzeichnung der Urkunde durch eigenhändige Namensunterschrift i. S. d. § 126 Abs. 1 BGB gefordert sein, so hätte das Schreiben des Betriebsrats vom 27. November 2023 mangels handschriftlicher Unterzeichnung die Voraussetzung der Schriftlichkeit nicht gewahrt. Dies hätte zur Folge, dass es an einer formgerechten Verweigerung der Zustimmung innerhalb der Wochenfrist fehlte und die Zustimmungsfiktion nach § 99 Abs. 3 Satz 2 BetrVG eingetreten ist. 151

Nach der Rspr. des BAG genügt für die Wahrung des Schriftlichkeitserfordernisses gemäß § 99 Abs. 3 Satz 1 BetrVG die Einhaltung der Textformanforderungen des § 126b BGB.[40] Zwar gelten die Regelungen der §§ 126 ff. BGB unmittelbar nur für Rechtsgeschäfte, wie aus der systematischen Stellung im 3. Abschnitt betreffend Rechtsgeschäfte[41] des Allgemeinen Teils (Buch 1) des BGB hervorgeht.[42] Bei der Zustimmungsverweigerung des Betriebsrats nach § 99 Abs. 3 Satz 1 BetrVG handelt es sich nicht um ein Rechtsgeschäft, sondern um eine rechtsgeschäftsähnliche Erklärung.[43] Denn die Erklärung der Zustimmungsverweigerung ist allein auf die Herbeiführung eines tatsächlichen Erfolgs des Inhalts gerichtet, dass der Arbeitgeber von der geplanten Maßnahme Abstand nehmen soll.[44] Der damit verbundene rechtliche Erfolg – das betriebsverfassungsrechtliche Verbot einer endgültigen Durchführung der betreffenden Maßnahme – tritt allein von Gesetzes wegen ein.[45] 152

Allerdings finden die §§ 126 ff. BGB auf rechtsgeschäftsähnliche Erklärungen grds. entsprechende Anwendung, sofern eine vergleichbare Interessenlage wie bei Rechtsgeschäften vorliegt.[46] Diese sieht die Rspr. des BAG bei der Mitteilung nach § 99 Abs. 3 Satz 1 BetrVG nur im Hinblick auf § 126b BGB gegeben. Mithin wird es von der Rspr. des BAG für die Einhaltung des Schriftlichkeitserfordernisses des § 99 Abs. 3 Satz 1 BetrVG als ausreichend angesehen, wenn den Anforderungen der in § 126b BGB normierten Textform Genüge geleistet ist.[47] Hingegen bedarf es nicht der Beachtung der strengen Anforderungen des § 126 Abs. 1 BGB, wonach das Schriftformerfordernis nur bei eigenhändiger Unterzeichnung der Urkunde mit Namensunterschrift gewahrt wird.[48] Das wird von der Rspr. des BAG wesentlich damit begründet, der Normzweck des § 99 Abs. 3 Satz 1 BetrVG und die zugrunde liegende Interessenlage verlangten nicht nach einer eigenhändigen Unterzeichnung der schriftlichen Erklärung durch Namensunterschrift des Betriebsratsvorsitzenden.[49] Mit dem Schriftlichkeitserfordernis des § 99 Abs. 3 Satz 1 BetrVG solle gewährleistet werden, dass der Arbeitgeber auf sichere Weise Kenntnis von den Gründen erhält, die den Betriebsrat zur Verweigerung seiner Zustimmung bewogen haben, damit sich der Arbeitgeber auf dieser Grundlage Klarheit über 153

---

40 S. grdl. BAG 9.12.2008 – 1 ABR 79/07 – juris Rn. 27; inzwischen st. Rpsr., s. nur BAG 14.8.2023 – 7 ABR 138/09 – juris Rn. 33; BAG 21.3.2018 – 7 ABR 38/16 – juris Rn. 24; BAG 1.6.2011 – 7 ABR 138/09 – juris 139 Rn. 48; a. A. GK-BetrVG/*Raab*, § 99 Rn. 174 m. w. N.

41 S. vor §§ 104 ff. BGB.

42 BAG 9.12.2008 – 1 ABR 79/07 – juris Rn. 28.

43 BAG 9.12.2008 – 1 ABR 79/07 – juris Rn. 27; zum Begriff der rechtsgeschäftsähnlichen Handlungen bzw. Erklärungen s. näher *Boecken*, BGB-AT, Rn. 175.

44 BAG 9.12.2008 – 1 ABR 79/07 – juris Rn. 34.

45 BAG 9.12.2008 – 1 ABR 79/07 – juris Rn. 34.

46 BAG 9.12.2008 – 1 ABR 79/07 – juris Rn. 35 ff.

47 BAG 9.12.2008 – 1 ABR 79/07 – juris Rn. 37 ff.

48 BAG 9.12.2008 – 1 ABR 79/07 – juris Rn. 37 ff.

49 BAG 9.12.2008 – 1 ABR 79/07 – juris Rn. 37.

die Erfolgsaussicht eines Ersetzungsverfahrens nach § 99 Abs. 4 BetrVG verschaffen kann.[50] Diesen Zwecken genüge die Einhaltung der Textform nach § 126b BGB analog.[51] Auf den mit dem vom Erfordernis der eigenhändigen Namensunterschrift nach § 126 Abs. 1 BGB verfolgten weitergehenden Zweck insbesondere auch der Gewährleistung der Echtheit der Urkunde komme es bei der Erklärung nach § 99 Abs. 3 Satz 1 BetrVG nicht an. Denn eine falsche Erklärung des Betriebsrats könne jederzeit richtiggestellt werden. Bei Zweifeln an der Echtheit der Mitteilung könne sich der Arbeitgeber bei dem Betriebsrat erkundigen, sodass das Risiko der Fälschung der Erklärung über die Zustimmungsverweigerung kaum vorstellbar sei.[52]

154 Reicht danach unter Zugrundelegung der Rspr. des BAG für die Einhaltung des Schriftlichkeitserfordernis des § 99 Abs. 3 Satz 1 BetrVG in analoger Anwendung des § 126b BGB die Beachtung der Textform aus,[53] so ist zu prüfen, ob das vom Betriebsratsvorsitzenden dem Geschäftsleiter des Stuttgarter Warenhauses am 27. November 2023 übergebene Schreiben diesen Anforderungen genügt. Nach § 126b Satz 1 BGB muss zur Wahrung der Textform eine lesbare Erklärung, in der die Person des Erklärenden genannt ist, auf einem dauerhaften Datenträger abgegeben werden.

155 Diesen Erfordernissen an die Einhaltung der Textform genügt das Schreiben des Betriebsrats über die Zustimmungsverweigerung. Die Erklärung ist auf einem dauerhaften Datenträger i. S. d. § 126b Satz 2 BGB wiedergegeben, sprich auf einem Medium, das es dem Empfänger ermöglicht, eine auf dem Datenträger befindliche, an ihn persönlich gerichtete Erklärung so aufzubewahren oder zu speichern, dass sie ihm während eines für ihren Zweck angemessenen Zeitraums zugänglich ist (Nr. 1) und geeignet ist, die Erklärung unverändert wiederzugeben (Nr. 2). Denn es handelt sich bei dem Schreiben des Betriebsrats um eine Textverkörperung auf Papier. Des Weiteren ist die Person des Erklärenden mit der namentlichen Angabe des Betriebsratsvorsitzenden genannt.

156 Genügt hiernach das am 27. November 2023 dem Geschäftsleiter übergebene Schreiben dem Schriftlichkeitsgebot des § 99 Abs. 3 Satz 1 BetrVG, so ist die Zustimmungsverweigerung des Betriebsrats jedenfalls unter diesem Gesichtspunkt innerhalb der Wochenfrist formgerecht mitgeteilt worden. Der Eintritt der Zustimmungsfiktion kann deshalb unter Zugrundelegung der Rspr. des BAG nicht mit einem Verstoß gegen das Schriftlichkeitsgebot begründet werden.

3. Inhaltliche Anforderungen an die Verweigerungserklärung

157 Jedoch müsste das Schreiben des Betriebsrats zur Vermeidung der Zustimmungsfiktion des § 99 Abs. 3 Satz 2 BetrVG auch die inhaltlichen Anforderungen des § 99 Abs. 3 Satz 1 BetrVG an die Mitteilung dahingehend erfüllen, dass es in ausreichender Weise die Angabe von Gründen für die Verweigerung der Zustimmung enthält.[54] Nach der Rspr. des BAG genügt der Betriebsrat der durch § 99 Abs. 3 Satz 1 BetrVG statuierten Begründungspflicht, wenn es als möglich erscheint, dass mit seiner schriftlich gegebenen Begründung einer der in § 99 Abs. 2 BetrVG aufgeführten Verweigerungsgründe geltend gemacht wird.[55] Die Begründung des Betriebsrats braucht nicht schlüssig zu sein, konkrete Tatsachen und Gründe müssen nur für die auf § 99 Abs. 2 Nr. 3 und Nr. 6 BetrVG gestützte Verweigerung angegeben werden.[56] Hingegen ist eine Begründung,

50 BAG 9.12.2008 – 1 ABR 79/07 – juris Rn. 38.
51 BAG 9.12.2008 – 1 ABR 79/07 – juris Rn. 38.
52 BAG, 9.12.2008 – 1 ABR 79/07 – juris Rn. 41; zur a. A. vgl. GK-BetrVG/*Raab*, § 99 Rn. 174 m. w. N.
53 A. A. gut vertretbar.
54 S. BAG 9.12.2008 – 1 ABR 79/07 – juris Rn. 47.
55 BAG 20.10.2021 – 7 ABR 34/20 – juris Rn. 32; BAG 9.12.2008 – 1 ABR 79/07 – juris Rn. 48.
56 BAG 20.10.2021 – 7 ABR 34/20 – juris Rn. 32; BAG 9.12.2008 – 1 ABR 79/07 – juris Rn. 48.

die offensichtlich auf keinen der gesetzlichen Verweigerungsgründe Bezug nimmt, unbeachtlich.[57] Nach einer im Vergleich zur Rspr. des BAG bezüglich der Begründungsanforderungen strengeren Auffassung sind unter Gründen i. S. v. § 99 Abs. 3 Satz 1 BetrVG immer konkrete Tatsachen zu verstehen, die substantiiert aufzuführen sind und einen Bezug zu einem der in § 99 Abs. 2 BetrVG genannten Zustimmungsverweigerungsgründe haben.[58]

Vorliegend können die unterschiedlichen Auffassungen hinsichtlich der an die Begründungspflicht nach § 99 Abs. 3 Satz 1 BetrVG zu stellenden Anforderungen dahinstehen, weil der Betriebsrat auch unter Zugrundelegung der großzügigeren Ansicht des BAG seiner Begründungspflicht innerhalb der Wochenfrist nicht ausreichend nachgekommen ist. Zwar begründet der Betriebsrat seine Zustimmungsverweigerung insofern, als er in seinem Schreiben vom 27. November 2023 allgemein darauf hinweist, die geplante Höherstufung der Mitarbeiterin W würde das austarierte Gehaltsgefüge unter den als Kassierern und Kassiererinnen tätigen Arbeitnehmern beeinträchtigten. Diese pauschale Begründung für die Zustimmungsverweigerung lässt sich allerdings keinem der in § 99 Abs. 2 BetrVG ausdrücklich und abschließend genannten Verweigerungsgründe zuordnen. Insbesondere erscheint es auch nicht möglich, die Begründung dem Verweigerungsgrund des § 99 Abs. 2 Nr. 1 BetrVG zuzuordnen. Hiernach kann die Zustimmung verweigert werden, wenn die personelle Maßnahme u. a. gegen eine Bestimmung in einem Tarifvertrag verstößt. Der pauschalen Begründung des Betriebsrats ist keinerlei Anhaltspunkt dafür zu entnehmen, dass er mit der Ablehnung der Höherstufung der W einem Verstoß gegen die für die X-AG maßgebende tarifliche Gehaltsgruppeneinordnung geltend machen will. Der Hinweis des Betriebsrats ist vielmehr allein dahin zu verstehen, dass er eine Änderung des bestehenden und seiner Ansicht nach „austarierten" Gehaltsgefüges unter den als Kassierern tätigen Mitarbeitern verhindern will. Hiermit wird nicht, auch nicht implizit, ein Verstoß gegen die tarifliche Gehaltsgruppeneinordnung im Zusammenhang mit der geplanten Höherstufung der W geltend gemacht. Es wird allein der Wille bzw. das Ziel zum Ausdruck gebracht, dass an den bestehenden Gehaltsgruppeneinordnungen der Kassierer nichts geändert werden soll. Insoweit ist es allerdings nicht möglich, die Begründung des Betriebsrats dem in § 99 Abs. 2 Nr. 1 BetrVG geregelten Zustimmungsverweigerungsgrund zuzuordnen. 158

Die danach nicht ausreichende Erfüllung der in § 99 Abs. 3 Satz 1 BetrVG bestimmten Begründungspflicht hat zur Folge, dass der Betriebsrat seine Zustimmung zu der geplanten Umgruppierung der W nicht wirksam innerhalb der Wochenfrist des § 99 Abs. 3 Satz 1 BetrVG verweigert hat. Damit gilt die Zustimmung kraft der Fiktion des § 99 Abs. 3 Satz 2 BetrVG als erteilt. 159

IV. Ergebnis

Der Feststellungsantrag der X-AG ist folglich begründet. Über den Hilfsantrag der X-AG ist deshalb nicht mehr zu entscheiden. 160

C. Endergebnis

Der Hauptantrag ist zulässig und begründet und hat Aussicht auf Erfolg. Über die Begründetheit des Hilfsantrags ist deshalb nicht mehr zu entscheiden. 161

---

57 BAG 20.10.2021 – 7 ABR 34/20 – juris Rn. 32; BAG 9.12.2008 – 1 ABR 79/07 – juris Rn. 48.

58 S. etwa GK-BetrVG/*Raab*, § 99 Rn. 175 ff.

Zur Wiederholung und Vertiefung:

Zu personellen Einzelmaßnahmen, §§ 99–101 BetrVG: *Gamillscheg*, Kollektives Arbeitsrecht, Bd. 2, § 51 2. ff. [S. 963 ff.]; *Schomaker*, Die Mitbestimmung des Betriebsrats bei personellen Einzelmaßnahmen, BRuR 2022, 365 ff; *Stoffels/Lembke*, Betriebsverfassungsrecht, § 16 Rn. 27 ff.

Unterabschnitt II: Tarifvertrags- und Arbeitskampfrecht

Fall 5[1]

Sachverhalt Fall 5

Arbeitnehmer K ist Mitglied der IG Metall. Der Arbeitgeber H war Mitglied des Industrieverbandes Heizungs-Klima-Sanitärtechnik (HKS) Baden-Württemberg e.V. Auf der Grundlage von § 3 des zwischen der IG Metall und dem HKS Baden-Württemberg wirksam abgeschlossenen Entgelttarifvertrags vom 12. Mai 2017 (Entgelt-TV) hatte K Anspruch auf einen Stundenlohn in Höhe von EUR 14,00.
Die Satzung des HKS Baden-Württemberg sah vor, dass Mitglieder, die drei Monate keine Beiträge gezahlt haben, aus dem Industrieverband ausgeschlossen werden. Nachdem der H – dessen Unternehmen sich in einer existenzbedrohenden Krise befindet – seit Oktober 2019 keine Beiträge mehr gezahlt hatte, wurde er mit Wirkung ab 1. Februar 2020 wirksam aus dem Industrieverband ausgeschlossen. Daraufhin übersandte Arbeitgeber H am 24. Februar 2020 an alle in seinem Betrieb tätigen Arbeitnehmer folgendes Schreiben:

„Liebe Mitarbeiter,
Seit dem 1. Februar 2020 bin ich nicht mehr Mitglied des Industrieverbandes HKS Baden-Württemberg. Diese Veränderung macht eine neue Entgeltregelung zum 1. April 2020 erforderlich. Im Hinblick darauf, dass die Umsatzlage immer mehr zurückgeht, sehe ich mich nicht mehr in der Lage, den tariflich vereinbarten Lohn zu bezahlen. Um betriebsbedingte Kündigungen bzw. die Schließung des Betriebs zu vermeiden, schlage ich Ihnen vor, den Stundenlohn um 0,70 € zu reduzieren. Dafür verpflichte ich mich, bis zum Ende des Jahres 2021 keine betriebsbedingten Kündigungen auszusprechen. Bitte teilen Sie mir bis zum 16. März 2020 mit, ob Sie die neuen Arbeitsbedingungen akzeptieren.
Ihr H"

Nahezu alle Arbeitnehmer, darunter auch der K, stimmten den neuen Arbeitsbedingungen zu. H zahlte ab April 2020 den verringerten Stundenlohn in Höhe von EUR 13,30.
Im April hatte der Industrieverband HKS Baden-Württemberg den Tarifvertrag – für alle Beteiligten völlig überraschend – zum 1. Juni 2020 wirksam gekündigt.
Seit dem 13. Juli 2020 ist der Arbeitgeber H Mitglied des Arbeitgeberverbandes Technische Gebäudeausrüstung e.V. Zwischen diesem Verband und der Christlichen Gewerkschaft Metall (CGM) wurde am 15. Juli 2020 ein Tarifvertrag geschlossen. In diesem Tarifvertrag wurde die Übernahme der zwischen der IG Metall und der CGM auf der einen Seite und dem Fachverband Sanitär-Heizung-Klima Baden-Württemberg auf der anderen Seite abgeschlossenen Tarifverträge mit Wirkung ab 1. August 2020 vereinbart. Der auf diesem Wege unter anderem übernommene Entgelttarifvertrag vom 2. Juli 2020 sieht für eine Tätigkeit, wie sie von K ausgeübt wird, einen Stundenlohn in Höhe von EUR 13,10 vor. Vor diesem Hintergrund zahlt der H dem K seit 1. August 2020 nur noch EUR 13,10 pro Stunde.
Arbeitnehmer K ist damit nicht einverstanden. Seiner Ansicht nach durfte der Arbeitgeber H weder zum 1. April 2020 noch zum 1. Juni 2020 geschweige denn zum 1. August 2020 den von seiner Gewerkschaft, der IG Metall, ausgehandelten Stundenlohn von EUR 14,00 herabsetzen. Der Änderung zum 1. April 2020 habe er nur zugestimmt, weil er große Angst um seinen Arbeitsplatz gehabt habe.

K möchte wissen, ob er Anspruch auf einen Stundenlohn in Höhe von EUR 14,00 hat.

---

1 Angelehnt an BAG 28.5.1997 – 4 AZR 546/95 – juris.

Prüfungsaufbau Fall 5

A. Anspruch des K gegen H auf einen Stundenlohn i. H. v. EUR 14,00
- **I. Arbeitsvertrag**
- **II. Wirksamer Tarifvertrag**
- **III. Normative Wirkung des Tarifvertrags**
- **IV. Wegfall der normativen Wirkung**
  1. Ausschluss des Arbeitgebers H aus dem Verband
  2. Einführung einer arbeitsvertraglichen Einheitsregelung während der Fortgeltung des Tarifvertrags
     - a) Vereinbarung zwischen K und H über eine Reduzierung des Stundenlohns
     - b) Günstigkeitsprinzip nach § 4 Abs. 3 TVG
       - aa) Rechtsprechung des BAG
       - bb) Kritik an der Rechtsprechung
       - cc) Andere Lösungsansätze in der Literatur
         - (1) Einzelvergleich
         - (2) Gesamtvergleich
     - c) Zwischenergebnis
  3. Beendigung des Entgelt-TV
     - a) Wirksame Beendigung des Tarifvertrags durch Kündigung
     - b) Nachwirkung nach § 4 Abs. 5 TVG
       - aa) Voraussetzungen der Nachwirkung
       - bb) „Andere Abmachung“ i. S. v. § 4 Abs. 5 TVG
         - (1) Ablösung durch die arbeitsvertragliche Einheitsregelung
         - (2) Ablösung durch einen neuen Tarifvertrag

B. Ergebnis

Lösung Fall 5

A. Anspruch des K gegen H auf einen Stundenlohn i. H. v. EUR 14,00

162 K könnte gegen H einen Anspruch auf einen Stundenlohn in Höhe von EUR 14,00 aus dem Arbeitsvertrag i. V. m. § 611a Abs. 2 BGB, § 4 Abs. 1 Satz 1 TVG und § 3 Entgelt-TV vom 12. Mai 2017 haben.

I. Arbeitsvertrag

163 Von dem Bestehen eines wirksamen Arbeitsvertrags zwischen H und K ist auszugehen.

II. Wirksamer Tarifvertrag

164 Ein wirksamer Tarifvertrag lag nach den Angaben im Sachverhalt vor.

III. Normative Wirkung des Tarifvertrags

165 Zu prüfen ist, ob der Entgelt-TV auf das Arbeitsverhältnis zwischen dem Arbeitnehmer K und dem Arbeitgeber H nach § 4 Abs. 1 Satz 1 TVG normative Wirkung entfaltet. Nach § 4 Abs. 1 Satz 1 TVG gelten die Rechtsnormen, die u. a. den Inhalt des Arbeitsver-

hältnisses regeln, unmittelbar und zwingend, wenn beide Arbeitsvertragsparteien tarifgebundenen sind. Tarifgebunden sind nach § 3 Abs. 1 TVG die Mitglieder der Tarifvertragsparteien (§ 2 Abs. 1 TVG) und der Arbeitgeber, der selbst Partei des Tarifvertrags ist. Der Arbeitnehmer K ist Mitglied der Gewerkschaft IG Metall und somit tarifgebunden. Das Gleiche galt zunächst auch für den Arbeitgeber H, der Mitglied des Arbeitgeberverbandes HKS Baden-Württemberg e.V. war. Während seiner Mitgliedschaft war H daher tarifgebunden, deshalb gelten die Entgeltregelungen als Inhaltsnormen zwischen den Arbeitsvertragsparteien unmittelbar und zwingend.

Nach § 3 Entgelt-TV erhielt der K einen Stundenlohn in Höhe von EUR 14,00. **166**

IV. Wegfall der normativen Wirkung

Die normative Wirkung des Entgelt-TV könnte durch den Ausschluss des H aus dem **167** Arbeitgeberverband,[2] die Einführung einer arbeitsvertraglichen Einheitsregelung[3] oder die Kündigung des Entgelt-TV[4] entfallen sein.

1. Ausschluss des Arbeitgebers H aus dem Verband

Nach den Angaben im Sachverhalt wurde der H mit Wirkung zum 1. Februar 2020 aus **168** dem Arbeitgeberverband HKS Baden-Württemberg e.V. wirksam ausgeschlossen. Fraglich ist damit, wie sich dieser Ausschluss auf die normative Wirkung des Entgelt-TV im Verhältnis zwischen K und H auswirkt. Durch den wirksamen Ausschluss des H wird dessen Mitgliedschaft in dem Arbeitgeberverband HKS und damit die Mitgliedschaft in der Tarifvertragspartei im Sinne des § 3 Abs. 1 TVG beendet.

Nach § 3 Abs. 3 TVG bleibt die Tarifgebundenheit jedoch bestehen, bis der Tarifvertrag **169** endet. Das bezeichnet man als **Nachbindung.** Sinn und Zweck dieser Nachbindung ist es insbesondere, die „Flucht aus dem Tarifvertrag durch Verbandsaustritt" eines tarifgebundenen Mitgliedes einer Tarifvertragspartei zu verhindern.[5] Damit dient die Regelung des § 3 Abs. 3 TVG zuvörderst der Sicherung der Tarifvertragstreue.[6] Die Tarifvertragsparteien dürfen nicht durch die verbandsrechtliche Möglichkeit des Austritts die unmittelbare und zwingende Wirkung eines Tarifvertrags beseitigen und sich damit den tariflichen Verpflichtungen entziehen können.[7]

Schon dem Wortlaut nach bezieht sich § 3 Abs. 3 TVG auf jedes Ende der Mitgliedschaft **170** im Sinne des § 3 Abs. 1 TVG.[8] Neben dem typischen Fall des Austritts wird etwa auch der Ausschluss eines Mitglieds aus dem Verband erfasst.[9] Es macht vorliegend somit keinen Unterschied, ob der H freiwillig aus dem Verband ausgetreten ist oder ausgeschlossen wurde, weil er sich durch die Nichtzahlung von Beiträgen verbandswidrig verhalten hat. Die Tarifbindung des H bleibt folglich gemäß § 3 Abs. 3 TVG bestehen.

---

2 S. dazu Rn. 168 ff.

3 S. dazu Rn. 171 ff.

4 S. dazu Rn. 195 ff.

5 S. BAG 1.7.2009 – 4 AZR 262/08 – juris Rn. 48; BAG 7.11.2001 – 4 AZR 703/00 – juris Rn. 21; BAG 17.5.2000 – 4 AZR 363/99 – juris Rn. 45; *Gamillscheg*, Kollektives Arbeitsrecht, Bd. 1, § 17 I. 5. a) (1) [S. 724]; Henssler/Moll/Bepler/*Höpfner*, Der Tarifvertrag, Teil 6 Rn. 62.

6 S. ErfK/*Franzen*, § 3 TVG Rn. 22; Henssler/Moll/Bepler/*Höpfner*, Der Tarifvertrag, Teil 6 Rn. 62; NK-GA/*Krois*, § 3 TVG Rn. 54; *Löwisch/Rieble*, TVG, § 3 Rn. 245.

7 S. BAG 15.10.1986 – 4 AZR 289/85 – juris Rn. 17.

8 Wie hier MHdB-ArbR/*Klumpp*, § 245 Rn. 53.

9 ErfK/*Franzen*, § 3 TVG Rn. 23; *Gamillscheg*, Kollektives Arbeitsrecht, Bd. 1, § 17 I. 5. a) (2) [S. 725]; Henssler/Moll/Bepler/*Höpfner*, Der Tarifvertrag, Teil 6 Rn. 69; *Hueck/Nipperdey*, ArbR, Bd. 2, Halbbd. 1, B.V. 3, b) [S. 490]; Wiedemann/*Oetker*, TVG, § 3 Rn. 71.

Damit bleibt die normative Wirkung des Entgelt-TV aufgrund der Nachbindung unberührt, bis der Tarifvertrag endet.

2. Einführung einer arbeitsvertraglichen Einheitsregelung während der Fortgeltung des Tarifvertrags

171 Die unmittelbare und zwingende Wirkung des Entgelt-TV könnte jedoch dadurch entfallen sein, dass der K auf das Schreiben des H vom 24. Februar 2020 einer Reduzierung des Stundenlohns um EUR 0,70 zugestimmt hat.

172 a) **Vereinbarung zwischen K und H über eine Reduzierung des Stundenlohns.** K und H könnten sich auf eine Reduzierung des Stundenlohns geeinigt haben. Nach den Angaben im Sachverhalt stimmten nahezu alle Arbeitnehmer, darunter auch der K, der vom Arbeitgeber H angetragenen neuen Entgeltregelung mit reduziertem Stundenlohn zu. Im Gegenzug erhielten die Arbeitnehmer die Zusage von H bis zum Ende des Jahres 2021 keine betriebsbedingten Kündigungen auszusprechen.

173 Hier könnte eine Vereinbarung zwischen K und H in Gestalt einer abändernden arbeitsvertraglichen Einheitsregelung zustande gekommen sein. Darunter versteht man eine vertragliche Regelung, deren Inhalt nicht individuell ausgehandelt, sondern durch vom Arbeitgeber für eine Vielzahl von Verträgen vorformulierter Arbeitsbedingungen bestimmt wird.[10] Eine arbeitsvertragliche Einheitsregelung hat nach h. M. ebenso wie die Gesamtzusage[11] und die betriebliche Übung[12] einen kollektiv(rechtlich)en Bezug,[13] obwohl jeweils individualvertragliche Rechtspositionen begründet werden.[14] Hier sind nahezu alle Arbeitsverträge von der Änderung, die auch nicht individuell ausgehandelt wurde, betroffen. Eine arbeitsvertragliche Einheitsregelung liegt folglich vor. Der K hat der von H angetragenen Reduzierung des Entgelts zugestimmt. Damit haben sich K und H auch auf eine Reduzierung des Entgelts geeinigt.

174 b) **Günstigkeitsprinzip nach § 4 Abs. 3 TVG.** Die arbeitsvertragliche Einheitsregelung wurde ab dem 1. April 2020 und damit noch während der Nachbindung des H an den Tarifvertrag angewendet (s. o. zu Rn. 168 ff.). Deshalb ist hier fraglich, ob die neu eingeführte arbeitsvertragliche Einheitsregelung den fortwirkenden Tarifvertrag verdrängen konnte.

175 Nach § 4 Abs. 3 Var. 2 TVG ist eine Abweichung von tariflichen Bestimmungen nur zulässig, wenn die vom Tarifvertrag abweichenden Regelungen für die Arbeitnehmer günstiger sind. Für die Beantwortung der Frage, ob es sich bei der Abweichung um eine günstigere Regelung handelt, ist ein Günstigkeitsvergleich vorzunehmen. Die neue Entgeltregelung, die den Stundenlohn um EUR 0,70 reduziert, ist – isoliert betrachtet – objektiv für die Arbeitnehmer ungünstiger als die entsprechende Bestimmung in § 3 Entgelt-TV; der Zweck der Neuregelung bestand gerade darin, die Kostenbelastung des Arbeitgebers zu reduzieren.

176 Auf der anderen Seite haben K und H zusätzlich eine Beschäftigungsgarantie vereinbart, wonach eine betriebsbedingte Kündigung bis zum Ende des Jahres 2021 ausgeschlossen sein sollte. Fraglich ist, ob im Rahmen des vorzunehmenden Günstigkeitsvergleichs

---

10 S. zum Begriff etwa *Brox/Rüthers/Henssler*, Arbeitsrecht, Rn. 145; MHdB-ArbR/*Fischinger*, § 8 Rn. 53; *Hanau/Adomeit*, Arbeitsrecht, Rn. 62.

11 S. dazu BAG 13.10.2020 – 3 AZR 410/19 – juris Rn. 59, 66.

12 S. dazu BAG 19.9.2018 – 5 AZR 439/17 – juris Rn. 16; BAG 23.2.2016 – 3 AZR 44/14 – juris Rn. 49. S. aus der Literatur nur MHdB-ArbR/*Fischinger*, § 10 Rn. 17.

13 S. BAG 11.12.2018 – 3 AZR 380/17 – juris Rn. 60; BAG 16.11.2011 – 10 AZR 60/11 – juris Rn. 16; BAG 19.2.2008 – 3 AZR 61/06 – juris Rn. 33. S. aus der Literatur nur MHdB-ArbR/*Börner*, § 206 Rn. 24a.

14 S. etwa BAG GS 16.9.1986 – GS 1/82 – juris Rn. 72.

die Beschäftigungsgarantie im Zusammenhang mit der für den K an sich nachteiligen Reduzierung des Entgelts Berücksichtigung finden kann. Diese Frage ist umstritten.

aa) **Rechtsprechung des BAG.** In der für die hier aufgeworfene Frage grundlegenden sog. Burda-Entscheidung hat das BAG ausgesprochen, dass ein Vergleich von Regelungen, deren Gegenstände sich thematisch nicht berühren, methodisch unmöglich und mit § 4 Abs. 3 TVG nicht zu vereinbaren ist.[15] Es dürften nicht gleichsam „Äpfel mit Birnen“[16] verglichen werden. Die zu vergleichenden Regelungen müssten vielmehr miteinander in einem sachlichen Zusammenhang stehen. Es sei ein sog. **„Sachgruppenvergleich“** durchzuführen.[17] Arbeitsentgelt einerseits und eine Beschäftigungsgarantie andererseits seien jedoch völlig unterschiedlich geartete Regelungsgegenstände, für deren Bewertung es keinen gemeinsamen Maßstab gäbe. Eine Beschäftigungsgarantie sei damit nicht geeignet, Verschlechterungen bei der Höhe des Arbeitsentgelts zu rechtfertigen.[18] 177

Nach der Ansicht des BAG entspricht nur dieses Verständnis dem Zweck des TVG, welches zum Schutz der Arbeitnehmer die Normwirkung von Tarifverträgen gewährleistet. Die wertende Entscheidung darüber, wie bei der Regelung der Arbeitsbedingungen das Interesse der Arbeitnehmer an einem möglichst hohen Entgelt mit dem unternehmerischen Interesse an geringen Arbeitskosten um der Wettbewerbsfähigkeit willen und damit auch zur Sicherung der Arbeitsplätze in Einklang gebracht werden kann, sei eine tarifpolitische Grundsatzfrage und gehöre zu den typischen Aufgaben der Tarifvertragsparteien. Diesen sei es überlassen, nach ihren gemeinsamen Zweckmäßigkeitsvorstellungen einerseits Kostenfaktoren für die unternehmerische Tätigkeit und andererseits Untergrenzen der Arbeitsbedingungen, insbesondere der Arbeitseinkommen, zu bestimmen. Die Rspr. würde nicht nur ihre Möglichkeiten rationaler Kontrolle überschreiten, sondern auch in Wertungsfragen der Tarifpolitik eindringen, wollte sie die gemeinsame Meinungsbildung der Tarifparteien daraufhin überprüfen, ob sich eine andere Gewichtung der betroffenen Interessenlage für die Arbeitnehmer einzelner Betriebe günstiger auswirkt.[19] 178

Die Maßstäbe für den Günstigkeitsvergleich nach § 4 Abs. 3 TVG müssten aus den Wertungen des Tarifvertrags abgeleitet werden. Die Arbeitsplatzrisiken könnten nicht berücksichtigt werden, weil sie sich nicht hinreichend objektivieren lassen. Es fehle insoweit an handhabbaren Kriterien. Die Entscheidung über den Abbau von Arbeitsplätzen stehe im Ermessen des Unternehmers. Seine diesbezüglichen Erwägungen, etwa zu Gewinnzielen sowie zur Einschätzung von Kosten und Marktchancen, entzögen sich der richterlichen Kontrolle. Wären die damit verbundenen Arbeitsplatzrisiken in einem Günstigkeitsvergleich zu berücksichtigen, so stünde die Wirkung zwingenden Tarifrechts praktisch zur Disposition einzelner Arbeitgeber.[20] 179

Nach der Auffassung des BAG ändert sich an diesem Ergebnis auch dann nichts, wenn die tarifgebundenen Arbeitnehmer weit überwiegend bereit sind, um ihrer Arbeitsplatzsicherheit willen auf tarifliche Rechte zu verzichten. Eine solche Entscheidung sei die Reaktion auf die vorangegangene unternehmerische Entscheidung und auf die danach 180

---

15 S. BAG 20.4.1999 – 1 ABR 72/98 – juris Rn. 112.

16 So ausdrücklich BAG 20.4.1999 – 1 ABR 72/98 – juris Rn. 112.

17 S. BAG 12.6.2024 – 4 AZR 202/23 – juris Rn. 42; BAG 25.1.2023 – 4 AZR 171/22 – juris Rn. 22; BAG 12.8.2018 – 4 AZR 123/18 – juris Rn. 34; BAG 1.7.2009 – 4 AZR 261/08 – juris Rn. 60; BAG 20.4.1999 – 1 ABR 72/98 – juris Rn. 112; zustimmend etwa *Löwisch*, BB 1999, 2080 ff. (2081); MHdB-ArbR/*Klumpp*, § 253 Rn. 42.

18 S. etwa BAG 1.7.2009 – 4 AZR 261/08 – juris Rn. 60 m. w. N.; BAG 6.11.2007 – 1 AZR 862/06 – juris Rn. 24; ebenso z. B. *Hanau*, RdA 1998, 65 ff. (70); die Gegenansicht geht zurück auf *Adomeit*, NJW 1984, 26 f.

19 S. zum Ganzen BAG 20.4.1999 – 1 ABR 72/98 – juris Rn. 114 f.

20 S. BAG 20.4.1999 – 1 ABR 72/98 – juris Rn. 114.

für die Arbeitnehmer verbleibende Alternative. Sie sei also keineswegs völlig frei. Deshalb bestimme § 4 Abs. 3 TVG, dass abweichende Abmachungen von den Tarifvertragsparteien gestattet werden müssten. Auch hier zeige sich, dass das Gesetz die tarifpolitische Verantwortung für die Wirkung ihrer Regelungen den Koalitionen zuweist – ganz im Sinne von Art. 9 Abs. 3 GG.[21]

181 Nach Ansicht des BAG bedeutet das nicht, dass der „Sachgruppenvergleich“, den das Gericht seit Jahrzehnten in Übereinstimmung mit der h. L. anwendet, die allein verfassungskonforme Art des Günstigkeitsvergleichs sein müsste. Die Koalitionsfreiheit des Art. 9 Abs. 3 GG bedarf der rechtlichen Ausgestaltung und der Gesetzgeber kann dabei die Tarifautonomie in den Grenzen der Verhältnismäßigkeit einschränken.[22]

182 bb) **Kritik an der Rechtsprechung.** Die Rspr. des BAG ist im Schrifttum auf Kritik gestoßen. Die sog. Burda-Entscheidung[23] wurde ausführlich diskutiert und ist dabei oft – auch von denjenigen Stimmen, die den Sachgruppenvergleich im Ausgangspunkt befürworten[24] – auf Ablehnung gestoßen.[25] Soweit diese Rspr. von einem methodisch unmöglichen Vergleich von Äpfeln mit Birnen ausgeht, wird sie teils auch als „Obstrechtsprechung“ bezeichnet.[26]

183 Dem BAG wird insbesondere vorgeworfen durch seine Rspr. die Autonomie der Arbeitnehmer und Belegschaften nicht hinreichend zu beachten. Selbst in einer existenziell bedrohlichen Situation für den Betrieb oder gar für das gesamte Unternehmen sei es dem einzelnen Arbeitnehmer versagt, sich aus eigener Autonomie heraus unter Verzicht auf einen Teil der Vergütung für einen gesicherten Arbeitsplatz zu entscheiden.[27] Die Lösung derartiger Krisen auf betrieblicher Ebene durch Betriebsvereinbarungen scheitere an der Regelungssperre des § 77 Abs. 3 Satz 1 BetrVG.[28]

184 Die Sichtweise des BAG führe im Ergebnis zu einer Entmündigung der Belegschaften und der Betriebsräte; diese würden unter die Vormundschaft der Tarifparteien gestellt.[29] Dadurch, dass das BAG die existenziellen Risiken sowohl des Arbeitgebers, der nicht mehr wirtschaftlich produzieren kann, als auch der Arbeitnehmer, die ihre Arbeitsplätze verlieren, überhaupt nicht erst im Günstigkeitsvergleich berücksichtigt, werde die Tarifautonomie zum bloßen Selbstzweck erklärt und das Günstigkeitsprinzip nach § 4 Abs. 3 TVG weitgehend nutzlos.[30]

185 Ein Teil des Schrifttums fordert daher im Kern eine (teilweise) Abkehr von der objektiven Betrachtungsweise im Rahmen des Sachgruppenvergleichs und eine Hinwendung zu einem stärkeren subjektiven Verständnis.[31] Jedenfalls bei objektiv nicht vergleichbaren Größen sollen die persönlichen Präferenzen des einzelnen Arbeitnehmers über die

---

21 S. BAG 20.4.1999 – 1 ABR 72/98 – juris Rn. 115.

22 S. BAG 20.4.1999 – 1 ABR 72/98 – juris Rn. 116.

23 S. BAG 20.4.1999 – 1 ABR 72/98 – juris.

24 S. etwa *Löwisch/Rieble*, TVG, § 4 Rn. 598 und 648 ff.; *Robert*, NZA 2004, 633 ff. (634 ff.).

25 S. etwa *Bauer*, NZA 1999, 957 ff. (960); *Buchner*, NZA 1999, 897 ff. (901); *Niebler/Schmiedl*, BB 2001, 1631 ff. (1631) m. w. N.; *Schliemann*, NZA 2003, 122 ff. (125); *Rüthers*, NJW 2003, 546 ff. (551 f.).

26 S. *Niebler/Schmiedl*, BB 2001, 1631 ff. (1631); s. auch *Rüthers*, NJW 2003, 546 ff. (551 f.): „wurmstichiges Fallobst“.

27 *Picker*, NZA 2002, 761 ff. (767); *Rüthers*, NJW 2003, 546 ff. (551).

28 S. *Rüthers*, NJW 2003, 546 ff. (551).

29 So *Rüthers*, NJW 2003, 546 ff. (551).

30 *Bauer*, NZA 1999, 957 ff. (960); vgl. auch *Picker*, NZA 2002, 761 ff. (767); sehr pointiert *Adomeit*, NJW 1984, 26 f. (27): „Es drohe, dass aus Wohltat Plage werde“.

31 S. in diese Richtung etwa *Bauer*, NZA 1999, 957 ff. (960); *Buchner*, NZA 1999, 897 ff. (901 f.); *Robert*, NZA 2004, 633 ff. (634 f.); *Picker*, NZA 2002, 761 ff. (766 f.); *Schliemann*, NZA 2003, 122 ff. (125 ff.): „Vergleich der Synallagmata“.

Günstigkeitsfrage entscheiden.[32] Nach dieser Meinung ist dem einzelnen Arbeitnehmer auch zuzutrauen, gleichsam zwischen „Äpfeln und Birnen" zu wählen.[33]

Die Vertreter des subjektivierenden Ansatzes gehen davon aus, dass die Arbeitsvertragsparteien ebenso wie die Tarifparteien befugt sind, kraft ihrer Privatautonomie einen subjektiv inneren (Sach-)Zusammenhang zwischen einzelnen gegebenenfalls isoliert betrachtet ungleichartigen Regelungen etwa zwischen einem teilweisen Lohnverzicht und einer Arbeitsplatzgarantie herzustellen.[34] **186**

cc) **Andere Lösungsansätze in der Literatur.** Im Schrifttum werden verschiedene andere Ansätze zum Sachgruppenvergleich diskutiert. **187**

(1) **Einzelvergleich.** Nach dem sog. **Einzelvergleich** werden lediglich einzelne Bestimmungen miteinander verglichen. Zulässig sei allein die punktuelle Besserstellung des Arbeitnehmers gegenüber einer bestimmten Tarifregelung. Es gelte – in handelsrechtlicher Terminologie[35] ausgedrückt – die „Rosinentheorie"[36], also das Prinzip der Meistbegünstigung. Begründet wird dies u. a. mit einem Verweis auf die verfassungsrechtlich durch Art. 9 Abs. 3 GG geschützte Tarifautonomie.[37] **188**

Das ist wenig überzeugend. Zum einen beachtet diese Ansicht zu wenig, dass gerade das Günstigkeitsprinzip die Tarifmacht begrenzt und sich auf beiden Seiten verhandelte Arbeitsbedingungen gegenüberstehen.[38] Zum anderen ist zu berücksichtigen, dass jedenfalls einzelne Komplexe eines Tarifvertrags ein ausbalanciertes und in sich geschlossenes Regelungssystem bilden, das im Günstigkeitsvergleich nicht durch einen punktuellen Vergleich einzelner Leistungen auseinandergerissen werden darf.[39] Denn die Tarifverhandlungen führen regelmäßig zu einem Kompromiss, der nur dadurch erreicht wird, dass die eine Partei in einem Punkt nachgibt, um sich in einem anderen Punkt durchzusetzen.[40] Der Einzelvergleich sabotiert diesen von den Tarifvertragsparteien gefundenen Konsens, berücksichtigt also den Willen der Tarifvertragsparteien nicht hinreichend.[41] **189**

(2) **Gesamtvergleich.** Als weitere Vergleichsmethode wird ein sog. **Gesamtvergleich** vorgeschlagen. Danach sind alle tarifvertraglich geregelten Arbeitsbedingungen mit allen Regelungen des Arbeitsvertrags zu vergleichen.[42] Dagegen spricht aber schon die praktische Undurchführbarkeit eines solchen Gesamtvergleichs.[43] Ferner wird das Günstigkeitsprinzip dadurch ausgehöhlt, denn es ist praktisch nicht möglich, bei zwei ver- **190**

---

32 S. etwa *Picker*, NZA 2002, 761 ff. (767) m. w. N.

33 S. *Picker*, NZA 2002, 761 ff. (767).

34 S. *Schliemann*, NZA 2003, 122 ff. (125); *Löwisch/Rieble*, TVG, § 4 Rn. 649: „gewillkürte Kommensurabilität"; *Robert*, NZA 2004, 633 ff. (634 f.).

35 So zum Handelsrecht zuerst *John*, ZHR 140 [1976], 236 ff. (254). Unter dem Schlagwort Rosinentheorie wird im Handelsrecht im Rahmen von § 15 HGB der Fall diskutiert, dass sich der Dritte hinsichtlich eines Umstands auf die wahre (nicht ordnungsgemäß bekannt gemachte) Rechtslage beruft und zusätzlich an einem anderen Punkt die Regelung des § 15 Abs. 1 HGB bemüht.

36 So etwa ErfK/*Franzen*, § 4 TVG Rn. 36; *Gamillscheg*, Kollektives Arbeitsrecht, Bd. 1, § 18 V. 5. a) (1) [853]; *Hanau/Adomeit*, Arbeitsrecht, Rn. 250.

37 Für einen Einzelvergleich etwa Däubler/*Deinert/Wenckebach*, TVG, § 4 Rn. 708–723.

38 S. näher *Löwisch/Rieble*, TVG, § 4 Rn. 596.

39 S. auch *Preis/Greiner*, Kollektivarbeitsrecht, § 96 Rz. 487.

40 S. auch *Preis/Greiner*, Kollektivarbeitsrecht, § 96 Rz. 487.

41 Vgl. *Preis/Greiner*, Kollektivarbeitsrecht, § 96 Rz. 487.

42 Dafür etwa *Nebeling/Arntzen*, NZA 2011, 1215 ff.; *Heinze*, NZA 1991, 329 ff. (335).

43 S. NK-GA/*Bepler* § 4 TVG Rn. 106.

schiedenen Regelungswerken unter Einbeziehung jeweils aller Bestimmungen objektiv festzustellen, welches Regelungswerk günstiger ist.[44]

191 c) **Zwischenergebnis.** Je nachdem, ob man im vorliegenden Fall der Rspr. oder der subjektivierenden Gegenansicht folgt, ist die neue Einheitsregelung im Vergleich zur tariflichen Bestimmung als günstiger oder ungünstiger anzusehen.[45]

192 Ausgehend von der Rspr., die der nachfolgenden Falllösung zugrunde gelegt wird, verstößt die Einheitsregelung gegen das Günstigkeitsprinzip und entfaltet damit keine Wirkung. Es verbleibt danach bei der Lohnregelung in § 3 Entgelt-TV vom 12. Mai 2017, wonach der K einen Stundenlohn in Höhe von EUR 14,00 erhalten soll.

193 Die vorstehende Problematik wird unter dem Schlagwort **„betriebliche Bündnisse für Arbeit"** lebhaft diskutiert. Darunter versteht man Vereinbarungen auf betrieblicher Ebene, mit denen die bestehenden (tariflichen) Arbeitsbedingungen modifiziert werden. Es geht regelmäßig um den zeitweisen massenhaften Verzicht der Arbeitnehmer auf einzelne Rechte bzw. Leistungen, z. B. einen Teillohnverzicht, der im Gegenzug mit einer „Arbeitsplatzgarantie" o. ä. kompensiert wird.[46]

3. Beendigung des Entgelt-TV

194 Des Weiteren ist zu prüfen, ob der Anspruch auf den tariflichen Stundenlohn in Höhe von EUR 14,00 dadurch weggefallen ist, dass der Entgelt-TV vom 12. Mai 2017 mit Wirkung zum 1. Juni 2020 gekündigt wurde.

195 a) **Wirksame Beendigung des Tarifvertrags durch Kündigung.** Die Kündigung – die nach den Angaben im Sachverhalt wirksam war – führt dazu, dass der Tarifvertrag zum 1. Juni 2020 beendet wurde.

b) Nachwirkung nach § 4 Abs. 5 TVG.

196 aa) **Voraussetzungen der Nachwirkung.** Möglicherweise entfalten jedoch die Normen des Tarifvertrags Nachwirkung i. S. d. § 4 Abs. 5 TVG. Danach gelten die Rechtsnormen des Tarifvertrags nach dessen Ablauf weiter, bis sie durch eine andere Abmachung ersetzt werden.

197 Mit der Nachwirkung soll im Interesse der Vertrags- und Tarifvertragsparteien eine Überbrückungsregelung geschaffen werden, die den bisherigen Besitz- und Regelungsstand erhält und einen Rückfall auf nicht mehr aktuelle bzw. von den Parteien nicht gewollte übliche Bedingungen verhindert.[47]

198 Als Voraussetzung der Nachwirkung nennt § 4 Abs. 5 TVG den Ablauf des Tarifvertrags. Darunter versteht man jede Beendigung des Tarifvertrags, sei es durch Kündigung, Aufhebungsvertrag, Befristung etc.[48] Problematisch ist vorliegend, dass der Entgelt-TV lediglich noch kraft Nachbindung i. S. d. § 3 Abs. 3 TVG fortwirkt (siehe oben 1.). Ob § 4 Abs. 5 TVG analog auch auf den Fall der auslaufenden Nachbindung im Sinne des § 3

---

44 S. die Kritik am Gesamtvergleich bei Wiedemann/*Bayreuther*, TVG, § 4 Rn. 335 f.; ErfK/*Franzen*, § 4 TVG Rn. 36; *Löwisch/Rieble*, TVG, § 4 Rn. 597.

45 Gut vertretbar ist bei entsprechender Argumentation beides. In jedem Fall ist aber – gegebenenfalls hilfsgutachtlich – weiterzuprüfen.

46 S. hierzu NK-GA/*Bepler*, § 4 TVG Rn. 110; BeckOK ArbR/*Giesen*, § 4 TVG Rn. 33 f.

47 S. BAG 20.5.2009 – 4 AZR 230/08 – juris Rn. 47; BAG 1.7.2009 – 4 AZR 261/08 – juris Rn. 62; BAG 22.10.2008 – 4 AZR 789/07 – juris Rn. 27. S. aus der Literatur auch *Hütter-Brungs*, ZfA 2021, 197 ff. (200 f.).

48 S. näher *Preis/Greiner*, Kollektivarbeitsrecht, § 98 Rz. 796 ff.; *Löwisch/Rieble*, TVG, § 4 Rn. 782. Strittig ist dies insbesondere für den Fall der außerordentlichen Kündigung des Tarifvertrags, s. z. B. *Löwisch/Rieble*, a. a. O. Rn. 783 f.

Abs. 3 TVG Anwendung findet, ist umstritten. Zutreffender Auffassung nach ist diese Frage mit der h. M. zu bejahen.[49] Denn andernfalls würden die wegen ihres Inhalts vom Tarifvertrag abhängenden Arbeitsverhältnisse teilweise inhaltsleer werden.[50] Genau dies zu verhindern, ist der Telos des § 4 Abs. 5 TVG. Die Heranziehung des in dieser Regelung enthaltenen Rechtsgedankens ist daher zur Füllung einer planwidrigen Regelungslücke bei vergleichbarer Interessenlage geboten.[51] Die Gegenansicht sieht dagegen in der Regelung des § 3 Abs. 3 TVG eine abschließende Sonderregelung. Die Beendigung des Tarifvertrags markiere im Falle einer Beendigung der Verbandsmitgliedschaft die äußerste Grenze, bis zu der der Tarifvertrag das Arbeitsverhältnis normativ gestalten kann.[52]

Mit der h. M. ist von der Nachwirkung des Tarifvertrags gemäß § 4 Abs. 5 TVG auch in den Fällen, in denen der Tarifvertrag lediglich nach § 3 Abs. 3 TVG fortwirkt, auszugehen. **199**

bb) „Andere Abmachung" i. S. v. § 4 Abs. 5 TVG. Möglicherweise steht der Nachwirkung nach § 4 Abs. 5 TVG jedoch entgegen, dass § 3 Entgelt-TV durch eine „andere Abmachung" ersetzt wurde. Die andere Abmachung kann dabei sowohl durch einen für beide Parteien geltenden Tarifvertrag, eine Betriebsvereinbarung[53] oder eine arbeitsvertragliche Regelung erfolgen.[54] **200**

(1) Ablösung durch die arbeitsvertragliche Einheitsregelung. Vorliegend könnte eine andere – den Tarifvertrag ablösende – Abmachung zunächst in der arbeitsvertraglichen Einheitsregelung vom Februar bzw. März 2020 liegen, sodass der K ab 1. Juni 2020 nur noch Anspruch auf einen Stundenlohn in Höhe von EUR 13,30 hätte. **201**

Das ist vor dem Hintergrund problematisch, dass die arbeitsvertragliche Einheitsregelung schon deutlich vor der Beendigung des Tarifvertrags durch die Kündigung zum 1. Juni 2020 eingeführt worden ist. **202**

Der Wortlaut des § 4 Abs. 5 TVG ([...] bis sie [...] ersetzt werden) legt zwar nahe, dass grundsätzlich nur eine Regelung in Betracht kommt, die nach dem Ende des Tarifvertrags im Nachwirkungszeitraum vereinbart worden ist. Daraus folgt aber nicht zwingend, dass eine ablösende Abmachung nicht auch schon im Voraus getroffen werden kann, soweit es den Parteien darum geht für den unmittelbar bevorstehenden Nachwirkungszeitraum eine abweichende Regelung zu treffen, auch wenn dies dazu führt, dass ein Tarifvertrag nach seinem Ablauf überhaupt nicht nachwirkt.[55] Nach der Rspr. des BAG ist für derartige, im Vorfeld des Nachwirkungszeitraums getroffene Abmachungen, erforderlich, dass der Regelungswille der Parteien darauf gerichtet ist, die unmittelbar bevorstehende Nachwirkung eines beendeten Tarifvertrags zu beseitigen oder deren Eintritt zu verhindern.[56] Erforderlich ist zudem, dass die ablösende Regelung konkret und **203**

---

49 BAG 1.7.2009 – 4 AZR 261/08 – juris Rn. 56; BAG 13.12.1995 – 4 AZR 1062/94 – juris Rn. 22 ff.; *Preis/Greiner*, Kollektivarbeitsrecht, § 98 Rz. 798–801; Henssler/Moll/Bepler/*Höpfner*, Der Tarifvertrag, Teil 9 Rn. 35; *Löwisch/Rieble*, TVG, § 4 Rn. 786; Wiedemann/*Oetker*, TVG, § 3 Rn. 114 m. w. N.

50 S. BAG 13.12.1995 – 4 AZR 1062/94 – juris Rn. 22.

51 S. BAG 13.12.1995 – 4 AZR 1062/94 – juris Rn. 22; BAG 13.7.1994 – 4 AZR 555/93 – juris Rn. 41 ff.

52 S. etwa *Buchner*, RdA 1997, 259 ff. (260 f.); s. ferner die Nachweise bei Wiedemann/*Oetker*, TVG, § 3 Rn. 115.

53 Innerhalb der von § 77 Abs. 3 BetrVG gezogenen Grenzen.

54 S. nur BAG 22.10.2008 – 4 AZR 789/07 – juris Rn. 27; *Richardi/Bayreuther*, Kollektives Arbeitsrecht, § 6 Rn 8–10.

55 S. BAG 20.5.2009 – 4 AZR 230/08 – juris Rn. 49; BAG 22.10.2008 – 4 AZR 789/07 – juris Rn. 29.

56 BAG 1.7.2009 – 4 AZR 261/08 – juris Rn. 64; BAG 1.7.2009 – 4 AZR 250/08 – juris Rn. 23; BAG 20.5.2009 – 4 AZR 230/08 – juris Rn. 49; BAG 22.10.2008 – 4 AZR 789/07 – juris Rn. 30.

zeitnah vor dem bevorstehenden Ablauf des Tarifvertrags die sich ansonsten aufgrund der Nachwirkung ergebende Situation regelt.[57]

204 Problematisch ist vorliegend schon der von der Rspr. geforderte enge zeitliche Zusammenhang[58] zwischen der arbeitsvertraglichen Einheitsregelung und der Beendigung des Tarifvertrags. Gegen das Vorliegen desselben spricht insbesondere, dass der Entgelt-TV erst später gekündigt wurde und zum Zeitpunkt des Abschlusses der arbeitsvertraglichen Einheitsregelung keinerlei Anhaltspunkte für die baldige Kündigung dieses Tarifvertrags vorhanden waren. Das ergibt sich daraus, dass die Kündigung des Entgelt-TV für alle Beteiligten völlig überraschend kam.

205 Selbst wenn man das Vorliegen des zeitlichen Zusammenhangs unterstellt, fehlt es hier jedenfalls an einem Regelungswillen der Parteien, der auf die Verhinderung der bevorstehenden Nachwirkung zielt. Der Wortlaut der arbeitsvertraglichen Einheitsregelung lässt nicht erkennen, dass dieser auf die Beseitigung oder die Verhinderung einer zukünftigen Nachwirkung von § 3 Entgelt-TV gerichtet ist. Dagegen spricht insbesondere, dass die vertragliche Einheitsregelung bereits zum 1. April 2020 – also noch während der normativen Wirkung des Tarifvertrags – wirksam werden sollte. Auch die weiteren Vertragsumstände sprechen deutlich gegen die Annahme eines solchen Regelungswillens. Zum Zeitpunkt der Vereinbarung der Einheitsregelung galt der Entgelt-TV. Er war auch nicht gekündigt. Ein übereinstimmender Regelungswille der Parteien, dass die Vereinbarung – jedenfalls auch – darauf abzielen sollte, den Eintritt der Nachwirkung des Entgelt-TV zu verhindern, ist daher nicht zu erkennen.

206 Folglich handelt es sich bei der arbeitsvertraglichen Einheitsregelung nicht um eine andere Abmachung im Sinne von § 4 Abs. 5 TVG.

207 Damit tritt nach dem 1. Juni 2020 die Nachwirkung des Tarifvertrags gem. § 4 Abs. 5 TVG mit der Folge ein, dass der Arbeitnehmer K weiterhin einen Anspruch auf einen Stundenlohn in Höhe von EUR 14,00 hat.

208 (2) **Ablösung durch einen neuen Tarifvertrag.** Allerdings könnte mit Wirkung vom 1. August 2020 für K ein Anspruch auf einen Stundenlohn lediglich in Höhe von EUR 13,10 bestehen, wenn der durch den Tarifvertrag zwischen dem neuen Arbeitgeberverband und der CGM übernommene Tarifvertrag auch im Verhältnis zwischen dem Arbeitgeber H und dem Arbeitnehmer K Anwendung findet.

209 Wie oben bereits geprüft wurde (s. oben Rn. 195), wirken die Rechtsnormen des Entgelt-TV vom 12. Mai 2017 infolge der Kündigung dieses Tarifvertrags gemäß § 4 Abs. 5 TVG nach. Die Nachwirkung dauert so lange, bis der Tarifvertrag durch eine „andere Abmachung" i. S. v. § 4 Abs. 5 TVG ersetzt wird.

210 Vor diesem Hintergrund ist fraglich, ob der Tarifvertrag vom 2. Juli 2020, der zwischen der IG Metall und der CGM einerseits und dem Fachverband Sanitär-Heizung-Klima Baden-Württemberg andererseits abgeschlossen und durch die CGM und dem Arbeitgeberverband Technische Gebäudeausrüstung e.V., dessen Mitglied auch der Arbeitgeber H ist, übernommen wurde, eine „andere Abmachung" i. S. v. § 4 Abs. 5 TVG darstellt. Dann wäre der Entgelt-TV vom 12. Mai 2017 wirksam abgelöst, sodass die im Tarifvertrag vom 2. Juli 2020 festgelegten Arbeitsbedingungen gelten würden.

211 Als „andere Abmachung" i. S. v. § 4 Abs. 5 TVG kann nur eine rechtlich relevante Vereinbarung angesehen werden.[59] Damit ist eine Vereinbarung gemeint, die auf das konkrete

57 S. BAG 20.5.2009 – 4 AZR 230/08 – juris Rn. 49.
58 S. BAG 20.5.2009 – 4 AZR 230/08 – juris Rn. 53: 13 Monate vor Ablauf reichen grds. nicht.
59 S. etwa BAG 28.5.1997 – 4 AZR 546/95 – juris Rn. 35.

Arbeitsverhältnis Anwendung findet. Eine solche Vereinbarung ist nur bei einer positiven, das Arbeitsverhältnis erfassenden, kollektivrechtlichen oder einzelvertraglichen Regelung gegeben.[60] Für den Fall der Ablösung durch einen anderen Tarifvertrag bedeutet das nach dem sog. **Prinzip der Einzelablösung**, dass der ablösende Tarifvertrag im Einzelarbeitsverhältnis gelten muss, sei es durch arbeitsvertragliche Bezugnahme, Allgemeinverbindlichkeit nach § 5 TVG, Tarifnormerstreckung nach §§ 3, 7 AEntG oder aber kraft beiderseitiger Tarifgebundenheit nach §§ 4 Abs. 1 Satz 1, 3 Abs. 1 TVG.[61]

Zu prüfen ist deshalb, ob Arbeitgeber H und Arbeitnehmer K an den neuen Tarifvertrag nach § 4 Abs. 1 TVG kongruent gebunden sind. **212**

Der H ist gemäß § 3 Abs. 1 TVG kraft seiner Mitgliedschaft in dem neuen Arbeitgeberverband Technische Gebäudeausrüstung e.V. tarifgebunden. Der Arbeitnehmer K ist dagegen nicht Mitglied der CGM, die mit dem Arbeitgeberverband Technische Gebäudeausrüstung e.V. die Übernahme des Tarifvertrags vom 2. Juli 2020 ausgehandelt hat, der zwischen der IG Metall und der CGM einerseits und dem Fachverband Sanitär-Heizung-Klima andererseits geschlossen wurde. **213**

Der neue Tarifvertrag vom 15. Juli 2020, der den Tarifvertrag vom 2. Juli 2020 übernimmt, gilt wegen fehlender Tarifbindung des Arbeitnehmers K nicht für das Arbeitsverhältnis zwischen dem Arbeitnehmer K und dem Arbeitgeber H. Der Arbeitnehmer K ist insoweit Außenseiter, denn er ist nur Mitglied der IG Metall, nicht aber der CGM. **214**

Die Nachwirkung wird für Außenseiter nicht schon deswegen ausgeschaltet, weil überhaupt ein neuer Tarifvertrag in Kraft tritt. Für solche Arbeitnehmer stellt der mit einer anderen Gewerkschaft, der sie nicht angehören, abgeschlossene Tarifvertrag keine „andere Abmachung" i. S. v. § 4 Abs. 5 TVG dar, weil diese nicht von der Normwirkung des Tarifvertrags erfasst werden.[62] **215**

Dabei spielt es auch keine Rolle, dass die IG Metall, deren Mitglied der K ist, an dem Inhalt des neuen Tarifvertrags mitgewirkt hat. Diese Mitwirkung war nämlich auf andere Arbeitsverhältnisse bezogen. Der Tarifvertrag vom 2. Juli 2020 ist für den Betrieb des H nur deshalb relevant geworden, weil er von dem Arbeitgeberverband Technische Gebäudeausrüstung e.V. und der CGM übernommen wurde. Die tarifschließende Gewerkschaft war damit nicht die IG Metall, sondern allein die CGM. **216**

Der Tarifvertrag vom 15. Juli 2020 findet auf das Arbeitsverhältnis des K mangels Tarifbindung keine Anwendung. Deshalb verbleibt es bei der Anwendung des nachwirkenden Tarifvertrags vom 12. Mai 2017. Der Arbeitnehmer K hat weiterhin einen Anspruch auf einen Stundenlohn von EUR 14,00. **217**

Der vorliegende Sachverhalt stellt keinen Fall der sog. **Tarifpluralität** bzw. **Tarifkollision** dar. Tarifpluralität bzw. Tarifkollision liegt vor, wenn der Betrieb des Arbeitgebers vom Geltungsbereich mindestens zweier miteinander kollidierender Tarifverträge erfasst wird und nur der Arbeitgeber an beide Tarifverträge gebunden ist, während für den Arbeitnehmer höchstens jeweils ein Tarifvertrag gilt (s. etwa BAG 20.3.1991 – 4 AZR 455/90 – juris Rn. 22; *Hromadka/Maschmann*, Arbeitsrecht, Bd. 2, § 13 Rn. 267 ff.). Hier liegt der Fall aber so, dass der Tarifvertrag vom 12. Mai 2017 nur noch kraft Nachwirkung i. S. d. § 4 Abs. 5 TVG gilt, während der Tarifvertrag vom 15. Juli 2020 den Arbeitgeber kraft seiner Verbandsmitgliedschaft nach § 3

---

60 S. etwa BAG 28.5.1997 – 4 AZR 546/95 – juris Rn. 35.

61 BAG 20.4.2005 – 4 AZR 288/04 – juris Rn. 14; Henssler/Moll/Bepler/*Höpfner*, Der Tarifvertrag, Teil 9 Rn. 46; *Löwisch/Rieble*, TVG, § 4 Rn. 842.

62 S. Däubler/*Bepler*, TVG § 4 Rn. 978; *Kania*, DB 1995, 625 ff. (631); ErfK/*Franzen*, § 4 TVG Rn. 61.

Abs. 1 TVG bindet. Der Arbeitgeber ist nicht nach § 3 Abs. 1 oder § 3 Abs. 3 TVG an zwei Tarifverträge gebunden, was Voraussetzung für die Tarifpluralität bzw. Tarifkollision ist, sondern lediglich an einen Tarifvertrag.
Dieses Ergebnis entspricht der Rspr. des BAG, wonach Tarifpluralität nicht entsteht, wenn ein Tarifvertrag lediglich i. S. d. § 4 Abs. 5 TVG nachwirkt (BAG 28.5.1997 – 4 AZR 546/95 – juris Rn. 57). In einem solchen Fall findet nach überwiegender Ansicht der Literatur auch § 4a Abs. 2 Satz 2 TVG keine Anwendung (s. etwa NK-GA/*Bepler*, § 4a TVG Rn. 24; Wiedemann/*Jacobs*, TVG § 4a Rn. 137; zur anderen Ansicht s. MAH-ArbR/*Hambacher/Reufels*, § 71 Rn. 193).

B. Ergebnis

218 Für das Arbeitsverhältnis zwischen dem Arbeitnehmer K und dem Arbeitgeber H gilt der in dem nachwirkenden Entgelt-TV vom 12. Mai 2017 festgelegte Stundenlohn i. H. v. EUR 14,00.

Zur Wiederholung und Vertiefung:

Zur Burda-Entscheidung: BAG 20.4.1999 – 1 ABR 72/98 – juris.
Zu Nachbindung, Nachwirkung, OT-Mitgliedschaft, Günstigkeitsprinzip: BAG 20.5.2009 – 4 AZR 230/08 – juris; *Robert*, Betriebliche Bündnisse für Arbeit versus Tarifautonomie?, NZA 2004, 633 ff.
Zur Tarifkollision: *Gooren*, Tarifeinheit und Tarifkollision (§ 4a TVG) in der Praxis, NZA 2022, 444 ff.

Fall 6[1]

Sachverhalt Fall 6

Arbeitnehmer D ist bei der Y-AG seit dem 15. August 1999 als technischer Angestellter beschäftigt. D ist nicht Mitglied einer Gewerkschaft. In dem Arbeitsvertrag des D vom 2. August 1999 heißt es:

„2. Bezüge
Herr D wird nach den Bestimmungen des Manteltarifvertrags für die Angestellten der Bayerischen Metallindustrie vom 1.6.1999 (MTV 1999) in die Gehaltsgruppe IV/1 eingestuft.
Das Tarifgehalt beträgt EUR 2.923,00.
...

11. Arbeitsbedingungen
Im Übrigen gelten die Bestimmungen des Manteltarifvertrags für die Angestellten der Bayerischen Metallindustrie in der jeweils gültigen Fassung.
....“

Die Y-AG betreibt ein Aluminiumschmelzwerk. Der Vorstand der Y-AG möchte sich auf keinen Fall, wie er bei jeder Gelegenheit – auch schon gegenüber D – äußerte, an Tarifverträge binden. Deshalb hält sich die Y-AG auch konsequent von jeglichen Vereinigungen von Arbeitgebern fern. Sie gewährt dem D seit dem Beginn des Arbeitsverhältnisses jeweils Gehaltserhöhungen, wie sie für die Angestellten der Bayerischen Metallindustrie tariflich in den jährlich abgeschlossenen Entgelttarifverträgen ausgehandelt wurden. Die Gehaltsveränderung wurde dem D jedes Mal, teilweise unter Bezugnahme auf „die Tariferhöhung“, schriftlich mitgeteilt. Auch die übrigen Arbeitnehmer der Y-AG erhielten den Tariferhöhungen entsprechende Lohn- und Gehaltserhöhungen.
Durch den Entgelttarifvertrag vom 24. April 2024 (Entgelt-TV 2024), der wirksam zustande gekommen ist, wurden die Gehälter für die Angestellten der Bayerischen Metallindustrie ab 1. Mai 2024 um 4,5 % erhöht. Die Y-AG, die aufgrund geänderter Marktbedingungen zunehmend in wirtschaftliche Bedrängnis gerät, erhöhte das Gehalt von D und das der übrigen Arbeitnehmer nur um 2,5 %. D verlangt von Y ab 1. Mai 2024 die Erhöhung seines Gehalts im Umfang der tariflichen Lohnerhöhung.

Besteht dieser Anspruch?

1 Angelehnt an BAG 9.2.2005 – 5 AZR 284/04 – juris.

Prüfungsaufbau Fall 6

A. Anspruch aus dem Entgelt-TV 2024 i. V. m. § 4 Abs. 1 Satz 1 TVG und § 611a Abs. 2 BGB
- **I. Arbeitsverhältnis**
- **II. Wirksamer Entgelt-TV 2024**
- **III. Unmittelbare und zwingende Wirkung des Entgelt-TV 2024**

B. Anspruch aus § 611a Abs. 2 BGB i. V. m. dem Entgelt-TV 2024 aufgrund ausdrücklicher einzelvertraglicher Inbezugnahme

C. Anspruch aus § 611a Abs. 2 BGB i. V. m. dem aufgrund betrieblicher Übung in Bezug genommenem Entgelt-TV 2024
- **I. Arbeitsverhältnis zwischen D und Y**
- **II. Betriebliche Übung**
  1. Begriff und dogmatische Einordnung
     a) Vertragstheorie
     b) Vertrauenshaftungstheorie
  2. Inbezugnahme eines Tarifvertrags als möglicher Gegenstand einer betrieblichen Übung
  3. Vorliegen der Voraussetzungen einer betrieblichen Übung
     a) Freiwilliges, gleichförmiges, wiederholtes und vorbehaltloses Verhalten der Y-AG gegenüber den Arbeitnehmern
     b) Schutzwürdiges Vertrauen der Arbeitnehmer auf Anwendung der künftigen tariflichen Lohnerhöhungen
- **III. Zwischenergebnis**

D. Ergebnis

Lösung Fall 6

A. Anspruch aus dem Entgelt-TV 2024 i. V. m. § 4 Abs. 1 Satz 1 TVG, dem Arbeitsvertrag und § 611a Abs. 2 BGB

219 D könnte gegen die Y-AG, bei der es sich nach § 1 Abs. 1 Satz 1 AktG um ein verpflichtungsfähiges Rechtssubjekt handelt, einen Anspruch auf die tarifliche Lohnerhöhung ab 1. Mai 2024 aus dem Entgelt-TV 2024 i. V. m. § 4 Abs. 1 Satz 1 TVG, dem Arbeitsvertrag und § 611a Abs. 2 BGB haben. Dafür müsste zwischen D und Y ein Arbeitsverhältnis bestehen, der Entgelt-TV 2024 müsste wirksam zustande gekommen sein und nach § 4 Abs. 1 Satz 1 TVG unmittelbar und zwingend für das Arbeitsverhältnis zwischen D und Y gelten.

I. Arbeitsverhältnis

220 Zwischen D und Y müsste ein Arbeitsverhältnis i. S. d. § 611a BGB bestehen. Das ist nach dem Sachverhalt der Fall.

II. Wirksamer Entgelt-TV 2024

221 Weiterhin müsste der Entgelt-TV 2024 wirksam zustande gekommen sein. Das geht aus dem Sachverhalt hervor.

III. Unmittelbare und zwingende Wirkung des Entgelt-TV 2024

Nach § 4 Abs. 1 Satz 1 TVG gelten die Rechtsnormen eines Tarifvertrags, die den Inhalt, den Abschluss oder die Beendigung[2] von Arbeitsverhältnissen ordnen, unmittelbar und zwingend zwischen den beiderseits Tarifgebundenen, die unter den Geltungsbereich des Tarifvertrags fallen. Zwar handelt es sich bei der tarifvertraglich festgelegten Vergütung bzw. deren Erhöhung um eine Rechtsnorm, die den Inhalt des Arbeitsverhältnisses regelt (sog. Inhaltsnorm).[3] Jedoch finden die Tarifnormen i. d. R. nur dann unmittelbar und zwingend Anwendung, wenn die Arbeitsvertragsparteien jeweils tarifgebunden sind. Gemäß § 3 Abs. 1 TVG sind die Mitglieder der Tarifvertragsparteien tarifgebunden.[4] Aus dem Sachverhalt folgt, dass weder der D noch die Y-AG tarifgebunden sind. Auch bestehen keine Anhaltspunkte dafür, dass der Entgelt-TV 2024 allgemeinverbindlich im Sinne des § 5 TVG ist. Folglich fehlt es an der unmittelbaren und zwingenden Wirkung des Entgelt-TV 2024. **222**

Damit ist ein Anspruch des D aus dem Entgelt-TV 2024 i. V. m. § 4 Abs. 1 Satz 1 TVG, dem Arbeitsvertrag und § 611a Abs. 2 BGB zu verneinen. **223**

B. Anspruch aus § 611a Abs. 2 BGB i. V. m. dem Entgelt-TV 2024 aufgrund ausdrücklicher einzelvertraglicher Inbezugnahme

D könnte gegen die Y-AG einen Anspruch auf die tarifliche Lohnerhöhung ab 1. Mai 2024 aus § 611a Abs. 2 BGB i. V. m. dem Entgelt-TV 2024 aufgrund einzelvertraglicher Inbezugnahme haben. Das setzt voraus, dass der Entgelt-TV 2024 im Wege ausdrücklicher einzelvertraglicher Inbezugnahme wirksam Inhalt des Arbeitsvertrags zwischen D und Y geworden ist. **224**

Die Möglichkeit einer einzelvertraglichen Inbezugnahme tarifvertraglicher Regelungen durch die Parteien des Arbeitsvertrags ist allgemein anerkannt.[5] Das setzt eine entsprechende vertragliche Vereinbarung voraus. Vorliegend fehlt es aber an einer ausdrücklichen einzelvertraglichen Inbezugnahme des Entgelt-TV 2024 im Arbeitsvertrag des D. Im Zusammenhang mit der Regelung der Bezüge des D wird in dem Arbeitsvertrag zum Zwecke der Gehaltsgruppeneinstufung unter Ziffer 2 allein statisch auf den Manteltarifvertrag (MTV) 1999, nicht auch auf den Entgelt-TV 2024 Bezug genommen. Des Weiteren wird in Ziffer 11 des Arbeitsvertrags bzgl. der sonstigen Arbeitsbedingungen gleichfalls lediglich auf die Bestimmungen des MTV, hier allerdings in der jeweils gültigen Fassung (sog. **kleine dynamische Bezugnahmeklausel**), verwiesen. Die Entgelttarifverträge der Bayrischen Metallindustrie und damit auch der Entgelt-TV 2024 werden in dem Arbeitsvertrag dagegen an keiner Stelle in Bezug genommen. **225**

Folglich hat der D gegen die Y-AG keinen Anspruch auf die tarifliche Lohnerhöhung ab dem 1. Mai 2024 kraft ausdrücklicher einzelvertraglicher Inbezugnahme des Entgelt-TV 2024. **226**

---

2 S. näher zu Inhalts-, Abschluss- und Beendigungsnormen etwa *Richardi/Bayreuther*, Kollektives Arbeitsrecht, § 5 Rn. 15–17; Beispiele bei *Junker*, Grundkurs Arbeitsrecht, Rn. 505; ausf. Henssler/Moll/Bepler/*Hexel*, Der Tarifvertrag, Teil 4 Rn. 11 ff.

3 S. nur ErfK/*Franzen*, § 1 TVG Rn. 41; *Löwisch/Rieble*, TVG, § 1 Rn. 303.

4 S. ausf. zur normativen Tarifgebundenheit kraft Mitgliedschaft etwa Henssler/Moll/Bepler/*Höpfner*, Der Tarifvertrag, Teil 6 Rn. 1 ff.

5 S. nur *Nikisch*, Arbeitsrecht, Bd. 2, § 71 V. 2. [S. 275]; Däubler/*Lorenz*, TVG, § 3 Rn. 217; Wiedemann/*Oetker*, TVG, § 3 Rn. 329; Kempen/Zachert/*Brecht-Heitzmann*, TVG, § 3 Rn. 173, zur rechtspolitischen Kritik a. a. O. Rn. 174 f. und 162.

Exkurs: *Bezugnahmeklauseln*
Sehr häufig wird in der Praxis in Arbeitsverträgen auf Tarifverträge vollständig oder teilweise Bezug genommen. Die Zulässigkeit derartiger sog. Bezugnahme- oder Verweisungsklauseln ist allgemein anerkannt. Durch die arbeitsvertragliche Vereinbarung einer Bezugnahmeklausel wird die (entsprechende) Anwendbarkeit bestimmter – nämlich der von der Bezugnahmeklausel erfassten – tariflichen Bestimmungen unabhängig von der Tarifgebundenheit von AN und AG ermöglicht. Es kommt gleichsam zu einer schuldrechtlichen Tarifgeltung kraft vertraglicher Vereinbarung. Die tariflichen Regelungen werden Inhalt des Arbeitsverhältnisses. Man kann vier Grundtypen von Verweisungsklauseln unterscheiden.

1. Zunächst kann auf einen bestimmten Tarifvertrag in einer ganz bestimmten Fassung (global oder partiell) Bezug genommen werden, sog. **statische Bezugnahmeklausel.**
   Im Falle einer statischen Verweisung findet nur der konkret bezeichnete Tarifvertrag in der konkret bezeichneten Fassung auf das Arbeitsverhältnis Anwendung.
   Beispiel: *„Es gilt der Tarifvertrag X in der Fassung vom 24.4.2024."*
2. Weiter kann mit einer sog. **kleinen dynamischen Bezugnahmeklausel** auf einen bestimmten Tarifvertrag in seiner jeweils gültigen Fassung verwiesen werden. Dann bezieht sich die Verweisung nur auf den konkret genannten Tarifvertrag, allerdings zeitlich dynamisch, sprich der benannte Tarifvertrag findet in der jeweils aktuellen Fassung Anwendung.
   Beispiel: *„Es gilt der Tarifvertrag X in seiner jeweils gültigen Fassung."*
3. Schließlich kann auch auf den jeweils im Betrieb geltenden Tarifvertrag in seiner jeweils geltenden Fassung verwiesen werden. Man spricht dann von einer sog. **großen dynamischen Bezugnahmeklausel bzw. Tarifwechselklausel.** Durch eine derartige Regelung bezieht sich die Dynamik nicht nur auf das Zeitmoment, sondern auch auf den betrieblichen, fachlichen und persönlichen Geltungsbereich des Tarifvertrags. Verwiesen wird also auf den jeweils aktuell im Betrieb geltenden Tarifvertrag.
   Beispiel: *„Es gilt der jeweils im Betrieb anwendbare Tarifvertrag in seiner jeweils gültigen Fassung."*
4. Eine Zwischenstellung zwischen kleiner und großer dynamischer Bezugnahme nehmen sog. **Tarifsukzessionsklauseln** ein. Mit Tarifsukzession ist die Ersetzung eines Tarifvertrags durch einen neuen anderen Tarifvertrag durch dieselben Tarifparteien gemeint (z. B. die Ablösung des BAT durch den TVöD bzw. den TV-L). Bei einer zu eng formulierten kleinen dynamischen Bezugnahmeklausel, etwa wenn diese auf den BAT in seiner jeweiligen Fassung Bezug nimmt, ist die Annahme einer Tarifsukzession jedenfalls nach dem Wortlaut problematisch (ggf. aber im Wege ergänzender Vertragsauslegung zu bejahen). Die Tarifsukzessionsklausel verweist auf die jeweils für die Branche des AG geltenden Tarifverträge. Dadurch entsteht sozusagen additiv zur zeitlichen auch eine branchenbezogene Dynamik.
   Beispiel: *„Es gelten die Tarifverträge der Branche Y in ihrer jeweils geltenden Fassung."*

Zum Recht der Bezugnahmeklauseln s. ausf. *Richardi/Bayreuther*, Kollektives Arbeitsrecht § 7 S. 103 ff.; *Preis/Greiner*, Kollektivarbeitsrecht § 97 Rz. 689 ff.; MdHB-ArbR/*Klumpp*, § 246 Rn. 1 ff.; Clemenz/Kreft/Krause/*Klumpp*, BGB § 307 Rn. 172 ff.

C. Anspruch aus § 611a Abs. 2 BGB i. V. m. dem aufgrund betrieblicher Übung in Bezug genommenem Entgelt-TV 2024

D könnte gegen die Y-AG einen Anspruch auf die Lohnerhöhung nach Maßgabe des Entgelt-TV 2024 ab 1. Mai 2024 aus dem Arbeitsvertrag i. V. m. § 611a Abs. 2 BGB und einer betrieblichen Übung haben. 227

Das setzt ein Arbeitsverhältnis zwischen D und Y voraus. Des Weiteren müsste kraft betrieblicher Übung für D ein Anspruch auf Lohnerhöhungen entsprechend den tariflichen Lohnerhöhungen nach Maßgabe der Entgelttarifverträge der bayerischen Metallindustrie entstanden sein. 228

I. Arbeitsverhältnis zwischen D und Y

Als Erstes müsste ein Arbeitsverhältnis zwischen D und Y bestehen. Das ist der Fall. 229

II. Betriebliche Übung[6]

Weiterhin müssten für einen Anspruch auf Lohnerhöhung im Umfang des Entgelt-TV 2024 die Voraussetzungen einer betrieblichen Übung vorliegen. 230

1. Begriff und dogmatische Einordnung

Unter einer betrieblichen Übung ist die regelmäßige Wiederholung bestimmter Verhaltensweisen des Arbeitgebers zu verstehen, aus denen die Arbeitnehmer schließen können, ihnen solle eine Leistung oder eine Vergünstigung auf Dauer eingeräumt werden.[7] In § 1b Abs. 1 Satz 4 BetrAVG ist die betriebliche Übung gesetzlich ausdrücklich anerkannt. 231

Wie die betriebliche Übung dogmatisch einzuordnen ist, ist streitig. Heute stehen sich im Wesentlichen noch zwei Ansichten gegenüber. 232

a) **Vertragstheorie.** Die ständige Rspr. des BAG leitet die anspruchsbegründende Wirkung der betrieblichen Übung aus dem allgemeinen Vertragsrecht ab (sog. Vertragstheorie). Der Arbeitgeber unterbreite durch sein wiederholtes, gleichförmiges Verhalten ein konkludentes Vertragsangebot, das von den Arbeitnehmern stillschweigend angenommen wird (§ 151 BGB).[8] Entscheidend für die Entstehung eines Anspruchs ist nicht der Verpflichtungswille, sondern wie der Erklärungsempfänger die Erklärung oder das Verhalten des Arbeitgebers nach Treu und Glauben unter Berücksichtigung aller Begleitumstände (§§ 133, 157 BGB) verstehen musste und durfte.[9] Im Wege der Auslegung des Verhaltens des Arbeitgebers ist zu ermitteln, ob der Arbeitnehmer davon ausgehen musste, dass die Leistung nur unter bestimmten Voraussetzungen oder nur für eine 233

---

6 S. zu den Voraussetzungen einer betrieblichen Übung schon Fall 3 Rn. 93 ff.

7 S. BAG 19.9.2023 – 1 AZR 281/22 – juris Rn. 19; BAG 27.4.2022 – 4 AZR 262/21 – juris Rn. 19; BAG 19.9.2018 – 5 AZR 439/17 – juris Rn. 16; BAG 12.12.2006 – 3 AZR 57/06 – juris Rn. 27; BAG 28.6.2006 – 10 AZR 385/05 – juris Rn. 35; BAG 19.5.2005 – 3 AZR 660/03 – juris Rn. 28; BAG 29.4.2003 – 3 AZR 247/02 – juris Rn. 11; BAG 16.7.1996 – 3 AZR 352/95 – juris Rn. 21.

8 S. etwa BAG 19.9.2023 – 1 AZR 281/22 – juris Rn. 19; BAG 27.4.2022 – 4 AZR 262/21 – juris Rn. 19; BAG 19.9.2018 – 5 AZR 439/17 – juris Rn. 16; BAG 19.10.2011 – 5 AZR 359/10 – juris Rn. 13; BAG 17.3.2010 – 5 AZR 317/09 – juris Rn. 20; BAG 26.8.2009 – 5 AZR 969/08 – juris Rn. 25; BAG 9.2.2005 – 5 AZR 284/04 – juris Rn. 19; BAG 16.1.2002 – 5 AZR 715/00 – juris Rn. 16.

9 S. BAG 19.9.2023 – 1 AZR 281/22 – juris Rn. 19; BAG 27.4.2022 – 4 AZR 262/21 – juris Rn. 19; BAG 19.9.2018 – 5 AZR 439/17 – juris Rn. 16; BAG 19.10.2011 – 5 AZR 359/10 – juris Rn. 13; BAG 17.3.2010 – 5 AZR 317/09 – juris Rn. 20; BAG 26.8.2009 – 5 AZR 969/08 – juris Rn. 25; BAG 9.2.2005 – 5 AZR 284/04 – juris Rn. 19; BAG 16.1.2002 – 5 AZR 715/00 – juris Rn. 16.

bestimmte Zeit gewährt werde.[10] Aus der betrieblichen Übung erwachsen nach dieser Auffassung vertragliche Ansprüche.[11]

234 **b) Vertrauenshaftungstheorie.** Die herrschende Gegenansicht im Schrifttum sieht die betriebliche Übung nicht als ein im allgemeinen Vertragsrecht verwurzeltes Rechtsinstitut an. Vielmehr wird die betriebliche Übung als Fall einer gesetzlichen Vertrauenshaftung des Arbeitgebers angesehen.[12] Nach dieser Theorie soll die anspruchsbegründende Wirkung der betrieblichen Übung aus einer auf § 242 BGB gestützten „Erwirkung"[13] folgen.[14] Die rechtliche Bindung entsteht, wenn die Nichtfortsetzung des bisherigen Arbeitgeberverhaltens gegen das Gebot von Treu und Glauben (§ 242 BGB) – genauer: gegen das Verbot des venire contra factum proprium – verstößt.

235 Über die Voraussetzungen für das Entstehen eines Anspruchs aus betrieblicher Übung besteht zwischen den Vertretern der Vertrags- und Vertrauenshaftungstheorie weitgehende Einigkeit, sodass hier ein Streitentscheid dahinstehen kann.

2. Inbezugnahme eines Tarifvertrags als möglicher Gegenstand einer betrieblichen Übung

236 Fraglich ist zunächst, ob die Inbezugnahme eines Tarifvertrags überhaupt Gegenstand einer betrieblichen Übung sein kann. Eine betriebliche Übung ist für jeden Gegenstand vorstellbar, der arbeitsvertraglich in einer so allgemeinen Form geregelt werden kann.[15] Nach ganz h. M. in Rspr.[16] und Literatur[17] kann daher auch die Anwendung tariflicher Regelungen Gegenstand einer betrieblichen Übung sein. Anders ausgedrückt kann eine Bezugnahme auf einen Tarifvertrag auch durch eine betriebliche Übung erfolgen. Die Bezugnahme auf den Entgelt-TV 2024 durch betriebliche Übung kommt damit grundsätzlich in Betracht.

3. Vorliegen der Voraussetzungen einer betrieblichen Übung

237 Für das Entstehen einer betrieblichen Übung ist ein freiwilliges, wiederholtes, gleichförmiges und vorbehaltloses Arbeitgeberverhalten gegenüber allen Arbeitnehmern oder zumindest gegenüber einem abgrenzbaren Teil der Belegschaft[18] erforderlich, welches geeignet ist, ein schutzwürdiges Vertrauen der Arbeitnehmer auf die künftige Fortsetzung des Arbeitgeberverhaltens zu begründen.

---

10 S. BAG 19.9.2023 – 1 AZR 281/22 – juris Rn. 19; BAG 27.4.2022 – 4 AZR 262/21 – juris Rn. 19; BAG 19.9.2018 – 5 AZR 439/17 – juris Rn. 16; BAG 19.10.2011 – 5 AZR 359/10 – juris Rn. 13; BAG 17.3.2010 – 5 AZR 317/09 – juris Rn. 20; BAG 26.8.2009 – 5 AZR 969/08 – juris Rn. 25; BAG 9.2.2005 – 5 AZR 284/04 – juris Rn. 19; BAG 16.1.2002 – 5 AZR 715/00 – juris Rn. 16.

11 S. zur Kritik an der Vertragstheorie etwa *Henssler*, Festschrift 50 Jahre BAG, S. 683 ff. (685 ff.); *Hromadka*, NZA 1984, 241 ff. (243 f.); *Seiter*, Die Betriebsübung, S. 90.

12 S. grdl. *Canaris*, Die Vertrauenshaftung im deutschen Privatrecht, S. 254 ff. u. 372 ff.; *Seiter*, Die Betriebsübung, passim, insb. S. 92 ff.; zusammenfassend MHdB-ArbR/*Fischinger*, § 10 Rn. 11.

13 Als positives Gegenstück zur Verwirkung. S. dazu *Canaris*, Die Vertrauenshaftung im deutschen Privatrecht, S. 372 ff.

14 S. *Hanau*, AcP 165 (1965), 220 ff., (261); *Hromadka*, NZA 1984, 241 ff. (244); MüKo-BGB/*Schubert*, § 242 BGB Rn. 544; *Singer*, ZfA 1993, 487 ff. (494).

15 So ausdrücklich BAG 20.5.2008 – 9 AZR 382/07 –juris Rn. 12; BAG 24.6.2003 – 9 AZR 302/02 – juris Rn. 33; BAG 21.1.1997 – 1 AZR 572/96 – juris Rn. 52.

16 BAG 11.7.2018 – 4 AZR 443/17 – juris Rn. 29; BAG 17.4.2002 – 5 AZR 89/01 – juris Rn. 15; BAG 19.1.1999 – 1 AZR 606/98 – juris Rn. 50.

17 S. etwa *Gamillscheg*, Kollektives Arbeitsrecht, Bd. 1, § 17 II. 6. [S. 740]; *Henssler*, Festschrift 50 Jahre BAG, S. 683 ff. (683); *Hromadka/Maschmann*, Arbeitsrecht, Bd. 2, § 13 Rn. 260; Däubler/*Lorenz*, TVG, § 3 Rn. 216; *Sutschet*, NZA 2008, 679 ff. (682) m. w. N.; Wiedemann/*Oetker*, TVG, § 3 Rn. 345; *Walker*, JuS 2007, 1 ff. (9).

18 Sog. kollektiver Bezug, s. dazu z. B. BAG 14.9.2011 – 10 AZR 526/10 – juris Rn. 13.

Danach ist zu prüfen, ob vorliegend erstens ein entsprechendes Arbeitgeberverhalten gegeben ist und zweitens ein schutzwürdiges Vertrauen der Arbeitnehmer auf die künftige Fortsetzung dieses Arbeitgeberverhaltens entstehen konnte. 238

a) **Freiwilliges, gleichförmiges, wiederholtes und vorbehaltloses Verhalten der Y-AG gegenüber den Arbeitnehmern.** Zunächst müsste ein freiwilliges, gleichförmiges, wiederholtes und vorbehaltloses Verhalten der Y-AG gegenüber allen bzw. zumindest gegenüber einem abgrenzbaren Teil der Arbeitnehmer vorliegen. Die Y-AG gewährte die Lohnerhöhungen entsprechend der Tarifentwicklung ohne hierzu normativ verpflichtet zu sein und damit freiwillig. Auch die Voraussetzungen des Vorliegens eines gleichförmigen und wiederholten Verhaltens der Y-AG sind vorliegend gegeben. Denn nach der jahrelang geübten Praxis wurden den Arbeitnehmern jährliche Lohnerhöhungen jeweils entsprechend der jährlich abgeschlossenen Entgelttarifverträge der Bayerischen Metallindustrie gewährt. Diese Lohnerhöhungen standen auch unter keinem von der Y-AG erklärten Vorbehalt, erfolgten mithin vorbehaltlos. Schließlich wurden die Lohnerhöhungen ohne Ausnahme jedem Mitarbeiter zuteil, sodass auch der für das Entstehen einer betrieblichen Übung erforderliche kollektive Bezug hier zu bejahen ist. Damit genügt das Arbeitgeberverhalten der Y-AG den Anforderungen an das Entstehen einer betrieblichen Übung. 239

b) **Schutzwürdiges Vertrauen der Arbeitnehmer auf Anwendung der künftigen tariflichen Lohnerhöhungen.** Aus dem vorbeschriebenen Verhalten der Y-AG könnte für deren Arbeitnehmer, insbesondere auch den D, ein schutzwürdiges Vertrauen auf zukünftige Lohnerhöhungen entsprechend den Entgelttarifverträgen der bayerischen Metallindustrie begründet worden sein. 240

Ein schutzwürdiges Vertrauen könnte zunächst daraus folgen, dass die Parteien als Anfangsgehalt eine Vergütung in Höhe des Tarifgehalts vereinbart und diese auch als „Tarifgehalt" bezeichnet haben. Das hat jedoch keinerlei Bedeutung für die Frage künftiger Erhöhungen dieser Vergütung. Ein schutzwürdiges Vertrauen des D dahingehend, dass die Y-AG auch zukünftig Lohnerhöhungen entsprechend der Tarifentwicklung gewährt, kann aus diesem Umstand nicht abgeleitet werden. 241

Möglicherweise ergibt sich jedoch ein schutzwürdiges Vertrauen des D aus den Gehaltsmitteilungen der Y-AG. Die Y-AG hat dem D die Tariferhöhungen regelmäßig, teilweise unter Bezugnahme auf die „Tariferhöhung" schriftlich mitgeteilt. In diesen Gehaltsmitteilungen wurde aber nur die aktuelle Praxis der Lohnerhöhungen durch die Y-AG mitgeteilt. Ein weitergehender Erklärungswert für künftige Tariflohnerhöhungen ist den Gehaltsmitteilungen nicht zu entnehmen. Folglich haben die Gehaltsmitteilungen keine Bedeutung für das Entstehen eines schutzwürdigen Vertrauens der Arbeitnehmer auf künftige Lohnerhöhungen. 242

In Betracht kommt aber, dass die Y-AG durch die jahrelang geübte Praxis der Lohnerhöhungen in Gestalt des vorbeschriebenen gleichförmigen und wiederholten Verhaltens einen Vertrauenstatbestand bei den Arbeitnehmern – mitunter auch bei D – geschaffen hat, sprich die Arbeitnehmer der Y-AG aus deren Verhalten schließen durften, dass ihnen auch zukünftig ein Anspruch auf Lohnerhöhungen entsprechend der Tarifentwicklung zusteht. Die regelmäßigen Gehaltserhöhungen entsprechend der Tarifentwicklung müssten also geeignet sein bei D ein schutzwürdiges Vertrauen dahingehend zu schaffen, dass die Y-AG auch künftig weiter so verfahren wird. 243

Das ist vor dem Hintergrund problematisch, dass die Y-AG nicht tarifgebunden ist. Dieser Umstand steht dem Entstehen eines schutzwürdigen Vertrauens auf der Arbeitnehmerseite entgegen. Bei einem nicht tarifgebundenen Arbeitgeber kann nach der 244 zutreffenden Rspr. des BAG eine betriebliche Übung der Erhöhung der Löhne und Gehälter entsprechend der Tarifentwicklung nur angenommen werden, wenn es deutliche Anhaltspunkte im Verhalten des Arbeitgebers dafür gibt, dass er auf Dauer die von den Tarifvertragsparteien ausgehandelten Tariflohnerhöhungen übernehmen will.[19] Denn ein nicht tarifgebundener Arbeitgeber will sich grundsätzlich nicht für die Zukunft der Regelungsmacht der Verbände unterwerfen.[20] Darin liegt i. d. R. gerade der Sinn des nicht erfolgten Beitritts zu einem Arbeitgeberverband. Die fehlende Tarifbindung auf Arbeitgeberseite verdeutlicht – wie das BAG zutreffend ausführt – den Willen des Arbeitgebers, die Erhöhung der Löhne und Gehälter zukünftig nicht ohne Beitrittsprüfung entsprechend der Tarifentwicklung vorzunehmen. Die in keinster Weise vorhersehbare Dynamik der Lohnentwicklung und die hierdurch verursachten (zusätzlichen) Personalkosten sprechen in einer solchen Konstellation deutlich gegen einen objektiv erkennbaren Willen des Arbeitgebers für eine dauerhafte Entgeltanhebung entsprechend der Tarifentwicklung.[21] Mit den in Anlehnung an Tariflohnerhöhungen erfolgenden freiwilligen Lohnsteigerungen entsteht lediglich ein Anspruch der Arbeitnehmer auf Fortzahlung dieses erhöhten Lohns, nicht aber zugleich eine Verpflichtung des Arbeitgebers auch künftige Tariflohnerhöhungen weiterzugeben.[22] Der nicht tarifgebundene Arbeitgeber will seine Entscheidungsfreiheit für die künftige Lohn- und Gehaltsentwicklung behalten.[23] Darin liegt auch der Unterschied zu der betrieblichen Übung bei der Gewährung von Zulagen oder Jahressonderzahlungen. Hierbei entstehen zwar ebenfalls weitere Kosten, diese sind jedoch statisch und damit vorhersehbar und nicht unüberschaubar dynamisch ausgestaltet.[24]

245 Hinzu kommt, dass der **tarifgebundene** Arbeitgeber durch Austritt aus dem tarifschließenden Verband die Anwendbarkeit künftiger Tariflohnerhöhungen vermeiden kann.[25] Zwar bleibt nach § 3 Abs. 3 TVG die Tarifgebundenheit bestehen bis der Tarifvertrag endet, sog. Nachbindung. Allerdings legitimiert § 3 Abs. 3 TVG nur die Fortgeltung derjenigen Tarifverträge, die durch die Mitgliedschaft legitimiert worden sind, sodass nur die tariflichen Normen, welche zum Zeitpunkt der Beendigung der Tarifgebundenheit schon bestehen, statisch fortgelten.[26] Mit anderen Worten: Modifikationen des Tarifvertrags, die nach der Beendigung der Tarifgebundenheit erfolgen, können für das aus dem Verband ausgeschiedene Mitglied keine Rechtswirkungen mehr entfalten.[27]

---

19 S. BAG 19.9.2018 – 5 AZR 439/17 – juris Rn. 17; BAG 19.10.2011 – 5 AZR 359/10 – juris Rn. 14; BAG 23.3.2011 – 4 AZR 268/09 – juris Rn. 61; BAG 26.8.2009 – 5 AZR 969/08 – juris Rn. 26; BAG 9.2.2005 – 5 AZR 284/04 – juris Rn. 20; BAG 16.1.2002 – 5 AZR 715/00 – juris Rn. 17.

20 S. BAG 24.2.2016 – 4 AZR 990/13 – juris Rn. 22; BAG 19.10.2011 – 5 AZR 359/10 – juris Rn. 15; BAG 23.3.2011 – 4 AZR 268/09 – juris Rn. 61; BAG 26.8.2009 – 5 AZR 969/08 – juris Rn. 26; BAG 9.2.2005 – 5 AZR 284/04 – juris Rn. 20; BAG 16.1.2002 – 5 AZR 715/00 – juris Rn. 17.

21 S. BAG 19.9.2018 – 5 AZR 439/17 – juris Rn. 18; BAG 19.10.2011 – 5 AZR 359/10 – juris Rn. 15; BAG 23.3.2011 – juris Rn. 61; BAG 26.8.2009 – 5 AZR 969/08 – juris Rn. 26; BAG 9.2.2005 – 5 AZR 284/04 – juris Rn. 20; BAG 16.1.2002 – 5 AZR 715/00 – juris Rn. 17.

22 S. BAG 19.10.2011 – 5 AZR 359/10 – juris Rn. 15; BAG 23.3.2011 – 4 AZR 268/09 – juris Rn. 61; BAG 26.8.2009 – 5 AZR 969/08 – juris Rn. 26; BAG 9.2.2005 – 5 AZR 284/04 – juris Rn. 20; BAG 16.1.2002 – 5 AZR 715/00 – juris Rn. 17.

23 S. BAG 24.2.2016 – 4 AZR 990/13 – juris Rn. 22; BAG 19.10.2011 – 5 AZR 359/10 – juris Rn. 15; BAG 23.3.2011 – 4 AZR 268/09 – juris Rn. 61; BAG 26.8.2009 – 5 AZR 969/08 – juris Rn. 26; BAG 9.2.2005 – 5 AZR 284/04 – juris Rn. 20; BAG 16.1.2002 – 5 AZR 715/00 – juris Rn. 17.

24 S. BAG 19.10.2011 – 5 AZR 359/10 – juris Rn. 15; BAG 23.3.2011 – 4 AZR 268/09 – juris Rn. 61; BAG 26.8.2009 – 5 AZR 969/08 – juris Rn. 26; BAG 9.2.2005 – 5 AZR 284/04 – juris Rn. 20; BAG 16.1.2002 – 5 AZR 715/00 – juris Rn. 17.

25 S. BAG 19.10.2011 – 5 AZR 359/10 – juris Rn. 16; BAG 9.2.2005 – 5 AZR 284/04 – juris Rn. 21.

26 S. *Löwisch/Rieble*, TVG, § 3 Rn. 280.

27 Heute unbestritten: s. nur Wiedemann/*Oetker*, TVG, § 3 Rn. 103 f. m. w. N. auch zur früher vertretenen Gegenansicht; Däubler/*Lorenz*, TVG, § 3 Rn. 121 f.

Exkurs:

Wird ein Tarifvertrag im Nachbindungszeitraum (§ 3 Abs. 3 TVG) geändert oder ergänzt, stellt sich die Frage, welche Auswirkungen derartige Änderungen bzw. Ergänzungen eines Tarifvertrags auf die Nachbindungswirkung haben. In Betracht kommt insoweit entweder, dass der Tarifvertrag in seiner alten Fassung – also statisch – fort gilt oder aber die Nachbindung des abgeänderten Tarifvertrags insgesamt endet. Nach h. M. lässt jede Änderung einer Tarifnorm die Nachbindung des abgeänderten Tarifvertrags insgesamt enden (s. etwa BAG 11.11.2018 – 9 AZR 161/18 – juris Rn. 24; BAG 7.11.2001 – 4 AZR 703/00 – juris Rn. 18 m. w. N.; *Löwisch/Rieble*, TVG, § 3 Rn. 280 ff.). Nach a. A. ist dagegen darauf abzustellen, ob der nicht geänderte Teil für sich genommen eine sinnvolle und abgeschlossene Regelung darstellt (s. etwa Däubler/*Lorenz*, TVG, § 3 Rn. 122 f.). Zutreffend erscheint die erstgenannte Ansicht, denn für den Tarifvertrag in seiner alten Fassung besteht kein Geltungswille der Tarifparteien mehr (ebenso *Löwisch/Rieble*, TVG, § 3 Rn. 280).

Bei einem **tarifgebundenen Arbeitgeber** kann eine betriebliche Übung aufgrund der regelmäßigen Tariflohnerhöhungen schon nicht entstehen. Denn der Arbeitgeber will in diesen Fällen nur seinen Pflichten aus dem Tarifvertrag und damit den gesetzlichen Verpflichtungen des Tarifvertragsgesetzes Rechnung tragen und zusätzlich seine Arbeitnehmer – unabhängig von deren Gewerkschaftszugehörigkeit – gleichbehandeln.[28] Für den tarifgebundenen Arbeitgeber stellen tarifliche Lohnerhöhungen lediglich einen Normvollzug dar. Das Entstehen einer betrieblichen Übung scheidet aber bei bloßem Normvollzug oder einem aus Sicht der Arbeitnehmer vermeintlichen Normvollzug aus.[29] Es fehlt an der für das Entstehen einer betrieblichen Übung erforderlichen Freiwilligkeit der Leistung.[30] Denn wenn das Verhalten des Arbeitgebers ersichtlich auf den bloßen Normvollzug gerichtet ist, kann der Arbeitnehmer nach Treu und Glauben unter Berücksichtigung aller Begleitumstände (§§ 133, 157 BGB) nicht von einem stillschweigenden Vertragsangebot ausgehen (Vertragstheorie). Auch ist ein derartiges Arbeitgeberverhalten nicht geeignet, eine Vertrauenshaftung nach § 242 BGB zu begründen, weil das Vertrauen des Arbeitnehmers in die künftige Leistungsgewährung insoweit nicht schutzwürdig ist (Vertrauenshaftungstheorie). 246

Der **nichtorganisierte Arbeitgeber**, der sich (zeitweise) wie ein tarifgebundener Arbeitgeber verhält, darf deswegen nicht schlechter stehen als dieser. Denn ein nicht tarifgebundener Arbeitgeber wäre auf Dauer ohne Austrittsmöglichkeit (!) (vertraglich) an die dynamische Tarifentwicklung gebunden.[31] Auch dieser Umstand der drohenden **„dynamischen Ewigkeitsbindung“**[32] spricht deutlich gegen das Entstehen einer betrieblichen Übung, wenn lediglich tarifliche Lohnerhöhungen gleichförmig und wiederholt nachvollzogen werden. 247

Exkurs:

Das Problem der **„dynamischen Ewigkeitsbindung“** stellt sich bei allen dynamischen Bezugnahmeklauseln, deren Dynamik nicht (mehr) begrenzt ist. Virulent wird das insbesondere bei dynamischen Bezugnahmeklauseln von nicht tarifgebundenen

28 S. BAG 19.10.2011 – 5 AZR 359/10 –juris Rn. 16 m. w. N.

29 S. etwa BAG 11.7.2018 – 4 AZR 443/17 – juris Rn. 30; BAG 23.3.2011 – 4 AZR 268/09 – juris Rn. 65; BAG 27.10.2010 – 10 AZR 410/09 – juris Rn. 31; BAG 17.3.2010 – 5 AZR 317/09 – juris Rn. 21 m. w. N.

30 Auch das Bestehen einer vermeintlichen Verpflichtung reicht grds. aus, um die Freiwilligkeit zu beseitigen.

31 S. BAG 27.2.2019 – 5 AZR 354/18 – juris Rn. 17; BAG 19.10.2011 – 5 AZR 359/10 – juris Rn. 16; BAG 9.2.2005 – 5 AZR 284/04 – juris Rn. 21; BAG 3.11.2004 – 5 AZR 622/03 – juris Rn. 18.

32 *Löwisch/Rieble*, TVG § 3 Rn. 460.

Arbeitgebern. Während der organisierte Arbeitgeber sich einseitig durch Austritt aus dem Verband der künftigen Dynamik entziehen kann, bleibt diese Möglichkeit dem nicht tarifgebundenen Arbeitgeber versperrt. Dadurch wird für diesen eine dauerhafte „Fremdbestimmung" perpetuiert. In der Literatur wird daher von einer Mindermeinung mit beachtlichen Gründen für ein vertragsrechtliches Entdynamisierungsrecht in Gestalt eines durch ergänzende Vertragsauslegung in die Bezugnahmeklausel „hineinzulesenden" Teilwiderrufsrecht plädiert um dadurch – ebenso wie es der tarifgebundene Arbeitgeber kann – eine Beendigung der künftigen Dynamik zu ermöglichen (so *Löwisch/Rieble*, TVG, § 3 Rn. 655; ErfK/*Franzen*, § 3 TVG Rn. 43). Dafür spricht, dass eine sakrosankte Dynamik nicht dem Leitbild des Legitimationsmodells des deutschen Tarifvertragsrechts entspricht. Nach anderer Ansicht kann sich der Arbeitgeber einseitig nur unter den Voraussetzungen der Änderungskündigung lösen (so BeckOK ArbR/*Giesen*, § 3 TVG Rn. 34a; Wiedemann/*Oetker*, § 3 TVG Rn. 372).

248 Die von der Rspr. geforderten deutlichen Anhaltspunkte im Verhalten des Arbeitgebers dafür, dass er auf Dauer die von den Tarifvertragsparteien ausgehandelten Tariflohnerhöhungen übernehmen will, liegen bei der Y-AG nicht vor. Das folgt schon daraus, dass sich der Vorstand der Y-AG auch gegenüber dem D dahingehend eingelassen hat, dass er sich auf keinen Fall an Tarifverträge binden wolle. Jedenfalls diese Äußerung macht deutlich, dass die Y-AG ihre Entscheidungsfreiheit im Hinblick auf Gehaltsanpassungen behalten will. Die Lohnerhöhungen beziehen sich daher jeweils nur auf den konkreten Fall. D musste jedes Mal auch ohne besonderen Hinweis davon ausgehen, dass die Y-AG sich nach Prüfung aller Umstände (auch dieses Mal wieder) für eine „Übernahme" der Ergebnisse der Tarifverhandlungen entschieden hat.

III. Zwischenergebnis

249 Folglich besteht keine betriebliche Übung dahingehend, dass die Löhne und Gehälter entsprechend der Tarifentwicklung angepasst werden. Eine dynamische Bezugnahme kraft betrieblicher Übung fand vorliegend nicht statt.

D. Ergebnis

250 D hat gegen die Y-AG keinen Anspruch auf Gehaltserhöhung im Umfang der tariflichen Lohnerhöhung nach Maßgabe des Entgelt-TV 2024 ab dem 1. Mai 2024. Ein solcher Anspruch folgt weder aus einem normativ wirkenden Tarifvertrag, noch aus einem ausdrücklich bzw. kraft betrieblicher Übung in Bezug genommenem Tarifvertrag.

Zur Wiederholung und Vertiefung:

Zum Recht der Bezugnahmeklauseln: *Richardi/Bayreuther*, Kollektives Arbeitsrecht § 7 [S. 103 ff.]; *Preis/Greiner*, Kollektivarbeitsrecht, § 97 Rz. 689ff; MdHB-ArbR/*Klumpp*, § 246 Rn. 1 ff.; Clemenz/Kreft/Krause/*Klumpp*, BGB § 307 Rn. 172 ff.
Zur Auslegung dynamischer Bezugnahmeklauseln: BAG 12.6.2024 – 4 AZR 202/23 – juris.
Zur Bezugnahme auf Tarifvertrag durch betriebliche Übung: BAG 19.9.2018 – 5 AZR 439/17 – juris; BAG 19.10.2011 – 5 AZR 359/10 – juris; *Bieder*, Dynamisierung außer- und übertariflicher Entgeltbestandteile durch betriebliche Übung, RdA 2019, 377 ff.; *Sutschet*, Bezugnahmeklausel kraft betrieblicher Übung, NZA 2008, 679 ff.

Fall 7[1]

Sachverhalt Fall 7

Der im Jahr 1963 geborene K war seit April 1983 bei den US-Stationierungskräften (U) gegen eine monatliche Bruttovergütung in Höhe von zuletzt EUR 2.500,00 beschäftigt. Kraft beiderseitiger Tarifbindung fanden auf das Arbeitsverhältnis zwischen K und U unter anderem die Bestimmungen des Tarifvertrags zur sozialen Sicherung der Arbeitnehmer bei den Stationierungskräften im Gebiet der Bundesrepublik Deutschland vom 31. August 1971 (TV-Soziale Sicherung) und des Tarifvertrags über Rationalisierungs-, Kündigungs- und Einkommensschutz vom 2. Juli 1997 (Schutz-TV) Anwendung.
Die U kündigte mit Schreiben vom 28. März 2023 das Arbeitsverhältnis mit K ordentlich wegen militärisch bedingter Schließung der Beschäftigungsdienststelle und des damit verbundenen Wegfalls des Arbeitsplatzes von K aus dringenden betriebsbedingten Gründen zum 31. Oktober 2023. Eine anderweitige zumutbare Verwendung war dem K nicht angeboten worden. In dem Kündigungsschreiben wurde der K unter der Überschrift „Abfindungsanspruch wegen betriebsbedingter Kündigung gemäß § 1a KSchG" darauf hingewiesen, dass er bei einem Verstreichenlassen der dreiwöchigen Klagefrist eine Abfindung beanspruchen kann, die Höhe der Abfindung mindestens 0,5 Monatsverdienste für jedes Jahr des Bestehens des Arbeitsverhältnisses beträgt und Zeiträume von mehr als sechs Monaten in diesem Zusammenhang auf ein Jahr aufgerundet werden. Zur Höhe der Abfindung nach § 1a KSchG und zur Abfindung gemäß § 7 Schutz-TV heißt es in dem Kündigungsschreiben ferner:

„(...) Nach unserer obigen Berechnung ergibt sich daher bei Verzicht auf eine Kündigungsschutzklage ein Abfindungsanspruch für Sie i. H. v. EUR 50.000,00.
Zum Vergleich: Der tarifliche Anspruch auf Abfindung gemäß § 7 Schutz-TV beträgt zwei Monatsverdienste.
Mit freundlichen Grüßen
U"

Der zwischen K und U anwendbare Schutz-TV regelt u. a. Folgendes:

„(...) § 2 Sachlicher Geltungsbereich
1. Anspruch auf Leistungen nach §§ 4 bis 7 dieses Tarifvertrags haben Arbeitnehmer, wenn sie infolge einer organisatorischen Maßnahme (Ziffer 2) auf Veranlassung der Stationierungsstreitkräfte ihren bisherigen Arbeitsplatz verlieren (auch durch Verdrängung infolge von Sozialauswahl) oder wenn sich aus diesen Gründen die Wertigkeit ihres Arbeitsplatzes mindert.
2. Organisatorische Maßnahmen im Sinne dieses Tarifvertrags sind:
(...)
e) Maßnahmen, die die Voraussetzungen des § 2 Ziffer 1 des Tarifvertrags vom 31. August 1971 zur sozialen Sicherung der Arbeitnehmer bei den Stationierungsstreitkräften im Gebiet der Bundesrepublik Deutschland (TV Soziale Sicherung) erfüllen.
(...)

§ 7 Abfindungszahlung
(...)
2. Wird das Arbeitsverhältnis aus den in § 2 Ziffer 1 TV Soziale Sicherung genannten Gründen durch Kündigung seitens des Arbeitgebers oder durch schriftlichen Aufhe-

1 Fall nach BAG 16.12.2010 – 6 AZR 423/09 – juris.

bungsvertrag beendet, so erhalten Arbeitnehmer, die am Tage der Beendigung des Arbeitsverhältnisses

a) *das 40. Lebensjahr vollendet haben,*
b) *eine anrechenbare Beschäftigungszeit von mindestens 10 Jahren erreicht haben und*
c) *denen keine anderweitige zumutbare Verwendung angeboten worden ist,*

eine einmalige Abfindung i. H. v. drei Monatsbeträgen – Beschäftigte bei den US-Stationierungsstreitkräften i. H. v. zwei Monatsbeträgen – ihres letzten regelmäßigen Arbeitsverdienstes.

(...)

7. Auf die Abfindungszahlung besteht kein Anspruch, wenn dem Arbeitnehmer durch Urteil oder Vergleich eine Abfindung wegen der Beendigung des Arbeitsverhältnisses zugesprochen worden ist.

(...)"

In dem auf das Arbeitsverhältnis zwischen K und U ebenfalls anwendbaren § 2 TV-Soziale Sicherung ist u. a. bestimmt:

„(...) § 2 Anspruchsvoraussetzungen

Anspruch auf Leistungen nach diesem Tarifvertrag haben Arbeitnehmer, die

1. *wegen Personaleinschränkung*
   a) *infolge einer Verringerung der Truppenstärke oder*
   b) *infolge einer aus militärischen Gründen von der obersten Dienstbehörde angeordneten Auflösung von Dienststellen oder Einheiten oder deren Verlegung außerhalb des Einzugsbereich des bisherigen ständigen Beschäftigungsortes*

entlassen werden, wenn sie (...)"

K erhob keine Klage auf Feststellung, dass das Arbeitsverhältnis durch die Kündigung vom 28. März 2023 nicht aufgelöst worden ist. Er erhielt mit der Vergütung für Oktober 2023 eine Abfindung in Höhe von EUR 50.000,00 brutto.

Mit Schreiben vom 31. Januar 2024 verlangt K von U die Zahlung einer weiteren Abfindung in Höhe von zwei Brutto-Monatsgehältern (EUR 5.000,00) gemäß § 7 Ziffer 2 Schutz-TV. Zur Begründung weist K darauf hin, dass er die Voraussetzungen für diese Abfindung erfülle. Die Ausschlussklausel des § 7 Ziffer 7 Schutz-TV stehe dem Abfindungsanspruch nicht entgegen. Diese Regelung sei wortlautgemäß anzuwenden und erfasse nur Abfindungen aus einem gerichtlichen Urteil oder aus einem von den Parteien geschlossenen Abfindungsvergleich.

Demgegenüber lehnt U die Zahlung einer tariflichen Abfindung nach § 7 Ziffer 2 Schutz-TV ab. § 1a KSchG sei – was zutrifft – erst im Jahr 2004, also nach Abschluss des Schutz-TV von 1997, eingeführt worden. Im Hinblick auf den mit einem Abfindungsvergleich bezüglich Zielsetzung und Ausgestaltung vergleichbaren Abfindungsanspruch nach § 1a KSchG sowie Sinn und Zweck des § 7 Ziffer 7 Schutz-TV müsse im Wege ergänzender Vertragsauslegung eine Abfindung nach § 1a KSchG als Ausschlussgrund angesehen werden. Einer insoweit an den mutmaßlichen Willen der Tarifvertragsparteien anknüpfenden ergänzenden Vertragsauslegung stehe auch nicht die durch Art. 9 Abs. 3 GG geschützte Tarifautonomie entgegen.

Prüfen Sie einen Anspruch des K gegen U auf Zahlung der geltend gemachten tariflichen Abfindung nach § 7 Ziffer 2 Schutz-TV.

Prüfungsaufbau Fall 7

A. Arbeitsverhältnis
B. Normative Wirkung des Schutz-TV
C. Vorliegen der Voraussetzungen des § 7 Schutz-TV
 I. Voraussetzungen nach § 7 Ziff. 2 Schutz-TV
 II. Kein Anspruchsausschluss nach § 7 Ziff. 7 Schutz-TV
  1. Auslegung von § 7 Ziff. 7 Schutz-TV
  2. Ergänzende Auslegung von § 7 Ziff. 7 Schutz-TV
   a) Grundsätze für die ergänzende Auslegung von Tarifverträgen
   b) Anwendung auf den Fall
    aa) Nachträgliche Lückenhaftigkeit
    bb) Mutmaßlicher Wille der Tarifvertragsparteien
     (1) Vergleichbarkeit der Abfindung nach § 1a KSchG mit einem Abfindungsvergleich
     (2) Telos der Ausschlussregelung
    cc) Vereinbarkeit mit Art. 9 Abs. 3 GG
D. Ergebnis

Lösung Fall 7

K könnte gegen U einen Anspruch auf Abfindung i. H. v. EUR 5.000,00 nach § 611a BGB i. V. m. dem Arbeitsvertrag, § 7 Ziff. 2 Schutz-TV und § 4 Abs. 1 Satz 1 TVG haben. **251**

Dann müsste zwischen K und U ein Arbeitsverhältnis bestanden haben, das unter den Geltungsbereich des wirksamen Schutz-TV fällt, K und U müssten jeweils tarifgebunden gewesen sein und der K müsste die Voraussetzungen für den Anspruch auf Abfindung nach § 7 Ziff. 2 Schutz-TV erfüllt haben. **252**

A. Arbeitsverhältnis

Zunächst müsste zwischen K und U ein Arbeitsverhältnis bestanden haben. Das war der Fall. Aus dem Sachverhalt ergibt sich, dass der K von April 1983 bis zum 31. Oktober 2023 bei U beschäftigt war. **253**

B. Normative Wirkung des Schutz-TV

Des Weiteren setzt der Anspruch des K auf eine Abfindung nach § 7 Ziff. 2 Schutz-TV voraus, dass § 7 Schutz-TV gemäß § 4 Abs. 1 Satz 1 TVG unmittelbar und zwingend gilt. Dann müsste es sich bei § 7 Schutz-TV um eine tarifliche Rechtsnorm handeln, die den Inhalt, Abschluss oder die Beendigung von Arbeitsverhältnissen ordnet. § 7 Schutz-TV regelt einen Anspruch auf Abfindungszahlung im Zusammenhang mit der Beendigung eines Arbeitsverhältnisses. Damit handelt es sich um eine Beendigungsnorm.[2] **254**

Darüber hinaus müssten K und U tarifgebunden sein. Gemäß der Regelung des § 3 Abs. 1 TVG sind die Mitglieder der Tarifvertragsparteien und der Arbeitgeber, der selbst Partei des Tarifvertrags ist, tarifgebunden. Nach dem Sachverhalt sind sowohl der K als auch der U tarifgebunden. **255**

---

2 S. NK-GA/*Frieling*, § 1 TVG Rn. 135.

256 Schließlich müsste das Arbeitsverhältnis in den Geltungsbereich des Schutz-TV fallen, § 4 Abs. 1 Satz 1 TVG a. E. Auch insoweit geht aus dem Sachverhalt hervor, dass der Schutz-TV neben dem TV-Soziale Sicherung auf das Arbeitsverhältnis zwischen K und U Anwendung findet.

C. Vorliegen der Voraussetzungen des § 7 Schutz-TV

257 K hat gegen U einen Anspruch auf Abfindung nach § 7 Ziff. 2 Schutz-TV, wenn die hiernach maßgebenden Voraussetzungen für den Anspruch auf Abfindung in Höhe von zwei Monatsgehältern gegeben sind und der Anspruch nicht gemäß § 7 Ziff. 7 Schutz-TV ausgeschlossen ist.

I. Voraussetzungen nach § 7 Ziff. 2 Schutz-TV

258 Nach § 7 Ziff. 2 Schutz-TV setzt der Anspruch auf die tarifliche Abfindung zunächst voraus, dass das Arbeitsverhältnis zwischen K und U aus den in § 2 Ziff. 1 TV-Soziale Sicherung genannten Gründen durch Kündigung seitens des Arbeitgebers beendet worden ist. Die in Bezug genommene Regelung des § 2 Ziff. 1 TV-Soziale Sicherung sieht als Grund für einen Anspruch auf Leistungen nach diesem Tarifvertrag in lit. b) unter anderem den Fall einer Entlassung wegen Personaleinschränkung infolge einer aus militärischen Gründen von der obersten Dienstbehörde angeordneten Auflösung von Dienststellen oder Einheiten vor.

259 Aus dem Sachverhalt geht hervor, dass die Beschäftigungsdienststelle des U aus militärischen Gründen geschlossen wurde und U im Hinblick darauf das Arbeitsverhältnis mit K aus dringenden betrieblichen Gründen zum 31. Oktober 2023 gekündigt hat. Damit ist das Arbeitsverhältnis des K aus einem in § 2 Ziff. 1 TV-Soziale Sicherung genannten Grund durch Kündigung des U beendet worden.

260 Für den Anspruch auf Abfindung nach § 7 Ziff. 2 Schutz-TV ist weiter erforderlich, dass der K am Tag der Beendigung des Arbeitsverhältnisses das 40. Lebensjahr vollendet hat [lit. a)], eine anrechenbare Beschäftigungszeit von mindestens 10 Jahren erreicht hat [lit. b)] und ihm keine anderweitige zumutbare Verwendung angeboten worden ist [lit. c)].

261 K hatte am 31. Oktober 2023, dem Tag der Beendigung des Arbeitsverhältnisses, das 40. Lebensjahr vollendet. Des Weiteren konnte er zu diesem Zeitpunkt eine anrechenbare Beschäftigungszeit von mindestens zehn Jahren nachweisen. Schließlich geht aus dem Sachverhalt hervor, dass dem K von Seiten des U auch keine anderweitige zumutbare Verwendung angeboten worden ist. Damit lagen die Voraussetzungen des § 7 Ziff. 2 Schutz-TV für einen Anspruch des K auf Zahlung einer tariflichen Abfindung i. H. v. zwei Monatsgehältern vor.

II. Kein Anspruchsausschluss nach § 7 Ziff. 7 Schutz-TV

262 Der Anspruch auf Abfindung dürfte nicht nach § 7 Ziff. 7 Schutz-TV ausgeschlossen sein. Hiernach besteht auf die Abfindungszahlung kein Anspruch, wenn dem Arbeitnehmer durch Urteil oder Vergleich eine Abfindung wegen der Beendigung des Arbeitsverhältnisses zugesprochen worden ist. Der Anspruch des K auf die tarifliche Abfindung wäre demzufolge nur dann nicht gegeben, wenn von der Ausschlussregelung des § 7 Ziff. 7 Schutz-TV auch eine auf der Grundlage des § 1a KSchG gezahlte Abfindung erfasst wird. Im Hinblick darauf, dass § 7 Ziff. 7 Schutz-TV einen Anspruch auf die

tarifliche Abfindung nur ausschließt, wenn dem Arbeitnehmer durch Urteil oder Vergleich eine Abfindung wegen der Beendigung des Arbeitsverhältnisses zugesprochen worden ist, ist zu prüfen, ob hierunter auch eine Abfindungszahlung i. S. v. § 1a KSchG fällt.

1. Auslegung von § 7 Ziff. 7 Schutz-TV

Der Umfang der Ausschlusswirkung des § 7 Ziff. 7 Schutz-TV ist durch Auslegung des Tarifvertrags zu ermitteln. Die Auslegung von Tarifnormen richtet sich gemäß der ständigen Rspr. des BAG nach den Grundsätzen der Gesetzesauslegung.[3] Es ist von dem Wortlaut der maßgebenden Bestimmungen auszugehen. Darüber hinaus sind der Wille der Tarifvertragsparteien und der Telos der Regelung zu berücksichtigen.[4] Des Weiteren kann auf die Entstehungsgeschichte der tarifvertraglichen Regelung wie auch die Tarifvertragspraxis zurückgegriffen werden.[5] 263

Ausgehend von dem Wortlaut des § 7 Ziff. 7 Schutz-TV ist der Anspruch des K auf die tarifliche Abfindung nicht ausgeschlossen. Denn die Abfindungszahlung steht dem Arbeitnehmer nur dann nicht zu, wenn diesem durch Urteil oder Vergleich wegen der Beendigung des Arbeitsverhältnisses eine Abfindung zugesprochen worden ist. Der Schutz-TV enthält gerade keine Regelung, nach der alle Abfindungen, die dem Arbeitnehmer aus einem anderen Rechtsgrund zustehen, den Anspruch auf die tarifliche Abfindung ausschließen. Hier hat K im Zusammenhang mit der betriebsbedingten Kündigung seitens des U auf der Grundlage von § 1a KSchG eine Abfindung erhalten. Diese Rechtsgrundlage ist von § 7 Ziff. 7 Schutz-TV jedenfalls nicht ausdrücklich erfasst. 264

Des Weiteren konnten die Tarifvertragsparteien zum Zeitpunkt des Abschlusses des Schutz-TV auch keinen dahingehenden Willen haben, Abfindungen i. S. v. § 1a KSchG zur Anrechnung zu bringen. Denn zum Zeitpunkt des Tarifvertragsschlusses existierte die Regelung des § 1a KSchG noch nicht. Diese ist nämlich erst im Jahr 2004 eingeführt worden.[6] Dementsprechend kann sich auch nichts anderes aus der Entstehungsgeschichte des Schutz-TV und der Tarifvertragspraxis ergeben. 265

Exkurs:

Die Regelung des § 1a KSchG ist mit Wirkung zum 1.1.2004 eingeführt worden (BGBl. 2003 I, 3002). Der Gesetzgeber intendierte damit, „eine einfach zu handhabende, moderne und unbürokratische Alternative zum Kündigungsschutzprozess" zu schaffen (BT-Drs. 15/1204, S. 12). Die rechtsdogmatische Einordnung der Norm ist unklar und umstritten. Der Streit kreist im Kern um die Frage, ob der Anspruch rechtsgeschäftlicher oder gesetzlicher Natur ist (s. einerseits *Kögel*, RdA 2009, 358 ff. (358 ff.), andererseits *Thüsing/Wege*, JuS 2006, 97 ff. (98 f.)).
Vertreten wird insoweit, dass der Anspruch aus § 1a KSchG durch ein zweiseitiges Rechtsgeschäft, also durch Angebot und Annahme, zustande kommt. Das Angebot des Arbeitgebers sei in dem Hinweis in der Kündigungserklärung, dass die Kündigung auf dringende betriebliche Erfordernisse gestützt ist und der Arbeitnehmer bei

3 S. nur BAG 11.11.2020 – 4 AZR 210/20 – juris Rn. 20; BAG 11.7.2012 – 10 AZR 488/11 – juris Rn. 13; BAG 23.1.2008 – 1 ABR 82/06 – juris Rn. 17; BAG 19.9.2007 – 4 AZR 670/06 – juris Rn. 30; BAG 7.7.2004 – 4 AZR 433/03 – juris Rn. 48; BAG 21.7.1993 – 4 AZR 468/92 – juris Rn. 24.

4 S. nur BAG 11.11.2020 – 4 AZR 210/20 – juris Rn. 20; BAG 11.7.2012 – 10 AZR 488/11 – juris Rn. 13; BAG 23.1.2008 – 1 ABR 82/06 – juris Rn. 17; BAG 19.9.2007 – 4 AZR 670/06 – juris Rn. 30; BAG 7.7.2004 – 4 AZR 433/03 – juris Rn. 48; BAG 21.7.1993 – 4 AZR 468/92 – juris Rn. 24.

5 S. nur BAG 11.11.2020 – 4 AZR 210/20 – juris Rn. 20; BAG 11.7.2012 – 10 AZR 488/11 – juris Rn. 13; BAG 23.1.2008 – 1 ABR 82/06 – juris Rn. 17; BAG 19.9.2007 – 4 AZR 670/06 – juris Rn. 30; BAG 7.7.2004 – 4 AZR 433/03 – juris Rn. 48; BAG 21.7.1993 – 4 AZR 468/92 – juris Rn. 24.

6 S. folgend unter Exkurs.

Verstreichenlassen der Klagefrist eine Abfindung beanspruchen kann, zu erblicken. Der Arbeitnehmer nehme dieses Angebot durch Verstreichenlassen der Klagefrist konkludent an (so etwa AR/*Kaiser*, § 1a KSchG Rn. 2 m. w. N.).
Nach a. A. kommt der Anspruch durch einseitiges Rechtsgeschäft aufgrund einer Willenserklärung des Arbeitgebers zustande. Diese wird in dem Hinweis nach § 1a Abs. 1 Satz 2 KSchG gesehen. Das Verstreichenlassen der Klagefrist soll als rein tatsächlicher Umstand hinzutreten (vgl. ErfK/*Oetker*, § 1a KSchG Rn. 13).
Des Weiteren wird die Ansicht vertreten, bei dem Anspruch aus § 1a KSchG handele es sich um einen gesetzlichen Abfindungsanspruch (dafür KR/*Spilger*, § 1a KSchG Rn. 38–40; HWK/*Quecke*, § 1a KSchG Rn. 5; Gesetzesbegründung BT-Drs. 15/1204, S. 12).
Unabhängig von dem Streit über die dogmatische Einordnung müssen folgende Anspruchsvoraussetzungen erfüllt sein:

1. Anwendbarkeit des KSchG (§§ 23, 14 KSchG).
2. Kündigung wegen dringender betrieblicher Erfordernisse, d. h. betriebsbedingt (§ 1 Abs. 2 Satz 1 Var. 3 KSchG).
3. Die schriftliche (§ 126 BGB) Kündigungserklärung muss den schriftlichen Hinweis enthalten, dass die Kündigung auf dringende betriebliche Erfordernisse gestützt ist und der Arbeitnehmer bei Verstreichenlassen der Klagefrist die nach § 1a Abs. 2 KSchG zu bestimmende Abfindung beanspruchen kann, § 1a Abs. 1 Satz 2 KSchG.
4. Verstreichenlassen der Klagefrist nach § 4 KSchG durch den Arbeitnehmer.

Unter den vorgenannten Voraussetzungen kann der Arbeitnehmer eine Abfindung i. H. v. 0,5 Bruttomonatsverdiensten für jedes Jahr des Bestehens des Arbeitsverhältnisses beanspruchen, § 1a Abs. 2 Satz 1 KSchG. Die Berechnung des Monatsverdienstes erfolgt gemäß § 1a Abs. 2 Satz 2 KSchG nach § 10 Abs. 3 KSchG.
Auf keinen Fall darf § 1a KSchG dahingehend missverstanden werden, dass die Auflösung eines Arbeitsverhältnisses gegen Abfindung nur unter den dort genannten Voraussetzungen möglich ist. Die Regelung beschränkt nicht die Vertragsfreiheit der Arbeitsvertragsparteien. Diese können vielmehr einvernehmlich das Arbeitsverhältnis gegen Zahlung einer Abfindung, deren Höhe im Belieben der Arbeitsvertragsparteien steht, unabhängig von § 1a KSchG beenden (s. BAG 19.7.2016 – 2 AZR 536/15 – juris Rn. 14; BAG 10.7.2008 – 2 AZR 209/07 – juris Rn. 15 m. w. N.).

2. Ergänzende Auslegung von § 7 Ziff. 7 Schutz-TV

266 Fraglich ist, ob im Wege einer ergänzenden Auslegung des Schutz-TV von der Ausschlussregelung des § 7 Ziff. 7 Schutz-TV auch eine Abfindungszahlung nach § 1a KSchG erfasst wird.

267 a) **Grundsätze für die ergänzende Auslegung von Tarifverträgen.** Eine ergänzende Auslegung von Tarifverträgen kommt nur in engen Grenzen in Betracht. Der wesentliche Grund hierfür liegt darin, dass eine ergänzende Auslegung nicht in die durch Art. 9 Abs. 3 GG geschützte Tarifautonomie eingreifen darf. Eine Rechtsfortbildung der tarifvertraglichen Normen durch ergänzende Auslegung des Tarifvertrags scheidet daher nach ganz h. M. stets aus, wenn die Tarifvertragsparteien eine regelungsbedürftige Frage bewusst ungeregelt lassen, der Tarifvertrag also eine sog. **bewusste Regelungslücke**

enthält.[7] Die bewusste Regelungslücke eines Tarifvertrags kann etwa darauf beruhen, dass sich die Tarifvertragsparteien in einer bestimmten Frage nicht einigen konnten oder sich entschieden haben, eine Frage gezielt nicht zu regeln, sei es, dass man es bei den allgemeinen gesetzlichen Vorschriften bewenden lassen oder eine Frage der Regelung durch die Betriebs- oder Arbeitsvertragsparteien überlassen wollte.[8] Im Fall einer bewussten Regelungslücke des Tarifvertrags würde die Lückenschließung durch die Arbeitsgerichte einen nicht zu rechtfertigenden Eingriff in die verfassungsrechtlich durch Art. 9 Abs. 3 GG gewährleistete Tarifautonomie bedeuten.[9] Zudem würde auch eine schlechte Verhandlungsführung der Tarifvertragsparteien durch nachträgliche „Vertragshilfe" prämiert.[10]

Die ergänzende Auslegung eines Tarifvertrags kommt allerdings in Betracht, wenn eine **unbewusste Regelungslücke** vorliegt oder eine Regelung **nachträglich lückenhaft** geworden ist.[11] In diesen Fällen besteht nach der Rspr. des BAG die Möglichkeit und die Pflicht der Arbeitsgerichte, eine Tariflücke zu schließen, sofern sich unter Berücksichtigung von Treu und Glauben ausreichende Anhaltspunkte für den mutmaßlichen Willen der Tarifvertragsparteien ergeben.[12] Eine ergänzende Vertragsauslegung scheidet jedoch dann aus, wenn den Tarifvertragsparteien ein Spielraum zur Lückenschließung bleibt, sprich verschiedene Möglichkeiten zur Vertragsgestaltung bestehen.[13] Für diesen Fall muss es den Tarifparteien aufgrund ihrer verfassungsrechtlich durch Art. 9 Abs. 3 GG geschützten Tarifautonomie überlassen bleiben, die von ihnen für angemessen gehaltene Regelung selbst zu finden.[14] Als Mittel der Lückenschließung kommen – ebenso wie bei Gesetzen – die Analogie, der Umkehrschluss und die teleologische Reduktion in Betracht.[15] 268

b) Anwendung auf den Fall

aa) Nachträgliche Lückenhaftigkeit. Im vorliegenden Fall kommt eine ergänzende Vertragsauslegung im Hinblick auf eine nachträgliche Lückenhaftigkeit von § 7 Ziff. 7 Schutz-TV in Betracht. 269

Von dem Vorliegen einer nachträglichen Lückenhaftigkeit des § 7 Ziff. 7 Schutz-TV ist deshalb auszugehen, weil die Regelung des § 1a KSchG erst im Jahr 2004[16] nach Abschluss des Schutz-TV von 1997 eingeführt worden ist. Damit konnten die Tarifvertragsparteien die Abfindungsgrundlage des § 1a KSchG im Zeitpunkt des Tarifvertragsschlus- 270

---

7 S. BAG 14.9.2016 – 4 AZR 1006/13 – juris Rn. 21; BAG 16.12.2010 – 6 AZR 423/09 – juris Rn. 16; BAG 29.4.2004 – 6 AZR 101/03 – juris Rn. 34; BAG 20.5.1999 – 6 AZR 451/97 – juris Rn. 42; BAG 3.11.1998 – 3 AZR 432/97 – juris Rn. 34; s. aus der Literatur Henssler/Moll/*Bepler*, Der Tarifvertrag, Teil 3 Rn. 152; Däubler/*Däubler*, TVG, Einl., Rn. 823; *Gamillscheg*, Kollektives Arbeitsrecht, Bd. 1, § 15 XII. 2. [S. 664]; Wiedemann/*Jacobs*, TVG, § 1 Rn. 1012.

8 S. *Nikisch*, Arbeitsrecht, Bd. 2, § 69 III. 4. [S. 223].

9 S. BAG 16.12.2010 – 6 AZR 423/09 – juris Rn. 16; BAG 24.9.2008 – 4 AZR 642/07 – juris Rn. 24; Kempen/Zachert/*Brecht-Heitzmann*/*Zachert*, TVG, Grdl. Rn. 542 m. w. N.

10 S. BAG 24.9.2008 – 4 AZR 642/07 – juris Rn. 24; Däubler/*Däubler*, TVG, Einl. Rn. 823; *Löwisch*/*Rieble*, TVG, § 1 Rn. 1736.

11 S. BAG 14.9.2016 – 4 AZR 1006/13 – juris Rn. 21; BAG 16.12.2010 – 6 AZR 423/09 – juris Rn. 16; 20.5.1999 – 6 AZR 451/97 – juris Rn. 42; BAG 3.11.1998 – juris Rn. 34.

12 BAG 14.9.2016 – 4 AZR 1006/13 – juris Rn. 21; BAG 16.12.2010 – 6 AZR 423/09 – juris Rn. 16; BAG 20.5.1999 – 6 AZR 451/97 – juris Rn. 42; BAG 3.11.1998 – 3 AZR 432/97 – juris Rn. 34.

13 S. BAG 14.9.2016 – 4 AZR 1006/13 – juris Rn. 21; BAG 16.12.2010 – 6 AZR 423/09 – juris Rn. 16; BAG 29.4.2004 – 6 AZR 101/03 – juris Rn. 34; *Wank*, RdA 1998, 71 ff. (85); a. A. *Mayer-Maly*, RdA 1988, 136 f. (136 f.).

14 S. BAG 14.9.2016 – 4 AZR 1006/13 – juris Rn. 21; BAG 16.12.2010 – 6 AZR 423/09 – juris Rn. 16; BAG 29.4.2004 – 6 AZR 101/03 – juris Rn. 34; *Wank*, RdA 1998, 71 ff. (85).

15 S. BAG 16.12.2010 – 6 AZR 423/09 – juris Rn. 16; Wiedemann/*Jacobs* TVG, § 1 Rn. 1014 m. w. N.

16 Durch Art. 1 Nr. 2 des Gesetzes zu Reformen am Arbeitsmarkt vom 24.12.2003, BGBl. I 2003, 3002.

ses noch nicht als weiteren Ausschlussgrund für den Anspruch auf die tarifliche Abfindung nach § 7 Ziff. 7 Schutz-TV berücksichtigen.

271 bb) **Mutmaßlicher Wille der Tarifvertragsparteien.** Weiter müsste unter Anknüpfung an den mutmaßlichen Willen der Tarifvertragsparteien davon ausgegangen werden können, dass diese den Anspruch auf die tarifliche Abfindung auch für den Fall einer Abfindung nach Maßgabe des § 1a KSchG ausgeschlossen hätten, wenn diese Regelung bereits bei Abschluss des Schutz-TV gegolten hätte bzw. absehbar gewesen wäre.

272 Aus der Regelung des § 7 Ziff. 7 Schutz-TV mit der Einbeziehung insbesondere auch der im Rahmen eines Vergleichs wegen Beendigung des Arbeitsverhältnisses vereinbarten Abfindung als Ausschlussgrund ergeben sich unter Anknüpfung an die mit einem Abfindungsvergleich übereinstimmende Zielsetzung wie auch Ausgestaltung eines Abfindungsanspruchs nach § 1a KSchG sowie Sinn und Zweck von § 7 Ziff. 7 Schutz-TV wesentliche Anhaltspunkte für den mutmaßlichen Willen der Tarifvertragsparteien, dass sie auch den Abfindungsanspruch nach § 1a KSchG als Ausschlussgrund in § 7 Ziff. 7 Schutz-TV aufgenommen hätten.

273 (1) **Vergleichbarkeit der Abfindung nach § 1a KSchG mit einem Abfindungsvergleich.** Bei einem Vergleich handelt es sich nach der Legaldefinition des § 779 Abs. 1 BGB um einen Vertrag, durch den der Streit oder die Ungewissheit der Parteien über ein Rechtsverhältnis im Wege gegenseitigen Nachgebens beseitigt wird. Das gilt unabhängig davon, ob der Vergleich gerichtlich oder außergerichtlich geschlossen wird. Denn auch der gerichtliche Vergleich hat neben der prozessualen Seite zugleich eine materielle Vereinbarung i. S. d. § 779 Abs. 1 BGB zum Inhalt (sog. Doppelnatur des Prozessvergleichs).[17]

274 Mit einem Abfindungsvergleich aus Anlass der Beendigung eines Arbeitsverhältnisses der im Regelfall zum Inhalt hat, dass der Arbeitnehmer gegen Zahlung einer Abfindung auf Kündigungsschutz verzichtet, wird zum einen bezweckt, dass die für den Arbeitgeber aus einer (möglichen) Kündigungsschutzklage resultierenden Risiken vermieden werden.[18] Des Weiteren sollen mit der in einem Vergleich vereinbarten Abfindung die für den Arbeitnehmer mit dem Verlust des Arbeitsplatzes verbundenen wirtschaftlichen Nachteile ausgeglichen oder jedenfalls abgemildert werden.[19] Nichts anderes gilt für die Regelung des § 1a KSchG als Abfindungsgrundlage. Auch diese Gestaltungsmöglichkeit dient der Vermeidung von mit einem Kündigungsrechtsstreit für den Arbeitgeber verbundenen Risiken und dem Ausgleich bzw. der Abmilderung von für den Arbeitnehmer mit dem Verlust des Arbeitsplatzes verbundenen wirtschaftlichen Nachteilen.[20]

275 Des Weiteren spricht für den mutmaßlichen Willen der Tarifvertragsparteien, auch eine Abfindung nach § 1a KSchG in die Ausschlussregelung des § 7 Ziff. 7 Schutz-TV einzubeziehen, dass sich die Ausgestaltung einer Abfindung nach § 1a KSchG nicht wesentlich von einem Abfindungsvergleich unterscheidet.[21] Bei einem Abfindungsvergleich zwischen Arbeitnehmer und Arbeitgeber handelt es sich, wie aus § 779 Abs. 1 BGB hervorgeht, materiellrechtlich um eine vertragliche Vereinbarung. Bezogen auf den Anspruch auf Abfindung nach § 1a KSchG ist zwar umstritten, ob dieser einen vertraglich

17 S. nur BGH 28.9.2005 – IV ZR 288/03 – juris Rn. 9; PWW/*Brödermann*, § 779 Rn. 43; MüKo-BGB/*Habersack*, § 779 Rn. 75; HK-BGB/*Staudinger*, § 779 Rn. 11 jeweils m. w. N.
18 S. BAG 16.12.2010 – 6 AZR 423/09 – juris Rn. 18; BAG 31.5.2005 – 1 AZR 254/04 – juris Rn. 22; *Hümmerich*, NZA 1999, 342 ff. (343).
19 BAG 16.12.2010 – 6 AZR 423/09 – juris Rn. 18.
20 S. BAG 16.12.2010 – 6 AZR 423/09 – juris Rn. 20; AR/*Kaiser*, § 1a KSchG Rn. 1.
21 BAG 16.12.2010 – 6 AZR 423/09 – juris Rn. 20.

oder gesetzlich begründeten Abfindungsanspruch darstellt.[22] Allerdings ist auch bei Annahme eines gesetzlichen Anspruchs für die Vergleichbarkeit einer Abfindung nach § 1a KSchG mit dem in § 7 Ziff. 7 Schutz-TV ausdrücklich enthaltenen Abfindungsvergleich entscheidend, dass es den Arbeitsvertragsparteien im Falle des § 1a KSchG nicht anders als bei einem Abfindungsvergleich freisteht, sich auf das Zustandekommen eines Abfindungsanspruchs einzulassen.[23]

(2) **Telos der Ausschlussregelung.** Abgesehen von der Vergleichbarkeit eines Vorgehens nach § 1a KSchG mit dem Abschluss eines Abfindungsvergleichs unter den Gesichtspunkten der Zielsetzung und der Ausgestaltung für die Annahme eines mutmaßlichen Willens der Tarifvertragsparteien bezüglich der Einbeziehung auch des § 1a KSchG in § 7 Ziff. 7 Schutz-TV sprechen hierfür auch Sinn und Zweck dieser Ausschlussregelung. Bezogen auf den ausdrücklich aufgenommenen Abfindungsvergleich geht der Telos des § 7 Ziff. 7 Schutz-TV dahin, den Anspruch auf eine tarifliche Abfindung dann auszuschließen, wenn die Arbeitsvertragsparteien im Zusammenhang mit der Beendigung des Arbeitsverhältnisses untereinander eine Abfindungsregelung treffen und es deshalb einer tariflich begründeten Abfindung für den Arbeitnehmer nicht bedarf. Dieser Sinn und Zweck kommt bei einem Abfindungsanspruch nach § 1a KSchG gleichermaßen zum Tragen. Deshalb kann auch hieraus auf den mutmaßlichen Willen der Tarifvertragsparteien geschlossen werden, § 1a KSchG als Ausschlussgrund in § 7 Ziff. 7 Schutz-TV einzubeziehen. 276

cc) **Vereinbarkeit mit Art. 9 Abs. 3 GG.** Die ergänzende Auslegung von § 7 Ziff. 7 Schutz-TV im Sinne der Einbeziehung auch von Abfindungsansprüchen nach § 1a KSchG müsste schließlich mit Art. 9 Abs. 3 GG vereinbar sein. Sofern sich aus einer Tarifregelung ausreichende Anhaltspunkte für den mutmaßlichen Willen der Tarifvertragsparteien ergeben, wird die Tarifautonomie im Hinblick auf die Anknüpfung an den Willen der Tarifvertragsparteien gewahrt. Art. 9 Abs. 3 GG hindert deshalb die vorstehend begründete ergänzende Vertragsauslegung nicht.[24] 277

D. Ergebnis

Hiernach ist im Wege ergänzender Vertragsauslegung von einem mutmaßlichen Willen der Tarifvertragsparteien auszugehen, auch Abfindungsansprüche nach § 1a KSchG in § 7 Ziff. 7 Schutz-TV einzubeziehen. Das führt im Falle eines Anspruchs aufgrund von § 1a KSchG zum Ausschluss des in § 7 Ziff. 2 Schutz-TV geregelten Anspruchs auf die tarifliche Abfindung. 278

Demzufolge hat der K gegen U keinen Anspruch auf Zahlung der tariflichen Abfindung nach Maßgabe des § 7 Ziff. 2 Schutz-TV. 279

Zur Wiederholung und Vertiefung:

Zu § 1a KSchG: *Kögel*, Der Abfindungsanspruch nach § 1a KSchG, RdA 2009, 358 ff.; KR/*Spilger*, § 1a KSchG Rn. 34 ff.

22 Für einen vertraglichen Anspruch etwa AR/*Kaiser*, § 1a KSchG Rn. 2; *Kögel*, RdA 2009, 358 ff. (360); Stahlhacke/Preis/Vossen/*Preis*, Rn. 1173 m. w. N.; dagegen für einen gesetzlichen Anspruch NK-GA/*Budroweit*, § 1a KSchG Rn. 1; v. Hoyningen-Huene/Linck/*Krause*, KSchG, § 1a Rn. 6; KR/*Spilger*, § 1a KSchG Rn. 28–40; APS/*Hesse/Tiedemann*, § 1a KSchG Rn. 12, 17; *Thüsing/Wege*, JuS 2006, 97 ff. (98 f.); HWK/*Quecke*, § 1a KSchG Rn. 5; offengelassen von BAG 16.12.2010 – 6 AZR 423/09 – juris Rn. 22; BAG 19.6.2007 – 1 AZR 340/06 – juris Rn. 24.

23 S. BAG 16.12.2010 – 6 AZR 423/09 – juris Rn. 22.

24 S. auch BAG 16.12.2010 – 6 AZR 423/09 – juris Rn. 16.

Zur (ergänzenden) Auslegung von Tarifverträgen: *Preis/Greiner*, Kollektivarbeitsrecht, § 95 Rz. 465–468; *Hromadka/Maschmann*, Arbeitsrecht Bd. 2, § 13 Rn. 132 ff.; *Wank*, Die Auslegung von Tarifverträgen, RdA 1998, 71 ff.

Fall 8[1]

Sachverhalt Fall 8

Teil 1

Die Hafen-Logistik GmbH (H) beschäftigt 1.500 Arbeitnehmer. Sie ist Mitglied des Arbeitgeberverbandes X. In allen Arbeitsverträgen der H heißt es:

„§ 9
Es gelten die jeweils im Betrieb anwendbaren Tarifverträge in ihrer jeweils gültigen Fassung."

Am 16. September 2024 schließen der Arbeitgeberverband X e.V. und die im Betrieb der H vertretene Gewerkschaft Y, die als Verein ohne Rechtspersönlichkeit organisiert ist und ihren Sitz in Mannheim hat, einen „Tarifvertrag über eine Erholungsbeihilfe (TV-EB)", von dessen Geltungsbereich auch die H erfasst wird. Der TV-EB enthält unter anderem folgende Regelungen:

„§ 1
Lohn- und Gehaltsempfänger, die Mitglieder der Y sind, erhalten pro Kalenderjahr eine Erholungsbeihilfe in Höhe von EUR 260,00 brutto.
(...)

§ 5
Sofern die Leistungen nach § 1 bzw. entsprechende oder über die in § 1 festgelegten Ansprüche hinausgehende Beträge oder sonstige Leistungen Lohn- und Gehaltsempfängern gewährt werden, die nicht Mitglieder der Y sind, erhöht sich für die Lohn- und Gehaltsempfänger, die Mitglieder der Y sind, die Arbeitgeberleistung entsprechend.

§ 6
Dieser Tarifvertrag tritt am 1. Oktober 2024 in Kraft. Der Vertrag kann mit einer Frist von zwei Monaten, erstmals zum 30. September 2025 gekündigt werden."

Vor dem Hintergrund ihrer Unternehmensphilosophie, alle Arbeitnehmer unabhängig von einer etwaigen Gewerkschaftszugehörigkeit gleich zu behandeln, hält die H die in den §§ 1 und 5 TV-EB getroffenen Regelungen für unwirksam. Sie fordert deshalb den Arbeitgeberverband X schriftlich auf, den TV-EB mit der Gewerkschaft Y neu zu verhandeln. Als der X auf das Schreiben der H nicht reagiert, beendet diese unter Einhaltung der nach der Verbandssatzung maßgeblichen Kündigungsfrist ihre Mitgliedschaft zum 31. Dezember 2024.
Nachdem in der Folgezeit weitere Mitgliedsunternehmen ihr Unverständnis über die Regelungen der §§ 1 und 5 TV-EB zum Ausdruck gebracht haben, entschließt sich der Arbeitgeberverband X, der nunmehr selbst Zweifel an der Wirksamkeit der vorbezeichneten Tarifbestimmungen hat, diese Frage gerichtlich klären zu lassen. Mit der am 25. Februar 2025 bei dem Arbeitsgericht Mannheim erhobenen Klage begehrt der Arbeitgeberverband X festzustellen, dass die Regelungen der §§ 1 und 5 des zwischen X und Y am 16. September 2024 abgeschlossenen „Tarifvertrags über eine Erholungsbeihilfe (TV-EB)" rechtsunwirksam sind.
Zur Begründung weist der X bezogen auf § 1 TV-EB darauf hin, dass durch diese Regelung für nicht oder anderweit organisierte Arbeitnehmer das verfassungsrechtlich verbürgte Recht der Koalitionsfreiheit beeinträchtigt werde. Die in § 5 TV-EB

1 Diesem Fall liegt die Entscheidung BAG 23.3.2011 – 4 AZR 366/09 – juris zugrunde.

getroffene Regelung könne schon mangels hinreichender Bestimmtheit ihres Regelungsgehalts, insbesondere unter dem Gesichtspunkt der fehlenden Festlegung einer genauen Anspruchshöhe, keine Wirksamkeit entfalten. Darüber hinaus hätten die Tarifvertragsparteien mit dieser Regelung die ihnen zukommende Tarifmacht überschritten. Denn die Tarifvertragsparteien könnten keine Vereinbarungen treffen, mittels derer Arbeitgeber daran gehindert werden, nicht oder bei anderen Gewerkschaften organisierte Arbeitnehmer mit tarifgebundenen Arbeitnehmern gleichzustellen. Demgegenüber sieht die beklagte Gewerkschaft Y die Klage bereits als unzulässig an, weil der X den TV-EB verhandelt und unterschrieben habe und es deshalb für den X ausgeschlossen sei, sich auf die Unwirksamkeit der Tarifregelungen zu berufen. Im Übrigen seien die Tarifklauseln materiell wirksam. Die Mitgliedsunternehmen des X würden durch die Regelungen der §§ 1 und 5 TV-EB nicht gehindert, die Erholungsbeihilfe auch an nicht bei der Y oder anderweitig organisierte Arbeitnehmer zu zahlen.

Hat das von X angestrengte Verfahren Aussicht auf Erfolg?

Teil 2

Der bei H seit Jahren beschäftigte Hafenarbeiter A ist mit Wirkung zum 1. März 2025 Mitglied der Gewerkschaft Y geworden. Als ihm bekannt wird, dass sein Arbeitgeber H zum 31. Dezember 2024 aus dem Arbeitgeberverband X ausgetreten ist, macht sich der A Gedanken darüber, ob er einen Anspruch auf die Erholungsbeihilfe nach § 1 TV-EB hat.

Prüfen Sie, ob dem A ein Anspruch auf Erholungsbeihilfe in Höhe von EUR 260,00 brutto zusteht.

Prüfungsaufbau Fall 8

A. Teil 1
- **I. Zulässigkeit**
  1. Rechtswegzuständigkeit der Gerichte für Arbeitssachen
  2. Sachliche Zuständigkeit des Arbeitsgerichts
  3. Örtliche Zuständigkeit
  4. Verfahrensart
  5. Parteifähigkeit
  6. Prozessfähigkeit
  7. Ordnungsgemäße Klageerhebung
  8. Besonderes Feststellungsinteresse
  9. Zwischenergebnis
- **II. Begründetheit der Klage**
  1. Zur Frage der Wirksamkeit von § 1 TV-EB
     - a) Rechtsnormcharakter
     - b) Verstoß gegen höherrangiges Recht
       - aa) Bestimmtheitserfordernis
       - bb) Schriftformgebot
       - cc) Negative Koalitionsfreiheit der nicht organisierten Arbeitnehmer
       - dd) Positive Koalitionsfreiheit der anders organisierten Arbeitnehmer
     - c) Zwischenergebnis
  2. Zur Frage der Wirksamkeit von § 5 TV-EB
     - a) Rechtsnormcharakter
     - b) Verstoß gegen höherrangiges Recht
       - aa) Bestimmtheitserfordernis
       - bb) Schriftform
       - cc) Überschreitung der Tarifmacht
     - c) Zwischenergebnis
  3. Folgen der Unwirksamkeit
- **III. Ergebnis**

B. Teil 2
- **I. Arbeitsverhältnis**
- **II. Wirksames Zustandekommen des Tarifvertrags**
- **III. Wirksamkeit von § 1 TV-EB**
- **IV. Normative Wirkung des TV-EB**
  1. Tarifbindung der Arbeitsvertragsparteien
     - a) Tarifbindung der H-GmbH
     - b) Tarifbindung des A
  2. Geltungsbereich des TV-EB
- **V. Ergebnis**

Lösung Fall 8

A. Teil 1

Das von X angestrengte gerichtliche Verfahren hat Aussicht auf Erfolg, wenn es zulässig und begründet ist. **280**

I. Zulässigkeit

281 Die Klage des X müsste zulässig sein.

1. Rechtswegzuständigkeit der Gerichte für Arbeitssachen

282 Zu prüfen ist zunächst, ob die Gerichte für Arbeitssachen zuständig sind. Die Rechtswegzuständigkeit könnte sich aus § 2 Abs. 1 Nr. 1 ArbGG ergeben. Danach sind die Gerichte für Arbeitssachen ausschließlich zuständig für bürgerliche Rechtsstreitigkeiten zwischen Tarifvertragsparteien u. a. über das Bestehen oder Nichtbestehen von Tarifverträgen. Vorliegend geht es um einen Rechtsstreit zwischen Tarifvertragsparteien. X und Y sind Parteien des zwischen ihnen abgeschlossenen streitgegenständlichen TV-EB.

283 Weiter müsste der Rechtsstreit das Bestehen oder Nichtbestehen eines Tarifvertrags zum Gegenstand haben. Das ist insofern nicht der Fall, als der X mit seinem Feststellungsbegehren lediglich die Unwirksamkeit der Regelungen der §§ 1 und 5 TV-EB geltend macht, mithin lediglich die Unwirksamkeit einzelner Tarifbestimmungen des TV-EB rügt. Allerdings ist allgemein anerkannt, dass von der Rechtswegzuständigkeit nach § 2 Abs. 1 Nr. 1 ArbGG auch die Frage der Wirksamkeit einzelner Tarifregelungen erfasst wird.[2] Damit ist die Rechtswegzuständigkeit der Gerichte für Arbeitssachen gegeben.

2. Sachliche Zuständigkeit des Arbeitsgerichts

284 Das Arbeitsgericht müsste sachlich zuständig sein. Aus der sachlichen Zuständigkeit ergibt sich, welches Gericht den Rechtsstreit in erster Instanz zu entscheiden hat.[3] Nach § 8 Abs. 1 ArbGG sind im ersten Rechtszug grds. die Arbeitsgerichte zuständig. Damit ist die sachliche Zuständigkeit des Arbeitsgerichts gegeben.

3. Örtliche Zuständigkeit

285 Die weiter erforderliche örtliche Zuständigkeit des Arbeitsgerichts bestimmt sich nach § 46 Abs. 2 Satz 1 ArbGG i. V. m. §§ 12 ff. ZPO und §§ 1, 2 ArbGG-BW. Ein ausschließlicher[4] oder besonderer Gerichtsstand[5] ist vorliegend nicht ersichtlich, sodass sich die örtliche Zuständigkeit nach dem allgemeinen Gerichtsstand des § 12 ZPO richtet. Danach ist das Gericht, bei dem die Partei ihren allgemeinen Gerichtsstand hat, für alle gegen sie zu erhebenden Klagen zuständig.[6] Gemäß der Regelung des § 17 Abs. 1 Satz 1 ZPO bestimmt sich der allgemeine Gerichtsstand von Vereinen, die als solche verklagt werden können, durch ihren Sitz. Als Sitz gilt grundsätzlich der Ort, an dem die Verwaltung geführt wird, § 17 Abs. 1 Satz 2 ZPO.

286 Bei der Y-Gewerkschaft handelt es sich um einen Verein ohne Rechtspersönlichkeit i. S. d. § 54 Abs. 1 Satz 1 BGB.[7] Gemäß § 50 ZPO ist parteifähig, wer rechtsfähig ist. Die Rechts- und damit die Parteifähigkeit des Vereins ohne Rechtspersönlichkeit ergibt sich aus § 54 Abs. 1 Satz 1 BGB.[8] Nach den Angaben im Sachverhalt hat die Y ihren Verwal-

---

2 S. nur BAG 28.9.1977 – 4 AZR 446/76 – juris Rn. 20; ErfK/*Ahrendt*, § 2 ArbGG Rn. 7; Germelmann/*Schlewing/Dickerhof-Borello*, ArbGG, § 2 Rn. 1; NK-GA/*Mauer*, § 2 ArbGG Rn. 25; AR/*Schütz*, § 2 ArbGG Rn. 4.

3 S. nur *Dütz/Thüsing*, Arbeitsrecht, Rn. 1037; Grunsky/*Waas*, ArbGG, § 8 Rn. 3.

4 Die Regelungen der ZPO über die ausschließlichen Gerichtsstände (z. B. §§ 24, 29a, 32a, 32b ZPO) spielen im Arbeitsrecht kaum eine Rolle. Eine wichtige Regelung über einen ausschließlichen Gerichtsstand enthält jedoch § 82 Abs. 1 ArbGG für das Beschlussverfahren.

5 S. zu den besonderen Gerichtsständen allg. *Rosenberg/Schwab/Gottwald*, Zivilprozessrecht, § 36 und speziell in Bezug auf das arbeitsgerichtliche Verfahren *Junker*, Grundkurs Arbeitsrecht, Rn. 864 f.

6 *Actor sequitur forum rei.* D. h. der Kläger folgt dem Gerichtsstand des Beklagten.

7 Durch Art. 1 Nr. 2 des Gesetzes zur Modernisierung des Personengesellschaftsrechts (MoPeG) vom 10.8.2021 wurde die frühere Bezeichnung „nicht rechtsfähiger Verein“ mit Wirkung zum 1.1.2024 durch den Begriff „Verein ohne Rechtspersönlichkeit“ ersetzt, vgl. BGBl. 2021 I, 3436.

8 Hergeleitet wird dies aus dem Verweis auf die Vorschriften der §§ 24 ff. BGB, die die Rechtsfähigkeit des Vereins voraussetzen, s. dazu näher Grüneberg/*Ellenberger*, § 54 Rn. 10; MüKo-BGB/*Leuschner*, § 54 Rn. 11.

tungssitz in Mannheim. Folglich ist der allgemeine Gerichtsstand der Y-Gewerkschaft nach § 17 Abs. 1 ZPO Mannheim. Gemäß §§ 1, 2 ArbGG-BW[9] ist damit das Arbeitsgericht Mannheim örtlich zuständig. Aus dem Sachverhalt ergibt sich, dass der X die Klage bei dem Arbeitsgericht Mannheim erhoben hat. Die örtliche Zuständigkeit ist gegeben.

4. Verfahrensart

Weiterhin müsste die richtige Verfahrensart gewählt worden sein. Nach § 2 Abs. 5 ArbGG findet in Rechtsstreitigkeiten unter anderem nach § 2 Abs. 1 Nr. 1 ArbGG das Urteilsverfahren statt. Mit der Erhebung der Feststellungsklage hat der X die richtige Verfahrensart des Urteilsverfahrens gewählt. 287

5. Parteifähigkeit

Der X und die Y müssten im arbeitsgerichtlichen Verfahren parteifähig sein. Mit Parteifähigkeit bezeichnet man die Fähigkeit, Subjekt eines Prozessrechtsverhältnisses, sprich im Urteilsverfahren Kläger oder Beklagter sein zu können.[10] Die Vorschrift des § 10 ArbGG enthält u. a. für das arbeitsgerichtliche Urteilsverfahren eine Ergänzung der allgemeinen zivilprozessualen Regelung der Parteifähigkeit in § 50 ZPO. Derjenige, der nach § 50 ZPO parteifähig ist, ist dies auch im arbeitsgerichtlichen Urteilsverfahren.[11] 288

Bei dem Arbeitgeberverband X handelt es sich um einen eingetragenen Verein. Der eingetragene Verein ist rechtsfähig (vgl. § 21 BGB).[12] Nach § 50 ZPO richtet sich die Parteifähigkeit nach der Rechtsfähigkeit. Der X e.V. ist damit bereits nach § 50 ZPO parteifähig. Auf die Regelung des § 10 Satz 1 Hs. 1 ArbGG, wonach im arbeitsgerichtlichen Verfahren unter anderem Vereinigungen von Arbeitgebern parteifähig sind, kommt es hier folglich nicht mehr an, weil sich die Parteifähigkeit bereits aus § 50 ZPO i. V. m. § 46 Abs. 2 Satz 1 ArbGG ergibt. 289

Die Gewerkschaft Y ist als Verein ohne Rechtspersönlichkeit (§ 54 Abs. 1 Satz 1 BGB) organisiert. Gemäß § 50 ZPO ist parteifähig, wer rechtsfähig ist. Die Rechts- und damit die Parteifähigkeit des Vereins ohne Rechtspersönlichkeit ergibt sich aus § 54 Abs. 1 Satz 1 BGB.[13] Auch hier kommt es mithin auf § 10 Satz 1 Hs. 1 ArbGG, wonach u. a. Gewerkschaften parteifähig sind, nicht an, denn die Parteifähigkeit der Y ergibt sich bereits aus § 50 ZPO i. V. m. § 46 Abs. 2 Satz 1 ArbGG. 290

Der X und die Y sind damit parteifähig. 291

Exkurs:

Gewerkschaften sind in der Regel als Vereine ohne Rechtspersönlichkeit i. S. d. § 54 Abs. 1 Satz 1 BGB organisiert. So sind z. B. die IG-Metall und die Vereinigte Dienstleistungsgewerkschaft (ver.di) ein Verein ohne Rechtspersönlichkeit (ver.di ist 2001 aus einer Verschmelzung von fünf Einzelgewerkschaften nach den §§ 1 Abs. 1 Nr. 1,

---

9 Entsprechende landesrechtliche Regelungen finden sich auch in allen anderen Bundesländern, s. Art. 2 f. ArbGOrgG Bayern, §§ 2, 3 ArbGG Saarland, §§ 13 f. GerOrgG Rheinland-Pfalz, §§ 2, 3 i. V. m. der Anlage zu § 3 ArbGGAG Hessen, § 2 i. V. m. der Anlage zu § 2 Abs. 2 ThürAGArbGG (Thüringen), § 3 Abs. 2 SächsJG (Sachsen), §§ 1, 2 ArbGG Sachsen-Anhalt, §§ 15, 21 i. V. m. der Anlage zu § 21 JustG NRW (Nordrhein-Westfalen), §§ 1 Abs. 2, 3 ArbGG Niedersachsen, § 1 Abs. 1 Nr. 1 ArbGG Bremen, § 1 ArbGGAG Hamburg, §§ 1, 2 AG ArbGG Berlin, § 2 ArbGG Brandenburg, § 6 GerStruktG Mecklenburg-Vorpommern, § 2 ArbGBezNeuEintG Schleswig-Holstein.

10 S. nur *Rosenberg/Schwab/Gottwald*, Zivilprozessrecht, § 43 Rn. 1.

11 S. ErfK/*Ahrendt*, § 10 ArbGG Rn. 1. Das bedeutet für die Prüfung der Parteifähigkeit, dass zunächst von § 50 ZPO auszugehen ist. Erst wenn sich hieraus nicht die Parteifähigkeit ergibt, ist ergänzend § 10 ArbGG heranzuziehen.

12 S. nur *Boecken*, BGB-AT, Rn. 106.

13 S. zur Begründung bereits vorstehend Rn. 286.

2 ff. UmwG hervorgegangen. Um diese Verschmelzung umwandlungsrechtlich zu ermöglichen, wurde ver.di in der Rechtsform eines eingetragenen Vereins neu gegründet. Ab dem 1.7.2004 war ver.di aber wieder als nichtrechtsfähiger Verein organisiert. S. dazu auch den Sachverhalt BAG 31.8.2005 – 5 AZR 517/04 – juris Rn. 2). Auch der Verein ohne Rechtspersönlichkeit hat den Charakter einer vom Wechsel der Mitglieder unabhängigen körperschaftlichen Personenvereinigung. Dennoch hatte der historische Gesetzgeber des BGB die damals als nichtrechtsfähige Vereine bezeichneten Vereinigungen dem Recht der BGB-Gesellschaft unterworfen. Der historische Grund für den Verweis auf das Recht der GbR war § 61 Abs. 1 BGB (i. d. F. v. 18.8.1896 RGBl. I 1896, 195), wonach die Anmeldung eines Vereins der zuständigen Verwaltungsbehörde mitzuteilen war. Diese konnte aufgrund von § 61 Abs. 2 BGB a. F. unter anderem dann Einspruch gegen die Eintragung des Vereins erheben, wenn der Verein einen politischen, sozialpolitischen oder religiösen Zweck verfolgte. Dadurch sollten insbesondere die Gewerkschaften mittelbar gezwungen werden, sich den Kontrollen des repressiven Vereinsrechts durch Eintragung in das Vereinsregister zu unterwerfen (*Preis/Greiner*, Kollektivarbeitsrecht, § 80 Rz. 60). Der Gesetzgeber versprach sich dadurch bessere Kontrollmöglichkeiten derartiger Vereinigungen durch die Verwaltungsbehörden. Um das zu vermeiden, haben sich die Gewerkschaften traditionell als nichtrechtsfähige Vereine, in der modernen Terminologie Vereine ohne Rechtspersönlichkeit, organisiert.
Nur wenige Gewerkschaften, etwa der Marburger Bund, die Vereinigung Cockpit oder die Unabhängige Flugbegleiter Organisation (UFO), sind – ebenso wie die meisten Arbeitgeberverbände – als eingetragene Vereine organisiert.

6. Prozessfähigkeit

292 Des Weiteren müsste die Prozessfähigkeit der Parteien gegeben sein. Unter Prozessfähigkeit versteht man die Fähigkeit, einen Prozess selbst oder durch einen selbst bestellten Vertreter zu führen.[14] Deren Vorliegen bestimmt sich nach § 46 Abs. 2 ArbGG i. V. m. §§ 51 ff. ZPO.

293 Gemäß § 52 ZPO ist eine Person insoweit prozessfähig, als sie sich durch Verträge verpflichten kann. Die Fähigkeit, sich selbst zu verpflichten, soll eine Eigenschaft der natürlichen Personen sein.[15] Daher seien juristische Personen und die parteifähigen Personengesamtheiten nicht selbst prozessfähig.[16] Sie handeln im Prozess vielmehr durch ihren jeweiligen gesetzlichen Vertreter, § 51 Abs. 1 ZPO.[17] Die Stellung eines gesetzlichen Vertreters der Y-Gewerkschaft als Verein ohne Rechtspersönlichkeit und des X-Arbeitgeberverbandes als eingetragener Verein hat der jeweilige Vorstand inne (§ 26 Abs. 1 Satz 2 Hs. 2 BGB).[18] Angesichts fehlender Angaben im Sachverhalt ist davon auszugehen, dass der jeweilige Vorstand gehandelt hat.

---

14 S. nur *Rosenberg/Schwab/Gottwald*, Zivilprozessrecht, § 44 Rn. 1.

15 So *Rosenberg/Schwab/Gottwald*, Zivilprozessrecht, § 44 Rn. 7, m. w. N. auch zur Gegenansicht.

16 S. ErfK/*Ahrendt*, § 10 ArbGG Rn. 7; LPK-ZPO/*Bendtsen*, § 52 ZPO Rn. 3; Germelmann/*Schlewing/Dickerhof-Borello*, ArbGG, § 10 Rn. 40; *Lüke*, Zivilprozessrecht, § 9 Rn. 5; *Meller-Hannich*, Zivilprozessrecht, Rn. 281; AR/*Schütz*, § 10 ArbGG Rn. 8; Anders/Gehle/*Vogt-Beheim*, ZPO, § 52 Rn. 6; (**str.**) a. A. für die juristische Person etwa *Henssler*, NJW 1999, 241 ff. (243 f.); Zöller/*Althammer*, ZPO, § 52 Rn. 2; m. w. N.

17 S. nur ErfK/*Ahrendt*, § 10 ArbGG Rn. 7; Germelmann/*Schlewing/Dickerhof-Borello*, ArbGG, § 10 Rn. 40; AR/*Schütz*, § 10 ArbGG Rn. 8.

18 Die Formulierung des § 26 Abs. 1 Satz 2 Hs. 2 BGB, wonach der Vorstand lediglich „die Stellung“ eines gesetzlichen Vertreters hat, beruht darauf, dass der BGB-Gesetzgeber den dogmatischen Streit zwischen der sog. Organtheorie (insb. Otto von Gierke) und der Vertretertheorie (insb. Friedrich Carl von Savigny) nicht entscheiden wollte, s. Motive bei *Mugdan* I, S. 408 f. Zum Streit zwischen Organ- und Vertretertheorie zusammenfassend: *Kleindiek*, Deliktshaftung der juristischen Person, S. 150 ff.; ferner *K. Schmidt*, Gesellschaftsrecht, § 10 II. 1. [S. 250 ff.].

7. Ordnungsgemäße Klageerhebung

Darüber hinaus müsste der X eine ordnungsgemäße Klage erhoben haben. Die diesbezüglichen Anforderungen ergeben sich über § 46 Abs. 2 Satz 1 ArbGG, § 495 ZPO aus § 253 Abs. 2 ZPO. Danach muss die Klageschrift neben der Bezeichnung der Parteien und des Gerichts die bestimmte Angabe des Gegenstandes und des Grundes des erhobenen Anspruchs sowie einen bestimmten Antrag enthalten. Nach dem Sachverhalt hat der X gegen die Y Klage auf Feststellung erhoben, dass die Regelungen der §§ 1 und 5 TV-EB rechtsunwirksam sind. Damit enthält die Klageschrift insbesondere auch einen, den Anforderungen des § 253 Abs. 2 ZPO genügenden eindeutigen Antrag im Sinne einer Feststellungsklage nach § 256 ZPO, welcher auf Feststellung der Unwirksamkeit genau bezeichneter tarifvertraglicher Regelungen gerichtet ist. Eine ordnungsgemäße Klageerhebung liegt deshalb vor. **294**

8. Besonderes Feststellungsinteresse

Die Feststellungsklage nach § 256 Abs. 1 ZPO ist unter anderem nur zulässig, wenn sie auf Feststellung des Bestehens oder Nichtbestehens eines Rechtsverhältnisses gerichtet ist und der Kläger ein besonderes Feststellungsinteresse hat. Unter einem Rechtsverhältnis versteht man eine konkrete, rechtlich geregelte Beziehung von Personen untereinander oder einer Person zu einem Gegenstand.[19] Der normative Teil eines Tarifvertrags begründet zwischen den Tarifvertragsparteien jedoch keine eigenen Rechte und Pflichten und damit kein Rechtsverhältnis. **295**

Allerdings ermöglicht die Regelung des § 9 TVG den Parteien eines Tarifvertrags eine sog. **Verbandsklage**[20] im Sinne einer abstrakten Feststellungsklage über die Wirksamkeit tarifvertraglicher Normen.[21] Die Verbandsklage nach § 9 TVG ist mit einem abstrakten Normenkontrollverfahren[22] vergleichbar.[23] Im Unterschied zu den Anforderungen des § 256 Abs. 1 ZPO muss zwischen den Tarifvertragsparteien zwar kein konkretes Rechtsverhältnis bestehen, jedoch setzt auch die Zulässigkeit der Verbandsklage nach § 9 TVG ein Feststellungsinteresse gemäß § 256 Abs. 1 ZPO voraus.[24] § 9 TVG erweitert den Anwendungsbereich von § 256 Abs. 1 ZPO auf die Klärung eines abstrakten Rechtsverhältnisses, nämlich auf das Bestehen oder Nichtbestehen bzw. auf die Auslegung eines Tarifvertrags.[25] **296**

Der Zweck von § 9 TVG besteht zuvörderst darin, ein möglichst einheitliches rechtliches Verständnis von Tarifnormen sicherzustellen und damit der Rechtssicherheit und **297**

---

19 S. BGH 2.9.2021 – VII ZR 124/20 (KG) – juris Rn. 25; BGH 23.4.2013 – II ZR 74/12 – juris Rn. 27; BGH 7.6.2011 – I ZR 21/99 – juris Rn. 15; BAG 20.5.2010 – 6 AZR 481/09 (A) – juris Rn. 9; BGH 16.9.2008 – VI ZR 244/07 – juris Rn. 10; BGH 15.10.1956 – III ZR 226/55 – juris Rn. 26. S. zum Rechtsverhältnis näher *Rosenberg/Schwab/Gottwald*, Zivilprozessrecht, § 91 Rn. 6 ff.

20 Weitere Verbandsklagen finden sich im Zivilrecht etwa im Wettbewerbsrecht (§ 8 Abs. 3 Nr. 2–4, Abs. 5 UWG oder § 33 Abs. 2 GWB) oder auch nach § 3 des Unterlassungsklagengesetzes (UKlaG) bei Verbraucherrechts- und anderen Verstößen. S. zu zivilrechtlichen Verbandsklagen allgemein *Rosenberg/Schwab/Gottwald*, Zivilprozessrecht, § 47 Rn. 1 ff.

21 BAG 17.10.2023 – 9 AZR 39/23 – juris Rn. 14; BAG 23.3.2011 – 4 AZR 366/09 – juris Rn. 17; BAG 6.6.2007 – 4 AZR 411/06 – juris Rn. 67; *Löwisch/Rieble*, TVG, § 9 Rn. 1.

22 Eine abstraktes Normenkontrollverfahren ist z. B. in Art. 93 Abs. 1 Nr. 2 GG, §§ 13 Nr. 6, 76 ff. BVerfGG, betreffend Meinungsverschiedenheiten oder Zweifeln über die Vereinbarkeit von Bundesrecht oder Landesrecht mit dem GG geregelt (s. dazu etwa *Maurer/Schwarz*, Staatsrecht I, § 15 Rn. 186ff) sowie in § 47 VwGO bezüglich der Vereinbarkeit von unter den Landesgesetzen stehenden Rechtsvorschriften mit höherrangigem Recht (s. dazu etwa *Reimer*, Allgemeines Verwaltungsrecht § 32 Rn. 52).

23 Wie hier ErfK/*Franzen*, § 9 TVG Rn. 3; NK-GA/*Forst*, § 9 TVG Rn. 2; *Löwisch/Rieble*, TVG, § 9 Rn. 8.

24 BAG 15.6.2016 – 4 AZR 805/14 – juris Rn. 15; BAG 23.3.2011 – 4 AZR 366/09 – juris Rn. 17; BAG 6.6.2007 – 4 AZR 411/06 – juris Rn. 67; ErfK/*Franzen*, § 9 TVG Rn. 8; NK-GA/*Forst* § 9 TVG Rn. 17.

25 S. BAG 17.10.2023 – 9 AZR 39/23 – juris Rn. 14; BAG 23.3.2011 – 4 AZR 366/09 – juris Rn. 17; BAG 6.6.2007 – 4 AZR 411/06 – juris Rn. 67.

Rechtsklarheit zu dienen.[26] Darüber hinaus dient § 9 TVG der Vermeidung von zahllosen Einzelprozessen und damit der Förderung der Prozessökonomie.[27] Ausgehend von dieser Zwecksetzung des § 9 TVG ist das Feststellungsinteresse gegeben, wenn Anhaltspunkte vorliegen, welche die Klärung der Rechtsfrage zum gegenwärtigen Zeitpunkt erforderlich machen.[28] Das ist etwa dann der Fall, wenn zwischen den Tarifvertragsparteien die Gültigkeit einer Tarifnorm umstritten ist.[29]

298 Die Parteien des Rechtsstreits – X und Y – sind zugleich die Parteien des TV-EB, der die zwischen X und Y bezüglich der Frage der Wirksamkeit umstrittenen Regelungen enthält. Des Weiteren sind X und Y unterschiedlicher Auffassung über die Wirksamkeit der §§ 1 und 5 TV-EB. Deshalb ist das nach § 256 Abs. 1 ZPO erforderliche besondere Feststellungsinteresse zu bejahen.

299 Das besondere Feststellungsinteresse des X kann entgegen der Ansicht der Gewerkschaft Y auch nicht unter Hinweis darauf verneint werden, dass der X den seiner Ansicht nach teilweise unwirksamen TV-EB selbst verhandelt und unterzeichnet hat. § 9 TVG macht deutlich, dass es jeder Tarifvertragspartei unbenommen ist, die Wirksamkeit eines von ihr selbst geschlossenen Tarifvertrags überprüfen zu lassen.[30]

9. Zwischenergebnis

300 Die Feststellungsklage des Arbeitgeberverbandes X ist zulässig.

II. Begründetheit der Klage

301 Die Klage müsste begründet sein. Das setzt zunächst voraus, dass es sich bei den Regelungen der §§ 1 und 5 TV-EB um Rechtsnormen im Sinne von § 1 Abs. 1 TVG handelt. Des Weiteren müssten die vorbezeichneten Regelungen gegen höherrangiges Recht verstoßen.

1. Zur Frage der Wirksamkeit von § 1 TV-EB

302 a) **Rechtsnormcharakter.** Fraglich ist zunächst, ob es sich bei § 1 TV-EB um eine Rechtsnorm im Sinne des § 1 Abs. 1 TVG handelt, die den Inhalt, den Abschluss oder die Beendigung von Arbeitsverhältnissen ordnet. Nur in diesem Fall kann die Regelung des § 1 TV-EB auf die von dem Tarifvertrag erfassten Arbeitsverhältnisse unmittelbar und zwingend (normativ) einwirken, § 4 Abs. 1 Satz 1 TVG. Andernfalls entfaltet die Regelung lediglich schuldrechtliche Wirkung im Verhältnis zwischen den Tarifvertragsparteien.

303 Bei § 1 TV-EB könnte es sich um eine sog. **einfache Differenzierungsklausel** handeln. Darunter versteht man eine Regelung, die als zusätzliches Tatbestandsmerkmal für das Entstehen des Anspruchs explizit die Mitgliedschaft in der tarifschließenden Gewerk-

---

26 S. BAG 17.10.2023 – 9 AZR 39/23 – juris Rn. 14; BAG 15.6.2016 – 4 AZR 805/14 – juris Rn. 15; BAG 23.3.2011 – 4 AZR 366/09 – juris Rn. 17; BAG 6.6.2007 – 4 AZR 411/06 – juris Rn. 67; HWK/*Henssler*, § 9 TVG Rn. 2.

27 S. BAG 15.6.2016 – 4 AZR 805/14 – juris Rn. 15; BAG 23.3.2011 – 4 AZR 366/09 – juris Rn. 17; BAG 6.6.2007 – 4 AZR 411/06 – juris Rn. 67; HWK/*Henssler*, § 9 TVG Rn. 3.

28 S. BAG 15.6.2016 – 4 AZR 805/14 – juris Rn. 15; BAG 23.3.2011 – 4 AZR 366/09 – juris Rn. 17; BAG 6.6.2007 – 4 AZR 411/06 – juris Rn. 67.

29 ErfK/*Franzen*, § 9 TVG Rn. 8; NK-GA/*Forst*, § 9 TVG Rn. 17.

30 BAG 23.3.2011 – 4 AZR 366/09 – juris Rn. 18; BAG 22.3.1957 – 1 AZR 64/56 – juris Rn. 21; Däubler/*Rachor*, TVG, § 9 Rn. 24.

schaft normiert.[31] Die Mitgliedschaft in der Gewerkschaft wird also zur eigenständigen rechtsbegründenden Anspruchsvoraussetzung erhoben.[32] Mit diesem Regelungsgehalt handelt es sich um eine Inhaltsnorm im Sinne des § 1 Abs. 1 TVG, wozu solche Tarifvertragsnormen gehören, die den Inhalt von Arbeitsverhältnissen regeln.[33] § 1 TV-EB stellt deshalb eine Inhaltsnorm in Gestalt einer Entgeltregelung dar. Eine Rechtsnorm im Sinne des § 1 Abs. 1 TVG liegt vor.

b) Verstoß gegen höherrangiges Recht

aa) Bestimmtheitserfordernis. Die Regelung des § 1 TV-EB wäre unwirksam, wenn sie nicht dem für Tarifnormen maßgebenden Bestimmtheitserfordernis genügt. Danach muss die Tarifnorm so formuliert sein, dass der angestrebte Regelungsgehalt zumindest im Wege der Auslegung bestimmbar ist.[34] An dem Regelungsgehalt des § 1 TV-EB im Sinne einer einfachen Differenzierungsklausel besteht kein Zweifel, sodass dem Bestimmtheitserfordernis Genüge geleistet ist. **304**

bb) Schriftformgebot. Die Regelung des § 1 TV-EB müsste auch das Schriftformgebot des § 1 Abs. 2 TVG i. V. m. § 126 BGB wahren. Erforderlich ist gemäß § 126 Abs. 1 BGB, dass die Urkunde von dem Aussteller eigenhändig durch Namensunterschrift oder mittels notariell beglaubigten Handzeichens unterzeichnet wird. Hiervon ist mangels anderer Angaben im Sachverhalt auszugehen. **305**

cc) Negative Koalitionsfreiheit der nicht organisierten Arbeitnehmer. Möglicherweise verletzt die in § 1 TV-EB enthaltene einfache Differenzierungsklausel die grundrechtlich geschützte negative Koalitionsfreiheit der nicht organisierten Arbeitnehmer. **306**

Umstritten ist, ob die negative Koalitionsfreiheit durch Art. 9 Abs. 3 GG als notwendige Kehrseite der positiven Koalitionsfreiheit[35] oder durch Art. 2 Abs. 1 GG[36] geschützt ist. Unabhängig von der dogmatischen Einordnung der negativen Koalitionsfreiheit besteht über deren Inhalt weitgehende Einigkeit. Sie schützt insbesondere das Recht des Einzelnen, Koalitionen fernzubleiben und – bei bereits erfolgtem Eintritt – aus ihnen wieder austreten zu dürfen.[37] Auf die nicht organisierten Arbeitnehmer darf kein rechtlicher oder tatsächlicher Zwang bzw. Druck, einer Koalition beitreten oder in dieser verbleiben **307**

---

31 S. BAG 23.3.2011 – 4 AZR 366/09 juris Rn. 21; ErfK/*Franzen*, § 1 TVG Rn. 62; NK-GA/*Frieling*, § 1 TVG Rn. 177; Däubler/*Heuschmid/Klug*, TVG, § 1 Rn. 1051; Henssler/Moll/Bepler/*Steffan*, Der Tarifvertrag, Teil 5 (8) Rn. 1.

32 S. BAG 18.3.2009 – 4 AZR 64/08 – juris Rn. 25 u. 32. Daneben sind in der Praxis auch sog. Binnendifferenzierungs- bzw. Stichtagsklauseln anzutreffen; bei diesen ist das maßgebende Differenzierungskriterium die Gewerkschaftsmitgliedschaft zu einem bestimmten Stichtag, s. dazu näher BVerfG 14.11.2018 – 1 BvR 1278/16 – juris; BAG 15.4.2015 – 4 AZR 796/13 – juris.

33 S. nur ErfK/*Franzen*, § 1 TVG Rn. 41; NK-GA/*Frieling* § 1 TVG Rn. 133; *Dütz/Thüsing*, Arbeitsrecht, Rn. 571; *Waltermann*, Arbeitsrecht, Rn. 596.

34 S. BAG 5.7.2020 – 10 AZR 337/18 – juris Rn. 51; BAG 26.2.2020 –4 AZR 48/19 – juris Rn. 38; BAG 23.3.2011 – 4 AZR 366/09 – juris Rn. 24 ff.

35 So die h. M., s. etwa BVerfG 9.7.2020 – 1 BvR 719/19 – juris Rn. 27; BVerfG 11.7.2006 – 1 BvL 4/00 – juris Rn. 66 m. w. N.; BAG 19.6.2006 – 1 ABR 2/06 – juris Rn. 13 m. w. N.; ausf. BAG GS 29.11.1967 – GS 1/67 – juris Rn. 142 ff.; s. aus der Literatur etwa Sachs/*Höfling/Burkiczak*, GG, Art. 9 Rn. 86 m. w. N.; Dürig/Herzog/Scholz/*Scholz*, GG, Art. 9 Rn. 221; NK-GA/*Hanau*, Art. 9 GG Rn. 32; *Junker*, Grundkurs Arbeitsrecht, Rn. 469; ErfK/*Linsenmaier*, Art. 9 GG Rn. 32 m. w. N.; Dürig/Herzog/Scholz/*Scholz*, GG, Art. 9 Rn. 169 m. w. N.; Sodan/*Sodan*, GG, Art. 9 Rn. 22.

36 So etwa *Biedenkopf*, Grenzen der Tarifautonomie, S. 93 ff. m. w. N. in Fn. 127; *Gamillscheg*, Kollektives Arbeitsrecht, Bd. 1, § 8 4. b) [S. 382 ff.]; *Ipsen*, Staatsrecht II, Rn. 703 ff. i. V. m. Rn. 594; *Hueck/Nipperdey*, ArbR, Bd 2, Halbbd. 1, § 10 II. 2. [S. 155 ff.].

37 S. nur BVerfG 9.7.2020 – 1 BvR 719/19 – juris Rn. 27; BVerfG 11.7.2017 – 1 BvR 1571/15 – juris Rn. 130; BAG 18.3.2009 – juris Rn. 35; ErfK/*Linsenmaier*, Art. 9 GG Rn. 32 m. w. N.; Dürig/Herzog/Scholz/*Scholz*, GG, Art. 9 Rn. 169 m. w. N.; Sodan/*Sodan*, GG, Art. 9 Rn. 22.

zu müssen, ausgeübt werden.[38] Allerdings erfüllt nach der Rspr. des BVerfG und des BAG ein von einer Regelung ausgehender bloßer Anreiz zum Beitritt die Voraussetzung eines unzulässigen Zwangs oder Drucks nicht.[39] Eine allgemeingültige Grenze dahingehend, wann von einem noch zulässigen Anreiz zum Gewerkschaftsbeitritt gesprochen werden kann oder die Schwelle zu einem unzulässigen Druck oder gar Zwang überschritten ist, existiert nicht.[40]

308 Nach der jüngeren Rspr. des BAG wird die negative Koalitionsfreiheit von nicht organisierten Arbeitnehmern durch eine einfache tarifvertragliche Differenzierungsklausel schon deshalb nicht beeinträchtigt, weil sich die Normsetzungsbefugnis der Tarifvertragsparteien von Verfassungs und von Gesetzes wegen allein auf ihre Mitglieder beschränkt. Damit sei eine normative Wirkung von Tarifregelungen auf Außenseiter ausgeschlossen.[41] Mit anderen Worten: Die negative Koalitionsfreiheit der nicht organisierten Außenseiter ist nach dieser Ansicht bereits deshalb nicht tangiert, weil sie von der Normwirkung der Differenzierungsklausel überhaupt nicht erfasst werden.[42] Soweit sich eine Tarifnorm auf das Arbeitsverhältnis dieser Außenseiter auswirkt, beruhe dies nicht auf der normativen Wirkung des Tarifvertrags, sondern auf der privatautonom gestalteten Arbeitsvertragsbeziehung zwischen dem Außenseiter und dem Arbeitgeber.[43]

309 Dagegen lässt sich jedoch einwenden, dass die Tarifvertragsparteien durch die Vereinbarung einer einfachen Differenzierungsklausel auch Normsetzungsmacht in Bezug auf die Außenseiter für sich in Anspruch nehmen. Denn der Zweck einer solchen Regelung besteht in der Bevorzugung der Gewerkschaftsmitglieder gegenüber den Außenseitern.[44]

310 Knüpft man für die Frage einer möglichen Beeinträchtigung der negativen Koalitionsfreiheit dagegen an den mit einer einfachen Differenzierungsklausel verbundenen tatsächlichen Druck auf nicht organisierte Arbeitnehmer, in die tarifvertragsschließende Gewerkschaft einzutreten, an, so ist nach dem oben[45] Gesagten für die Zulässigkeit der Differenzierungsklausel darauf abzustellen, ob diese einen unverhältnismäßigen Druck im Sinne eines Zwangs ausübt, das Recht auf Fernbleiben einer Koalition aufzugeben.[46]

311 Danach kann die Regelung des § 1 TV-EB nicht wegen Verstoßes gegen die negative Koalitionsfreiheit für unwirksam erachtet werden. Zum einen entfaltet sie unter Zugrundelegung der Rspr. des BAG keine rechtliche Wirkung bezogen auf Außenseiter. Insbesondere hindert § 1 TV-EB als einfache Differenzierungsklausel Arbeitgeber und Außenseiter nicht, mittels einer arbeitsvertraglichen Vereinbarung zu einer Gleichstellung mit den Mitgliedern der Y zu gelangen. Zum anderen wird durch § 1 TV-EB auch

38 S. etwa BVerfG 9.7.2020 – 1 BvR 719/19 – juris Rn. 27; BVerfG 14.11.2018 – 1 BvR 1278/16 – juris Rn. 4; BVerfG 11.7.2006 – 1 BvL 4/00 – juris Rn. 66; *Dütz/Thüsing*, Arbeitsrecht, Rn. 543; Schaub/*Treber*, ArbR-Hdb., § 189 Rn. 10.

39 S. BVerfG 9.7.2020 – 1 BvR 719/19 – juris Rn. 27; BVerfG 14.11.2018 – 1 BvR 1278/16 – juris Rn. 4; BAG 18.3.2009 – 4 AZR 64/08 – juris Rn. 37 ff.; BVerfG 11.7.2006 – 1 BvL 4/00 – juris Rn. 66.

40 S. BAG 18.3.2009 – 4 AZR 64/08 – juris Rn. 38.

41 BAG 23.3.2011 – 4 AZR 366/09 – juris Rn. 21; BAG 22.9.2010 – 4 AZR 117/09 – juris Rn. 27; BAG 18.3.2009 – 4 AZR 64/08 – juris Rn. 49 ff. S. aus der Literatur auch *Höpfner*, RdA 2019, 146 ff. (149).

42 A. A. *Greiner*, DB 2009, 398 ff. (399), der von einer *beabsichtigten*, unmittelbar gestaltenden und damit normativen Einwirkung auf das Arbeitsverhältnis des Außenseiters ausgeht.

43 S. BVerfG 9.7.2020 – 1 BvR 719/19 – juris Rn. 27; BVerfG 14.11.2018 – 1 BvR 1278/16 – juris Rn. 4; BAG 18.3.2009 – 4 AZR 64/08 – juris Rn. 37 ff.; BVerfG 11.7.2006 – 1 BvL 4/00 – juris Rn. 66.

44 S. AR/*Pessinger*, Art. 9 GG Rn. 21; ähnlich *Greiner*, DB 2009, 398 ff. (399). S. auch die Kritik von *Jordanow/Kübler*, NZA 2024, 1015 ff. (11018 f.).

45 S. Rn. 308.

46 BAG 23.3.2011 – 4 AZR 366/09 – juris Rn. 22; BAG 22.9.2010 – 4 AZR 117/09 – juris Rn. 28; BAG 18.3.2009 – 4 AZR 64/08 – juris Rn. 60 ff.

nicht tatsächlich ein unverhältnismäßiger Druck ausgeübt, der tarifschließenden Gewerkschaft beizutreten. Angesichts der relativ geringen Höhe der Erholungsbeihilfe (EUR 260,00 im Jahr) kann nicht davon ausgegangen werden, dass sich ein Arbeitnehmer dadurch gleichsam einem Zwang ausgesetzt fühlt, der Gewerkschaft Y beizutreten. Mit einem solchen Beitritt wären im Übrigen auch Verpflichtungen verbunden, insbesondere zur Entrichtung des Mitgliedsbeitrags.

dd) **Positive Koalitionsfreiheit der anders organisierten Arbeitnehmer.** Eine einfache Differenzierungsklausel könnte aber, soweit sie – wie hier – die Mitgliedschaft in einer bestimmten Gewerkschaft zum Tatbestandsmerkmal erhebt, gegen die von Art. 9 Abs. 3 GG geschützte positive Koalitionsfreiheit der anders Organisierten verstoßen. Die individuelle positive Koalitionsfreiheit des Art. 9 Abs. 3 GG schützt das Recht des Einzelnen, sich zu Koalitionen zusammenzuschließen, solchen beizutreten, in diesen zu verbleiben, sich als Mitglied zu betätigen, unter bestehenden Koalitionen auszuwählen sowie von der einen Koalition in die andere überzutreten.[47] Die anders Organisierten könnten durch die einfache Differenzierungsklausel zum Austritt aus ihrer und zum Beitritt in die andere Gewerkschaft veranlasst werden.[48] **312**

Die einfache Differenzierungsklausel verletzt jedoch auch das Grundrecht der positiven Koalitionsfreiheit der anders organisierten Arbeitnehmer nicht. Insoweit gilt das vorstehend zur negativen Koalitionsfreiheit Gesagte[49] auch hier: Die anders organisierten Arbeitnehmer werden von der Normwirkung der streitgegenständlichen Differenzierungsklausel nicht erfasst. Des Weiteren wird durch § 1 TV-EB auch tatsächlich kein unzulässiger Druck ausgeübt, die Gewerkschaft zu wechseln. **313**

c) **Zwischenergebnis.** Mithin ist die einfache Differenzierungsklausel des § 1 TV-EB wirksam. **314**

2. Zur Frage der Wirksamkeit von § 5 TV-EB

a) **Rechtsnormcharakter.** Auch bei § 5 TV-EB ist zunächst zu prüfen, ob es sich um eine Rechtsnorm im Sinne des § 1 Abs. 1 TVG handelt, die den Inhalt, den Abschluss oder die Beendigung von Arbeitsverhältnissen ordnet und damit geeignet ist, unmittelbar und zwingend i. S. v. § 4 Abs. 1 Satz 1 TVG auf die Arbeitsverhältnisse der Tarifgebundenen einzuwirken. In Betracht kommt auch hier eine Inhaltsnorm.[50] **315**

Bei § 5 TV-EB könnte es sich um eine **sog. Spannenklausel bzw. Abstandsklausel** handeln. Diese stellt eine Ausprägung sog. qualifizierter Differenzierungsklauseln dar. Mit der Spannenklausel soll verhindert werden, dass der Arbeitgeber die Exklusivität des den Gewerkschaftsmitgliedern vorbehaltenen Anspruchs – hier nach § 1 TV-EB – dadurch unterläuft, dass er gleichartige Leistungen mit kompensatorischem Charakter an Außenseiter gewährt.[51] Anders formuliert: Der Tarifvertrag ordnet an, dass immer dann, wenn der Arbeitgeber bestimmte Leistungen an nicht oder anders Organisierte erbringt diese in jedem Fall auch den Mitgliedern der tarifschließenden Gewerkschaft zu gewähren sind.[52] Zwar erlaubt eine Spannenklausel, die den organisierten Arbeitnehmern vorbehaltenen Leistungen auch den Außenseitern zukommen zu lassen, allerdings **316**

---

47 S. nur Dürig/Herzog/Scholz/*Scholz*, GG, Art. 9 Rn. 222 m. w. N.; speziell bezogen auf Differenzierungsklauseln BAG GS 29.11.1967 – GS 1/67 – juris Rn. 145.

48 S. *Löwisch/Rieble*, TVG, § 1 Rn. 686 ff.; undifferenziert BAG 23.3.2011 – 4 AZR 366/09 – NZA 2011, 920 ff. (922) Rn. 21, wonach allein die negative Koalitionsfreiheit der *„nicht oder anders organisierten Arbeitnehmer"* Maßstab für die Zulässigkeit von Differenzierungsklauseln sein soll.

49 S. Rn. 308 ff.

50 S. zum Begriff schon oben Rn. 303.

51 BAG 23.3.2011 – 4 AZR 366/09 – juris Rn. 27.

52 BAG 23.3.2011 – 4 AZR 366/09 – juris Rn. 27.

nur um den Preis, dass die organisierten Arbeitnehmer der tarifschließenden Gewerkschaft stets zusätzlich einen Anspruch in Höhe der dem Außenseiter gewährten Leistung erhalten.[53] Damit ist sichergestellt, dass die organisierten Arbeitnehmer mit ihren Bezügen den Außenseitern gegenüber immer um eine bestimmte „Spanne" voraus sind.[54] Nicht anders als bei § 1 TV-EB[55] handelt es sich bei § 5 TV-EB um eine Entgeltregelung und deshalb um eine Inhaltsnorm im Sinne von § 1 Abs. 1 TVG.[56]

b) Verstoß gegen höherrangiges Recht

317 **aa) Bestimmtheitserfordernis.** Auch die Spannenklausel müsste dem Bestimmtheitserfordernis genügen.[57] Dieses Erfordernis ist bei § 5 TV-EB gegeben, auch wenn sich aus der Regelung nicht ausdrücklich ein bezifferter Anspruch für die berechtigten Arbeitnehmer ergibt. Die Spannenklausel steht im Zusammenhang mit § 1 TV-EB und soll verhindern, dass der Arbeitgeber die dort geregelte Exklusivität des Anspruchs auf Erholungsbeihilfe dadurch unterläuft, dass er gleichartige Leistungen mit kompensatorischem Charakter an Außenseiter gewährt.[58] Über die Anknüpfung an eine den Außenseitern gewährte Kompensationsleistung ermöglicht § 5 TV-EB deshalb eine Bestimmung der jeweiligen Anspruchshöhe im Einzelfall, womit dem Bestimmtheitserfordernis Rechnung getragen ist.[59] Des Weiteren wird aus dem Regelungszusammenhang von §§ 1 und 5 TV-EB deutlich, dass die Wirkung der Spannenklausel nur dann zum Tragen kommen soll, wenn der Arbeitgeber den durch § 1 TV-EB intendierten Abstand zwischen Gewerkschaftsmitgliedern und Außenseitern durch Leistungen mit kollektivem Bezug angleichen will. Das folgt aus dem Ziel des § 5 TV-EB, den durch § 1 TV-EB festgelegten Abstand zwischen Gewerkschaftsmitgliedern und Außenseitern zu sichern, der auf Seiten des Arbeitgebers nur mit einer kollektiv ausgerichteten Maßnahme beseitigt werden könnte. Hiernach genügt § 5 TV-EB auch insoweit dem Bestimmtheitserfordernis, weil aus dem Regelungszusammenhang mit § 1 TV-EB deutlich wird, dass § 5 TV-EB nicht bei individueller Leistungsgewährung des Arbeitgebers an Außenseiter eingreifen soll.[60]

318 **bb) Schriftform.** Weiterhin müsste die nach § 1 Abs. 2 TVG erforderliche Schriftform gewahrt sein. Den Anforderungen des § 7 Abs. 2 TVG i. V. m. § 126 BGB wird nach der Rspr. des BAG nur Genüge geleistet, wenn der Inhalt einer Tarifnorm den Tarifvertragsparteien, den Normadressaten sowie Dritten gegenüber klargestellt und feststellbar gemacht wird.[61] Diese Anforderungen erfüllt die Regelung des § 5 TV-EB. Denn aufgrund des Zusammenhangs mit § 1 TV-EB ermöglicht sie eine Ermittlung der Ansprüche bzw. Anspruchshöhe anhand objektiv feststellbarer Kriterien.[62]

319 **cc) Überschreitung der Tarifmacht.** Die hier in Frage stehende Spannenklausel könnte jedoch wegen Verstoßes gegen Art. 9 Abs. 3 GG unter dem Gesichtspunkt der Überschreitung der den Tarifvertragsparteien zustehenden Tarifmacht unwirksam sein. Auf der Grundlage von Art. 9 Abs. 3 GG können die Tarifvertragsparteien im Rahmen der Tarifautonomie normativ Rechte und Pflichten der tarifunterworfenen Arbeitsverhält-

---

53 S. nur *Däubler*, BB 2002, 1643 ff. (1644); Däubler/*Heuschmid*/*Klug*, TVG, § 1 Rn. 1066; *Dütz/Thüsing*, Arbeitsrecht, Rn. 626.
54 S. etwa *Junker*, Grundkurs Arbeitsrecht, Rn. 471; *Waltermann*, Arbeitsrecht, Rn. 516.
55 S. oben Rn. 304.
56 S. Däubler/*Heuschmid*/*Klug*, TVG § 1 Rn. 1053.
57 S. zu den Anforderungen schon oben Rn. 325.
58 BAG 23.3.2011 – 4 AZR 366/09 – juris Rn. 27 ff.
59 BAG 23.3.2011 – 4 AZR 366/09 – juris Rn. 27 f.
60 Vgl. BAG 23.3.2011 – 4 AZR 366/09 – juris Rn. 31.
61 S. BAG 23.3.2011 – 4 AZR 366/09 – juris Rn. 36.
62 Vgl. BAG 23.3.2011 – 4 AZR 366/09 – juris Rn. 37.

nisse bestimmen. Art. 9 Abs. 3 GG ermöglicht es den Tarifpartnern, die Wirtschafts- und Arbeitsbedingungen autonom zu regeln und Mindestarbeitsbedingungen zu bestimmen, die für die tarifunterworfenen Arbeitsverhältnisse normative Wirkung entfalten.[63] Nach dem Legitimationsmodell des deutschen Tarifvertragsrechts beruht die Bindung des Arbeitsverhältnisses an einen Tarifvertrag grundsätzlich auf der privatautonomen Entscheidung der Arbeitnehmer und Arbeitgeber, Mitglied einer Koalition zu werden bzw. als Arbeitgeber selbst den Tarifvertrag abzuschließen.[64] Bei der Normsetzung durch Tarifverträge handelt es sich daher um einen **Akt kollektiv ausgeübter Privatautonomie.**[65] Die Macht der Tarifvertragsparteien zur Setzung von Rechtsnormen, die den Inhalt, den Abschluss, und die Beendigung von Arbeitsverhältnissen regeln, wird durch Art. 9 Abs. 3 GG und die hierdurch verbürgte Tarifautonomie ausgestaltende Vorschriften des Tarifvertragsgesetzes auf die Koalitionsmitglieder begrenzt.[66] Der Staat darf seine Normsetzungsbefugnis nicht in beliebigem Umfang außerstaatlichen Stellen überlassen und den Bürger nicht schrankenlos der normsetzenden Gewalt autonomer Gremien ausliefern, die diesem gegenüber nicht demokratisch bzw. mitgliedschaftlich legitimiert sind.[67] Deshalb können Tarifverträge nicht mit zwingender Wirkung Arbeitsbedingungen für nicht organisierte Arbeitnehmer festsetzen.[68] Den Tarifvertragsparteien steht mithin keine Befugnis zu, die einzelvertraglichen Gestaltungsmöglichkeiten der Arbeitsvertragsparteien und insoweit vor allem der nicht oder anders organisierten Arbeitnehmer mit zwingender Wirkung in diese Arbeitsverhältnisse hinein einzuschränken.[69]

Mit diesen Vorgaben des Art. 9 Abs. 3 GG steht eine Spannenklausel nicht im Einklang. 320 Sie hat die Wirkung einer relativen Begrenzung der Arbeitsbedingungen von Außenseitern dergestalt, dass es für den tarifgebundenen Arbeitgeber rechtlich ausgeschlossen ist, die vertraglichen Arbeitsbedingungen der nicht oder anders organisierten Arbeitnehmer den tariflich geregelten Arbeitsbedingungen der Mitglieder der tarifschließenden Gewerkschaft anzugleichen.[70] Dem Arbeitgeber wird zwingend eine Ungleichbehandlung von Mitgliedern der tarifvertragsschließenden Gewerkschaft und von Außenseitern auferlegt, die nicht durch einzelvertragliche Gestaltung überwunden werden kann.[71] Denn nach dem Regelungsgehalt einer Spannenklausel führt jede Leistung des Arbeitgebers an Außenseiter zwecks Gleichstellung mit einem für Gewerkschaftsmitglieder geregelten Anspruch synchron zu einem in dieser Höhe zusätzlichen Anspruch der Gewerkschaftsmitglieder.[72]

Damit hat die hier in Frage stehende Spannenklausel des § 5 TV-EB zur Folge, dass 321 dem Arbeitgeber rechtlich eine vertragliche Gleichstellung von Außenseitern mit den Gewerkschaftsmitgliedern der Y unmöglich gemacht wird. Eine solche tarifvertragliche

63 S. BAG 23.3.2011 – 4 AZR 366/09 – juris Rn. 40; BVerfG 24.5.1977 – 2 BvL 11/74 – Rn. 67; BVerfG 26.5.1970 – 2 BvR 664/65 – juris Rn. 29; BVerfG 19.10.1966 – 1 BvL 24/65 – juris Rn. 26.

64 Das ist ausnahmsweise etwa bei der Allgemeinverbindlicherklärung eines Tarifvertrags nach § 5 Abs. 4 TVG anders.

65 S. nur BVerfG 11.12.2024 – 1 BvR 1109/21 – juris Rn. 108; BAG 19.12.2019 – 6 AZR 563/18 – juris Rn. 19; BAG 23.3.2011 – 4 AZR 366/09 – juris Rn. 40; BAG 7.7.2010 – 4 AZR 549/08 – juris Rn. 22 m. w. N.; BAG 18.7.2006 – 1 ABR 36/05 – juris Rn. 55; *Löwisch/Rieble*, TVG, Grundlagen Rn. 31 m. w. N.; *Richardi*, NZA 2013, 408 ff. (408 f.); s. näher zur legitimatorischen Basis tariflicher Rechtsetzung etwa *Arnold*, Festschrift Picker, 873 ff. (876 ff.).

66 S. nur BVerfG 10.1.2020 – 1 BvR 4/17 – juris Rn. 14; BAG 23.3.2011 – 4 AZR 366/09 – juris Rn. 42; BVerfG 24.5.1977 – 2 BvL 11/74 – juris Rn. 67; BVerfG 26.5.1970 – 2 BvR 664/65 – juris Rn. 29.

67 S. BVerfG 14.6.1983 – 2 BvR 488/80 – juris Rn. 24; BVerfG 24.5.1977 – 2 BvL 11/74 – juris Rn. 67.

68 S. BVerfG 10.1.2020 – 1 BvR 4/17 – juris Rn. 14; BAG 23.3.2011 – 4 AZR 366/09 – juris Rn. 42.

69 S. BAG 23.3.2011 – 4 AZR 366/09 – juris Rn. 39 ff.

70 S. BAG 23.3.2011 – 4 AZR 366/09 – juris Rn. 43.

71 S. BAG 23.3.2011 – 4 AZR 366/09 – juris Rn. 43.

72 S. BAG 23.3.2011 – 4 AZR 366/09 – juris Rn. 52 ff.

Rechtssetzung mit normativ zwingender Wirkung auch für die Ausgestaltung der Vertragsbeziehungen des Arbeitgebers mit Außenseitern ist nicht durch Art. 9 Abs. 3 GG gedeckt.[73]

322 c) **Zwischenergebnis.** Hiernach ist die Spannenklausel des § 5 TV-EB wegen Verstoßes gegen Art. 9 Abs. 3 GG unwirksam.[74]

3. Folgen der Unwirksamkeit

323 Fraglich ist, ob die Unwirksamkeit der Spannenklausel des § 5 TV-EB zur Unwirksamkeit des gesamten TV-EB und damit auch zur Unwirksamkeit der einfachen Differenzierungsklausel des § 1 TV-EB führt. Das könnte sich aus § 139 BGB ergeben. Danach ist für den Fall, dass ein Teil eines Rechtsgeschäfts nichtig ist, im Zweifel von der Gesamtnichtigkeit des Rechtsgeschäfts auszugehen. Die Vorschrift des § 139 BGB findet jedoch im Falle der Nichtigkeit lediglich einzelner Tarifregelungen keine Anwendung.[75] Es gelten vielmehr die zur Teilnichtigkeit von Gesetzen entwickelten Grundsätze, wonach bei Unwirksamkeit einer Norm die übrigen gesetzlichen Regelungen wirksam bleiben, sofern diesen eine eigenständige rechtliche und wirtschaftliche Bedeutung zukommt und die Regelungen ausgehend von den ursprünglichen Zielsetzungen ihren Sinn behalten.[76] Übertragen auf den hier in Frage stehenden Fall der Teilunwirksamkeit des TV-EB steht die Unwirksamkeit von § 5 TV-EB der Wirksamkeit von § 1 TV-EB nicht entgegen. Denn bei dieser Tarifnorm handelt es sich um eine eigenständige Regelung, die trotz der Unwirksamkeit von § 5 TV-EB weiter ihren von den Tarifvertragsparteien intendierten Sinn behält.

III. Ergebnis

324 Damit ist die zulässige Feststellungsklage des X nur bezogen auf die Unwirksamkeit des § 5 TV-EB begründet, im Übrigen ist sie als unbegründet abzuweisen.

B. Teil 2

325 A könnte gegen die H-GmbH, die nach § 13 Abs. 1 GmbHG rechtsfähig ist, einen Anspruch auf die Erholungsbeihilfe in Höhe von EUR 260,00 aus § 1 TV-EB, § 4 Abs. 1 TVG i. V. m. § 611a Abs. 2 BGB und dem Arbeitsvertrag haben.

I. Arbeitsverhältnis

326 Hierfür müsste zwischen A und H zunächst ein Arbeitsverhältnis im Sinne des § 611a BGB bestehen. Das ist der Fall. Aus dem Sachverhalt geht hervor, dass der A seit Jahren bei H als Hafenarbeiter beschäftigt ist.

---

73 Vgl. BAG 23.3.2011 – 4 AZR 366/09 – juris Rn. 48.

74 Zur Spannenklausel im Ergebnis ebenso schon BAG GS 29.11.1967 – GS 1/67 – juris; *Hartmann/Lobinger*, NZA 2010, 421 ff. (423 ff.) mit einem kartellrechtlichen Ansatz; a. A. *Däubler/Heuschmid*, RdA 2013, 1 ff. (6 f.); Däubler/*Heuschmid/Klug*, TVG, § 1 Rn. 1068–1070; *Höpfner*, RdA 2019, 146 ff. (150).

75 S. BAG 13.5.2020 – 4 AZR 489/19 – juris Rn. 34; BAG 26.2.2020 – 4 AZR 48/19 – juris Rn. 27; BAG 15.4.2008 – 9 AZR 159/07 – juris Rn. 26; BAG 12.12.2007 – 4 AZR 996/06 – juris Rn. 21 m. w. N.; Däubler/*Nebe*, TVG, § 1 Rn. 187 m. w. N.; *Löwisch/Rieble*, TVG, § 1 Rn. 580 m. w. N.; *Dütz/Thüsing*, Arbeitsrecht, Rn. 598.

76 S. BAG 13.5.2020 – 4 AZR 489/19 – juris Rn. 34; BAG 26.2.2020 – 4 AZR 48/19 – juris Rn. 27; BAG 9.5.2007 – 4 AZR 275/06 – juris Rn. 37; s. aus der Literatur *Dütz/Thüsing*, Arbeitsrecht, Rn. 598.

II. Wirksames Zustandekommen des Tarifvertrags

Der TV-EB ist wirksam zustande gekommen, insbesondere wahrt er die nach § 1 Abs. 2 TVG erforderliche Schriftform.[77] 327

III. Wirksamkeit von § 1 TV-EB

Des Weiteren müsste die Regelung des § 1 TV-EB wirksam sein. 328

Die Wirksamkeit des § 1 TV-EB und der hier niedergelegten einfachen Differenzierungsklausel steht nach den obigen Ausführungen[78] außer Frage. Insbesondere verstößt diese Klausel nicht gegen die durch Art. 9 Abs. 3 GG unter anderem auch geschützte individuelle Koalitionsfreiheit der nicht oder bei einer anderen Gewerkschaft organsierten Arbeitnehmer. 329

IV. Normative Wirkung des TV-EB

Nach § 4 Abs. 1 Satz 1 TVG gelten die Rechtsnormen eines Tarifvertrags, die den Inhalt, den Abschluss oder die Beendigung[79] von Arbeitsverhältnissen ordnen, unmittelbar und zwingend zwischen den beiderseits Tarifgebundenen, die unter den Geltungsbereich des Tarifvertrags fallen. Bei der Tarifklausel des § 1 TV-EB handelt es sich um eine Inhaltsnorm i. S. d. §§ 1 Abs. 1, 4 Abs. 1 Satz 1 TVG.[80] Jedoch finden die Tarifnormen nur dann unmittelbar und zwingend Anwendung, wenn die Arbeitsvertragsparteien jeweils tarifgebunden sind. 330

1. Tarifbindung der Arbeitsvertragsparteien

a) **Tarifbindung der H-GmbH.** Zunächst müsste die H-GmbH tarifgebunden sein. Gemäß § 3 Abs. 1 TVG sind die Mitglieder der Tarifvertragsparteien tarifgebunden.[81] Die Arbeitgeberin H ist mit Wirkung zum 31. Dezember 2024 unter Einhaltung der in der Verbandssatzung vorgesehenen Austrittsfrist aus dem Arbeitgeberverband X ausgetreten. Damit wurde die Mitgliedschaft zu diesem Zeitpunkt beendet. Eine Tarifgebundenheit der H über § 3 Abs. 1 TVG kann folglich nicht mehr begründet werden. 331

Allerdings bestimmt § 3 Abs. 3 TVG, dass die Tarifgebundenheit bestehen bleibt, bis der Tarifvertrag endet. Die Regelung soll insbesondere die „Flucht aus dem Tarifvertrag durch Verbandsaustritt“ verhindern[82] und damit die Tarifvertragstreue sichern.[83] Die mit der Regelung des § 3 Abs. 3 TVG gesetzlich angeordnete sog. **Nachbindung** hält die Tarifgebundenheit des Arbeitgebers auch nach dem Zeitpunkt des Ausscheidens aus dem Arbeitgeberverband bis zur Beendigung des Tarifvertrags aufrecht. Für die unmittelbare und zwingende Geltung der Tarifnormen nach § 4 Abs. 1 Satz 1 TVG reicht auch 332

---

77 S. schon oben Rn. 318.

78 S. Rn. 308 ff.

79 S. näher zu Inhalts-, Abschluss- und Beendigungsnormen etwa *Richardi/Bayreuther*, Kollektives Arbeitsrecht, § 5 Rn. 15–17; Beispiele bei *Junker*, Grundkurs Arbeitsrecht, Rn. 505; ausf. Henssler/Moll/Bepler/*Hexel*, Der Tarifvertrag, Teil 4 Rn. 11 ff.

80 S. schon oben Rn. 315.

81 S. ausf. zur normativen Tarifgebundenheit kraft Mitgliedschaft etwa Henssler/Moll/Bepler/*Höpfner*, Der Tarifvertrag, Teil 6 Rn. 1 ff.

82 S. BAG 1.7.2009 – 4 AZR 262/08 – juris Rn. 48; BAG 7.11.2001 – 4 AZR 703/00 – juris Rn. 21; BAG 17.5.2000 – 4 AZR 363/99 – juris Rn. 45; *Gamillscheg*, Kollektives Arbeitsrecht, Bd. 1, § 17 I. 5. a) (1) [S. 724]; Henssler/Moll/Bepler/*Höpfner*, Der Tarifvertrag, Teil 6 Rn. 62; NK-GA/*Krois*, § 3 TVG Rn. 54.

83 S. ErfK/*Franzen*, § 3 TVG Rn. 22; Henssler/Moll/Bepler/*Höpfner*, Der Tarifvertrag, Teil 6 Rn. 62; NK-GA/*Krois*, § 3 TVG Rn. 54; *Löwisch/Rieble*, TVG, § 3 Rn. 245.

die Tarifgebundenheit aufgrund Nachbindung gemäß § 3 Abs. 3 TVG aus.[84] Insoweit macht § 4 Abs. 1 Satz 1 TVG keinen Unterschied in der Art der Bindung an den Tarifvertrag, die zu einer unmittelbaren und zwingenden Wirkung der Tarifnormen führt.[85] Hiervon ausgehend ist die H trotz Ausscheidens aus dem Arbeitgeberverband Ende Dezember 2024 weiterhin an den TV-EB gebunden.

333 b) **Tarifbindung des A.** Der A müsste ebenfalls tarifgebunden sein. Aus dem Sachverhalt geht hervor, dass der A mit Wirkung zum 1. März 2025 Mitglied der Gewerkschaft Y geworden ist. Damit ist der A tarifgebunden.

334 Unschädlich ist, dass zu keinem Zeitpunkt eine **beiderseitige parallele Mitgliedschaft** von Arbeitgeber im Arbeitgeberverband und Arbeitnehmer in der Gewerkschaft bestanden hat, denn der Tarifvertrag gilt für den Arbeitgeber kraft Nachbindung (§ 3 Abs. 3 TVG), die durch die frühere Mitgliedschaft im Arbeitgeberverband legitimiert wird.[86] Damit steht der erst im Nachbindungszeitraum erfolgte Eintritt des A in die Gewerkschaft dem Anspruch nicht entgegen.

2. Geltungsbereich des TV-EB

335 Die unmittelbare und zwingende Wirkung von § 1 TV-EB setzt nach § 4 Abs. 1 Satz 1 TVG schließlich voraus, dass das Arbeitsverhältnis zwischen A und H unter den Geltungsbereich des TV-EB fällt. Insoweit ist nach dem Sachverhalt davon auszugehen, dass das Arbeitsverhältnis von dem räumlichen, fachlichen, persönlichen und zeitlichen Anwendungsbereich des TV-EB erfasst wird.

3. Ergebnis

336 Der A hat gegen H einen Anspruch auf die Erholungsbeihilfe i.H.v. EUR 260,00 auf der Grundlage der normativen Geltung des § 1 TV-EB.

Zur Wiederholung und Vertiefung:

Zur Unwirksamkeit einer Spannenklausel: BAG 22.3.2011 – 4 AZR 366/09 – juris.
Zur Zulässigkeit einer einfachen Differenzierungsklausel: BAG 18.3.2009 – 4 AZR 64/08 – juris.
Exkurs zur Zulässigkeit einer Binnendifferenzierungsklausel: BVerfG 14.11.2018 – 1 BvR 1278/16 – juris; BAG 15.4.2015 – 4 AZR 796/13 – juris.
Zum Gewerkschaftsbeitritt während der Nachbindung des Arbeitgebers: BAG 6.7.2011 – 4 AZR 424/09 – juris.

84 S. nur BAG 6.7.2011 – 4 AZR 424/09 – juris Rn. 43 m.w.N.
85 S. nur BAG 6.7.2011 – 4 AZR 424/09 – juris Rn. 43 m.w.N.
86 S. etwa *Löwisch/Rieble*, TVG, § 3 Rn. 242.

Fall 9[1]

Sachverhalt Fall 9

Der Arbeitgeber G betreibt ein Textilunternehmen auf der Schwäbischen Alb und beschäftigt rund 1.200 Arbeitnehmer. Er ist nicht in einem Arbeitgeberverband organisiert und war das auch in der Vergangenheit zu keinem Zeitpunkt. Die Arbeitnehmerin B ist bei G als Näherin zu einem Stundenlohn von EUR 12,00 beschäftigt. Sie ist Mitglied der IG Metall. In der Satzung der IG Metall heißt es:

„§ 1 Name, Sitz und Organisationsbereich der IG Metall
(…) Ihr Organisationsbereich erstreckt sich auf die Länder der Bundesrepublik Deutschland.
Er umfasst nach Maßgabe des § 3 (…) dieser Satzung folgende Wirtschaftszweige und Betriebe:
(…)
b) Textil- und Bekleidungswirtschaft (…)

§ 3 Beitritt
Mitglieder der IG Metall können die Beschäftigten folgender Betriebe werden:
(…)
b) Betriebe der Textil- und Bekleidungswirtschaft (…)"

Seit Beginn des Jahres 2021 versucht die IG Metall mit nicht organisierten Arbeitgebern Haustarifverträge abzuschließen, mit denen im Wesentlichen die Regelungen des für die Textilindustrie in Baden-Württemberg abgeschlossenen Verbandstarifvertrags übernommen werden sollen. Nachdem am 17. Februar 2021, 22. März 2021, 15. April 2021 und 13. Mai 2021 Tarifverhandlungen zwischen der Gewerkschaft und dem Arbeitgeber G ohne Ergebnis geblieben waren, rief die IG Metall durch ihre Bezirksleitung Baden-Württemberg die Arbeitnehmer des G für Montag, den 24. Mai 2021, zu einem „halbstündigen Warnstreik" auf.
An diesem Tag wurden vor der um 7:00 Uhr beginnenden Schicht vor dem Werkstor Flugblätter verteilt. Darin wurden die Arbeitnehmer aufgefordert, die Arbeit erst eine halbe Stunde später um 7:30 Uhr aufzunehmen. An dem halbstündigen Streik beteiligten sich etwa 500 Arbeitnehmer, darunter auch die B. Die übrigen Arbeitnehmer nahmen pünktlich ihre Arbeit auf.
Am 27. Mai 2021 teilte der G durch Aushang am „Schwarzen Brett" Folgendes mit:

„Alle Arbeitnehmer, die an dem Streik nicht beteiligt waren und gearbeitet haben, erhalten als Dank für ihre Treue zum Betrieb eine Treueprämie i. H. v. EUR 160,00."

Die Arbeitnehmerin B hat für die Zeit des Warnstreiks keinen Lohn erhalten. Darüber hinaus wurde ihr als Streikteilnehmerin auch nicht die von G ausgelobte Treueprämie gewährt.

1. **B verlangt von G die Zahlung von Arbeitsentgelt für den 24. Mai 2021 i. H. v. EUR 6,00.**
2. **Des Weiteren fordert B die Treueprämie i. H. v. EUR 160,00.**

1 Angelehnt an BAG 11.8.1992 – 1 AZR 103/92 – juris.

Prüfungsaufbau Fall 9

A. Anspruch auf Lohnzahlung für den 24. Mai 2021 bezogen auf den Zeitraum des halbstündigen Warnstreiks
- **I. Anspruch aus § 611a Abs. 2 BGB i. V. m. dem Arbeitsvertrag**
  1. Entstehung des Lohnanspruchs
  2. Untergang des Lohnanspruchs
  3. Ergebnis
- **II. Aufrechterhaltung des Lohnanspruchs nach §§ 615 Satz 1, 611a Abs. 2 BGB i. V. m. dem Arbeitsvertrag**
  1. Voraussetzungen des Annahmeverzugs
     - a) Erfüllbare Schuld der B
       - aa) Rechtmäßigkeit des Warnstreiks
         - (1) Führung durch zuständige Tarifvertragsparteien
         - (2) Kampfziel: zulässige Tarifregelung
         - (3) Vereinbarkeit der Kampfführung mit zwingendem Recht
         - (4) Friedenspflicht
         - (5) Wahrung der Kampfparität
         - (6) Verhältnismäßigkeit
         - (7) Zwischenergebnis
       - bb) Erklärung der Streikbeteiligung durch B
     - b) Zwischenergebnis
  2. Ergebnis
- **III. Aufrechterhaltung des Lohnanspruchs durch §§ 615 Satz 3, Satz 1, 611a Abs. 2 BGB i. V. m. dem Arbeitsvertrag**

B. Anspruch auf die „Treueprämie“
- **I. Gesamtzusage**
- **II. Arbeitsrechtlicher Gleichbehandlungsgrundsatz**
  1. Begriff
  2. Vorliegen der Voraussetzungen des arbeitsrechtlichen Gleichbehandlungsgrundsatzes
     - a) Ungleichbehandlung der B
     - b) Sachliche Rechtfertigung
       - aa) Abgrenzung zur Streikbruchprämie
       - bb) Maßregelungsverbot, § 612a BGB
- **III. Ergebnis**

Lösung Fall 9

A. Anspruch auf Lohnzahlung für den 24. Mai 2021 bezogen auf den Zeitraum des halbstündigen Warnstreiks

Die B könnte gegen G einen Anspruch auf Zahlung des Arbeitsentgelts während der Dauer des halbstündigen Streiks in Höhe von EUR 6,00[2] haben. Das wäre der Fall, wenn die B ihren Lohn auch für die Zeit des Streiks beanspruchen kann. 337

I. Anspruch aus § 611a Abs. 2 BGB i. V. m. dem Arbeitsvertrag

Der Entgeltanspruch könnte sich insoweit aus § 611a Abs. 2 BGB i. V. m. dem Arbeitsvertrag ergeben. 338

1. Entstehung des Lohnanspruchs

Dann müsste zunächst der Anspruch auf Lohn entstanden sein. Aus dem Sachverhalt ergibt sich, dass zwischen B und G ein Arbeitsverhältnis besteht. Damit ist der Lohnanspruch der B auch für die Zeit des Warnstreiks am 24. Mai 2021 entstanden. 339

2. Untergang des Lohnanspruchs

Möglicherweise ist der Lohnanspruch der B jedoch gemäß der Regelung des § 326 Abs. 1 Satz 1 Hs. 1 BGB untergegangen. Danach entfällt der Anspruch auf die Gegenleistung, soweit der Schuldner nach § 275 Abs. 1–3 BGB nicht zu leisten braucht. 340

Fraglich ist daher, ob der Anspruch des G gegen B auf Erbringung der Arbeitsleistung aus § 611a Abs. 1 Satz 1 BGB wegen Unmöglichkeit i. S. v. § 275 BGB untergegangen ist. Bei der von dem Arbeitnehmer geschuldeten Arbeitsleistung handelt es sich nach ganz h. M. – zumindest wenn im Betrieb kein flexibles Arbeitszeitmodell Anwendung findet – um eine **absolute Fixschuld**, deren Erbringung mit dem Ablauf der für die Leistung vorgesehenen Arbeitszeit nach § 275 Abs. 1 Var. 2 BGB unmöglich wird.[3] Nachgeleistete Arbeit ist jedenfalls rechtlich eine andere als die ursprünglich geschuldete.[4] Die B hat am 24. Mai 2021 von 7:00 Uhr bis 7:30 Uhr die Arbeit niedergelegt und an dem von der IG Metall ausgerufenen Warnstreik teilgenommen. Damit hat B in dieser Zeit keine Arbeitsleistung erbracht mit der Folge, dass diese durch Zeitablauf nach Maßgabe des § 275 Abs. 1 Var. 2 BGB[5] unmöglich geworden ist. Das führt nach § 326 Abs. 1 Satz 1 Hs. 1 BGB grundsätzlich dazu, dass der Anspruch auf die Gegenleistung– also auf Lohnzahlung – untergeht.[6] 341

---

2 Die zwischen G und B getroffene Vereinbarung über einen Stundenlohn in Höhe von EUR 12,00 verstieß im Jahr 2021 nicht gegen § 1 Abs. 3 MiLoG. Erst mit Wirkung zum 1.1.2024 ist der bis dahin seit 1.1.2022 geltende Mindestlohn in Höhe von EUR 12,00 brutto je Zeitstunde (s. § 1 Abs. 2 Satz 1 MiLoG) auf Vorschlag der Mindestlohnkommission (§ 9 MiLoG) durch § 1 der Vierten Mindestlohnanpassungsverordnung der Bundesregierung vom 24.11.2023 (s. BGBl. 2023 I, Nr. 321) auf EUR 12,41 brutto je Zeitstunde angehoben worden. Ab 1.1.2025 betrug der Mindestlohn EUR 12,82 brutto je Zeitstunde, s. § 1 der vorgenannten Vierten Mindestlohnverordnung. Durch § 1 der Fünften Mindestlohnanpassungsverordnung der Bundesregierung vom 5.11.2025 (s. BGBl. 2025 I, Nr. 268; Nr. 312) wurde der Mindestlohn ab 1.1.2026 auf derzeit EUR 13,90 brutto je Zeitstunde angehoben.

3 S. ErfK/*Preis/Greiner*, § 611a BGB Rn. 762 f.; PWW/*Merten*, § 611 Rn. 80; MüKo-BGB/*Spinner*, § 611a Rn. 957.

4 S. *Picker*, JZ 1985, 693 ff. (699) m. w. N.

5 Wegen des höchstpersönlichen Charakters der seitens des Arbeitnehmers zu erbringenden Arbeitsleistung (vgl. § 613 BGB) handelt es sich um einen Fall der sog. „Jedermannsunmöglichkeit“, § 275 Abs. 1 Var. 2 BGB. Denn die geschuldete Leistung liegt gerade im persönlichen Tätigwerden des Schuldners, sprich Arbeitnehmers.

6 S. zum Grds. „ohne Arbeit kein Lohn“ z. B. BAG 18.4.2012 – 5 AZR 248/11 – juris Rn. 14. S. zu den Ausnahmen *Stiegler*, JA 2024, 629 ff.

3. Ergebnis

342 B hat gegen G keinen Anspruch auf Zahlung des Arbeitsentgelts für die Dauer des halbstündigen Streiks aus § 611a Abs. 2 BGB i. V. m. dem Arbeitsvertrag, weil der Anspruch gem. § 326 Abs. 1 Satz 1 Hs. 1 BGB untergegangen ist.

II. Aufrechterhaltung des Lohnanspruchs nach §§ 615 Satz 1, 611a Abs. 2 BGB i. V. m. dem Arbeitsvertrag

343 In Betracht kommt aber eine Aufrechterhaltung des Lohnanspruchs nach §§ 615 Satz 1, 611a Abs. 2 BGB i. V. m. dem Arbeitsvertrag.

344 Nach § 615 Satz 1 BGB kann der zur Dienstleistung Verpflichtete[7] für die infolge des Verzugs des Dienstberechtigten[8] nicht geleisteten Dienste die vereinbarte Vergütung verlangen, ohne zur Nachleistung verpflichtet zu sein. Der Normzweck des § 615 Satz 1 BGB ist darauf gerichtet, dem Arbeitnehmer, der seine Arbeitskraft nicht ohne Weiteres kurzfristig anderweitig verwerten kann, aber auf die Vergütung zur Sicherung seines Lebensunterhalts angewiesen ist, auch im Falle des Annahmeverzuges des Arbeitgebers den Vergütungsanspruch zu erhalten.[9] Dogmatisch enthält § 615 Satz 1 BGB nach zutreffender Auffassung eine Ausnahme zu § 326 Abs. 1 Satz 1 Hs. 1 BGB.[10] Der originäre Vergütungsanspruch aus § 611a Abs. 2 BGB i. V. m. dem Arbeitsvertrag wird aufrechterhalten. Damit handelt es sich bei § 615 Satz 1 BGB nicht um eine eigenständige Anspruchsgrundlage, sondern um eine sog. **Anspruchserhaltungsnorm.**[11] Die Norm erweitert lediglich die Rechtsfolgen des **Annahmeverzugs** des Arbeitgebers.[12] Die Tatbestandsvoraussetzungen des Annahmeverzuges ergeben sich aus §§ 293 ff. BGB.[13]

1. Voraussetzungen des Annahmeverzugs

345 Der Annahmeverzug setzt nach §§ 293 ff. BGB voraus, dass der Schuldner leisten darf (**Erfüllbarkeit**), zur Leistung im Stande und bereit ist (**Leistungsfähigkeit und -bereitschaft**), in eigener Person die geschuldete Leistung zur richtigen Zeit, am richtigen Ort und in der rechten Art und Weise anbietet (**Angebot**) und der Gläubiger die geschuldete Leistung nicht annimmt (**Nichtannahme**).[14]

346 **a) Erfüllbare Schuld der B.** Als erste Voraussetzung für einen Annahmeverzug des G müsste eine erfüllbare Schuld seitens der B gegeben sein. Eine erfüllbare Schuld liegt vor, wenn der Arbeitnehmer verpflichtet ist, die Arbeitsleistung zu erbringen und der Arbeitgeber andererseits berechtigt ist, die Dienstleistung entgegenzunehmen.[15] An der Erfüllbarkeit einer Schuld der B könnte es vorliegend aufgrund des Warnstreiks fehlen. Der rechtmäßige Streik **suspendiert die gegenseitigen Hauptleistungspflichten aus dem Arbeitsvertrag** während der Dauer der Arbeitskampfmaßnahme,[16] wenn der Ar-

---

7 Sprich der Arbeitnehmer.
8 Also des Arbeitgebers.
9 S. nur NK-GA/*Boemke*, § 615 BGB Rn. 1; ErfK/*Preis/Greiner*, § 615 BGB Rn. 1.
10 S. nur BAG 12.9.2022 – 6 AZR 261/21 – juris Rn. 23; BAG 15.9.2011 – 8 AZR 846/09 – juris Rn. 37; s. aus der Literatur NK-GA/*Boemke*, § 615 Rn. 1; ErfK/*Preis/Greiner*, § 615 BGB Rn. 1.
11 S. nur BAG 12.9.2022 – 6 AZR 261/21 – juris Rn. 23; BAG 15.9.2011 – 8 AZR 846/09 – juris Rn. 37; BeckOK ArbR/*Joussen*, § 615 BGB Rn. 2 m. w. N.
12 S. nur NK-GA/*Boemke*, § 615 BGB Rn. 1.
13 S. NK-GA/*Boemke*, § 615 BGB Rn. 21; MüKo-BGB/*Henssler*, § 615 BGB Rn. 12.
14 S. nur NK-GA/*Boemke*, § 615 BGB Rn. 21.
15 S. nur BeckOK ArbR/*Joussen*, § 615 BGB Rn. 12; AR/*Kamanabrou*, § 615 BGB Rn. 9.
16 S. BAG 20.3.2018 – juris Rn. 40; BAG 22.3.1994 – 1 AZR 622/93 – juris Rn. 24; *Richardi/Bayreuther*, Kollektives Arbeitsrecht, § 11 Rn. 1; NK-GA/*Boemke*, § 615 BGB Rn. 17; *Hromadka/Maschmann*, Arbeitsrecht, Bd. 2, § 14 Rn. 102; MHdB-ArbR/*Ricken*, § 276 Rn. 1.

beitnehmer ausdrücklich oder konkludent dem Arbeitgeber gegenüber die Beteiligung an dem Arbeitskampf erklärt hat.[17] Für den Fall des Ruhens der Hauptleistungspflichten fehlt es an einer erfüllbaren Schuld.[18]

Der Streik ist das primäre Kampfmittel der Gewerkschaften und besteht in der gemeinsamen Arbeitsniederlegung von mehreren Arbeitnehmern. Gerade das kollektive Erscheinungsbild ist prägend für die Einordnung als Maßnahme des Arbeitskampfes. Ein Streik ist auf die gemeinschaftliche Ausübung von Druck auf die Arbeitgeberseite angelegt, deren Verhandlungsbereitschaft beeinflusst werden soll. Die Arbeitnehmerseite versucht diesen Druck dadurch zu erreichen, dass sie den bestreikten Arbeitgebern die benötigte Arbeitskraft in der Absicht entzieht, die Arbeitgeber vorübergehend an der Weiterführung des Betriebs zu hindern bzw. diese zu erschweren, und zwar durch Zufügung wirtschaftlicher Nachteile (So die Umschreibung in BAG 22.3.1994 – 1 AZR 622/93 – juris Rn. 23).

aa) **Rechtmäßigkeit des Warnstreiks.** Zu prüfen ist zunächst, ob der von der IG Metall ausgerufene Warnstreik rechtmäßig ist. Das ist der Fall, wenn der Warnstreik durch die **zuständigen Tarifvertragsparteien** geführt wird, auf ein **zulässiges Kampfziel** gerichtet ist, die **Kampfführung mit zwingendem Recht vereinbar** ist, keine Verletzung der **Friedenspflicht** vorliegt, die **Kampfparität gewahrt** wird und schließlich nicht gegen den Grundsatz der **Verhältnismäßigkeit** verstoßen wird. 347

(1) **Führung durch zuständige Tarifvertragsparteien.** Der Arbeitskampf müsste zunächst durch die zuständigen Tarifvertragsparteien geführt worden sein. Dieses Erfordernis erklärt sich daraus, dass der Arbeitskampf nach zutreffender h. M. ein Hilfsinstrument zur Sicherung der Tarifautonomie ist.[19] Tarifverträge werden von den Tarifvertragsparteien geschlossen. Tarifvertragsparteien sind nach § 2 Abs. 1 TVG Gewerkschaften, einzelne Arbeitgeber sowie Vereinigungen von Arbeitgebern.[20] Die **Arbeitskampffähigkeit erfordert** daher nach ganz h. M. die **Tariffähigkeit**[21] der Kampfparteien.[22] An der Tariffähigkeit der IG Metall als größter Einzelgewerkschaft in der Bundesrepublik Deutschland bestehen keine Zweifel. Auch der G ist als Arbeitgeber tariffähig. Damit sind sowohl die IG-Metall als auch der G arbeitskampffähig. 348

Aus der Voraussetzung, dass Arbeitskämpfe nach zutreffender Auffassung nur zum Zweck des Abschlusses eines Tarifvertrags geführt werden dürfen, folgt zugleich, dass die Arbeitskampfparteien für den Abschluss des angestrebten Tarifvertrags **örtlich und fachlich zuständig** sein müssen.[23] 349

Hier geht es um den Abschluss eines Haustarifvertrags, sodass der G tarifzuständig ist. Weiter müsste auch die IG Metall tarifzuständig sein. Der Zuständigkeitsbereich einer 350

17 S. BAG 26.7.2005 – 1 AZR 133/04 – juris Rn. 17; BAG 7.4.1992 – 1 AZR 377/91 – juris Rn. 21; Schaub/*Treber*, ArbR-Hdb., § 194 Rn. 3.

18 S. NK-GA/*Boemke*, § 615 BGB Rn. 22; s. auch AR/*Kamanabrou*, § 615 BGB Rn. 10.

19 S. BAG 24.4.2007 – 1 AZR 252/06 – juris Rn. 79; BAG 10.12.2002 – 1 AZR 96/02 – juris Rn. 43; BAG 7.6.1988 – 1 AZR 372/86 – juris Rn. 29; BAG 5.3.1985 – 1 AZR 468/83 – juris Rn. 43 m. w. N.; Brox/Rüthers/*Rüthers*, Arbeitskampfrecht, Rn. 129.

20 Unter den Voraussetzungen des § 2 Abs. 3 TVG kommen auch Spitzenorganisationen als Partei des Tarifvertrags in Betracht.

21 S. zum Begriff der Tariffähigkeit ausf. *Löwisch/Rieble*, TVG, § 2 Rn. 4 ff.; Schaub/*Treber*, ArbR-Hdb., § 196 Rn. 4 ff.

22 S. nur *Preis/Greiner*, Kollektivarbeitsrecht, § 113 Rz. 1217; ErfK/*Linsenmaier*, Art. 9 GG Rn. 123; *Hromadka/Maschmann*, Arbeitsrecht, Bd. 2, § 14 Rn. 26; MHdB-ArbR/*Ricken*, § 272 Rn. 16.

23 S. ErfK/*Linsenmaier*, Art. 9 GG Rn. 123; *Hromadka/Maschmann*, Arbeitsrecht, Bd. 2, § 14 Rn. 27 m. w. N.; kritisch MHdB-ArbR/*Ricken*, § 272 Rn. 16 f.

Gewerkschaft richtet sich danach, auf welchen Kreis von Arbeitnehmern sie in ihrer Satzung die Zuständigkeit erstreckt hat.[24] Die Satzung der Gewerkschaft ist folglich die maßgebliche Grundlage für die Beurteilung der Tarifzuständigkeit.[25]

351 Nach § 1 IG Metall-Satzung erstreckt sich deren Organisationsbereich auf die Länder der Bundesrepublik Deutschland. Damit ist die IG-Metall hier örtlich zuständig. Gemäß den Regelungen der § 1 lit. b) und § 3 lit. b) IG Metall-Satzung erstreckt sich die fachliche Zuständigkeit u. a. auf die Textil- und Bekleidungswirtschaft. Bei dem bestreikten Unternehmen handelt es sich nach den Angaben des Sachverhalts um ein Textilunternehmen. Damit ist auch die fachliche Zuständigkeit gegeben. Die IG Metall ist folglich ebenfalls tarifzuständig.

352 Der Arbeitskampf wird mithin zwischen den zuständigen Tarifvertragsparteien geführt.

353 (2) **Kampfziel: zulässige Tarifregelung.** Das Ziel des Warnstreiks der IG Metall müsste zunächst der Form nach auf den Abschluss eines Tarifvertrags mit dem sozialen Gegenspieler gerichtet sein.[26] Das ist der Fall, denn die IG Metall erstrebt den Abschluss eines Haustarifvertrags mit G.

354 Inhaltlich müsste das Kampfziel auch **tariflich regelbar** sein.[27] Tariflich regelbar sind jedenfalls solche Ziele, die sich den in § 1 Abs. 1 TVG aufgeführten möglichen Gegenständen von Rechtsnormen eines Tarifvertrags zuordnen lassen.[28] Die Streikforderung ist vorliegend darauf gerichtet, die Regelungen des für die Textilindustrie in Baden-Württemberg abgeschlossenen Verbandstarifvertrags im Wesentlichen zu übernehmen. Mangels näherer Angaben im Sachverhalt ist davon auszugehen, dass die Regelungsgegenstände aus dem bestehenden Verbandstarifvertrag auch tariflich regelbar sind.

355 (3) **Vereinbarkeit der Kampfführung mit zwingendem Recht.** Die Kampfführung müsste weiter mit zwingendem Recht vereinbar sein.[29] Zu beachten sind insoweit z. B. Grundrechte der Gegenseite und Dritter sowie die Strafgesetze.[30] Insoweit bestehen gegen den von der IG Metall ausgerufenen Warnstreik keine Bedenken.

356 (4) **Friedenspflicht.** Des Weiteren dürfen Arbeitskampfmaßnahmen nicht die Friedenspflicht verletzen. Unter der Friedenspflicht versteht man die Verpflichtung der Tarifvertragsparteien, während der Dauer des Tarifvertrags von Arbeitskampfmaßnahmen in bestimmtem Umfang abzusehen.[31] Zu unterscheiden ist zwischen einer relativen und einer absoluten Friedenspflicht. Die **relative Friedenspflicht** muss nicht besonders vereinbart werden. Sie ist vielmehr dem Tarifvertrag als einer Friedensordnung immanent.[32] Denn ein Tarifvertrag ist in seinem schuldrechtlichen Teil zugleich ein Vertrag zugunsten Dritter und schützt die (Mitglieder der) Tarifvertragsparteien davor, hinsichtlich der tariflich geregelten Materie mit Arbeitskampfmaßnahmen überzogen zu wer-

---

24 S. BAG 17.2.1970 – 1 ABR 15/69 – juris Rn. 26; BAG 27.11.1964 – 1 ABR 13/63 – juris Rn. 24.

25 S. BAG 10.2.2009 – 1 ABR 36/08 – juris Rn. 26; BAG 27.9.2005 – 1 ABR 41/04 – juris Rn. 38; BAG 17.2.1970 – 1 ABR 15/69 – juris Rn. 26; BAG 27.11.1964 – 1 ABR 13/63 – juris Rn. 24; ErfK/*Linsenmaier*, Art. 9 GG Rn. 68.

26 Vgl. *Dütz/Thüsing*, Arbeitsrecht, Rn. 704. Zu der umstrittenen Frage, wie das tatsächliche Streikziel zu ermitteln ist s. näher *Polzin*, NZA 2019, 753 ff.

27 St. Rspr. s. nur BAG 24.4.2007 – 1 AZR 252/06 – juris Rn. 79; BAG 10.12.2002 – 1 AZR 96/02 – juris Rn. 43 m. w. N.

28 S. BAG 24.4.2007 – 1 AZR 252/06 – juris Rn. 80.

29 S. etwa *Dütz/Thüsing*, Arbeitsrecht, Rn. 711 ff.

30 *Dütz/Thüsing*, Arbeitsrecht, Rn. 711 ff. mit Bsp.

31 S. *Hromadka/Maschmann*, Arbeitsrecht, Bd. 2, § 14 Rn. 34.

32 So BAG 26.7.2016 – 1 AZR 160/14 – juris Rn. 27; BAG 25.8.2015 – 1 AZR 875/13 – juris Rn. 43; BAG 19.6.2007 – 1 AZR 396/06 – juris Rn. 18; BAG 10.12.2002 – 1 AZR 96/02 – juris Rn. 37.

den.[33] Von einer relativen Friedenspflicht wird deshalb gesprochen, weil sie sich gegenständlich auf die tariflich geregelte Materie beschränkt. Sie verbietet lediglich, einen bestehenden Tarifvertrag inhaltlich dadurch in Frage zu stellen, dass Änderungen oder Verbesserungen der tarifvertraglich geregelten Gegenstände mit Mitteln des Arbeitskampfrechts durchgesetzt werden.[34] Demgegenüber kommt eine **absolute Friedenspflicht**, sprich das Verbot jeglicher Arbeitskampfmaßnahmen, nur in Betracht, wenn die Tarifvertragsparteien dies ausdrücklich vereinbaren.[35]

Ein Verstoß gegen die relative oder absolute Friedenspflicht kommt im vorliegenden Fall schon deshalb nicht in Betracht, weil der G weder Mitglied eines Arbeitgeberverbands ist noch jemals zuvor einen Tarifvertrag abgeschlossen hat. **357**

(5) **Wahrung der Kampfparität.** Erforderlich ist des Weiteren, dass das eingesetzte Kampfmittel nicht gegen den Grundsatz der Kampfparität verstößt. Hinter diesem Grundsatz steht die Einsicht, dass für ein funktionierendes Tarifvertragssystem ein hinreichendes Verhandlungs- und Kampfgleichgewicht erforderlich ist („Waffengleichheit„[36]).[37] Es muss sichergestellt sein, dass nicht eine Tarifvertragspartei der anderen von vornherein ihren Willen aufzwingen kann.[38] Nach h. M. ist für die Bestimmung der Parität ein **abstrakt-materieller Paritätsbegriff** zugrunde zu legen.[39] Danach ist auf die realen Kräfteverhältnisse abzustellen, ohne dass alle Besonderheiten des Arbeitskampfes berücksichtigt werden müssten.[40] Der so verstandene Grundsatz der Parität kann nur Kriterien erfassen, die einer typisierenden Betrachtung zugänglich sind.[41] Daher bleiben situationsbedingte Vorteile in Bezug auf den konkreten Arbeitskampf unberücksichtigt.[42] Belastbare Maßstäbe, nach denen das Kräftegleichgewicht der Tarifvertragsparteien sicher beurteilt werden könnten, sind aber nicht ersichtlich. Denn die Kampfstärke von Koalitionen hängt von einer im Einzelnen kaum überschaubaren Fülle von Faktoren ab, die in ihren Wirkungen nur schwer abschätzbar sind.[43] Wegen seiner Abstraktionshöhe ist das Paritätsprinzip als Maßstab zu Bewertung einzelner Kampfsituationen daher regelmäßig nicht ausreichend.[44] Allenfalls markiert das so verstandene Kampfparitätsprinzip noch eine äußerste Grenze bei der gerichtlichen Ausgestaltung des Arbeitskampfes.[45] Das Paritätsprinzip in seiner heutigen Ausgestaltung durch die Rspr. des BAG verspricht folglich weitaus mehr, als es tatsächlich einzulösen in der Lage ist.[46] **358**

Nach den dargelegten Grundsätzen ist der Einsatz des konkreten Kampfmittels, sprich des Warnstreiks, daraufhin zu überprüfen, ob er zu einer abstrakt-materiellen Ungleich- **359**

---

33 S. BAG 25.8.2015 – 1 AZR 875/13 – juris Rn. 43; BAG 19.6.2007 – 1 AZR 396/06 – juris Rn. 18; BAG 10.12.2002 – 1 AZR 96/02 – juris Rn. 37 m. w. N.

34 S. BAG 19.6.2007 – 1 AZR 396/06 – juris Rn. 18; BAG 27.6.1989 – 1 AZR 404/88 – juris Rn. 29 m. w. N.

35 S. BAG 19.6.2007 – 1 AZR 396/06 – juris Rn. 18; BAG 10.12.2002 – 1 AZR 96/02 – juris Rn. 39; *Preis/Greiner*, Kollektivarbeitsrecht, § 114 Rz. 1262; *Junker*, Grundkurs Arbeitsrecht, Rn. 586.

36 S. grld. BAG GS 28.1.1955 – GS 1/54 – juris Rn. 65; s. auch BVerfG 26.3.2014 – 1 BvR 3185/09 – juris Rn. 36.

37 S. BVerfG 9.7.2020 – 1 BvR 719/19 – juris Rn. 14; BAG 24.4.2007 – 1 AZR 252/06 – juris Rn. 70.

38 BAG 24.4.2007 – 1 AZR 252/06 – juris Rn. 70; BAG 12.9.1984 – 1 AZR 342/83 – juris Rn. 24.

39 S. Brox/Rüthers/*Rüthers*, Arbeitskampfrecht, Rn. 168, jeweils unter Ablehnung des formellen und normativen Paritätsbegriffs und der Lehre von der Gesamtparität. S. zu den verschiedenen Paritätsbegriffen zusammenfassend *Preis/Greiner*, Kollektivarbeitsrecht, § 109 Rz. 1084 ff.; *Hromadka/Maschmann*, Arbeitsrecht, Bd. 2, § 14 Rn. 48 f.

40 S. BAG 24.4.2007 – 1 AZR 252/06 – juris Rn. 70.

41 S. BAG 24.4.2007 – 1 AZR 252/06 – juris Rn. 70; BAG 10.6.1980 – 1 AZR 822/79 – juris Rn. 76.

42 BAG 10.6.1980 – 1 AZR 822/79 – juris Rn. 76 m. w. N.

43 S. BAG 22.9.2009 – 1 AZR 972/08 – juris Rn. 40; BAG 19.6.2007 – 1 AZR 396/06 – juris Rn. 21.

44 So BAG 22.9.2009 – 1 AZR 972/08 – juris Rn. 40; BAG 19.6.2007 – 1 AZR 396/06 – juris Rn. 21.

45 Dafür BAG 22.9.2009 – 1 AZR 972/08 – juris Rn. 40; BAG 19.6.2007 – 1 AZR 396/06 – juris Rn. 21.

46 So *Richardi/Bayreuther*, Kollektives Arbeitsrecht, § 10 Rn. 43.

gewichtslage führt. Um das Verhandlungsgleichgewicht herzustellen, ist die Arbeitnehmerseite auf den Streik angewiesen. Tarifverträge kommen nur zustande, wenn sie letztlich von den Gewerkschaften auch mit den Mitteln des Arbeitskampfes erzwungen werden können. Andernfalls wären Tarifverhandlungen nicht mehr als ein „kollektives Betteln“.[47] Deshalb setzt das Paritätsgebot dem (Warn-)Streik, der auf ein rechtmäßiges Kampfziel gerichtet ist, keine allgemeinen Grenzen.[48]

360 Der Grundsatz der Kampfparität steht mithin dem von der IG Metall ausgerufenen Warnstreik nicht entgegen.

361 (6) **Verhältnismäßigkeit.** Schließlich ist zu prüfen, ob der von der IG Metall ausgerufene Streik gegen den Verhältnismäßigkeitsgrundsatz verstoßen hat.

362 Die Verhältnismäßigkeitsprüfung ist in der Rspr. des BAG der zentrale Maßstab für die Beurteilung der Rechtmäßigkeit des konkreten Kampfmitteleinsatzes.[49] Abzuwägen ist, ob ein Kampfmittel zur Erreichung eines rechtmäßigen Kampfzieles **geeignet**, **erforderlich** und **angemessen** (proportional) ist.[50]

363 Die Geeignetheit eines Kampfmittels ist zu bejahen, wenn durch seinen Einsatz die Durchsetzung des Kampfziels gefördert werden kann.[51] Erforderlich ist ein Kampfmittel, wenn mildere Mittel zur Erreichung des angestrebten Ziels nicht zur Verfügung stehen.[52] Bei der Prüfung der beiden vorgenannten Punkte ist zu berücksichtigen, dass der kampfführenden Koalition nach Auffassung des BAG eine sehr weitreichende Einschätzungsprärogative zukommen soll.[53] Dieser Beurteilungsspielraum soll erst dann überschritten sein, wenn das Kampfmittel offensichtlich ungeeignet ist bzw. wenn es des eingesetzten Kampfmittels zur Erreichung des verfolgten Ziels offensichtlich nicht bedarf.[54]

364 Dem Erforderlichkeitsgrundsatz wird als zeitliche Komponente der Verhältnismäßigkeitsprüfung auch das **ultima-ratio-Prinzip** entnommen.[55] Danach dürfen Arbeitskampfmaßnahmen gleich welcher Art nur nach Ausschöpfung aller Verständigungsmöglichkeiten ergriffen werden.[56] Das BAG verzichtet jedoch auf eine materielle Prüfung der Ausschöpfung aller Verhandlungsmöglichkeiten und auch darauf, dass das Scheitern der Verhandlungen durch eine besondere, formalisierte Erklärung kundgetan wird. Vielmehr liege in der Einleitung von Arbeitskampfmaßnahmen die konkludente Erklärung,

47 S. BVerfG 9.7.2020 – 1 BvR 719/19 – juris Rn. 14; BAG 12.3.1985 – 1 AZR 636/82 – juris Rn. 38; BAG 10.6.1980 – 1 AZR 822/79 – juris Rn. 36.

48 S. *Hromadka/Maschmann*, Arbeitsrecht, Bd. 2, § 14 Rn. 51; Brox/Rüthers/*Rüthers*, Arbeitskampfrecht, Rn. 183; *Dütz/Thüsing*, Arbeitsrecht, Rn. 729.

49 S. BAG 14.8.2018 – 1 AZR 287/17 – juris Rn. 32; BAG 22.9.2009 – 1 AZR 972/08 – juris Rn. 41; BAG 19.6.2007 – 1 AZR 396/06 – juris Rn. 22 f. m. w. N.

50 S. BAG 14.8.2018 – 1 AZR 287/17 – juris Rn. 33; BAG 22.9.2009 – 1 AZR 972/08 – juris Rn. 41; BAG 19.6.2007 – 1 AZR 396/06 – juris Rn. 25.

51 S. BAG 14.8.2018 – 1 AZR 287/17 – juris Rn. 34; BAG 22.9.2009 – 1 AZR 972/08 – juris Rn. 42; BAG 19.6.2007 – 1 AZR 396/06 – juris Rn. 26.

52 S. BAG 14.8.2018 – 1 AZR 287/17 – juris Rn. 35; BAG 22.9.2009 – 1 AZR 972/08 – juris Rn. 43; BAG 19.6.2007 – 1 AZR 396/06 – juris Rn. 27.

53 S. BAG 22.9.2009 – 1 AZR 972/08 – juris Rn. 42 f.; BAG 19.6.2007 – 1 AZR 396/06 – juris Rn. 26 f.

54 S. BAG 19.6.2007 – 1 AZR 396/06 – juris Rn. 26 f. sowie die deutliche Kritik an dieser Entscheidung bei *Rieble*, BB 2008, 1506 ff.: „Ob ein Kampfmittel geeignet und erforderlich ist, entscheidet die Kampfpartei (…) kraft eigener Vernunftbegabung“ (S. 1506); „Der Streik ist erforderlich und geeignet, weil die Gewerkschaft ihn dafür hält.“ (S. 1510).

55 S. BAG 21.6.1988 – 1 AZR 651/86 – juris Rn. 64; ferner BAG GS 21.4.1971 – juris Rn. 66.

56 S. nur BAG 18.2.2003 – 1 AZR 142/02 – juris Rn. 28; BAG GS 21.4.1971 – GS 1/68 – juris Rn. 66; BAG 21.6.1988 – 1 AZR 651/86 – juris Rn. 64 unter Aufgabe der früheren Ausnahmerechtsprechung zum Warnstreik. Zu letzterer s. *Preis/Greiner*, Kollektivarbeitsrecht, § 115 Rz. 1296 ff.

dass die Verständigungsmöglichkeiten ohne Ausübung von Druck als ausgeschöpft angesehen werden.[57]

Die dargestellte Rspr. zur Geeignetheits- und Erforderlichkeitsprüfung im Rahmen der Verhältnismäßigkeitsprüfung hat zur Konsequenz, dass die praktische Bedeutung der beiden Voraussetzungen erheblich eingeschränkt ist. 365

Unter Zugrundelegung der vorgenannten Rechtsprechungslinie ist der von der IG Metall ausgerufene Warnstreik geeignet und erforderlich. Der Warnstreik eignet sich, das Kampfziel des Abschlusses eines Haustarifvertrags zu fördern. Auch sind mildere Mittel gleicher Eignung zur Zielerreichung nicht ersichtlich. Ein Verstoß gegen das ultima-ratio-Prinzip scheidet vor dem Hintergrund aus, dass die Tarifverhandlungen vom 17. Februar 2021, 22. März 2021, 15. April 2021 und 13. Mai 2021 ohne Ergebnis geblieben sind. Damit ist auch die Erforderlichkeit des Warnstreiks gegeben. 366

Dritter Punkt der Verhältnismäßigkeitsprüfung ist die Angemessenheit, sprich die Verhältnismäßigkeit im engeren Sinne. Diese ist gegeben, wenn sich das Kampfmittel unter hinreichender Würdigung der grundrechtlich gewährleisteten Betätigungsfreiheit zur Erreichung des angestrebten Kampfziels unter Berücksichtigung der Rechtspositionen der von der Kampfmaßnahme unmittelbar oder mittelbar Betroffenen als angemessen darstellt.[58] Insoweit steht der Kampfpartei **kein Einschätzungsspielraum** zu.[59] Bei der Proportionalitätsprüfung ist zu beachten, dass der Arbeitskampf schon wesensmäßig darauf angelegt ist, durch Zufügung wirtschaftlicher Nachteile Druck auszuüben.[60] Die Proportionalität ist daher erst dann zu verneinen, wenn sich der konkrete Kampfmitteleinsatz auch unter Berücksichtigung dieses Zusammenhangs als unangemessene Beeinträchtigung gegenläufiger, ebenfalls verfassungsrechtlich geschützter Rechtspositionen darstellt.[61] 367

Bei einem Warnstreik von halbstündiger Dauer bestehen keine Bedenken gegen die Angemessenheit. 368

(7) **Zwischenergebnis.** Der halbstündige Warnstreik vom 24. Mai 2021 ist damit rechtmäßig. 369

bb) Erklärung der Streikbeteiligung durch B. Die Suspendierungswirkung eines Streiks[62] tritt nicht automatisch ein. Erforderlich ist vielmehr eine ausdrückliche oder konkludente Erklärung des Arbeitnehmers gegenüber dem Arbeitgeber, dass er sich am Arbeitskampf beteiligt.[63] Erscheint der Arbeitnehmer nach einem Streikaufruf der Gewerkschaft nicht zur Arbeit, kann der Arbeitgeber in der Regel davon ausgehen, dass der Arbeitnehmer sich an dem Arbeitskampf beteiligt, es sei denn, der Arbeitnehmer 370

57 S. BAG 21.6.1988 – 1 AZR 651/86 – juris Rn. 71; zustimmend z. B. *Preis/Greiner*, Kollektivarbeitsrecht, § 115 Rz. 1294; kritisch etwa *Höpfner/Schneck*, RdA 2022, 131 ff. (140 f.); *Dütz/Thüsing*, Arbeitsrecht, Rn. 736.; *Ubber/von Grundherr*, NZA 2025, 1 ff. (4).

58 S. BAG 14.8.2018 – 1 AZR 287/17 – juris Rn. 36; BAG 22.9.2009 – 1 AZR 972/08 – juris Rn. 44; BAG 19.6.2007 – 1 AZR 396/06 – juris Rn. 28.

59 S. BAG 14.8.2018 – 1 AZR 287/17 – juris Rn. 36; BAG 22.9.2009 – 1 AZR 972/08 – juris Rn. 44; BAG 19.6.2007 – 1 AZR 396/06 – juris Rn. 28.

60 S. BAG 14.8.2018 – 1 AZR 287/17 – juris Rn. 36; BAG 22.9.2009 – 1 AZR 972/08 – juris Rn. 44; BAG 19.6.2007 – 1 AZR 396/06 – juris Rn. 28.

61 S. BAG 14.8.2018 – 1 AZR 287/17 – juris Rn. 36; BAG 22.9.2009 – 1 AZR 972/08 – juris Rn. 44; BAG 19.6.2007 – 1 AZR 396/06 – juris Rn. 28.

62 S. dazu schon oben Rn. 365.

63 S. BAG 26.7.2005 – 1 AZR 133/04 – juris Rn. 17; BAG 7.4.1992 – 1 AZR 377/91 –juris Rn. 21; Schaub/*Treber*, ArbR-Hdb., § 194 Rn. 3.

war schon zuvor aus anderen Gründen von der Pflicht zur Erbringung der Arbeitsleistung befreit.[64]

371 Hiernach ist davon auszugehen, dass die Hauptleistungspflichten aus dem Arbeitsverhältnis der B während der Dauer des Warnstreiks suspendiert waren.

372 b) **Zwischenergebnis.** Das bedeutet, dass die B von ihrer Arbeitspflicht und der G von seiner Beschäftigungs- und Vergütungspflicht befreit worden ist. Es fehlt folglich an einer erfüllbaren Schuld als Voraussetzung für einen Annahmeverzug des G.

2. Ergebnis

373 Mangels Vorliegens der Voraussetzungen gemäß §§ 293 ff. BGB ist der Lohnanspruch der B nicht nach §§ 615 Satz 1, 611a Abs. 2 BGB i. V. m. dem Arbeitsvertrag aufrechterhalten worden.[65]

III. Aufrechterhaltung des Lohnanspruchs durch §§ 615 Satz 3, Satz 1, 611a Abs. 2 BGB i. V. m. dem Arbeitsvertrag

374 Schließlich ist zu prüfen, ob die B für den Zeitraum der Teilnahme an dem Warnstreik einen Lohnanspruch aus §§ 615 Satz 3, Satz 1, 611a Abs. 2 BGB i. V. m. dem Arbeitsvertrag hat. Ein hierauf gegründeter Lohnanspruch scheidet jedoch ebenfalls aus. Nach allgemeiner Ansicht verliert ein Arbeitnehmer, der sich an einem Streik beteiligt, während des Streikzeitraums seinen Anspruch auf Arbeitsentgelt.[66] Demgegenüber heftig umstritten ist die Verteilung des Entgeltrisikos in dem hier nicht relevanten Fall, dass an einem Streik selbst nicht beteiligte Arbeitnehmer an der Erbringung ihrer Arbeitsleistung gehindert sind.[67]

B. Anspruch auf die „Treueprämie“

I. Gesamtzusage

375 Die B könnte gegen G einen Anspruch auf Zahlung der sog. **Treueprämie** aus § 611a Abs. 2 BGB i. V. m. dem Arbeitsvertrag und einer Gesamtzusage haben.

376 Unter einer Gesamtzusage versteht man die an alle Arbeitnehmer oder an eine nach abstrakten Merkmalen abgrenzbare Arbeitnehmergruppe gerichtete Willenserklärung des Arbeitgebers, jedem Arbeitnehmer, der die seitens des Arbeitgebers abstrakt festgelegten Voraussetzungen erfüllt, eine bestimmte Leistung zu gewähren.[68] Damit handelt es sich bei der Gesamtzusage um ein Vertragsangebot des Arbeitgebers, das der Arbeitnehmer (i. d. R. konkludent) annimmt, wobei nach § 151 Satz 1 BGB der Zugang der Annahmeerklärung entbehrlich ist.[69]

---

64 S. BAG 26.7.2005 – 1 AZR 133/04 – juris Rn. 19; Schaub/*Treber*, ArbR-Hdb., § 194 Rn. 3.

65 Im Falle eines rechtswidrigen Streiks besteht zwar eine erfüllbare Schuld, Annahmeverzugsansprüche des Arbeitnehmers scheitern jedoch an der fehlenden Leistungsbereitschaft des Arbeitnehmers.

66 S. nur MüKo-BGB/*Henssler*, § 615 Rn. 119.

67 Die damit zusammenhängenden Fragen werden unter dem Schlagwort der sog. Arbeitskampfrisikolehre diskutiert, s. etwa MüKo-BGB/*Henssler*, § 615 Rn. 119–124 m. w. N. Das Arbeitskampfrisiko ist von dem Betriebs- und Wirtschaftsrisiko des § 615 S. 3 BGB zu unterscheiden, s. NK-GA/*Boemke*, § 615 BGB Rn. 148.

68 S. BAG 22.3.2017 – 5 AZR 424/16 –juris Rn. 13; BAG 10.12.2002 – 3 AZR 92/02 – juris Rn. 38; s. aus der Literatur auch Schaub/*Ahrendt*, ArbR-Hdb., § 111 Rn. 1; *Junker*, Grundkurs Arbeitsrecht, Rn. 69.

69 S. BAG 22.3.2017 – 5 AZR 424/16 – juris Rn. 13; BAG 18.3.2003 – 3 AZR 101/02 – juris Rn. 51 m. w. N.; *Junker*, Grundkurs Arbeitsrecht, Rn. 69; ErfK/*Preis*, § 611a BGB Rn. 237.

Der Aushang des G, wonach alle Arbeitnehmer, die an dem Streik nicht beteiligt waren und gearbeitet haben, eine Treueprämie i. H. v. EUR 160,00 erhalten sollen, stellt eine Gesamtzusage dar. Allerdings erfüllt die B die in dem Aushang aufgestellten Anspruchsvoraussetzungen nicht, weil sie sich an dem Streik beteiligt hat. Damit scheidet ein Anspruch der B auf Zahlung der sog. Treueprämie aus einer Gesamtzusage aus. 377

II. Arbeitsrechtlicher Gleichbehandlungsgrundsatz

In Betracht kommt aber ein Anspruch der B gegen G auf Zahlung der Treueprämie aus § 611a Abs. 2 BGB i. V. m. dem Arbeitsvertrag und dem arbeitsrechtlichen Gleichbehandlungsgrundsatz. 378

1. Begriff

Nach ständiger Rspr. des BAG gebietet der **arbeitsrechtliche Gleichbehandlungsgrundsatz**[70] dem Arbeitgeber, seine Arbeitnehmer oder bestimmte Gruppen der Arbeitnehmer, die sich in vergleichbarer Lage befinden, bei der Anwendung einer selbst gegebenen Regel gleich zu behandeln.[71] Anders gewendet verbietet der arbeitsrechtliche Gleichbehandlungsgrundsatz insoweit Ungleichbehandlungen ohne sachlichen Grund. Diese können in einer willkürlichen Schlechterstellung einzelner Arbeitnehmer innerhalb einer Gruppe oder in einer sachfremden Gruppenbildung liegen.[72] Eine Differenzierung ist sachfremd, wenn es für die unterschiedliche Behandlung keine billigenswerten Gründe gibt.[73] 379

Anwendbar ist der arbeitsrechtliche Gleichbehandlungsgrundsatz, wenn der Arbeitgeber **abstrakt** bestimmte Voraussetzungen oder Zwecke für die Leistung festlegt und diese nach einem allgemeinen **generalisierenden Prinzip** gewährt.[74] 380

2. Vorliegen der Voraussetzungen des arbeitsrechtlichen Gleichbehandlungsgrundsatzes

Hiernach ist zu prüfen, ob die Voraussetzungen für einen Anspruch der B auf Zahlung der Treueprämie auf der Grundlage des arbeitsrechtlichen Gleichbehandlungsgrundsatzes gegeben sind. Das ist der Fall, wenn die B von G bezogen auf die Gewährung der Treueprämie ungleich behandelt worden ist und die Ungleichbehandlung nicht durch einen sachlichen Grund gerechtfertigt war. 381

a) **Ungleichbehandlung der B.** Die zunächst erforderliche Ungleichbehandlung der B ist darin zu erblicken, dass diese – im Gegensatz zu den an dem Warnstreik nicht beteiligten Arbeitnehmern – keine Treueprämie erhalten hat. 382

b) **Sachliche Rechtfertigung.** Fraglich ist, ob diese Ungleichbehandlung sachlich gerechtfertigt ist. Der Arbeitgeber kann bei der Gewährung zusätzlicher Leistungen bestimmte Arbeitnehmergruppen von der Leistung ausschließen, wenn die Gruppenbil- 383

---

70 S. zu dessen umstrittener dogmatischen Herleitung etwa MHdB-ArbR/*Fischinger*, § 14 Rn. 8–11.

71 S. BAG 19.12.2024 – 6 AZR 209/23 – juris Rn. 17; BAG 12.10.2022 – 5 AZR 135/22 – juris Rn. 25; BAG 27.4.2021 – 9 AZR 662/19 – juris Rn. 17; BAG 13.8.2008 – 7 AZR 513/07 – juris Rn. 21; BAG 21.5.2003 – 10 AZR 524/02 – juris Rn. 16; BAG 13.2.2002 – 5 AZR 713/00 – juris Rn. 13 m. w. N.

72 S. BAG 19.12.2024 – 6 AZR 209/23 – juris Rn. 17; BAG 12.10.2022 – 5 AZR 135/22 – juris Rn. 25; BAG 27.4.2021 – 9 AZR 662/19 – juris Rn. 17; BAG 13.8.2008 – 7 AZR 513/07 – juris Rn. 21; BAG 21.5.2003 – 10 AZR 524/02 – juris Rn. 16; BAG 13.2.2002 – 5 AZR 713/00 – juris Rn. 13 m. w. N.

73 BAG 27.4.2021 – 9 AZR 662/19 – juris Rn. 17; BAG 21.10.2009 – 10 AZR 786/08 – juris Rn. 50; m. w. N. BAG 13.8.2008 – 7 AZR 513/07 – juris Rn. 21.

74 S. BAG 18.10.2018 – 6 AZR 300/17 – juris Rn. 19; BAG 13.8.2008 – 7 AZR 513/07 – juris Rn. 21.

dung nicht willkürlich, sondern sachlich gerechtfertigt und rechtlich zulässig ist.[75] Zu untersuchen ist damit, ob die in der Gesamtzusage vorgenommene Unterscheidung zwischen den Arbeitnehmern, die sich am Streik beteiligt haben und solchen, die sich nicht am Streik beteiligt haben, sachlich gerechtfertigt und rechtlich zulässig ist.

384 aa) **Abgrenzung zur Streikbruchprämie.** Die Zahlung der Treueprämie könnte zulässig sein, wenn dieses Instrument als Arbeitskampfmittel des Arbeitgebers eingesetzt wird. Nach der Rspr. und der überwiegenden Ansicht in der Literatur ist die Zahlung von Prämien an arbeitswillige Arbeitnehmer vor und während eines Streiks als zulässiges Arbeitskampfmittel anzusehen, wenn der Arbeitgeber damit das Ziel verfolgt, die Arbeitnehmer zum Streikbruch zu bewegen, um so die Folgen des Arbeitskampfes abzumildern, sog. **echte Streikbruchprämien.**[76]

385 Hier hat der G die sog. Treueprämie jedoch erst nach der Beendigung der Arbeitskampfmaßnahmen zugesagt. Folglich handelt es sich nicht um eine echte Streikbruchprämie im vorgenannten Sinne.

386 bb) **Maßregelungsverbot, § 612a BGB.** Die Ungleichbehandlung der B könnte im Hinblick darauf sachlich gerechtfertigt sein, dass diese an dem halbstündigen Warnstreik teilgenommen und deshalb keine Arbeitsleistung erbracht hat. Dann müsste der G allerdings rechtlich zulässig bei der Gewährung der Treueprämie zwischen streikenden und nicht streikenden Arbeitnehmern differenzieren dürfen. Einer solchen Unterscheidung könnte jedoch das Maßregelungsverbot des § 612a BGB entgegenstehen. Danach darf der Arbeitgeber einen Arbeitnehmer bei einer Vereinbarung oder einer Maßnahme nicht benachteiligen, weil der Arbeitnehmer in zulässiger Weise seine Rechte ausübt. So liegt es hier. Die B wurde allein wegen ihrer Teilnahme an einem rechtmäßigen Warnstreik von der Gewährung der Treueprämie ausgeschlossen. Insoweit hat die B in zulässiger Weise ihre Rechte als Arbeitnehmerin ausgeübt. Ein sonstiger Grund für die von G vorgenommene Differenzierung, der als sachlicher Grund in Betracht kommen könnte, ist nicht ersichtlich. Aus dem Sachverhalt ergeben sich auch keine Anhaltspunkte dafür, dass die Prämie gezahlt wurde, weil die während des Streiks arbeitenden Arbeitnehmer Belastungen ausgesetzt waren, die erheblich über das normale Maß hinausgingen, das mit jeder Streikarbeit verbunden ist.[77] Deshalb verstößt der Ausschluss der Streikteilnehmer und damit auch der B von der Gewährung der sog. Treueprämie gegen das Maßregelungsverbot des § 612a BGB.[78]

III. Ergebnis

387 Auf der Rechtsfolgenseite hat die sachlich nicht gerechtfertigte Ungleichbehandlung zur Konsequenz, dass den benachteiligten Arbeitnehmern ein Anspruch auf die Treueprämie zusteht. Folglich kann die B trotz Teilnahme an dem Warnstreik auch die Zahlung der Treueprämie i. H. v. EUR 160,00 aus § 611a Abs. 2 BGB i. V. m. dem Arbeitsvertrag und dem arbeitsrechtlichen Gleichbehandlungsgrundsatz verlangen.

---

75 S. BAG 29.4.2025 – 9 AZR 37/24 – juris Rn. 44; BAG 18.9.2007 – 9 AZR 788/06 – juris Rn. 10; BAG 11.8.1992 – 1 AZR 103/92 – juris Rn. 40.

76 S. BAG 14.8.2018 – 1 AZR 287/17 – juris Rn. 29 ff.; NK-GA/*Boecken*, BGB § 612a Rn. 11; *Preis/Greiner*, Kollektivarbeitsrecht, § 121 Rz 1363 f.; *Hromadka/Maschmann*, Arbeitsrecht, Bd. 2, § 14 Rn. 93; MHdB-ArbR/*Ricken*, § 275 Rn. 13; a. A. Däubler/*Rödl*, Arbeitskampfrecht, § 21 Rn. 195–200.

77 S. zur Zulässigkeit von nachträglichen Zahlungen an Streikbrecher unter diesem Gesichtspunkt, BAG 28.7.1992 – 1 AZR 87/92 – NZA 1993, 267 ff. (269).

78 S. hierzu auch NK-GA/*Boecken*, § 612a BGB Rn. 11; ErfK/*Preis/Greiner*, § 612a BGB Rn. 16a.

Zur Wiederholung und Vertiefung:

Zum Warnstreik: BAG 21.6.1988 – 1 AZR 651/86 – juris.
Zum Unterstützungsstreik: BAG 19.6.2007 – 1 AZR 396/06 – juris; kritisch dazu etwa *Rieble*, „Das neue Arbeitskampfrecht des BAG", BB 2008, 1506 ff.
Exkurs:
Zum sog. Flashmob: BVerfG 26.3.2014 – 1 BvR 3185/09 – juris; BAG 22.9.2009 – 1 AZR 972/08 – juris – Fallbearbeitung bei *Jacobs/Krois*, Rn. 684 ff. insb. Rn. 706 ff.

Unterabschnitt III:
Sozialrecht

Fall 10[1]

Sachverhalt Fall 10

Die H-GmbH ist ein Unternehmen, das Wurstwaren produziert und vertreibt. Für die Beförderung von Waren und Personal zu ihren Produktionsstandorten setzt die H-GmbH Piloten als sog. „Freelancer“ ein, die einzelne Flugaufträge übernehmen. Im Rahmen der Durchführung der Aufträge sind die Piloten verpflichtet, das im Eigentum der H-GmbH stehende Flugzeug zu verwenden, das ihnen hierfür jeweils vollgetankt und unentgeltlich zur Verfügung gestellt wird. Seit dem 1.1.2023 gehörte zu diesen Piloten auch der X.

Nach dem zwischen der H-GmbH und dem X abgeschlossenen „Rahmen-Dienstvertrag über freie Mitarbeit eines Flugzeugführers (Freelancer)“ wurden Zeitpunkt, Dauer, Art und Umfang eines jeden Einsatzes im Einzelfall zwischen den Parteien vereinbart. Sie waren sich darüber einig, dass die H-GmbH keine Beschäftigungspflicht traf und der X berechtigt war, einzelne Angebote auf Durchführung eines Fluges abzulehnen. Der X gab der H-GmbH bis spätestens zum 10. eines jeden Monats bekannt, an welchen Tagen und zu welchen Zeiten er im Folgemonat Aufträge der H-GmbH annehmen könnte. Daraufhin teilte die H-GmbH dem X die durchzuführenden Aufträge in der Regel sieben Kalendertage vorher mit. Durch die Überlassung des entsprechenden Dienstplans und die Bestimmung der Details des Einzelauftrags durch die H-GmbH wurden die jeweiligen Einzelaufträge und deren Inhalt zwischen den Parteien verbindlich festgelegt.

Der X war verpflichtet, die Aufträge persönlich durchzuführen und selbstständig dafür zu sorgen, dass er entsprechend der Angabe seiner Verfügbarkeit die vorgeschriebenen Flug- und Ruhezeiten einhält und jederzeit die gesetzlichen und behördlichen Voraussetzungen für die Tätigkeit als Flugzeugführer erfüllt. Hierzu gehörte auch die Aufrechterhaltung von Fluglizenzen und sonstigen flugverkehrsrechtlichen Berechtigungen auf eigene Kosten.

Vergütet wurde X nach dem jeweiligen Einsatz mit EUR 1.000,00 pro Flugtag, wobei die Vergütung gemäß den vertraglichen Vereinbarungen erst nach Rechnungsstellung fällig wurde. Etwaige Ansprüche auf Lohnfortzahlung im Krankheitsfall, auf Urlaub und auf etwaige Zuschläge für Sonn- und Feiertags- oder Nachtarbeit wurden ausgeschlossen. Steuern und Sozialversicherungsbeiträge hatte X allein zu tragen.

Zu den Aufgaben des X gehörten neben der Durchführung von Flügen als verantwortlicher Flugzeugführer auch deren Vor- und Nachbereitung einschließlich der Dokumentation besonderer Vorkommnisse. Im Durchschnitt wurde der X von der H-GmbH an 3 bis 4 Tagen im Monat eingesetzt. Daneben übernahm er auch regelmäßig Flüge für andere Unternehmen, was ihm von der X-GmbH ausdrücklich gestattet wurde.

Am 25.8.2024 beantragte der X bei der Deutschen Rentenversicherung Bund (nachfolgend: DRV Bund) per einfacher E-Mail die Feststellung, dass während der einzelnen Flugeinsätze eine Beschäftigung bei der H-GmbH vorgelegen habe und fügte dem Antrag im Anhang den mit der H-GmbH vereinbarten Rahmen-Dienstvertrag bei. Mit gleichlautenden Schreiben vom 26.9.2024 teilte die DRV Bund dem X und der H-GmbH mit, dass für die Entscheidung weitere Angaben und Unterlagen, insb. Rechnungen über die durchgeführten Flüge, erforderlich seien. Hierfür setzte die DRV Bund eine Frist von 14 Tagen, die sowohl X als auch die H-GmbH einhielten.

1 Angelehnt an BSG 23.4.2024 – B 12 BA 9/2 R – juris.

Daraufhin teilte die DRV Bund dem X und der H-GmbH am 21.12.2024 mit, dass sie beabsichtige, das Vorliegen einer Beschäftigung des X bei der H-GmbH festzustellen. Zur Begründung verwies die DRV Bund im Wesentlichen auf die durch die H-GmbH vorgegebenen Flug- und Dienstzeiten und darauf, dass dem X das Flugzeug durch die H-GmbH kostenlos zur Verfügung gestellt wurde.
Im Rahmen der von der DRV Bund eingeräumten Gelegenheit zur Stellungnahme vertrat die H-GmbH die Auffassung, dass es sich bei den jeweiligen Flugeinsätzen um eine selbstständige Tätigkeit gehandelt habe. Dies ergebe sich bereits aus der Bezeichnung des X als „freier Mitarbeiter“ und seiner überdurchschnittlich hohen Vergütung. Zudem habe keine Verpflichtung des X bestanden, einen angebotenen Flugauftrag anzunehmen. Auch während der einzelnen Einsätze sei er nicht an Weisungen der H-GmbH gebunden gewesen. Die Durchführung der Flüge habe vielmehr ein erhebliches Maß an Eigenverantwortung erfordert. Aufgrund der im Voraus nicht feststehenden Zahl monatlicher Flüge habe für X schließlich ein beachtliches unternehmerisches Risiko bestanden.
Am 15.2.2025 stellte die DRV Bund durch Entscheidung bezogen auf die nach Zahl und Datum aufgelisteten konkreten Flugeinsätze des X das Vorliegen einer Beschäftigung fest. Diese Entscheidung wurde sowohl dem X wie auch der H-GmbH schriftlich durch gesonderte gleichlautende Bescheide unter dem Datum des 27.2.2025 mitgeteilt.

Prüfen Sie die Rechtmäßigkeit des Bescheids.

Prüfungsaufbau Fall 10

I. Ausgangspunkt
II. Ermächtigungsgrundlage
III. Formelle Rechtmäßigkeit
- 1. Zuständigkeit
- 2. Verfahren
  - a) Ordnungsgemäße Einleitung des Verfahrens
    - aa) Antragsstellung
    - bb) Kein Ausschluss
  - b) Ordnungsgemäße Durchführung des Verfahrens
- 3. Entscheidung der DRV Bund
  - a) Erlass eines Verwaltungsakts
  - b) Bestimmtheit des Verwaltungsakts
  - c) Form des Verwaltungsakts
  - d) Wirksamkeit des Verwaltungsakts
- 4. Zwischenergebnis

IV. Materielle Rechtmäßigkeit
- 1. Ausgangspunkt
- 2. Prüfung des Erwerbsstatus des X
  - a) Skizzierung der Grundsätze der Rspr. des BSG zur Abgrenzung zwischen Beschäftigung und selbstständiger Tätigkeit
    - aa) Begriff der Beschäftigung
    - bb) Begriff der selbstständigen Tätigkeit
    - cc) Vorgaben für die Statusbeurteilung
      - (1) Notwendigkeit einer einzelfallbezogenen Abwägungsentscheidung
      - (2) Grundlagen der Statusbeurteilung: Vereinbarungen der Beteiligten und „gelebte Praxis"
        - (a) Ausgangspunkt: Festlegung des Inhalts der vertraglichen Vereinbarungen
        - (b) Zum Vorrang der „gelebten Praxis"
  - b) Einordnung der Tätigkeit des X
    - aa) Ausgangspunkt
    - bb) Gewichtige Gründe für das Vorliegen einer Beschäftigung
    - cc) Fehlen von Anhaltspunkten für eine selbstständige Tätigkeit
    - dd) Keine ausschlaggebende Bedeutung des entgegenstehenden Parteiwillens
- 3. Zwischenergebnis

V. Ergebnis

Lösung Fall 10

I. Ausgangspunkt

Bei dem sog. **Statusfeststellungsbescheid**[2] der DRV Bund handelt es sich um einen Verwaltungsakt im Sinne des § 31 Satz 1 SGB X.[3] Er ist rechtmäßig, wenn er auf einer 388

2 S. zu diesem Begriff etwa BSG 20.7.2023 – B 12 R 15/21 R – juris Rn. 9.

3 S. NK-GA/*Boecken*, § 7a SGB IV Rn. 27, s. noch Rn. 406 ff.

(seinerseits rechtmäßigen) Ermächtigungsgrundlage beruht und er formell sowie materiell rechtmäßig ist.

II. Ermächtigungsgrundlage

389 Zunächst müsste eine Ermächtigungsgrundlage für die Feststellung des Vorliegens einer Beschäftigung durch die DRV Bund bestehen. Diese bildet § 7a Abs. 1 Satz 1 Hs. 1, Abs. 2 Satz 1 SGB IV.[4] Danach entscheidet auf Antrag die DRV Bund aufgrund einer Gesamtwürdigung aller Umstände des Einzelfalls, ob eine Beschäftigung oder eine selbstständige Tätigkeit vorliegt.

III. Formelle Rechtmäßigkeit

390 Der Statusfeststellungsbescheid müsste formell rechtmäßig sein. Das ist der Fall, wenn der Verwaltungsakt durch die zuständige Behörde erlassen wurde und die Verfahrens- und Formvorschriften eingehalten worden sind.

1. Zuständigkeit

391 Nach § 7a Abs. 2 Satz 1 SGB IV ist die DRV Bund – unabhängig von ihrer Funktion als (ein) Träger der gesetzlichen Rentenversicherung[5] – zuständig für die Durchführung des Statusfeststellungsverfahrens. Die vertretungsberechtigten Organe der DRV Bund haben gem. § 31 Abs. 3 SGB IV die Eigenschaft einer Behörde im Sinne des § 1 Abs. 2 SGB X.[6] Nach den im Sachverhalt enthaltenen Angaben ist der Bescheid von der DRV Bund und mithin der zuständigen Behörde erlassen worden.

2. Verfahren

392 Weiter müssten auch die Verfahrensvorschriften eingehalten worden sein, d. h., das Feststellungsverfahren müsste ordnungsgemäß eingeleitet und durchgeführt worden sein.

393 a) **Ordnungsgemäße Einleitung des Verfahrens.** Die Voraussetzungen für die Einleitung des sog. **fakultativen Feststellungsverfahrens** sind in § 7a Abs. 1 Satz 1 SGB VI geregelt. Danach können die Beteiligten einen Antrag auf Feststellung des Erwerbsstatus stellen, es sei denn, die Einzugsstelle oder ein anderer Versicherungsträger hatte im

4 Die Vorschrift des § 7a SGB IV wurde mit Wirkung zum 1. April 2022 durch Art. 2c Nr. 2 des Gesetzes zur Umsetzung der Richtlinie (EU) 2019/882 des Europäischen Parlaments und des Rates über die Barrierefreiheitsanforderungen für Produkte und Dienstleistungen und zur Änderung anderer Gesetze vom 16. Juli 2021 neu geregelt (vgl. BGBl. 2021 I, Nr. 2970). Mangels Rückwirkungsregelung werden von der Neuregelung nur solche Statusfeststellungsbescheide der DRV Bund erfasst, die ab dem 1.4.2022 ergangen sind, s. LSG Berlin-Brandenburg 27.9.2024 – L 26 BA 14/22 – juris Rn. 47; Hess. LSG 14.12.2023 – L 8 BA 9/22 – juris Rn. 23. Für den Fall der Anfechtung eines Statusfeststellungsbescheids ist auf den Zeitpunkt des Erlasses des Widerspruchsbescheids abzustellen, s. LSG Baden-Württemberg, 22.1.2025 – L 5 BA 1266/24 – juris Rn. 26. Zu den zentralen Neuerungen des Statusfeststellungsverfahrens im Vergleich zu der bis 31.3.2022 geltenden Rechtslage s. nur NK-GA/*Boecken*, § 7a SGB IV Rn. 1.

5 S. NK-GA/*Boecken*, § 7a SGB IV Rn. 9.

6 S. NK-GA/*Boecken*, § 7a SGB IV Rn. 27.

Zeitpunkt der Antragstellung bereits ein Verfahren zur Feststellung von Versicherungspflicht aufgrund einer Beschäftigung eingeleitet.[7]

394 **aa) Antragstellung.** Das fakultative Feststellungsverfahren wird gem. § 7a Abs. 1 Satz 1 Hs. 1 SGB VI nur auf Antrag eingeleitet.[8] Zu prüfen ist damit, ob eine wirksame Antragstellung durch X vorliegt.

395 Dazu müsste X zunächst antragsberechtigt gewesen sein. Antragsberechtigt sind nach § 7a Abs. 1 Satz 1 Hs. 1 SGB VI „die Beteiligten". „Beteiligte" sind im Ausgangspunkt die Parteien des Auftragsverhältnisses, innerhalb dessen eine Beschäftigung oder selbstständige Tätigkeit ausgeübt wird bzw. werden soll.[9] Hierzu gehören der Auftraggeber und der Auftragnehmer.[10] Nach dem Sachverhalt sind zwischen der H-GmbH als Auftraggeberin und dem X als Auftragnehmer Vereinbarungen über eine Tätigkeit des X als Flugzeugführer getroffen worden. Mithin war der X als am Auftragsverhältnis beteiligter Auftragnehmer antragsberechtigt.

396 Der Antrag ist nach § 7a Abs. 1 Satz 1 Hs. 1 SGB IV bei der DRV Bund zu stellen, die damit richtiger Adressat des Antrags ist.[11] Wirksam wird der Antrag, bei dem es sich seiner Rechtsnatur nach um eine empfangsbedürftige öffentlich-rechtliche Willenserklärung handelt, mit Zugang bei der DRV Bund analog § 130 Abs. 1, Abs. 3 BGB.[12] X hat den Antrag an die DRV Bund und damit an den richtigen Adressaten gestellt. Von einem Zugang ist mangels gegenteiliger Angaben im Sachverhalt auszugehen.[13]

397 X hat die Entscheidung bei der DRV Bund mittels einfacher E-Mail beantragt. Fraglich ist, ob dies der in § 7a Abs. 1 Satz 1 Hs. 1 SGB IV vorgesehenen Form entspricht. Danach kann der Antrag schriftlich oder elektronisch gestellt werden. Die schriftliche Antragstellung setzt die Verkörperung der Antragserklärung in einer Urkunde voraus, die ei-

---

7 Bei dem fakultativen Statusfeststellungsverfahren nach § 7a Abs. 1 Satz 1 SGB IV handelt es sich um ein allein zur Disposition der antragsberechtigten Beteiligten stehendes Verfahren. Davon ist das sog. obligatorische Statusfeststellungsverfahren nach § 7a Abs. 1 Satz 2 SGB IV abzugrenzen. Danach ist die Krankenkasse als Einzugsstelle des Gesamtsozialversicherungsbeitrags (vgl. § 28h Abs. 1 Satz 1 SGB IV) zur Stellung eines Antrags nach § 7a Abs. 1 Satz 1 SGB IV verpflichtet, wenn sich aus der Meldung des Arbeitgebers (vgl. § 28a Abs. 1 Satz 1 Nr. 1 und Nr. 6 i. V. m. Abs. 3 Satz 2 Nr. 1 d) und e) SGB IV) die Beschäftigung bestimmter Personen ergibt (Ehegatte, Lebenspartner, Abkömmling des Arbeitgebers oder geschäftsführender Gesellschafter einer GmbH). Nach der Rspr. des BSG kommt diesem Antrag keine konstitutive Bedeutung zu, d. h., dass die DRV Bund das obligatorische Statusfeststellungsverfahren auch bei fehlendem Antrag der Einzugsstelle einzuleiten und durchzuführen hat, wenn sie auf entsprechende Beschäftigungssachverhalte im Sinne des § 7a Abs. 1 Satz 2 SGB IV trifft (vgl. BSG 16.7.2019 – B 12 KR 6/18 R – juris Rn. 14). S. zum obligatorischen Statusfeststellungsverfahren ausf. NK-GA/*Boecken*, § 7a SGB IV Rn. 16 ff.; BeckOGK SozR/*Zieglmeier*, § 7a SGB IV Rn. 45 ff. (Stand: 15.8.2025).

8 S. Knickrehm/*Berchtold*, SozR, § 7a SGB IV Rn. 4; Kreikebohm/Dünn/*Zipperer*, SGB IV, § 7a Rn. 6. Als Anreiz zur frühzeitigen Antragstellung im Sinne des § 7a Abs. 1 Satz 1 Hs. 1 SGB IV sieht § 7a Abs. 5 Satz 1 den Aufschub des Beginns der Versicherungspflicht vor, wenn der Antrag auf Feststellung des Erwerbsstatus innerhalb eines Monats nach Aufnahme der Tätigkeit gestellt wird und auch die weiteren Voraussetzungen erfüllt sind. Darüber hinaus enthält § 7a Abs. 5 Satz 3 SGB IV eine Regelung zum Hinausschieben der Fälligkeit des Gesamtsozialversicherungsbeitrags. Hierdurch sollen vor allem im Interesse des Arbeitgebers Beitragsnachforderungen für den Aufschubzeitraum vermieden werden (vgl. BSG 7.6.2018 – B 12 KR 17/17 R – juris Rn. 30). S. zum Ganzen NK-GA/*Boecken*, § 7a SGB IV Rn. 53 ff.; BeckOGK SozR/*Zieglmeier*, § 7a SGB IV Rn. 129 ff. (Stand: 15.8.2025).

9 S. NK-GA/*Boecken*, § 7a SGB IV Rn. 7.

10 S. NK-GA/*Boecken*, § 7a SGB IV Rn. 7; MAH-SozialR/*Plagemann*, § 5 Rn. 9; BeckOGK SozR/*Zieglmeier*, § 7a SGB IV Rn. 28 ff. (Stand: 15.8.2025).

11 Zu richten ist der Antrag an die sog. Clearing-Stelle der DRV Bund, Postfach, 10704 Berlin, s. NK-GA/*Boecken*, § 7a SGB IV Rn. 9.

12 S. NK-GA/*Boecken*, § 7a SGB IV Rn. 9.

13 Zum Zugang einer Willenserklärung im Fall der Zusendung durch E-Mail s. *Dietlein/Klomfaß*, NJW 2025, 1539 ff. (1539).

genhändig unterzeichnet sein muss.[14] Die neben der Möglichkeit des schriftlichen Antrags bestehende Alternative einer elektronischen Antragstellung soll die Abwicklung des Verwaltungsverfahrens erleichtern.[15] Es geht nicht um die Ersetzung der Schriftform durch die elektronische Form im Sinne des § 36a Abs. 2 SGB I, sodass die in dieser Norm aufgestellten Formanforderungen bei der Stellung eines elektronischen Antrags im Sinne des § 7a Abs. 1 Satz 1 Hs. 1 SGB IV nicht gewahrt sein müssen.[16] Ausreichend ist damit auch – wie vorliegend – eine einfache E-Mail.[17]

398 Schließlich enthält § 7a SGB IV keine zeitliche Vorgabe für die Stellung des Antrags.[18] Nach Maßgabe des § 7a Abs. 4a SGB IV kann die DRV Bund auf Antrag der Beteiligten bereits vor Aufnahme der Tätigkeit eine sog. Prognoseentscheidung treffen.[19] Über die Möglichkeiten der Feststellung des Erwerbsstatus vor und ab dem Zeitpunkt der Aufnahme der Tätigkeit hinaus kann eine Entscheidung über den Erwerbsstatus noch nach der Beendigung der Tätigkeit beantragt werden.[20]

399 Damit liegt ein ordnungsgemäßer Antrag des X vor.

400 **bb) Kein Ausschluss.** Nach § 7a Abs. 1 Satz 1 Hs. 2 SGB IV kann ein fakultatives Feststellungsverfahren nicht beantragt werden, wenn die Einzugsstelle oder ein anderer Versicherungsträger im Zeitpunkt der Antragstellung bereits ein Verfahren zur Feststellung von Versicherungspflicht aufgrund einer Beschäftigung eingeleitet hatte.[21] Der Zweck des Ausschlusses besteht darin, divergierende Entscheidungen unterschiedlicher Versicherungsträger zu vermeiden, soweit es um die Einordnung einer Tätigkeit als Beschäftigung geht.[22]

401 Konkurrierende Verfahren im Sinne des § 7a Abs. 1 Satz 1 Hs. 2 SGB IV sind das sog. **Einzugsstellenverfahren** nach § 28h Abs. 2 SGB IV und das sog. **Betriebsprüfungsverfahren** nach § 28p Abs. 1 Satz 5 SGB IV.[23] Zwischen diesen Verfahren und dem fakultativen Feststellungsverfahren nach § 7a Abs. 1 Satz 1 Hs. 1 SGB IV besteht ein **wechselseitiger Ausschluss nach dem Kriterium der zeitlichen Vorrangigkeit.**[24] Entscheidend ist, welches Verfahren zeitlich früher eingeleitet worden ist.[25] Das fakultative Feststellungsverfahren im Sinne des § 7a Abs. 1 Satz 1 Hs. 1 SGB IV ist mit dem Zugang des Antrags bei der DRV Bund nach Maßgabe des § 130 Abs. 1, Abs. 3 BGB analog eingeleitet und entfaltet ab diesem Zeitpunkt **Sperrwirkung.**[26] Umgekehrt ist ein Feststellungsverfahren nach § 7a Abs. 1 Satz 1 Hs. 1 SGB IV gesperrt, wenn im Zeitpunkt der Antragstellung bereits ein Einzugsstellenverfahren oder ein Betriebsprüfungsverfahren eingeleitet ist.[27] Dies ist der Fall, wenn die Einzugsstelle oder der andere Versicherungs-

14 S. NK-GA/*Boecken*, § 7a SGB IV Rn. 10.
15 Vgl. BT-Drs. 18/10183, S. 130.
16 S. NK-GA/*Boecken*, § 7a SGB IV Rn. 10.
17 S. NK-GA/*Boecken*, § 7a SGB IV Rn. 10; BeckOGK SozR/*Zieglmeier*, § 7a SGB IV Rn. 33 (Stand: 15.8.2025).
18 S. NK-GA/*Boecken*, § 7a SGB IV Rn. 11.
19 S. dazu ausf. NK-GA/*Boecken*, § 7a SGB IV Rn. 31 ff.; *Diepenbrock/Plambeck*, NZS 2021, 865 ff. (867 f.); Krauskopf/*Stäbler*, § 7a SGB IV Rn. 25 ff.
20 S. dazu näher NK-GA/*Boecken*, § 7a SGB IV Rn. 11; ebenso schon die Rspr. des BSG zu der bis zum 31.3.2022 geltenden Fassung des § 7a SGB IV, s. BSG 4.6.2009 – B 12 KR 31/07 R – juris Rn. 28 ff.
21 S. zu Umfang und Grenzen der Sperrwirkung näher NK-GA/*Boecken*, § 7a SGB IV Rn. 15.
22 S. NK-GA/*Boecken*, § 7a SGB IV Rn. 13; BeckOK SozR/*Rittweger*, § 7a SGB IV Rn. 6e.
23 S. NK-GA/*Boecken*, § 7a SGB IV Rn. 14; BeckOGK SozR/*Zieglmeier*, § 7a SGB IV Rn. 42 (Stand: 15.8.2025).
24 Vgl. BSG 4.9.2018 – B 12 KR 11/17 R – juris Rn. 12.
25 Vgl. BSG 4.9.2018 – B 12 KR 11/17 R – juris Rn. 13.
26 S. NK-GA/*Boecken*, § 7a SGB IV Rn. 14.
27 S. NK-GA/*Boecken*, § 7a SGB IV Rn. 14.

träger nach außen erkennbar Ermittlungen zur Feststellung von Versicherungspflicht aufgrund einer Beschäftigung[28] in Gang gesetzt hat.[29]

Mangels gegenteiliger Angaben im Sachverhalt ist davon auszugehen, dass bis zum Zugang des Antrags des X bei der DRV Bund auf Feststellung seines Erwerbsstatus weder ein Einzugsstellen- noch ein Betriebsprüfungsverfahren eingeleitet worden ist. Das fakultative Feststellungsverfahren war mithin nicht nach § 7 Abs. 1 Satz 1 Hs. 2 SGB IV ausgeschlossen. 402

b) Ordnungsgemäße Durchführung des Verfahrens. Das Statusfeststellungsverfahren müsste durch die DRV Bund auch ordnungsgemäß durchgeführt worden sein. Besondere Regelungen zur Durchführung des Verwaltungsverfahrens finden sich in § 7a Abs. 3, Abs. 4 SGB IV. 403

§ 7a Abs. 3 SGB IV konkretisiert den Inhalt der allgemeinen Mitwirkungspflichten nach § 21 Abs. 2 SGB X.[30] Gem. § 7a Abs. 3 Satz 1 SGB IV teilt die DRV Bund den Beteiligten schriftlich oder elektronisch mit, welche Angaben und Unterlagen sie für ihre Entscheidung benötigt. Nach § 7a Abs. 3 Satz 2 SGB IV setzt die DRV Bund den Beteiligten eine angemessene Frist, innerhalb derer diese die Angaben zu machen und die Unterlagen vorzulegen haben. Gemäß den Angaben im Sachverhalt teilte die DRV Bund dem X und der H-GmbH mit, dass sie für ihre Entscheidung insb. Rechnungen über die durchgeführten Flüge benötigte und setzte beiden für deren Vorlage eine Frist von 14 Tagen. Eine Frist von 14 Tagen wird regelmäßig als angemessen im Sinne des § 7a Abs. 3 Satz 2 SGB IV angesehen.[31] 404

Nach § 7a Abs. 4 Satz 1 SGB IV teilt die DRV Bund den Beteiligten mit, welche Entscheidung sie zu treffen beabsichtigt, bezeichnet die Tatsachen, auf die sie ihre Entscheidung stützen will, und gibt den Beteiligten Gelegenheit, sich zu der beabsichtigten Entscheidung zu äußern.[32] Die Vorschrift konkretisiert damit die allgemeine Vorschrift zur Anhörung von Verfahrensbeteiligten nach § 24 Abs. 1 SGB X.[33] Die Absicht, das Vorliegen einer Beschäftigung festzustellen, teilte die DRV Bund dem X und der H-GmbH am 21.12.2024 mit. Sie begründete dies insb. mit den von der H-GmbH einseitig vorgegebenen Flug- und Dienstzeiten und damit, dass dem X das Flugzeug der H-GmbH kostenlos zur Verfügung gestellt wurde. Schließlich gab sie den Beteiligten auch Gelegenheit, sich hierzu zu äußern. Damit wurden die Anforderungen zur Gewährung rechtlichen Gehörs eingehalten. 405

---

28 Im Unterschied zu dem Statusfeststellungsverfahren nach § 7a Abs. 1 Satz 1 SGB IV, in welchem die DRV Bund eine Entscheidung allein über den Erwerbsstatus (Beschäftigung oder selbstständige Tätigkeit) trifft, wird im Einzugsstellenverfahren nach § 28h Abs. 2 Satz 1 SGB IV und im Betriebsprüfungsverfahren nach § 28p Abs. 1 Satz 5 SGB IV über das Bestehen von Versicherungspflicht in den verschiedenen Zweigen der Sozialversicherung entschieden, mithin nicht nur über das Vorliegen einer Beschäftigung, sondern weitergehend auch darüber, ob diese das Eingreifen von Versicherungspflicht zur Folge hat.

29 S. NK-GA/*Boecken*, § 7a SGB IV Rn. 14. Bei der Betriebsprüfung ist dies in der Regel die Prüfankündigung nach § 7 Abs. 1 Satz 1 der Beitragsverfahrensordnung (BVV), vgl. BSG 4.9.2018 – B 12 KR 11/17 R – juris Rn. 14.

30 S. NK-GA/*Boecken*, § 7a SGB IV Rn. 28; BeckOGK SozR/*Zieglmeier*, § 7a Rn. 89 (Stand 15.8.2025).

31 S. NK-GA/*Boecken*, § 7a SGB IV Rn. 28.

32 Zur Beschleunigung des Verfahrens sieht § 7a Abs. 4 Satz 2 SGB IV vor, dass eine Anhörung der Beteiligten nach § 7a Abs. 4 Satz 1 SGB IV unterbleibt, wenn die DRV Bund einem übereinstimmenden Antrag der Beteiligten entspricht; s. dazu NK-GA/*Boecken*, § 7a SGB IV Rn. 29; Krauskopf/*Stäbler*, § 7a SGB IV Rn. 24; *Zieglmeier*, NZA 2021, 977 ff. (980).

33 S. NK-GA/*Boecken*, § 7a SGB IV Rn. 29; BeckOK SozR/*Rittweger*, § 7a SGB IV Rn. 15; Krauskopf/*Stäbler*, § 7a SGB IV Rn. 24. S. zu den Folgen einer fehlenden Anhörung der Beteiligten Knickrehm/*Berchtold*, SozR, § 7a SGB IV Rn. 8 f.

3. Entscheidung der DRV Bund durch Verwaltungsakt

406 **a) Erlass eines Verwaltungsakts.** Nach § 7a Abs. 2 Satz 1 SGB IV entscheidet die DRV Bund aufgrund einer Gesamtwürdigung aller Umstände des Einzelfalls, ob eine Beschäftigung oder selbstständige Tätigkeit vorliegt. Bei dieser Entscheidung handelt es sich ihrer Rechtsnatur nach um einen Verwaltungsakt.[34] Deshalb ist zu prüfen, ob die DRV Bund einen Verwaltungsakt erlassen hat. Nach § 31 Satz 1 SGB X ist ein Verwaltungsakt jede Verfügung, Entscheidung oder andere hoheitliche Maßnahme, die eine Behörde zur Regelung eines Einzelfalls trifft und die auf unmittelbare Rechtwirkung nach außen gerichtet ist. Diese Voraussetzungen sind vorliegend gegeben. Mit dem Erlass des Verwaltungsakts vom 15.2.2025 hat die DRV Bund, deren vertretungsberechtigte Organe nach § 31 Abs. 3 SGB IV die Eigenschaft einer Behörde haben, mit der Feststellung des Vorliegens einer Beschäftigung des X bei der Durchführung der Flugeinsätze eine einzelfallbezogene Regelung auf dem Gebiet des öffentlichen Rechts, hier im Bereich der Sozialversicherung, getroffen, die bezogen auf X und die H-GmbH auf eine unmittelbare Rechtswirkung, Feststellung des Erwerbsstatus, gerichtet ist.

407 **b) Bestimmtheit des Verwaltungsakts.** Gemäß § 33 Abs. 1 SGB X muss der Verwaltungsakt inhaltlich hinreichend bestimmt sein. Nach der ständigen Rspr. des BSG sind in Fallkonstellationen, in denen die Beteiligten eines Auftragsverhältnisses einen sog. Rahmenvertrag abschließen, der den Auftragnehmer nicht zur Übernahme von Aufträgen verpflichtet, Gegenstand der Statusbeurteilung allein die Verhältnisse, die nach der individuell vereinbarten verpflichtenden Übernahme einzelner Dienste bzw. Einsätze während der Ausführung derselben bestehen.[35] Außerhalb der Einzeleinsätze kann mangels Verpflichtung zur Erbringung von Arbeitsleistung keine Beschäftigung im Sinne von § 7 Abs. 1 SGB IV vorliegen.[36] Zur Wahrung des in § 31 Abs. 1 SGB X niedergelegten Gebots der hinreichenden Bestimmtheit eines Verwaltungsakts ist deshalb in der vorbeschriebenen Fallkonstellation bezogen auf die nach § 7a Abs. 1 Satz 1 SGB IV ergehende Entscheidung der DRV Bund über das Vorliegen einer Beschäftigung erforderlich, dass die Feststellung der DRV Bund auf die jeweiligen Einzeleinsätze bezogen ist.[37] Das ist vorliegend der Fall, wie aus dem Sachverhalt hervorgeht. Danach hat die DRV Bund mit dem am 15.2.2025 erlassenen Verwaltungsakt das Vorliegen einer Beschäftigung bezogen allein auf die Zeiträume der jeweils durchgeführten Flugeinsätze festgestellt. Damit ist den Anforderungen an das Bestimmtheitsgebot des § 33 Abs. 1 SGB X Genüge geleistet.

408 **c) Form des Verwaltungsakts.** Gemäß § 33 Abs. 2 SGB X kann ein Verwaltungsakt schriftlich, mündlich oder in anderer Weise erlassen werden. Hier hat die DRV Bund die Bescheide vom 15.2.2025 gegenüber X und der H-GmbH schriftlich erlassen. Damit sind die Formanforderungen des § 33 Abs. 2 SGB X gewahrt.

---

34 S. NK-GA/*Boecken*, § 7a SGB IV Rn. 27. Im Hinblick darauf, dass die Entscheidung der DRV Bund über den Erwerbsstatus gegenüber mehreren Personen rechtliche Wirkung entfaltet (hier für den Auftragnehmer X, der den Antrag auf Feststellung nach § 7a Abs. 1 Satz 1 SGB IV gestellt hat, und für die H-GmbH als Auftraggeber) stellt die Entscheidung einen sog. Verwaltungsakt mit Drittwirkung dar (s. nur Krauskopf/*Stäbler*, § 7a SGB IV Rn. 30 und Rn. 46). Ein solcher Verwaltungsakt ist sämtlichen Betroffenen gesondert durch gleichlautende Bescheide bekannt zu geben (Krauskopf/*Stäbler*, § 7a SGB IV Rn. 46), was allerdings nichts daran ändert, dass es sich um einen einheitlichen Verwaltungsakt handelt (Krauskopf/*Stäbler*, § 7a SGB IV Rn. 46). Zur Bekanntgabe nach § 37 Abs. 1 SGB X s. noch folgend Rn. 409.

35 BSG 12.6.2024 – B 12 BA 2/22 R – juris Rn. 21; BSG 19.10.2021 – B 12 R 10/20 R – juris Rn. 23; vgl. auch schon BSG 11.3.2009 – B 12 R 11/07 R – juris Rn. 12 f.

36 BSG 19.10.2021 – B 12 R 10/20 R – juris Rn. 23; s. auch BSG 16.7.2025 – B 11 AL 8/23 R – Terminbericht 21/25 vom 17.7.2025.

37 Vgl. BSG 11.3.2009 – B 12 R 11/07 R – juris Rn. 12 f.

d) Wirksamkeit des Verwaltungsakts. Die diesbezüglichen Anforderungen ergeben sich aus § 39 Abs. 1 Satz 1 SGB X i. V. m. § 37 SGB X. Nach § 39 Abs. 1 Satz 1 SGB X wird ein Verwaltungsakt gegenüber demjenigen, für den er bestimmt ist oder der von ihm betroffen wird, in dem Zeitpunkt wirksam, in dem er ihm bekannt gegeben wird. Gemäß § 37 Abs. 1 Satz 1 SGB X ist ein Verwaltungsakt demjenigen Beteiligten bekannt zu geben, für den er bestimmt ist oder der von ihm betroffen ist. Aus dem Sachverhalt geht hervor, dass die gleichlautenden Bescheide vom 15.2.2025 sowohl dem X wie auch der H-GmbH am 17.2.2025 zugegangen sind. Damit erfolgte die Bekanntgabe des Verwaltungsakts an diesem Tag mit der Konsequenz, dass der Verwaltungsakt nach § 39 Abs. 1 Satz 1 SGB X in diesem Zeitpunkt gegenüber X und der H-GmbH Wirksamkeit erlangt hat. 409

4. Zwischenergebnis

Der Statusfeststellungsbescheid der DRV Bund über die Einordnung der Tätigkeit des X bei der H-GmbH als Beschäftigung im Sinne des § 7 Abs. 1 SGB IV bezogen auf die Zeiträume der jeweiligen Flugeinsätze ist formell rechtmäßig. 410

IV. Materielle Rechtmäßigkeit

1. Ausgangspunkt

Der Bescheid müsste auch materiell rechtmäßig sein. Das ist der Fall, wenn die materiellen Voraussetzungen der Ermächtigungsgrundlage erfüllt sind. Insoweit ist zu untersuchen, ob die Feststellung der DRV Bund über das Vorliegen einer Beschäftigung des X bei der H-GmbH rechtlich zutreffend ist. 411

2. Prüfung des Erwerbsstatus des X

Fraglich ist, ob X während der Durchführung der Einzelaufträge bei der H-GmbH beschäftigt war. 412

a) Skizzierung der Grundsätze der Rspr. des BSG zur Abgrenzung zwischen Beschäftigung und selbstständiger Tätigkeit

aa) Begriff der Beschäftigung. Die Frage, ob eine Beschäftigung vorliegt, ist auf der Grundlage von § 7 Abs. 1 SGB IV zu beurteilen.[38] Hiernach ist Beschäftigung die nichtselbstständige Tätigkeit, insb. in einem Arbeitsverhältnis. Ergänzt wird die Beschreibung des Beschäftigungsbegriffs durch § 7 Abs. 1 Satz 2 SGB IV, wonach Anhaltspunkte für eine Beschäftigung eine Tätigkeit nach Weisungen und eine Eingliederung in die Arbeitsorganisation des Weisungsgebers sind. Aus der Formulierung „Anhaltspunkte" wird deutlich, dass diese Beurteilungskriterien nicht abschließend sind.[39] Bei dem Begriff der 413

38 Die Grundnorm des § 7 Abs. 1 SGB IV regelt den Begriff der Beschäftigung im versicherungs- und beitragsrechtlichen Sinne, der als solcher als Teilelement von zentraler Bedeutung ist für das Eingreifen des in der Sozialversicherung wichtigsten Versicherungspflichttatbestands der Beschäftigung gegen Arbeitsentgelt (s. z. B. § 5 Abs. 1 Nr. 1 SGB V oder auch § 1 Satz 1 Nr. 1 SGB VI). Davon zu unterscheiden ist der Begriff der Beschäftigung im leistungsrechtlichen Sinne, der vor allem im Zusammenhang mit dem Anspruch auf Arbeitslosengeld für die Frage des Vorliegens von Beschäftigungslosigkeit im Sinne des § 138 Abs. 1 Nr. 1 SGB III Bedeutung erlangt (s. dazu noch Fall 11 insb. Rn. 442). Bezogen auf die vorbeschriebene Unterscheidung spricht das BSG von einer sog. „funktionsdifferenten Auslegung" des Begriffs der Beschäftigung, s. etwa BSG 30.8.2018 – B 11 AL 15/17 R – juris Rn. 22 und BSG 10.7.2012 – B 13 R 81/11 R – juris Rn. 38; s. auch NK-GA/*Boecken*, § 7 SGB IV Rn. 4 und Rn. 37 f.

39 S. BSG 23.4.2024 – B 12 BA 9/22 R – juris Rn. 23; BSG 4.6.2019 – B 12 R 11/19 R – juris Rn. 29. S. zu weiteren typischen Merkmalen für die Einordnung einer Tätigkeit als Beschäftigung NK-GA/*Boecken*, § 7 SGB IV Rn. 10.

Beschäftigung handelt es sich um einen offenen, sog. **„Typusbegriff"**", der von der Rspr. in wertender Betrachtung auszufüllen ist.[40]

414 Nach der „Standardformel" des BSG setzt das Vorliegen einer Beschäftigung[41] voraus, dass eine Person Arbeit in persönlicher Abhängigkeit leistet.[42] Bei einer Tätigkeit in einem fremden Betrieb liegt persönliche Abhängigkeit regelmäßig vor, wenn die Arbeit leistende Person in den Betrieb eingegliedert ist und dabei einem Zeit, Dauer, Ort und Art der Ausführung der Tätigkeit umfassenden Weisungsrecht unterliegt.[43]

415 In seiner jüngeren Rspr. unterscheidet das BSG zwischen zwei verschiedenen rechtlichen Grundlagen, aus denen sich eine **Weisungsgebundenheit** der Arbeit leistenden Person ergeben kann.[44] Zum einen kann die Weisungsgebundenheit auf dem in § 106 Satz 1 GewO niedergelegten Weisungsrecht des Arbeitgebers beruhen, das durch einseitige Ausübung gekennzeichnet ist.[45] Insoweit spricht das BSG von einem **„beschäftigungstypischen Weisungsrecht"**.[46] Darüber hinaus kann sich die Weisungsgebundenheit auch aus einer detaillierten und **den Freiraum für die Erbringung der geschuldeten Leistung stark einschränkenden rechtlichen Vertragsgestaltung oder tatsächlichen Vertragsdurchführung** ergeben.[47]

416 Zur Abgrenzung zwischen „beschäftigungstypischen Weisungsrechten" im Sinne des § 106 GewO und Weisungsrechten im Rahmen eines freien Werkvertrags beschreibt das BSG erstere dahingehend, dass diese grds. auf den gesamten Arbeitskrafteinsatz bezogen sind und hinsichtlich Zeit, Dauer, Ort und Art der Ausführung der Arbeit die persönliche Abhängigkeit des Beschäftigten gegenüber dem Weisungsgeber konkretisieren.[48] Demgegenüber beinhalten Weisungsrechte im Rahmen eines freien Werkvertrags sach- oder projektbezogene Weisungen, worunter etwa Anweisungen zur geschuldeten Werkleistung und zur Erstellung des Werks nach den Vorstellungen des Bestellers ebenso wie die Vereinbarung eines Termins zur Fertigstellung zu verstehen sind.[49]

417 Eine **Eingliederung in die Arbeitsorganisation des Weisungsgebers** setzt nach der Rspr. des BSG regelmäßig voraus, dass die Tätigkeit innerhalb von Organisationsabläufen erbracht wird, die der Weisungsgeber vorhält.[50] Das beinhaltet insb., dass dessen Einrichtungen bzw. Infrastruktur genutzt werden, darüber hinaus zur Verfügung gestellte Betriebsmittel genutzt werden und arbeitsteilig mit vorhandenem Personal in vorgegebenen Abläufen zusammengearbeitet wird.[51]

---

40 S. nur BSG 5.11.2024 – B 12 VA 3/23 R – juris Rn. 31.

41 Das BSG spricht von „abhängiger Beschäftigung", s. nur BSG 28.6.2022 – B 12 R 3/20 R – juris Rn. 11.

42 BSG 28.6.2022 – B 12 R 3/20 R – juris Rn. 11.

43 S. nur BSG 23.4.2024 – B 12 BA 9/22 R – juris Rn. 14; BSG 28.6.2022 – B 12 R 3/20 R – juris Rn. 11; BSG 19.10.2021 – B 12 R 17/19 R – juris Rn. 17; s. aus der Lit. etwa NK-GA/*Boecken*, § 7 SGB IV Rn. 10; GK-SGB VI/*Ruland*, § 1 Rn. 57; Hauck/Noftz/*Knospe*, SGB IV, § 7 Rn. 37; FPB/*Fuchs/Brose*, Sozialversicherungsrecht, § 12 Rn. 14 ff.; *Wannagat*, Sozialversicherungsrecht, 339 f.

44 BSG 23.4.2024 – B 12 BA 9/22 R – juris Rn. 20 ff.

45 BSG 23.4.2024 – B 12 BA 9/22 R – juris Rn. 20.

46 BSG 23.4.2024 – B 12 BA 9/22 R – juris Rn. 20.

47 BSG 23.4.2024 – B 12 BA 9/22 R – juris Rn. 22.

48 BSG 12.12.2023 – B 12 R 12/21 R – juris Rn. 17.

49 BSG 12.12.2023 – B 12 R 12/21 R – juris Rn. 17.

50 BSG 12.12.2023 – B 12 R 12/21 R – juris Rn. 18 und Rn. 22.

51 BSG 12.12.2023 – B 12 R 12/21 R – juris Rn. 22.

Im Rahmen der Eingliederung sind unter dem Gesichtspunkt vorgegebener Organisationsabläufe grds. auch Rahmenvereinbarungen,[52] regulatorische Rahmenbedingungen[53] oder „in der Natur der Sache“ liegende Umstände[54] zu berücksichtigen.[55] In der jüngeren Rspr. des BSG werden solche äußeren Rahmenbedingungen und Umstände inzwischen vermehrt als **„Indiz für die Eingliederung im Sinne funktioneller Teilhabe“** gesehen und nicht mehr nur unter dem Aspekt einer fehlenden Weisungsgebundenheit.[56] Damit kann nach der Rspr. des BSG eine persönliche Abhängigkeit auch ohne Ausübung des Weisungsrechts im Sinne des § 106 GewO allein aus der Einbindung bzw. Eingliederung in die Arbeitsorganisation des Weisungsgebers resultieren.[57] Bedeutsam ist das insb. in Fallgestaltungen, in denen für „beschäftigungstypische Weisungen“ kein Raum mehr besteht, weil sich die für die Erbringung der Dienstleistung erforderlichen Vorgaben bereits detailliert aus einer vertraglichen Vereinbarung oder aus der „Natur der Sache“ ergeben. Zur Rechtfertigung der damit letztlich verbundenen Ausdehnung des Begriffs der Eingliederung hebt das BSG hervor, dass es anders als im Privatrecht im Sozialversicherungsrecht weniger darauf ankomme, woraus Abhängigkeiten und Bindungen resultieren als vielmehr darauf, ob und inwieweit Raum für typische unternehmerische Freiheiten zur Gestaltung der Tätigkeit mit entsprechenden Chancen und Risiken verbleibt.[58] 418

Die nach § 7 Abs. 1 Satz 1 SGB IV für die Einordnung einer Tätigkeit als Beschäftigung zentralen Anhaltspunkte der Weisungsgebundenheit und der Eingliederung in die Arbeitsorganisation des Weisungsgebers stehen nach der Rspr. des BSG nicht in einem Rangverhältnis zueinander.[59] Des Weiteren kann aus § 7 Abs. 1 Satz 2 SGB IV auch nicht entnommen werden, dass Weisungsgebundenheit und Eingliederung stets kumulativ vorliegen müssen.[60] Nach der Rspr. des BSG kann sich eine persönliche Abhängigkeit auch ohne Vorliegen einer „beschäftigungstypischen Weisungsabhängigkeit“ allein aus der Eingliederung in den Betrieb ergeben.[61] 419

Eine Eingliederung geht auch nicht zwingend mit einem umfassenden Weisungsrecht einher, was insb. bei sog. Diensten höherer Art mit weitgehend fachlicher Weisungsfreiheit zum Tragen kommt.[62] Bei hoch qualifizierten oder sehr spezialisierten Tätigkeiten, deren Ausübung mit weitreichenden Entscheidungsbefugnissen verbunden ist,[63] kann nach ständiger Rspr. des BSG das Weisungsrecht bis aufs „Stärkste“ eingeschränkt und zur **„funktionsgerecht dienenden Teilhabe am Arbeitsprozess“** verfeinert sein.[64] 420

bb) Begriff der selbstständigen Tätigkeit. Trotz der Überschrift des Zweiten Titels des Ersten Abschnitts des SGB IV, die „Beschäftigung und selbstständige Tätigkeit“ lautet, 421

52 In einem Rahmenvertrag festgelegte Vorgaben für die Durchführung von Einzeleinsätzen.

53 Etwa gesetzliche und untergesetzliche Vorgaben in Gestalt von hohen Qualitätsanforderungen und strengen Qualitätskontrollen hinsichtlich der zu erbringenden Arbeitsleistung, z.B. bei Erbringung von Dienstleistungen in Krankenhäusern und Pflegeeinrichtungen.

54 Also notwendig tätigkeitsbedingte Einbindungen und Durchführungsvorgaben.

55 S. BSG 5.11.2024 – B 12 BA 3/23 R – juris Rn. 15 und Rn. 36; BSG 12.6.2024 – B 12 BA 2/22 R – juris Rn. 26 f.; BSG 23.4.2024 – B 12 BA 9/22 R – juris Rn. 25.

56 BSG 5.11.2024 – B 12 BA 3/23 R – juris Rn. 34 und Rn. 36.

57 S. BSG 23.4.2024 – B 12 BA 9/22 R – juris Rn. 23.

58 S. BSG 5.11.2024 – B 12 BA 3/23 R – juris Rn. 15; BSG 23.4.2024 – B 12 BA 9/22 R – juris Rn. 25.

59 BSG 5.11.2024 – B 12 BA 3/23 R – juris Rn. 22; BSG 23.4.2024 – B 12 BA 9/22 R – juris Rn. 23; BSG 4.6.2019 – B 12 R 11/19 R – juris Rn. 29.

60 BSG 5.11.2024 – B 12 BA 3/23 R – juris Rn. 22; BSG 23.4.2024 – B 12 BA 9/22 R – juris Rn. 23.

61 S. BSG 23.4.2024 – B 12 BA 9/22 R – juris Rn. 23.

62 BSG 5.11.2024 – B 12 BA 3/23 R – juris Rn. 22; BSG 23.4.2024 – B 12 BA 9/22 R – juris Rn. 23 f.

63 Z.B. ärztliche und pflegerische oder auch anwaltliche Tätigkeiten.

64 BSG 5.11.2024 – B 12 BA 3/23 R – juris Rn. 22; BSG 23.4.2024 – B 12 BA 9/22 R – juris Rn. 23 f.; BSG 19.10.2021 – B 12 R 17/19 R – juris Rn. 25; BSG 4.6.2019 – B 12 R 11/19 R – juris Rn. 29.

findet sich in den Regelungen der §§ 7 ff. SGB IV keine positive gesetzliche Beschreibung des Begriffs der selbstständigen Tätigkeit. Die Umschreibung des Begriffs der Beschäftigung in § 7 Abs. 1 Satz 1 SGB IV als „nichtselbstständige Arbeit" verdeutlicht immerhin, dass selbstständige Tätigkeit sozialversicherungsrechtlich das von der Beschäftigung abzugrenzende „**Gegenstück**" ist.[65] Nach der ständigen Rspr. des BSG ist eine selbstständige Tätigkeit vornehmlich durch das **eigene Unternehmerrisiko**, das **Vorhandensein einer eigenen Betriebsstätte**, die **Verfügungsmöglichkeit über die eigene Arbeitskraft** und die **im Wesentlichen frei gestaltete Tätigkeit und Arbeitszeit** gekennzeichnet.[66] Als wesentliche Elemente für das Vorliegen eines unternehmerischen Risikos sind die Übernahme eines **Verlustrisikos durch Einsatz von Kapital oder der eigenen Arbeitskraft mit der Gefahr des Verlusts** und die **Möglichkeit der Beeinflussung von Chancen und Risiken bzw. von Aufwand und Ertrag** hervorzuheben.[67]

cc) Vorgaben für die Statusbeurteilung

422 (1) **Notwendigkeit einer einzelfallbezogenen Abwägungsentscheidung.** Für die Frage, ob eine Beschäftigung oder selbstständige Tätigkeit vorliegt, ist nach der ständigen Rspr. des BSG **einzelfallbezogen** zu entscheiden, welche Umstände das Gesamtbild der Arbeitsleistung prägen und welche Merkmale überwiegen.[68] Die Ermittlung der das Gesamtbild der Arbeitsleistung prägenden Umstände und der für die Zuordnung überwiegenden Merkmale nimmt das BSG in folgender aus drei Schritten bestehenden Prüfungsreihenfolge vor: In einem ersten Schritt müssen alle im Einzelfall als Indizien in Betracht kommenden Umstände festgestellt werden einschließlich solcher Umstände, die eine Tätigkeit ihrer Eigenart nach immer nennt oder durch gesetzliche Vorschriften bedingt sind oder auf sonstige Weise „in der Natur der Sache" liegen.[69] Hieran anschließend müssen die im Einzelfall als Indizien in Betracht kommenden Umstände in ihrer Tragweite bzw. Relevanz einzelfallspezifisch zutreffend erkannt und gewichtet werden.[70] Schließlich sind in einem dritten Schritt die ermittelten Umstände mit ihrem jeweiligen Gewicht in die Gesamtschau einzustellen und nachvollziehbar, d. h. den Gesetzen der Logik entsprechend und widerspruchsfrei abzuwägen.[71] Mit der Notwendigkeit einer einzelfallbezogenen Abwägungsentscheidung ist eine abstrakte an bestimmten Berufs- und Tätigkeitsbildern orientierte Statusbeurteilung ausgeschlossen.[72]

423 Für die Einordnung einer Tätigkeit als Beschäftigung oder selbstständige Tätigkeit sind grds. keine berufsbezogenen Kriterien, sondern dem allgemeinen Typus von Beschäftigung einerseits und Selbstständigkeit andererseits zuzuordnende Kriterien heranzuziehen.[73] Damit sind abstrakte, einzelfallüberschreitende Aussagen eines bestimmten Berufs oder Tätigkeitsbildes nicht möglich.[74] Maßgeblich sind stets die **konkreten Umstände des individuellen Sachverhalts**.[75] Deshalb ist es nicht ausgeschlossen, dass

65 Vgl. *Mecke*, SR 2023, 81 ff. (82).
66 So die Standardfomulierung des BSG, s. nur BSG 28.6.2022 – B 12 R 3/20 R – juris Rn. 11.
67 Vgl. etwa BSG 23.4.2024 – B 12 BA 9/22 R – juris Rn. 33; BSG 7.6.2019 – B 12 KR 8/18 R – juris Rn. 27; LSG BW 18.12.2023 – L 4 BA 2237/21 – juris Rn. 64 f.
68 BSG 12.6.2024 – B 12 BA 2/22 R – juris Rn. 14; BSG 28.6.2022 – B 12 R 3/20 R – juris Rn. 11.
69 BSG 23.4.2024 – B 12 BA 9/22 R – juris Rn. 14; BSG 28.6.2022 – B 12 R 3/20 R – juris Rn. 11; BSG 19.10.2021 – B 12 R 17/19 R – juris Rn. 17; BSG 4.6.2019 – B 12 R 11/18 R – juris Rn. 14.
70 BSG 23.4.2024 – B 12 BA 9/22 R – juris Rn. 14; BSG 28.6.2022 – B 12 R 3/20 R – juris Rn. 11; BSG 19.10.2021 – B 12 R 17/19 R – juris Rn. 17; BSG 4.6.2019 – B 12 R 11/18 R – juris Rn. 14.
71 BSG 23.4.2024 – B 12 BA 9/22 R – juris Rn. 14; BSG 28.6.2022 – B 12 R 3/20 R – juris Rn. 11; BSG 19.10.2021 – B 12 R 17/19 R – juris Rn. 17; BSG 4.6.2019 – B 12 R 11/18 R – juris Rn. 14.
72 BSG 12.6.2024 – B 12 BA 2/22 R – juris Rn. 16; BSG 23.4.2024 – B 12 BA 9/22 R – juris Rn. 14.
73 BSG 20.7.2020 – B 12 R 4/20 B – juris Rn. 9.
74 BSG 23.4.2024 – B 12 BA 9/22 R – juris Rn. 14.
75 BSG 27.4.2021 – B 12 R 16/19 R – juris Rn. 15.

ein und dieselbe Tätigkeit als Beschäftigung oder als selbstständige Tätigkeit ausgeübt werden kann.[76]

(2) Grundlagen der Statusbeurteilung: Vereinbarungen der Beteiligten und „gelebte Praxis"

(a) Ausgangspunkt: Feststellung des Inhalts der vertraglichen Vereinbarungen. Für die Statusbeurteilung ist regelmäßig von dem **Inhalt der zwischen den Beteiligten getroffenen Vereinbarungen** auszugehen.[77] Diesen Inhalt haben Verwaltung und Gerichte wie folgt konkret festzustellen:[78] Liegen schriftliche Vereinbarungen vor, so ist zunächst deren Vereinbarkeit mit zwingendem Recht zu prüfen. Weiterhin bedarf es der Prüfung, ob mündliche oder konkludente Änderungen erfolgt sind, die ebenfalls rechtlich zulässig sein müssen. Schließlich ist auch die Ernsthaftigkeit der dokumentierten Vereinbarungen zu prüfen. Erst auf der Grundlage der so getroffenen Feststellungen über den Inhalt der Vereinbarungen ist eine wertende Zuordnung zum Typus der Beschäftigung oder selbstständigen Tätigkeit vorzunehmen. 424

(b) Zum Vorrang der „gelebten Praxis" bei Divergenzen zwischen Vertragsdurchführung und Vereinbarung. Die wertende Einordnung einer Tätigkeit als Beschäftigung oder selbstständige Tätigkeit kann von den Vertragsparteien nicht mit bindender Wirkung vorgegeben werden, etwa durch Regelungen, wonach eine selbstständige Tätigkeit gewollt ist.[79] **Die zwingenden Normen des Sozialversicherungsrechts stehen nicht zur Disposition der Vertragsparteien**, diese haben keine freie Wahl des Erwerbsstatus und damit auch nicht des Versicherungsstatus.[80] Weichen die tatsächliche Ausgestaltung und die Durchführung des Vertragsverhältnisses von den Vereinbarungen der Parteien ab, so ist die „gelebte Praxis" maßgeblich, diese geht der formellen Vereinbarung grds. vor.[81] Anderes kann nur dann in Betracht kommen, wenn nach der Gesamtabwägung aller Umstände diese gleichermaßen für Selbstständigkeit und Beschäftigung sprechen. In diesem Fall kann dem Willen der Vertragsparteien eine gewichtige indizielle Bedeutung zukommen.[82] 425

b) Einordnung der Tätigkeit des X

aa) Ausgangspunkt. Unter Zugrundelegung der in der Rspr. des BSG entwickelten Grundsätze zur Abgrenzung zwischen Beschäftigung und selbstständiger Tätigkeit[83] ist bezogen auf die von X durchgeführten jeweiligen Flugeinsätze eine Abwägungsentscheidung zur Feststellung des Erwerbsstatus vorzunehmen. Insoweit sprechen auf der Grundlage des Sachverhalts gewichtige Gründe für das Vorliegen einer Beschäftigung.[84] Demgegenüber fehlen Anhaltspunkte, die die Einordnung der Arbeitsleistung des X als selbstständige Tätigkeit rechtfertigen könnten.[85] Hiervon ausgehend kann auch dem einer Beschäftigung entgegenstehenden Willen der Vertragsparteien keine ausschlaggebende Bedeutung zukommen.[86] 426

---

76 BSG 23.4.2024 – B 12 BA 9/22 R – juris Rn. 14; s. auch *Mecke*, SR 2023, 81 ff. (82).
77 BSG 28.6.2022 – B 12 R 3/20 R – juris Rn. 12.
78 BSG 28.6.2022 – B 12 R 3/20 R – juris Rn. 12.
79 BSG 12.6.2024 – B 12 BA 2/22 R – juris Rn. 15; BSG 28.6.2022 – B 12 R 3/20 R – juris Rn. 12.
80 BSG 12.6.2024 – B 12 BA 2/22 R – juris Rn. 15.
81 BSG 28.6.2022 – B 12 R 3/20 R – juris Rn. 12; BSG 7.6.2019 – B 12 R 6/18 R – juris Rn. 23.
82 BSG 12.6.2024 – B 12 BA 2/22 R – juris Rn. 15; BSG 28.6.2022 – B 12 R 3/20 R – juris Rn. 12.
83 S. oben Rn. 413 ff.
84 S. Rn. 427 ff.
85 Dazu Rn. 431 ff.
86 S. Rn. 436 f.

427 **bb) Gewichtige Gründe für das Vorliegen einer Beschäftigung.** Aus den Angaben des Sachverhalts ergibt sich, dass der X bei seinen Flugeinsätzen für die H-GmbH in von dieser vorgegebene Organisationsabläufe eingebunden und damit fremdbestimmt in deren Arbeitsorganisation eingegliedert war. Insoweit ist vor allem von Bedeutung, dass die H-GmbH nach Mitteilung des X, an welchen Tagen und zu welchen Zeiten er im Monat Aufträge über Flugeinsätze wahrnehmen wollte, diesem daran anknüpfend einen entsprechenden Dienstplan übersandte und die konkreten Details der Durchführung des Auftrags bezogen auf die jeweiligen Einsätze festlegte. Ausgehend von ihrem Bedarf bestimmte die H-GmbH, an welchem der von X angegebenen Tage dieser zu welchen Uhrzeiten welche Flüge durchzuführen hatte, darüber hinaus legte die H-GmbH den Abflugort, das Ziel des Fluges sowie im Einzelnen die jeweils zu transportierenden Güter und Personen fest. Die damit seitens der H-GmbH im Zuge der Vereinbarung eines jeden Flugeinsatzes mit X umfassend festgelegten Organisationsabläufe sind ein gewichtiges Indiz für eine **Eingliederung in die Arbeitsorganisation der H-GmbH** und damit eine fremdbestimmte Tätigkeit.[87] Dem steht nicht entgegen, dass im Hinblick auf die in den Vereinbarungen über die jeweiligen Flugeinsätze detailliert getroffenen Vorgaben bezogen auf die Durchführung der Einsätze für die Ausübung beschäftigungstypischer Weisungen im Sinne des § 106 GewO und damit einseitiger Weisungen durch die H-GmbH als Auftraggeber grds. kein Raum mehr verblieb. Nach der neueren Rspr. des BSG kann eine beschäftigungsbegründende Eingliederung in eine fremdbestimmte Arbeitsorganisation auch dann vorliegen, wenn das Weisungsrecht nach § 106 GewO wegen detaillierter Vertragsvorgaben für die Durchführung des Auftrags tatsächlich nicht zum Tragen kommt.[88] Weiterhin steht der Annahme einer Eingliederung des X in die Arbeitsorganisation der H-GmbH nicht die für die Durchführung der jeweiligen Flugeinsätze erforderliche fachliche Eigenverantwortlichkeit des X entgegen, insb. auch hinsichtlich der Beachtung der gesetzlichen und behördlichen Vorgaben des Luftverkehrs.[89] Nach der Rspr. des BSG ist eine Eingliederung nicht zwingend mit einem umfassenden Weisungsrecht verbunden, was insb. bei sog. Diensten höherer Art mit weitgehend fachlich-inhaltlicher Weisungsfreiheit zum Tragen kommt.[90]

428 Des Weiteren gelangte die Eingliederung des X in die durch die H-GmbH vorgegebenen Organisationsabläufe auch darin zum Ausdruck, dass er verpflichtet war, die **Aufträge persönlich durchzuführen.** Die Aufträge umfassten dabei nicht nur die eigentlichen Flüge, sondern auch die vertraglich bestimmten Vor- und Nacharbeiten. Anders als bei typischen selbstständigen Tätigkeiten, bei denen regelmäßig lediglich die Erledigung eines vorgegebenen Ziels, etwa die Beförderung von Personen oder Gütern, geschuldet ist und der Auftragnehmer sowohl die Vorgehensweise als auch den Umfang seines eigenen Arbeitskrafteinsatzes grds. frei gestalten kann, stand dem X ein solcher Gestaltungsspielraum nicht zu. Aufgrund der persönlichen Leistungspflicht war insb. eine Delegation an Dritte ausgeschlossen und mithin der gesamte Einsatz seiner Arbeitskraft im Rahmen der einzelnen Aufträge verbindlich vorgegeben.[91]

429 Darüber hinaus folgt die Eingliederung des X auch aus dem ebenfalls gewichtigen Umstand, dass dieser **ausschließlich die Betriebsmittel der H-GmbH nutzte.**[92] Das für

87 S. auch BSG 23.4.2024 – B 12 BA 9/22 R – juris Rn. 26.

88 S. nur BSG 5.11.2024 – B 12 BA 3/23 R – juris Rn. 34 und Rn. 36; BSG 23.4.2024 – B 12 BA 9/22 R – juris Rn. 20 f.

89 S. auch BSG 23.4.2024 – B 12 BA 9/22 R – juris Rn. 24.

90 S. nur BSG 5.11.2024 – B 12 BA 3/23 R – juris Rn. 22; BSG 23.4.2024 – B 12 BA 9/22 R – juris Rn. 23: Insoweit spricht das BSG von einer Verfeinerung der Weisungsgebundenheit zur „funktionsgerechten, dienenden Teilhabe am Arbeitsprozess“, s. BSG, a. a. O.

91 Vgl. BSG 23.4.2024 – B 12 BA 9/22 R – juris Rn. 27.

92 Vgl. BSG 23.4.2024 – B 12 BA 9/22 R – juris Rn. 28; s. auch BSG 12.12.2023 – B 12 R 12/21 R – juris Rn. 18 und Rn. 22.

die Erfüllung der vertraglich geschuldeten Flugleistungen unverzichtbare Flugzeug stellte die H-GmbH dem X kostenlos und ohne Wahlmöglichkeit zur Verfügung. Auf diese Weise war X unmittelbar auf die Infrastruktur der H-GmbH angewiesen und auch in dieser Hinsicht ohne eigenen Gestaltungsspielraum in die fremde Organisation eingebunden.

Der Annahme einer Eingliederung des X in die von der H-GmbH vorgegebenen Organisationsabläufe steht schließlich nicht entgegen, dass dieser die Flugleistungen allein, d. h. ohne arbeitsteiliges Zusammenwirken mit weiterem Personal der H-GmbH, erbrachte. Die Tätigkeit als einzelner Pilot ist eine sog. **„Dienstleistung singulärer Art“**, deren Eigenverantwortlichkeit gerade „in der Natur“ der Aufgabe angelegt ist.[93] 430

cc) **Fehlen von Anhaltspunkten für eine selbstständige Tätigkeit.** Nach der ständigen Rspr. des BSG ist eine selbstständige Tätigkeit unter anderem vornehmlich durch das sog. **eigene Unternehmerrisiko** gekennzeichnet.[94] Das Vorliegen eines unternehmerischen Risikos spiegelt sich wesentlich in der **Übernahme eines Verlustrisikos durch den Einsatz von Kapital oder eigener Arbeitskraft mit der Gefahr des Verlusts** wider, wie auch in dem **Vorhandensein der Möglichkeit der Beeinflussung von Chancen und Risiken.**[95] Hier hatte der X kein gewichtiges unternehmerisches Risiko zu tragen. 431

So hat der X im Hinblick auf die Vereinbarung einer festen Vergütung in Höhe von EUR 1.000,00 je Flugeinsatz seine Arbeitskraft nicht mit der Übernahme des Risikos eines ungewissen Erfolgs eingesetzt.[96] Des Weiteren sind die mit der Aufrechterhaltung der Flugberechtigung für X verbundenen Kosten in Gestalt z.B von Aufwendungen für flugärztliche Untersuchungen nicht ein aus dem jeweiligen Flugeinsatz resultierender Kapitaleinsatz und damit auch nicht Ausdruck eines wirtschaftlichen Risikos der konkreten Auftragsdurchführung.[97] Diese Aufwendungen sind lediglich Bedingung für die Zulässigkeit der Berufsausübung und eröffnen dem X die Möglichkeit, die Flugberechtigung auch für Aufträge anderer Auftraggeber zu nutzen.[98] 432

Darüber hinaus hatte der X bei seiner Tätigkeit für die H-GmbH auch nicht die Möglichkeit zur Beeinflussung von Chancen und Risiken bzw. von Aufwand und Ertrag. Aus dem Sachverhalt geht hervor, dass der X je Flugeinsatz mit EUR 1.000,00 vergütet wurde. Erfolgsbeteiligungen oder Entgelte aus Beförderungsverträgen mit einzelnen Fluggästen erhielt er nicht. Für X bestand auch nicht die Möglichkeit, seinen Umsatz aus den einzelnen Aufträgen etwa durch die Vorhaltung eigener Betriebsmittel oder den Einsatz eigener Mitarbeiter zu beeinflussen.[99] 433

Dem Fehlen von Anhaltspunkten für eine selbstständige Tätigkeit steht auch nicht entgegen, dass der X für jeden Monat entscheiden konnte, an welchen Tagen und zu welchen Zeiten er Aufträge übernehmen wollte und dass er Auftragsangebote der A-GmbH ablehnen konnte. Damit bestand für den X zwar eine weitgehende Freiheit hinsichtlich der Gestaltung und zeitlichen Einteilung seiner Arbeitskraft. Dieser Umstand spielt jedoch für die Beurteilung des Erwerbsstatus bezogen auf den jeweiligen Flugeinsatz bzw. Einzeleinsatz keine Rolle. Denn mit der vertraglichen Übernahme eines jeden Einzelauf- 434

93 S. BSG 23.4.2024 – B 12 BA 9/22 R – juris Rn. 29.
94 S. nur BSG 28.6.2022 – B 12 R 3/20 – juris Rn. 11.
95 Vgl. BSG 23.4.2024 – B 12 BA 9/22 – juris Rn. 33; BSG 7.6.2019 – B 12 KR 8/18 R – juris Rn. 27; s. auch LSG BW 18.12.2023 – L 4 BA 2237/21 – juris Rn. 64 f.
96 S. auch BSG 23.4.2024 – B 12 BA 9/22 R – juris Rn. 33.
97 S. auch BSG 23.4.2024 – B 12 BA 9/22 R – juris Rn. 33.
98 S. auch BSG 23.4.2024 – B 12 BA 9/22 R – juris Rn. 33.
99 S. auch BSG 23.4.2024 – B 12 BA 9/22 R – juris Rn. 32.

trags, der als solcher allein Gegenstand der statusrechtlichen Beurteilung ist, war der X zur Erbringung der Arbeitsleistung verpflichtet und damit auch an die zeitlichen Vorgaben der H-GmbH gebunden.[100]

435 Schließlich kann das Vorliegen einer selbstständigen Tätigkeit nicht mit dem Fehlen eines Wettbewerbsverbots begründet werden. Zwar kann die Tätigkeit für andere Auftraggeber ein Indiz für eine erhebliche Dispositionsfreiheit sein, wenn sie in einem solchen Maße erfolgt, dass sie die zeitliche Verfügbarkeit des Auftragnehmers stark einschränkt.[101] Im vorliegenden Fall wird diese Dispositionsfreiheit des X jedoch bereits dadurch berücksichtigt, dass für die Statusbeurteilung lediglich auf den Einzelauftrag abgestellt wird.[102]

436 dd) **Keine ausschlaggebende Bedeutung des entgegenstehenden Parteiwillens.** Der Einordnung der Tätigkeit des X als Beschäftigung bezogen auf die jeweiligen Flugeinsätze steht nicht entgegen, dass die Vertragsparteien eine selbstständige Tätigkeit vereinbart hatten, wie die Vertragsbezeichnung „Rahmen-Dienstvertrag über freie Mitarbeit eines Flugzeugführers (Freelancer)“ deutlich macht. Die Einordnung einer Tätigkeit als Beschäftigung oder selbstständige Tätigkeit steht nicht zur vertraglichen Disposition der an dem Auftragsverhältnis beteiligten Parteien. Im Hinblick auf den Schutzzweck des Sozialversicherungsrechts kann von dessen zwingenden Normen nicht im Wege der Privatautonomie abgewichen werden.[103] Nur in dem Fall, dass nach der Gesamtabwägung aller Umstände diese gleichermaßen für Selbstständigkeit und Beschäftigung sprechen, kann nach der Rspr. des BSG dem Willen der Vertragsparteien eine gewichtige indizielle Bedeutung zukommen.[104]

437 Nichts anderes gilt für die in dem Rahmen-Dienstvertrag festgelegte Vergütung in Höhe von EUR 1.000,00 je Flugtag bzw. Einzeleinsatz, deren nicht unerhebliche Höhe auch den Willen der Parteien zur Vereinbarung einer selbstständigen Tätigkeit widerspiegelt. Die nach der Gesamtabwägung aller Umstände erfolgte Einordnung einer Tätigkeit als Beschäftigung kann allein durch eine relativ hohe Vergütung nicht in Frage gestellt werden. Nach der ständigen Rspr. des BSG sollen sich die Vertragsparteien **nicht über den Weg der Vereinbarung einer relativ hohen Vergütung von der Versicherungs- und Beitragspflicht zur Sozialversicherung „freikaufen“** können.[105] Schließlich kommt auch den sich aus dem Sachverhalt ergebenden Vertragsklauseln, wonach etwaige Ansprüche auf Entgeltfortzahlung im Krankheitsfall oder auf Urlaub ausgeschlossen sind und X Steuern und Sozialabgaben allein zu tragen hat, keine eigenständige Bedeutung zu.[106] Derartige Klauseln setzen gerade das Nichtvorliegen einer Beschäftigung voraus und stellen bei Vorliegen einer Beschäftigung eine **unzulässige Risikoabwälzung** zu Lasten des Beschäftigten dar.[107]

---

100 S. auch BSG 23.4.2024 – B 12 BA 9/22 R – juris Rn. 31; vgl. auch etwa BSG 7.6.2019 – B 12 R 6/18 R – juris Rn. 33; BSG 4.6.2019 – B 12 R 11/18 R – juris Rn. 25.

101 S. BSG 23.4.2024 – B 12 BA 9/22 R – juris Rn. 31.

102 BSG 23.4.2024 – B 12 BA 9/22 R – juris Rn. 34.

103 BSG 12.6.2024 – B 12 BA 2/22 R – juris Rn. 15; BSG 23.4.2024 – B 12 BA 9/22 R – juris Rn. 15; BSG 19.10.2021 – B 12 R 10/20 R – juris Rn. 22.

104 BSG 12.6.2024 – B 12 BA 2/22 R – juris Rn. 15; BSG 28.6.2022 – B 12 R 3/20 R – juris Rn. 12.

105 S. nur BSG 19.10.2021 – B 12 R 1/21 R – juris Rn. 29; BSG 7.6.2019 – B 12 R 6/18 R – juris Rn. 35; BSG 4.6.2019 – B 12 R 11/18 R – juris Rn. 39.

106 S. BSG 23.4.2024 – B 12 BA 9/22 R – juris Rn. 17.

107 BSG 19.10.2021 – B 12 R 1/21 R – juris Rn. 29; BSG 18.11.2015 – B 12 KR 16/13 R – juris Rn. 27.

3. Zwischenergebnis

Der X übte bei der Durchführung der Flugaufträge bzw. Einzeleinsätze für die H-GmbH eine Beschäftigung im Sinne des § 7 Abs. 1 SGB IV aus. Damit ist der Bescheid der DRV Bund materiell rechtmäßig. 438

V. Ergebnis

Der Statusfeststellungsbescheid der DRV Bund gegenüber X und der H-GmbH beruht auf der Rechtsgrundlage des § 7a Abs. 1 Satz 1 Hs. 1, II Satz 1 SGB IV und ist formell sowie materiell rechtmäßig. 439

Exkurs:

Der Begriff der Beschäftigung im Sinne des § 7 Abs. 1 SGB IV ist von zentraler Bedeutung für das Eingreifen von Versicherungspflicht in den verschiedenen Zweigen der Sozialversicherung. Er ist Teilelement bzw. eine Voraussetzung des bedeutendsten Versicherungspflichttatbestands, wonach Personen, die gegen Arbeitsentgelt (§ 14 Abs. 1 SGB IV) beschäftigt sind, grundsätzlich der Versicherungspflicht unterliegen (siehe § 5 Abs. 1 Nr. 1 SGB V (Gesetzliche Krankenversicherung), § 20 Abs. 1 Sätze 1, 2 Nr. 1 SGB XI (Soziale Pflegeversicherung), § 1 Satz 1 Nr. 1 SGB VI (Gesetzliche Rentenversicherung), § 25 Abs. 1 Satz 1 SGB III (Arbeitslosenversicherung), § 2 Abs. 1 Nr. 1 SGB VII (Gesetzliche Unfallversicherung), im letzteren Fall genügt für den Eintritt von Versicherungspflicht das Vorliegen einer Beschäftigung).

§ 7a SGB IV regelt das sog. Statusfeststellungsverfahren, dessen wesentliche Zielsetzung darin besteht, Auftraggebern und Auftragnehmern bzw. Arbeitgebern und Arbeitnehmern eine Möglichkeit zur Klärung des Erwerbsstatus (Beschäftigung oder selbstständige Tätigkeit) im Rahmen eines fakultativen Anfrageverfahrens durch entsprechende Antragstellung bei der DRV Bund zu eröffnen (§ 7a Abs. 1 Satz 1 SGB IV). Seit der Neufassung des § 7a SGB IV mit Wirkung zum 1.4.2022 durch Art. 2c Nr. 2 des Gesetzes zur Umsetzung der RL (EU) 2019/882 des Europäischen Parlaments und des Rates über die Barrierefreiheitsanforderungen für Produkte und Dienstleistungen und zur Änderung anderer Gesetze vom 16.7.2021 (BGBl. 2021 I, 2970) ist Gegenstand des Verfahrens allein die Feststellung einer Beschäftigung oder selbstständigen Tätigkeit als Element einer möglichen Sozialversicherungspflicht.

§ 7a Abs. 5 Satz 1 SGB IV regelt einen Aufschub des Beginns der Versicherungspflicht und damit auch der Beitragspflicht, wenn der Antrag auf Feststellung des Erwerbsstatus innerhalb eines Monats nach Aufnahme der Tätigkeit gestellt und die DRV Bund eine Beschäftigung feststellt sowie auch die übrigen Voraussetzungen des § 7a Abs. 5 Satz 1 SGB IV gegeben sind. Versicherungs- und Beitragspflicht treten dann erst im Zeitpunkt der Bekanntgabe der Entscheidung der DRV Bund ein. Ergänzend enthält § 7a Abs. 5 Satz 3 SGB IV eine Regelung zum Hinausschieben des Gesamtsozialversicherungsbeitrags im Sinne des § 28d SGB IV. Mit dem Aufschub des Beginns der Versicherungspflicht wird eine frühzeitige Antragstellung mit dem Ziel der Klärung des Erwerbsstatus in dem Sinne „belohnt“, dass wegen des mit dem Aufschub der Versicherungspflicht einhergehenden und dementsprechend späteren Eintrittsort der Beitragspflicht vor allem im Interesse des Arbeitgebers (siehe §§ 28c und 28g SGB IV) Beitragsnachforderungen für den Aufschubzeitraum vermieden werden (vgl. BSG 7.6.2018 – B 12 KR 17/17 R – juris Rn. 30) und mit dem in § 7a Abs. 5 Satz 3 SGB IV ergänzend geregelten Hinausschieben der Fälligkeit des Gesamtsozialversicherungsbeitrags bezogen auf den von dieser Norm erfassten Zeitraum vor allem Säumniszuschläge nicht anfallen können.

Jenseits dessen trifft der Gesetzgeber punktuell Dauer- oder Übergangsregelungen, durch die trotz des Vorliegens einer Beschäftigung bestimmte Auftraggeber und

Auftragnehmer von der Versicherungs- und/oder Beitragspflicht ausgenommen bzw. entlastet werden sollen. Hierzu gehört zum einen die Bestimmung des § 23c Abs. 2 Satz 1 SGB IV. Danach sind Einnahmen aus Tätigkeiten als Notärztin oder Notarzt im Rettungsdienst nicht beitragspflichtig, wenn diese Tätigkeiten neben einer Beschäftigung mit einem Umfang von regelmäßig mindestens 15 Stunden wöchentlich außerhalb des Rettungsdienstes oder einer Tätigkeit als zugelassener Vertragsarzt oder als Arzt in privater Niederlassung ausgeübt werden. Die bei Erfüllung der Tatbestandsvoraussetzungen dieser Norm nicht eingreifende Beitragspflicht entlastet neben den Notärztinnen und Notärzten im Rettungsdienst die Träger des landesgesetzlich geregelten Rettungsdienstes (siehe z. B. Rettungsdienstgesetz Baden-Württemberg vom 25.7.2024, GBl. 2024 Nr. 66). Regelungsgegenstand der Bestimmung ist ausdrücklich nur die Beitragspflicht, nicht die Versicherungspflicht aufgrund Beschäftigung (BSG 19.10.2021 – B 12 R 10/20 R – juris Rn. 38).
Neben der Regelung des § 23c Abs. 2 Satz 1 SGB IV ist auf die mit Wirkung zum 1.3.2025 unter der amtlichen Überschrift „Übergangsregelung für Lehrtätigkeit“ eingeführte Vorschrift des § 127 SGB IV hinzuweisen (eingeführt durch Art. 6a des Gesetzes zur Verbesserung rehabilitationsrechtlicher Vorschriften für Opfer der politischen Verfolgung in der ehemaligen DDR und zur Änderung weiterer Vorschriften vom 25.2.2025, BGBl. 2025 I, Nr. 63). Nach Maßgabe der in § 127 Abs. 1 Satz 1 und Satz 2 SGB IV geregelten Tatbestände[108] wird trotz des Vorliegens einer Beschäftigung das Eingreifen von Versicherungspflicht und Beitragspflicht für Auftragnehmer und Auftraggeber im Bereich von Lehrtätigkeiten bis Ende 2026 hinausgeschoben. Nach der Gesetzesbegründung sollen dadurch vor allem Bildungseinrichtungen bzw. -träger wie z. B. Musikschulen und Volkshochschulen für einen begrenzten Zeitraum vor der Nachforderung von Sozialversicherungsbeiträgen geschützt werden.[109] Die Übergangsregelung ist vor dem Hintergrund geschaffen worden, dass das BSG in der jüngeren Zeit abweichend von früheren Entscheidungen im Zuge der Weiterentwicklung des Begriffs der Eingliederung in eine fremde Betriebsorganisation (das BSG spricht von einer „dynamischen Fortentwicklung“ der Rspr. zum Typusbegriff der Beschäftigung, siehe BSG 5.11.2024 – B 12 BA 3/23 R – juris Rn. 34) die Tätigkeit als Musiklehrer an einer städtischen Musikschule und die Tätigkeit als Dozent an einer Volkshochschule in den jeweiligen Einzelfällen als Beschäftigung eingeordnet hat (s. das sog. „Herrenberg-Urteil“ BSG 28.6.2022 – B 12 R 3/20 (Musiklehrerin) und die Entscheidung BSG 5.11.2024 – B 12 BA 3/23 R (Volkshochschuldozent); zu dem Hintergrund und den Gründen für die Einführung des § 127 SGB IV s. ausf. BT-Drs. 20/14744, 29).

Zur Wiederholung und Vertiefung:

Zur Abgrenzung zwischen selbstständiger und abhängiger Tätigkeit: BSG 5.11.2024 – B 12 BA 3/23 R – juris (VHS-Dozent); BSG 23.4.2024 – B 12 BA 9/22 R – juris (Pilot ohne eigenes Flugzeug); BSG 28.6.2022 – B 12 R 3/20 R – juris (Musikschullehrerin); BSG 19.10.2021 – B 12 R 10/20 R – juris (Notärztin im Rettungsdienst); BSG 19.10.2021 – B 12 R 6/20 R – juris (examinierte Altenpflegerin im ambulanten Pflegedienst); BSG 4.6.2019 – B 12 R 11/18 R – juris („Honorarärztin“); *Ruland*, „Beschäftigungsverhältnis oder „Neue Selbstständigkeit“?“, NZS 2019, 681 ff.
Zum Statusfeststellungsverfahren: NK-GA/*Boecken*, § 7a SGB IV, Rn. 1–64; *Zieglmeier*, „Das neue (Erwebs-)Feststellungsverfahren“, NZA 2021, 977 ff.

---

108 S. dazu nur *Berchtold*, ASR 2025, 111 ff.; *Boecken*, ASR 2025, 183 ff.; *Geiger*, info also 4/2025, 153 ff.; BeckOK SozR/*Rittweger*, § 127 SGB IV; BeckOGK SozR/*Zieglmeier*, § 127 SGB IV (Stand: 15.5.2025).

109 S. die Gesetzesbegründung in BT-Drs. 20/14744, 29.

Fall 11

Sachverhalt Fall 11

Der 1983 geborene K war vom 1. Januar 2003 bis zum 31. März 2026 bei dem Pharmaunternehmen P-AG in dem Betriebsteil „Intensive Care“ als Außendienstmitarbeiter versicherungspflichtig beschäftigt. Daneben arbeitet der K seit 2019 im Umfang von zehn Stunden wöchentlich als Barkeeper in einem Hotel mit einer monatlichen Vergütung in Höhe von zuletzt EUR 700,00.
Mit Wirkung zum 1. August 2025 wurde der Betriebsteil „Intensive Care“ von der P-AG auf das Unternehmen M übertragen. Zuvor hatte der K fristgerecht dem Übergang seines Arbeitsverhältnisses aus Anlass des Betriebsübergangs schriftlich ohne Angabe von Gründen widersprochen. Noch im August 2025 stellte die P-AG mangels Möglichkeit einer Weiterbeschäftigung des K diesem mit Bestimmtheit eine betriebsbedingte Kündigung zum 31. März 2026 in Aussicht. Daraufhin schloss der K mit der P-AG am 28. August 2025 mit Wirkung zum Ablauf des 31. März 2026 einen Aufhebungsvertrag, in dem unter anderem die Zahlung einer Abfindung in Höhe eines halben Brutto-Monatsgehalts pro Jahr der Betriebszugehörigkeit vereinbart wurde. Im Zeitpunkt des Abschlusses des Aufhebungsvertrags war dem K bewusst, dass er keine konkreten Aussichten auf einen Anschlussarbeitsplatz hatte. Allerdings bemüht sich der K seit dem Abschluss des Aufhebungsvertrags, eine neue Beschäftigung zu finden.
Am 5. Januar 2026 erschien der K persönlich bei der für seinen Wohnsitz zuständigen Agentur für Arbeit und teilte dieser mit, dass sein Arbeitsverhältnis mit der P-AG aufgrund Aufhebungsvertrags mit Ablauf des 31. März 2026 ende und er voraussichtlich ab 1. April 2026 arbeitslos sei. Auf Nachfrage der Agentur für Arbeit teilte die P-AG zu den näheren Umständen der Beendigung des Arbeitsverhältnisses mit, der Arbeitsplatz des K sei aufgrund des Betriebsteilsübergangs ersatzlos weggefallen, eine Beschäftigungsmöglichkeit in anderen Betriebsteilen habe nicht bestanden und das Arbeitsverhältnis wäre ohne Abschluss des Aufhebungsvertrags unter Beachtung der arbeitgeberseits zu wahrenden Kündigungsfrist durch ordentliche Kündigung ebenfalls zum 31. März 2026 beendet worden.

1. **Hat der K ab dem 1. April 2026 einen Anspruch auf Arbeitslosengeld dem Grunde nach?**
2. **Wenn ja: Ruht der Anspruch auf Arbeitslosengeld aufgrund einer Sperrzeit bei Arbeitsaufgabe nach § 159 Abs. 1 Sätze 1, 2 Nr. 1 SGB III?**

Prüfungsaufbau Fall 11

A. Hat der K ab dem 1. April 2026 einen Anspruch auf Arbeitslosengeld dem Grunde nach?
- **I. Voraussetzungen des Anspruchs auf Arbeitslosengeld**
  - 1. Überblick über die materiell-rechtlichen Voraussetzungen des Anspruchs auf Arbeitslosengeld
  - 2. Prüfung des Vorliegens der materiell-rechtlichen Voraussetzungen des Anspruchs auf Arbeitslosengeld
    - a) Arbeitslosigkeit
      - aa) Ausgangspunkt
      - bb) Beschäftigungslosigkeit
      - cc) Eigenbemühungen
      - dd) Verfügbarkeit
    - b) Arbeitslosmeldung
    - c) Erfüllung der Anwartschaftszeit
    - d) Zwischenergebnis
- **II. Rechtsfolgen**
- **III. Ergebnis**

B. Ruhen des Anspruchs auf Arbeitslosengeld aufgrund einer Sperrzeit bei Arbeitsaufgabe
- **I. Voraussetzungen der Sperrzeit bei Arbeitsaufgabe**
  - 1. Überblick über die Voraussetzungen der Sperrzeit bei Arbeitsaufgabe nach § 159 Abs. 1 Sätze 1, 2 Nr. 1, 1. Var. SGB III
  - 2. Prüfung der Voraussetzungen der Sperrzeit bei Arbeitsaufgabe nach § 159 Abs. 1 Sätze 1, 2 Nr. 1, 1. Var. SGB III
    - a) Versicherungswidriges Verhalten
      - aa) Lösung des Beschäftigungsverhältnisses
      - bb) Kausalität zwischen der Lösung des Beschäftigungsverhältnisses und dem Eintritt der Arbeitslosigkeit
      - cc) Vorsätzliche oder grob fahrlässige Herbeiführung der Arbeitslosigkeit
    - b) Fehlen eines wichtigen Grundes
- **II. Ergebnis**

Lösung Fall 11

A. Hat der K ab dem 1. April 2026 einen Anspruch auf Arbeitslosengeld dem Grunde nach?

I. Voraussetzungen des Anspruchs auf Arbeitslosengeld

1. Überblick über die materiell-rechtlichen Voraussetzungen des Anspruchs auf Arbeitslosengeld

440 Der K könnte ab 1. April 2026 einen Anspruch auf Arbeitslosengeld dem Grunde nach haben, wenn die materiell-rechtlichen Voraussetzungen für einen Anspruch auf Arbeitslosengeld ab diesem Zeitpunkt erfüllt sind. Nach § 136 Abs. 1 Nr. 1 SGB III haben Ar-

beitnehmer Anspruch auf Arbeitslosengeld bei Arbeitslosigkeit.[1] Die materiell-rechtlichen Voraussetzungen des Anspruchs auf Arbeitslosengeld sind in § 137 Abs. 1 SGB III überblicksweise geregelt und werden in den Vorschriften der §§ 138 ff. SGB III im Einzelnen näher entfaltet. Nach § 137 Abs. 1 SGB III setzt der Anspruch auf Arbeitslosengeld bei Arbeitslosigkeit voraus, dass der Arbeitnehmer arbeitslos ist,[2] sich bei der Agentur für Arbeit arbeitslos gemeldet[3] und die Anwartschaftszeit erfüllt hat.[4] Liegen die vorgenannten materiell-rechtlichen Voraussetzungen vor, besteht ein Anspruch auf Arbeitslosengeld dem Grunde nach.

2. Prüfung des Vorliegens der materiell-rechtlichen Voraussetzungen des Anspruchs auf Arbeitslosengeld

a) Arbeitslosigkeit

aa) Ausgangspunkt. Das Erfordernis der Arbeitslosigkeit als erste materiell-rechtliche Voraussetzung für den Anspruch auf Arbeitslosengeld bei Arbeitslosigkeit ist in § 138 Abs. 1 SGB III näher bestimmt. Danach liegt Arbeitslosigkeit vor, wenn der Arbeitnehmer nicht in einem Beschäftigungsverhältnis steht (**Beschäftigungslosigkeit**),[5] sich bemüht, die eigene Beschäftigungslosigkeit zu beenden (**Eigenbemühungen**),[6] und den Vermittlungsbemühungen der Agentur für Arbeit zur Verfügung steht (**Verfügbarkeit**).[7] Diese drei Untervoraussetzungen des Begriffs der Arbeitslosigkeit im Sinne des § 137 Abs. 1 Nr. 1 SGB III i. V. m. § 138 Abs. 1 SGB III müssen kumulativ vorliegen. 441

bb) Beschäftigungslosigkeit. Hiernach ist zunächst zu prüfen, ob der K ab dem 1. April 2026 beschäftigungslos gewesen ist. Nach der Legaldefinition des § 138 Abs. 1 Nr. 1 SGB III liegt Beschäftigungslosigkeit vor, wenn der Arbeitnehmer nicht in einem Beschäftigungsverhältnis steht. Nach der ständigen Rechtsprechung des BSG ist für den Begriff der Beschäftigung bzw. der Beschäftigungslosigkeit im Sinne des § 138 Abs. 1 Nr. 1 SGB III der Begriff der **Beschäftigung im leistungsrechtlichen Sinne** maßgeblich.[8] Dieser kommt zum Tragen, wenn der Begriff der Beschäftigung leistungsrechtlich Relevanz hat, weil das Vorliegen bzw. Nichtvorliegen von Beschäftigung Tatbestandsvoraussetzung für einen Anspruch auf Leistungen der Sozialversicherung ist,[9] wie dies gerade bei § 138 Abs. 1 Nr. 1 SGB III der Fall ist. Insoweit kommt dem Begriff der Beschäftigung im leistungsrechtlichen Sinne bezogen auf § 138 Abs. 1 Nr. 1 SGB III die Bedeutung zu, das durch Leistung der Arbeitslosenversicherung gedeckte Risiko zu bestimmen.[10] Nach der Rechtsprechung des BSG knüpft der Begriff der Beschäftigung im leistungsrechtlichen Sinne an die tatsächlichen Verhältnisse an, hingegen nicht an den rechtlichen Bestand des Beschäftigungsverhältnisses etwa in Gestalt eines Arbeitsver- 442

1 Unter dem Begriff des Arbeitnehmers im Sinne des § 136 Abs. 1 SGB III sind Personen zu verstehen, die beabsichtigen, eine Beschäftigung aufzunehmen, vgl. die Gesetzesbegründung in BT-Drs. 13/4941 zu § 3 SGB III a. F. und BSG 11.3.1976 – 7 RAr 93/74 – juris Rn. 22. Nach § 136 Abs. 1 Nr. 2 SGB III haben Arbeitnehmer Anspruch auf Arbeitslosengeld auch bei beruflicher Weiterbildung, hierzu näher § 144 SGB III. Bei dem Arbeitslosengeld bei beruflicher Weiterbildung handelt es sich im Verhältnis zum Arbeitslosengeld bei Arbeitslosigkeit um eine einheitliche Versicherungsleistung mit der Folge, dass der Anspruch auf Arbeitslosengeld bei beruflicher Weiterbildung im Hinblick auf Voraussetzungen und Leistungsumfang im Grundsatz den Regelungen der §§ 137 ff. SGB III unterliegt, s. BSG 10.12.2019 – B 11 AL 4/19 R – juris Rn. 13.

2 § 137 Abs. 1 Nr. 1 SGB III.

3 § 137 Abs. 1 Nr. 2 SGB III.

4 § 137 Abs. 1 Nr. 3 SGB III.

5 § 138 Abs. 1 Nr. 1 SGB III.

6 § 138 Abs. 1 Nr. 2 SGB III.

7 § 138 Abs. 1 Nr. 3 SGB III.

8 S. BSG 24.9.2024 – B 11 AL 5/23 R – juris Rn. 24; BSG 25.4.2002 – B 11 AL 65/01 – juris Rn. 26; BSG 29.6.1995 – 11 RAr 97/94 – juris Rn. 12.

9 S. BSG 28.9.1993 – 11 RAr 69/92 – juris Rn. 13; NK-GA/*Boecken*, § 7 SGB IV Rn. 3.

10 BSG 28.9.1993 – 11 RAr 69/92 – juris Rn. 13.

hältnisses.[11] Deshalb ist Beschäftigungslosigkeit im Sinne des § 138 Abs. 1 Nr. 1 SGB III durch die tatsächliche Nichtbeschäftigung des Versicherten gekennzeichnet.[12] Das bedeutet, dass Beschäftigungslosigkeit schon dann vorliegt, wenn eine nichtselbstständige Arbeit tatsächlich nicht mehr ausgeübt wird.[13] Mit dem tatsächlichen Ende der Beschäftigung kann vorbehaltlich der Erfüllung auch der weiteren Voraussetzungen ein Anspruch auf Arbeitslosengeld bei Arbeitslosigkeit dem Grunde nach in Betracht kommen.[14] Unter Zugrundelegung des Begriffs der Beschäftigung im leistungsrechtlichen Sinne ist der K seit dem 1. April 2026 beschäftigungslos im Sinne des § 138 Abs. 1 Nr. 1 SGB III. Mit der rechtlichen Beendigung des Arbeitsverhältnisses durch Aufhebungsvertrag zum 31. März 2026 übt der K seit dem 1. April bei dem Pharmaunternehmen P-AG tatsächlich eine nichtselbstständige Tätigkeit nicht mehr aus. Damit ist die Voraussetzung der Beschäftigungslosigkeit des K zu bejahen.

443 Allerdings ist zu prüfen, ob im Hinblick auf die von K seit 2019 ausgeübte und über den 31. März 2026 fortbestehende Tätigkeit als Barkeeper das Vorliegen von Beschäftigungslosigkeit des K nach § 138 Abs. 3 Satz 1 SGB III ausgeschlossen ist. Nach dieser Regelung schließt die Ausübung einer Beschäftigung die Beschäftigungslosigkeit nicht aus, wenn die Arbeitszeit weniger als 15 Stunden wöchentlich umfasst. Wird eine Beschäftigung im Umfang von mindestens 15 Stunden wöchentlich ausgeübt, liegt Beschäftigungslosigkeit nicht vor. § 138 Abs. 3 Satz 1 SGB III stellt allein auf den zeitlichen Umfang ab, die Höhe des mit der Nebenbeschäftigung erzielten Arbeitsentgelts ist für das Vorliegen von Beschäftigungslosigkeit und damit die Entstehung eines Anspruchs auf Arbeitslosengeld dem Grunde nach irrelevant.[15] Mit der Regelung des § 138 Abs. 1 Satz 1 SGB III soll gewährleistet werden, dass Beschäftigten, die ihrem zeitlichen Umfang nach nicht die Lebensgrundlage des Beschäftigten bilden, die Beschäftigungslosigkeit ausschließen und damit mangels Arbeitslosigkeit die Entstehung eines Anspruchs auf Arbeitslosengeld dem Grunde nach hindern.[16] Im Kern wird damit bei Ausübung einer Beschäftigung unterhalb der maßgeblichen Zeitgrenze von einer Schutzbedürftigkeit des Versicherten unter dem Gesichtspunkt des Risikos der Arbeitslosigkeit ausgegangen. Aus dem Sachverhalt geht hervor, dass der zeitliche Umfang der Tätigkeit des K als

11 BSG 24.9.2024 – B 11 AL 5/23 R – juris Rn. 24.

12 Grdl. BSG 25.4.2002 – B 11 AL 65/01 R – juris Rn. 26; BSG 24.9.2024 – B 11 AL 5/23 R – juris Rn. 24.

13 S. NK-GA/*Boecken*, § 7 SGB IV Rn. 38; *Schlegel*, NZA 2005, 972 (993).

14 Vgl. BSG 24.9.2024 – B 11 AL 5/23 R – juris Rn. 24. Von dem Begriff der Beschäftigung im leistungsrechtlichen Sinne abzugrenzen ist der Begriff der Beschäftigung im versicherungs- und beitragsrechtlichen Sinne, dem als Tatbestandsmerkmal des für die Sozialversicherung zentralen Versicherungspflichttatbestands der Beschäftigung gegen Arbeitsentgelt die Bedeutung zukommt, den Versicherungsschutz von Beschäftigten zu begründen und zu gewährleisten (BSG 28.9.1993 – 11 RAr 69/92 – juris Rn. 13; NK-GA/*Boecken*, § 7 SGB IV Rn. 2). Im Hinblick auf die Relevanz des Begriffs der Beschäftigung sowohl versicherungs- und beitragsrechtlich wie auch leistungsrechtlich spricht das Bundessozialgericht von einer funktionsdifferenten Auslegung des in § 7 Abs. 1 SGB IV beschriebenen Begriffs der Beschäftigung (NK-GA/*Boecken*, § 7 SGB IV Rn. 4; BSG 28.9.1993 – 11 RAr 69/92 – juris Rn. 12; vgl. auch BSG 24.9.2024 – B 11 AL 5/23 R – juris Rn. 24). Die funktionsdifferente Abgrenzung hat wesentlich zur Folge, dass Beschäftigungslosigkeit im leistungsrechtlichen Sinne auch dann vorliegen kann, wenn versicherungs- und beitragsrechtlich das Beschäftigungsverhältnis etwa in Gestalt eines Arbeitsverhältnisses fortbesteht (s. nur BSG 25.4.2002 – B 11 AL 65/01 R – juris Rn. 26, s. auch BSG 24.9.2024 – B 11 AL 5/23 R – juris Rn. 26, das von der „… rechtliche(n) Möglichkeit der leistungsrechtlichen Beschäftigungslosigkeit bei fortbestehendem Arbeitsverhältnis …“ spricht). Bedeutsame Fallkonstellationen sind vor allem Sachverhalte der einvernehmlich unwiderruflichen Freistellung vor der rechtlichen Beendigung des Arbeitsverhältnisses wie auch die erfolgreiche Durchführung einer Kündigungsschutzklage mit der Folge eines Anspruchs auf Annahmeverzugslohn nach § 615 Satz 2 BGB (s. nur BSG 24.9.2024 – B 11 AL 5/23 R – juris Rn. 26; NK-GA/*Boecken*, § 7 SGB IV Rn. 38).

15 Zu beachten ist allerdings, dass aus einer Nebenbeschäftigung erzieltes Arbeitsentgelt auf der Rechtsfolgenseite auf die Höhe des Arbeitslosengeldes nach § 155 Abs. 1 SGB III oder § 155 Abs. 2 SGB III angerechnet werden kann.

16 Vgl. BeckOGK SozR/*Baldschun*, § 138 SGB III Rn. 67 (Stand: 1.8.2023); BeckOK SozR/*Müller*, § 138 SGB III Rn. 24.

Barkeeper zehn Stunden wöchentlich beträgt. Damit schließt die über den 31. März 2026 fortbestehende Tätigkeit als Barkeeper die Beschäftigungslosigkeit des K ab dem 1. April 2026 nicht aus.

cc) **Eigenbemühungen.** Weiteres Kernelement der materiell-rechtlichen Voraussetzungen der Arbeitslosigkeit ist nach § 138 Abs. 1 Nr. 2 SGB III die Entfaltung von Eigenbemühungen. Danach setzt Arbeitslosigkeit über das Vorliegen von Beschäftigungslosigkeit[17] hinaus voraus, dass sich der Arbeitslose bemüht, die eigene Beschäftigungslosigkeit zu beenden. In § 138 Abs. 4 Satz 1 SGB III wird vorgegeben, dass der Arbeitslose alle Möglichkeiten zur beruflichen Eingliederung zu nutzen hat.[18] Dazu gehört insbes. unter anderem nach § 138 Abs. 4 Satz 2 Nr. 1 SGB III die Wahrnehmung der Verpflichtungen aus der Eingliederungsvereinbarung, in der unter anderem gemäß § 37 Abs. 2 Nr. 3 SGB III festzulegen ist, welche Eigenbemühungen zur beruflichen Eingliederung der Arbeitsuchende in welcher Häufigkeit mindestens unternehmen muss und in welcher Form diese nachzuweisen sind.[19] Aus dem Sachverhalt geht hervor, dass sich der K seit dem Abschluss des Aufhebungsvertrags bemüht hat, eine neue Beschäftigung zu finden. Damit ist davon auszugehen, dass der K seiner Verpflichtung zur Entfaltung von Eigenbemühungen nachgekommen ist. **444**

dd) **Verfügbarkeit.** Schließlich müsste der K als drittes Tatbestandsmerkmal der Arbeitslosigkeit im Sinne des § 138 Abs. 1 SGB III das Erfordernis der Verfügbarkeit erfüllen. Gemäß § 138 Abs. 1 Nr. 3 SGB III muss der Arbeitslose den Vermittlungsbemühungen der Agentur für Arbeit zur Verfügung stehen. Die Anforderungen an die Verfügbarkeit sind im Einzelnen in § 138 Abs. 5 SGB III als Tatbestände der objektiven Verfügbarkeit[20] und der subjektiven Verfügbarkeit[21] geregelt. Die Tatbestände des § 138 Abs. 5 Nr. 1 bis Nr. 4 SGB III müssen, wie sich ohne Weiteres aus dem Wortlaut dieses Absatzes ergibt, kumulativ vorliegen. Mangels näherer Angaben im Sachverhalt ist davon auszugehen, dass der K nach Maßgabe der Regelungen des § 138 Abs. 5 Nr. 1 bis Nr. 4 SGB III den Vermittlungsbemühungen der Agentur für Arbeit zur Verfügung steht. **445**

b) **Arbeitslosmeldung.** Weiterhin ist zu prüfen, ob sich der K wirksam arbeitslos gemeldet hat. Bei der Arbeitslosmeldung handelt es sich nach § 137 Abs. 1 Nr. 2 SGB III um die zweite materiell-rechtliche Voraussetzung für die Entstehung eines Anspruchs auf Arbeitslosengeld dem Grunde nach. Die Anforderungen an das Vorliegen einer wirksamen Arbeitslosmeldung, bei der es sich ihrer Rechtsnatur nach nicht um eine öffentlich-rechtliche Willenserklärung, sondern eine Tatsachenerklärung handelt,[22] sind in § 141 **446**

---

17 S. oben Rn. 442 f.

18 Aus der Formulierung dieser Regelung i. V. m. der sperrzeitrechtlichen Sanktionsregelung des § 159 Abs. 1 Satz 2 Nr. 3 SGB III wird insbes. deutlich, dass den Arbeitslosen eine Verpflichtung zur Entfaltung von Eigenbemühungen trifft. S. dazu, dass das Unterlassen von Eigenbemühungen arbeitsrechtlich im Rahmen der einzelfallbezogenen Gesamtabwägung bei der Prüfung böswilligen Unterlassens anderweitigen Verdienstes nach § 615 Satz 2 BGB/§ 11 Nr. 2 KSchG nicht außer Acht gelassen werden kann BAG 15.1.2025 – 5 AZR 135/24 – juris Rn. 23.

19 S. zur Nichtigkeit einer Eingliederungsvereinbarung, wenn diese dem Arbeitslosen zwar Eigenbemühungen zur beruflichen Eingliederung auferlegt, jedoch keine angemessene Gegenleistung der Agentur für Arbeit regelt etwa in Gestalt der Zusage eines Bewerbungskostenzuschusses aus dem Budget nach § 44 SGB III BSG 4.4.2017 – 11 AL 5/16 R – juris Rn. 24. Kommt eine Eingliederungsvereinbarung zwischen der Agentur für Arbeit und dem Arbeitslosen nicht zustande, dann sollen nach § 37 Abs. 3 Satz 4 SGB III die erforderlichen Eigenbemühungen durch Verwaltungsakt festgesetzt werden.

20 S. § 138 Abs. 5 Nr. 1 und Nr. 2 SGB III, dazu näher NK-SGB III/*Gutzler*, § 138 Rn. 98 ff. und Rn. 155 ff.; LPK-SGB III/*Jungerwirth*, § 138 Rn. 27 ff. und Rn. 32 ff.

21 § 138 Abs. 5 Nr. 3 und Nr. 4 SGB III, s. dazu NK-SGB III/*Gutzler*, § 138 Rn. 198 ff. und Rn. 218 ff.; LPK-SGB III/*Jungerwirth*, § 138 Rn. 35 ff. und Rn. 38.

22 BSG 6.3.2023 – B 11 AL 31/22 B – juris Rn. 3; BSG 7.10.2004 – B 11 AL 23/04 R – juris Rn. 13; BSG 19.3.1986 – 7 RAr 17/84 – juris Rn. 15.

SGB III näher geregelt. Nach § 141 Abs. 1 Satz 1 SGB III hat der Arbeitslose sich elektronisch im Fachportal der Bundesagentur für Arbeit[23] oder persönlich bei der zuständigen Agentur für Arbeit[24] arbeitslos zu melden. Dabei sind nach der Rechtsprechung des BSG inhaltlich an die Arbeitslosmeldung als Tatsachenerklärung keine übertriebenen Anforderungen zu stellen.[25] Insoweit genügt es, wenn sich die Meldung auf den Eintritt des Leistungsfalls, sprich der Arbeitslosigkeit bezieht. Damit liegt eine Arbeitslosmeldung schon vor, wenn der Arbeitslose bei der Agentur für Arbeit erscheint und jedenfalls sinngemäß zum Ausdruck bringt, er sei arbeitslos.[26] Die vorbeschriebenen Anforderungen an die Arbeitslosmeldung hat der K erfüllt. Nach dem Sachverhalt ist der K am 5. Januar 2026 persönlich bei der für seinen Wohnsitz zuständigen Agentur für Arbeit vorstellig geworden. Dabei hat er inhaltlich zum Ausdruck gebracht, dass er voraussichtlich ab dem 1. April 2026 arbeitslos sein wird. Damit hat er sich ausreichend auf den (zukünftig) eintretenden Leistungsfall der Arbeitslosigkeit bezogen.

447 Fraglich ist, ob der K sich bereits vor dem Zeitpunkt des Eintritts der Arbeitslosigkeit wirksam arbeitslos melden konnte. In zeitlicher Hinsicht ist die Arbeitslosmeldung im Ausgangspunkt nach dem Eintritt des Leistungsfalls der Arbeitslosigkeit ohne Einschränkung zulässig.[27] Gemäß § 141 Abs. 1 Satz 3 SGB III ist eine Meldung auch zulässig, wenn die Arbeitslosigkeit noch nicht eingetreten, der Eintritt der Arbeitslosigkeit aber innerhalb der nächsten drei Monate zu erwarten ist. Die Dreimonatsfrist dient allein dem Schutz der Agentur für Arbeit vor einem überflüssigen Verwaltungsaufwand durch eine zu frühe Aufnahme der Vermittlungstätigkeit.[28] Hiernach war die seitens des K vor dem Eintritt der Arbeitslosigkeit am 1. April 2026 vorzeitig am 5. Januar 2026 erfolgte Arbeitslosmeldung zulässig und wirksam. Denn zu diesem Zeitpunkt war der Eintritt der Arbeitslosigkeit des K aufgrund der Beendigung des Arbeitsverhältnisses durch Aufhebungsvertrag mit Wirkung zum 31. März 2026 innerhalb der Dreimonatsfrist zu erwarten.

448 c) **Erfüllung der Anwartschaftszeit.** Schließlich müsste der K für einen Anspruch auf Arbeitslosengeld bei Arbeitslosigkeit nach § 137 Abs. 1 Nr. 3 SGB III als dritte materiellrechtliche Voraussetzung die Anwartschaftszeit erfüllt haben. Die Voraussetzungen der Erfüllung der Anwartschaftszeit sind in den Vorschriften der §§ 142, 143 SGB III geregelt. Nach § 142 Abs. 1 Satz 1 SGB III hat die Anwartschaftszeit erfüllt, wer in der Rahmenfrist des § 143 SGB III mindestens zwölf Monate in einem Versicherungspflichtverhältnis gestanden hat. Gemäß § 143 Abs. 1 SGB III beträgt die Rahmenfrist 30 Monate und beginnt mit dem Tag vor der Erfüllung aller sonstigen Voraussetzungen für den Anspruch auf Arbeitslosengeld. Hiernach ist für die Frage, ob der K die Anwartschaftszeit erfüllt hat, zunächst nach Maßgabe des § 143 Abs. 1 SGB III die zeitliche Lage des dreißigmonatigen Zeitraums der Rahmenfrist zu ermitteln. Sodann ist zu prüfen, ob der K entsprechend den Anforderungen des § 142 Abs. 1 Satz 1 SGB III in der Rahmenfrist mindestens zwölf Monate in einem Versicherungspflichtverhältnis gestanden hat.

449 Für die Bestimmung der zeitlichen Lage der Rahmenfrist ist nach § 143 Abs. 1 Satz 1 SGB III im Ausgangspunkt maßgeblich, dass die Rahmenfrist mit dem Tag vor der Erfüllung aller sonstigen Voraussetzungen für den Anspruch auf Arbeitslosengeld beginnt.

---

23 Gemäß § 141 Abs. 1 Satz 2 SGB III muss das elektronische Verfahren die Voraussetzungen des § 36a Abs. 2 Satz 4 Nr. 1 i. V. m. Satz 5, 1. Hs. SGB I erfüllen.

24 Die zuständige Agentur bestimmt sich grds. nach dem Wohnsitz des Arbeitslosen, s. § 327 Abs. 1 Satz 1 SGB III.

25 BSG 19.1.2005 – B 11a/11 AL 41/04 R – juris Rn. 18.

26 BSG 19.1.2005 – B 11a/11 AL 41/04 R – juris Rn. 18; BSG 7.10.2004 – B 11 AL 23/04 R – juris Rn. 13; s. auch LSG NRW 28.9.2023 –L 9 AL 112/23 B ER – juris Rn. 17.

27 S. § 141 Abs. 1 Satz 1 SGB III im Zusammenhang mit § 141 Abs. 1 Satz 3 SGB III.

28 BSG 6.6.2023 – B 11 AL 38/21 R – juris Rn. 22.

Hieraus folgt im Hinblick darauf, dass mit der Rahmenfrist auf einen in der Vergangenheit liegenden Zeitraum abgestellt wird, dass die Lage des dreißigmonatigen Zeitraums der Rahmenfrist retrospektiv im Sinne einer Rückrechnung nach § 26 Abs. 1 SGB X unter analoger Anwendung der Regelungen der §§ 187 Abs. 1, 188 Abs. 2, 1. Hs. BGB zu ermitteln ist.[29] Die Vorgabe des § 143 Abs. 1 Satz 1 SGB III, wonach die Rahmenfrist mit dem Tag vor der Erfüllung aller sonstigen Voraussetzungen für den Anspruch auf Arbeitslosengeld beginnt, hat zur Folge, dass der Lauf der Rahmenfrist an dem Tag beginnt, der dem Tag vorangeht, an dem der Arbeitslose die weiteren (sonstigen) materiell-rechtlichen Voraussetzungen des Anspruchs auf Arbeitslosengeld, Arbeitslosigkeit und Arbeitslosmeldung erfüllt hat.[30] Vorliegend hat der K sich am 5. Januar 2026 bei der zuständigen Agentur für Arbeit arbeitslos gemeldet, die Arbeitslosigkeit ist am 1. April 2026 eingetreten. Damit sind die sonstigen Voraussetzungen für den Anspruch auf Arbeitslosengeld erstmals am 1. April 2026 erfüllt gewesen. Das bedeutet, dass die Rahmenfrist nach § 143 Abs. 1 SGB III und § 187 Abs. 1 BGB am Tag zuvor, dem 31. März 2026, begonnen hat, und zwar im Hinblick auf die vorzunehmende Rückrechnung um 24 Uhr. Die dreißigmonatige Rahmenfrist endete nach § 188 Abs. 2, 1. Hs. BGB am 1. Oktober 2023 um 0 Uhr.

Innerhalb des vorgenannten Zeitraums müsste der K nach § 142 Abs. 1 Satz 1 SGB III **450**
mindestens zwölf Monate in einem Versicherungspflichtverhältnis gestanden haben.[31] Nach § 24 Abs. 1 SGB III stehen unter anderem Personen in einem Versicherungspflichtverhältnis, die als Beschäftigte versicherungspflichtig sind. Gemäß § 25 Abs. 1 Satz 1 SGB III liegt eine versicherungspflichtige Beschäftigung unter anderem bei Personen vor, die gegen Arbeitsentgelt beschäftigt sind. Aus dem Sachverhalt geht hervor, dass der K bei der P-AG bis zur Beendigung des Arbeitsverhältnisses zum 31. März 2026 mehr als 20 Jahre versicherungspflichtig beschäftigt war. Damit hat der K in der Rahmenfrist vom 31. März 2026 24 Uhr bis zum 1. Oktober 2023 00:00 Uhr mindestens zwölf Monate in einem Versicherungspflichtverhältnis gestanden. Die materiell-rechtliche Voraussetzung der Erfüllung der Anwartschaftszeit ist gegeben.

d) Zwischenergebnis. Die materiell-rechtlichen Voraussetzungen des Anspruchs auf Ar- **451**
beitslosengeld bei Arbeitslosigkeit liegen vor.

II. Rechtsfolgen

Mit dem Vorliegen der materiell-rechtlichen Voraussetzungen im Sinne des § 137 Abs. 1 **452**
Nr. 1 bis Nr. 3 SGB III entsteht in diesem Zeitpunkt kraft Gesetzes der Anspruch auf Arbeitslosengeld dem Grunde nach, wie § 137 Abs. 1 Einleitungssatz SGB III deutlich macht.[32] Mit dem in dieser Regelung bezeichneten Anspruch ist das sog. Stammrecht gemeint.[33] Hierbei handelt es sich um eine subjektive öffentlich-rechtliche Rechtsposition im Sinne eines Anspruchs, dessen Inhalt und Erlöschen im Zeitpunkt der Entstehung grds. feststehen.[34] Von dem Stammrecht zu unterscheiden ist der hieraus fließende

29 Zutreffend BSG 11.12.2014 – B 11 AL 2/14 R – juris Rn. 24 und Rn. 33.

30 S. BSG 11.12.2014 – B 11 AL 2/14 R – juris Rn. 24.

31 Die Zeiten der Versicherungspflicht müssen nicht nahtlos zusammenhängend zurückgelegt worden sein.

32 S. auch Knickrehm/*Kallert* SozR, § 137 SGB III Rn. 3a. Anderes gilt dann, wenn nach § 137 Abs. 2 SGB III bis zur Entscheidung über den Anspruch die antragstellende Person bestimmt, dass der Anspruch nicht oder zu einem späteren Zeitpunkt entstehen soll, s. dazu näher *Boecken*, in: FS Karl-Peter Sommermann, 2026, im Erscheinen; *Boecken*, SGb 2025, 452 ff. (453).

33 S. nur BeckOGK SozR/*Baldschun*, § 136 SGB III Rn. 10 und Rn. 13 ff. (Stand: 1.9.2020); Knickrehm/*Kallert*, SozR, § 137 SGB III Rn. 3.

34 Vgl. BSG 7.5.2019 – B 11 AL 18/18 R – juris Rn. 15; BSG 21.6.2018 – B 11 AL 8/17 R – juris Rn. 26.

Anspruch auf Zahlung von Arbeitslosengeld, also der sog. Leistungsbezug.[35] Hierfür bedarf es verfahrensrechtlich nach § 323 Abs. 1 Satz 1 SGB III der formalen Voraussetzung eines Antrags auf Leistung, der gemäß § 323 Abs. 1 Satz 2 SGB III mit der Arbeitslosmeldung fingiert wird, sofern der Arbeitslose keine andere Erklärung abgibt. Die Dauer des Anspruchs des K auf Arbeitslosengeld bestimmt sich nach § 147 Abs. 1, Abs. 2 SGB III. Gemäß § 147 Abs. 1 Satz 1 SGB III richtet sich die Dauer des Anspruchs nach der Dauer der Versicherungspflichtverhältnisse innerhalb der um 30 Monate erweiterten Rahmenfrist und dem Lebensalter, das der Arbeitslose bei der Entstehung des Anspruchs vollendet hat. Hieran anknüpfend legt § 147 Abs. 2 SGB III eine abgestufte Bezugsdauer von mindestens sechs und höchstens 24 Monaten fest. Hieraus folgt für K, der 1983 geboren ist, dass die Dauer des Anspruchs auf Arbeitslosengeld zwölf Monate beträgt. Die Höhe des Arbeitslosengelds bestimmt sich nach §§ 149 ff. SGB III.

III. Ergebnis

453 Der K hat einen Anspruch auf Arbeitslosengeld bei Arbeitslosigkeit dem Grunde nach.

B. Ruhen des Anspruchs auf Arbeitslosengeld aufgrund einer Sperrzeit bei Arbeitsaufgabe

I. Voraussetzungen der Sperrzeit bei Arbeitsaufgabe

1. Überblick über die Voraussetzungen der Sperrzeit bei Arbeitsaufgabe nach § 159 Abs. 1 Sätze 1, 2 Nr. 1, 1. Var. SGB III

454 Nach § 159 Abs. 1 Satz 1 SGB III ruht der Anspruch für die Dauer einer Sperrzeit, wenn der Arbeitnehmer sich versicherungswidrig verhalten hat, ohne dafür einen wichtigen Grund zu haben. Gemäß § 159 Abs. 1 Satz 2 Nr. 1, 1. Var. SGB III liegt ein versicherungswidriges Verhalten vor, wenn der Arbeitslose das Beschäftigungsverhältnis gelöst und dadurch vorsätzlich oder grob fahrlässig die Arbeitslosigkeit herbeigeführt hat.[36] Hiernach müsste der K sich im Sinne des § 159 Abs. 1 Satz 2 Nr. 1, 1. Var. SGB III versicherungswidrig verhalten haben, ohne dafür nach § 159 Abs. 1 Satz 1 SGB III einen wichtigen Grund gehabt zu haben. Bezogen auf die Frage eines versicherungswidrigen Verhaltens des K nach § 159 Abs. 1 Satz 2 Nr. 1, 1. Var. SGB III ist im Einzelnen zu prüfen, ob der K das Beschäftigungsverhältnis mit der P-AG gelöst hat,[37] des Weiteren zwischen der **Lösung des Beschäftigungsverhältnisses** und dem Eintritt der Arbeitslosigkeit des K ein **Zurechnungszusammenhang** besteht[38] und der K die **Arbeitslosigkeit vorsätzlich oder grob fahrlässig herbeigeführt** hat.[39] Sofern die vorgenannten Voraussetzungen des Sperrzeittatbestands des § 159 Abs. 1 Satz 2 Nr. 1, 1. Var. SGB III gegeben sind und damit ein versicherungswidriges Verhalten des K vorliegt, ist weiter zu untersuchen, ob es für das versicherungswidrige Verhalten des K **an einem wichtigen Grund im Sinne des § 159 Abs. 1 Satz 1 SGB III fehlt.**[40]

---

35 Vgl. BSG 8.12.1994 – 11 RAr 41/94 – juris Rn. 15.

36 Sog. Lösungstatbestand. Darüber hinaus regelt § 159 Abs. 1 Satz 2 Nr. 1, 2. Var. SGB III eine Sperrzeit bei Arbeitsaufgabe wegen arbeitsvertragswidrigen Verhaltens, die vorliegend nicht in Betracht kommt.

37 S. Rn. 455 ff.

38 S. Rn. 458.

39 Dazu Rn. 459.

40 S. Rn. 460 ff.

2. Prüfung der Voraussetzungen der Sperrzeit bei Arbeitsaufgabe nach § 159 Abs. 1 Sätze 1, 2 Nr. 1, 1. Var. SGB III

a) Versicherungswidriges Verhalten

aa) Lösung des Beschäftigungsverhältnisses. Für die Frage, ob sich der K im Sinne des Sperrzeittatbestands des § 159 Abs. 1 Satz 2 Nr. 1, 1. Var. SGB III versicherungswidrig verhalten hat, ist als erste Voraussetzung zu prüfen, ob der K das Beschäftigungsverhältnis mit der P-AG gelöst hat. Nach der Rechtsprechung des BSG ist der Begriff der Lösung des Beschäftigungsverhältnisses nicht allein rechtsgeschäftlich zu beurteilen, vielmehr ist auch der tatsächliche Geschehensablauf einzubeziehen.[41] Auf jeden Fall setzt eine Lösung des Beschäftigungsverhältnisses ein aktives Verhalten des Arbeitnehmers voraus.[42] 455

Ausgehend von dem vorstehend skizzierten Begriff der Lösung des Beschäftigungsverhältnisses könnte der K sein Beschäftigungsverhältnis mit der P-AG dadurch gelöst haben, dass er dem Übergang seines Arbeitsverhältnisses im Zuge der Übertragung des Betriebsteils „Intensive Care" von der P-AG auf das Unternehmen M nach § 613a Abs. 1 BGB gemäß § 613a Abs. 6 BGB widersprochen hat mit der Folge, dass sein Arbeitsverhältnis nicht auf das Unternehmen M übergegangen ist und mangels einer Möglichkeit der Weiterbeschäftigung des K durch die P-AG das Arbeitsverhältnis letztlich beendet worden ist. Zwar ist in der Literatur in der Vergangenheit zum Teil die Auffassung vertreten worden, dass der Widerspruch des Arbeitnehmers gegen den Übergang seines Arbeitsverhältnisses im Falle eines (Teil)Betriebsübergangs nach § 613a Abs. 6 BGB einen Lösungssachverhalt im Sinne des § 159 Abs. 1 Satz 2 Nr. 1, 1. Var. SGB III darstellt.[43] Demgegenüber ist in Übereinstimmung mit der in der Rechtsprechung des BSG in der Literatur ganz überwiegend vertretenen Ansicht davon auszugehen, dass ein Widerspruch des Arbeitnehmers nach § 613a Abs. 6 BGB mit der Folge eines Verlusts des Arbeitsplatzes aufgrund fehlender Weiterbeschäftigungsmöglichkeit bei dem Veräußerer keinen Lösungstatbestand darstellt.[44] Dafür spricht ganz wesentlich, dass der Widerspruch seiner Zielrichtung nach gerade darauf gerichtet ist, das Arbeitsverhältnis mit dem bisherigen Arbeitgeber zu erhalten.[45] Es besteht weder eine gesetzliche noch eine arbeitsvertragliche Verpflichtung zum Arbeitgeberwechsel.[46] Abgesehen davon stellt sich die Ausübung des Widerspruchsrechts primär als Reaktion auf die unternehmerische Entscheidung des Arbeitgebers dar, einen Betriebsübergang ganz oder teilweise durchzuführen.[47] Im Übrigen kann die Ausübung eines dem Arbeitnehmer gesetzlich eingeräumten Gestaltungsrechts wie das Widerspruchsrecht nach § 613a Abs. 6 BGB nicht sperrzeitrechtlich sanktioniert werden. 456

---

41 BSG 18.12.2003 – B 11 AL 35/03 R – juris Rn. 15 ff.; vgl. auch BSG 22.9.2022 – B 11 AL 31/21 R – juris Rn. 20.

42 BSG 17.10.2007 – B 11a AL 51/06 R – juris Rn. 37.

43 So *Commandeur,* NJW 1996, 2537 ff. (2544 ff.); *Engesser/Means/Klebek,* NZA 2008, 143 ff. (145 ff.); *C. Meyer,* NJW 2002, 1615 ff. (1620); *Kühl,* Die Sperrzeit bei Arbeitsaufgabe, 2007, 109 f.; *Pottmeyer,* NZA 1988, 521 ff. (523 ff.); ferner *Altenburg/Leister,* NZA 2005, 15 ff. (23 f.) für den Fall des Widerspruchs bei übertragenden Unternehmensumwandlungen, bei denen der übertragende Rechtsträger, sprich der bisherige Arbeitgeber erlischt.

44 BSG 8.7.2009 – B 11 AL 17/08 R – juris Rn. 15; aus der Literatur s. nur *Schaub/Ahrendt,* ArbR-HdB, § 118 Rn. 56; Knickrehm/*Kallert,* SozR, § 159 SGB III Rn. 26; *Klumpp,* NZA 2009, 354 ff. (356 f.); ErfK/*Rolfs,* § 159 SGB III Rn. 6; NK-GA/*Spieß,* § 159 SGB III Rn. 9.

45 S. BSG 8.7.2009 – B 11 AL 17/08 R – juris Rn. 14; ErfK/*Rolfs,* § 159 SGB III Rn. 6; NK-GA/*Spieß,* § 159 SGB III Rn. 9.

46 S. nur *Schaub/Ahrendt,* ArbR-HdB, § 118 Rn. 56.

47 BSG 8.7.2009 – B 11 AL 17/08 R – juris Rn. 16; *Klumpp,* NZA 2009, 354 ff. (357).

457 Allerdings könnte der K durch Abschluss des Aufhebungsvertrags mit der P-AG, der das Arbeitsverhältnis mit Wirkung zum Ablauf des 31. März 2026 gegen Zahlung einer Abfindung beendet hat, das Beschäftigungsverhältnis mit der P-AG gelöst haben. Unter Anknüpfung an den oben dargelegten Begriff der Lösung des Beschäftigungsverhältnisses[48] ist das der Fall. Mit dem Abschluss des Aufhebungsvertrags hat der K rechtsgeschäftlich im Zusammenwirken mit der P-AG das Arbeitsverhältnis beendet und damit aktiv unmittelbar zur Lösung des Beschäftigungsverhältnisses beigetragen.

458 bb) **Kausalität zwischen der Lösung des Beschäftigungsverhältnisses und dem Eintritt der Arbeitslosigkeit.** Ein versicherungswidriges Verhalten des K im Sinne des § 159 Abs. 1 Satz 2 Nr. 1, 1. Var. SGB III ist des Weiteren nur dann gegeben, wenn zwischen der Lösung des Beschäftigungsverhältnisses und dem Eintritt der Arbeitslosigkeit ein ursächlicher Zurechnungszusammenhang besteht. Die Lösung des Beschäftigungsverhältnisses muss kausal den Eintritt der Arbeitslosigkeit des K herbeigeführt haben. Nach der im Sozialrecht maßgeblichen **Zurechnungslehre der wesentlichen Bedingung**[49] ist eine Bedingung wesentlich, wenn sie neben anderen Bedingungen wegen ihrer besonderen Beziehung zum Erfolg zu dessen Eintritt wesentlich mitgewirkt hat.[50] Auch wenn die Veräußerung des Betriebsteils „Intensive Care“ wie auch der Widerspruch des K gegen den Übergang seines Arbeitsverhältnisses sowie die fehlende Möglichkeit einer Weiterbeschäftigung des K durch die P-AG und die mit Bestimmtheit in Aussicht gestellte Kündigung zum 31. März 2026 als Bedingungen mit dazu beigetragen haben, dass der K letztlich aus dem Beschäftigungsverhältnis mit der P-AG ausgeschieden ist, so hat doch der Aufhebungsvertrag als wesentliche Bedingung die Beendigung des Arbeitsverhältnisses und damit den Eintritt der Arbeitslosigkeit des K ab dem 1. April 2026 herbeigeführt. Hiernach ist die Kausalität zwischen der Lösung des Beschäftigungsverhältnisses und dem Eintritt der Arbeitslosigkeit zu bejahen. Der unter Anwendung der sozialrechtlichen Kausallehre von der wesentlichen Bedingung vorliegende Zurechnungszusammenhang wird nicht dadurch in Frage gestellt, dass die P-AG mit Bestimmtheit eine betriebsbedingte Kündigung des K mit Wirkung zum 31. März 2026 in Aussicht gestellt hatte. Nach der Rechtsprechung des BSG werden bei der Frage der Kausalität zwischen der Lösung des Beschäftigungsverhältnisses und dem Eintritt der Arbeitslosigkeit hypothetische Kausalverläufe grds. nicht berücksichtigt, die Frage der Ursächlichkeit ist allein nach dem tatsächlichen Geschehensablauf zu beurteilen.[51] Damit ist der ursächliche Zusammenhang zwischen der Lösung des Beschäftigungsverhältnisses durch K mit dem Abschluss des Aufhebungsvertrags und dem Eintritt der Arbeitslosigkeit ab dem 1. April 2026 zu bejahen.

459 cc) **Vorsätzliche oder grob fahrlässige Herbeiführung der Arbeitslosigkeit.** Schließlich liegt ein versicherungswidriges Verhalten des K im Sinne des § 159 Abs. 1 Satz 2 Nr. 1, 1. Var. SGB III nur vor, wenn der K vorsätzlich oder grob fahrlässig und damit **schuldhaft** den Eintritt der Arbeitslosigkeit herbeigeführt hat. Insoweit ist für die Beurteilung des Verschuldens ein subjektiver Sorgfaltsmaßstab zugrunde zu legen, also ein an den Kenntnissen und Fähigkeiten des Arbeitslosen ausgerichteter individueller Maßstab.[52] Bezugspunkt des Verschuldens ist allein die Herbeiführung der Arbeitslosigkeit,

---

48 S. oben Rn. 456.

49 S. dazu ausf. BSG 28.6.1991 – 11 RAr 81/90 – juris Rn. 20 ff.

50 BSG 28.6.1991 – 11 RAr 81/90 – juris Rn. 20.

51 BSG 25.4.2002 – B 11 AL 65/01 R – juris Rn. 19; s. auch BSG 12.7.2006 – B 11a AL 47/05 R – juris Rn. 12; aus der Literatur s. etwa *Brand/Karmanski*, SGB III, § 159 Rn. 22; BeckOGK SozR/*Lauterbach*, § 159 SGB III Rn. 99 (Stand: 1.2.2021); ErfK/*Rolfs*, § 159 SGB III Rn. 16; LPK-SGB III/*Schaumberg*, § 159 Rn. 16; NK-GA/*Spieß*, § 159 SGB III Rn. 24; anderes gilt dann, wenn bei pflichtgemäßer Vermittlung der Agentur für Arbeit die Arbeitslosigkeit nicht eingetreten wäre, s. BSG 28.6.1991 – 11 RAr 81/90 – juris Rn. 24 f.

52 S. nur LPK-SGB III/*Schaumberg*, § 159 Rn. 20; NK-SGB III/*Scholz*, § 159 Rn. 47.

nicht die Beendigung des Arbeitsverhältnisses.[53] Eine vorsätzliche Herbeiführung der Arbeitslosigkeit ist dann gegeben, wenn der Arbeitnehmer im Zeitpunkt der Lösung das Beschäftigungsverhältnis trotz Fehlens konkreter Aussichten auf einen Anschlussarbeitsplatz die Arbeitslosigkeit bewusst und gewollt herbeigeführt hat. Für vorsätzliches Handeln genügt auch die billigende Inkaufnahme der Herbeiführung der Arbeitslosigkeit.[54] Von dem Vorliegen einer mindestens grob fahrlässigen Herbeiführung der Arbeitslosigkeit ist auszugehen, wenn der Arbeitnehmer im Zeitpunkt der Lösung auf den für ihn in Betracht kommenden Arbeitsmarkt vernünftigerweise nicht mit einem Anschlussarbeitsplatz rechnen konnte. Das ist der Fall, wenn im Zeitpunkt der Lösung nicht mindestens konkrete Aussichten auf einen Arbeitsplatz bestanden.[55] In Fällen einer Kündigung des Arbeitnehmers oder einer einvernehmlichen Auflösung des Arbeitsverhältnisses ist in der Regel davon auszugehen, dass der Arbeitnehmer vorsätzlich den Eintritt der Arbeitslosigkeit herbeiführt, wenn er im Zeitpunkt der Lösung weiß, dass eine konkrete Aussicht auf einen Anschlussarbeitsplatz nach dem Ende des Beschäftigungsverhältnisses nicht bestand.[56] Danach ist vorliegend davon auszugehen, dass der K seine Arbeitslosigkeit vorsätzlich herbeigeführt hat. Aus dem Sachverhalt geht hervor, dass der K im Zeitpunkt des Abschlusses des Aufhebungsvertrags keine konkreten Aussichten auf einen Anschlussarbeitsplatz hatte und ihm dies auch bewusst war. Damit hat er seine Arbeitslosigkeit bewusst und gewollt herbeigeführt.

b) **Fehlen eines wichtigen Grundes.** Der Sperrzeittatbestand bei Arbeitsaufgabe setzt neben dem Vorliegen des versicherungswidrigen Verhaltens im Sinne des § 159 Abs. 2 Nr. 1, 1. Var. SGB III nach § 159 Abs. 1 Satz 1 SGB III voraus, dass der Arbeitslose für das versicherungswidrige Verhalten keinen wichtigen Grund hat. Mithin kommt vorliegend ein Ruhen des Anspruchs des K auf Arbeitslosengeld nur dann nicht in Betracht, wenn das versicherungswidrige Verhalten des K[57] von einem wichtigen Grund getragen ist. Nach der ständigen Rechtsprechung des BSG ist über das Vorliegen eines wichtigen Grundes unter Berücksichtigung des Ziels der Sperrzeitregelung zu entscheiden.[58] Diese soll die Versichertengemeinschaft vor Risiken schützen, deren Eintritt der Versicherte selbst zu vertreten hat.[59] Deshalb soll eine Sperrzeit nur eintreten, wenn dem Versicherten unter Berücksichtigung aller Umstände des Einzelfalls und unter Abwägung seiner Interessen mit denen der Versichertengemeinschaft ein anderes Verhalten zugemutet werden kann.[60] Die Frage der Zumutbarkeit ist objektiv zu beurteilen, nicht nach den subjektiven Vorstellungen des Arbeitslosen.[61] Der wichtige Grund muss nicht nur die Lösung des Beschäftigungsverhältnisses, sondern auch den konkreten Zeitpunkt der Lösung decken.[62] **460**

Unter Zugrundelegung der vorstehend dargelegten allgemeinen Grundsätze ist bezogen auf den hier vorliegenden Fall zu prüfen, ob dem K für die Lösung seines Beschäfti- **461**

53 LSG BW 19.4.2023 – L 8 AL 1022/22 – juris Rn. 34.

54 BSG 15.5.1985 – 7 RAr 83/83 – juris Rn. 31.

55 BSG 12.10.2017 – B 11 AL 17/16 R – juris Rn. 15; BSG 12.7.2006 – B 11a AL 55/05 R – juris Rn. 17.

56 Vgl. BSG 12.10.2017 – B 11 AL 17/16 R – juris Rn. 15; BSG 12.9.2017 – B 11 AL 25/16 R – juris Rn. 15; BSG 12.7.2006 – B 11a AL 55/05 R – juris Rn. 17.

57 S. oben Rn. 455 ff.

58 BSG 12.10.2017 – B 11 AL 17/16 R – juris Rn. 16; BSG 2.5.2012 – B 11 AL 6/11 R – juris Rn. 17; BSG 17.10.2007 – B 11a AL 51/06 R – juris Rn. 35; BSG 25.4.2002 – B 11 AL 100/01 R – juris Rn. 21.

59 BSG 12.10.2017 – B 11 AL 17/16 R – juris Rn. 16; BSG 2.5.2012 – B 11 AL 6/11 R – juris Rn. 17; BSG 17.10.2007 – B 11a AL 51/06 R – juris Rn. 35; BSG 25.4.2002 – B 11 AL 100/01 R – juris Rn. 21.

60 BSG 12.10.2017 – B 11 AL 17/16 R – juris Rn. 16; BSG 2.5.2012 – B 11 AL 6/11 R – juris Rn. 17; BSG 17.10.2007 – B 11a AL 51/06 R – juris Rn. 35; BSG 25.4.2002 – B 11 AL 100/01 R – juris Rn. 21.

61 BSG 12.10.2017 – B 11 AL 17/16 R – juris Rn. 16; BSG 2.5.2012 – B 11 AL 6/11 R – juris Rn. 17; BSG 17.10.2007 – B 11a AL 51/06 R – juris Rn. 35.

62 BSG 12.10.2017 – B 11 AL 17/16 R – juris Rn. 16; BSG 25.4.2002 – B 11 AL 100/01 R – juris Rn. 21.

gungsverhältnisses durch den Abschluss eines Aufhebungsvertrags verbunden mit einer Abfindungsvereinbarung vor dem Hintergrund einer seitens der P-AG mit Bestimmtheit in Aussicht gestellten betriebsbedingten Kündigung zum 31. März 2026 ein wichtiger Grund für sein versicherungswidriges Verhalten zur Seite stand. Bezogen auf die hier in Frage stehende Fallkonstellation der Lösung des Beschäftigungsverhältnisses durch Aufhebungsvertrag geht das BSG davon aus, dass sich ein Arbeitnehmer auf einen wichtigen Grund berufen kann, wenn ihm der Arbeitgeber mit einer nach arbeitsrechtlichen Maßstäben objektiv rechtmäßigen betriebsbedingten Kündigung zu dem Zeitpunkt droht, zu dem der Arbeitnehmer das Arbeitsverhältnis löst und ihm die Hinnahme der Kündigung nicht zuzumuten ist.[63] Zwar ist ein wichtiger Grund nicht ohne Weiteres gegeben, wenn der Arbeitnehmer dem Ausspruch einer drohenden Kündigung zuvorkommt.[64] Vielmehr ist es dem Arbeitnehmer grds. zuzumuten, die Kündigung des Arbeitgebers abzuwarten, sofern nicht besondere Umstände vorliegen.[65] Solche besonderen Umstände sind z. B. dann gegeben, wenn dem Arbeitnehmer eine rechtmäßige Kündigung des Arbeitgebers aus einem von seinem Verhalten unabhängigen Grund zu dem Zeitpunkt droht, zu dem er das Arbeitsverhältnis löst und durch die einverständliche Lösung im Wege eines Aufhebungsvertrags Nachteile vermeiden kann, die sich durch eine Kündigung für das berufliche Fortkommen des Arbeitnehmers ergeben würden.[66] Des Weiteren ist in dem Fall, dass der Aufhebungsvertrag mit einer Abfindungsvereinbarung verknüpft wird, anerkannt, dass dieser Umstand grds. nicht der Annahme eines wichtigen Grundes entgegensteht. Vielmehr kann auch das Interesse des Arbeitnehmers, sich bei einer ohnehin nicht zu vermeidenden Beschäftigungslosigkeit zumindest eine Abfindung zu sichern, schützenswert sein und das Abwarten einer Arbeitgeberkündigung für den Arbeitnehmer unzumutbar machen.[67]

462 Hiernach ist bei der hier in Frage stehenden Fallkonstellation von einer Unzumutbarkeit des Abwartens der Arbeitgeberkündigung und damit von dem Vorliegen eines wichtigen Grundes auszugehen, wenn der Arbeitgeber eine Kündigung mit Bestimmtheit in Aussicht stellt,[68] die drohende Arbeitgeberkündigung auf einem von dem Verhalten des Arbeitnehmers unabhängigen Grund beruht,[69] also auf betriebliche oder personenbezogene Gründe gestützt wird, die drohende Kündigung zu demselben Zeitpunkt wirksam geworden wäre, zu dem das Arbeitsverhältnis durch Lösung mittels Aufhebungsvertrags[70] beendet wird, die arbeitgeberseitig maßgebliche Kündigungsfrist eingehalten wird, kein die ordentliche Kündigung des Arbeitnehmers ausschließender Kündigungsschutz besteht und der Arbeitnehmer die Zahlung einer Abfindung erreichen will.[71] Ausgehend von den vorstehend genannten Kriterien hatte der K für sein versicherungswidriges Verhalten einen wichtigen Grund. Aus dem Sachverhalt geht hervor, dass die P-AG dem K mit Bestimmtheit eine Kündigung in Aussicht gestellt hat, die als betriebs-

---

63 S. BSG 2.5.2012 – B 11 AL 6/11 R – juris Rn. 18; BSG 8.7.2009 – B 11 AL 17/08 R – juris Rn. 19.
64 BSG 25.4.2002 – B 11 AL 100/01 R – juris Rn. 22.
65 BSG 25.4.2002 – B 11 AL 100/01 R – juris Rn. 22.
66 BSG 25.4.2002 – B 11 AL 100/01 R – juris Rn. 22.
67 BSG 8.7.2009 – B 11 AL 17/08 R – juris Rn. 19; BSG 2.5.2012 – B 11 AL 6/11 R – juris Rn. 18 i. V. m. Rn. 26; a. A. die frühere Rechtsprechung des BSG, s. BSG 25.4.2002 – B 11 AL 100/01 R – juris Rn. 22.
68 Die subjektive Erwartung einer Kündigung aus der Sicht des Arbeitnehmers reicht nicht, s. etwa LSG Hamburg 21.3.2018 – L 2 AL 17/17 – juris. Rn. 22 f.
69 BSG 25.4.2002 – B 11 AL 100/01 R – juris Rn. 22.
70 Oder Eigenkündigung des Arbeitnehmers.
71 Die vorstehend dargelegten Kriterien werden auch in den Fachlichen Weisungen der Bundesagentur für Arbeit als Voraussetzungen für die Anerkennung eines wichtigen Grundes zugrunde gelegt, s. Fachliche Weisungen Arbeitslosengeld zu § 159 SGB III unter 159.1.2.1.1, 2. Absatz (Stand: 12/2023); sofern die Höhe der Abfindung 0,5 Bruttomonatsgehälter je Beschäftigungsjahr nicht übersteigt, ist nach der Rechtsprechung des BSG von den Agenturen für Arbeit grds. nicht zu prüfen, ob die drohende Arbeitgeberkündigung rechtmäßig gewesen wäre, s. dazu ausf. BSG 2.5.2012 – B 11 AL 6/11 R – juris Rn. 22 ff.

bedingte Kündigung auf einem von dem Verhalten des K unabhängigen Grund beruhte. Des Weiteren sollte die angedrohte Kündigung das Arbeitsverhältnis mit Wirkung zum 31. März 2026 beenden, also zu demselben Zeitpunkt, zu dem das Arbeitsverhältnis durch den Aufhebungsvertrag beendet worden ist. Darüber hinaus wurde bei der Beendigung des Arbeitsverhältnisses auch die für die P-AG im Fall des Ausspruchs einer betriebsbedingten Kündigung maßgebliche Kündigungsfrist eingehalten, die aufgrund der mehr als 20jährigen Betriebszugehörigkeit des K nach § 622 Abs. 2 Nr. 7 BGB sieben Monate zum Ende eines Kalendermonats betrug. Des Weiteren ergeben sich aus dem Sachverhalt keine Anhaltspunkte für eine ordentliche Unkündbarkeit des K, die eine Beendigung des Arbeitsverhältnisses durch arbeitgeberseitige Kündigung erheblich erschwert hätte. Schließlich hatte der K auch das in der Rechtsprechung des BSG als schützenswert anerkannte Interesse, durch den Abschluss des Aufhebungsvertrags die Zahlung einer Abfindung zu erreichen. Damit lagen die Voraussetzungen eines wichtigen Grundes vor.

II. Ergebnis

Der Anspruch des K auf Arbeitslosengeld dem Grunde nach ruht nicht wegen einer Sperrzeit bei Arbeitsaufgabe nach § 159 Abs. 1 Sätze 1, 2 Nr. 1, 1. Var. SGB III. **463**

Hinweis:

Für den Fall, dass die Voraussetzungen einer Sperrzeit bei Arbeitsaufgabe nach § 159 Abs. 1 Sätze 1, 2 Nr. 1 SGB III vorliegen, können über das Ruhen des Anspruchs auf Arbeitslosengeld nach § 159 SGB III hinaus weitere rechtliche Folgen in Betracht kommen, s. dazu näher *Boecken*, SGb 2020, 713 ff.

Zur Wiederholung und Vertiefung:

Zum Anspruch auf Arbeitslosengeld: *Muckel/Ogorek/Rixen*, SozR, § 12 Rn. 66 ff.; FPB/*Ulber*, Sozialversicherungsrecht, §§ 55 f.; MHdB-ArbR/*Wißmann*, § 29 Rn. 102–110.
Zum Widerspruchsrecht des Arbeitnehmers bei Betriebsübergang: Staudinger/*Annuß*, BGB § 613a Rn. 302, 347; NK-GA/*Breinlinger*, § 613a Rn. 165, 179.

Fall 12

Sachverhalt Fall 12

Der 1988 geborene X ist ein begeisterter Sporttaucher. Im Juli 2023 nahm er bei einer Tauchschule im Rahmen eines Arbeitsverhältnisses eine Tätigkeit als Tauchassistent gegen ein monatliches Arbeitsentgelt in Höhe von EUR 3.300,00 auf. Der Kern seiner Tätigkeit war die Unterrichtung von Tauchschülern nach einem von der Tauchschule vorgegebenen Konzept, das Vorgaben hinsichtlich Zeit, Dauer, Ort und Art des zu erteilenden Unterrichts enthielt. Zuvor hatte der X vier Jahre zuhause als „Hausmann" verbracht, um den damals 14jährigen Sohn S bis zur Vollendung des 18. Lebensjahres zu erziehen.
Bei einem Tauchgang am 3. Juni 2025 erleidet der X einen Unfall, der von der zuständigen Berufsgenossenschaft als Arbeitsunfall anerkannt wird. Aufgrund des Unfalls ist der X nicht mehr in der Lage, noch mindestens drei Stunden täglich unter den üblichen Bedingungen auf dem allgemeinen Arbeitsmarkt erwerbstätig zu sein.
Nach der zum 31. August 2025 erfolgten Beendigung des Arbeitsverhältnisses mit der Tauchschule beantragt der X im September 2025 bei dem zuständigen Rentenversicherungsträger R eine Rente wegen voller Erwerbsminderung. Der Rentenversicherungsträger R lehnt den Antrag auf Zahlung einer Rente wegen voller Erwerbsminderung insbesondere mit dem Hinweis auf das Fehlen der versicherungsrechtlichen Voraussetzungen ab. Der Ablehnungsbescheid wird dem X verbunden mit einer ordnungsgemäßen Rechtsbehelfsbelehrung am Freitag, dem 27. März 2026 förmlich zugestellt. Mit einem Schreiben vom 15. April 2026, das dem Rentenversicherungsträger R am 21. April 2026 zugegangen ist, erhebt der X Widerspruch gegen den Ablehnungsbescheid.

Hat der Widerspruch des X gegen den Ablehnungsbescheid des Rentenversicherungsträgers R Aussicht auf Erfolg?

Prüfungsaufbau Fall 12

A. Zulässigkeit des Widerspruchs
- **I. Überblick über die Zulässigkeitsvoraussetzungen**
- **II. Prüfung der Zulässigkeitsvoraussetzungen**
  - 1. Eröffnung des Sozialrechtswegs
    - a) Rechtliche Grundlagen für die Bestimmung des Rechtswegs
    - b) Voraussetzungen für die Eröffnung des Sozialrechtswegs
      - aa) Öffentlich-rechtliche Streitigkeit
      - bb) Streitigkeit nichtverfassungsrechtlicher Art
      - cc) Abdrängende Sonderzuweisung
    - c) Zwischenergebnis
  - 2. Statthaftigkeit des Widerspruchs
    - a) Zusammenhang zwischen der Abhängigkeit des Widerspruchs und der Erforderlichkeit eines Vorverfahrens vor Erhebung der in Betracht kommenden Klageart
    - b) Prüfung der in Betracht kommenden Klageart
      - aa) Anfechtungsklage
      - bb) Verpflichtungsklage
      - cc) Unechte Leistungsklage
    - c) Zwischenergebnis
  - 3. Widerspruchsbefugnis des X
  - 4. Beteiligungs- und Handlungsfähigkeit des X
  - 5. Frist, Form und Adressat des Widerspruchs
- **III. Zwischenergebnis**

B. Begründetheit des Widerspruchs
- **I. Überblick über die materiell-rechtlichen Voraussetzungen für den Anspruch auf eine Rente wegen voller Erwerbsminderung**
- **II. Prüfung der materiell-rechtlichen Voraussetzungen**
  - 1. Versichertenstatus des X
  - 2. Vorliegen einer vollen Erwerbsminderung
  - 3. Erfüllung der sog. Drei-Fünftel-Belegung
  - 4. Erfüllung der allgemeinen Wartezeit
  - 5. Kein Ausschluss des Anspruchs auf Rente wegen voller Erwerbsminderung wegen Erreichens der Regelaltersgrenze
- **III. Zwischenergebnis**

C. Ergebnis

Lösung Fall 12

A. Zulässigkeit des Widerspruchs

I. Überblick über die Zulässigkeitsvoraussetzungen

Der Widerspruch des X hat Aussicht auf Erfolg, wenn er zulässig und begründet ist.[1] 464
Im Rahmen der Zulässigkeit ist im Wesentlichen die Eröffnung des Sozialrechtswegs,[2]

1 Zur Begründetheit des Widerspruchs s. unter B., Rn. 480.
2 S. Rn. 465 ff.

die Statthaftigkeit des Widerspruchs,[3] die Widerspruchsbefugnis des X,[4] die Beteiligungs- und Handlungsfähigkeit des X[5] sowie Frist, Form und Adressat des Widerspruchs[6] zu prüfen.

II. Prüfung der Zulässigkeitsvoraussetzungen

1. Eröffnung des Sozialrechtswegs

465 **a) Rechtliche Grundlagen für die Bestimmung des Rechtswegs.** Die Zulässigkeit der Erhebung des Widerspruchs durch X gegen den Ablehnungsbescheid des Rentenversicherungsträgers R, bei dem es sich um einen Verwaltungsakt handelt, auf der Grundlage von § 78 SGG setzt die Eröffnung des Sozialrechtswegs voraus. Das folgt aus der auf Rechtsbehelfe gegen Verwaltungsakte bezogenen Regelung des § 62 Hs. 1 SGB X. Danach gelten für förmliche Rechtsbehelfe gegen Verwaltungsakte, wenn der Sozialrechtsweg gegeben ist, das Sozialgerichtsgesetz, wenn der Verwaltungsrechtsweg gegeben ist, die Verwaltungsgerichtsordnung und die zu ihrer Ausführung ergangenen Rechtsvorschriften, soweit nicht durch Gesetz etwas anderes bestimmt ist.[7] Mithin sind nach § 62 Hs. 1 SGB X für den förmlichen Rechtsbehelf des Widerspruchs für den Fall, dass der Sozialrechtweg gegeben ist, die §§ 78 ff. SGG, wenn der Verwaltungsrechtsweg gegeben ist, die §§ 68 ff. VwGO anzuwenden. Die Frage, ob der Sozialrechtsweg oder der Verwaltungsrechtsweg eröffnet ist, wird nicht durch § 62 Hs. 1 SGB X entschieden, sondern bestimmt sich nach § 40 Abs. 1 Satz 1 VwGO. Danach ist der Verwaltungsrechtsweg in allen öffentlich-rechtlichen Streitigkeiten nichtverfassungsrechtlicher Art eröffnet, sofern die Streitigkeiten nicht durch Bundesgesetz einem anderen Gericht ausdrücklich zugewiesen sind (sog. abdrängende Sonderzuweisung).[8] Hiernach ist für die Frage der Eröffnung des Sozialrechtwegs für den Widerspruch des X zu prüfen, ob vorliegend zwischen X und R eine öffentlich-rechtliche Streitigkeit[9] nichtverfassungsrechtlicher Art[10] in Frage steht, bzgl. derer **aufgrund einer abdrängenden Sonderzuweisung**[11] **der Sozialrechtsweg eröffnet** ist.

b) Voraussetzungen für die Eröffnung des Sozialrechtswegs

466 **aa) Öffentlich-rechtliche Streitigkeit.** Für die Eröffnung des Sozialrechtswegs ist zunächst zu prüfen, ob zwischen X und R eine öffentlich-rechtliche Streitigkeit vorliegt. Das ist ausgehend von der sog. **modifizierten Subjektstheorie**[12] der Fall, wenn die streitentscheidenden Normen ihrer Rechtsnatur nach öffentlich-rechtlich sind,[13] sprich in jedem denkbaren Anwendungsfall einen Träger öffentlicher Gewalt *als solchen*, d. h.,

3 S. Rn. 470 ff.
4 Dazu Rn. 475 f.
5 S. Rn. 477.
6 S. Rn. 487.
7 Im Übrigen gelten nach § 62 Hs. 2 SGB X die Vorschriften des SGB X.
8 S. nur BSG 22.2.1979 – 8b RK 4/78 – juris Rn. 14.
9 S. folgend unter Rn. 466.
10 Dazu unter Rn. 467.
11 S. unter Rn. 468.
12 S. dazu und zu den alternativen Abgrenzungstheorien zwischen Privatrecht und öffentlichem Recht ausf. etwa *Detterbeck*, VerwR-AT, Rn. 1323 ff.; *Hufen*, Verwaltungsprozessrecht, § 11 Rn. 14 ff.; *Maurer/Waldhoff*, VerwR-AT, § 3 Rn. 10 ff.; MKS/*Keller*, SGG, § 51 Rn. 3–5 m. w. N.; *Schenke*, Verwaltungsprozessrecht, Rn. 115 ff.; *Sodan/Ziekow*, Grundkurs ÖR, § 67 Rn. 5 ff.
13 *Detterbeck*, VerwR-AT, Rn. 1324; *Hufen*, Verwaltungsprozessrecht, § 11 Rn. 17; *Maurer/Waldhoff*, VerwR-AT, § 3 Rn. 13.

in dessen Eigenschaft als Hoheitsträger[14] berechtigen oder verpflichten.[15] Als streitentscheidende Regelung kommt vorliegend insbesondere § 43 SGB VI in Betracht. Durch diese Norm wird ausschließlich der Träger der Rentenversicherung als Teil der mittelbaren Staatsverwaltung[16] in seiner Funktion als Hoheitsträger bezogen auf die Gewährung einer Rente auf Erwerbsminderung unter den in § 43 SGB VI näher bezeichneten Voraussetzungen verpflichtet. Damit handelt es sich bei § 43 SGB VI um eine öffentlichrechtliche Vorschrift. Eine öffentlich-rechtliche Streitigkeit liegt demnach vor.

bb) Streitigkeit nichtverfassungsrechtlicher Art. Des Weiteren müsste die Streitigkeit nach § 40 Abs. 1 Satz 1 VwGO nichtverfassungsrechtlicher Art sein.[17] Eine verfassungsrechtliche Streitigkeit war nach bisheriger Definition gegeben, wenn die Streitbeteiligten unmittelbar am Verfassungsleben teilnehmen und es im Kern um die Anwendung und Auslegung von Verfassungsrecht geht (sog. **doppelte Verfassungsunmittelbarkeit**).[18] Die jüngere Rechtsprechung des BVerwG stellt demgegenüber nur noch auf den materiellen Gehalt der Streitigkeit ab. Eine verfassungsrechtliche Streitigkeit liegt hiernach vor, wenn das streitige Rechtsverhältnis maßgeblich vom Verfassungsrecht geformt ist.[19] Entscheidend ist, ob es im Kern des Rechtsstreits um das staatsorganisatorische Können, Dürfen oder Müssen eines Verfassungsrechtssubjekts als solches, das heißt gerade um dessen besondere verfassungsrechtliche Funktionen und Kompetenzen geht.[20] Das ist hier nicht der Fall, sodass es sich um eine nichtverfassungsrechtliche Streitigkeit handelt. 467

cc) Abdrängende Sonderzuweisung. Möglicherweise ist die Streitigkeit durch eine sog. abdrängende Sonderzuweisung einem anderen Gericht durch Bundesgesetz ausdrücklich i. S. d. § 40 Abs. 1 Satz 1 VwGO zugewiesen. Das könnte nach § 51 Abs. 1 SGG der Fall sein. Diese Regelung enthält eine abdrängende Sonderzuweisung zu den Sozialgerichten.[21] Gemäß § 51 Abs. 1 Nr. 1 SGG entscheiden die Gerichte der Sozialgerichtsbarkeit über öffentlich-rechtliche Streitigkeiten in Angelegenheiten der gesetzlichen Rentenversicherung einschließlich der Alterssicherung der Landwirte. Gegenstand des hier in Frage stehenden Streits ist das Vorliegen der Voraussetzungen eines Anspruchs des X auf eine Rente wegen voller Erwerbsminderung nach § 43 SGB VI. Hierbei handelt es sich, wie bereits ausgeführt,[22] um eine öffentlich-rechtliche Streitigkeit. Darüber hinaus ist die Leistung einer Rente wegen voller Erwerbsminderung eine Angelegenheit der gesetzlichen Rentenversicherung im Sinne des § 51 Abs. 1 Nr. 1 SGG. 468

---

14 S. grdl. *Bachof*, BVerwG-Festgabe, 1 ff. (9).

15 S. *Detterbeck*, VerwR-AT, Rn. 1324; *Hufen*, Verwaltungsprozessrecht, § 11 Rn. 17; *Maurer/Waldhoff*, VerwR-AT, § 3 Rn. 13; *Schenke*, Verwaltungsprozessrecht, Rn. 118.

16 Nach § 29 Abs. 1 SGB IV sind die Träger der Sozialversicherung (Versicherungsträger) rechtsfähige Körperschaften des öffentlichen Rechts mit Selbstverwaltung. S. zur mittelbaren Staatsverwaltung etwa *Maurer/Waldhoff*, VerwR-AT, § 23 Rn. 34.

17 Diese Voraussetzung muss auch für die Eröffnung des Sozialrechtsweg gegeben sein, auch wenn § 51 SGG in Abweichung zu § 40 Abs. 1 Satz 1 VwGO dieses Erfordernis nicht ausdrücklich erwähnt. Der Grund hierfür liegt darin, dass § 51 SGG einen Teil der in der Generalklausel des § 40 Abs. 1 Satz 1 VwGO genannten Streitigkeiten den Gerichten der Sozialgerichtsbarkeit zuweist und insoweit die Zuständigkeit der allgemeinen Verwaltungsgerichtsbarkeit zugunsten einer besonderen Verwaltungsgerichtsbarkeit – der Sozialgerichtsbarkeit – verdrängt. Das den Verwaltungsrechtsweg schlechthin umfassende Tatbestandsmerkmal „Streitigkeiten nichtverfassungsrechtlicher Art" des § 40 Abs. 1 Satz 1 VwGO ist in § 51 Abs. 1 SGG entbehrlich, da diese Norm nur einen Teil der in § 40 Abs 1 VwGO genannten Streitigkeiten herausgreift, s. dazu nur BSG 22.2.1979 – 8b RK 4/78 – juris Rn. 14; MKS/*Keller*, SGG, § 51 Rn. 12.

18 S. BVerwG 28.11.1975 – VII C 53/73 – juris Rn. 13; OVG Berlin-Brandenburg 26.9.2011 – OVG 3a B 5.11 – juris Rn. 24; *Sodan/Ziekow*, Grundkurs ÖR, § 94 Rn. 15.

19 S. BVerwG 19.4.2025 – 2 C 16.24 – juris Rn. 17.

20 S. BVerwG 19.4.2025 – 2 C 16.24 – juris Rn. 19; BVerwG 26.3.2025 – 6 C 6.23 – juris Rn. 19 ff.

21 S. nur BSG 22.2.1979 – 8b RK 4/78 juris Rn. 14.

22 S. Rn. 466.

469 c) **Zwischenergebnis.** Der Sozialrechtsweg ist eröffnet. Damit gelten für das vorliegende Widerspruchsverfahren gemäß der Vorschrift des § 62 SGB X die Regelungen des Sozialgerichtsgesetzes und insoweit insbesondere die §§ 78 ff. SGG sowie ergänzend die Vorschriften des SGB X.

2. Statthaftigkeit des Widerspruchs

470 a) **Zusammenhang zwischen der Statthaftigkeit des Widerspruchs und der Erforderlichkeit eines Vorverfahrens vor Erhebung der in Betracht kommenden Klageart.** Weitere Voraussetzung für die Zulässigkeit des Widerspruchs ist dessen Statthaftigkeit im Sozialrechtsverfahren. Diese ist gegeben, wenn im Fall der Erhebung einer Klage die Durchführung eines Vorverfahrens, das mit der Erhebung des Widerspruchs beginnt,[23] erforderlich ist. Das richtet sich im Ausgangspunkt nach § 78 SGG. Gemäß § 78 Abs. 1 Satz 1 SGG sind vor Erhebung der Anfechtungsklage die Rechtmäßigkeit und Zweckmäßigkeit des Verwaltungsakts in einem Vorverfahren nachzuprüfen. Nach § 78 Abs. 3 SGG gilt § 78 Abs. 1 Satz 1 SGG entsprechend, wenn der Antrag auf Vornahme des Verwaltungsakts abgelehnt worden ist, d. h., dass auch im Falle der Erhebung einer Verpflichtungsklage ein Vorverfahren durchzuführen ist. Für die Frage der Statthaftigkeit des Widerspruchs des X ist deshalb zu klären, welche Klageart im Fall der Erhebung einer Klage des X in Betracht käme. Das bestimmt sich nach dem Begehren des X sowie danach, welche Klagearten das Sozialgerichtsgesetz zur Verfügung stellt. Vorliegend wendet sich der X gegen die Ablehnung seines Antrags auf eine Rente wegen voller Erwerbsminderung und möchte deren Gewährung erreichen. Folglich richtet sich das Begehren des X auf die Aufhebung des ablehnenden Bescheids des Rentenversicherungsträgers R und zugleich auf die Zahlung einer Rente wegen voller Erwerbsminderung. Als zu prüfende Klagearten kommen die Erhebung einer Anfechtungsklage (§ 54 Abs. 1 Satz 1 Var. 1 SGG), einer Verpflichtungsklage (§ 54 Abs. 1 Satz 1 Var. 2 SGG) oder eine sog. unechte Leistungsklage (§ 54 Abs. 4 SGG) in Betracht.

b) Prüfung der in Betracht kommenden Klageart

471 aa) **Anfechtungsklage.** Mit der Anfechtungsklage nach § 54 Abs. 1 Satz 1 Var. 1 SGG kann die Aufhebung eines Verwaltungsakts oder seine Abänderung begehrt werden. Das Begehren des X ist jedenfalls auch auf die Aufhebung des die Gewährung einer Rente wegen voller Erwerbsminderung ablehnenden Bescheids des zuständigen Rentenversicherungsträgers R gerichtet. Bei diesem Bescheid handelt es sich um einen Verwaltungsakt i. S. v. § 31 Satz 1 SGB X. Hinsichtlich der begehrten Aufhebung des Ablehnungsbescheids ist damit die Anfechtungsklage die richtige Klageart. Allerdings erschöpft sich das Begehren des X nicht in der Aufhebung des Bescheids, denn der X erstrebt darüber hinaus die Gewährung einer Rente wegen voller Erwerbsminderung. Damit reicht jedenfalls die alleinige Erhebung der Anfechtungsklage nicht aus, um das Begehren des X vollständig zu erfassen. Kann der Kläger mit einer bestimmten Klageart nur einen Teil seines Klageziels erreichen, fehlt es an dem **Rechtsschutzbedürfnis** für die isolierte Erhebung dieser Klage.[24] Deshalb fehlt dem X hier das Rechtsschutzbedürfnis für die (isolierte) Erhebung einer Anfechtungsklage, denn sein Klagebegehren ist nicht ausschließlich auf die Aufhebung des Ablehnungsbescheids, sondern zuvörderst auf die Gewährung einer Rente wegen voller Erwerbsminderung gerichtet. Die isolierte Anfechtungsklage nach § 54 Abs. 1 Satz 1 Var. 1 SGG wäre folglich nicht die richtige Klageart.

---

23 S. § 83 SGG.

24 S. BSG 12.9.2018 – B 4 AS 39/17 R – juris Rn. 10; BSG 13.6.1985 – 7 RAr 107/83 – juris Rn. 12; BSG 3.10.1973 – 1 RA 61/72 – juris Rn. 13; Peters/Sautter/Wolf/*Hommel*, § 54 SGG Rn. 10 und 346; MKS/*Keller*, SGG § 54 Rn. 4a; Krasney/Udsching/*Udsching*, HdB-SGB, Kapitel IV. Rn. 3 f.; Hennig/*Ulmer*, SGG, § 54 Rn. 5 und 113.

bb) Verpflichtungsklage. Möglicherweise ist die Verpflichtungsklage nach § 54 Abs. 1 Satz 1 Var. 2 SGG die richtige Klageart. Eine Verpflichtungsklage i. S. d. § 54 Abs. 1 Satz 1 Var. 2 SGG ist darauf gerichtet, die Verurteilung zum Erlass eines abgelehnten oder unterlassenen Verwaltungsakts zu erstreiten. In Betracht kommt insoweit eine Klage auf den Erlass des abgelehnten Rentenbewilligungsbescheids, bei dem es sich um einen (feststellenden) Verwaltungsakt[25] i. S. d. § 31 Satz 1 SGB X handelt. Gegen die Zulässigkeit einer isolierten Verpflichtungsklage nach § 54 Abs. 1 Satz 1 Var. 2 SGG kann zunächst eingewendet werden, dass damit das Begehren des X nicht voll erschöpft wird, es mithin auch hier am Rechtsschutzbedürfnis fehlt. Denn der X begehrt neben der Gewährung einer Rente wegen voller Erwerbsminderung auch die Aufhebung des ablehnenden Bescheids. Im Unterschied zum allgemeinen Verwaltungsprozessrecht, auf das bezogen die h. M. davon ausgeht, dass die Verpflichtungsklage in ihrer Emanation als sog. Versagungsgegenklage[26] zugleich die Aufhebung des ablehnenden Verwaltungsakts umfasst,[27] geht die h. M. im Sozialrecht davon aus, dass der **ablehnende Bescheid stets kumulativ mit der Anfechtungsklage und Verpflichtungsklage angegriffen werden muss (sog. kombinierte Anfechtungs- und Verpflichtungsklage)**.[28] Allerdings ist eine **kombinierte Anfechtungs- und Verpflichtungsklage unzulässig, wenn der Kläger unmittelbar auf die Leistung klagen kann.**[29] Der Grund hierfür liegt darin, dass sich die erfolgreiche Verpflichtungsklage darauf beschränkt, den Beklagten zu *verpflichten*, den beantragten Verwaltungsakt zu erlassen, § 131 Abs. 2 Satz 1 SGG. Demgegenüber führt eine erfolgreiche Klage auf die Leistung dazu, dass der Beklagte *zu der Leistung* selbst verurteilt wird.[30] Deshalb gewährt eine (mit der Anfechtungsklage kombinierte) **Klage auf Leistung einen intensiveren Rechtsschutz als eine** (kombinierte) **Verpflichtungsklage** mit der Folge, dass letzterer das **Rechtsschutzbedürfnis fehlt**, weil der Bürger Rechtsschutz auf dem kürzesten Weg suchen muss.[31] 472

cc) Unechte Leistungsklage. Zu prüfen ist daher, ob der X vorliegend unmittelbar auf die Leistung einer Rente wegen voller Erwerbsminderung klagen kann. Das kommt im Wege der sog. **unechten Leistungsklage gemäß § 54 Abs. 4 SGG** in Betracht.[32] Diese Klageart betrifft Fälle, in denen der **Antrag** des Bürgers auf Gewährung einer **Leistung,** auf die ein **Rechtsanspruch** besteht, **abgelehnt** worden ist und nunmehr die **Aufhebung des Ablehnungsbescheids** und eine **Verurteilung des Beklagten zur Leistung** angestrebt wird.[33] Dogmatisch handelt es sich bei der sog. unechten Leistungsklage nach ganz h. M. um eine Kombination aus einer Anfechtungs- und einer Leistungsklage.[34] Das Begehren des X richtet sich auf die Gewährung einer Rente wegen voller 473

---

25 S. Peters/Sautter/Wolf/*Hommel*, § 54 SGG Rn. 118; s. auch BSG 17.7.1958 – 5 RKn 39/57 – juris Rn. 18.

26 Damit ist die Klage gegen die ausdrückliche Ablehnung eines Verwaltungsakts gemeint. Z.B., wenn die vom Bürger beantragte Baugenehmigung durch die Baurechtsbehörde abgelehnt worden ist oder die nach § 2 Abs. 1 GastG erforderliche und beantragte Gaststättenerlaubnis versagt wurde.

27 S. etwa *Detterbeck*, VerwR-AT, Rn. 1380; *Hufen*, Verwaltungsprozessrecht, § 15 Rn. 4; Schoch/Schneider/*Pietzcker/Marsch*, VwGO, § 42 Rn. 96 m. w. N.; *Kopp/Schenke*, VwGO, § 42 Rn. 29; *Sodan/Ziekow*, Grundkurs ÖR, § 99 Rn. 2 f.

28 S. BeckOGK SGG/*Bieresborn*, § 54 SGG Rn. 53 (Stand: 1.2.2025); *Muckel/Ogorek/Rixen*, SozR, § 18 Rn. 8; Krasney/Udsching/*Udsching*, HdB-SGB, Kapitel IV. Rn. 15; a. A. etwa *Kummer*, DAngVers 1984, 308 ff. (314); unklar SRH/*Flint*, § 13 Rn. 200.

29 S. grdl. BSG 17.7.1958 – 5 RKn 39/57 – juris Rn. 17 ff. letztlich aber offengelassen (Rn. 21); Peters/Sautter/Wolf/*Hommel*, § 54 SGG Rn. 368; MKS/*Keller*, SGG, § 54 Rn. 6, 20a und 38c; Krasney/Udsching/*Udsching*, HdB-SGB, Kapitel IV. Rn. 16.

30 S. nur Peters/Sautter/Wolf/*Hommel*, § 54 SGG Rn. 350.

31 S. BSG 17.7.1958 – 5 RKn 39/57 – juris Rn. 20; Peters/Sautter/Wolf/*Hommel*, § 54 SGG Rn. 364; Krasney/Udsching/*Udsching*, HdB-SGB, Kapitel IV. Rn. 3 und 16.

32 S. zum Begriff nur *Muckel/Ogorek/Rixen*, SozR, § 18 Rn. 9.

33 SRH/*Flint*, § 13 Rn. 204; MKS/*Keller*, SGG, § 54 Rn. 38; Krasney/Udsching/*Udsching*, HdB-SGB, Kapitel IV. Rn. 70.

34 SRH/*Flint*, § 13 Rn. 204; MKS/*Keller*, SGG, § 54 Rn. 38.

Erwerbsminderung unter Aufhebung des Ablehnungsbescheids des Rentenversicherungsträgers R. Der Antrag des X auf Gewährung einer Rente wegen voller Erwerbsminderung wurde durch den Rentenversicherungsträger R abgelehnt. Die Gewährung einer Rente wegen voller Erwerbsminderung steht auch nicht im Ermessen des zuständigen Rentenversicherungsträgers, vielmehr handelt es sich um eine sog. **Pflichtleistung**, die zu erbringen ist, wenn die gesetzlichen Voraussetzungen für einen Anspruch auf eine Rente wegen voller Erwerbsminderung erfüllt sind.[35] Das ergibt sich aus § 43 Abs. 2 SGB VI. Damit müsste der X für den Fall der Zurückweisung des Widerspruchs eine unechte Leistungsklage erheben. Insoweit wird vor dem Hintergrund des § 78 Abs. 1 Satz 1 SGG, wonach vor Erhebung der Anfechtungsklage die Rechtmäßigkeit und die Zweckmäßigkeit des Verwaltungsakts in einem Vorverfahren nachzuprüfen sind, die Frage aufgeworfen, ob auch im Fall der Erhebung einer unechten Leistungsklage im Sinne des § 54 Abs. 4 SGG ein Vorverfahren durchzuführen ist. Davon ist im Hinblick darauf auszugehen, dass die Kombination von Anfechtungs- und Leistungsklage nichts daran ändert, dass mit der unechten Leistungsklage auch die Aufhebung eines Verwaltungsakts begehrt wird und demzufolge gemäß § 78 Abs. 1 Satz 1 SGG ein Vorverfahren durchzuführen ist.[36]

474 c) **Zwischenergebnis.** Der Widerspruch des X ist statthaft. Die im Falle der Ablehnung des Widerspruchs zu erhebende unechte Leistungsklage steht der aus § 78 Abs. 1 Satz 1 SGG folgenden Verpflichtung zur Durchführung eines Vorverfahrens nicht entgegen.

3. Widerspruchsbefugnis des X

475 Des Weiteren müsste der X widerspruchsbefugt sein. Dieses Erfordernis ist in den §§ 78 ff. SGG nicht ausdrücklich normiert, könnte sich aber aus einer analogen Anwendung der Regelung des § 54 Abs. 1 Satz 2 SGG betreffend die Klagebefugnis ergeben. Diese Regelung zielt darauf ab, Popularklagen zu verhindern.[37] Dann müssten die für eine analoge Anwendung dieser Norm erforderlichen Voraussetzungen, sprich eine vergleichbare Interessenlage und eine planwidrige Regelungslücke, vorliegen. Die vergleichbare Interessenlage ergibt sich daraus, dass es bei einem Widerspruch ebenso wie im Rahmen der Klagebefugnis nach § 54 Abs. 1 Satz 2 SGG erforderlich ist, sog. Popularwidersprüche, also solche, bei denen der Widerspruchsführer selbst nicht betroffen ist, zu verhindern.[38] Damit ist die Interessenlage im Falle des Widerspruchs identisch mit derjenigen bei der Erhebung einer Klage. Darüber hinaus stellt sich das Fehlen einer mit § 54 Abs. 1 Satz 2 SGG vergleichbaren Regelung als planwidrige Regelungslücke dar. Denn es ist nicht ersichtlich, dass ein Vorverfahren auch dann durchgeführt werden können soll, wenn der Widerspruchsführer nicht behauptet, durch den Verwaltungsakt oder durch die Ablehnung oder Unterlassung eines Verwaltungsakts beschwert zu sein. Damit ist § 54 Abs. 1 Satz 2 SGG analog auch auf den Fall der Erhebung eines Widerspruchs anzuwenden mit der Folge, dass eine Widerspruchsbefugnis erforderlich ist.

476 Für das Vorliegen einer Widerspruchsbefugnis nach § 54 Abs. 1 Satz 2 SGG analog ist es erforderlich, dass der Widerspruchsführer behauptet, durch den Verwaltungsakt oder durch die Ablehnung oder Unterlassung eines Verwaltungsakts beschwert zu sein. Die Widerspruchsbefugnis fehlt nur dann, wenn eine Verletzung eigener materieller Rechtspositionen des Widerspruchsführers von vornherein offensichtlich und eindeutig nach allen in Frage kommenden Betrachtungsweisen ausgeschlossen ist, also die Möglichkeit

35 S. statt aller FPB/*Temming*, Sozialversicherungsrecht, § 47 Rn. 7.

36 S. BSG 20.9.1956 – 5 RKn 51/55 – juris Rn. 47 ff.; BeckOGK SGG/*Becker*, § 78 SGG Rn. 11 (Stand: 1.2.2025); MKS/*Schmidt*, SGG, § 78 Rn. 9.

37 S. nur Fichte/Jüttner/*Böttiger*, SGG, § 54 Rn. 49.

38 S. Schoch/Schneider/*Porsch*, VwGO, § 70 Rn. 41–43 zu §§ 68 ff. VwGO; s. auch Hennig/*Luik*, SGG, § 83 Rn. 21.

einer Verletzung der subjektiven Rechte des Widerspruchsführers nicht besteht (sog. **Möglichkeitstheorie**).[39] Der X ist Adressat eines belastenden Verwaltungsakts. Die Beschwer i. S. d. § 54 Abs. 2 Satz 1 SGG analog, also die Möglichkeit einer Verletzung von subjektiv-öffentlichen Rechten des Widerspruchsführers, ist bei Adressaten eines belastenden Verwaltungsakts stets gegeben (sog. **Adressatentheorie**).[40] Denn es besteht zumindest die Möglichkeit, dass die von Art. 2 Abs. 1 GG gewährleistete allgemeine Handlungsfreiheit verletzt ist, die dem Widerspruchsführer als Abwehrrecht gegen rechtswidrige Eingriffe der öffentlichen Gewalt[41] zusteht.[42] Darüber hinaus hat der X möglicherweise einen Anspruch auf die begehrte Rente wegen voller Erwerbsminderung. Damit ist der X widerspruchsbefugt.

4. Beteiligungs- und Handlungsfähigkeit des X

Der X müsste im Widerspruchsverfahren beteiligungs- und handlungsfähig sein. Zur Beteiligungs- und Handlungsfähigkeit im Widerspruchsverfahren enthält das Sozialgerichtsgesetz keine Regelungen. Allerdings gelten nach § 62 Hs. 2 SGB X ergänzend zu den Regelungen des Sozialgerichtsgesetzes die Vorschriften des SGB X.[43] Die Frage der Beteiligungs- und Handlungsfähigkeit richtet sich deshalb nach §§ 10 f. SGB X. Aus § 10 Nr. 1 SGB X ergibt sich die Beteiligungsfähigkeit von natürlichen und juristischen Personen. Der X ist als natürliche Person nach § 10 Nr. 1 Var. 1 SGB X beteiligungsfähig. Der Rentenversicherungsträger R ist dagegen kein Beteiligter in dem Widerspruchsverfahren. Denn die verfahrensführende Behörde[44] ist nicht Beteiligte, sondern Trägerin des von ihr selbst durchgeführten Verwaltungsverfahrens.[45] Die Handlungsfähigkeit des X bestimmt sich nach § 11 Abs. 1 Nr. 1 SGB X. Danach sind zur Vornahme von Verfahrenshandlungen natürliche Personen fähig, die nach bürgerlichem Recht geschäftsfähig sind.[46] Mangels gegenteiliger Angaben im Sachverhalt ist von der Geschäftsfähigkeit des X nach bürgerlichem Recht auszugehen und damit dessen verfahrensrechtliche Handlungsfähigkeit im Widerspruchsverfahren zu bejahen. 477

5. Frist, Form und Adressat des Widerspruchs

Nach § 84 Abs. 1 Satz 1 SGG ist der Widerspruch binnen eines Monats, nachdem der Verwaltungsakt dem Beschwerten bekannt gegeben worden ist, schriftlich, in elektronischer Form nach § 36a Abs. 2 SGB I, schriftformersetzend nach § 36a Abs. 2a SGB I und § 9 Abs. 5 des Onlinezugangsgesetzes oder zur Niederschrift bei der Stelle einzureichen, die den Verwaltungsakt erlassen hat. Diese Voraussetzungen sind erfüllt. Aus dem Sachverhalt geht hervor, dass der X nach der am 27. März 2026 durch förmliche Zustellung erfolgten Bekanntgabe des Ablehnungsbescheids[47] mit Schreiben vom 15. April 2026 478

---

39 S. BSG 6.6.2023 – B 12 KR 34/22 B – juris Rn. 14; BSG 13.5.2020 – B 6 KA 11/19 R – juris Rn. 16; BSG 16.7.2019 – B 12 KR 6/18 R – juris Rn. 23; BSG 16.8.2017 – B 12 KR 19/16 R – juris Rn. 17; BSG 27.10.2009 – B 1 KR 4/09 R – juris Rn. 14; BSG 17.10.2007 – B 6 KA 42/06 R – juris Rn. 17; BSG 11.5.1999 – B 11 AL 45/98 R – juris Rn. 25, jeweils zur Klagebefugnis.

40 S. nur BSG 6.6.2023 – B 12 KR 34/22 B – juris Rn. 14; BSG 23.6.2020 – B 2 U 14/18 R – juris Rn. 9; BSG 17.6.2009 – B 6 KA 18/08 R – juris Rn. 28; BSG 17.10.2007 – B 6 KA 42/06 R – juris Rn. 16; Dürig/Herzog/Scholz/*Di Fabio*, GG, Art. 2 GG Rn. 65 m.w.N, jeweils zur Klagebefugnis.

41 S. grdl. BVerfG 16.1.1957 – 1 BvR 253/56 – juris Rn. 13 ff. – *Elfes*.

42 S. nur Dürig/Herzog/Scholz/*Di Fabio*, GG, Art. 2 GG Rn. 65 m.w.N; *Hufen*, Verwaltungsprozessrecht, § 14 Rn. 60; *Sodan/Ziekow*, Grundkurs ÖR, § 98 Rn. 6, jeweils zur Klagebefugnis nach § 42 Abs. 2 VwGO.

43 S. § 62 Hs. 2 SGB X und schon oben Rn. 465, 469.

44 Nach § 1 Abs. 1 SGB X ist Behörde im Sinne des SGB X jede Stelle, die Aufgaben der öffentlichen Verwaltung wahrnimmt.

45 S. etwa BeckOGK SozR/*Mutschler*, § 10 SGB X Rn. 16 (Stand: 15.2.2025); Sodan/*Ziekow*, Grundkurs öffentliches Recht, § 72 Rn. 17.

46 Zur Geschäftsfähigkeit im bürgerlichen Recht gemäß §§ 104 ff. BGB s. nur *Boecken*, BGB AT Rn. 212 ff.

47 Zur Bekanntgabe des Verwaltungsakts s. § 37 SGB X. Nach § 39 Abs. 1 Satz 1 SGB X wird der Verwaltungsakt in dem Zeitpunkt wirksam, in dem er bekannt gegeben wird.

Widerspruch erhoben hat, welches dem Rentenversicherungsträger R am 21. April 2026 zugegangen ist. Damit ist die Monatsfrist des § 84 Abs. 1 Satz 1 SGB X[48] gewahrt. Des Weiteren ist durch das Schreiben des X auch der nach § 84 Abs. 1 Satz 1 SGG für die Erhebung des Widerspruchs unter anderem ausreichenden Schriftform Genüge geleistet. Schließlich ist der Widerspruch auch bei der nach § 84 Abs. 1 Satz 1 SGG zuständigen Widerspruchsbehörde[49] erhoben worden, denn der Rentenversicherungsträger R ist die Stelle, die den Ablehnungsbescheid erlassen hat.

III. Zwischenergebnis

479 Der von X erhobene Widerspruch ist zulässig.

B. Begründetheit des Widerspruchs

I. Überblick über die materiell-rechtlichen Voraussetzungen für den Anspruch auf eine Rente wegen voller Erwerbsminderung

480 Der Rentenversicherungsträger R hilft dem Widerspruch des X ab, wenn dieser begründet ist. Das ist der Fall, wenn der mit dem Widerspruch angegriffene Bescheid rechtswidrig ist.[50] Der Bescheid ist rechtswidrig, wenn der X einen Anspruch auf Rente wegen voller Erwerbsminderung hat, also die Voraussetzungen des § 43 Abs. 2 Satz 1 SGB VI erfüllt sind. Das ist der Fall, wenn der X Versicherter der gesetzlichen Rentenversicherung ist,[51] der Versicherungsfall der vollen Erwerbsminderung vorliegt,[52] des Weiteren die versicherungsrechtlichen Voraussetzungen der sog. Drei-Fünftel-Belegung sowie der allgemeinen Wartezeit erfüllt sind[53] und der Anspruch auf Rente wegen voller Erwerbsminderung nicht wegen Erreichens der Regelaltersgrenze ausgeschlossen ist.[54]

II. Prüfung der materiell-rechtlichen Voraussetzungen

1. Versichertenstatus des X

481 Der Anspruch auf eine Rente wegen voller Erwerbsminderung setzt nach § 43 Abs. 2 Satz 1 SGB VI zunächst voraus, dass der X Versicherter der gesetzlichen Rentenversicherung ist. Der Status des Versicherten im Sinne der Regelungen des Erwerbsminderungsrechts ist bereits dann gegeben, wenn mindestens ein Beitrag zur gesetzlichen Rentenversicherung entrichtet worden ist.[55] Diese Voraussetzung erfüllt der X. Aus dem Sachverhalt geht hervor, dass der X von Juli 2023 bis Ende August 2025 bei der Tauchschule im Rahmen eines Arbeitsverhältnisses tätig war und damit sozialversicherungsrechtlich als Beschäftigter gegen Arbeitsentgelt nach § 1 Satz 1 Nr. 1 SGB VI der Versicherungspflicht sowie nach Maßgabe der §§ 162 Nr. 1, 168 Abs. 1 Nr. 1 SGB VI der

48 Für deren Berechnung gelten gemäß § 26 Abs. 1 SGB X die §§ 187–193 BGB entsprechend, vorliegend sind die Regelungen der §§ 187 Abs. 1, 188 Abs. 2 Hs. 1 BGB analog maßgeblich.

49 Zum Begriff der Behörde s. § 1 Abs. 2 SGB X.

50 Vgl. § 78 Abs. 1 Satz 1 SGG i. V. m. § 85 Abs. 1 SGG.

51 S. Rn. 481.

52 Dazu Rn. 482.

53 S. zu der Erfüllung der sog. Drei-Fünftel-Belegung, Rn. 483 ff., und zu der Erfüllung der allgemeinen Wartezeit, Rn. 486.

54 S. Rn. 487.

55 S. BSG 21.10.2021 – B 5 R 1/21 R, juris Rn. 12 i. V. m. BSG 19.6.1997 – 13 RJ 81/96, juris Rn. 21 zu § 43 Abs. 2 Satz 1 SGB VI und § 53 Abs. 1 SGB VI bzw. zu der Vorgängervorschrift des § 1252 Abs. 1 Nr. 1 RVO. S. aus der Literatur BeckOGK SozR/*Gürtner*, § 53 SGB VI Rn. 4 (Stand: 1.9.2017); Kreikebohm/*Dankelmann*, SGB VI § 53 Rn. 3.

Beitragspflicht zur gesetzlichen Rentenversicherung unterlag. Damit liegt das Erfordernis des Versichertenstatus des X vor.

2. Vorliegen einer vollen Erwerbsminderung

Für einen Anspruch des X auf Rente wegen voller Erwerbsminderung ist nach § 43 Abs. 2 Satz 1 Nr. 1 SGB VI weiter erforderlich, dass der X **voll erwerbsgemindert** ist. Der Begriff der vollen Erwerbsminderung ist gesetzlich näher in § 43 Abs. 2 Satz 2 SGB VI beschrieben. Danach sind Versicherte voll erwerbsgemindert, die wegen Krankheit oder Behinderung auf nicht absehbare Zeit außerstande sind, **unter den üblichen Bedingungen des allgemeinen Arbeitsmarktes mindestens drei Stunden täglich erwerbstätig zu sein.**[56] Eine volle Erwerbsminderung liegt bei X vor, wie sich aus dem Sachverhalt ergibt. Danach ist der X aufgrund des bei dem Tauchgang am 3. Juni 2025 erlittenen Unfalls nicht mehr in der Lage, noch mindestens drei Stunden täglich unter den üblichen Bedingungen des allgemeinen Arbeitsmarktes erwerbstätig zu sein. 482

3. Erfüllung der sog. Drei-Fünftel-Belegung

Des Weiteren müsste für einen Anspruch des X auf eine Rente wegen voller Erwerbsminderung grundsätzlich die in § 43 Abs. 2 Satz 1 Nr. 2 SGB VI geregelte versicherungsrechtliche Voraussetzung der sog. **Drei-Fünftel-Belegung** gegeben sein. Deren Erfüllung ist nach § 43 Abs. 5 SGB VI ausnahmsweise dann nicht erforderlich, wenn die Erwerbsminderung aufgrund eines Tatbestands eingetreten ist, durch den die allgemeine Wartezeit vorzeitig erfüllt ist. Gemäß § 43 Abs. 2 Satz 1 Nr. 2 SGB VI setzt die sog. Drei-Fünftel-Belegung voraus, dass der Versicherte in den letzten fünf Jahren vor Eintritt der Erwerbsminderung drei Jahre Pflichtbeiträge für eine versicherte Beschäftigung oder Tätigkeit hat.[57] Nach den Angaben des Sachverhalts kann der X in den letzten fünf Jahren vor Eintritt der Erwerbsminderung nicht drei Jahre Pflichtbeiträge für eine versicherte Beschäftigung nachweisen. Die volle Erwerbsminderung des X ist am 3. Juni 2025 aufgrund des an diesem Tag bei einem Tauchgang erlittenen Unfalls eingetreten. Die versicherungspflichtige Beschäftigung des X hatte erst im Juli 2023 begonnen, sodass der X im Zeitpunkt des Eintritts der vollen Erwerbsminderung in den letzten fünf Jahren erst knapp zwei Jahre versicherungspflichtig beschäftigt war. Denn vor Aufnahme der Beschäftigung bei der Tauchschule hatte der X vier Jahre als „Hausmann" verbracht, um den damals 14jährigen Sohn S bis zur Vollendung des 18. Lebensjahres zu erziehen. 483

Allerdings könnte sich der Zeitraum von fünf Jahren vor dem Eintritt der Erwerbsminderung nach § 43 Abs. 4 SGB VI durch eine sog. **Aufschubzeit**, die nicht mit Pflichtbeiträgen für eine versicherte Beschäftigung belegt ist, verlängert haben.[58] Liegt eine Aufschubzeit vor, verlängert sich der Fünfjahreszeitraum dahingehend, dass der Beginn des Zeitraums um die Dauer der Aufschubzeit in die Vergangenheit zurückverlagert wird.[59] Anders ausgedrückt bedeutet das, dass eine Aufschubzeit bei der Ermittlung des Fünf- 484

---

56 Zur Beurteilung des Leistungsvermögens des Versicherten sowohl nach den individuellen Verhältnissen des Versicherten wie auch in bestimmten Fallkonstellationen zusätzlich unter Berücksichtigung der konkreten Bedingungen des Arbeitsmarktes s. BSG 11.12.2019 – B 13 R 7/18 R, juris Rn. 22 ff.; BSG 5.10.2005 – B 5 RJ 6/05 R, juris Rn. 18; grdl. BSG 19.12.1996 – GS 2/95, juris Rn. 33 ff.

57 S. zur sog. Drei-Fünftel-Belegung BSG 8.12.2005 – B 13 RJ 40/04 R, juris Rn. 14 ff.; aus der Literatur s. etwa BeckOGK SozR/*Gürtner*, § 43 SGB VI Rn. 11 ff. (Stand: 15.2.2025); Kreikebohm/Roßbach/*Kolakowski*, SGB VI, § 43 Rn. 9 ff.; SRH/*Ruland*, § 18 Rn. 44; FPB/*Temming*, Sozialversicherungsrecht, § 49 Rn. 150 ff.; zur Verfassungsmäßigkeit der sog. Drei-Fünftel-Belegung s. grdl. BVerfG 8.4.1987 – 1 BvR 564/84, juris Rn. 56 ff.; sowie nachfolgend BVerfG 20.9.2001 – 1 BvR 1423/94, juris Rn. 32; BSG 24.10.2013 – B 13 R 83/11 R, juris Rn. 22 ff.

58 Zu § 43 Abs. 4 SGB VI s. näher Kreikebohm/Roßbach/*Kolakowski*, SGB VI, § 43 Rn. 48 ff.; FPB/*Temming*, Sozialversicherungsrecht, § 49 Rn. 151 f.

59 S. FPB/*Temming*, Sozialversicherungsrecht, § 49 Rn. 151.

jahreszeitraums nicht mitgezählt wird.[60] Als Aufschubzeitentatbestand kommt hier allein § 43 Abs. 4 Nr. 2 SGB VI in Betracht. Danach verlängert sich der Zeitraum von fünf Jahren vor dem Eintritt der Erwerbsminderung um Berücksichtigungszeiten. Unter Berücksichtigungszeiten versteht man bestimmte Zeiten der Erziehung eines Kindes gemäß § 57 SGB VI und Zeiten der nicht erwerbsmäßigen Pflege eines Pflegebedürftigen im Zeitraum vom 1. Januar 1992 bis 31. März 1995 gemäß § 249b SGB VI.[61] Vorliegend kommt als Berücksichtigungszeit nur die Zeit der Erziehung eines Kindes in Betracht. Nach § 57 Satz 1 SGB VI handelt es sich bei der Zeit der Erziehung eines Kindes bis zu dessen vollendetem zehnten Lebensjahr bei einem Elternteil um eine Berücksichtigungszeit, soweit die Voraussetzungen für die Anrechnung einer Kindererziehungszeit (§ 56 SGB VI) auch in dieser Zeit vorliegen. Dieser Aufschubzeitentatbestand ist hier schon deshalb nicht erfüllt, weil der Sohn S zum Zeitpunkt des Beginns der Erziehung durch X bereits das 14. Lebensjahr vollendet hatte.

485 Das Vorliegen der Drei-Fünftel-Belegung des § 43 Abs. 2 Satz 1 Nr. 2 SGB VI könnte aber nach § 43 Abs. 5 SGB VI entbehrlich sein. Danach ist eine Pflichtbeitragszeit von drei Jahren für eine versicherte Beschäftigung nicht erforderlich, wenn die Erwerbsminderung aufgrund eines Tatbestands eingetreten ist, durch den **die allgemeine Wartezeit vorzeitig erfüllt** ist. In welchen Fällen eine vorzeitige Wartezeiterfüllung gegeben ist, richtet sich nach § 53 SGB VI. Gemäß § 53 Abs. 1 Satz 1 Nr. 1 Var. 1 SGB VI liegt eine vorzeitige Wartezeiterfüllung vor, wenn Versicherte wegen eines Arbeitsunfalls vermindert erwerbsfähig geworden sind. Der Tauchunfall des X am 3. Juni 2025 ist nach den Angaben im Sachverhalt von der zuständigen Berufsgenossenschaft als Arbeitsunfall anerkannt worden. Somit handelt es sich bei dem Tauchunfall um einen Arbeitsunfall i. S. d. § 8 SGB VII. Der Tauchunfall hat auch zum Eintritt der Erwerbsminderung des X geführt. Die Voraussetzungen des § 53 Abs. 1 Satz 1 Nr. 1 Var. 1 SGB VI für die vorzeitige Erfüllung der Wartezeit sind damit gegeben. Allerdings findet die Regelung des § 53 Abs. 1 Satz 1 Nr. 1 SGB VI gemäß § 53 Abs. 1 Satz 2 SGB VI nur Anwendung für Versicherte, die **bei Eintritt des Arbeitsunfalls** oder der Berufskrankheit **versicherungspflichtig** waren oder in den letzten zwei Jahren davor mindestens ein Jahr Pflichtbeiträge für eine versicherte Beschäftigung oder Tätigkeit haben. Fraglich ist damit, ob der X bei Eintritt des Arbeitsunfalls, sprich dem Tauchunfall versicherungspflichtig war. Das ist der Fall. Der X war zum Zeitpunkt des Arbeitsunfalls am 3. Juni 2025 als gegen Arbeitsentgelt beschäftigter Tauchassistent nach § 1 Satz 1 Nr. 1 Hs. 1 Var. 1 SGB VI versicherungspflichtig. Damit bleibt es bei der Anwendbarkeit des § 53 Abs. 1 Satz 1 Nr. 1 Var. 1 SGB VI. Deshalb ist nach Maßgabe des § 43 Abs. 5 SGB VI eine Pflichtbeitragszeit von drei Jahren für eine versicherte Beschäftigung nicht erforderlich. Damit ist es im vorliegenden Fall unschädlich, dass der X die Drei-Fünftel-Belegung nicht erfüllt.

4. Erfüllung der allgemeinen Wartezeit

486 Für den Anspruch auf Rente wegen voller Erwerbsminderung müsste der X weiterhin gemäß § 43 Abs. 2 Satz 1 Nr. 3 SGB VI **vor Eintritt der Erwerbsminderung die allgemeine Wartezeit erfüllt** haben. Nach § 50 Abs. 1 SGB VI beträgt die allgemeine Wartezeit fünf Jahre. Diese Zeit hat der X nicht erfüllt. Allerdings kann auch in diesem Zusammenhang wiederum auf die vorzeitige Wartezeiterfüllung nach § 53 Abs. 1 Satz 1 Nr. 1 SGB VI abgestellt werden, weil mit dem Arbeitsunfall ein **Tatbestand der vorzeitigen Wartezeiterfüllung** gegeben ist. Deshalb ist die versicherungsrechtliche Voraussetzung der Erfüllung der allgemeinen Wartezeit vor Eintritt der Erwerbsminderung gegeben.

---

60 S. Kreikebohm/Roßbach/*Kolakowski*, SGB VI, § 43 Rn. 48; FPB/*Temming*, Sozialversicherungsrecht, § 49 Rn. 151.

61 S. näher zu den Berücksichtigungszeiten etwa SRH/*Ruland*, § 18 Rn. 90–92.

5. Kein Ausschluss des Anspruchs auf Rente wegen voller Erwerbsminderung wegen Erreichens der Regelaltersgrenze

Schließlich setzt der Anspruch auf eine Rente wegen voller Erwerbsminderung nach § 43 Abs. 2 Satz 1, Einl. SGB VI voraus, dass der X nicht die Regelaltersgrenze erreicht hat. Gemäß § 35 Satz 2 SGB VI wird die **Regelaltersgrenze mit Vollendung des 67. Lebensjahres** erreicht. Nach der im Zusammenhang mit § 35 Satz 2 SGB VI zu beachtenden **Übergangsregelung des § 235 SGB VI** erreichen vor 1964 geborene Versicherte zu einem früheren Zeitpunkt als die Vollendung des 67. Lebensjahres die nach der Staffelung des § 235 Abs. 2 Sätze 1, 2 SGB VI für den jeweiligen Geburtsjahrgang maßgebliche Regelaltersgrenze. Aus dem Sachverhalt geht hervor, dass der X 1988 geboren ist. Damit erreicht der X nach § 35 Satz 2 SGB VI die Regelaltersgrenze mit Vollendung des 67. Lebensjahres. Hiernach ist der Anspruch des X auf eine Rente wegen voller Erwerbsminderung nicht wegen Erreichens der Regelaltersgrenze ausgeschlossen. 487

III. Zwischenergebnis

Die Voraussetzungen für einen Anspruch auf Rente wegen voller Erwerbsminderung nach § 43 Abs. 2 SGB VI liegen vor. Der X hat einen Anspruch auf diese Rente. Der Antrag des X auf Gewährung einer Rente wegen voller Erwerbsminderung ist zu Unrecht abgelehnt worden. Der Widerspruch ist damit begründet. 488

C. Ergebnis

Der Widerspruch des X ist zulässig und begründet und hat daher Aussicht auf Erfolg. Der Rentenversicherungsträger R wird dem Widerspruch abhelfen (§ 85 Abs. 1 SGG) und X eine Rente wegen voller Erwerbsminderung gewähren. 489

Zur Wiederholung und Vertiefung:
Zum Recht der Renten wegen verminderter Erwerbsfähigkeit: SRH/*Ruland*, § 18 Rn. 43 ff.; *Schmidt-Graumann*, „Zur Gewährung einer Rente wegen Erwerbsminderung", PflR 2025, 389 ff.

Fall 13

Sachverhalt Fall 13

Teil 1

Der Rechtsanwalt J ist seit dem 1. Januar 2023 bei der Rechtsanwaltskanzlei A-Partnerschaft als sog. „Associate“ im Rahmen eines Arbeitsverhältnisses tätig. Das Bruttomonatsgehalt des J beträgt EUR 8.400,00. Die anwaltliche Tätigkeit des J beinhaltet insbes. die Beratung von Mandanten auf dem Gebiet der erneuerbaren Energien, beispielsweise im Zusammenhang mit der Projektierung großer Offshore-Windparks. Seit dem 1. Januar 2023 ist der J sowohl Pflichtmitglied der Rechtsanwaltskammer Stuttgart wie auch Pflichtmitglied des Versorgungswerks der Rechtsanwälte in Baden-Württemberg. Die Satzung des Versorgungswerks enthält ausführliche Regelungen zur Entrichtung einkommensbezogener Beiträge unter Berücksichtigung der Beitragsbemessungsgrenze der gesetzlichen Rentenversicherung. Das Versorgungswerk gewährt seinen Mitgliedern und deren Hinterbliebenen nach näherer Bestimmung in der Satzung eine Alters-, Berufsunfähigkeits- und Hinterbliebenenrente sowie Sterbegeld, eine Kapitalabfindung und Zuschüsse für Rehabilitationsmaßnahmen. Die Leistungen werden von Zeit zu Zeit angepasst.
Neben seiner Tätigkeit als Rechtsanwalt nimmt der J noch eine nicht geringfügige und zeitlich nicht begrenzte selbstständige Tätigkeit als Dozent an der Universität Konstanz an. Gegenstand der Dozententätigkeit des J ist die Durchführung von Vorlesungen zum Recht der erneuerbaren Energien. Mit der Abnahme von Prüfungen, der Ausstellung von Zeugnissen oder Ähnlichem ist der J nicht betraut. Der J kann keine besondere pädagogische Ausbildung vorweisen. Zur Unterstützung seiner Dozententätigkeit beschäftigt er seit dem 1. Februar 2023 im Rahmen eines entgeltgeringfügigen Arbeitsverhältnisses die studentische Hilfskraft H. Zu den Aufgaben des H gehört die Vorbereitung und Organisation der Lehrveranstaltungen des J. H erhält dafür eine monatliche Vergütung i. H. v. EUR 300,00. Die H hat keinen Antrag auf Befreiung von der Versicherungspflicht gem. § 6 Abs. 1b SGB VI gestellt.
Am Montag, dem 3. April 2023, stellt der J elektronisch über das Versorgungswerk der Rechtsanwälte Baden-Württemberg einen Antrag auf Befreiung von der gesetzlichen Rentenversicherung für seine Tätigkeit als Rechtsanwalt. Das Versorgungswerk leitet den Antrag durch Datenübertragung zusammen mit den nach § 6 Abs. 2 Satz 3 SGB VI erforderlichen Bestätigungen unverzüglich an die Deutsche Rentenversicherung Bund (DRV Bund) weiter. Der Antrag geht am 4. April 2023 bei der DRV Bund ein. Mit Entscheidung vom 23. Mai 2023 erteilt diese durch Bescheid die Befreiung des J von der Versicherungspflicht zur gesetzlichen Rentenversicherung. Die Entscheidung wird dem J in Textform übermittelt und dem Versorgungswerk Baden-Württemberg elektronisch mitgeteilt. Zudem wird die A-Partnerschaft über die Entscheidung informiert.

Prüfen Sie bezogen auf beide Tätigkeiten des J das Bestehen von Versicherungspflicht in der gesetzlichen Rentenversicherung

Bearbeiterhinweis: Für Rechtsanwälte bestand bereits vor dem 1. Januar 1995 eine gesetzliche Verpflichtung zur Mitgliedschaft in einer Rechtsanwaltskammer.

Teil 2

Der J ist mit seiner Tätigkeit in der Großkanzlei zunehmend unzufrieden. Die Arbeitsbelastung ist enorm und die Aussichten für J, in absehbarer Zeit den Partnerstatus zu erreichen, sind gering. Daher nimmt der J zum 1. Januar 2024 eine Tätigkeit als angestellter Anwalt („Senior Associate") in der Rechtsanwaltskanzlei B-Partnerschaft in Konstanz auf. Der Tätigkeitsbereich des J hat sich kaum verändert. J ist weiterhin mit der Betreuung von Mandanten auf dem Gebiet des Rechts der erneuerbaren Energien beschäftigt. Einen erneuten Antrag auf Befreiung von der Versicherungspflicht in der gesetzlichen Rentenversicherung hat er nicht gestellt. Im Februar 2025 führt der zuständige Träger der gesetzlichen Rentenversicherung eine Betriebsprüfung bei der B-Partnerschaft durch. Dabei wird festgestellt, dass die B-Partnerschaft keine Beiträge für J zur gesetzlichen Rentenversicherung abgeführt hat. Daraufhin erlässt der zuständige Rentenversicherungsträger gegenüber der B-Partnerschaft nach vorheriger Anhörung einen Bescheid über die Versicherungs- und Beitragspflicht des J in der gesetzlichen Rentenversicherung. Die B-Partnerschaft wird darin für den Zeitraum vom 1. Januar 2024 bis zum 31. Dezember 2024 aufgefordert, den Beitrag zur gesetzlichen Rentenversicherung sowohl bezogen auf den Arbeitnehmer- als auch den Arbeitgeberanteil nachzuentrichten. Anfang März 2025 beantragt der J elektronisch bei der DRV Bund vorsichtshalber erneut die Befreiung von der Versicherungspflicht in der gesetzlichen Rentenversicherung. Dieser Antrag wird Ende März 2025 positiv beschieden.
Die B-Partnerschaft hält den Nachforderungsbescheid des Rentenversicherungsträgers für rechtswidrig. Nach dem ordnungsgemäß, aber erfolglos durchgeführten Vorverfahren erhebt sie unverzüglich schriftlich Klage vor dem Sozialgericht Konstanz. Die B-Partnerschaft ist der Auffassung, dass der J nicht in der gesetzlichen Rentenversicherung versicherungspflichtig ist. Zudem sei zwischenzeitlich auch eine erneute Befreiung erteilt worden. Jedenfalls aber habe sie mit dem auf J entfallenden Anteil des Beitrags zur gesetzlichen Rentenversicherung nichts zu tun.

Hat die Klage der B-Partnerschaft Aussicht auf Erfolg?

Prüfungsaufbau Fall 13

Teil 1

A. Versicherungspflicht des J in der gesetzlichen Rentenversicherung aufgrund der Tätigkeit bei der A-Partnerschaft

I. Versicherungspflicht aufgrund Beschäftigung gegen Arbeitsentgelt nach § 1 Satz 1 Nr. 1 Hs. 1 SGB VI

1. Überblick über die Voraussetzungen der Versicherungspflicht
2. Prüfung der Voraussetzungen der Versicherungspflicht
   a) Beschäftigung
   b) Arbeitsentgelt
   c) Zwischenergebnis

II. Befreiung von der Versicherungspflicht nach § 6 Abs. 1 Satz 1 Nr. 1, Abs. 2 SGB VI

1. Überblick über die Voraussetzungen der Befreiung von der Versicherungspflicht nach § 6 Abs. 1 Satz 1 Nr. 1, Abs. 2 SGB VI
2. Prüfung der Voraussetzungen über die Befreiung von der Versicherungspflicht gemäß § 6 Abs. 1 Satz 1 Nr. 1, Abs. 2 SGB VI
   a) Vorliegen der materiell-rechtlichen Voraussetzungen des Befreiungstatbestands nach § 6 Abs. 1 Satz 1 Nr. 1 SGB VI
      aa) Pflichtmitgliedschaft in einer berufsständischen Versorgungseinrichtung
      bb) Pflichtmitgliedschaft in einer berufsständischen Kammer und Angehörigkeit zu einer Berufsgruppe, für die bereits vor dem 1. Januar 1995 eine Pflichtkammermitgliedschaft bestand
      cc) Entrichtung einkommensbezogener Beiträge unter Berücksichtigung der Beitragsbemessungsgrenze zur berufsständischen Versorgungseinrichtung
      dd) Bestimmter Leistungsumfang der berufsständischen Versorgungseinrichtung
      ee) Ausübung einer berufsspezifischen Tätigkeit im Kammerberuf
      ff) Zwischenergebnis
   b) Wirksamer Befreiungsantrag
      aa) Überblick über die Voraussetzungen eines wirksamen Befreiungsantrags
      bb) Prüfung einer wirksamen Antragstellung durch J
         (1) Antragsberechtigung des J
         (2) Formwahrender Zugang des Antrags bei dem gesetzlich bestimmten Adressaten
   c) Erteilung der Befreiung und Zeitpunkt des Wirksamwerdens der Befreiung
      aa) Erteilung der Befreiung durch Verwaltungsakt der DRV Bund
      bb) Zeitpunkt des Wirksamwerdens der Befreiung
3. Zwischenergebnis

B. Versicherungspflicht des J in der gesetzlichen Rentenversicherung aufgrund der Tätigkeit an der Universität Konstanz

I. Versicherungspflicht als selbstständig tätiger Lehrer nach § 2 Satz 1 Nr. 1 SGB VI

1. Überblick über die Voraussetzungen der Versicherungspflicht
2. Prüfung der Voraussetzungen der Versicherungspflicht
   a) Selbstständige Tätigkeit als Lehrer

b) Keine Beschäftigung versicherungspflichtiger Arbeitnehmer im Zusammenhang mit der selbstständigen Tätigkeit

II. Erstreckung der Befreiung für die Rechtsanwaltstätigkeit auf die nach § 2 Satz 1 Nr. 1 SGB VI versicherungspflichtige Dozententätigkeit gemäß § 6 Abs. 5 Satz 2 SGB VI

1. Regelungsgehalt des § 6 Abs. 5 Satz 2 SGB VI
2. Anwendbarkeit der Erstreckungsregelung
3. Vorliegen einer Befreiung nach § 6 Abs. 1 Satz 1 Nr. 1 SGB VI
4. Fortbestehen der Voraussetzungen des § 6 Abs. 1 Satz 1 Nr. 1 SGB VI
5. Zeitliche Begrenzung der anderen versicherungspflichtigen Tätigkeit

C. Ergebnis

Teil 2

A. Zulässigkeit der Klage der B-Partnerschaft

I. Überblick über die Zulässigkeitsvoraussetzungen

II. Prüfung der Zulässigkeitsvoraussetzungen

1. Eröffnung des Sozialrechtswegs
   a) Rechtliche Grundlagen für die Bestimmung des Rechtswegs
   b) Voraussetzungen für die Eröffnung des Sozialrechtswegs
      aa) Öffentlich-rechtliche Streitigkeit
      bb) Streitigkeit nichtverfassungsrechtlicher Art
      cc) Abdrängende Sonderzuweisung
      dd) Zwischenergebnis
2. Richtige Klageart
3. Klagebefugnis
4. Ordnungsgemäße Durchführung des Vorverfahrens
5. Klagefrist
6. Ordnungsgemäße Klageerhebung
7. Beteiligten- und Prozessfähigkeit
   a) Beteiligten- und Prozessfähigkeit der B-Partnerschaft
   b) Beteiligten- und Prozessfähigkeit des zuständigen Rentenversicherungsträgers
8. Zuständigkeit des angerufenen Gerichts
9. Zwischenergebnis

B. Begründetheit der Klage

I. Ausgangspunkt

II. Rechtmäßigkeit des Nachforderungsbescheids

1. Rechtsgrundlage
2. Formelle Rechtmäßigkeit
3. Materielle Rechtmäßigkeit
   a) Überblick über die materiell-rechtlichen Voraussetzungen für die Inanspruchnahme der B-Partnerschaft
   b) Prüfung der materiell-rechtlichen Voraussetzungen für die Inanspruchnahme der B-Partnerschaft
      aa) Versicherungspflicht des J aufgrund entgeltlicher Beschäftigung bei der B-Partnerschaft während des Nachforderungszeitraums
      bb) Befreiung des J von der Versicherungspflicht während des Nachforderungszeitraums
         (1) Anknüpfungspunkte für eine Befreiung von der Versicherungspflicht
         (2) Befreiung aufgrund Fortwirkung der ursprünglich erteilten Befreiung nach § 6 Abs. 1 Satz 1 Nr. 1 SGB VI

(3) Befreiung aufgrund der im März 2025 erteilten Befreiung nach § 6 Abs. 1 Satz 1 Nr. 1 SGB VI
c) Umfang der Inanspruchnahme der B-Partnerschaft
d) Zwischenergebnis
C. Ergebnis

Lösung Fall 13

Teil 1

A. Versicherungspflicht des J in der gesetzlichen Rentenversicherung aufgrund der Tätigkeit bei der A-Partnerschaft

I. Versicherungspflicht aufgrund Beschäftigung gegen Arbeitsentgelt nach § 1 Satz 1 Nr. 1 Hs. 1 SGB VI

1. Überblick über die Voraussetzungen der Versicherungspflicht

490 Der J könnte im Hinblick darauf, dass er bei der A-Partnerschaft[1] im Rahmen eines Arbeitsverhältnisses tätig ist, nach § 1 Satz 1 Nr. 1 Hs. 1 SGB VI versicherungspflichtig sein. Danach unterliegen unter anderem Personen der Versicherungspflicht zur gesetzlichen Rentenversicherung, die gegen Arbeitsentgelt beschäftigt sind. Dieser Versicherungspflichttatbestand setzt mithin das Vorliegen einer Beschäftigung voraus, die gegen Arbeitsentgelt ausgeübt wird.

2. Prüfung der Voraussetzungen der Versicherungspflicht

491 a) **Beschäftigung.** Danach ist zunächst zu prüfen, ob es sich bei der Tätigkeit des J um eine Beschäftigung im sozialversicherungsrechtlichen Sinne handelt. Gemäß § 7 Abs. 1 Satz 1 SGB IV ist unter einer Beschäftigung die **nichtselbstständige Arbeit, insbesondere in einem Arbeitsverhältnis** zu verstehen.[2] Nach den Angaben im Sachverhalt ist der J als „Associate" im Rahmen eines Arbeitsverhältnisses tätig. Damit liegt eine Beschäftigung i. S. d. § 7 Abs. 1 Satz 1 SGB IV vor.

492 b) **Arbeitsentgelt.** Der Versicherungspflichttatbestand des § 1 Satz 1 Nr. 1 Hs. 1 SGB VI setzt des Weiteren voraus, dass die Beschäftigung gegen Arbeitsentgelt erfolgt. Der Begriff des Arbeitsentgelts wird von § 14 Abs. 1 Satz 1 SGB IV dahingehend beschrieben, dass dazu alle **laufenden oder einmaligen Einnahmen aus einer Beschäftigung** gehören, gleichgültig ob ein Rechtsanspruch auf die Einnahmen besteht, unter welcher Bezeichnung oder in welcher Form sie geleistet werden und ob sie unmittelbar aus der Beschäftigung oder im Zusammenhang mit ihr erzielt werden. Der J erhält für seine Tätigkeit ein monatliches Gehalt in Höhe von EUR 8.400,00. Damit erzielt der J laufende Einnahmen aus einer Beschäftigung und ist dementsprechend gegen Arbeitsentgelt beschäftigt.

---

1 Bei der Partnerschaft handelt es sich um eine Gesellschaftsform, in der sich Angehörige freier Berufe zur Ausübung ihrer Berufe zusammenschließen (§ 1 Abs. 1 PartGG), sog. Partnerschaftsgesellschaft. S. ausf. zur freiberuflichen Partnerschaftsgesellschaft *K. Schmidt*, Gesellschaftsrecht, § 64 [S. 1877] mit umfangreichen Nachweisen.

2 S. zum Begriff der Beschäftigung ausf. Fall 10 Rn. 413 ff.

c) **Zwischenergebnis.** Bezogen auf die bei der A-Partnerschaft ausgeübte Tätigkeit als Rechtsanwalt ist der J grundsätzlich[3] nach § 1 Satz 1 Nr. 1, Hs. 1 SGB VI versicherungspflichtig in der gesetzlichen Rentenversicherung. 493

II. Befreiung von der Versicherungspflicht nach § 6 Abs. 1 Satz 1 Nr. 1, Abs. 2 SGB VI

1. Überblick über die Voraussetzungen der Befreiung von der Versicherungspflicht nach § 6 Abs. 1 Satz 1 Nr. 1, Abs. 2 SGB VI

Der J könnte nach § 6 Abs. 1 Satz 1 Nr. 1, Abs. 2 SGB VI von der Versicherungspflicht 494
zur gesetzlichen Rentenversicherung befreit sein. Das erfordert materiell-rechtlich, dass die Voraussetzungen des Befreiungstatbestands des § 6 Abs. 1 Satz 1 Nr. 1 SGB VI gegeben sind. Hiernach werden Beschäftigte für die Beschäftigung von der Versicherungspflicht befreit, wegen der sie aufgrund einer durch Gesetz angeordneten oder auf Gesetz beruhenden Verpflichtung Mitglied einer öffentlich-rechtlichen Versicherungseinrichtung oder Versorgungseinrichtung (berufsständische Versorgungseinrichtung) und zugleich kraft gesetzlicher Verpflichtung Mitglied einer berufsständischen Kammer sind, sofern am jeweiligen Ort der Beschäftigung für ihre Berufsgruppe bereits vor dem 1. Januar 1995 eine gesetzliche Verpflichtung zur Mitgliedschaft in der berufsständischen Kammer bestanden hat, nach näherer Maßgabe der Satzung einkommensbezogene Beiträge unter Berücksichtigung der Beitragsbemessungsgrenze zur berufsständischen Versorgungseinrichtung zu zahlen sind und aufgrund dieser Beiträge Leistungen für den Fall verminderter Erwerbsfähigkeit und des Alters sowie für Hinterbliebene erbracht und angepasst werden.[4] Über das Vorliegen der materiell-rechtlichen Voraussetzungen des hier in Frage stehenden Befreiungstatbestands hinaus muss der Versicherte nach § 6 Abs. 2 SGB VI einen wirksamen Antrag auf Befreiung gestellt haben. Schließlich muss die für die Entscheidung über den Antrag zuständige Deutsche Rentenversicherung Bund (DRV Bund)[5] eine Befreiung erteilt haben und als Folge dessen der Zeitpunkt bestimmt werden, ab dem die Befreiung Wirkung entfaltet.

2. Prüfung der Voraussetzungen über die Befreiung von der Versicherungspflicht gemäß § 6 Abs. 1 Satz 1 Nr. 1, Abs. 2 SGB VI

a) Vorliegen der materiell-rechtlichen Voraussetzungen des Befreiungstatbestands nach § 6 Abs. 1 Satz 1 Nr. 1 SGB VI

aa) **Pflichtmitgliedschaft in einer berufsständischen Versorgungseinrichtung.** § 6 495
Abs. 1 Satz 1 Nr. 1 SGB VI setzt zunächst voraus, dass der Beschäftigte aufgrund einer durch Gesetz angeordneten oder auf Gesetz beruhenden Verpflichtung Mitglied einer berufsständischen Versorgungseinrichtung ist.[6] Für J ergibt sich diese Verpflichtung aus § 5 Abs. 3 RAVG-BW[7] i. V. m. § 5 Abs. 3 der Satzung des Versorgungswerks der Rechtsanwälte in Baden-Württemberg.[8] Danach wird Mitglied des Versorgungswerks, wer ab dem 5. Mai 2018 Mitglied einer Rechtsanwaltskammer in Baden-Württemberg wird und zu diesem Zeitpunkt das 62. Lebensjahr noch nicht vollendet hat.[9] Aus dem Sachverhalt

---

3 Vorbehaltlich des Eingreifens eines Tatbestands der Versicherungsfreiheit oder der Befreiung von der Versicherungspflicht, s. dazu folgend Rn. 510ff.

4 Wobei auch die finanzielle Lage der berufsständischen Versorgungseinrichtung zu berücksichtigen ist.

5 S. § 6 Abs. 3 Satz 2 SGB VI.

6 S. dazu ausf. Hauck/Noftz/*Fichte*, SGB VI, § 6 Rn. 54–89; GK-SGB VI/*Ruland*, § 6 Rn. 55 ff.

7 In anderen Bundesländern bestehen entsprechende Regelungen.

8 Abrufbar unter HYPERLINK „http://www.vw-ra.de/media/formulare_23/2022_12_14_Satzung_Stand_01_01_2023_HP-Fassung.pdf" (Stand: 1.1.2023).

9 Für Personen, die vor dem 5. Mai 2018 Mitglied einer Rechtsanwaltskammer in Baden-Württemberg wurden, finden sich entsprechende Regelungen in § 5 Absatz 1 und 2 der oben genannten Satzung.

ergibt sich, dass der J seit dem 1. Januar 2023 Pflichtmitglied des Versorgungswerks der Rechtsanwälte in Baden-Württemberg ist.

496 **bb) Pflichtmitgliedschaft in einer berufsständischen Kammer und Angehörigkeit zu einer Berufsgruppe, für die bereits vor dem 1. Januar 1995 eine Pflichtkammermitgliedschaft bestand.** Weiter ist nach § 6 Abs. 1 Satz 1 Nr. 1 SGB VI erforderlich, dass kraft gesetzlicher Verpflichtung die Mitgliedschaft in einer berufsständischen Kammer besteht und am jeweiligen Ort der Beschäftigung oder selbstständigen Tätigkeit für die jeweilige Berufsgruppe bereits vor dem 1. Januar 1995 eine gesetzliche Verpflichtung zur Mitgliedschaft in der berufsständischen Kammer bestanden hat (§ 6 Abs. 1 Satz 1 Nr. 1 lit. a) SGB VI).[10] Das ist nach den Angaben im Sachverhalt der Fall. Der J ist Pflichtmitglied der Rechtsanwaltskammer Stuttgart. Nach dem Bearbeiterhinweis bestand für Rechtsanwälte bereits vor dem 1. Januar 1995 eine gesetzliche Verpflichtung zur Mitgliedschaft in der Rechtsanwaltskammer.

497 **cc) Entrichtung einkommensbezogener Beiträge unter Berücksichtigung der Beitragsbemessungsgrenze zur berufsständischen Versorgungseinrichtung.** Gemäß § 6 Abs. 1 Satz 1 Nr. 1 lit. b) SGB VI wird weiter vorausgesetzt, dass nach näherer Maßgabe der Satzung **einkommensbezogene Beiträge** unter Berücksichtigung der Beitragsbemessungsgrenze der gesetzlichen Rentenversicherung zur berufsständischen Versorgungseinrichtung gezahlt werden. Insoweit geht aus dem Sachverhalt hervor, dass die Satzung des Versorgungswerks ausführliche Regelungen zur Entrichtung einkommensbezogener Beiträge unter Berücksichtigung der Beitragsbemessungsgrenze der gesetzlichen Rentenversicherung enthält.

498 **dd) Bestimmter Leistungsumfang der berufsständischen Versorgungseinrichtung.** Des Weiteren müssten gemäß § 6 Abs. 1 Satz 1 Nr. 1 lit. c) SGB VI nach der Satzung der berufsständischen Versorgungseinrichtung aufgrund der gezahlten Beiträge Leistungen für den Fall verminderter Erwerbsfähigkeit und des Alters sowie für Hinterbliebene erbracht und angepasst werden. Gemäß den Angaben im Sachverhalt gewährt das Versorgungswerk der Rechtsanwälte in Baden-Württemberg seinen Mitgliedern unter anderem eine Alters- und Berufsunfähigkeitsrente sowie eine Hinterbliebenenrente. Diese Leistungen werden auch von Zeit zu Zeit angepasst, sind also dynamisiert. Die Leistungen des Versorgungswerkes genügen damit den Anforderungen des § 6 Abs. 1 Satz 1 Nr. 1 lit. c) SGB VI.

499 **ee) Ausübung einer berufsspezifischen Tätigkeit im Kammerberuf.** Schließlich setzt der Befreiungstatbestand des § 6 Abs. 1 Satz 1 Nr. 1 SGB VI voraus, dass der Versicherte eine **berufsspezifische Tätigkeit** ausübt. Das folgt aus dem Wortlaut des § 6 Abs. 1 Satz 1 Nr. 1 SGB VI: „Beschäftigung oder Tätigkeit, ***wegen der sie***" Mitglied einer berufsständischen Versorgungseinrichtung sind.[11] Unter einer berufsspezifischen Tätigkeit ist eine für den in der jeweiligen Versicherungs- oder Versorgungseinrichtung pflichtversi-

10 S. zu diesen Voraussetzungen und ihrer Entstehungsgeschichte näher GK-SGB VI/*Ruland*, § 6 Rn. 101 ff.

11 S. BSG 28.6.2018 – B 5 RE 2/17 R – juris Rn. 37; BSG 22.3.2018 – B 5 RE 5/16 R – juris Rn. 50; BSG 3.4.2014 – B 5 RE 13/14 R – juris Rn. 28 ff.; s. aus der Literatur *Boecken*, NZS 2000, 121 f. (121); BeckOGK SozR/*Nusser*, § 6 SGB VI Rn. 15 (Stand: 15.8.2025); Kreikebohm/Roßbach/*Segebrecht*, SGB VI, § 6 Rn. 25.

cherten Personenkreis **typische Berufstätigkeit** zu verstehen.[12] Das ist bei der Tätigkeit des J als angestellter Rechtsanwalt für die Rechtsanwaltskanzlei A-Partnerschaft der Fall.

ff) Zwischenergebnis. Damit liegen die materiell-rechtlichen Voraussetzungen des Befreiungstatbestands nach § 6 Abs. 1 Satz 1 Nr. 1 SGB VI vor. **500**

b) Wirksamer Befreiungsantrag

aa) Überblick über die Voraussetzungen eines wirksamen Befreiungsantrags. Neben dem Vorliegen der materiell-rechtlichen Voraussetzungen i. S. d. § 6 Abs. 1 Satz 1 Nr. 1 SGB VI erfordert die Befreiung von der Versicherungspflicht in der gesetzlichen Rentenversicherung das Vorliegen eines wirksamen Befreiungsantrags. Das ergibt sich aus § 6 Abs. 2 Satz 1 SGB VI, wonach die Befreiung aufgrund des Befreiungstatbestands des § 6 Abs. 1 Satz 1 Nr. 1 SGB VI auf Antrag des Versicherten erfolgt. Dabei sind die in § 6 Abs. 2 Sätze 2 und 3 SGB VI bestimmten Vorgaben zur Form und zum Adressaten des Antrags zu beachten. Danach hat der Versicherte gemäß § 6 Abs. 2 Satz 2 SGB VI den Antrag elektronisch über die zuständige berufsständische Versorgungseinrichtung zu stellen, die den Antrag nach Maßgabe des § 6 Abs. 2 Satz 3 SGB VI an den zuständigen Träger der Rentenversicherung weiterzuleiten hat. Aus § 6 Abs. 3 Satz 2 SGB VI ist zu entnehmen, dass im Fall eines Antrags auf Befreiung nach § 6 Abs. 1 Satz 1 Nr. 1 SGB VI die Deutsche Rentenversicherung Bund (DRV Bund) darüber entscheidet und damit zuständig ist. Bei dem Antrag handelt es sich seiner Rechtsnatur nach um eine **empfangsbedürftige Willenserklärung des öffentlichen Rechts**,[13] die gemäß analoger Anwendung des § 130 Abs. 1 BGB[14] in dem Zeitpunkt wirksam wird, in welchem sie dem für die Entscheidung zuständigen Träger, hier die DRV Bund, zugeht. **501**

bb) Prüfung einer wirksamen Antragstellung durch J

(1) Antragsberechtigung des J. Der J müsste einen wirksamen Antrag auf Befreiung nach § 6 Abs. 1 Satz 1 Nr. 1 SGB VI gestellt haben. Bezogen auf den hier in Frage stehenden Befreiungstatbestand ist der J als Versicherter der gesetzlichen Rentenversicherung antragsberechtigt. Von dieser Antragsbefugnis hat er, wie aus dem Sachverhalt hervorgeht, durch Antragstellung am 3. April 2023 Gebrauch gemacht. **502**

(2) Formwahrender Zugang des Antrags bei dem gesetzlich bestimmten Adressaten. Des Weiteren müsste der J den Antrag unter Beachtung der in § 6 Abs. 2 Satz 2 SGB VI bestimmten Form bei dem in dieser Regelung ebenfalls bestimmten Adressaten **503**

---

12 S. *Kilger/Prosslinger*, NJW 2004, 821 ff. (823); GK-SGB VI/*Ruland*, § 6 Rn. 111. Bezogen auf Syndikusanwälte, d. h. zugelassene Rechtsanwälte, die bei einem nichtanwaltlichen Arbeitgeber als sog. Syndikus tätig sind, hat das BSG im Jahr 2014 entschieden, dass die Tätigkeit als Syndikus nicht als typische Berufstätigkeit eines Rechtsanwalts im Sinne des in den §§ 1 – 3 BRAO zugrunde gelegten Berufsbilds anzusehen ist und daher eine Befreiung von der Versicherungspflicht in der gesetzlichen Rentenversicherung nach § 6 Abs. 1 Satz 1 Nr. 1 SGB VI für die Syndikustätigkeit nicht in Betracht kommt (s. BSG 3.4.2014 – B 5 RE 13/14 R – juris Rn. 34 ff.). Hierauf reagierte der Gesetzgeber mit dem Gesetz zur Neuregelung des Rechts der Syndikusanwälte und zur Änderung der Finanzgerichtsordnung vom 21.12.2015 (s. BGBl. 2015 I, 1517): Mit Wirkung zum 1.1.2016 wurde die Berufsbezeichnung der nunmehr sog. Syndikusrechtsanwälte in § 46 Abs. 2 S. 1 BRAO legaldefiniert und zugleich in den §§ 46 Abs. 2 S. 2, 46a–46b BRAO eine eigenständige, strikt tätigkeitsbezogene Zulassung für Syndikusrechtsanwälte eingeführt (s. zu den Einzelheiten der neueren Rechtslage nur *Offermann-Burckart*, NJW 2016, 113 ff.). Durch die Zulassung wird der Syndikusrechtsanwalt Mitglied der Rechtsanwaltskammer (vgl. § 46a Abs. 4 Nr. 2, § 12 Abs. 3 BRAO) und damit gerade *wegen* der ausgeübten Syndikustätigkeit Pflichtmitglied im berufsständischen Versorgungswerk. Eine Befreiung nach § 6 Abs. 1 Satz 1 Nr. 1 SGB VI wurde damit wieder möglich (s. dazu ausf. die Gesetzesbegründung in BT-Drs. 18/5201, S. 18).

13 S. nur Knickrehm/*Berchtold*, SozR, § 6 SGB VI Rn. 4.

14 Nach § 130 Abs. 3 BGB findet § 130 Abs. 1 BGB auch dann Anwendung, wenn die Willenserklärung einer Behörde gegenüber abzugeben ist.

gestellt haben. Das ist der Fall. Nach dem Sachverhalt hat der J den Antrag auf Befreiung von der gesetzlichen Rentenversicherung bezogen auf seine Tätigkeit als Rechtsanwalt am 3. April 2023 elektronisch über das Versorgungswerk der Rechtsanwälte Baden-Württemberg gestellt. Der Antrag ist, wie aus dem Sachverhalt weiter hervorgeht, von dem Versorgungswerk der Rechtsanwälte Baden-Württemberg unter Beachtung der Vorgaben des § 6 Abs. 2 Satz 3 SGB VI an den zuständigen Rentenversicherungsträger, das ist im Fall einer Befreiung nach § 6 Abs. 1 Satz 1 Nr. 1 SGB VI gemäß § 6 Abs. 3 Satz 2 SGB VI die DRV Bund, unverzüglich weitergeleitet worden und bei dieser am 4. April 2023 eingegangen. Damit hat der Befreiungsantrag des J mit Zugang bei der DRV Bund als dem für die Entscheidung über den Befreiungsantrag zuständigen Rentenversicherungsträger nach § 130 Abs. 1 BGB analog[15] im Rechtsverkehr Wirksamkeit erlangt. Mithin liegt ein wirksamer Befreiungsantrag des J vor.

c) Erteilung der Befreiung und Zeitpunkt des Wirksamwerdens der Befreiung

504 **aa) Erteilung der Befreiung durch Verwaltungsakt der DRV Bund.** Schließlich setzt die Befreiung des J von der Versicherungspflicht zur gesetzlichen Rentenversicherung voraus, dass die DRV Bund als nach § 6 Abs. 3 Satz 2 SGB VI für die Entscheidung über eine Befreiung nach § 6 Abs. 1 Satz 1 Nr. 1 SGB VI zuständiger Rentenversicherungsträger die Befreiung erteilt hat. Denn die Stellung eines wirksamen Antrags durch den Versicherten nach § 6 Abs. 2, Abs. 3 SGB VI führt als solche nicht die Befreiung von der Versicherungspflicht herbei.[16] Der Antragsteller hat bei Vorliegen der materiell-rechtlichen Voraussetzungen des § 6 Abs. 1 Satz 1 Nr. 1 SGB VI und eines wirksamen Befreiungsantrags nach § 6 Abs. 2, Abs. 3 SGB VI lediglich ein **subjektives öffentliches Recht auf Befreiung von der Versicherungspflicht durch einen begünstigenden und konstitutiven Verwaltungsakt mit Dauerwirkung[17] durch die DRV Bund**. Aus dem Sachverhalt geht hervor, dass die DRV Bund mit Bescheid vom 23. Mai 2023 die Befreiung des J von der Versicherungspflicht zur gesetzlichen Rentenversicherung erteilt hat. Damit ist der J nach § 6 Abs. 1 Satz 1 Nr. 1 SGB VI von der Versicherungspflicht zur gesetzlichen Rentenversicherung befreit.

505 **bb) Zeitpunkt des Wirksamwerdens der Befreiung.** Insoweit ist noch zu prüfen, ab welchem Zeitpunkt die Befreiung des J von der Versicherungspflicht eintritt und damit wirksam wird. Nach der Regelung des § 6 Abs. 4 Satz 1 SGB VI wirkt die Befreiung vom Vorliegen der Befreiungsvoraussetzungen an, wenn sie innerhalb von drei Monaten beantragt wird, ansonsten vom Eingang des Antrags an. Nach dem Sachverhalt hat der J seine Tätigkeit als Rechtsanwalt bei der A-Partnerschaft am 1. Januar 2023 aufgenommen. Seit diesem Zeitpunkt lagen die materiell-rechtlichen Befreiungsvoraussetzungen des § 6 Abs. 1 Satz 1 Nr. 1 SGB VI[18] vor. Fraglich ist, ob die seitens der DRV Bund erteilte Befreiung auch mit Wirkung zum 1. Januar 2023 eingetreten ist. Dann müsste der J bezogen auf das verfahrensrechtliche Erfordernis der wirksamen Antragstellung die Dreimonatsfrist des § 6 Abs. 4 Satz 1 SGB VI gewahrt haben. Danach wirkt die Befreiung vom Vorliegen der Befreiungsvoraussetzungen an, wenn sie innerhalb von drei Monaten beantragt wird. Dabei ist zu beachten, dass nach § 6 Abs. 2 Satz 5 SGB VI der Eingang des Antrags bei der berufsständischen Versorgungseinrichtung für die Wahrung der Dreimonatsfrist maßgeblich ist. Die Berechnung der Dreimonatsfrist erfolgt in entsprechender Anwendung der §§ 187 bis 193 BGB, wie sich aus § 26 Abs. 1 SGB X ergibt. Im Hinblick darauf, dass nach § 6 Abs. 4 Satz 1 SGB VI die Befreiung vom Vorliegen der Befreiungsvoraussetzungen an wirkt, ist für die Berechnung der Dreimonatsfrist der

15 S. § 130 Abs. 3 BGB und schon oben Rn. 501.
16 S. BeckOGK SozR/*Nusser*, § 6 SGB VI Rn. 40 (Stand: 15.8.2025); Hauck/Noftz/*Fichte*, SGB VI, § 6 Rn. 124.
17 S. BSG 30.4.1997 – 12 RK 34/96 – juris Rn. 15; Knickrehm/*Berchtold*, SozR, § 6 SGB VI Rn. 3.
18 S. dazu oben Rn. 495 ff.

erste Tag, an dem die materiell-rechtlichen Voraussetzungen vorliegen, mit zu berücksichtigen. Damit bestimmt sich die Berechnung der Dreimonatsfrist nach §§ 187 Abs. 2, 188 Abs. 1, Hs. 2 BGB.[19] Das bedeutet, dass die Dreimonatsfrist gemäß § 187 Abs. 2 BGB am 1. Januar 2023, dem Tag der Aufnahme der Tätigkeit des J bei der A-Partnerschaft, begonnen hat und gemäß § 188 Abs. 2, Hs. 2 BGB am Freitag, dem 31. März 2023 endete. Im Hinblick darauf, dass der J den Antrag erst nach dem Ablauf der Dreimonatsfrist am 3. April 2023 über das Versorgungswerk der Rechtsanwälte Baden-Württemberg gestellt hat, worauf hier nach § 6 Abs. 2 Satz 5 SGB VI für die Frage der Wahrung der Dreimonatsfrist abzustellen ist, wirkt die Befreiung nicht vom Vorliegen der Befreiungsvoraussetzungen an. Vielmehr tritt die Befreiung erst vom 4. April 2023 an ein, also ab dem Tag des Zugangs des Antrags bei der DRV Bund.

3. Zwischenergebnis

Bezogen auf die entgeltliche Beschäftigung des J als Rechtsanwalt bei der A-Partner- **506**
schaft besteht aufgrund der Befreiung gemäß § 6 Abs. 1 Nr. 1, Abs. 2 bis Abs. 4 SGB VI ab dem 4. April 2023 keine Versicherungspflicht zur gesetzlichen Rentenversicherung nach § 1 Satz 1 Nr. 1 SGB VI.

B. Versicherungspflicht des J in der gesetzlichen Rentenversicherung aufgrund der Tätigkeit an der Universität Konstanz

I. Versicherungspflicht als selbstständig tätiger Lehrer nach § 2 Satz 1 Nr. 1 SGB VI

1. Überblick über die Voraussetzungen der Versicherungspflicht

Bezogen auf die Tätigkeit als Dozent an der Universität Konstanz könnte der J gemäß **507**
§ 2 Satz 1 Nr. 1 SGB VI der Versicherungspflicht zur gesetzlichen Rentenversicherung unterliegen. Nach diesem Versicherungspflichttatbestand sind unter anderem selbstständig tätige Lehrer, die im Zusammenhang mit ihrer selbstständigen Tätigkeit regelmäßig keinen versicherungspflichtigen Arbeitnehmer beschäftigen, versicherungspflichtig.

2. Prüfung der Voraussetzungen der Versicherungspflicht

a) Selbstständige Tätigkeit als Lehrer. Zunächst ist zu prüfen, ob der J eine selbststän- **508**
dige Tätigkeit als Lehrer i. S. d. § 2 Satz 1 Nr. 1 SGB VI ausübt. Der in dieser Norm verwendete Begriff des Lehrers wird in der Rechtsprechung des BSG sehr weit verstanden. Danach werden von diesem Versicherungspflichttatbestand Personen erfasst, die aufgrund ihrer Kompetenzen Unterricht erteilen, d. h., Kenntnisse und Fähigkeiten jedweder Art vermitteln.[20] Hierunter fallen sowohl Unterrichtsinhalte, die der geistigen Entwicklung auf dem Gebiet der Wissenschaften dienen, wie auch Inhalte, die auf die

19 Nach anderer Ansicht soll die Dreimonatsfrist gemäß §§ 187 Abs. 1, 188 Abs. 2, Hs. 1 BGB zu berechnen sein, s. etwa BeckOGK SozR/*Nusser*, § 6 SGB VI Rn. 53 (Stand: 15.8.2025); v. Koppenfels-Spies/Wenner/*Pflaum*, SGB VI, § 6 Rn. 44; s. auch GRA SGB (Gemeinsame Rechtliche Anweisungen Deutsche Rentenversicherung zum SGB), § 6 SGB VI unter Ziff. 2.4. Gegen die Berechnung nach §§ 187 Abs. 1, 188 Abs. 2, Hs. 1 BGB spricht bereits die Regelung des § 6 Abs. 4 Satz 1 SGB VI, wonach die Befreiung vom Vorliegen der materiell-rechtlichen Befreiungsvoraussetzungen an wirkt, also ab dem Tag, an dem sämtliche Voraussetzungen für die Befreiung erfüllt sind. Dieser Tag ist dann mitzurechnen. Im vorliegenden Fall ist das der Tag der Aufnahme der Beschäftigung des J bei der A-Partnerschaft. Im Übrigen handelt es sich bei der Festlegung, eine Tätigkeit an einem bestimmten Tag aufzunehmen, weder um ein Ereignis noch um ein in den Lauf eines Tages fallender Zeitpunkt, s. zu diesen Tatbestandsvoraussetzungen des § 187 Abs. 1 BGB BeckOGK BGB/*Fervers*, § 187 BGB Rn. 26 (Stand: 15.10.2025); Erman/*Finkenauer*, § 187 BGB Rn. 1.

20 S. BSG 23.4.2015 – B 5 RE 24/14 R – juris Rn. 14; s. aus der Literatur etwa Hauck/Noftz/*Fichte*, SGB VI, § 2 Rn. 38; BeckOGK SozR/*Nusser*, § 2 SGB VI Rn. 10 (Stand: 15.2.2025).

Unterweisung in praktischen Tätigkeiten ausgerichtet sind.[21] Die Tätigkeit als Lehrer i. S. d. hier in Frage stehenden Versicherungspflichttatbestands setzt weder eine besondere pädagogische Ausbildung voraus noch muss der Unterricht ein bestimmtes Niveau aufweisen.[22] Darüber hinaus setzt die Einordnung einer Tätigkeit als Lehrer nicht voraus, dass Prüfungen abgenommen oder Zeugnisse bzw. Bescheinigungen ausgestellt werden.[23] Schließlich ist eine Tätigkeit als Lehrer im Kern dadurch gekennzeichnet, dass abstrakt, also ohne Fokussierung auf individuelle Problemlagen einzelner Personen generelles Wissen vermittelt wird, während eine davon zu unterscheidende und abzugrenzende beratende Tätigkeit darauf abzielt, individuelle Probleme und Fragen einzelner Personen zu behandeln bzw. zu lösen.[24] Unter Zugrundelegung des vorstehend skizzierten weiten Begriffs des Lehrers i. S. d. § 2 Satz 1 Nr. 1 SGB VI übt der J bezogen auf die Dozententätigkeit an der Universität Konstanz eine Tätigkeit als Lehrer im Sinne dieses Versicherungspflichttatbestands aus. Der J hält Vorlesungen über das Recht der erneuerbaren Energien ab. Diese sind ausgerichtet auf die Vermittlung von Kenntnissen und Fähigkeiten auf dem Gebiet der Rechtswissenschaft und beinhalten keine individuellen Beratungsleistungen. Die nach dem Sachverhalt bei J fehlende besondere pädagogische Ausbildung wie auch der Umstand, dass dieser nicht mit der Ausstellung von Zeugnissen oder Ähnlichem betraut ist, steht der Einordnung der Tätigkeit des J als Lehrer im Sinne des Rentenversicherungsrechts nicht entgegen. Des Weiteren wird die Tätigkeit als Lehrer von J auch als selbstständige Tätigkeit ausgeübt. Das ergibt sich ohne Weiteres aus dem Sachverhalt. Damit liegen bei J die Voraussetzungen einer selbstständigen Tätigkeit als Lehrer i. S. d. § 2 Satz 1 Nr. 1 SGB VI vor.

509 **b) Keine Beschäftigung versicherungspflichtiger Arbeitnehmer im Zusammenhang mit der selbstständigen Tätigkeit.** Der Versicherungspflichttatbestand des § 2 Satz 1 Nr. 1 SGB VI setzt weiter voraus, dass der selbstständig tätige Lehrer im Zusammenhang mit seiner selbstständigen Tätigkeit regelmäßig keinen versicherungspflichtigen Arbeitnehmer beschäftigt. Deshalb ist zu prüfen, ob der J als selbstständig tätiger Lehrer[25] diese Voraussetzung erfüllt. Aus dem Sachverhalt geht hervor, dass der J zur Unterstützung seiner Dozententätigkeit an der Universität Konstanz seit dem 1. Februar 2023 die studentische Hilfskraft H im Rahmen eines Arbeitsverhältnisses entgeltgeringfügig unter Zahlung einer Vergütung i. H. v. EUR 300,00 monatlich beschäftigt.[26] Die Tätigkeit der H, die nach dem Sachverhalt inhaltlich die Vorbereitung und Organisation der Lehrveranstaltungen des J umfasst, steht angesichts des vorbeschriebenen Aufgabeninhalts im Sinne des § 2 Satz 1 Nr. 1 SGB VI im Zusammenhang mit der selbstständigen Tätigkeit des J. Deshalb ist für die Frage der Versicherungspflicht des J weiter zu prüfen,

21 BSG 23.4.2015 – B 5 RE 24/14 R – juris Rn. 14; BSG 22.6.2005 – B 12 RA 6/04 R – juris Rn. 15; s. aus der Literatur Kreikebohm/*Roßbach/Sägebrecht*, SGB VI, § 2 Rn. 3.

22 S. BSG 23.4.2015 – B 5 RE 24/14 R – juris Rn. 14; BSG 22.6.2005 – B 12 RA 6/04 R – juris Rn. 6; BSG 22.6.2005 – B 12 RA 14/04 R – juris Rn. 4.

23 S. BSG 23.4.2015 – B 5 RE 24/14 R – juris Rn. 14; BSG 22.6.2005 – B 12 RA 14/04 R – juris Rn. 4.

24 Vgl. BSG 23.4.2015 – B 5 RE 24/14 R – juris Rn. 16; BeckOGK SozR/*Nusser*, § 2 SGB VI Rn. 10 (Stand: 15.2.2025).

25 S. oben Rn. 508.

26 Zur entgeltgeringfügigen Beschäftigung s. § 8 Abs. 1 Nr. 1 SGB IV, danach liegt eine solche vor, wenn das Arbeitsentgelt aus der Beschäftigung regelmäßig die Geringfügigkeitsgrenze (dazu § 8 Abs. 1a, Abs. 1b SGB IV) nicht übersteigt. Von der entgeltgeringfügigen Beschäftigung ist die in § 8 Abs. 1 Nr. 2 SGB IV geregelte zeitgeringfügige Beschäftigung wegen zum Teil unterschiedlicher rechtlicher Folgen im Versicherungs- und Beitragsrecht (s. für den Bereich der gesetzlichen Rentenversicherung z. B. bezogen auf die Frage der Herausnahme aus an sich nach § 1 Satz 1 Nr. 1 SGB VI bestehender Versicherungspflicht die unterschiedlichen Regelungen des § 5 Abs. 2 Satz 1 Nr. 1 SGB VI und § 6 Abs. 1b SGB VI und zum Beitragsrecht die Vorschriften des § 168 Abs. 1 Nr. 1b und Nr. 1c SGB VI wie auch des § 172 Abs. 3, Abs. 3a SGB VI) strikt zu trennen, s. zur Abgrenzung beider Arten der geringfügigen Beschäftigung näher BSG 7.5.2014 – B 12 R 5/12 – juris Rn. 19 ff. und BSG 5.12.2017 – B 12 R 10/15 R – juris Rn. 16.

ob die H als versicherungspflichtige Arbeitnehmerin tätig ist, was grundsätzlich[27] zur Folge hätte, dass der Versicherungspflichttatbestand des § 2 Satz 1 Nr. 1 SGB VI nicht eingreift. Aus dem Sachverhalt geht hervor, dass zwischen J und H ein Arbeitsverhältnis besteht. Damit leistet die H weisungsgebundene, fremdbestimmte Arbeit in persönlicher Abhängigkeit und ist arbeitsrechtlich Arbeitnehmerin i. S. d. § 611a Abs. 1 Satz 1 BGB. Sozialversicherungsrechtlich liegt demzufolge eine Beschäftigung i. S. d. § 7 Abs. 1 SGB IV[28] vor, die im Hinblick auf die monatliche Vergütung i. H. v. EUR 300,00 gegen Arbeitsentgelt ausgeübt wird mit der Folge, dass die H grundsätzlich der Versicherungspflicht nach § 1 Satz 1 Nr. 1 SGB VI unterliegt. Der Umstand, dass die H eine **entgeltgeringfügige Beschäftigung** i. S. d. § 8 Abs. 1 Nr. 1 SGB IV ausübt, steht der Versicherungspflicht aufgrund entgeltlicher Beschäftigung nicht entgegen.[29] Die Versicherungspflicht der H würde entfallen, wenn dieser von der Möglichkeit der Befreiung durch Antrag nach § 6 Abs. 1b SGB VI Gebrauch gemacht hätte. Das ist jedoch nicht der Fall, wie aus dem Sachverhalt hervorgeht. Allerdings ist bezogen auf den Versicherungspflichttatbestand des § 2 Satz 1 Nr. 1 SGB VI die Fiktionsregelung des § 2 Satz 2 Nr. 2 SGB VI zu beachten. Danach gelten als Arbeitnehmer i. S. v. § 2 Satz 1 Nr. 1 SGB VI nicht Personen, die geringfügig beschäftigt sind. Damit steht die Beschäftigung des versicherungspflichtigen Arbeitnehmers H der Versicherungspflicht des J nach § 2 Satz 1 Nr. 1 SGB VI nicht entgegen.

II. Erstreckung der Befreiung für die Rechtsanwaltstätigkeit auf die nach § 2 Satz 1 Nr. 1 SGB VI versicherungspflichtige Dozententätigkeit gemäß § 6 Abs. 5 Satz 2 SGB VI

1. Regelungsgehalt des § 6 Abs. 5 Satz 2 SGB VI

Möglicherweise unterliegt der J bezogen auf seine Tätigkeit als Dozent an der Universität Konstanz nicht der Versicherungspflicht nach § 2 Satz 1 Nr. 1 SGB VI aufgrund einer Erstreckung der Befreiung gemäß § 6 Abs. 1 Satz 1 Nr. 1 SGB VI bezogen auf die Rechtsanwaltstätigkeit nach Maßgabe der Regelung des § 6 Abs. 5 Satz 2 SGB VI. Hiernach ist die Befreiung (unter anderem) im Fall des § 6 Abs. 1 Satz 1 Nr. 1 SGB VI im Unterschied zu dem in § 6 Abs. 5 Satz 1 SGB VI normierten Regelfall[30] nicht auf die der Erteilung der Befreiung zugrunde liegenden Beschäftigung beschränkt,[31] sondern erstreckt sich (unter anderem) in dem Fall des § 6 Abs. 1 Satz 1 Nr. 1 SGB VI auch auf eine andere versicherungspflichtige Tätigkeit, wenn diese infolge ihrer Eigenart oder vertraglich im Voraus zeitlich begrenzt ist und der Versorgungsträger für die Zeit der Tätigkeit den Erwerb einkommensbezogener Versorgungsanwartschaften gewährleistet.[32] 510

2. Anwendbarkeit der Erstreckungsregelung

Zunächst müsste die Erstreckungsregelung des § 6 Abs. 5 Satz 2 SGB VI im vorliegenden Fall, in dem der J neben seiner Rechtsanwaltstätigkeit zeitlich parallel die zur gesetzlichen Rentenversicherung versicherungspflichtige Tätigkeit als Dozent an der Universität Konstanz ausübt, anwendbar sein. Nach der Rechtsprechung des BSG findet § 6 Abs. 5 511

---

27 Vorbehaltlich des Nichteingreifens der Fiktion des § 2 Satz 2 Nr. 2 SGB VI, s. noch folgend.

28 Zum Begriff der Beschäftigung i. S. d. § 7 Abs. 1 SGB IV s. näher NK-GA/*Boecken*, § 7 SGB IV Rn. 5 ff.

29 Anders im Falle der Ausübung einer zeitgeringfügigen Beschäftigung, insoweit besteht nach § 5 Abs. 2 Satz 1 Nr. 1 SGB VI Versicherungsfreiheit.

30 So die Formulierung BSG 14.5.2025 – B 10/12 R 1/24 R – juris Rn. 16.

31 Zur Beschränkung der Versicherungspflicht (unter anderem) nach § 6 Abs. 1 Nr. 1 SGB VI auf die ihrer Erteilung zugrunde liegende jeweilige Beschäftigung nach § 6 Abs. 5 Satz 1 SGB VI s. BSG 31.10.2012 – B 12 R 3/11 R – juris Rn. 16 ff.; s. schon *Boecken*, Arztrecht 10/1991, II., VII.; *ders.*, in GK-SGB VI, § 6 Rn. 177 Stand Einzelkommentierung Januar 2007; *Voelzke*, in Schulin, SozVers Bd. 3, § 17 Rn. 72 f.

32 S. auch BSG 14.5.2025 – B 10/12 R 1/24 R – juris Rn. 16.

Satz 2 SGB VI nicht nur auf Sachverhalte Anwendung, in denen die bisherige Tätigkeit, für die eine Befreiung nach § 6 Abs. 1 Satz 1 Nr. 1 SGB VI erteilt worden ist, durch eine andere versicherungspflichtige Tätigkeit unterbrochen wird, sondern kommt vorbehaltlich des Vorliegens aller sonstigen Voraussetzungen auch zum Tragen, wenn eine andere versicherungspflichtige Tätigkeit nicht nach, sondern neben der jeweiligen Beschäftigung im Sinne des § 6 Abs. 5 Satz 1 SGB VI ausgeübt wird.[33] Damit steht hier der Anwendung der Erstreckungsregelung nicht schon der Umstand entgegen, dass der J die Dozententätigkeit zeitlich parallel neben seiner der Erteilung der Befreiung nach § 6 Abs. 1 Satz 1 Nr. 1 SGB VI zugrunde liegenden Tätigkeit als angestellter Rechtsanwalt in der A-Partnerschaft ausübt.

3. Vorliegen einer Befreiung nach § 6 Abs. 1 Satz 1 Nr. 1 SGB VI

512 Die Erstreckung der Befreiung über die jeweilige Beschäftigung im Sinne des § 6 Abs. 5 Satz 1 SGB VI hinaus auf eine andere versicherungspflichtige Beschäftigung setzt weiter das Vorliegen einer Befreiung, hier nach § 6 Abs. 1 Satz 1 Nr. 1 SGB VI, voraus.[34] Das ist der Fall, der J ist bezogen auf seine Tätigkeit als angestellter Rechtsanwalt nach § 6 Abs. 1 Satz 1 Nr. 1 SGB VI von der Versicherungspflicht befreit worden.[35]

4. Fortbestehen der Voraussetzungen des § 6 Abs. 1 Satz 1 Nr. 1 SGB VI

513 Darüber hinaus erfordert eine Erstreckung der Befreiung im Sinne des § 6 Abs. 5 Satz 1 SGB VI nach § 6 Abs. 5 Satz 2 SGB VI, dass der gemäß § 6 Abs. 1 Satz 1 Nr. 1 SGB VI befreite Berufsstandsangehörige die ursprünglichen Befreiungsvoraussetzungen der Pflichtmitgliedschaft in einer berufsständischen Versorgungseinrichtung wie auch der Pflichtmitgliedschaft in einer berufsständischen Kammer weiterhin erfüllt.[36] Denn die Erstreckung einer Befreiung nach § 6 Abs. 1 Nr. 1 SGB VI auf eine andere versicherungspflichtige Tätigkeit kommt nur dann in Betracht, wenn der zur ursprünglichen Befreiung führende Sachverhalt weiterhin gegeben ist, d. h., nur ein überhaupt noch bestehender Befreiungsstatus kann auf eine andere versicherungspflichtige Tätigkeit erstreckt werden.[37] Vorliegend ergeben sich aus dem Sachverhalt keine Anhaltspunkte dafür, dass der J nicht mehr Pflichtmitglied in der berufsständischen Versorgungseinrichtung und der Rechtsanwaltskammer ist.

5. Zeitliche Begrenzung der anderen versicherungspflichtigen Tätigkeit

514 Der Erstreckungstatbestand des § 6 Abs. 5 Satz 2 SGB VI hat des Weiteren zur Voraussetzung, dass die andere versicherungspflichtige Tätigkeit infolge ihrer Eigenart oder vertraglich **im Voraus zeitlich begrenzt** ist. Hier fehlt es an dem Tatbestandsmerkmal einer von vornherein zeitlich begrenzten Beschäftigung. Aus den Angaben im Sachverhalt ist nicht ersichtlich, dass die Dozententätigkeit des J infolge ihrer Eigenart oder vertraglich im Voraus zeitlich begrenzt ist. Auf das weitere Tatbestandsmerkmal der Gewährleistung des Erwerbs einkommensbezogener Versorgungsanwartschaften für die Zeit der Ausübung einer anderen versicherungspflichtigen Tätigkeit kommt es deshalb nicht mehr an. Angesichts dessen, dass die Voraussetzungen einer Erstreckung nach § 6 Abs. 5 Satz 2 SGB VI nicht erfüllt sind, unterliegt der J bezogen auf die Dozententätigkeit an der Universität Konstanz der Versicherungspflicht nach § 2 Satz 1 Nr. 1 SGB VI.

---

33 S. dazu BSG 14.5.2025 – B 10/12 R 1/24 R – juris Rn. 23 ff. mit ausf. Begründung und Nachweisen zu unterschiedlichen Auffassungen in der Literatur.

34 Vgl. BSG 14.5.2025 – B 10/12 R 1/24 R – juris Rn. 17.

35 S. oben Rn. 504.

36 BSG 14.5.2025 – B 10/12 R 1/24 R – juris Rn. 18; BSG 11.3.2021 – B 5 RE 2/20 R – juris Rn. 22.

37 S. ausf. BSG 11.3.2021 – B 5 RE 2/20 R – juris Rn. 22.

C. Ergebnis

Bezogen auf die Tätigkeit als angestellter Rechtsanwalt in der A-Partnerschaft ist der J nach § 1 Satz 1 Nr. 1 SGB VI in der gesetzlichen Rentenversicherung versicherungspflichtig.[38] Allerdings greift der Befreiungstatbestand des § 6 Abs. 1 Satz 1 Nr. 1 SGB VI ein mit der Folge, dass der J mit Wirkung vom 4. April 2023 von der Versicherungspflicht befreit ist.[39] Hinsichtlich der Dozententätigkeit an der Universität Konstanz ist der J nach § 2 Satz 1 Nr. 1 SGB VI in der gesetzlichen Rentenversicherung versicherungspflichtig.[40] Eine Erstreckung der bezogen auf die Rechtsanwaltstätigkeit erfolgten Befreiung auf die versicherungspflichtige Dozententätigkeit nach § 6 Abs. 5 Satz 2 SGB VI scheidet mangels Erfüllung der Tatbestandsvoraussetzungen aus.[41] 515

Teil 2

A. Zulässigkeit der Klage der B-Partnerschaft

I. Überblick über die Zulässigkeitsvoraussetzungen

Die Klage der B-Partnerschaft hat Aussicht auf Erfolg, wenn sie zulässig und begründet ist.[42] Im Rahmen der Zulässigkeit der Klage ist die Eröffnung des Sozialrechtswegs,[43] die richtige Klageart,[44] die Klagebefugnis der B-Partnerschaft,[45] die ordnungsgemäße Durchführung des Vorverfahrens,[46] die Einhaltung der Klagefrist,[47] die ordnungsgemäße Klageerhebung,[48] die Beteiligten- und Prozessfähigkeit der B-Partnerschaft[49] und des Rentenversicherungsträgers[50] sowie die Zuständigkeit des angerufenen Gerichts[51] zu prüfen. 516

II. Prüfung der Zulässigkeitsvoraussetzungen

1. Eröffnung des Sozialrechtswegs

a) Rechtliche Grundlagen für die Bestimmung des Rechtswegs. Zunächst ist zu prüfen, ob der Rechtsweg zu den Sozialgerichten eröffnet ist. Die Rechtswegeröffnung bestimmt sich im Ausgangspunkt nach § 40 Abs. 1 Satz 1 VwGO. Gemäß § 40 Abs. 1 Satz 1 VwGO ist der Verwaltungsrechtsweg in allen öffentlich-rechtlichen Streitigkeiten nichtverfassungsrechtlicher Art gegeben, soweit die Streitigkeiten nicht durch Bundesgesetz einem anderen Gericht ausdrücklich zugewiesen sind (sog. **abdrängende Sonderzuweisung**[52]). Hiernach ist für die Frage der Eröffnung des Sozialrechtwegs für die Klage der B-Partnerschaft zu prüfen, ob zwischen der B-Partnerschaft und dem zuständi- 517

38 S. Rn. 491 ff.
39 Dazu Rn. 494 ff.
40 S. Rn. 507 ff.
41 Dazu Rn. 510 ff.
42 Zur Begründetheit der Klage s. unter B., Rn. 534 ff.
43 S. dazu Rn. 517 f.
44 S. dazu Rn. 522.
45 S. dazu Rn. 523.
46 S. dazu Rn. 524.
47 S. dazu Rn. 525.
48 S. dazu Rn. 526.
49 S. dazu Rn. 527 f.
50 S. dazu unten Rn. 529 f.
51 S. dazu unten Rn. 531.
52 S. nur *Detterbeck*, VerwR-AT, Rn. 1329; *Sodan/Ziekow*, Grundkurs ÖR, § 94 Rn. 4 ff.

gen Rentenversicherungsträger eine öffentlich-rechtliche Streitigkeit[53] nicht verfassungsrechtlicher Art[54] vorliegt, bzgl. derer aufgrund einer abdrängenden Sonderzuweisung[55] der Sozialrechtsweg eröffnet ist.

b) Voraussetzungen für die Eröffnung des Sozialrechtswegs

518 **aa) Öffentlich-rechtliche Streitigkeit.** Die Eröffnung des Sozialrechtswegs setzt zunächst das Vorliegen einer **öffentlich-rechtlichen Streitigkeit** zwischen der B-Partnerschaft und dem zuständigen Rentenversicherungsträger voraus. Das richtet sich unter Zugrundelegung der sog. modifizierten Subjektstheorie[56] nach der Rechtsnatur der streitentscheidenden Normen.[57] Als streitentscheidende Normen kommen hier § 28p Abs. 1 Satz 5 Hs. 1, Abs. 1 Satz 1 SGB IV i. V. m. § 28e Abs. 1 Satz 1 SGB IV in Betracht. Eine Norm ist dem öffentlichen Recht zuzuordnen, wenn sie in jedem denkbaren Anwendungsfall einen Träger öffentlicher Gewalt als solchen, sprich in dessen Eigenschaft als Hoheitsträger[58] berechtigt oder verpflichtet.[59] Die Regelung des § 28p Abs. 1 Satz 5 Hs. 1, Abs. 1 Satz 1 SGB IV berechtigt ausschließlich den Träger der Rentenversicherung als Teil der mittelbaren Staatsverwaltung[60] in seiner Funktion als Hoheitsträger zur Betriebsprüfung bzw. zum Erlass von Verwaltungsakten zur Versicherungs- und Beitragspflicht in einzelnen Sozialversicherungszweigen. Eine öffentlich-rechtliche Streitigkeit liegt deshalb vor.

519 **bb) Streitigkeit nichtverfassungsrechtlicher Art.** Des Weiteren müsste die Streitigkeit nach § 40 Abs. 1 Satz 1 VwGO **nichtverfassungsrechtlicher Art** sein.[61] Eine verfassungsrechtliche Streitigkeit lag nach bisheriger Definition vor, wenn die Streitbeteiligten unmittelbar am Verfassungsleben teilnehmen und es im Kern um die Anwendung und Auslegung von Verfassungsrecht geht (sog. **doppelte Verfassungsunmittelbarkeit**[62]).[63] Die jüngere Rechtsprechung des Bundesverwaltungsgerichts stellt demgegenüber nur noch auf den materiellen Gehalt der Streitigkeit ab. Eine verfassungsrechtliche Streitigkeit liegt danach vor, wenn das streitige Rechtsverhältnis maßgeblich vom Verfassungsrecht geformt ist.[64] Entscheidend ist, ob es im Kern des Rechtsstreits um das staatsorganisatori-

53 S. dazu Rn. 518.

54 S. dazu Rn. 519.

55 S. dazu Rn. 520.

56 S. dazu und zu den alternativen Abgrenzungstheorien zwischen Privatrecht und öffentlichem Recht ausf. etwa *Detterbeck*, VerwR-AT, Rn. 1323 ff.; *Hufen*, Verwaltungsprozessrecht, § 11 Rn. 14 ff.; MKS/*Keller*, SGG, § 51 Rn. 3 ff. m. w. N.; *Maurer/Waldhoff*, VerwR-AT, § 3 Rn. 10 ff.; *Schenke*, Verwaltungsprozessrecht, Rn. 115 ff.; *Sodan/Ziekow*, Grundkurs ÖR, § 67 Rn. 5 ff.

57 *Detterbeck*, VerwR-AT, Rn. 1324; *Hufen*, Verwaltungsprozessrecht, § 11 Rn. 17; *Maurer/Waldhoff*, VerwR-AT, § 3 Rn. 13.

58 S. zum Begriff des Hoheitsträgers *Bachof*, BVerwG-Festgabe, 1 ff. (9).

59 S. *Detterbeck*, VerwR-AT, Rn. 1324; *Hufen*, Verwaltungsprozessrecht, § 11 Rn. 17; *Maurer/Waldhoff*, VerwR-AT, § 3 Rn. 13; *Schenke*, Verwaltungsprozessrecht, Rn. 118.

60 S. zum Begriff der mittelbaren Staatsverwaltung *Maurer/Waldhoff*, VerwR-AT, § 23 Rn. 34.

61 Das wird zwar in § 51 SGG – anders als in § 40 Abs. 1 Satz 1 VwGO nicht ausdrücklich erwähnt. Dennoch ist diese Voraussetzung allgemein anerkannt. Das folgt daraus, dass § 51 SGG einen Teil der in der Generalklausel des § 40 Abs. 1 Satz 1 VwGO genannten Streitigkeiten den Gerichten der Sozialgerichtsbarkeit zuweist und insoweit die Zuständigkeit der allgemeinen Verwaltungsgerichtsbarkeit zugunsten einer besonderen Verwaltungsgerichtsbarkeit – der Sozialgerichtsbarkeit – verdrängt. Das den Verwaltungsrechtsweg schlechthin umfassende Tatbestandsmerkmal „Streitigkeiten nichtverfassungsrechtlicher Art“ des § 40 Abs. 1 Satz 1 VwGO ist in § 51 Abs. 1 SGG entbehrlich, da diese Norm nur einen Teil der in § 40 Abs. 1 VwGO genannten Streitigkeiten herausgreift. S. dazu nur BSG 22.2.1979 – 8b RK 4/78 – juris Rn. 14; MKS/*Keller*, SGG, § 51 Rn. 12.

62 Kritisch dazu *Bethge*, JuS 2001, 1100 f.

63 S. BVerwG 28.11.1975 – VII C 53/73 – juris Rn. 13; OVG Berlin-Brandenburg 26.9.2011 – OVG 3a B 5.11 – juris Rn. 24; *Sodan/Ziekow*, Grundkurs ÖR, § 94 Rn. 15.

64 S. BVerwG 19.4.2025 – 2 C 16.24 – juris Rn. 17.

sche Können, Dürfen oder Müssen eines Verfassungsrechtssubjekts als solchen, das heißt gerade um dessen besondere verfassungsrechtliche Funktionen und Kompetenzen geht.[65] Das ist hier nicht der Fall, eine nichtverfassungsrechtliche Streitigkeit liegt vor.

cc) **Abdrängende Sonderzuweisung.** Möglicherweise ist die Streitigkeit durch eine sog. **abdrängende Sonderzuweisung**[66] einem anderen Gericht durch Bundesgesetz ausdrücklich im Sinne des § 40 Abs. 1 Satz 1 VwGO zugewiesen. Die Regelung des § 51 Abs. 1 SGG enthält eine abdrängende Sonderzuweisung.[67] Nach § 51 Abs. 1 Nr. 1 SGG entscheiden die Gerichte der Sozialgerichtsbarkeit über öffentlich-rechtliche Streitigkeiten in Angelegenheiten der gesetzlichen Rentenversicherung. Streitgegenständlich ist vorliegend das Bestehen oder Nichtbestehen der Versicherungspflicht in der gesetzlichen Rentenversicherung und die Pflicht zur Entrichtung der Rentenversicherungsbeiträge. Das Vorliegen einer öffentlich-rechtlichen Streitigkeit wurde bereits bejaht. Mithin ist eine Streitigkeit in einer Angelegenheit der gesetzlichen Rentenversicherung i. S. d. § 51 Abs. 1 Nr. 1 SGG gegeben. 520

dd) **Zwischenergebnis.** Der Sozialrechtsweg ist eröffnet. 521

2. Richtige Klageart

Die richtige Klageart bestimmt sich nach dem Begehren des Klägers und danach, welche Klagearten das SGG für dieses Begehren zur Verfügung stellt. Vorliegend wendet sich die B-Partnerschaft gegen den Bescheid über die Nachforderung von Sozialversicherungsbeiträgen zur gesetzlichen Rentenversicherung. Klagebegehren ist damit die Aufhebung eines Verwaltungsakts (vgl. §§ 28p Abs. 1 Satz 5 SGB IV, 31 SGB X). Die richtige Klageart ist damit die Anfechtungsklage nach § 54 Abs. 1 Satz 1 Var. 1 SGG, mit der die Aufhebung eines Verwaltungsakts begehrt werden kann. Da die B-Partnerschaft mit der Aufhebung des Verwaltungsakts ihr Klageziel vollständig erreichen kann, ist auch das Rechtsschutzbedürfnis für die (isolierte) Anfechtungsklage vorliegend gegeben.[68] 522

3. Klagebefugnis

Die B-Partnerschaft müsste zudem klagebefugt sein. Das richtet sich nach § 54 Abs. 2 Satz 1 SGG. Danach ist die Klage (nur) zulässig, wenn der Kläger behauptet, durch den Verwaltungsakt oder durch die Ablehnung oder Unterlassung eines Verwaltungsakts beschwert zu sein. Die Klagebefugnis fehlt nur dann, wenn eine Verletzung eigener materieller Rechtspositionen des Klägers von vornherein offensichtlich und eindeutig nach allen in Frage kommenden Betrachtungsweisen ausgeschlossen ist, also die Möglichkeit einer Verletzung subjektiver Rechte des Klägers nicht besteht (sog. **Möglichkeitstheorie**).[69] Die B-Partnerschaft ist Adressatin des Beitragsbescheids und damit Adressatin eines belastenden Verwaltungsakts. Die Beschwer i. S. d. § 54 Abs. 2 Satz 1 SGG, sprich die mögliche Rechtsverletzung des Klägers in subjektiv öffentlichen Rechten, ist bei Adressaten eines belastenden Verwaltungsakts stets gegeben (sog. **Adressatentheorie**).[70] Denn es ist zu- 523

---

65 S. BVerwG 19.4.2025 – 2 C 16.24 – juris Rn. 19; BVerwG 26.3.2025 – 6 C 6.23 – juris Rn. 19 ff.

66 S. dazu nur *Detterbeck*, VerwR-AT, Rn. 1329; Sodan/*Ziekow*, Grundkurs ÖR, § 94 Rn. 4 ff.

67 S. nur BSG 22.2.1979 – 8b RK 4/78 – juris Rn. 14.

68 S. zum Rechtsschutzbedürfnis bei Erhebung einer (isolierten) Anfechtungsklage nur BSG 12.9.2018 – B 4 AS 39/17 R – juris Rn. 10 m. w. N.

69 S. BSG 6.6.2023 – B 12 KR 34/22 B – juris Rn. 14; BSG 16.7.2019 – B 12 KR 6/18 R – juris Rn. 23; BSG 16.8.2017 – B 12 KR 19/16 R – juris Rn. 17; BSG 27.10.2009 – B 1 KR 4/09 R – juris Rn. 14; BSG 17.10.2007 – B 6 KA 42/06 R – juris Rn. 16 f.; BSG 11.5.1999 – B 11 AL 45/98 R – juris Rn. 25.

70 S. nur BSG 6.6.2023 – B 12 KR 34/22 – juris Rn. 14; BSG 17.6.2009 – B 6 KA 18/08 R – juris Rn. 28; BSG 17.10.2007 – B 6 KA 42/06 R – juris Rn. 16; Dürig/Herzog/Scholz/*Di Fabio*, GG, Art. 2 GG Rn. 65 m. w. N.

mindest nicht auszuschließen, dass die von Art. 2 Abs. 1 GG[71] gewährleistete allgemeine Handlungsfreiheit verletzt ist, die dem Kläger als Abwehrrecht gegen rechtswidrige Eingriffe der öffentlichen Gewalt zusteht.[72] Die B-Partnerschaft ist folglich klagebefugt.

4. Ordnungsgemäße Durchführung des Vorverfahrens

524 Weiter müsste das Vorverfahren gemäß den §§ 78 ff. SGG ordnungsgemäß und erfolglos durchgeführt worden sein. Das ist nach den Angaben im Sachverhalt der Fall.

5. Klagefrist

525 Darüber hinaus müsste die Klagefristdes § 87 SGG eingehalten worden sein. Gemäß § 87 Abs. 1 Satz 1 SGG ist die Klage binnen eines Monats nach Bekanntgabe des Verwaltungsakts zu erheben. Nach § 87 Abs. 2 SGG beginnt die Klagefrist, wenn ein Vorverfahren stattgefunden hat, mit der **Bekanntgabe des Widerspruchsbescheids** zu laufen. Die B-Partnerschaft hat nach den Angaben im Sachverhalt unverzüglich nach erfolglosem Vorverfahren Klage erhoben. Daher ist davon auszugehen, dass die Klagefrist des § 87 SGG eingehalten worden ist.

6. Ordnungsgemäße Klageerhebung

526 Die Klage müsste ordnungsgemäß erhoben worden sein. Das richtet sich nach den §§ 90, 92 SGG. Gemäß § 90 SGG muss die Klage **schriftlich**[73] oder zur Niederschrift des Urkundsbeamten der Geschäftsstelle erhoben werden.[74] Nach den Angaben im Sachverhalt hat die B-Partnerschaft schriftlich Klage erhoben. Gemäß § 92 Abs. 1 Satz 1 SGG **muss die Klage den Kläger, den Beklagten und den Gegenstand des Klagebegehrens bezeichnen.** Aus dem Sachverhalt ergeben sich keine Anhaltspunkte dafür, dass die Klage der B-Partnerschaft diesen Anforderungen nicht genügt.

7. Beteiligten- und Prozessfähigkeit

527 **a) Beteiligten- und Prozessfähigkeit der B-Partnerschaft.** Darüber hinaus müsste die Beteiligten- und Prozessfähigkeit gegeben sein. Das richtet sich nach den §§ 70 f. SGG. Die Beteiligtenfähigkeit der B-Partnerschaft könnte sich aus § 70 Nr. 1 Var. 2 SGG ergeben. Danach sind juristische Personen beteiligtenfähig. Der Begriff der juristischen Person wird in dieser Norm abweichend von dem zivilrechtlichen Verständnis[75] dahingehend verstanden, dass damit **alle Personenvereinigungen oder Zweckvermögen mit vom Gesetz anerkannter rechtlicher Selbstständigkeit** des öffentlichen und privaten Rechts gemeint sind.[76] Die rechtliche Selbstständigkeit und damit auch die Beteiligtenfähigkeit der B-Partnerschaft ergibt sich aus § 1 Abs. 4 PartGG i. V. m. § 705 Abs. 2 Hs. 1 BGB.

528 Die Prozessfähigkeit[77] der B-Partnerschaft könnte sich aus § 71 Abs. 1 SGG ergeben. Danach ist ein Beteiligter prozessfähig, soweit er sich durch Verträge verpflichten

---

71 Hier i. V. m. Art. 19 Abs. 3 GG, weil es sich bei der B-Partnerschaft um eine Gesellschaft und damit um eine verselbstständigte teilrechtsfähige Organisation handelt (§ 7 Abs. 2 PartGG i. V. m. § 124 Abs. 1 HGB). S. zum verfassungsrechtlichen Begriff der „juristischen Person“ i. S. d. Art. 19 Abs. 3 GG als Synonym für eine (teil-)rechtsfähige Organisation nur Dürig/Herzog/Scholz/*Remmert*, GG, Art. 19 Abs. 3 Rn. 37 ff.

72 S. nur *Hufen*, Verwaltungsprozessrecht, § 14 Rn. 60; *Sodan/Ziekow*, Grundkurs ÖR, § 98 Rn. 6; Dürig/Herzog/Scholz/*Di Fabio*, GG, Art. 2 GG Rn. 65 m. w. N.

73 S. zu dem von § 126 BGB abweichenden Begriff der Schriftlichkeit i. S. d. § 90 SGG etwa BeckOGK SGG/*Diehm*, § 90 Rn. 28 ff. (Stand: 1.2.2025); MKS/*Schmidt*, SGG § 90 Rn. 5 f.

74 Damit ist eine Klageerhebung auf elektronischem Weg ausgeschlossen. Zur Möglichkeit der Übermittlung elektronischer Dokumente im sozialgerichtlichen Verfahren s. § 65a SGG.

75 S. dazu nur *Boecken*, BGB-AT, Rn. 105; *K. Schmidt*, Gesellschaftsrecht, § 8 II. [S. 186 ff.] m. w. N.; ausf. *Flume*, AT, Bd. 1, Hlb. 2, passim.

76 S. BeckOK SozR/*Mink*, § 70 SGG Rn. 3; s. auch BeckOGK SGG/*Straßfeld*, § 70 SGG Rn. 21 (Stand: 1.2.2025).

77 Sprich die Fähigkeit, den Prozess selbst oder durch einen selbst bestellten Vertreter zu führen.

kann.[78] Die Fähigkeit, sich selbst zu verpflichten, soll eine Eigenschaft der natürlichen Personen sein.[79] Hiervon ausgehend sind juristische Personen und die beteiligtenfähigen Personengesamtheiten nicht selbst prozessfähig.[80] Sie handeln im Prozess vielmehr durch ihre (gesetzlichen) Vertreter, § 71 Abs. 3 SGG. Die B-Partnerschaft kann mangels anderer Angaben im Sachverhalt nach Maßgabe der § 7 Abs. 2 PartGG i.V.m. § 124 Abs. 1 HGB von jedem Partner vertreten werden.

b) Beteiligten- und Prozessfähigkeit des Rentenversicherungsträgers. Der zuständige Rentenversicherungsträger müsste ebenfalls beteiligten- und prozessfähig sein. Nach § 29 Abs. 1 SGB IV handelt es sich bei den Trägern der Sozialversicherung (Versicherungsträgern) um rechtsfähige Körperschaften des öffentlichen Rechts mit Selbstverwaltung. Damit ist der zuständige Rentenversicherungsträger nach § 70 Nr. 1 Var. 2 SGG als juristische Person des öffentlichen Rechts beteiligtenfähig. 529

Für die Prozessfähigkeit des zuständigen Rentenversicherungsträgers gelten die Ausführungen zur Prozessfähigkeit der B-Partnerschaft[81] entsprechend. Der zuständige Rentenversicherungsträger wird nach Maßgabe des § 35 Abs. 1 Satz 1 SGB IV durch den Vorstand vertreten. 530

8. Zuständigkeit des angerufenen Gerichts

Des Weiteren müsste das angerufene Sozialgericht Konstanz zuständig sein. Insoweit ist zunächst das Vorliegen der **sachlichen Zuständigkeit** zu prüfen. Das Sozialgerichtsgesetz enthält in den §§ 8, 29 Abs. 2–4, 39 Abs. 2 SGG Regelungen zur sachlichen Zuständigkeit. Nach § 8 SGG entscheiden die Sozialgerichte, soweit durch Gesetz nichts anderes bestimmt ist, im ersten Rechtszug über alle Streitigkeiten, für die der Rechtsweg vor den Gerichten der Sozialgerichtsbarkeit[82] offen steht. Eine anderweitige gesetzliche Bestimmung der sachlichen Zuständigkeit ist hier nicht ersichtlich, sodass nach § 8 SGG das Sozialgericht sachlich zuständig ist. 531

Das Sozialgericht Konstanz müsste auch örtlich zuständig sein. Die **örtliche Zuständigkeit** richtet sich grundsätzlich nach der Regelung des § 57 SGG.[83] Gemäß § 57 Abs. 1 Satz 1 Hs. 1 SGG ist das Sozialgericht örtlich zuständig, in dessen **Bezirk der Kläger**[84] zur Zeit der Klageerhebung seinen Sitz oder Wohnsitz oder in Ermangelung dessen seinen Aufenthaltsort hat. Die B-Partnerschaft hat ihren Sitz in Konstanz. Gemäß § 1 AGSGG-BW[85] ist das Sozialgericht Konstanz unter anderem für den Landkreis Konstanz zuständig. Die örtliche Zuständigkeit des Sozialgerichts Konstanz ist folglich gegeben. 532

---

78 Diese Regelung entspricht § 52 ZPO für den Zivilprozess.

79 So zu § 52 ZPO *Rosenberg/Schwab/Gottwald*, Zivilprozessrecht, § 44 Rn. 7 m.w.N. auch zur Gegenansicht.

80 S. MKS/*Schmidt*, SGG, § 71 Rn. 3a; BeckOGK SGG/*Straßfeld*, § 71 SGG Rn. 52 (Stand: 1.2.2025); zu § 62 VwGO s. *Kopp/Schenke*, VwGO, § 62 Rn. 14; Schoch/Schneider/*Bier/Steinbeiß-Winkelmann*, VwGO, § 62 Rn. 17; zu § 52 ZPO s. LPK-ZPO/*Bendtsen*, § 52 ZPO Rn. 3; Anders/Gehle/*Vogt-Beheim*, ZPO, § 52 Rn. 6; vgl. auch *Lüke*, Zivilprozessrecht, § 9 Rn. 5; *Meller-Hannich*, Zivilprozessrecht, Rn. 281; (str.) a.A. für die juristische Person etwa Zöller/*Althammer*, ZPO, § 52 Rn. 2; *Henssler*, NJW 1999, 241 ff. (243 f.) m.w.N.

81 S. oben Rn. 528.

82 S. dazu schon oben Rn. 517 ff.

83 Sonderregelungen enthalten z.B. die §§ 57a und 57b SGG oder § 369 SGB III.

84 Damit ist der Gerichtsstand einer Person im Sozialgerichtsgesetz gerade umgekehrt zum allgemeinen Gerichtsstand im Zivilprozessrecht (§§ 12 ff. ZPO) geregelt. Während das Sozialgerichtsgesetz auf den Wohnsitz (usw.) des Klägers abstellt, knüpft die Zivilprozessordnung für die Bestimmung des Gerichtsstandes an den Wohnsitz (usw.) des Beklagten an: *Actor sequitur forum rei*, sprich der Kläger folgt dem Gerichtsstand des Beklagten.

85 § 1 des Ausführungsgesetzes zum Sozialgerichtsgesetz des Landes Baden-Württemberg v. 21. Dezember 1953.

9. Zwischenergebnis

533 Die Klage der B-Partnerschaft ist zulässig.[86]

B. Begründetheit der Klage

I. Ausgangspunkt

534 Die Anfechtungsklage der B-Partnerschaft müsste begründet sein. Das ist der Fall, wenn die B-Partnerschaft durch einen rechtswidrigen Verwaltungsakt beschwert ist. Zu prüfen ist also die Rechtmäßigkeit des von dem zuständigen Rentenversicherungsträger erlassenen Bescheids über die Nachforderung von Sozialversicherungsbeiträgen zur gesetzlichen Rentenversicherung (sog. Nachforderungsbescheid). Der Nachforderungsbescheid ist rechtmäßig, wenn er sich auf eine (wirksame) Rechtsgrundlage stützen kann sowie formell und materiell rechtmäßig ist.

II. Rechtmäßigkeit des Nachforderungsbescheids

1. Rechtsgrundlage

535 Zunächst ist zu prüfen, ob für den Erlass des Bescheids über die Nachforderung von Beiträgen zur gesetzlichen Rentenversicherung durch den zuständigen Rentenversicherungsträger eine Rechtsgrundlage besteht. Insoweit kommen als rechtliche Grundlage für den Nachforderungsbescheid die Vorschriften des § 28p Abs. 1 Satz 5 Hs. 1, Abs. 1 Satz 1 SGB IV i. V. m. § 28e Abs. 1 Satz 1 SGB IV in Betracht. Gemäß der Regelung des § 28p Abs. 1 Satz 1 SGB IV prüfen die Träger der Rentenversicherung bei den Arbeitgebern, ob diese ihre Meldepflichten und ihre sonstigen Pflichten nach dem SGB IV, die im Zusammenhang mit dem Gesamtsozialversicherungsbeitrag[87] stehen, ordnungsgemäß erfüllen, insbesondere auch die Richtigkeit der Beitragszahlungen. Nach § 28p Abs. 1 Satz 5 SGB IV erlassen die Träger der Rentenversicherung im Rahmen dieser Prüfung Verwaltungsakte zur Versicherungspflicht und Beitragshöhe u. a. in der Rentenversicherung. Die Regelung des § 28e Abs. 1 Satz 1 SGB IV verpflichtet die Arbeitgeber, den Gesamtsozialversicherungsbeitrag zu zahlen. Damit besteht eine Rechtsgrundlage für den von dem zuständigen Rentenversicherungsträger gegenüber der B-Partnerschaft erlassenen Nachforderungsbescheid.

2. Formelle Rechtmäßigkeit

536 Der Nachforderungsbescheid, bei dem es sich seiner Rechtsnatur nach um einen Verwaltungsakt im Sinne des § 31 SGB X handelt, müsste formell rechtmäßig sein. Das ist der Fall, wenn der Verwaltungsakt durch den zuständigen Versicherungsträger erlassen wurde und die Verfahrens- und Formvorschriften eingehalten worden sind. Aus dem Sachverhalt geht hervor, dass der Nachforderungsbescheid von dem zuständigen Rentenversicherungsträger erlassen worden ist. Des Weiteren ist die B-Partnerschaft im Verwal-

86 Im Rahmen des sozialgerichtlichen Klageverfahrens der B-Partnerschaft ist der J gemäß § 75 Abs. 2 Var. 1 SGG notwendig beizuladen. Nach dieser Norm sind Dritte beizuladen, wenn sie an dem streitigen Rechtsverhältnis derart beteiligt sind, dass die Entscheidung auch ihnen gegenüber nur einheitlich ergehen kann (sog. notwendige Beiladung, s. dazu etwa MKS/*Schmidt*, SGG, § 75 Rn. 4; BeckOGK SGG/*Straßfeld*, § 75 SGG Rn. 48 (Stand: 1.2.2025)). Das ist der Fall, wenn durch die Entscheidung über das streitige Rechtsverhältnis zugleich in die Rechtssphäre eines Dritten unmittelbar eingegriffen wird (s. nur BSG 27.6.2024 – B 2 A 1/22 R – juris Rn. 9; BSG 8.5.2024 – B 8 SO 4/23 R – juris Rn. 13). Diese Voraussetzung ist vorliegend erfüllt. Bei Streitigkeiten über das Bestehen der Versicherungspflicht, die alsdann die Beitragspflicht auslöst, kann die Entscheidung gegenüber dem Arbeitgeber und dem Versicherten nur einheitlich ergehen (s. etwa BSG 16.12.1976 – juris Rn. 13 m. w. N.).

87 S. § 28d SGB IV und dazu Knickrehm/*Roßbach*, SozR, § 28d, Rn. 1 ff.

tungsverfahren vor dem Erlass des Bescheids nach § 24 Abs. 1 SGB X angehört worden. Darüber hinaus lassen sich aus dem Sachverhalt keine Anhaltspunkte für Formverstöße entnehmen. Insbesondere ist mangels gegenteiliger Angaben im Sachverhalt davon auszugehen, dass der Nachforderungsbescheid in einer der Regelung des § 33 Abs. 2 Satz 1 SGB X genügenden Form erlassen wurde. Hiernach ist die formelle Rechtmäßigkeit des Bescheids zu bejahen.

3. Materielle Rechtmäßigkeit

a) Überblick über die materiell-rechtlichen Voraussetzungen für die Inanspruchnahme der B-Partnerschaft. Der Nachforderungsbescheid müsste materiell rechtmäßig sein. Das setzt voraus, dass die B-Partnerschaft zur Nachentrichtung der Beiträge verpflichtet ist. Eine solche Verpflichtung könnte sich aus § 28e Abs. 1 Satz 1 SGB IV ergeben. Hiernach hat der Arbeitgeber den Gesamtsozialversicherungsbeitrag zu zahlen. Gemäß § 28d Satz 1 SGB IV umfasst der Gesamtsozialversicherungsbeitrag unter anderem auch den Beitrag zur gesetzlichen Rentenversicherung für einen kraft Gesetzes versicherten Beschäftigten. Danach hängt die Verpflichtung der B-Partnerschaft zur Nachentrichtung der in dem Nachforderungsbescheid festgelegten Sozialversicherungsbeiträge davon ab, ob der J in dem Nachforderungszeitraum vom 1. Januar 2024 bis zum 31. Dezember 2024 in der gesetzlichen Rentenversicherung versicherungspflichtig gewesen ist. Insoweit ist zunächst zu prüfen, ob der J bezogen auf die Tätigkeit bei der B-Partnerschaft während des Nachforderungszeitraums grundsätzlich nach § 1 Satz 1 Nr. 1 SGB VI der Versicherungspflicht zur gesetzlichen Rentenversicherung unterlag.[88] Ist das der Fall, so ist weiter zu untersuchen, ob der J hinsichtlich der Tätigkeit bei der B-Partnerschaft im Nachforderungszeitraum von der Versicherungspflicht befreit war.[89] 537

b) Prüfung der materiell-rechtlichen Voraussetzungen für die Inanspruchnahme der B-Partnerschaft

aa) Versicherungspflicht des J aufgrund entgeltlicher Beschäftigung bei der B-Partnerschaft während des Nachforderungszeitraums. Eine Inanspruchnahme der B-Partnerschaft auf Nachzahlung der Beiträge zur gesetzlichen Rentenversicherung bezogen auf den Nachforderungszeitraum kommt nur in Betracht, wenn der J während dieses Zeitraums nach § 1 Satz 1 Nr. 1 SGB VI der Versicherungspflicht zur gesetzlichen Rentenversicherung unterlag. Dann müsste er eine Beschäftigung gegen Arbeitsentgelt ausgeübt haben. Das ist der Fall. Aus dem Sachverhalt geht hervor, dass der J zum 1. Januar 2024 bei der B-Partnerschaft eine Tätigkeit als angestellter Rechtsanwalt aufgenommen hat. Sozialversicherungsrechtlich übt er damit eine Beschäftigung gegen Arbeitsentgelt aus mit der Folge, dass der Versicherungspflichttatbestand des § 1 Satz 1 Nr. 1 SGB VI eingreift und der J damit grundsätzlich während des Nachforderungszeitraums vom 1. Januar 2024 bis zum 31. Dezember 2024 der Versicherungspflicht zur gesetzlichen Rentenversicherung unterlag. 538

bb) Befreiung des J von der Versicherungspflicht während des Nachforderungszeitraums

(1) Anknüpfungspunkte für eine Befreiung von der Versicherungspflicht. Eine Versicherungspflicht des J im Nachforderungszeitraum lag allerdings dann nicht vor, wenn der J während dieses Zeitraums von der Versicherungspflicht befreit war. Dies könnte unter zwei Gesichtspunkten der Fall gewesen sein, zum einen aufgrund Fortwirkung der bezogen auf die entgeltliche Beschäftigung bei der A-Partnerschaft nach § 6 Abs. 1 Satz 1 Nr. 1 SGB VI mit Wirkung ab 4. April 2023 durch die DRV Bund erteilten Befrei- 539

88 Dazu s. Rn. 538.
89 S. dazu folgend Rn. 539 ff.

ung,[90] zum anderen aufgrund der Ende März 2025 auf den seitens des J Anfang März 2025 bezogen auf die Tätigkeit bei der B-Partnerschaft gestellten Befreiungsantrag erteilten Befreiung durch die DRV Bund.

540 (2) **Befreiung aufgrund Fortwirkung der ursprünglich erteilten Befreiung nach § 6 Abs. 1 Satz 1 Nr. 1 SGB VI.** Hinsichtlich der zunächst anzusprechenden Möglichkeit bzw. Frage einer Befreiung des J während des Nachforderungszeitraums aufgrund Fortwirkung der ursprünglich bezogen auf die entgeltliche Beschäftigung des J bei der A-Partnerschaft erteilten Befreiung nach § 6 Abs. 1 Satz 1 Nr. 1 SGB VI ist die Regelung des § 6 Abs. 5 Satz 1 SGB VI von maßgeblicher Bedeutung. Danach ist die Befreiung auf die jeweilige Beschäftigung beschränkt. Insoweit geht das BSG in ständiger Rechtsprechung davon aus, dass die Befreiung von der Versicherungspflicht in der gesetzlichen Rentenversicherung nach § 6 Abs. 1 Satz 1 Nr. 1 SGB VI **auf die ihrer Erteilung zugrunde liegende jeweilige Beschäftigung beschränkt** ist und eine früher erteilte Befreiung im Falle eines Wechsels der Beschäftigung hinsichtlich des neuen Beschäftigungsverhältnisses keine Wirkungen entfaltet, und zwar auch dann nicht, wenn in dem neuen Beschäftigungsverhältnis dieselbe oder eine vergleichbare berufliche Tätigkeit verrichtet wird.[91] Das bedeutet, dass mit dem Wechsel der Beschäftigung in eine andere Beschäftigung die bezogen auf die frühere Beschäftigung erteilte Befreiung aufgrund ihrer darauf beschränkten Wirkung für anschließende Beschäftigungen keine Wirkung mehr entfaltet und sich der Befreiungsbescheid im Sinne des § 39 Abs. 2 SGB X auf sonstige Weise erledigt und damit hinfällig wird.[92] Hinsichtlich der Frage der Versicherungspflicht des J während des Nachforderungszeitraums hat das zur Folge, dass die bezogen auf die Tätigkeit bei der A-Partnerschaft nach § 6 Abs. 1 Satz 1 Nr. 1 SGB VI erteilte Befreiung für die Beschäftigung bei der B-Partnerschaft keine Befreiungswirkung entfalten und damit nicht zu einer Befreiung des J von der Versicherungspflicht im Nachforderungszeitraum führen konnte.

541 (3) **Befreiung aufgrund der im März 2025 erteilten Befreiung nach § 6 Abs. 1 Satz 1 Nr. 1 SGB VI.** Der J könnte allerdings bezogen auf die Beschäftigung bei der B-Partnerschaft aufgrund der Ende März durch die DRV Bund erteilte Befreiung nach § 6 Abs. 1 Satz 1 Nr. 1 SGB VI von der Versicherungspflicht im Nachforderungszeitraum befreit worden sein. Das wäre dann der Fall, wenn die Ende März 2025 erteilte Befreiung bereits ab dem Zeitpunkt der Aufnahme der Beschäftigung des J bei der B-Partnerschaft am 1. Januar 2024 Wirkung entfaltet hätte. Insoweit ist die Regelung des § 6 Abs. 4 Satz 1 SGB VI von maßgeblicher Bedeutung. Danach wirkt die Befreiung vom Vorliegen der Befreiungsvoraussetzungen an, wenn sie innerhalb von drei Monaten beantragt wird, sonst vom Eingang des Antrags an. Hiernach ist eine Wirkung der Ende März 2025 erteilten Befreiung bereits ab dem Zeitpunkt der Aufnahme der Tätigkeit des J bei der B-Partnerschaft ausgeschlossen. Denn mit der erst im März 2025 beantragten Befreiung nach § 6 Abs. 1 Satz 1 Nr. 1 SGB VI hat der J die Dreimonatsfrist des § 6 Abs. 4 Satz 1 SGB VI nicht gewahrt.[93] Das hat zur Folge, dass die Ende März 2025 erteilte Befreiung erst ab dem Zeitpunkt des Eingangs des Antrags bei der DRV Bund Anfang März 2025 Wirkung entfaltet hat und der J jedenfalls bezogen auf den Nachforderungs-

---

90 S. dazu oben Rn. 505.

91 S. grdl. BSG 31.10.2012 – B 12 R 3/11 R – juris Rn. 16ff. mit ausf. Begründung und Auseinandersetzung mit den unterschiedlichen Auffassungen in der Literatur zum Umfang der Befreiungswirkung; vgl. aus der jüngeren Rechtsprechung BSG 14.5.2025 – B 10/12 R 1/24 R – juris Rn. 16; BSG 14.5.2025 – B 10/12 R 3/23 R – juris Rn. 23; BSG 16.6.2021 – B 5 RE 4/20 R – juris Rn. 27; BSG 11.3.2021 – B 5 RE 2/20 R – juris Rn. 17f.

92 S. BSG 16.6.2021 – B 5 RE 4/20 R – juris Rn. 25; BSG 11.3.2021 – B 5 RE 2/20 R – juris Rn. 17f.

93 Zu der Dreimonatsfrist des § 6 Abs. 4 Satz 1 SGB VI und deren Berechnung s. schon oben Rn. 505.

zeitraum nach § 1 Satz 1 Nr. 1 SGB VI der Versicherungspflicht zur gesetzlichen Rentenversicherung unterlag.

c) **Umfang der Inanspruchnahme der B-Partnerschaft.** Schließlich ist noch zu prüfen, ob der Umfang der Inanspruchnahme der B-Partnerschaft rechtmäßig ist. Denn die B-Partnerschaft wird von dem Versicherungsträger nicht nur auf Zahlung des Arbeitgeberanteils, sondern auch auf Zahlung des Arbeitnehmeranteils in Anspruch genommen. Allerdings ist der Arbeitgeber nach Maßgabe des § 28e Abs. 1 Satz 1 SGB IV verpflichtet, den Gesamtsozialversicherungsbeitrag zu entrichten. Gemäß § 28d Satz 1 SGB IV gehört zum Gesamtsozialversicherungsbeitrag unter anderem der Beitrag in der gesetzlichen Rentenversicherung. Der Gesamtsozialversicherungsbeitrag umfasst dabei sowohl die Arbeitgeber- als auch die Arbeitnehmerbeitragsanteile.[94] Deshalb ist die B-Partnerschaft auch zur Entrichtung des Arbeitnehmeranteils verpflichtet. Der von der B-Partnerschaft erhobene Einwand, dass sie mit dem auf J entfallenden Anteil des Beitrags „nichts zu tun“ habe, ist mithin unzutreffend. 542

d) **Zwischenergebnis.** Der Bescheid ist materiell rechtmäßig. 543

C. Ergebnis

Die zulässige Klage der B-Partnerschaft ist unbegründet. Sie hat keine Aussicht auf Erfolg. 544

Zur Wiederholung und Vertiefung:

Zum Recht der berufsständischen Versorgungswerke: Kluth/*Butzer*, HdB des Kammerrechts, § 16 Rn. 1 ff.; SHR/*Kemmler*, § 22 Rn. 1 ff.
Zur Versicherungspflicht selbstständig tätiger Personen nach § 2 SGB VI: MAH-SozialR/*Bieresborn*, § 7 Rn. 1 ff.; NK-GA/*Lang*, § 2 Rn. 1 ff.
Zur Befreiung von der Rentenversicherungspflicht nach § 6 SGB VI: BSG 14.5.2025 – B 10/12 R 1 /24 R – juris; *Horn*, „Das Befreiungsrecht des § 6 SGB VI der verkammerten Freien Berufe, zugleich ein Beitrag zu BSG B 12 R 3/11, B 12 R 5/10 R sowie R 8/10 R“, NZS 2013, 605 ff.
Zum elektronischen Befreiungsantrag: *Guckenmus*, „Befreiung von der Versicherungspflicht in der gesetzlichen Rentenversicherung 2.0: Der elektronische Befreiungsantrag“, ASR 2023, 12 ff.
Zum Betriebsprüfungsverfahren: MAH-SozialR/*Barkow-v.Creytz*, § 15 Rn. 1 ff.
Zum sozialgerichtlichen Verfahren: SHR/*Flint*, § 13 Rn. 1 ff.

94 S. nur Kreikebohm/*Dünn/Nieder*, SGB IV, § 28d Rn. 2; Krauskopf/*Stäbler*, § 28d SGB IV Rn. 4; BeckOGK SozR/*Wehrhahn*, § 28d SGB IV Rn. 3 (Stand: 1.12.2017). S. zur Beitragstragung bei Beschäftigten die Regelung des § 168 Abs. 1 Nr. 1 SGB VI, danach werden die Beiträge bei Personen, die gegen Arbeitsentgelt beschäftigt werden, von den Versicherten und von den Arbeitgebern je zur Hälfte getragen.

Fall 14

Sachverhalt Fall 14

Teil 1[1]

Der A arbeitet im Rahmen eines Arbeitsverhältnisses als Zerspanungsmechaniker bei dem großen Automobilzulieferer Z in Friedrichshafen. Nach dem Ende seiner Schicht am 22. Juli 2024 macht sich der A mit seinem Auto auf den direkten Heimweg nach Konstanz. Dabei muss er die Stadt Meersburg durchfahren. Im Auto fällt ihm wieder ein, dass ihn seine Frau gebeten hat, Erdbeeren zu kaufen. Deshalb will der A auf einem übersichtlichen Stück der Ortsdurchfahrt Meersburg links in ein Privatgrundstück einbiegen, um dort an einem Verkaufsstand Erdbeeren einzukaufen. Aufgrund des Gegenverkehrs muss der A seinen Wagen bis zum Stillstand abbremsen. Nach wenigen Sekunden fährt die U ungebremst hinten auf den Pkw des A auf. Dabei erleidet der A eine Stauchung und Zerrung der Halswirbelsäule und eine leichte Gehirnerschütterung. A ist bis zum 26. Juli 2024 arbeitsunfähig erkrankt. In der polizeilichen Vernehmung gibt die U an, dass der A plötzlich und unerwartet angehalten hat, um nach links abzubiegen. Sie habe noch versucht zu bremsen, hätte jedoch die Kollision mit dem Fahrzeug des A nicht mehr vermeiden können. Das von der zuständigen Staatsanwaltschaft gegen die U eingeleitete Ermittlungsverfahren wegen fahrlässiger Körperverletzung wird nach § 170 Abs. 2 StPO eingestellt.

Handelt es sich bei dem Ereignis vom 22. Juli 2024 um einen Arbeitsunfall?

Teil 2[2]

K arbeitet bei der O-Aluminium GmbH als Pförtner. Den Weg zwischen Wohnort und Arbeitsstätte legt der K nahezu täglich mit seinem Motorroller zurück. Am Morgen des 9. Februar 2025 befindet sich der K auf dem direkten Weg zwischen seinem Wohnort und der O-Aluminium GmbH. Die Tankanzeige des Motorrollers steht auf „Reserve", was der K vor Fahrtantritt wusste. Der verbleibende Tankinhalt hätte – was der K ebenfalls wusste – ohne weiteres ausgereicht, um zur Betriebsstätte und wieder zurück nachhause zu kommen. Dennoch steuert K, um aufzutanken, eine in Fahrtrichtung links neben der Straße liegende Tankstelle an. Nach der Beendigung des Tankvorgangs will der K seinen Weg zum Arbeitsplatz fortsetzen, wozu er die Gegenfahrbahn überqueren muss. Dabei kollidiert er auf der Fahrbahn mit dem von links kommenden Pkw des X. Der K zieht sich bei diesem Ereignis erhebliche Verletzungen in Form einer Oberschenkelschaftetagenfraktur und einer Sprunggelenksfraktur jeweils auf der linken Körperseite zu. Die mit dem Unfallereignis einhergehenden Kosten der ärztlichen Behandlung einschließlich der Versorgung mit Arznei-, Verbands- und Heilmitteln in Höhe von rund EUR 100.000,00 übernimmt die zuständige gewerbliche Berufsgenossenschaft B. Im Zuge einer internen Überprüfung des Falles gelangt die B – entgegen ihrer ursprünglichen Überzeugung – zu der Auffassung, dass sie die Kosten für die Behandlung des K zu Unrecht übernommen

1 Angelehnt an BSG 4.7.2013 – B 2 U 3/13 R – juris.
2 In Anlehnung an BSG 4.7.2013 – B 2 U 12/12 R – juris.

hat. Daher fordert sie die Krankenkasse des K auf, die ihr im Zusammenhang mit dem Unfallereignis entstandenen Kosten zu erstatten.

Hat die B einen Anspruch auf Erstattung der geleisteten Heilbehandlungskosten gegen die Krankenkasse des K?

Prüfungsaufbau Fall 14

A. Zur Einordnung des Ereignisses vom 22. Juli 2024 als Arbeitsunfall
- **I. Überblick über die Voraussetzungen eines Arbeitsunfalls**
- **II. Prüfung der Voraussetzungen eines Arbeitsunfalls**
  1. Versicherteneigenschaft des A
  2. Ausübung einer grundsätzlich versicherten Tätigkeit
  3. Innerer (bzw. sachlicher) Zusammenhang zwischen dem Weg und der versicherten Tätigkeit
  4. Zwischenergebnis
- **III. Ergebnis**

B. Anspruch der Berufsgenossenschaft B auf Erstattung geleisteter Heilbehandlungskosten gegen die Krankenkasse K
- **I. Überblick über die Voraussetzungen für den Anspruch der B auf Erstattung der geleisteten Heilbehandlungskosten**
- **II. Prüfung der Voraussetzungen**
  1. Erbringung von Sozialleistungen
  2. Erbringung durch einen Leistungsträger
  3. Kein Fall des § 102 Abs. 1 SGB X
  4. Unzuständigkeit des Leistungsträgers
     - a) Rechtliche Grundlagen zur Bestimmung des zuständigen Leistungsträgers
     - b) Vorliegen eines Arbeitsunfalls
       - aa) Überblick über die Voraussetzungen eines Arbeitsunfalls
       - bb) Prüfung der Voraussetzungen eines Arbeitsunfalls
         - (1) Versicherteneigenschaft des K
         - (2) Ausübung einer grundsätzlich versicherten Tätigkeit
         - (3) Innerer (bzw. sachlicher) Zusammenhang zwischen dem Weg und der versicherten Tätigkeit
         - (4) Unfallereignis
         - (5) Unfallkausalität
         - (6) Schaden
         - (7) Haftungsbegründende Kausalität
         - (8) Zwischenergebnis
     - c) Zwischenergebnis
- **III. Ergebnis**

Lösung Fall 14

A. Zur Einordnung des Ereignisses vom 22. Juli 2024 als Arbeitsunfall

I. Überblick über die Voraussetzungen eines Arbeitsunfalls

545 Zu prüfen ist, ob es sich bei dem Ereignis vom 22. Juli 2024 um einen Arbeitsunfall des A handelt. Ausgangspunkt für die Beantwortung dieser Frage ist die Regelung des § 8 Abs. 1 Satz 1 SGB VII. Arbeitsunfälle sind danach Unfälle von Versicherten infolge einer den Versicherungsschutz nach §§ 2, 3 oder 6 begründenden Tätigkeit (versicherte Tätigkeit). Das setzt zunächst voraus, dass der A **in der gesetzlichen Unfallversiche-**

rung versichert ist[3] und eine **grundsätzlich versicherte Tätigkeit** ausgeübt wird.[4] Weiter muss ein **innerer Zusammenhang** zwischen dem Weg und der versicherten Tätigkeit bestehen[5] und ein sog. **Unfallereignis** vorliegen. Darüber hinaus müsste die Voraussetzung der sog. **Unfallkausalität,** also ein Zurechnungszusammenhang zwischen der versicherten Tätigkeit und dem Unfallereignis gegeben sein. Weiterhin ist das Vorliegen eines **Gesundheitsschadens bzw. des Todes des Versicherten** erforderlich. Schließlich ist die Voraussetzung der **haftungsbegründenden Kausalität** im Sinne eines Ursachenzusammenhangs zwischen dem Unfallereignis und dem Gesundheitsschaden bzw. dem Tod des Versicherten zu prüfen.

II. Prüfung der Voraussetzungen eines Arbeitsunfalls

1. Versicherteneigenschaft des A

Zunächst müsste es sich bei A um einen „Versicherten" i. S. d. § 8 Abs. 1 Satz 1 SGB VII handeln. Denn einen Arbeitsunfall können nur Versicherte erleiden.[6] Der Kreis der versicherten Personen in der gesetzlichen Unfallversicherung wird in den Vorschriften der §§ 2 bis 6 SGB VII beschrieben. In Betracht kommt eine Versicherteneigenschaft des A auf der Grundlage des § 2 Abs. 1 Nr. 1 SGB VII. Nach dieser Norm sind Beschäftigte kraft Gesetzes in der gesetzlichen Unfallversicherung versichert. Der Begriff der Beschäftigung richtet sich nach § 7 SGB IV.[7] Gemäß § 7 Abs. 1 Satz 1 SGB IV ist Beschäftigung die nichtselbstständige Arbeit, insbesondere in einem Arbeitsverhältnis. Nach den Angaben im Sachverhalt ist der A im Rahmen eines Arbeitsverhältnisses als Zerspanungsmechaniker bei dem großen Automobilzulieferer Z in Friedrichshafen tätig. Bei dieser Tätigkeit handelt es sich um eine Beschäftigung i. S. d. § 7 Abs. 1 Satz 1 SGB IV. Der A ist daher nach Maßgabe des § 8 Abs. 1 Satz 1 SGB VII als Beschäftigter kraft Gesetzes in der gesetzlichen Unfallversicherung versichert. Damit ist die Versicherteneigenschaft des A zu bejahen. 546

2. Ausübung einer grundsätzlich versicherten Tätigkeit

Des Weiteren müsste es sich bei der Heimfahrt des A um eine grundsätzlich versicherte Tätigkeit[8] handeln. Dieses Erfordernis ergibt sich aus § 8 Abs. 1 Satz 1 SGB VII, wo der Begriff der versicherten Tätigkeit als eine den Versicherungsschutz nach den §§ 2, 3 oder 6 SGB VII begründende Tätigkeit beschrieben wird. Für die Bestimmung der grundsätzlich versicherten Tätigkeiten knüpft das Gesetz in den §§ 2, 3 und 6 SGB VII teilweise an bestimmte Handlungen an (etwa bei Blut- oder Organspenden, § 2 Abs. 1 Nr. 13 lit. b) SGB VII). Überwiegend wird im Ausgangspunkt auf die Zugehörigkeit zu einer bestimmten Personengruppe abgestellt (so z. B. bei Beschäftigten nach § 2 Abs. 1 Nr. 1 SGB VII oder Studierenden gemäß § 2 Abs. 1 Nr. 8 lit. c) SGB VII). 547

Zu den versicherten Tätigkeiten zählt gemäß § 8 Abs. 2 Nr. 1 SGB VII auch das Zurücklegen des mit der versicherten Tätigkeit zusammenhängenden **unmittelbaren Weges nach und von dem Ort der Tätigkeit.**[9] Unter dem unmittelbaren Weg im Sinne dieser 548

---

3 S. dazu unten Rn. 546.
4 S. dazu unten Rn. 547 f.
5 S. dazu unten Rn. 549 ff.
6 S. nur Wannagat/*Jung*, SGB VII, § 8 Rn. 10; LPK-SGB VII/*Ziegler*, § 8 Rn. 37; FPB/*Preis/Seiwerth*, Sozialversicherungsrecht, § 38 Rn. 5.
7 S. Schmitt/*Schmitt*, SGB VII, § 2 Rn. 5. Zum Begriff der Beschäftigung s. bereits ausf. Fall 10 Rn. 413 ff.
8 S. zum Begriff der grundsätzlich versicherten Tätigkeit etwa BSG 30.3.2023 – juris Rn. 17; BSG 4.9.2007 – B 2 U 24/06 R – juris Rn. 17; s. nur aus der Literatur LPK-SGB VII/*Ziegler*, § 8 Rn. 38.
9 Bei einem Arbeitsunfall auf einem nach § 8 Abs. 2 SGB VII versicherten Weg wird auch von einem sog. Wegeunfall gesprochen, s. zur Verwendung dieses Begriffs etwa BSG 8.12.2021– B 2 U 4/21 R – juris Rn. 16 sowie aus der Literatur *Mergner*, NJW 2023, 2924 ff. (2925) Rn. 6ff; *Ricke*, NZV 2019, 506 ff.

Regelung ist der direkte Weg nach und von dem Ort der Tätigkeit zu verstehen.[10] Nach den Angaben im Sachverhalt befand sich der Arbeitnehmer A nach dem Ende seiner Schicht am 22. Juli 2024 mit seinem Auto auf dem direkten Heimweg nach Konstanz. Bei der Heimfahrt von der Arbeitsstelle auf direktem Wege handelt es sich um das Zurücklegen des Weges von dem Ort der Tätigkeit und damit um eine grundsätzlich versicherte Tätigkeit nach § 8 Abs. 1 Satz 1 i. V. m. Abs. 2 Nr. 1 SGB VII. Hiernach liegt eine grundsätzlich versicherte Tätigkeit vor.

3. Innerer (bzw. sachlicher) Zusammenhang zwischen dem Weg und der versicherten Tätigkeit

549 Ferner müsste ein sog. innerer bzw. sachlicher Zusammenhang zwischen der grundsätzlich versicherten Tätigkeit und der Zurücklegung des Weges bestehen.[11] Denn der Gesetzgeber hat in § 8 Abs. 2 Nr. 1 SGB VII nicht schlechthin jeden Weg unter Versicherungsschutz gestellt, der zur Arbeitsstätte hinführt oder von ihr aus begonnen wird.[12] Vielmehr ist es nach § 8 Abs. 2 Nr. 1 SGB VII darüber hinaus erforderlich, dass der unmittelbare Weg mit der Tätigkeit in dem Unternehmen **(rechtlich) zusammenhängt**, also ein innerer Zusammenhang zwischen dem unmittelbaren Weg und der Tätigkeit in dem Unternehmen besteht.[13] § 8 Abs. 2 Nr. 1 SGB VII verlangt insoweit ausdrücklich, dass das Zurücklegen des unmittelbaren Weges mit der versicherten Tätigkeit zusammenhängen muss.[14] Bei der Frage, ob der vorbeschriebene innere bzw. sachliche Zusammenhang besteht, handelt es sich **nicht um eine Frage der Kausalität**,[15] sondern um die (vorgelagerte) normative, also wertende Ermittlung der Grenze, bis zu welcher der Versicherungsschutz in der gesetzlichen Unfallversicherung reicht.[16] Vor der Prüfung der Kausalität zwischen der versicherten Tätigkeit und dem Unfall ist die Wertentscheidung, ob das Handeln des Verletzten der versicherten Tätigkeit zuzurechnen ist, als Vorfrage zu prüfen.[17] Erst wenn insofern der innere Zusammenhang zwischen der un-

10 S. nur BeckOGK SozR/*Kellner*, § 8 SGB VII Rn. 329 (Stand: 15.11.2025). Mit der Beschränkung des Versicherungsschutzes auf den unmittelbaren im Sinne des direkten Weges soll verhindert werden, dass auch Abweichungen im Sinne von Abwegen oder Umwegen in den Versicherungsschutz der gesetzlichen Unfallversicherung einbezogen werden (s. BeckOGK SozR/*Kellner*, § 8 SGB VII Rn. 329 (Stand: 15.11.2025)). Zu den Begriffen Abwege und Umwege s. näher BeckOK SozR/*Wietfeld*, § 8 SGB VII Rn. 200 ff.

11 S. BSG 30.1.2020 – B 2 U 19/18 – juris Rn. 17; BSG 31.1.2012 – B 2 U 2/11 R – juris Rn. 16; BSG 4.9.2007 – B 2 U 28/06 R – juris Rn. 14; BSG 9.12.2003 – B 2 U 23/03 R – juris Rn. 2; BSG 3.12.2002 – B 2 U 18/02 R – juris Rn. 17; LPK-SGB VII/*Ziegler*, § 8 Rn. 41; Schmitt/*Schmitt*, SGB VII, § 8 Rn. 194.

12 BSG 28.6.2022 – B 2 U 16/20 R – juris Rn. 14; BSG 30.1.2020 – B 2 U 19/18 – juris Rn. 17; BSG 30.1.2020 – B 2 U 2/18 R – juris Rn. 25; BSG 9.12.2003 – B 2 U 23/03 R – juris Rn. 2; BSG 3.12.2002 – B 2 U 18/02 R – juris Rn. 17; BSG 3.12.2002 – B 2 U 19/02 R – juris Rn. 14; BSG 2.5.2001 – B 2 U 33/00 R – juris Rn. 14; BSG 19.12.2000 – B 2 U 45/99 – juris Rn. 15; BSG 27.6.2000 – B 2 U 23/99 R – juris Rn. 20; BSG 5.5.1998 – B 2 U 40/97 R – juris Rn. 13.

13 BSG 28.6.2022 – B 2 U 16/20 R – juris Rn. 14; BSG 30.1.2020 – B 2 U 19/18 – juris Rn. 17; BSG 30.1.2020 – B 2 U 2/18 R – juris Rn. 25; BSG 3.12.2002 – B 2 U 18/02 R – juris Rn. 14; BSG 3.12.2002 – B 2 U 19/02 R – juris Rn. 14; BSG 2.5.2001 – B 2 U 33/00 R – juris Rn. 14; terminologisch abweichend BSG 4.7.2013 – B 2 U 3/13 R – juris Rn. 11 und BSG 4.7.2013 – B 2 U 12/12 R – juris Rn. 15: „Schutzzweck der Norm".

14 BSG 26.9.2024 – B 2 U 15/22 R – juris Rn. 12; BSG 30.1.2020 – B 2 U 19/18 – juris Rn. 17; BSG 7.5.2019 – 2 B U 31/17 R – juris Rn. 13; BSG 3.12.2002 – B 2 U 18/02 R – juris Rn. 14; BSG 3.12.2002 – B 2 U 19/02 R – juris Rn. 14; BSG 2.5.2001 – B 2 U 33/00 R – juris Rn. 14.

15 S. BSG 16.3.1995 – 2 BU 222/94 – juris Rn. 8; BSG 12.5.1992 – 2 RU 47/91 – juris Rn. 15; BSG 25.10.1989 – 2 RU 26/88 – juris Rn. 13; BSG 30.4.1985 – 2 RU 24/84 – juris Rn. 10.

16 S. BSG 26.9.2024 – B 2 U 14/22 R – juris Rn. 18; BSG 21.3.2024 – B 2 U 14/21 R – juris Rn. 15; BSG 30.3.2023 – B 2 U 1/21 R – juris Rn. 19; BSG 28.4.2004 – B 2 U 20/03 R – juris Rn. 2; BSG 24.6.2003 – B 2 U 40/02 R – juris Rn. 12; BSG 4.6.2002 – B 2 U 11/01 R – juris Rn. 1; BSG 11.9.2001 – B 2 U 34/00 R – juris Rn. 17; BSG 30.6.1999 – B 2 U 31/98 R – juris Rn. 13.

17 So ausdrücklich BSG 16.3.1995 – 2 BU 222/94 – juris Rn. 8; ferner BSG 25.10.1989 – 2 RU 26/88 – juris Rn. 13.

fallbringenden Handlung und der versicherten Tätigkeit zu bejahen ist, schließt sich daran die Kausalitätsprüfung an.[18]

Der innere bzw. sachliche Zusammenhang setzt voraus, dass der Weg, den der Versicherte zurücklegt, wesentlich dazu dient, den Ort der Tätigkeit oder nach deren Beendigung – in der Regel – die eigene Wohnung oder einen anderen Endpunkt[19] des Weges von dem Ort der Tätigkeit zu erreichen.[20] Maßgebend ist dabei die (subjektive) Handlungstendenz des Versicherten, so wie sie insbesondere durch die objektiven Umstände des Einzelfalles bestätigt wird (sog. **objektivierte Handlungstendenz**).[21] Fehlt es an einem solchen inneren Zusammenhang, scheidet ein Versicherungsschutz selbst dann aus, wenn sich der Unfall auf derselben Strecke ereignet, die der Versicherte auf dem Weg nach und von dem Ort der Tätigkeit gewöhnlich benutzt.[22] 550

Das Vorliegen des inneren bzw. sachlichen Zusammenhangs ist im hier zu beurteilenden Fall problematisch. Zwar befand sich der A auf dem direkten Heimweg nach Konstanz, allerdings wollte er zum Zeitpunkt des Unfallgeschehens links in ein Privatgrundstück einbiegen, um dort an einem Verkaufsstand Erdbeeren einzukaufen. Zu diesem Zweck hat der A sein Fahrzeug bis zum Stillstand abgebremst. Durch diese konkrete Verrichtung zum Zeitpunkt des Unfalls, sprich den Abbremsvorgang zum Zweck des Einkaufs der Erdbeeren, könnte der erforderliche innere Zusammenhang und damit der Versicherungsschutz unterbrochen worden sein. Die Handlungstendenz des A zum Zeitpunkt des von U verursachten Auffahrunfalls war allein dem eigenwirtschaftlich geprägten Wunsch des A zuzurechnen, einen Einkauf durchzuführen. Damit hat der A seine Fahrt vorübergehend unterbrochen und eine nicht der Zurücklegung des unmittelbaren Weges dienende Verrichtung – den Einkauf der Erdbeeren – eingeschoben. Die Fahrtunterbrechung des A beginnt mit dem Abbremsvorgang. Denn dadurch wurde objektiv erkennbar nach außen hin sichtbar die subjektive Handlungstendenz in ein für Dritte beobachtbares „objektives“ Handeln umgesetzt.[23] Während einer Fahrtunterbrechung besteht der Versicherungsschutz nur dann weiter, wenn die eingeschobene Verrichtung ihrerseits in einem inneren Zusammenhang mit der versicherten Tätigkeit steht.[24] Das war vorliegend nicht der Fall, denn der Einkauf von Lebensmitteln auf dem Heimweg von der Arbeit gehört allein zu dem (unversicherten) persönlichen Lebensbereich des Versicherten.[25] 551

18 So ausdrücklich BSG 16.3.1995 – 2 BU 222/94 – juris Rn. 8; BSG 25.10.1989 – 2 RU 26/88 – juris Rn. 12.

19 S. zu in Betracht kommenden anderen Endpunkten etwa Schmitt/*Schmitt*, SGB VII, § 8 Rn. 188 ff.; Knickrehm/*Holtstraeter*, SozR, § 8 SGB VII Rn. 113–115.

20 S. BSG 30.1.2020 – B 2 U 19/18 – juris Rn. 17; BSG 7.5.2019 – 2 B U 31/17 R – juris Rn. 13; BSG 31.8.2017 – B 2 U 1/16 R – juris Rn. 12; BSG 12.5.2009 – B 2 U 11/08 R – juris Rn. 14; 2.12.2008 – B 2 U 26/06 R – juris Rn. 22; BSG 2.12.2008 – B 2 U 15/07 R – juris Rn. 14; BSG 9.12.2003 – B 2 U 23/03 R – juris Rn. 2; BSG 3.12.2002 – B 2 U 18/02 R – juris Rn. 17; BSG 3.12.2002 – B 2 U 19/02 R – juris Rn. 14; BSG 2.5.2001 – B 2 U 33/00 R – juris Rn. 14; BSG 19.12.2000 – B 2 U 45/99 – juris Rn. 15; BSG 27.6.2000 – B 2 U 23/99 R – juris Rn. 20; BSG 5.5.1998 – B 2 U 40/97 R – juris Rn. 13.

21 S. BSG 30.1.2020 – B 2 U 19/18 – juris Rn. 17; BSG 30.1.2020 – B 2 U 2/18 R – juris Rn. 27; BSG 7.5.2019 – 2 B U 31/17 R – juris Rn. 13; BSG 31.8.2017 – B 2 U 1/16 R – juris Rn. 12; BSG 18.6.2013 – B 2 U 7/12 R – juris Rn. 13; BSG 9.11.2010 – B 2 U 14/10 R – juris Rn. 20; BSG 12.5.2009 – B 2 U 11/08 R – juris Rn. 14; BSG 2.12.2008 – B 2 U 26/06 R – juris Rn. 22; BSG 2.12.2008 – B 2 U 15/07 R – juris Rn. 14.

22 BSG 28.6.2022 – B 2 U 16/20 R – juris Rn. 16; BSG 30.1.2020 – B 2 U 2/18 R – juris Rn. 29; BSG 9.12.2003 – B 2 U 23/03 R – juris Rn. 2; BSG 3.12.2002 – B 2 U 18/02 R – juris Rn. 17; BSG 2.5.2001 – B 2 U 33/00 R – juris Rn. 14; BSG 19.12.2000 – B 2 U 45/99 – juris Rn. 15; BSG 27.6.2000 – B 2 U 23/99 R – juris Rn. 20; BSG 5.5.1998 – B 2 U 40/97 R – juris Rn. 13.

23 S. BSG 31.8.2017 – B 2 U 11/16 R – juris Rn. 19; BSG 4.7.2013 – B 2 U 3/13 R – juris Rn. 13.

24 S. BSG 17.2.2009 – B 2 U 26/07 R – juris Rn. 16; BSG 2.12.2008 – B 2 U 17/07 R – juris Rn. 19; BSG 2.12.2008 – B 2 U 26/06 R – juris Rn. 25; BSG 2.12.2008 – B 2 U 15/07 R – juris Rn. 25; BSG 9.12.2003 – B 2 U 23/03 R – juris Rn. 14.

25 Vgl. BSG 9.12.2003 – B 2 U 23/03 R – juris Rn. 26.

552 Nach der früheren Rspr. des BSG sollte der Versicherungsschutz trotz der vorübergehenden Lösung von dem betrieblichen Zweck des Weges so lange erhalten bleiben, wie sich der Versicherte noch innerhalb des öffentlichen Verkehrsraums der für den Weg zur oder von der Arbeitsstätte benutzten Straße aufhielt.[26] Danach begann die nicht mehr versicherte Unterbrechung des unmittelbaren Weges erst, wenn der öffentliche Verkehrsraum, etwa durch das Betreten eines Geschäfts oder durch das Einbiegen in eine Seitenstraße oder ein Privatgrundstück, verlassen wurde.[27]

553 Unter Zugrundelegung dieser Rspr. würde der Versicherungsschutz des A trotz des intendierten Abbiegevorgangs, der ausschließlich privatwirtschaftlichen Zwecken diente, fortbestehen. Denn der A hat den öffentlichen Verkehrsraum zum Zeitpunkt des Unfalls noch nicht verlassen.

554 Diese Rspr. zum sog. **Straßenbann** hat das BSG inzwischen ausdrücklich aufgegeben.[28] Sie zielte darauf, aus Gründen der Rechtsklarheit und der Verwaltungspraktikabilität die Einbeziehung bestimmter, im privaten Bereich wurzelnder Unfallrisiken in den Schutz der gesetzlichen Unfallversicherung in Kauf zu nehmen.[29] Der Grund für die Aufgabe der Rspr. liegt darin, dass sie die ihr primär zugedachte Aufgabe – Rechtsklarheit zu schaffen, indem Abgrenzungsschwierigkeiten vermieden werden – nicht erfüllen konnte, weil sie ihrerseits zu vielschichtigen Abgrenzungsproblemen und Wertungswidersprüchen geführt hat.[30] Nach der neueren Rspr. des BSG besteht grundsätzlich kein Versicherungsschutz, wenn der unmittelbare Weg zu oder von der Arbeitsstätte durch eine private Besorgung unterbrochen wird.[31]

555 Eine Ausnahme wird lediglich noch für **ganz kurze und geringfügige Unterbrechungen** anerkannt.[32] Diese beseitigen nach der Rspr. des BSG den inneren Zusammenhang des Weges mit der Betriebstätigkeit selbst dann nicht, wenn sie eigenwirtschaftlicher Natur sind.[33] Um solche rechtlich nicht ins Gewicht fallenden Ereignisse soll es sich handeln, wenn der in Rede stehende Vorgang bei natürlicher Betrachtungsweise zeitlich und räumlich noch als Teil des unmittelbaren Weges nach oder von dem Ort der Tätigkeit in seiner Gesamtheit anzusehen ist oder, anders gewendet, wenn die Besorgung hinsichtlich ihrer zeitlichen Dauer und der Art ihrer Erledigung keine erhebliche Zäsur in der Fortbewegung in Richtung auf die Arbeitsstätte oder einem anderen versicherten Ort darstellt, wobei als Beurteilungsmaßstab die allgemeine Verkehrsauffassung zugrunde zu legen ist.[34] Geringfügig soll eine Unterbrechung sein, wenn die private Besor-

---

26 S. nur BSG 2.7.1996 – 2 RU 16/95 – juris Rn. 15.

27 S. etwa BSG 2.7.1996 – 2 RU 16/95 – juris Rn. 15.

28 S. grdl. BSG 9.12.2003 – B 2 U 23/03 R – juris Rn. 5 ff. bestätigt durch BSG 4.7.2013 – B 2 U 3/13 R – juris Rn. 14; BSG 4.7.2013 – B 2 U 12/12 R – juris Rn. 18.

29 S. BSG 4.7.2013 – B 2 U 3/13 R – juris Rn. 12; BSG 4.7.2013 – B 2 U 12/12 R – juris Rn. 18; BSG 9.122003 – B 2 U 23/03 R – juris Rn. 5.

30 S. dazu ausf. BSG 9.12.2003 – B 2 U 23/03 R – juris Rn. 5 ff.; ferner LPK-SGB VII/*Ziegler*, § 8 Rn. 281 ff.

31 S. BSG 7.5.2019 – 2 B U 31/17 R – juris Rn. 18; BSG 31.8.2017 – B 2 U 1/16 R – juris Rn. 12; BSG 4.7.2013 – B 2 U 3/13 R – juris Rn. 20; BSG 4.7.2013 – B 2 U 12/12 R – juris Rn. 18; BSG 9.12.2003 – B 2 U 23/03 R – juris Rn. 16.

32 S. BSG 28.6.2022 – B 2 U 16/20 R – juris Rn. 21; BSG 7.5.2019 – B 2 U 31/17 – juris Rn. 19; BSG 4.7.2013 – B 2 U 3/13 R – juris Rn. 15; BSG 31.7.1985 – 2 RU 63/84 – juris Rn. 15.

33 S. BSG 7.5.2019 – 2 B U 31/17 R – juris Rn. 19; BSG 9.12.2003 – B 2 U 23/03 R – juris Rn. 4; BSG 31.7.1985 – 2 RU 63/84 – juris Rn. 15 m. w. N.

34 BSG 28.6.2022 – B 2 U 16/20 R – juris Rn. 21; BSG 7.5.2019 – 2 B U 31/17 R – juris Rn. 20; BSG 31.8.2017 – B 2 U 11/16 R – juris Rn. 16; BSG 31.8.2017 – B 2 U 1/16 R – juris Rn. 16; BSG 4.7.2013 – B 2 U 3/13 R – juris Rn. 12; BSG 17.2.2009 – B 2 U 26/07 R – juris Rn. 15; BSG 9.12.2003 – B 2 U 23/03 R – juris Rn. 4.

gung unmittelbar im Bereich der Straße und ohne nennenswerte zeitliche Verzögerung, also gleichsam **„im Vorbeigehen"** erledigt werden kann.[35]

556 Zu prüfen ist deshalb, ob es sich bei dem geplanten Erdbeerkauf des A nur um eine kurze und geringfügige Unterbrechung im vorbeschriebenen Sinne handelt. In diesem Fall wäre der erforderliche innere Zusammenhang trotz der privatwirtschaftlichen Zielrichtung des Erdbeerkaufs weiterhin gegeben. Der A handelte hier mit dem Ziel, über die Gegenfahrbahn hinweg ein privates Grundstück zu erreichen, um dort Erdbeeren einzukaufen. Die Gesamtheit dieses geplanten Handelns kann nicht mehr als geringfügig angesehen werden, weil sie eben gerade nicht „nur nebenbei" erledigt werden kann.[36] Vielmehr setzt der subjektive Wunsch des Erdbeerkaufens eine neue objektive Handlungssequenz in Gang, die sich deutlich von dem bloßen „nach Hause fahren" abgrenzen lässt.[37] Die konkrete Verrichtung des Abbremsens steht ihrerseits in einem unmittelbaren und untrennbaren Zusammenhang mit diesem Erdbeerkauf, der durch das Abbremsen des Autos nach außen hin erkennbar in Gang gesetzt ist.[38] Deshalb kann bei dem von A intendierten Erdbeerkauf nicht von einer nur kurzen und geringfügigen Unterbrechung gesprochen werden. Der geforderte innere Zusammenhang zwischen der grundsätzlich versicherten Tätigkeit und der Zurücklegung des unmittelbaren Weges besteht folglich nicht.

III. Ergebnis

557 Im Hinblick auf das Fehlen eines inneren bzw. sachlichen Zusammenhangs zwischen dem unmittelbaren Weg und der versicherten Tätigkeit kommt bereits aus diesem Grund ein Arbeitsunfall nicht in Betracht. Damit erübrigt sich die Prüfung der für das Vorliegen eines Arbeitsunfalls erforderlichen weiteren Voraussetzungen.[39]

---

35 BSG 28.6.2022 – B 2 U 16/20 R – juris Rn. 21; BSG 7.5.2019 – 2 B U 31/17 R – juris Rn. 20; BSG 31.8.2017 – B 2 U 11/16 R – juris Rn. 16; BSG 31.8.2017 – B 2 U 1/16 R – juris Rn. 16; BSG 4.7.2013 – B 2 U 3/13 R – juris Rn. 15; BSG 17.2.2009 – B 2 U 26/07 R – juris Rn. 15; S. BSG 12.4.2005 – B 2 Q 11/04 R – juris Rn. 9; BSG 9.12.2003 – B 2 U 23/03 R – juris Rn. 4; BSG 31.7.1985 – 2 RU 63/84 – juris Rn. 15 m. w. N.

36 Vgl. BSG 4.7.2013 – B 2 U 3/13 R – juris Rn. 15.

37 Vgl. BSG 4.7.2013 – B 2 U 3/13 R – juris Rn. 15.

38 Vgl. BSG 4.7.2013 – B 2 U 3/13 R – juris Rn. 15. S. zu ähnlich gelagerten Fällen auch BSG 7.5.2019 – B 2 U 31/17 R – juris Rn. 21 (Briefeinwurf); BSG 31.8.2017 – B 2 U 11/16 R – juris Rn. 16 (Metzgereibesuch); BSG 31.8.2017 – B 2 U 1/16 R – juris Rn. 16 (Brötchenkauf).

39 S. zu diesen Voraussetzungen im Überblick schon oben Rn. 545 und ausf. dazu folgend in Teil B. Rn. 563 ff.

B. Anspruch der Berufsgenossenschaft B auf Erstattung geleisteter Heilbehandlungskosten gegen die Krankenkasse K

I. Überblick über die Voraussetzungen für den Anspruch der B auf Erstattung der geleisteten Heilbehandlungskosten

558 Möglicherweise hat die Berufsgenossenschaft B einen Anspruch gegen die Krankenkasse des K auf Erstattung der geleisteten Heilbehandlungskosten in Höhe von rund EUR 100.000,00 aus § 105 Abs. 1 Satz 1 SGB X. Danach ist der zuständige Leistungsträger zur Erstattung der geleisteten Sozialleistungen verpflichtet, wenn kein Fall des § 102 Abs. 1 SGB X vorliegt und ein unzuständiger Leistungsträger Sozialleistungen erbracht hat, soweit der zuständige Leistungsträger nicht bereits selbst geleistet hat, bevor er von der Leistung des anderen Leistungsträgers Kenntnis erlangt hat.

II. Prüfung der Voraussetzungen

1. Erbringung von Sozialleistungen

559 Der Erstattungsanspruch nach § 105 Abs. 1 Satz 1 SGB X setzt zunächst voraus, dass Sozialleistungen erbracht worden sind. Unter dem Begriff der Sozialleistungen werden nach der Legaldefinition in § 11 Satz 1 SGB I die im SGB vorgesehenen Dienst-, Sach- und Geldleistungen verstanden.[40] Bei der **ärztlichen Behandlung** – sei es auf der Grundlage von § 27 Abs. 1 Satz 2 Nr. 1 Var. 1 SGB V oder nach § 27 Abs. 1 Nr. 2 SGB VII – handelt es sich um eine im SGB vorgesehene **Dienstleistung.**[41] Die Zurverfügungstellung der **Arznei-, Verbands- und Heilmittel** (entweder nach § 27 Abs. 1 Satz 2 Nr. 3 SGB V oder nach § 27 Abs. 1 Nr. 4 SGB VII) stellt dagegen eine im SGB vorgesehenen **Sachleistung** dar.[42] Damit handelt es sich bei der ärztlichen Behandlung des K und der Versorgung mit Arznei-, Verbands- und Heilmitteln um im Sozialgesetzbuch vorgesehene Dienst- und Sachleistungen. Die Erbringung von Sozialleistungen i. S. d. § 105 Abs. 1 Satz 1 SGB X liegt vor.

2. Erbringung der Sozialleistungen durch einen Leistungsträger

560 Die Sozialleistungen müssten des Weiteren von einem Leistungsträger erbracht worden sein. Der Begriff des Leistungsträgers wird in § 12 Satz 1 SGB I als die in den §§ 18 bis 29 SGB I genannten Körperschaften, Anstalten und Behörden legaldefiniert. § 22 Abs. 2 SGB I nennt als Leistungsträger ausdrücklich die gewerblichen Berufsgenossenschaften.[43] Damit handelt es sich bei der Berufsgenossenschaft B um einen Leistungsträger.

3. Kein Fall des § 102 Abs. 1 SGB X

561 Des Weiteren kommt ein Erstattungsanspruch nach § 105 Abs. 1 Satz 1 SGB X nur in Betracht, wenn kein Fall des § 102 Abs. 1 SGB X vorliegt. Hiernach ist eine Abgrenzung zwischen dem Anwendungsbereich des § 105 Abs. 1 Satz 1 SGB X und demjenigen des § 102 Abs. 1 SGB X vorzunehmen.[44] Nach § 102 Abs. 1 SGB X hat ein Leistungsträger, der aufgrund gesetzlicher Vorschriften vorläufig Sozialleistungen erbracht hat, einen Erstattungsanspruch gegen den zur Leistung verpflichteten Leistungsträger. Damit erfasst sowohl die Regelung des § 102 SGB X als auch die des § 105 SGB X die Leistung

---

40 S. ausf. dazu die Kommentierung von *Mrozynski*, SGB I, § 11.

41 S. zur Einordnung von ärztlichen Leistungen als Dienstleistung auch unter Berücksichtigung des Sachleistungsprinzips der gesetzlichen Krankenversicherung *Mrozynski*, SGB I, § 11 Rn. 27, 30; LPK-SGB I/*Reinhardt*, § 11 Rn. 9 f.; BeckOGK SozR/*Spellbrink*, § 11 SGB I Rn. 27, 30 (Stand: 1.3.2021).

42 S. LPK-SGB I/*Reinhardt*, § 11 Rn. 10; BeckOGK SozR/*Spellbrink*, § 11 SGB I Rn. 30 (Stand: 1.3.2021).

43 S. auch § 114 Abs. 1 Satz 1 Nr. 1 SGB VII.

44 S. BeckOK SozR/*Weber*, § 105 SGB X Rn. 10.

durch einen unzuständigen Leistungsträger.[45] Im Fall des § 102 Abs. 1 SGB X erfolgt die Leistung aber anders als bei § 105 SGB X nicht endgültig, sondern *auf der Grundlage einer gesetzlichen Vorschrift*[46] nur *vorläufig*.[47] Die Anwendbarkeit des § 102 Abs. 1 SGB X setzt damit voraus, dass eine Sozialleistung nur vorläufig und auf der Grundlage einer gesetzlichen Vorschrift erbracht wird. An beiden Voraussetzungen fehlt es hier. Aus dem Sachverhalt ergibt sich, dass die B zunächst davon überzeugt war, der zuständige Leistungsträger zu sein. Damit wollte sie ihre Leistungen nicht nur vorläufig, sondern endgültig erbringen. Davon abgesehen ist auch eine Rechtsgrundlage, auf die eine vorläufige Leistungserbringung durch die B gestützt werden könnte, nicht ersichtlich. Deshalb liegt kein Fall des § 102 Abs. 1 SGB X vor.

4. Unzuständigkeit des Leistungsträgers

a) Rechtliche Grundlagen zur Bestimmung des zuständigen Leistungsträgers. 562
Schließlich müsste der leistende Träger unzuständig i. S. d. § 105 Abs. 1 Satz 1 SGB X sein. Zuständig im Sinne von § 105 Abs. 1 Satz 1 SGB X ist der mit Blick auf den erhobenen Anspruch nach materiellem Recht richtigerweise anzugehende, d. h. sachlich befugte (passivlegitimierte) Leistungsträger.[48] Zu prüfen ist also, ob die B nach materiellem Sozialrecht zur Erbringung der Sozialleistung an K sachlich befugt war. Das wäre der Fall, wenn es sich bei dem Ereignis vom 9. Februar 2025 um einen Versicherungsfall der gesetzlichen Unfallversicherung handelt. Gemäß der Regelung des § 7 Abs. 1 SGB VII sind Versicherungsfälle in der gesetzlichen Unfallversicherung Arbeitsunfälle und Berufskrankheiten.

b) Vorliegen eines Arbeitsunfalls

aa) Überblick über die Voraussetzungen eines Arbeitsunfalls. In Betracht kommt 563
hier das Vorliegen eines Arbeitsunfalls im Sinne des § 8 SGB VII. Deshalb ist zu prüfen, ob es sich bei dem Geschehen vom 9. Februar 2025 um einen Arbeitsunfall des K handelt. In § 8 Abs. 1 Satz 1 SGB VII wird der Begriff des Arbeitsunfalls dahingehend beschrieben, dass damit Unfälle von Versicherten infolge einer den Versicherungsschutz nach §§ 2, 3 oder 6 begründenden Tätigkeit (versicherte Tätigkeit) gemeint sind. Das setzt zunächst voraus, dass die **Versicherteneigenschaft** des A gegeben ist[49] und eine **grundsätzlich versicherte Tätigkeit** ausgeübt wird.[50] Weiter müssen ein **innerer Zusammenhang** zwischen dem Weg und der versicherten Tätigkeit bestehen[51] und ein sog. **Unfallereignis**[52] vorliegen. Schließlich sind für das Vorliegen eines Arbeitsunfalls die sog. Unfallklausalität,[53] die Entstehung eines Schadens[54] sowie die haftungsbegründende Kausalität[55] zu prüfen.

bb) Prüfung der Voraussetzungen eines Arbeitsunfalls

(1) Versicherteneigenschaft des K. Zunächst müsste es sich bei K um einen Versicher- 564
ten im Sinne des § 8 Abs. 1 Satz 1 SGB VII handeln. Die Regelungen der §§ 2–6 SGB VII

---

45 S. BSG 27.4.1989 – 9/9a RV 44/87 – SozR 3100 § 11 BVG Nr. 18; Schütze/*Roos*, SGB X, § 102 Rn. 5; BeckOK SozR/*Weber*, § 105 SGB X Rn. 10.
46 S. etwa die §§ 43 SGB I, 25 SGB II, 23 SGB III, 139 SGB VII.
47 S. BeckOGK SozR/*Kater*, § 102 SGB X Rn. 12 (Stand: 15.2.2024); BeckOK SozR/*Weber*, § 105 SGB X Rn. 10.
48 So BSG 25.4.1989 – 4/11a RK 4/87 – juris Rn. 18; BeckOGK SozR/*Kater*, § 105 SGB X Rn. 18 (Stand: 15.2.2024); Schütze/*Roos*, SGB X, § 105 Rn. 10.
49 S. dazu unten Rn. 564.
50 S. dazu unten Rn. 565.
51 S. dazu unten Rn. 566 ff.
52 S. dazu unten Rn. 570 ff.
53 S. dazu Rn. 571.
54 S. Rn. 572.
55 S. Rn. 573.

beschreiben den Kreis der versicherten Personen in der gesetzlichen Unfallversicherung. Die Versicherteneigenschaft des K könnte sich aus § 2 Abs. 1 Nr. 1 SGB VII ergeben. Danach sind in der gesetzlichen Unfallversicherung Beschäftigte versichert. Fraglich ist daher, ob der K Beschäftigter ist. Der Begriff der Beschäftigung wird in § 7 SGB IV auch für den Bereich der gesetzlichen Unfallversicherung beschrieben.[56] Nach § 7 Abs. 1 Satz 1 SGB IV versteht man unter Beschäftigung die nichtselbstständige Arbeit, insbesondere in einem Arbeitsverhältnis. Aus dem Sachverhalt ergibt sich, dass der K bei der O-Aluminium GmbH als Pförtner arbeitet. Folglich steht K in einem Arbeitsverhältnis mit der O-Aluminium GmbH. Damit handelt es sich bei der Tätigkeit des K um eine Beschäftigung nach § 7 Abs. 1 Satz 1 SGB IV. Deshalb ist der K gemäß § 8 Abs. 1 Satz 1 SGB VII als Beschäftigter in der gesetzlichen Unfallversicherung versichert. Die Versicherteneigenschaft des K ist gegeben.

565 (2) **Ausübung einer grundsätzlich versicherten Tätigkeit.** Zu prüfen ist weiter, ob es sich bei der Fahrt vom Wohnort des K zu seiner Arbeitsstätte um eine grundsätzlich versicherte Tätigkeit[57] handelt. Nach Maßgabe des § 8 Abs. 2 Nr. 1 SGB VII gehört zu den versicherten Tätigkeiten auch das Zurücklegen des mit der versicherten Tätigkeit zusammenhängenden unmittelbaren Weges nach und von dem Ort der Tätigkeit.[58] Aus dem Sachverhalt ergibt sich, dass der K am Morgen des 9. Februar 2025 auf dem direkten Weg von seinem Wohnort zu seiner Arbeitsstätte – der O-Aluminium GmbH – war. Damit handelte es sich bei dieser Fahrt mit dem Motorroller um eine grundsätzlich versicherte Tätigkeit nach § 8 Abs. 1 Satz 1 i. V. m. Abs. 2 Nr. 1 SGB VII.

566 (3) **Innerer (bzw. sachlicher) Zusammenhang zwischen dem Weg und der versicherten Tätigkeit.** Weiter ist erforderlich, dass der sog. innere bzw. sachliche Zusammenhang zwischen der grundsätzlich versicherten Tätigkeit und der Zurücklegung des unmittelbaren Weges besteht.[59] Das setzt voraus, dass der unmittelbare Weg, den der Versicherte zurücklegt, wesentlich dazu dient, den Ort der Tätigkeit oder nach deren Beendigung – in der Regel – die eigene Wohnung oder einen anderen Endpunkt[60] des Weges von dem Ort der Tätigkeit zu erreichen.[61] Maßgebend für die Beurteilung ist dabei die (subjektive) Handlungstendenz des Versicherten, so wie sie insbesondere durch die objektiven Umstände des Einzelfalles bestätigt wird (sog. **objektivierte Handlungstendenz**).[62]

---

56 S. Schmitt/*Schmitt*, SGB VII, § 2 Rn. 5. S. zum Begriff der Beschäftigung auch bereits ausf. Fall 10 Rn. 413 ff.

57 S. zum Begriff der grundsätzlich versicherten Tätigkeit etwa BSG 30.3.2023 – B 2 U 1/21 R – juris Rn. 17; BSG 4.9.2007 – B 2 U 24/06 R – juris Rn. 17; s. aus der Literatur LPK-SGB VII/*Ziegler*, § 8 Rn. 38.

58 Zum Begriff des unmittelbaren Weges s. schon oben Rn. 548.

59 S. BSG 30.1.2020 – B 2 U 19/18 – juris Rn. 17; BSG 30.1.2020 – B 2 U 2/18 R – juris Rn. 27; BSG 7.5.2019 – 2 B U 31/17 R – juris Rn. 13; BSG 31.8.2017 – B 2 U 1/16 R – juris Rn. 12; BSG 31.1.2012 – B 2 U 2/11 R – juris Rn. 16; BSG 4.9.2007 – B 2 U 28/06 R – juris Rn. 14; BSG 9.12.2003 – B 2 U 23/03 R – juris Rn. 2; BSG 3.12.2002 – B 2 U 18/02 R – juris Rn. 17; LPK-SGB VII/*Ziegler*, § 8 Rn. 41; Schmitt/*Schmitt*, SGB VII, § 8 Rn. 194; s. ausf. schon oben Rn. 549 ff.

60 S. zu in Betracht kommenden anderen Endpunkten etwa Schmitt/*Schmitt*, SGB VII, § 8 Rn. 188 ff.; Knickrehm/*Holtstraeter*, SozR, § 8 SGB VII Rn. 113–115.

61 S. BSG 30.1.2020 – B 2 U 19/18 – juris Rn. 17; BSG 7.5.2019 – 2 B U 31/17 R – juris Rn. 13; BSG 31.8.2017 – B 2 U 1/16 R – juris Rn. 12; BSG 12.5.2009 – B 2 U 11/08 R – juris Rn. 14; 2.12.2008 – B 2 U 26/06 R – juris Rn. 22; BSG 2.12.2008 – B 2 U 15/07 R – juris Rn. 14; BSG 9.12.2003 – B 2 U 23/03 R – juris Rn. 2; BSG 3.12.2002 – B 2 U 18/02 R – juris Rn. 17; BSG 3.12.2002 – B 2 U 19/02 R – juris Rn. 14; BSG 2.5.2001 – B 2 U 33/00 R – juris Rn. 14; BSG 19.12.2000 – B 2 U 45/99 – juris Rn. 15; BSG 27.6.2000 – B 2 U 23/99 R – juris Rn. 20; BSG 5.5.1998 – B 2 U 40/97 R – juris Rn. 13.

62 S. BSG 30.1.2020 – B 2 U 19/18 – juris Rn. 17; BSG 30.1.2020 – B 2 U 2/18 R – juris Rn. 27; BSG 7.5.2019 – 2 B U 31/17 R – juris Rn. 13; BSG 31.8.2017 – B 2 U 1/16 R – juris Rn. 12; BSG 12.5.2009 – B 2 U 11/08 R – juris Rn. 14; BSG 2.12.2008 – B 2 U 26/06 R – juris Rn. 22; BSG 2.12.2008 – B 2 U 15/07 R – juris Rn. 14.

567 Der geforderte innere Zusammenhang zwischen dem unmittelbaren Weg und der grundsätzlich versicherten Tätigkeit könnte vorliegend deshalb entfallen, weil der K den Weg zur Arbeit durch einen Tankvorgang unterbrochen hat. Das Auftanken eines Fahrzeugs gehört grundsätzlich zu der sog. **eigenwirtschaftlichen Risikosphäre** des Versicherten, die den inneren Zusammenhang zwischen dem Weg und der grundsätzlich versicherten Tätigkeit entfallen lässt.[63] Denn es handelt sich dabei um eine Verrichtung, die zwar üblicherweise der Aufnahme der Betriebstätigkeit vorangeht, ihr aber zu fern steht, als dass sie schon dem persönlichen Lebensbereich des Beschäftigten entzogen und der unter Versicherungsschutz stehenden betrieblichen Sphäre, die durch § 8 Abs. 2 Nr. 1 SGB VII auf den unmittelbaren Weg nach und von dem Ort der Tätigkeit ausgedehnt ist, zuzurechnen wäre.[64] Eine denkbare Ausnahme stellen Fallkonstellationen dar, in denen das Nachtanken während der Fahrt **unvorhergesehen** notwendig wird, damit der restliche Weg zurückgelegt werden kann.[65] Ein solcher Fall liegt hier jedoch nicht vor, denn zum einen wusste der K vor dem Fahrtantritt, dass die Tankanzeige des Motorrollers auf „Reserve" steht, weshalb das Nachtanken nicht unvorhergesehen notwendig geworden ist. Hinzu kommt, dass der verbleibende Tankinhalt nach den Angaben im Sachverhalt ausgereicht hätte, um die Betriebsstätte zu erreichen und den Heimweg zu bestreiten. Letzteres war dem K auch bekannt. Damit war die Handlungstendenz des K bei dem Tankvorgang auf eine rein eigenwirtschaftliche Tätigkeit gerichtet.

568 Eigenwirtschaftliche Tätigkeiten beseitigen nach der Rspr. des BSG den inneren Zusammenhang des unmittelbaren Weges mit der Betriebstätigkeit aber ausnahmsweise dann nicht, wenn es sich um eine ganz kurze und geringfügige Unterbrechung handelt.[66] Davon soll auszugehen sein, wenn der in Rede stehende Vorgang bei natürlicher Betrachtungsweise zeitlich und räumlich noch als Teil des unmittelbaren Weges nach oder von dem Ort der Tätigkeit in seiner Gesamtheit anzusehen sei oder, anders gewendet, wenn die Besorgung hinsichtlich ihrer zeitlichen Dauer und der Art ihrer Erledigung keine erhebliche Zäsur in der Fortbewegung in Richtung auf die Arbeitsstätte darstellt, wobei als Beurteilungsmaßstab die allgemeine Verkehrsauffassung zugrunde zu legen ist.[67] Geringfügig soll eine Unterbrechung sein, wenn die private Besorgung unmittelbar im Bereich der Straße und ohne nennenswerte zeitliche Verzögerung, also gleichsam „im Vorbeigehen" erledigt werden kann.[68] Diese Voraussetzungen liegen bei dem Tankaufenthalt nicht vor. Das Aufsuchen einer Tankstelle zum Betanken des für die Fahrt benutzten Fahrzeugs stellt eine deutliche Zäsur innerhalb des Weges dar, und zwar auch dann, wenn die Tankstelle unmittelbar an dem Weg von oder zu dem Ort der Tätigkeit liegt.[69] Damit handelt es sich bei dem Tankvorgang auch um keine geringfügige Unterbrechung, bei der der Versicherungsschutz aufrechterhalten bleibt. Vielmehr wurde der Versicherungsschutz des K in dem Zeitpunkt unterbrochen, als er seine eigenwirtschaft-

63 S. BSG 30.1.2020 – B 2 U 9/18 – juris Rn. 13; BSG 7.5.2019 – B 2 U 31/17 R – juris Rn. 18; BSG 4.7.2013 – B 2 U 12/12 R – juris Rn. 16; BSG 11.8.1998 – B 2 U 29/97 – juris Rn. 18 m. w. N.; LPK-SGB VII/*Ziegler*, § 8 Rn. 305.

64 S. BSG 30.1.2020 – B 2 U 9/18 R – juris, Rn. 13; BSG 11.8.1998 – B 2 U 29/97 – juris Rn. 18 m. w. N.

65 Diese Ausnahme hat das BSG mittlerweile aufgegeben, s. BSG 30.1.2020 – B 2 U 9/18 R – juris Rn. 14 m. w. N. zur älteren, die Ausnahme bejahenden Rechtsprechung.

66 S. BSG 7.5.2019 – 2 B U 31/17 R – juris Rn. 20; BSG 31.8.2017 – B 2 U 1/16 R – juris Rn. 16; BSG 9.12.2003 – B 2 U 23/03 R – juris Rn. 4; BSG 31.7.1985 – 2 RU 63/84 – juris Rn. 15 m. w. N.

67 S. BSG 7.5.2019 – 2 B U 31/17 R – juris Rn. 20; BSG 31.8.2017 – B 2 U 1/16 R – juris Rn. 16; BSG 4.7.2013 – B 2 U 3/13 R – juris Rn. 15; BSG 17.2.2009 – B 2 U 26/07 R – juris Rn. 15; BSG 9.12.2003 – juris Rn. 4.

68 S. BSG 7.5.2019 – 2 B U 31/17 R – juris Rn. 20; BSG 31.8.2017 – B 2 U 1/16 R –juris Rn. 16; BSG 4.7.2013 – B 2 U 3/13 R – juris Rn. 15; BSG 17.2.2009 – B 2 U 26/07 R – juris Rn. 15; S. BSG 12.4.2005 – B 2 Q 11/04 R – juris Rn. 9; BSG 9.12.2003 – B 2 U 23/03 R – juris Rn. 4; BSG 31.7.1985 – 2 RU 63/84 – juris Rn. 15 m. w. N.

69 S. ausf. BSG 11.8.1998 – B 2 U 29/97 – juris Rn. 17 m. w. N.

liche Handlungstendenz nach außen objektiv erkennbar in Gang gesetzt hat. Das ist bereits mit dem Abbremsen des Motorrollers zum Zweck des Einfahrens in die Tankstelle der Fall.[70]

569 Allerdings führt eine mehr als geringfügige Unterbrechung des Weges zu oder von der Arbeitsstätte grds. **nicht zum endgültigen Verlust des Versicherungsschutzes.**[71] Der Versicherungsschutz setzt nämlich wieder ein, sobald die eigenwirtschaftliche Tätigkeit beendet ist und der ursprüngliche Weg wieder aufgenommen wird.[72] Deshalb ist zu prüfen, ob die rein privatwirtschaftliche Tätigkeit des Tankens bereits wieder beendet war, als sich der Unfall ereignete. Nach den Angaben im Sachverhalt ereignete sich der Unfall mit dem Fahrzeug des X erst nach dem Tanken, als der K die Gegenfahrbahn überqueren wollte, um seinen Weg zum Arbeitsplatz fortzusetzen und sich wieder auf der Fahrbahn befand. Der Tankvorgang ist beendet, wenn der Versicherte nach dem Bezahlen und Anfahren des Fahrzeugs das Tankstellengelände in Richtung zu seiner Arbeitsstätte verlassen hat und im öffentlichen Verkehrsraum in Richtung seiner ursprünglichen Fahrtrichtung unterwegs ist.[73] Denn zu diesem Zeitpunkt stimmt die Handlungstendenz des K – zur Arbeit zu gelangen – mit seinem äußeren Handeln überein.[74] Nicht erforderlich ist es dagegen, dass der K wieder den rechten Fahrstreifen erreicht hat. Denn der Versicherungsschutz ist auf Wegen, die mit der Handlungstendenz zurückgelegt werden, zur Arbeit zu gelangen, nicht davon abhängig, auf welcher Fahrspur sich der Versicherte befindet.[75] Erforderlich, aber auch ausreichend ist es, dass der Versicherte auf der Straße in Richtung seiner Arbeitsstelle unterwegs war.[76] Deshalb war der K bei der konkreten Verrichtung des Fahrens mit dem Roller, die er im Zeitpunkt des Unfallereignisses vornahm, auf einem versicherten Weg zur Arbeit. Der erforderliche innere Zusammenhang ist zu bejahen.

570 (4) **Unfallereignis.** Des Weiteren müsste K bei einem Unfallereignis i. S. d. § 8 Abs. 1 Satz 2 SGB VII geschädigt worden sein. Die Regelung des § 8 Abs. 1 Satz 2 SGB VII beschreibt Unfälle dahingehend, dass damit zeitlich begrenzte, von außen auf den Körper einwirkende Ereignisse gemeint sind, die zu einem Gesundheitsschaden oder zum Tod des Versicherten führen. Diese Legaldefinition enthält neben der Beschreibung des Unfallereignisses als solches weitere (gesondert zu prüfende) Tatbestandsmerkmale, nämlich ein Element der Kausalität[77] und die Wirkung des Unfalls,[78] den sog. Erstschaden.[79] Der Begriff des Unfallereignisses setzt sich lediglich aus zwei Merkmalen, nämlich einem **zeitlich begrenzten** und **von außen auf den Körper einwirkenden Geschehen** zusammen.[80] Insoweit ist zunächst zu prüfen, ob es sich bei dem Geschehen

---

70 Vgl. BSG 30.1.2020 – B 2 U 9/18 R – juris Rn. 23; BSG 4.7.2013 – B 2 U 12/12 R – juris Rn. 16.

71 Das endgültige Ende des Versicherungsschutzes ist dann anzunehmen, wenn aus der Dauer der Unterbrechung auf eine endgültige Lösung des Zusammenhangs mit der versicherten Tätigkeit geschlossen werden muss. Nach der Rspr. wird dies regelmäßig ab einer Unterbrechung von mindestens zwei Stunden angenommen, s. BSG 28.6.2022 – B 2 U 16/20 R – juris Rn. 18; BSG 31.8.2017 – B 2 U 1/16 R – juris Rn. 20 sowie aus der Literatur *Mergner*, NJW 2023, 2924 ff. (2925) Rn. 4.

72 S. BSG 30.1.2020 – B 2 U 9/18 R – juris Rn. 24; BSG 31.8.2017 – B 2 U 11/16 R – juris Rn. 22; BSG 9.12.2003 – B 2 U 23/03 R – juris Rn. 5; BSG 4.7.2013 – B 2 U 12/12 R – juris Rn. 17 ff.

73 S. BSG 4.7.2013 – B 2 U 12/12 R – juris Rn. 17.

74 Vgl. BSG 4.7.2013 – B 2 U 12/12 R – juris Rn. 17.

75 Vgl. BSG 4.7.2013 – B 2 U 12/12 R – juris Rn. 17.

76 Vgl. BSG 4.7.2013 – B 2 U 12/12 R – juris Rn. 17. S. zur Wiedererlangung des Versicherungsschutzes bei der Nutzung öffentlicher Verkehrsmittel BSG 28.6.2022 – B 2 U 16/20 R – juris Rn. 23 ff.

77 S. die Wendung „*die zu (…) führen*“ in § 8 Abs. 1 Satz 2 SGB VII.

78 S. die Formulierung in § 8 Abs. 1 Satz 2 SGB VII: „*Gesundheitsschaden oder zum Tod*“.

79 S. LPK-SGB VII/*Ziegler*, § 8 Rn. 5 und 162; FPB/*Preis*/*Seiwerth*, Sozialversicherungsrecht, § 38 Rn. 5–7.

80 S. etwa BSG 29.11.2011 – B 2 U 10/11 R – juris Rn. 13; BSG 29.11.2011 – B 2 U 23/10 R – juris Rn. 11; BSG 9.11.2010 – B 2 U 6/10 R – juris Rn. 11; BSG 9.11.2010 – B 2 U 14/10 R – juris Rn. 16; LPK-SGB VII/*Ziegler*, § 8 Rn. 162.

am 9. Februar 2025 um ein zeitlich begrenztes Ereignis handelt. Das Merkmal der zeitlichen Begrenzung dient einerseits der Abgrenzung zwischen den in § 7 Abs. 1 SGB VII genannten Versicherungsfällen, sprich zwischen Arbeitsunfällen und Berufskrankheiten, und andererseits auch der Abgrenzung gegenüber dem Versicherungsfall der Krankheit der gesetzlichen Krankenversicherung.[81] Das Erfordernis der zeitlichen Begrenzung verlangt keine „Plötzlichkeit" i. S. d. allgemeinen Sprachgebrauchs.[82] Vielmehr wird als zeitlich begrenztes Ereignis eine Einwirkung angesehen, die **längstens innerhalb des Zeitraums einer Arbeitsschicht** erfolgt.[83] Bei dem Verkehrsunfall am 9. Februar 2025 handelt es sich um eine zeitlich begrenzte Einwirkung im vorbeschriebenen Sinne. Damit liegt ein zeitlich begrenztes Ereignis vor. Des Weiteren müsste es sich um ein von außen einwirkendes Ereignis handeln. Damit wird zum Ausdruck gebracht, dass ein Unfall aufgrund innerer Ursachen nicht als Arbeitsunfall anzusehen ist.[84] Bei dem Unfallgeschehen handelt es sich um ein von außen einwirkendes Ereignis.

(5) **Unfallkausalität.** Erforderlich ist zudem, dass die sog. Unfallkausalität gegeben ist. **571**
Darunter versteht man den **Ursachenzusammenhang zwischen der versicherten Verrichtung und dem Unfallereignis.**[85] Vorliegen muss ein Kausalitätszusammenhang im Sinne der sog. **Theorie der wesentlichen Bedingung.**[86] Ausgangspunkt für die Feststellung des Kausalzusammenhangs im Unfallversicherungsrecht ist, nicht anders als im Zivilrecht die sog. **Äquivalenztheorie.**[87] Danach ist jedes Ereignis kausal, das nicht hinweggedacht werden kann, ohne dass der Erfolg entfiele, das Ereignis also *conditio sine qua non* für den eingetretenen Erfolg ist.[88] Aufgrund der Unbegrenztheit der naturwissenschaftlich-philosophischen Ursachen für einen Erfolg ist für die praktische Rechtsanwendung in einer zweiten Prüfungsstufe die Unterscheidung zwischen solchen Ursachen notwendig, die rechtlich für den Erfolg verantwortlich gemacht werden bzw. denen der Erfolg zugerechnet wird, und anderen, für den Erfolg rechtlich unerheblichen Ursachen.[89] Kausal sind nach der **Theorie der wesentlichen Bedingung** nur solche Ursachen, die wegen ihrer besonderen Beziehung zum Erfolg zu dessen Eintritt **wesent-**

---

81 S. Wannagat/*Jung*, SGB VII, § 8 Rn. 13; Schmitt/*Schmitt*, SGB VII, § 8 Rn. 139; LPK-SGB VII/*Ziegler*, § 8 Rn. 164.

82 S. FPB/*Preis/Seiwerth*, Sozialversicherungsrecht, § 38 Rn. 12; BeckOGK SozR/*Ricke/Kellner*, § 8 SGB VII Rn. 38 (Stand: 15.2.2025); ErfK/*Rolfs*, § 8 SGB VII Rn. 1; LPK-SGB VII/*Ziegler*, § 8 Rn. 136.

83 S. BSG 27.6.2014 – B 2 U 3/22 R – juris Rn. 10; BSG 31.1.2012 – B 2 U 2/11 R – juris Rn. 24; BSG 26.9.1961 – 2 RU 191/59 – juris Rn. 15; s. aus der Literatur FPB/*Preis/Seiwerth*, Sozialversicherungsrecht, § 38 Rn. 12; BeckOGK SozR/*Ricke/Kellner*, § 8 SGB VII Rn. 38 (Stand: 15.2.2025); ErfK/*Rolfs*, § 8 SGB VII Rn. 1; LPK-SGB VII/*Ziegler*, § 8 Rn. 163.

84 S. Schmitt/*Schmitt*, SGB VII, § 8 Rn. 136; LPK-SGB VII/*Ziegler*, § 8 Rn. 166. Von inneren Ursachen spricht man, wenn zumindest eine wesentlich auf dem Gesundheitszustand des Versicherten beruhende krankhafte Erscheinung auftritt, also ohne Mitwirken eines äußeren Vorgangs (z. B. Ohnmacht oder epileptischer Anfall bei entsprechendem Grundleiden), s. dazu BeckOGK SozR/*Ricke/Kellner*, § 8 SGB VII Rn. 45 f. (Stand: 15.2.2025).

85 S. BSG 21.3.2024 – B 2 U 14/21 R – juris Rn. 30; BSG 24.7.2012 – B 2 U 23/11 R – juris Rn. 22; BSG 24.7.2012 – B 2 U 9/11 R – juris Rn. 27; BSG 15.5.2012 – B 2 U 8/11 R – juris Rn. 19; BSG 31.1.2012 – B 2 U 2/11 R – juris Rn. 16; BSG 29.11.2011 – B 2 U 23/10 R – juris Rn. 11. Teilweise wird dieser Ursachenzusammenhang auch als haftungsbegründende Kausalität bezeichnet. S. BSG 15.2.2005 – B 2 U 1/04 R – juris Rn. 22; BSG 27.6.1991 – 2 RU 8/91 – juris Rn. 16; BSG 19.3.1991 – 2 RU 64/90 – juris Rn. 21; BSG 17.10.1990 – 2 R U 3/90 – juris Rn. 18; s. aus der Literatur etwa FPB/*Preis/Seiwerth*, Sozialversicherungsrecht, § 38 Rn. 20 f.; Schulin/*Gitter/Nunius*, HdB-SozVers, Bd. 2, § 5 Rn. 110; Wannagat/*Jung*, SGB VII, § 8 Rn. 47; Schmitt/*Schmitt*, SGB VII, § 8 Rn. 105; kritisch zum so verwendeten Begriff der haftungsbegründenden Kausalität Schulin/*Schulin*, SozVers, Bd. 2, § 27 Rn. 109 ff.

86 S. dazu etwa FPB/*Preis/Seiwerth*, Sozialversicherungsrecht, § 38 Rn. 89–94; LPK-SGB VII/*Ziegler*, § 8 Rn. 12–14.

87 S. nur BSG 30.3.2017 – B 2 U 6/15 R – juris Rn. 16; BSG 9.5.2006 – B 2 U 1/05 R – juris Rn. 5. Das BSG spricht insoweit von der sog. Bedingungstheorie im naturwissenschaftlich-philosophischen Sinne.

88 S. nur BSG 30.3.2017 – B 2 U 6/15 R – juris Rn. 16; BSG 9.5.2006 – B 2 U 1/05 R – juris Rn. 5.

89 S. nur BSG 3.3.2025 – B 2 U 108/24 B – juris Rn. 11; BSG 9.5.2006 – B 2 U 1/05 R – juris Rn. 5.

lich mitgewirkt haben.[90] Welche Ursache wesentlich ist und welche nicht, muss aus der Auffassung des praktischen Lebens über die besondere Beziehung der Ursache zum Eintritt des Erfolgs abgeleitet werden.[91] Die Wesentlichkeit einer (Mit-)Ursache ist mithin eine reine Rechtsfrage, die sich nach dem Schutzzweck der Norm beantwortet.[92] Hiernach stellt die Zurücklegung des Weges mit dem Motorroller zur Arbeitsstätte am Morgen des 9. Februar 2025 die wesentliche Bedingung für das Unfallereignis dar. Denn der K befand sich im Zeitpunkt des Unfallereignisses auf dem versicherten Weg zur Arbeit. Die Unterbrechung zum Zwecke des Auftankens des Motorrollers war beendet und spielte deshalb für die Herbeiführung des Unfalls keine wesentliche Rolle mehr. Die Unfallkausalität ist folglich gegeben.

572 **(6) Schaden.** Nach § 8 Abs. 1 Satz 2 SGB VII setzt der Begriff des Unfalls weiter voraus, dass der Versicherte einen **Gesundheitsschaden oder den Tod** erleidet. In Betracht kommt hier ein Gesundheitsschaden. Darunter versteht man alle regelwidrigen körperlichen, geistigen oder seelischen Zustände.[93] Der K hat bei dem Geschehen am 9. Februar 2025 eine **Oberschenkelschaftetagenfraktur** und eine Sprunggelenksfraktur erlitten. Dabei handelt es sich jeweils um regelwidrige körperliche Zustände. Ein Gesundheitsschaden liegt somit vor.

573 **(7) Haftungsbegründende Kausalität.** Schließlich ist erforderlich, dass die sog. haftungsbegründende Kausalität gegeben ist. Darunter versteht man den **Ursachenzusammenhang zwischen dem Unfallereignis und dem Gesundheitsschaden bzw. Tod** des Versicherten.[94] Das Entstehen von länger andauernden Unfallfolgen aufgrund des Gesundheitsschadens[95] ist dagegen keine Voraussetzung für die Anerkennung eines Arbeitsunfalls.[96] Auch die haftungsbegründende Kausalität ist auf der Grundlage der Theorie der wesentlichen Bedingung zu beurteilen. Insoweit kann auf die obigen Ausführungen verwiesen werden.[97] Der Verkehrsunfall war die wesentliche Bedingung für den Gesundheitsschaden des K. Die haftungsbegründende Kausalität liegt deshalb vor.

574 **(8) Zwischenergebnis.** Der K hat am Morgen des 9. Februar 2025 einen Arbeitsunfall im Sinne des § 8 Abs. 1 SGB VII erlitten.

575 **c) Zwischenergebnis.** Ein Arbeitsunfall stellt nach § 7 Abs. 1 SGB VII einen Versicherungsfall der gesetzlichen Unfallversicherung dar. Die Berufsgenossenschaft B als leistender Träger war damit nicht unzuständig i. S. d. § 105 Abs. 1 Satz 1 SGB X.

---

90 S. nur BSG 3.3.2025 – B 2 U 108/24 B – juris Rn. 11; BSG 9.5.2006 – B 2 U 1/05 R – juris Rn. 6 m. w. N.

91 S. nur BSG 9.5.2006 – B 2 U 1/05 R – juris Rn. 6.

92 S. BSG 21.3.2024 – B 2 U 14/21 R – juris Rn. 30.

93 S. BSG 15.5.2012 – B 2 U 16/11 R – juris Rn. 19; s. aus der Literatur FPB/*Preis/Seiwerth*, Sozialversicherungsrecht, § 38 Rn. 16; LPK-SGB VII/*Ziegler*, § 8 Rn. 210.

94 S. BSG 24.7.2012 – B 2 U 23/11 R – juris Rn. 22; BSG 24.7.2012 – B 2 U 9/11 R – juris Rn. 27; BSG 15.5.2012 – B 2 U 8/11 R – juris Rn. 19; BSG 31.1.2012 – B 2 U 2/11 R – juris Rn. 16; BSG 29.11.2011 – B 2 U 23/10 R – juris Rn. 11; Knickrehm/*Holtstraeter*, § 8 SGB VII Rn. 83. Dieser Kausalzusammenhang wird teilweise auch als haftungsausfüllende Kausalität bezeichnet, s. Schulin/*Gitter/Nunius*, HdB-SozVers, Bd. 2, § 5 Rn. 110 f.; Wannagat/*Jung*, SGB VII, § 8 Rn. 47 und 61; FPB/*Preis/Seiwerth*, Sozialversicherungsrecht, § 38 Rn. 108; Schmitt/*Schmitt*, SGB VII, § 8 Rn. 146; kritisch zum so verwendeten Begriff der haftungsausfüllenden Kausalität Schulin/*Schulin*, SozVers, Bd. 2, § 27 Rn. 109 ff.; s. auch die Kritik von BeckOGK SozR/*Ricke/Kellner*, § 8 SGB VII Rn. 12 (Stand 15.5.2025).

95 Das BSG bezeichnet dies in jüngeren Entscheidungen als haftungsausfüllende Kausalität, s. etwa BSG 26.9.2024 – B 2 U 14/22 R – juris Rn. 17; BSG 30.3.2023 – B 2 U 1 /21 R – juris Rn. 15; BSG 8.12.2022 – B 2 U 14/20 R – juris Rn. 10; BSG 29.11.2011 – B 2 U 23/10 R – juris Rn. 11; BSG 12.5.2009 – B 2 U 8/08 R – juris Rn. 10; BSG 18.3.2008 – B 2 U 2/07 R – juris Rn. 15.

96 BSG 26.9.2024 – B 2 U 14/22 R – juris Rn. 17; BSG 30.3.2023 – B 2 U 1 /21 R – juris Rn. 15; BSG 8.12.2022 – B 2 U 14/20 R – juris Rn. 10; BSG 29.11.2011 – B 2 U 23/10 R – juris Rn. 11; BSG 12.5.2009 – B 2 U 8/08 R – juris Rn. 10; BSG 18.3.2008 – B 2 U 2/07 R – juris Rn. 15.

97 S. Rn. 571.

III. Ergebnis

Die Berufsgenossenschaft B hat im Hinblick auf ihre Zuständigkeit zur Leistungserbringung gegen die Krankenkasse des K keinen Anspruch aus § 105 SGB X auf Erstattung der aufgewendeten Kosten in Höhe von rund EUR 100.000,00. 576

Hinweis:
Durch Art. 5 Nr. 1 des Gesetzes zur Förderung der Betriebsratswahlen und der Betriebsratsarbeit in einer digitalen Arbeitswelt (Betriebsrätemodernisierungsgesetz) vom 14.6.2021 (BGBl. 1762 I, 1765) hat der Gesetzgeber auch Unfälle im Homeoffice ausdrücklich in den Schutz der Unfallversicherung einbezogen: Mit Wirkung zum 18.6.2021 wurde § 8 Abs. 1 SGB VII um einen Satz 3 ergänzt, wonach in den Fällen, in denen die versicherte Tätigkeit im Haushalt der Versicherten oder an einem anderen Ort ausgeübt wird, Versicherungsschutz in gleichen Umfang wie bei der Ausübung der Tätigkeit auf der Unternehmensstätte besteht. Hierdurch hat der Gesetzgeber sichergestellt, dass für die Bestimmung des Vorliegens eines Arbeitsunfalls im Homeoffice dieselben Grundsätze gelten, wie sie für Arbeitsunfälle auf Betriebsstätten entwickelt wurden (s. dazu BT-Drs. 19/29819, S. 18). Auswirkungen hat diese Gesetzesänderung insbesondere bezogen auf das Erfordernis eines inneren (bzw. sachlichen) Zusammenhangs zwischen der versicherten Tätigkeit und der Verrichtung zum Zeitpunkt des Unfalls (s. dazu oben Rn. 549 ff., 566 ff.). Nicht anders als bei Tätigkeiten auf Betriebsstätten ist hierbei nunmehr auch im Homeoffice allein die sog. objektivierte Handlungstendenz des Versicherten maßgeblich (s. dazu ausf. oben Rn. 550, 566). Entscheidend ist mithin, ob der Versicherte bei der zum Unfall führenden Verrichtung eine dem Arbeitgeber dienende Tätigkeit ausüben wollte und diese (subjektive) Handlungstendenz durch die objektiven Umstände des Einzelfalles bestätigt wird (s. BSG 21.3.2024 – B 2 U 14/21 R – juris Rn. 15; so auch bereits BSG 31.8.2017 – B 2 U 9/16 R – juris Rn. 12 ff.; sowie nachfolgend BSG 27.11.2018 – B 2 U 28/17 R – juris Rn. 21; BSG 8.12.2021 – B 2 U 4/21 R – juris Rn. 20). Unter diesen Voraussetzungen ist der erforderliche innere (bzw. sachliche) Zusammenhang im Homeoffice selbst dann gegeben, wenn sich eine von privaten Gegenständen des Versicherten ausgehende Gefahr realisiert, sofern diese Gegenstände in einer unternehmensdienlichen Weise in Ausübung der versicherten Tätigkeit genutzt werden (s. BSG 21.3.2024 – B 2 U 14/21 R – juris Rn. 15).
Ergänzend wurde durch das oben genannte Gesetz in § 8 Abs. 2 SGB VII mit Nr. 2a ein Wegeunfallversicherungsschutz für Beschäftigte im Homeoffice eingeführt, die Kinder fremder Obhut anvertrauen. Hierdurch wurde der Unfallversicherungsschutz von Personen, die ihre versicherte Tätigkeit im Homeoffice ausüben, auf die Wege erstreckt, die sie für die außerhäusliche Betreuung ihrer Kinder zurücklegen. Damit besteht nunmehr eine Gleichstellung mit Versicherten, die ihre Tätigkeit auf der Unternehmensstätte ihres Arbeitgebers ausüben und für die in § 8 Abs. 2 Nr. 2 SGB VII bereits ein entsprechender Wegeunfallversicherungsschutz bestand (s. dazu BT-Drs. 19/29819, S. 18).
S. insgesamt zur Neuregelung aus der Literatur *Buhr*, NZS 2021, 825 ff. sowie *Mülheims*, NZS 2022, 5 ff.

Zur Wiederholung und Vertiefung:

Zum Wegeunfall: BSG 28.6.2022 – B 2 U 16/20 R – juris; BSG 30.1.2020 – B 2 U 2/18 R – juris; BSG 4.7.2013 – B 2 U 3/13 R – juris; BSG 4.7.2013 – B 2 U 12/12 R – juris; *Spitzlei*, „Grundstrukturen des Wegeunfalls“, NZS 2020, 609 ff.; *Engelbrecht*, „Der Wegeunfall“, DAR 2017, 617 ff.

Zur objektivierten Handlungstendenz: BSG 21.3.2024 – B 2 U 14/21 R – juris; BSG 30.1.2020 – B 2 U 19/18 – juris.
Zur Theorie der wesentlichen Bedingung: BSG 3.3.2025 – B 2 U 108/24 B – juris; BSG 30.3.2017 – juris; BSG 9.5.2006 – B 2 U 1/05 R – juris.

Zweiter Abschnitt: Fragen zur Wiederholung und Vertiefung, insbesondere zur Vorbereitung auf eine mündliche Prüfung

I. Koalitions-, Tarifvertrags- und Arbeitskampfrecht

1. Was ist eine Koalition im Sinne des Art. 9 Abs. 3 GG? Nennen und Beschreiben Sie die Merkmale des Koalitionsbegriffs.

Unter einer Koalition im Sinne des Art. 9 Abs. 3 GG versteht man einen Zusammenschluss – eine Vereinigung – von Arbeitnehmern oder Arbeitgebern zur Wahrung und Förderung ihrer Interessen bei der Gestaltung der Arbeits- und Wirtschaftsbedingungen. Der Begriff der (arbeitsrechtlichen) Koalition wird weder im GG noch einfachgesetzlich näher definiert. Deshalb haben es Rspr. und Lehre unternommen, diesen Begriff zu konkretisieren. Erforderlich ist nach h. M. das Vorliegen der folgenden Merkmale: Bei einer Koalition muss es sich zunächst um eine **Vereinigung im Sinne des Art. 9 Abs. 1 GG** handeln und zwar **von Arbeitnehmern oder Arbeitgebern.**[1] Der **Vereinigungszweck** muss zumindest wesentlich auf die **Wahrung und Förderung der Arbeits- und Wirtschaftsbedingungen** gerichtet sein.[2] Des Weiteren ist erforderlich, dass die Koalition **gegnerfrei** ist.[3] Schließlich muss die Koalition von ihrem **sozialen Gegenspieler** und von **sonstigen Dritten unabhängig** sein.[4] 577

Der **Begriff der Vereinigung** im Sinne des Art. 9 Abs. 1 GG erfordert, dass sich eine Mehrheit natürlicher oder juristischer Personen für längere Zeit zu einem gemeinsamen Zweck freiwillig zusammengeschlossen und einer organisierten Willensbildung unterworfen hat (vgl. § 2 Abs. 1 VereinsG[5]).[6] Der Vereinigungszweck muss primär die Förderung der Arbeits- und Wirtschaftsbedingungen zum Gegenstand haben. Mit den **Ar-** 578

---

1 S. NK-GA/*Hanau*, Art. 9 GG Rn. 19; Sachs/*Höfling/Burkiczak*, GG, Art. 9 Rn. 72; *Jarass/Pieroth/Jarass*, GG, Art. 9 Rn. 33; ErfK/*Linsenmaier*, Art. 9 GG Rn. 22; Sodan/*Sodan*, GG, Art. 9 Rn. 19.

2 S. NK-GA/*Hanau*, Art. 9 GG Rn. 23; Sachs/*Höfling/Burkiczak*, GG, Art. 9 Rn. 73; *Jarass/Pieroth/Jarass*, GG, Art. 9 Rn. 34; ErfK/*Linsenmaier*, Art. 9 GG Rn. 23; JKOS/*Schubert*, TVR, § 2 Rn. 56; Sodan/*Sodan*, GG, Art. 9 Rn. 19.

3 S. etwa BVerfG 1.3.1979 – 1 BvR 532, 533/77, 419/78, 1 BvL 21/78 – juris Rn. 202; BAG 31.1.2018 – 10 AZR 695/16 (A) – juris Rn. 20; NK-GA/*Hanau*, Art. 9 GG Rn. 25; Sachs/*Höfling/Burkiczak*, GG, Art. 9 Rn. 76; *Jarass/Pieroth/Jarass*, GG, Art. 9 Rn. 35; ErfK/*Linsenmaier*, Art. 9 GG Rn. 25; Sodan/*Sodan*, GG, Art. 9 Rn. 19.

4 Zur sog. Gegnerunabhängigkeit s. BVerfG 1.3.1979 – 1 BvR 532, 533/77, 419/78, 1 BvL 21/78 – juris Rn. 202 sowie aus jüngerer Zeit BAG 22.6.2021 – 1 ABR 28/20 – juris Rn. 28; BAG 26.6.2018 – 1 ABR 37/16 – juris Rn. 55; BAG 31.1.2018 – 10 AZR 695/16 (A) – juris Rn. 22; s. aus der Literatur etwa NK-GA/*Hanau*, Art. 9 GG Rn. 25; Sachs/*Höfling/Burkiczak*, GG, Art. 9 Rn. 76; *Jarass/Pieroth/Jarass*, GG, Art. 9 GG Rn. 35; ErfK/*Linsenmaier*, Art. 9 GG Rn. 25; Sodan/*Sodan*, GG, Art. 9 Rn. 19. Zu dem Erfordernis der Unabhängigkeit gegenüber sonstigen Dritten s. *Dütz/Thüsing*, Arbeitsrecht, Rn. 532; NK-GA/*Hanau*, Art. 9 GG Rn. 27; *Löwisch/Caspers/Klumpp*, ArbR, Rn. 958–960; *Waltermann*, Arbeitsrecht, Rn. 492.

5 § 2 Abs. 1 VereinsG enthält eine einfachrechtliche Beschreibung des Begriffs des Vereins i. S. d. VereinsG. Aus der Legaldefinition in § 2 Abs. 1 VereinsG kann aber nicht der verfassungsrechtliche Vereinigungsbegriff des Art. 9 Abs. 1 GG abgeleitet werden, weil nicht das Gesetz mit dem niedrigeren Rang – das VereinsG – den Inhalt einer Norm mit dem höheren Rang – das GG – determinieren kann. Allerdings stimmt der verfassungsrechtliche Vereinigungsbegriff des Art. 9 Abs. 1 GG weitgehend mit der Legaldefinition in § 2 Abs. 1 VereinsG überein. S. nur Sodan/*Sodan*, GG, Art. 9 Rn. 2. Daher kann die Regelung des § 2 Abs. 1 VereinsG als gedankliche Orientierung bei der Bestimmung des verfassungsrechtlichen Vereinigungsbegriff des Art. 9 Abs. 1 GG dienen.

6 S. ausf. zum Begriff der Vereinigung i. S. d. Art. 9 Abs. 1 GG etwa Sachs/*Höfling/Burkiczak*, GG, Art. 9 Rn. 17 ff.

beitsbedingungen sind alle Bedingungen, die das Arbeitsverhältnis selbst betreffen, also etwa Vergütungs-, Arbeitsschutz- oder Arbeitszeitfragen gemeint, während die **Wirtschaftsbedingungen** darüber hinausgehende Fragen mit wirtschafts- und sozialpolitischem Charakter wie etwa die Bekämpfung der Arbeitslosigkeit betreffen.[7] Das Merkmal der **Gegnerfreiheit**[8] erfordert, dass die Vereinigung entweder aus Arbeitnehmern oder aus Arbeitgebern besteht.[9] Die **Gegnerunabhängigkeit** fehlt, wenn die Abhängigkeit vom sozialen Gegenspieler in der Struktur der Vereinigung angelegt ist und die eigenständige Interessenwahrnehmung durch personelle Verflechtungen, auf organisatorischem Weg oder durch wesentliche finanzielle Aufwendungen ernsthaft gefährdet ist.[10] Bei der zum Teil ebenfalls geforderten **Organisation auf überbetrieblicher Grundlage**[11] handelt es sich nur um eine spezielle Ausprägung der Gegnerunabhängigkeit.[12] Fehlt es an einer überbetrieblichen Organisation, so stellt dies lediglich ein Indiz für die fehlende Gegnerunabhängigkeit dar.[13] Die Unabhängigkeit von Dritten verlangt, dass die Koalition insbesondere nicht vom Staat, einer Partei oder den Kirchen abhängig ist.[14]

579 Der Koalitionsbegriff erfordert darüber hinaus nach h. M. keine weiteren Merkmale wie z. B. die Bereitschaft zum Arbeitskampf, eine soziale Mächtigkeit oder eine demokratische Binnenstruktur der Organisation.[15]

2. Warum beschreibt die h. M. das Grundrecht aus Art. 9 Abs. 3 GG als Doppelgrundrecht?

580 Art. 9 Abs. 3 GG wird von der h. M. als Doppelgrundrecht angesehen, weil das Grundrecht der Koalitionsfreiheit sowohl den Einzelnen (sog. **individuelle Koalitionsfreiheit**) als auch die Koalition als solche schützt (sog. **kollektive Koalitionsfreiheit**).[16] Die Gegenauffassung verneint dagegen eine unmittelbar aus Art. 9 Abs. 3 GG hergeleitete kollektive Koalitionsfreiheit und damit auch den Charakter des Art. 9 Abs. 3 GG als

7 S. z. B. *Preis/Greiner*, Kollektivarbeitsrecht, § 80 Rz. 64 f.; Sachs/*Höfling/Burkiczak*, GG, Art. 9 Rn. 73; *Jarass/Pieroth/Jarass*, GG, Art. 9 Rn. 34.

8 Teilweise wird auch von „personeller Gegnerunabhängigkeit" gesprochen, s. etwa JKOS/*Schubert*, TVR, § 2 Rn. 60 ff.

9 S. NK-GA/*Hanau*, Art. 9 GG Rn. 25; *Jarass/Pieroth/Jarass*, GG, Art. 9 Rn. 35; einschränkend Sodan/*Sodan*, GG, Art. 9 Rn. 19: *„zumindest überwiegende Zusammensetzung"*.

10 S. BAG 22.6.2021 – 1 ABR 28/20 – juris Rn. 28; BAG 26.6.2018 – 1 ABR 37/16 – juris Rn. 55; BAG 31.1.2018 – 10 AZR 695/16 (A) – juris Rn. 22; s. aus der Literatur etwa *Preis/Greiner*, Kollektivarbeitsrecht, § 80 Rz. 80–84; *Löwisch/Caspers/Klumpp*, ArbR, Rn. 954 f.; JKOS/*Schubert*, TVR, § 2 Rn. 57 ff.; *Thüsing/Hütter*, RdA 2018, 129 ff. Vgl. zur Gegnerfreiheit und -unabhängigkeit bezüglich der Gewerkschaft Deutscher Lokomotivführer LAG Hessen 9.1.2024 – 10 GLa 16/24 – juris Rn. 60 ff. und *Gießen*, NZA 2024, 25 ff. (26 f.).

11 S. etwa 26.1.1995 – 1 BvR 2071/94 – juris Rn. 22 m. w. N.; *Hueck/Nipperdey*, ArbR, Bd. 2, Halbbd. 1, § 6 II. 5. [S. 98 f.]; a. A. JKOS/*Schubert*, TVR, § 2 Rn. 72 m. w. N.; *Löwisch/Caspers/Klumpp*, ArbR, Rn. 957; Sodan/*Sodan*, GG, Art. 9 Rn. 20.

12 S. Sachs/*Höfling/Burkiczak*, GG, Art. 9 Rn. 77; *Jarass/Pieroth/Jarass*, GG, Art. 9 Rn. 35.

13 S. NK-GA/*Hanau*, Art. 9 GG Rn. 28; Sachs/*Höfling/Burkiczak*, GG, Art. 9 Rn. 77 m. w. N.; ErfK/*Linsenmaier*, Art. 9 GG Rn. 25; *Waltermann*, Arbeitsrecht, Rn. 491; s. auch *Preis/Greiner*, Kollektivarbeitsrecht, § 80 Rz. 85; Jarass/Pieroth/*Jarass*, GG, Art. 9 Rn. 35.

14 S. zur Freiheit der Koalitionsbetätigung von staatlichem Einfluss als entscheidendes Element der Koalitionsfreiheit nur BVerfG 1.3.1979 – 1 BvR 532, 533/77, 419/78, 1 BvL 21/78 – juris Rn. 183 f. S. zudem *Preis/Greiner*, Kollektivarbeitsrecht, § 80 Rz. 78 f.; NK-GA/*Hanau*, Art. 9 GG Rn. 27; *Löwisch/Caspers/Klumpp*, ArbR, Rn. 958–960; JKOS/*Schubert*, TVR, § 2 Rn. 69 f. m. w. N.; *Waltermann*, Arbeitsrecht, Rn. 492.

15 Nach h. M. sind diese Merkmale im Rahmen der Tariffähigkeit einer Koalition zu prüfen, s. dazu etwa *Preis/Greiner*, Kollektivarbeitsrecht, § 80 Rz. 87 f.; Sachs/*Höfling/Burkiczak*, GG, Art. 9 Rn. 78. S. zur Tariffähigkeit noch folgend Rn. 587 ff.

16 S. etwa BVerfG 9.7.2020 – 1 BvR 719/19 – juris Rn. 19; BAG 28.1.2025 – 1 AZR 33/24 – juris Rn. 36; BAG 7.7.2010 – 4 AZR 549/08 – juris Rn. 55; BAG 22.6.2010 – 1 AZR 179/09 – juris Rn. 30; BAG 22.9.2009 – 1 AZR 972/08 – juris Rn 18; s. auch die umfangreichen Nachweise, auch zur Gegenansicht, bei JKOS/*Krause*, TVR, § 1 Rn. 18.

Doppelgrundrecht. Sie leitet die Grundrechtsberechtigung der Koalition unter Rückgriff auf Art. 19 Abs. 3 GG ab.[17]

3. Bei der individuellen Koalitionsfreiheit wird zwischen positiver und negativer Koalitionsfreiheit unterschieden. Erläutern Sie diese Differenzierung.

Die durch Art. 9 Abs. 3 GG gewährleistete **positive Koalitionsfreiheit** schützt das Recht des Einzelnen, sich zu Koalitionen zusammenzuschließen, solchen beizutreten, in diesen zu verbleiben, sich als Koalitionsmitglied zu betätigen, unter bestehenden Koalitionen auszuwählen sowie von der einen Koalition in die andere überzutreten.[18] **581**

Die **negative Koalitionsfreiheit** schützt insbesondere das Recht des Einzelnen, Koalitionen fernzubleiben und – bei bereits erfolgtem Eintritt – aus ihnen wieder austreten zu dürfen.[19] Umstritten ist, ob die negative Koalitionsfreiheit durch Art. 9 Abs. 3 GG als notwendige Kehrseite der positiven Koalitionsfreiheit[20] oder durch Art. 2 Abs. 1 GG[21] geschützt ist. Unabhängig von der Frage der dogmatischen Einordnung der negativen Koalitionsfreiheit besteht über deren Inhalt weitgehend Einigkeit.[22] **582**

4. Welche Wirkung entfaltet das Grundrecht aus Art. 9 Abs. 3 GG im Privatrechtsverkehr?

Nach Maßgabe des Art. 9 Abs. 3 Satz 2 GG sind Abreden, die das Recht der Koalitionsfreiheit einschränken oder zu behindern suchen, nichtig; hierauf gerichtete Maßnahmen rechtswidrig. Das Grundrecht aus Art. 9 Abs. 3 GG enthält damit – als einziges Grundrecht – die ausdrückliche Anordnung einer unmittelbaren Grundrechtsbindung auch im Privatrechtsverkehr. Art. 9 Abs. 3 GG entfaltet somit **unmittelbare Drittwirkung.**[23] Im Übrigen gelten die Grundrechte nach heute ganz h. M. nicht unmittelbar im Privatrechtsverkehr. Sie entfalten sich vielmehr durch das Medium derjenigen Vorschriften, die das jeweilige Rechtsgebiet unmittelbar beherrschen und haben vor allem Bedeutung bei der Auslegung zivilrechtlicher Generalklauseln wie etwa § 138 BGB oder § 242 BGB.[24] Die anderen Grundrechte entfalten also lediglich **mittelbare Drittwirkung.**[25] **583**

---

17 So etwa Sachs/*Höfling/Burkiczak*, GG, Art. 9 Rn. 89 m. w. N.

18 S. BAG 28.1.2025 – 1 AZR 33/24 – juris Rn. 36; BAG 7.7.2010 – 4 AZR 549/08 – juris Rn. 55; S. aus der Literatur nur Dürig/Herzog/Scholz/*Scholz*, GG, Art. 9 Rn. 222 m. w. N.

19 S. nur BVerfG 11.7.2017 – 1 BvR 1571/15 – juris Rn. 130; BAG 14.9.2016 – 4 AZR 534/14 – juris Rn. 30; BAG 18.3.2009 – juris Rn. 35; ErfK/*Linsenmaier*, Art. 9 GG Rn. 32 m. w. N.; Dürig/Herzog/Scholz/*Scholz*, GG, Art. 9 Rn. 169 m. w. N.; Sodan/*Sodan*, GG, Art. 9 Rn. 22.

20 So die h. M., s. etwa BVerfG 9.7.2020 – 1 BvR 719/19 – juris Rn. 27; BVerfG 11.7.2006 – 1 BvL 4/00 – juris Rn. 66 m. w. N.; BAG 19.6.2006 – 1 ABR 2/06 – juris Rn. 13 m. w. N.; ausf. BAG GS 29.11.1967 – GS 1/67 – juris Rn. 142 ff.; s. aus der Literatur etwa *Junker*, Grundkurs Arbeitsrecht, Rn. 469; Dürig/Herzog/Scholz/*Scholz*, GG, Art. 9 Rn. 221.

21 So etwa *Biedenkopf*, Grenzen der Tarifautonomie, S. 93 ff. m. w. N. in Fn. 127; *Gamillscheg*, Kollektives Arbeitsrecht, Bd. 1, § 8 4. b) [S. 382 ff.]; *Ipsen*, Staatsrecht II, Rn. 703 ff. i. V. m. Rn. 594; *Hueck/Nipperdey*, ArbR, Bd 2, Halbbd. 1, § 10 II. 2. [S. 155 ff.].

22 S. dazu näher *Kingreen*, NZA 2021, 1 ff. (3).

23 S. Sachs/*Höfling/Burkiczak*, GG, Art. 9 Rn. 143 ff.; Sodan/*Sodan*, GG, Art. 9 Rn. 26.

24 S. nur BVerfG 11.4.2018 – 1 BvR 3080/09 – juris Rn. 31 ff.; BVerfG 19.10.1993 – juris Rn. 47 ff. m. w. N. S. auch BAG 9.12.2020 – 10 AZR 334/20 – juris Rn. 28 f.

25 S. dazu grdl. *Dürig*, Grundrechte und Zivilrechtsprechung, Festschrift für Hans Nawiasky, 1956, S. 157 ff.; ausf. zum Verhältnis zwischen Grundrechten und Privatrecht *Canaris*, AcP 184 (1984), 201 ff.; für die unmittelbare Drittwirkung bestimmter Grundrechte dagegen grdl. *Nipperdey*, RdA 1950, 121 ff.; *ders.*, Grundrechte *und Privatrecht, 1961, S. 13 ff.*

5. Nach welchem Prinzip ist der überwiegende Anteil der Arbeitgeberverbände und Gewerkschaften in der Bundesrepublik Deutschland organisiert?

584 Der überwiegende Anteil der Arbeitgeberverbände und Gewerkschaften ist nach dem sog. **Industrieverbandsprinzip** organisiert. Einem danach organisierten Verband gehören alle Arbeitnehmer bzw. Arbeitgeber eines bestimmten Industriezweiges an. So sind beispielsweise die organisierten Arbeitnehmer der Metallindustrie unabhängig von ihrer Ausbildung und ihrem ausgeübten Beruf – also etwa neben dem Schlosser auch die Sekretärin und die Lageristin – in der IG Metall oder CGM organisiert. Demgegenüber weniger verbreitet ist das sog. **Berufsverbandsprinzip.** In einem nach diesem Prinzip organisierten Verband werden nur Angehörige einer bestimmten Berufsgruppe aufgenommen.[26] Ein Beispiel ist die Vereinigung Cockpit e.V.[27]

6. Was versteht man unter dem Begriff der Tarifautonomie?

585 Unter der sog. Tarifautonomie versteht man die Gewährleistung der autonomen – insbesondere staatsfreien – Gestaltung der Arbeitsbedingungen durch Gewerkschaften auf der einen Seite und Arbeitgeberverbänden bzw. einzelnen Arbeitgebern auf der anderen Seite.[28] Die Tarifautonomie wird durch Art. 9 Abs. 3 GG verfassungsrechtlich gewährleistet.

7. Wer kann Partei eines Tarifvertrags sein?

586 Als Tarifvertragsparteien kommen gemäß der Regelung des § 2 Abs. 1 TVG **Gewerkschaften, einzelne Arbeitgeber** sowie Vereinigungen von Arbeitgebern, sprich **Arbeitgeberverbände**, in Betracht.

8. Beschreiben Sie den Begriff der Tariffähigkeit.

587 Unter dem Begriff der Tariffähigkeit versteht man die Befugnis, Tarifverträge abzuschließen.[29] Nach § 2 Abs. 1 TVG sind Tarifvertragsparteien Gewerkschaften, einzelne Arbeitgeber sowie Vereinigungen von Arbeitgebern. Hinsichtlich der Anforderungen an die Tariffähigkeit ist zu differenzieren, ob es um die Tariffähigkeit der Gewerkschaften oder um diejenige auf der Arbeitgeberseite geht, d. h. um die Tariffähigkeit des einzelnen Arbeitgebers oder eines Arbeitgeberverbands.

588 Die **Tariffähigkeit einer Gewerkschaft** setzt zunächst voraus, dass eine **Koalition** i. S. d. Art. 9 Abs. 3 GG vorliegt.[30] Darüber hinaus werden an die Tariffähigkeit einer Gewerkschaft weitere Anforderungen gestellt. Nach ganz h. L. ist zunächst erforderlich, dass die **Binnenorganisation demokratischen Grundsätzen entspricht.**[31] Das BAG

---

26 S. zum Industrie- und Berufsverbandsprinzip etwa *Preis/Greiner*, Kollektivarbeitsrecht, § 83 Rz. 208–211.

27 Nach § 4.1.1. der Satzung der Vereinigung Cockpit können in der Regel nur Personen Mitglied werden, die als Verkehrs-/Berufsflugzeugführer, Verkehrs-/Berufshubschrauberführer, Flugingenieur, technisches Mitglied der Cockpitbesatzung oder als Fluglehrer mit CPL/CHPL-IFR-Lehrberechtigung an einer Verkehrsfliegerschule beschäftigt sind oder sich in Ausbildung bzw. auf Stellensuche zu einer der genannten Tätigkeiten befinden.

28 S. statt aller nur *Löw/Oldehaver*, NZA 2024, 88 ff. (88 f.). Kritisch zur „Verstaatlichung des Tarifwesens“ *Henssler*, RdA 2021, 1 ff. (4 f.).

29 S. nur BVerfG 11.12.2024 – 1 BvR 1109/21 – juris Rn. 107; BVerfG 13.9.2022 – 1 ABR 24/21 – juris Rn. 16; aus der Literatur MHdB-ArbR/*Klumpp*, § 232 Rn. 1 m. w. N. S. zur Tarifautonomie näher ErfK/*Linsenmaier*, Art. 9 GG Rn. 51 ff.; *Löwisch/Rieble*, TVG, Grundlagen Rn. 106 ff.; *Wiedemann*, BB 2013, 1397 ff.

30 S. nur *Löwisch/Rieble*, TVG, § 2 Rn. 53; JKOS/*Schubert*, TVR, § 2 Rn. 35; *Waltermann*, Arbeitsrecht, Rn. 571. Zu den Anforderungen an eine arbeitsrechtliche Koalition s. schon ausf. oben bei Frage 1 Rn. 626 ff.

31 S. *Biedenkopf*, Grenzen der Tarifautonomie, S. 47 ff.; *Preis/Greiner*, Kollektivarbeitsrecht, § 88 Rz. 303; NK-GA/*Hanau*, Art. 9 GG Rn. 73; *Hromadka/Maschmann*, Arbeitsrecht, Bd. 2, § 12 Rn. 23; *Löwisch/Caspers/Klumpp*, ArbR, Rn. 986; *Löwisch/Rieble*, TVG, § 2 Rn. 112; JKOS/*Schubert*, TVR, § 2 Rn. 73; zum Teil wird dies bereits für die Koalitionseigenschaft vorausgesetzt, s. z. B. *Dütz/Thüsing*, Arbeitsrecht, Rn. 529; *Zöllner/Loritz/Hergenröder*, § 10 Rn. 23.

ist demgegenüber sehr zurückhaltend und lässt „gewisse Mindestanforderungen an die demokratische Verfassung einer Gewerkschaft“ genügen.[32] Sofern die Satzung einer Arbeitnehmervereinigung grundsätzlich die Gleichheit der Mitglieder und deren Teilnahme am innerverbandlichen Willensbildungsprozess vorsehe, bestehe kein Grund, die Tariffähigkeit der Arbeitnehmervereinigung wegen etwaiger Defizite in der demokratischen Binnenstruktur in Frage zu stellen.[33] Weiter wird die sog. **Tarifwilligkeit** vorausgesetzt. Damit ist gemeint, dass die Gewerkschaft den Abschluss von Tarifverträgen anstrebt. Erforderlich ist, dass der Abschluss von Tarifverträgen eine satzungsmäßige Verbandsaufgabe darstellt und der Abschluss von Tarifverträgen tatsächlich angestrebt wird.[34] Vorausgesetzt wird auch, dass die Arbeitnehmervereinigung das **geltende Tarifrecht** – also das Tarifvertrags-, Arbeitskampf- und Schlichtungsrecht – **als verbindlich anerkennt.**[35] Schließlich wird von der h. M. die sog. **soziale Mächtigkeit** der Gewerkschaft, also die Fähigkeit zur fühlbaren Druckausübung auf den sozialen Gegenspieler, gefordert.[36] Allerdings ist zu beachten, dass die an die Tariffähigkeit zu stellenden Anforderungen nicht die durch Art. 9 Abs. 3 GG gewährleistete Koalitionsfreiheit verletzen dürfen, weshalb das Kriterium der Durchsetzungsfähigkeit gegenüber dem sozialen Gegenspieler nach der Rspr. nicht bedeuten darf, dass die Arbeitnehmerkoalition die Chance des vollständigen Sieges haben muss.[37] Es müsse nur erwartet werden können, dass sie aufgrund ihrer Mitglieder- oder Organisationsstärke vom Gegner ernst genommen wird und deshalb die Regelung der Arbeitsbedingungen nicht einem Diktat der Arbeitgeberseite entspringe.[38] Das Merkmal der sozialen Mächtigkeit ist insgesamt kritikwürdig, weil dessen Anerkennung in einem Spannungsfeld mit der durch Art. 9 Abs. 3 GG gewährleisteten Koalitionsfreiheit kleinerer und neu gegründeter Gewerkschaften steht und insbesondere die Neugründung einer Gewerkschaft erheblich erschwert.[39] Eine **Arbeitskampfbereitschaft** ist nach zutreffender, aber umstrittener Auffassung keine Voraussetzung für das Vorliegen der Tariffähigkeit einer Gewerkschaft.[40] Vielmehr steht es einer Arbeitnehmervereinigung frei, die Mittel zur Durchsetzung ihrer

32 S. BAG 28.3.2006 – 1 ABR 58/04 – juris Rn. 55.

33 S. BAG 28.3.2006 – 1 ABR 58/04 – juris Rn. 55; zu Recht dagegen *Löwisch/Rieble*, TVG, § 2 Rn. 117.

34 S. BAG 22.6.2021 – 1 ABR 28/20 – juris Rn. 27; BAG 14.12.2010 – 1 ABR 19/10 – juris Rn. 67, „CGZP“; BAG 5.10.2010 – 1 ABR 88/09 – juris Rn. 29; BAG 10.9.1985 – 1 ABR 32/83 – juris Rn. 38; s. aus der Literatur NK-GA/*Hanau*, Art. 9 GG Rn. 77; JKOS/*Schubert*, TVR, § 2 Rn. 78; *Löwisch/Rieble*, TVG, § 2 Rn. 219; *Waltermann*, Arbeitsrecht, Rn. 572.

35 S. nur BAG 22.6.2021 – 1 ABR 28/20 – juris Rn. 27; BAG 14.12.2010 – 1 ABR 19/10 – juris Rn. 67, „CGZP“; BAG 5.10.2010 – 1 ABR 88/09 – juris Rn. 30; s. aus der Literatur näher JKOS/*Schubert*, TVR, § 2 Rn. 80 ff.

36 S. BVerfG 13.9.2019 – 1 BvR 1/16 – juris Rn. 9 sowie BAG 22.6.2021 – 1 ABR 28/20 – juris Rn. 29 ff.; BAG 26.6.2018 – 1 ABR 37/16 – juris Rn. 54; BAG 5.10.2010 – 1 ABR 88/09 – juris Rn. 32 ff.; BAG 10.2.2009 – 1 ABR 36/08 – juris Rn. 28; s. aus der Literatur *Deinert*, AuR 2004, 212 ff. (213 f.); ErfK/*Franzen*, § 2 TVG Rn. 12; *Hanau*, NZA 2003, 128 ff. (129); *Hromadka/Maschmann*, Arbeitsrecht, Bd. 2, § 12 Rn. 24; NK-GA/*Krois*, § 2 TVG Rn. 39.

37 S. BVerfG 31.5.2022 – 1 BvR 2387/21 – juris Rn. 8; BAG 5.10.2010 – 1 ABR 88/09 – juris Rn. 36; BAG 28.3.2006 – 1 ABR 58/04 – juris Rn. 39.

38 S. BVerfG 31.5.2022 – 1 BvR 2387/21 – juris Rn. 4; BVerfG 13.9.2019 – 1 BvR 1/16 – juris Rn. 9; BVerfG 11.7.2017– 1 BvR 157/15 – juris Rn. 164; BAG 5.10.2010 – 1 ABR 88/09 – juris Rn. 36; BAG 28.3.2006 – 1 ABR 58/04 – juris Rn. 39.

39 S. ablehnend zum Merkmal der sozialen Mächtigkeit etwa *Henssler*, RdA 2021, 1 ff. (3); HWK/*Hergenröder*, Art. 9 GG Rn. 51; *Kamanabrou*, ZfA 2008, 241 ff. (249 ff.); *Richardi*, NZA 2004, 1025 ff. (1028); *Zöllner/Loritz/Hergenröder*, § 37 Rn. 5 f.; in diese Richtung auch JKOS/*Schubert*, TVR, § 2 Rn. 90. S. kritisch zur Vereinbarkeit des Kriteriums der sozialen Mächtigkeit mit der Europäischen Menschenrechtskonvention *Biedermann*, EuZA 2025, 123 ff. (141); *Klocke*, RdA 2024, 218 ff. (221).

40 So z. B. BVerfG 6.5.1964 – 1 BvR 79/62 – juris Rn. 28 ff.; ErfK/*Franzen*, § 2 TVG Rn. 10; NK-GA/*Hanau*, Art. 9 GG Rn. 86; *Hromadka/Maschmann*, Arbeitsrecht, Bd. 2, § 12 Rn. 30; Schaub/*Treber*, ArbR-Hdb., § 196 Rn. 8; s. zur a. A. etwa *Dütz/Thüsing*, Rn. 581; *Löwisch/Caspers/Klumpp*, ArbR, Rn. 992; TVG-AKR/TVG § 2 Rn. 26 ff. m. w. N.

Ziele selbst zu wählen, z. B. durch Schlichtungsverfahren, Verhandlungen oder Beeinflussung der öffentlichen Meinungsbildung.[41]

589 Der **einzelne Arbeitgeber** ist tariffähig, und zwar unabhängig von seiner Zugehörigkeit zu einem Arbeitgeberverband[42] oder der Anzahl der von ihm beschäftigten Arbeitnehmer. Bereits der Wortlaut des § 2 Abs. 1 TVG ist eindeutig; dem einzelnen Arbeitgeber wird danach ohne Einschränkung die Tariffähigkeit zuerkannt.[43]

590 Bei der Beurteilung der Tariffähigkeit eines **Arbeitgeberverbands** gelten im Ausgangspunkt dieselben Voraussetzungen wie bei einer Gewerkschaft. Es muss sich um eine **Koalition im Sinne von Art. 9 Abs. 3 GG** handeln, die eine **demokratische Binnenstruktur** aufweist, **tarifwillig** ist und das **geltende Tarifrecht als verbindlich anerkennt.**[44] Insoweit gilt das zu den Gewerkschaften Gesagte auch hier. Demgegenüber spielt nach zutreffender Auffassung die **soziale Mächtigkeit eines Arbeitgeberverbands keine Rolle** für dessen Tariffähigkeit.[45] Wenn schon dem einzelnen Arbeitgeber ohne Berücksichtigung seiner Durchsetzungskraft die Tariffähigkeit zukommt, muss dies erst recht für die Tariffähigkeit eines Arbeitgeberverbands gelten.[46]

9. Beschreiben Sie den Unterschied zwischen einem Verbandstarifvertrag und einem Haustarifvertrag.

591 Als **Verbandstarifvertrag** bezeichnet man einen Tarifvertrag, der zwischen einer Gewerkschaft und einem Arbeitgeber**verband** geschlossen wird. Demgegenüber wird ein sog. **Haustarifvertrag** zwischen einer Gewerkschaft und einem einzelnen Arbeitgeber für das Unternehmen, in dem er gelten soll, geschlossen. Haustarifverträge werden verbreitet auch als Firmentarifverträge oder Unternehmenstarifverträge bezeichnet.[47]

10. Was versteht man unter dem schuldrechtlichen Teil und dem normativen Teil des Tarifvertrags?

592 Der **schuldrechtliche Teil** eines Tarifvertrags regelt die Rechte und Pflichten der Tarifvertragsparteien (§ 1 Abs. 1 Var. 1 TVG), also gleichsam das Innenverhältnis der Vertragsparteien.[48] Dazu zählen etwa die Friedenspflicht[49] während der Laufzeit des Tarifvertrags, dessen Laufzeit und Regelungen zur Kündigung.

593 Der **normative Teil** des Tarifvertrags enthält dagegen, wie § 1 Abs. 1 Var. 2 TVG es beschreibt, die Rechtsnormen, die den Inhalt, den Abschluss und die Beendigung von Arbeitsverhältnissen sowie betriebliche und betriebsverfassungsrechtliche Fragen regeln.[50]

11. Was versteht man unter dem Begriff der Tarifkonkurrenz?

594 Eine sog. **Tarifkonkurrenz** bezeichnet den Fall der Kollision tarifvertraglicher Normen. Sie liegt vor, wenn *beide* Parteien des Arbeitsvertrages gleichzeitig an mehrere, von ver-

41 S. JKOS/*Schubert*, TVR, § 2 Rn. 85.

42 S. näher BAG 18.9.2019 –5 AZR 335/18 – juris Rn. 20; BAG 10.12.2002 – 1 AZR 96/02 – juris Rn. 25 m. w. N. auch zur Gegenansicht.

43 S. BAG 10.12.2002 – 1 AZR 96/02 – juris Rn. 25.

44 S. nur JKOS/*Schubert*, TVR, § 2 Rn. 101, 116, 117 f., 119 m. w. N.

45 Str., wie hier BAG 20.11.1990 – 1 ABR 62/89 – juris Rn. 21; NK-GA/*Hanau*, Art. 9 GG Rn. 83; JKOS/*Schubert*, TVR, § 2 Rn. 123; *Otto*, NZA 1996, 624 ff. (625); *Waltermann*, Arbeitsrecht, Rn. 574; *Zeuner*, Festschrift 25 Jahre BAG, S. 727 ff. (731 f.); *Zöllner*, SAE 1969, 140 f. (141); a. A. ErfK/*Franzen*, § 2 TVG Rn. 11; *Löwisch/Caspers/Klumpp*, ArbR, Rn. 991; *Löwisch/Rieble*, TVG, § 2 Rn. 201–204; MAH-ArbR/*Klumpp*, § 232 Rn. 42 f.

46 S. BAG 20.11.1990 – 1 ABR 62/89 – juris Rn. 23.

47 S. nur ErfK/*Franzen*, § 1 TVG Rn. 21.

48 S. zum schuldrechtlichen Teil etwa *Hromadka/Maschmann*, Arbeitsrecht, Bd. 2, § 13 Rn. 3 ff.

49 Diese Pflicht ist jedem Tarifvertrag als Friedensordnung immanent, eine besondere Vereinbarung ist entbehrlich, s. BAG 26.7.2016 – 1 AZR 160/14 – juris Rn. 27; MHdB-ArbR/*Klumpp*, § 257, Rn. 6, jeweils m. w. N.

50 S. näher zu den genannten Normtypen z. B. *Hromadka/Maschmann*, Arbeitsrecht, Bd. 2, § 13 Rn. 16 ff.

schiedenen Tarifvertragsparteien abgeschlossene Tarifverträge gebunden sind,[51] die denselben Sachverhalt regeln.[52] Das Arbeitsverhältnis wird bei Vorliegen einer Tarifkonkurrenz mithin von der normativen Geltung mehrerer miteinander kollidierender Tarifverträge erfasst.[53] Das ist etwa der Fall, wenn ein Verbands- und ein Haustarifvertrag, die von derselben Gewerkschaft abgeschlossen wurden, aufeinandertreffen.[54] Ein anderes Beispiel ist die Doppelmitgliedschaft von Arbeitnehmern in konkurrierenden Gewerkschaften, die denselben oder einen sich zumindest teilweise überschneidenden tariflichen Zuständigkeitsbereich in Anspruch nehmen und divergierende Tarifverträge abschließen. Hier kommt es zur Tarifkonkurrenz, wenn auch der Arbeitgeber an beide Tarifverträge gebunden ist.[55] Als weiteres Beispiel ist an den Fall zu denken, dass ein Verbands- bzw. Haustarifvertrag mit einem allgemeinverbindlichen Tarifvertrag kollidiert.[56]

12. Erläutern Sie den Begriff der Tarifpluralität.

Tarifpluralität bzw. Tarifkollision ist gegeben, wenn der Betrieb oder ein Teil des Betriebs *des Arbeitgebers* unter den Geltungsbereich mehrerer Tarifverträge fällt, die von verschiedenen Gewerkschaften abgeschlossen worden sind, und allein *der Arbeitgeber* an alle Tarifverträge, sei es aufgrund von Allgemeinverbindlicherklärung nach § 5 TVG oder aufgrund Tarifgebundenheit nach § 3 TVG, gebunden ist, für die *Arbeitnehmer aber nur einer* dieser Tarifverträge kraft Tarifbindung gilt.[57] Zur Tarifpluralität bzw. Tarifkollision kommt es etwa, wenn der einzelne Arbeitgeber bzw. der Arbeitgeberverband, dem er angehört, mit verschiedenen Gewerkschaften Tarifverträge abgeschlossen hat. 595

Im Jahr 2015 hat der Gesetzgeber durch die Einführung des § 4a TVG den sog. **Grundsatz der Tarifeinheit** gesetzlich verankert.[58] Seitdem wird die Tarifpluralität bzw. Tarifkollision gemäß § 4a Abs. 2 Satz 2 Hs. 1 TVG dahingehend aufgelöst, dass im Betrieb nur die Rechtsnormen desjenigen Tarifvertrags der Gewerkschaft anwendbar sind, die zum Zeitpunkt des Abschlusses des zuletzt geschlossenen kollidierenden Tarifvertrags im Betrieb die meisten in einem Arbeitsverhältnis stehenden Mitglieder hat.[59] 596

13. Was bezeichnet man mit der Tarifzuständigkeit einer Gewerkschaft und woraus ergibt sich diese?

Die Tarifzuständigkeit einer Gewerkschaft ist die Fähigkeit eines an sich tariffähigen Verbandes, Tarifverträge mit einem bestimmten Geltungsbereich abzuschließen.[60] Der Zuständigkeitsbereich einer Gewerkschaft richtet sich danach, auf welchen Kreis von 597

---

51 S. BAG 5.9.1990 – 4 AZR 59/90 – juris Rn. 16.

52 S. BAG 13.9.2023 – 10 AZR 270/22 – juris Rn. 50; BAG 22.10.2008 – 4 AZR 789/07 – juris Rn. 36.

53 S. zum Ganzen etwa *Reichold*, RdA 2007, 321 ff. (323); *Zöllner/Loritz/Hergenröder*, § 40 Rn. 33 ff. S. zur Auflösung der Tarifkonkurrenz nach dem Grds. der Spezialität näher NK-GA/*Bepler*, § 4 TVG Rn. 50 ff.

54 S. dazu den Fall bei BAG 24.1.2001 – 4 AZR 655/99 – juris.

55 S. dazu BAG 14.12.2004 – 1 ABR 51/03 – juris Rn. 63.

56 S. dazu den Fall bei BAG 14.6.1989 – 4 AZR 200/89 – juris.

57 S. BAG 7.7.2010 – 4 AZR 549/08 – juris Rn. 14 m. w. N.; BAG 5.9.1990 – 4 AZR 59/90 – juris Rn. 16; *Reichold*, RdA 2007, 321 ff. (324).

58 Eingeführt wurde § 4a TVG durch Art. 1 Nr. 1 des Gesetzes zur Tarifeinheit (Tarifeinheitsgesetz) mit Wirkung zum 10.7.2015 (s. BGBl. 2015 I, 1130).

59 S. dazu näher NK-GA/*Bepler*, § 4a TVG Rn. 36 ff. Das BVerfG hat die Regelung im Wesentlichen für verfassungsgemäß erklärt, zugleich jedoch eine gesetzliche Regelung zum Schutz der Koalitionsfreiheit von Minderheitsgewerkschaften gefordert, s. BVerfG 11.7.2017 – 1 BvR 1571/15 – juris Rn. 217. Der Gesetzgeber reagierte hierauf mit der Ergänzung des § 4a Abs. 2 Satz 2 TVG um einen Hs. 2 (eingeführt m.W.z. 1.1.2019 durch Art. 4f des Gesetzes zur Stärkung der Chancen für Qualifizierung und für mehr Schutz in der Arbeitslosenversicherung (Qualifizierungschancengesetz) vom 18.12.2018, s. BGBl. 2018 I, 2651), s. dazu HWK/*Henssler*, § 4a TVG Rn. 7 ff. In der Literatur wird die Vorschrift zum Teil weiterhin stark kritisiert, s. dazu ausf. nur Wiedemann/*Jacobs*, TVG § 4a Rn. 59 ff.

60 So ausdrücklich BAG 29.7.2009 – 7 ABR 27/08 – juris Rn. 24; BAG 10.2.2009 – 1 ABR 36/08 – juris Rn. 26; BAG 27.9.2005 – 1 ABR 41/04 – juris Rn. 36.

Arbeitnehmern sie in ihrer Satzung die eigene Zuständigkeit in persönlicher, räumlicher und fachlicher Hinsicht erstreckt hat.[61] Ihren Organisationsbereich legt jede Vereinigung in ihrer Satzung autonom fest.[62] Die Satzung der Gewerkschaft ist folglich die maßgebliche Grundlage für die Beurteilung der Tarifzuständigkeit.[63]

14. Die Tarifvertragsparteien haben eine Normsetzungsbefugnis, jedoch kein Normsetzungsmonopol. Erläutern Sie diese Aussage.

598 Das Grundrecht aus Art. 9 Abs. 3 GG verleiht den Tarifvertragsparteien in dem für tarifvertragliche Regelungen zugänglichen Bereich zwar ein Normsetzungsrecht, aber kein Normsetzungsmonopol.[64] Das ergibt sich bereits aus der Gesetzgebungszuständigkeit des Art. 74 Abs. 1 Nr. 12 GG.[65] Danach besteht eine konkurrierende Gesetzgebungsbefugnis für das Arbeitsrecht einschließlich der Betriebsverfassung, den Arbeitsschutz und die Arbeitsvermittlung sowie die Sozialversicherung einschließlich der Arbeitslosenversicherung. Eine gesetzliche Regelung, die in die von Art. 9 Abs. 3 GG geschützte Tarifautonomie eingreift, ist jedenfalls dann verfassungsgemäß, wenn der Gesetzgeber damit den Schutz der Grundrechte Dritter oder anderer mit Verfassungsrang ausgestatteter Belange bezweckt und der Grundsatz der Verhältnismäßigkeit gewahrt wird.[66]

15. Erläutern Sie die Bedeutung der unmittelbaren und zwingenden Wirkung von Rechtsnormen des Tarifvertrags.

599 Nach § 4 Abs. 1 Satz 1 TVG gelten die Rechtsnormen des Tarifvertrags unmittelbar und zwingend zwischen den beiderseits Tarifgebundenen, die unter den Geltungsbereich des Tarifvertrags fallen (**sog. normative Wirkung**).

600 Unter der **unmittelbaren Wirkung** eines Tarifvertrags versteht man, dass die Bestimmungen des normativen Teils des Tarifvertrags – wie anderes objektives Recht auch – den Inhalt der Arbeitsverhältnisse gleichsam automatisch gestalten, ohne dass es auf die Billigung oder Kenntnis der Vertragsparteien ankommt.[67] Deshalb ist eine Anerkennung, Unterwerfung oder Übernahme dieser Normen durch die tarifgebundenen Parteien des Einzelarbeitsvertrages nicht erforderlich.[68]

601 Die **zwingende Wirkung** bedeutet, dass von einem Tarifvertrag abweichende einzelvertragliche Abmachungen grundsätzlich nicht getroffen werden können, die Parteien des Arbeitsvertrags also nichts vereinbaren können, was gegen den Tarifvertrag verstößt.[69] Von diesem Grundsatz gibt es zwei bedeutsame Ausnahmen, die in § 4 Abs. 3 TVG geregelt sind. Nach dieser Regelung sind abweichende Abmachungen zulässig, soweit

---

61 S. BAG 23.10.2024 – 10 AZR 267/23 – juris Rn. 32; BAG 31.1.2018 – 10 AZR 695/16 (A) – juris Rn. 32; BAG 17.2.1970 – 1 ABR 15/69 – juris Rn. 26; BAG 27.11.1964 – 1 ABR 13/63 – juris Rn. 24.

62 So BAG 23.10.2024 – 10 AZR 267/23 – juris Rn. 32; BAG 31.1.2018 – 10 AZR 695/16 (A) – juris Rn. 32; BAG 10.2.2009 – 1 ABR 36/08 – juris Rn. 27.

63 S. BAG 23.10.2024 – 10 AZR 267/23 – juris Rn. 32; BAG 31.1.2018 – 10 AZR 695/16 (A) – juris Rn. 32; BAG 10.2.2009 – 1 ABR 36/08 – juris Rn. 26; BAG 27.9.2005 – 1 ABR 41/04 – juris Rn. 38; BAG 17.2.1970 – 1 ABR 15/69 – juris Rn. 26; BAG 27.11.1964 – 1 ABR 13/63 – juris Rn. 24.

64 S. BVerfG 19.6.2020 – 1 BvR 842/17 – juris Rn. 24; BVerfG 3.4.2001 – 1 BvL 32/97 – juris Rn. 31; BVerfG 24.4.1996 – 1 BvR 712/86 – juris Rn. 106; BAG 14.9.2022 – 4 AZR 83/21 – juris Rn. 38; BAG 24.10.2013 – 6 AZR 466/12 – juris Rn. 18; BAG 8.12.2010 – 7 AZR 438/09 – juris Rn. 28.

65 So ausdrücklich BVerfG 24.4.1996 – 1 BvR 712/86 – NZA 1996, 1157 ff. (1158). S. zum unionsrechtlichen Rechtsahmen *Waltermann*, RdA 2025, 61 ff. (64).

66 S. z. B. BVerfG 19.6.2020 – 1 BvR 842/17 – juris Rn. 18; BVerfG 29.12.2004 – 1 BvR 2582/03, 1 BvR 2283/03, 1 BvR 2504/03 – juris Rn. 20; BVerfG 3.4.2001 – 1 BvL 32/97 – juris Rn. 48. S. ausf. zur staatlichen Normsetzungsbefugnis im Bereich der Arbeitsentgelte *Pant*, RdA 2025, 104 ff.

67 S. BAG 21.9.1989 – 1 AZR 454/88 – juris Rn. 49; BAG GS 16.9.1986 – GS 1/82 – juris Rn. 58.

68 S. BAG 21.9.1989 – 1 AZR 454/88 – juris Rn. 49; BAG GS 16.9.1986 – GS 1/82 – juris Rn. 58; zum Teil wird von einer sog. Tarifautomatik gesprochen, s. etwa *Löwisch/Rieble*, TVG, § 4 Rn. 29.

69 S. BAG 21.9.1989 – 1 AZR 454/88 – juris Rn. 51; BAG GS 16.9.1986 – GS 1/82 – juris Rn. 58.

sie durch den Tarifvertrag gestattet sind (**sog. Öffnungsklauseln**) oder eine Änderung der Regelungen zugunsten des Arbeitnehmers enthalten (**sog. Günstigkeitsprinzip**). Mit einer Tariföffnungsklausel nach § 4 Abs. 3 Var. 1 TVG ist der Fall gemeint, dass die Tarifvertragsparteien selbst den Tarifvertrag oder einzelne Regelungen des Tarifvertrags dispositiv ausgestalten, sprich eine Abweichung durch die Arbeitsvertragsparteien gestatten.[70] Die Tarifvertragsparteien verzichten damit ganz oder zum Teil auf die zwingende Wirkung des Tarifvertrags. Das in § 4 Abs. 3 Var. 2 TVG normierte Günstigkeitsprinzip lässt Abweichungen von den im Tarifvertrag festgelegten Mindestarbeitsbedingungen zu, wenn die abweichenden Regelungen für den Arbeitnehmer günstiger sind.[71]

Entsprechendes gilt auch für die Wirkung von Betriebsvereinbarungen, die nach § 77 **602**
Abs. 4 Satz 1 BetrVG ebenfalls unmittelbar und zwingend gelten.[72]

16. Bleibt ein Arbeitgeber nach dem Austritt aus dem Arbeitgeberverband an einen Verbandstarifvertrag gebunden?

Nach § 3 Abs. 1 TVG sind u. a. die Mitglieder der Tarifvertragsparteien tarifgebunden. **603**
Für den Fall des wirksamen Austritts aus dem Arbeitgeberverband endet die dortige Mitgliedschaft und damit die Mitgliedschaft in der Tarifvertragspartei im Sinne des § 3 Abs. 1 TVG. Allerdings bleibt die Tarifgebundenheit gemäß der Regelung des § 3 Abs. 3 TVG bestehen, bis der Tarifvertrag endet. Das bezeichnet man als **Nachbindung**. Der wesentliche Grund dieser gesetzlich angeordneten Nachbindung liegt darin, die *„Flucht aus dem Tarifvertrag* durch Verbandsaustritt" eines tarifgebundenen Mitgliedes einer Tarifvertragspartei zu verhindern.[73] Damit dient die Regelung des § 3 Abs. 3 TVG zuvörderst der Sicherung der Tarifvertragstreue.[74] Die Mitglieder der Tarifvertragsparteien dürfen nicht durch die verbandsrechtliche Möglichkeit des Austritts die unmittelbare und zwingende Wirkung eines Tarifvertrags beseitigen und sich damit den tariflichen Verpflichtungen entziehen können.[75]

17. Erläutern Sie den Begriff der Nachwirkung eines Tarifvertrags.

Die **Nachwirkung** ist in § 4 Abs. 5 TVG gesetzlich geregelt. Danach gelten die Rechts- **604**
normen des Tarifvertrags nach dessen Ablauf weiter, bis sie durch eine andere Abmachung ersetzt werden. Dadurch soll im Interesse der Arbeitsvertrags- und Tarifvertragsparteien eine Überbrückungsregelung geschaffen werden, die den bisherigen Besitz- und Regelungsstand erhält und einen Rückfall auf nicht mehr aktuelle bzw. von den Parteien nicht gewollte übliche Bedingungen verhindert.[76] Allerdings können die Tarifvertragsparteien die Nachwirkung eines Tarifvertrags – ausdrücklich oder konkludent – ausschließen.[77] Die Nachwirkung gemäß § 4 Abs. 5 TVG setzt den Ablauf des Tarifvertrags voraus. Unter dem Ablauf eines Tarifvertrags versteht man jede Beendigung des Tarifver-

70 S. zur Tariföffnungsklausel etwa NK-GA/*Bepler*, § 4 TVG Rn. 80 ff.; *Hromadka/Maschmann*, Arbeitsrecht, Bd. 2, § 13 Rn. 276; *Preis/Greiner*, Kollektivarbeitsrecht, § 96 Rz. 547–552.

71 S. ausf. zum Günstigkeitsprinzip z. B. NK-GA/*Bepler*, § 4 TVG Rn. 95 ff.; *Hromadka/Maschmann*, Arbeitsrecht, Bd. 2, § 13 Rn. 277 ff.; *Preis/Greiner*, Kollektivarbeitsrecht, § 96 Rz. 476 ff. und schon oben Fall 5 Rn. 175 ff.

72 S. dazu ausf. Richardi/*Richardi/Picker*, BetrVG, § 77 Rn. 155 ff. und schon oben Fall 3 Rn. 109.

73 S. BAG 1.7.2009 – 4 AZR 262/08 – juris Rn. 48; BAG 17.5.2000 – 4 AZR 363/99 – NZA 2001, 453 ff. (456); BAG 7.11.2001 – 4 AZR 703/00 – juris Rn. 21; *Gamillscheg*, Kollektives Arbeitsrecht, Bd. 1, § 17 I. 5. a) (1) [724]; Henssler/Moll/Bepler/*Höpfner*, Der Tarifvertrag, Teil 6, Rn. 62.

74 S. ErfK/*Franzen*, § 3 TVG Rn. 22; Henssler/Moll/Bepler/*Höpfner*, Der Tarifvertrag, Teil 6, Rn. 62; NK-GA/*Krois*, § 3 TVG Rn. 54; *Löwisch/Rieble*, TVG, § 3 Rn. 245.

75 S. BAG 15.10.1986 – 4 AZR 289/85 – juris Rn. 17.

76 S. BAG 20.5.2009 – 4 AZR 230/08 – juris Rn. 47; BAG 1.7.2009 – 4 AZR 261/08 – juris Rn. 62; BAG 22.10.2008 – 4 AZR 789/07 – juris Rn. 27.

77 S. BAG 16.5.2012 – 4 AZR 366/10 – juris Rn. 32 f.

trags, sei es durch Kündigung, Aufhebungsvertrag, Befristung etc.[78] Die Nachwirkung endet nach § 4 Abs. 5 TVG, wenn die Rechtsnormen des Tarifvertrags durch eine andere Abmachung ersetzt werden. Bei der anderen Abmachung kann es sich sowohl um einen für beide Parteien geltenden Tarifvertrag oder eine Betriebsvereinbarung[79] als auch um eine arbeitsvertragliche Regelung handeln.[80] Eine ablösende Abmachung kann nicht nur nach dem Ende des Tarifvertrags vereinbart werden, wie es der Wortlaut des § 4 Abs. 5 TVG nahelegt. Auch eine Vereinbarung im Vorfeld des Ablaufs des Tarifvertrags genügt, wenn es den Parteien darum geht, für den unmittelbar bevorstehenden Nachwirkungszeitraum eine abweichende Regelung zu treffen, und zwar auch dann, wenn dies dazu führt, dass ein Tarifvertrag nach seinem Ablauf überhaupt nicht nachwirkt.[81] Nach der Rspr. des BAG ist für derartige Vorfeldvereinbarungen notwendig, dass der Regelungswille der Vertragsparteien darauf gerichtet ist, die unmittelbar bevorstehende Nachwirkung eines beendeten Tarifvertrags zu beseitigen oder deren Eintritt zu verhindern.[82] Erforderlich ist zudem, dass die ablösende Regelung konkret und zeitnah vor dem bevorstehenden Ablauf des Tarifvertrags die sich ansonsten aufgrund der Nachwirkung ergebende Situation regelt.[83]

18. Auf welchem Weg können Rechtsnormen eines Tarifvertrags auch für Arbeitnehmer Bedeutung erlangen, die nicht Mitglied einer Gewerkschaft sind?

605 In einem Arbeitsvertrag kann auf Tarifverträge vollständig oder teilweise Bezug genommen werden. Die Zulässigkeit derartiger sog. **Bezugnahme- oder Verweisungsklauseln** ist allgemein anerkannt. Sie finden sich auch in sehr vielen Arbeitsverträgen.[84] Durch die arbeitsvertragliche Vereinbarung einer Bezugnahmeklausel wird die (entsprechende) Anwendbarkeit bestimmter – nämlich der von der Bezugnahmeklausel erfassten – tariflichen Bestimmungen unabhängig von der Tarifgebundenheit von Arbeitnehmer und Arbeitgeber ermöglicht. Es kommt gleichsam zu einer schuldrechtlichen Tarifgeltung kraft vertraglicher Vereinbarung. Die tariflichen Regelungen werden Inhalt des Arbeitsverhältnisses.[85]

19. Erläutern Sie kurz den Zusammenhang zwischen Tarifautonomie und der verfassungsrechtlichen Anerkennung von Arbeitskampfmaßnahmen.

606 Der Arbeitskampf ist nach zutreffender h. M. ein Hilfsinstrument zur Sicherung der verfassungsrechtlich durch Art. 9 Abs. 3 GG verbürgten Tarifautonomie.[86] Für ein funktionierendes Tarifvertragssystem ist ein hinreichendes Verhandlungs- und Kampfgleichgewicht (die sog. Kampfparität) erforderlich.[87] Es soll gleichsam „Waffengleichheit“[88]

---

78 S. näher *Preis/Greiner*, Kollektivarbeitsrecht, § 98 Rz. 796 ff.; *Löwisch/Rieble*, TVG, § 4 Rn. 782. Strittig ist dies insbesondere für den Fall der außerordentlichen Kündigung des Tarifvertrags, s. z. B. NK-GA/*Bepler*, § 4 TVG Rn. 211 ff.; *Löwisch/Rieble*, a. a. O. Rn. 783 f.

79 Innerhalb der von § 77 Abs. 3 BetrVG gezogenen Grenzen.

80 S. nur BAG 22.10.2008 – 4 AZR 789/07 – juris Rn. 27; *Richardi/Bayreuther*, Kollektives Arbeitsrecht, § 6 Rn 8 ff.

81 S. BAG 20.5.2009 – 4 AZR 230/08 – juris Rn. 49; BAG 22.10.2008 – 4 AZR 789/07 – juris Rn. 29.

82 BAG 1.7.2009 – 4 AZR 261/08 – juris Rn. 64; BAG 20.5.2009 – 4 AZR 230/08 – juris Rn. 49; BAG 22.10.2008 – 4 AZR 789/07 – juris Rn. 30; BAG 1.7.2009 – 4 AZR 250/08 – juris Rn. 23.

83 S. BAG 20.5.2009 – 4 AZR 230/08 – juris Rn. 49.

84 Bei einer empirischen Untersuchung enthielten ca. 90 % der untersuchten Arbeitsverträge Verweise auf Tarifverträge, s. *Preis*, Grundfragen, S. 64.

85 S. näher zu den in Betracht kommenden Arten von Bezugnahmeklauseln den Exkurs in Fall 6 unter Rn. 226.

86 S. BVerfG 12.6.2018 – 2 BvR 1738/12 – juris Rn. 116; BAG 24.4.2007 – 1 AZR 252/06 – juris Rn. 79; BAG 10.12.2002 – 1 AZR 96/02 – juris Rn. 43; BAG 5.3.1985 – 1 AZR 468/83 – juris Rn. 29 m. w. N.; Brox/Rüthers/*Rüthers*, Arbeitskampfrecht, Rn. 129.

87 S. BAG 24.4.2007 – 1 AZR 252/06 – juris Rn. 70; BAG 10.6.1980 – 1 AZR 822/79 – juris Rn. 71.

88 BAG GS 28.1.1955 – GS 1/54 – juris Rn. 65.

herrschen. Deshalb muss sichergestellt sein, dass nicht eine Tarifvertragspartei der anderen von vornherein ihren Willen aufzwingen kann.[89] Um das Verhandlungsgleichgewicht herzustellen, ist die Arbeitnehmerseite auf den Arbeitskampf in Gestalt des Streiks angewiesen. Denn Tarifverträge kommen nur zustande, wenn sie letztlich von den Gewerkschaften auch mit den Mitteln des Arbeitskampfes erzwungen werden können. Andernfalls wären Tarifverhandlungen nicht mehr als ein „kollektives Betteln".[90]

20. Nennen Sie die Anforderungen an die Rechtmäßigkeit eines Streiks.

Folgende Voraussetzungen müssen nach der Rspr. vorliegen, damit ein Streik rechtmäßig ist: 607

- der Streik muss durch die **zuständigen Tarifvertragsparteien** geführt werden;
- das Kampfziel muss auf eine **zulässige Tarifregelung** gerichtet sein;
- die Kampfführung muss mit **zwingendem Recht vereinbar** sein, also insbesondere mit den Grundrechten der Gegenseite und den Strafgesetzen in Einklang stehen;
- der Streik darf die **Friedenspflicht** nicht verletzen;
- die **Kampfparität** muss gewahrt werden;
- der Grundsatz der **Verhältnismäßigkeit** muss eingehalten werden, insoweit ist zu prüfen, ob das eingesetzte Kampfmittel geeignet, erforderlich und angemessen ist.[91]

21. Welche rechtlichen Folgen hat die Teilnahme an einem rechtmäßigen Streik für das Arbeitsverhältnis?

Der rechtmäßige Streik **suspendiert die gegenseitigen Hauptleistungspflichten aus dem Arbeitsvertrag** während der Dauer der Arbeitskampfmaßnahme,[92] wenn der Arbeitnehmer ausdrücklich oder konkludent dem Arbeitgeber gegenüber die Beteiligung an dem Arbeitskampf erklärt hat.[93] Die Suspendierung der Hauptleistungspflichten hat zur Folge, dass der Arbeitnehmer von seiner Arbeitspflicht, der Arbeitgeber von der Beschäftigungs- und Vergütungspflicht befreit ist. Anders gewendet: Das Nichterscheinen zur Arbeit durch den Arbeitnehmer bzw. die Nichtbeschäftigung des Arbeitnehmers und die ausbleibende Lohnzahlung stellen während des rechtmäßigen Streiks keine Pflichtverletzungen dar.[94] 608

Die **Nebenpflichten** bleiben dagegen – unabhängig von der Suspendierung der Hauptleistungspflichten – weiterhin bestehen.[95] Die Arbeitsvertragsparteien trifft daher etwa nach § 241 Abs. 2 BGB die Pflicht, Rücksicht auf die Rechte, Rechtsgüter und sonstigen Interessen des anderen Teils zu nehmen. Der Arbeitnehmer muss z. B. auch während der Zeit der Suspendierung der Hauptleistungspflichten die Betriebs- und Geschäftsgeheimnisse wahren[96] und Wettbewerb unterlassen (vgl. § 60 HGB).[97] 609

---

89 BAG 24.4.2007 – 1 AZR 252/06 – juris Rn. 70; BAG 12.9.1984 – 1 AZR 342/83 – juris Rn. 124.

90 S. BVerfG 9.7.2020 – 1 BvR 719/19 – juris (1120) Rn. 14; BAG 12.3.1985 – 1 AZR 636/82 – juris Rn. 28; BAG 10.6.1980 – 1 AZR 822/79 – juris Rn. 36.

91 S. ausf. zu den einzelnen Anforderungen an die Rechtmäßigkeit eines Streiks Fall 9 Rn. 347 ff.

92 S. BAG 20.3.2018 – 1 ABR 70/16 – juris Rn. 40; BAG 22.3.1994 – 1 AZR 622/93 – juris Rn. 24; *Richardi/Bayreuther*, Kollektives Arbeitsrecht, § 11 Rn. 1; NK-GA/*Boemke*, § 615 Rn. 17; *Hromadka/Maschmann*, Arbeitsrecht, Bd. 2, § 14 Rn. 102; MHdB-ArbR/*Ricken*, § 276 Rn. 1.

93 S. BAG 26.7.2005 – 1 AZR 133/04 – juris Rn. 17; BAG 7.4.1992 – 1 AZR 377/91 – juris Rn. 21; Schaub/*Treber*, ArbR-Hdb., § 194 Rn. 3.

94 S. dazu auch Fall 9 Rn. 346.

95 S. *Hromadka/Maschmann*, Arbeitsrecht, Bd. 2, § 14 Rn. 108; MHdB-ArbR/*Ricken*, § 276 Rn. 12.

96 S. zum Geheimnisschutz während des Bestehens des Arbeitsverhältnisses näher Schaub/*Linck*, ArbR-Hdb., § 53 Rn. 46 f.; MAH-ArbR/*Reinfeld*, § 34 Rn. 5 ff.

97 S. *Hromadka/Maschmann*, Arbeitsrecht, Bd. 2, § 14 Rn. 108; s. näher zum Wettbewerbsverbot Ebenroth/Boujong/*Rudkowski*, HGB, § 60 Rn. 1 ff.

II. Recht der Unternehmensmitbestimmung und Betriebsverfassungsrecht

1. Nennen Sie die wesentlichen gesetzlichen Grundlagen für die Unternehmensmitbestimmung.

610 Die Unternehmensmitbestimmung ist im Gesetz über die Mitbestimmung der Arbeitnehmer (**Mitbestimmungsgesetz – MitbestG**), im Gesetz über die Drittelbeteiligung der Arbeitnehmer im Aufsichtsrat (**Drittelbeteiligungsgesetz – DrittelbG**), im Gesetz über die Mitbestimmung der Arbeitnehmer in den Aufsichtsräten und Vorständen der Unternehmen des Bergbaus und der Eisen und Stahl erzeugenden Industrie (**Montanmitbestimmungsgesetz –MontanMitbestG**) und im Gesetz zur Ergänzung des Gesetzes über die Mitbestimmung der Arbeitnehmer in den Aufsichtsräten und Vorständen der Unternehmen des Bergbaus und der Eisen und Stahl erzeugenden Industrie (**Montanmitbestimmungsergänzungsgesetz – MontanMitbestErgG**) geregelt. Die Mitbestimmung in der Europäischen Gesellschaft (Societas Europaea – SE) richtet sich nach dem Gesetz über die Beteiligung der Arbeitnehmer in einer Europäischen Gesellschaft (**SE-Beteiligungsgesetz – SEBG**).

2. Nennen Sie die Merkmale, an welche die Unternehmensmitbestimmung nach den verschiedenen Gesetzen anknüpft.

611 Die Unternehmensmitbestimmung knüpft an die Rechtsform des Unternehmens, sowie grundsätzlich an den Unternehmensgegenstand und die Arbeitnehmerzahl. Für Unternehmen in der Rechtsform einer SE kommt den Kriterien des Unternehmensgegenstands und der Arbeitnehmerzahl in der Regel keine Bedeutung zu. Hier wird die Unternehmensmitbestimmung primär nach § 21 SEBG durch eine sog. individuelle, für die jeweilige SE im Einzelnen ausgehandelte Vereinbarung festgelegt. Lediglich subsidiär tritt nach Maßgabe der §§ 23 bis 38 SEBG eine Mitbestimmung kraft Gesetzes ein.

612 Für die übrigen Unternehmensmitbestimmungsgesetze ergibt sich folgende Übersicht:

Gesetz	**Rechtsform**	**Unternehmensgegenstand**	**Arbeitnehmerzahl**
MitbestG	§ 1 Abs. 1 Nr. 1: AG, KGaA, GmbH und eG	§ 1 Abs. IV: Bereichsausnahme für Tendenzunternehmen und Religionsgemeinschaften	§ 1 Abs. 1 Nr. 2: i. d. R. mehr als 2.000 AN
DrittelbG	§ 1 Abs. 1: AG, KGaA, GmbH, VVaG und eG	§ 1 Abs. 2: Bereichsausnahme für Tendenzunternehmen und Religionsgemeinschaften bzw. ihrer karitativen und erzieherischen Einrichtungen	§ 1 Abs. 1 Nr. 1–5: i. d. R. mehr als 500 AN
Montan-MitbestG	§ 1 Abs. 2: AG und GmbH	§ 1 Abs. 1: Nur für die dort genannten Unternehmen der Montanindustrie	§ 1 Abs. 2: i. d. R. mehr als 1.000 AN oder *Einheitsgesellschaften*[98]

98 Darunter ist keine Rechtsform zu verstehen. Vielmehr wird mit dem Begriff der Einheitsgesellschaften an besondere Umstände der Unternehmensentstehung auf der Grundlage des Gesetzes Nr. 27 der Alliierten Hohen Kommission zur Umgestaltung des deutschen Kohlebergbaues und der deutschen Stahl- und Eisenindustrie angeknüpft, s. dazu ErfK/*Oetker*, § 1 MontanMitbestG Rn. 14 m. w. N.

Gesetz	Rechtsform	Unternehmensgegenstand	Arbeitnehmer-zahl
Montan-Mitbes-tErgG	§ 1: AG und GmbH	§ 3 Abs. 1: Herrschende Unternehmen, die nicht dem MontanMitbestG unterfallen, wenn der Unternehmenszweck des Konzerns durch konzernangehörige Unternehmen gekennzeichnet wird, die unter das MontanMitbestG fallen	

3. Worin liegen die wesentlichen Unterschiede bei der Zusammensetzung des Aufsichtsrats nach dem Drittelbeteiligungsgesetz und dem Mitbestimmungsgesetz?

Nach § 7 Abs. 1 Satz 1 MitbestG setzt sich der Aufsichtsrat eines Unternehmens mit in der Regel nicht mehr als 10.000 Arbeitnehmern aus je sechs Aufsichtsratsmitgliedern der Anteilseigner und der Arbeitnehmer zusammen (Nr. 1). Bei in der Regel mehr als 10.000, jedoch nicht mehr als 20.000 Arbeitnehmern setzt sich der Aufsichtsrat aus je acht Mitgliedern der Anteilseigner und der Arbeitnehmer zusammen (Nr. 2). Werden in der Regel mehr als 20.000 Arbeitnehmer beschäftigt, gehören dem Aufsichtsrat je zehn Aufsichtsratsmitglieder der Anteilseigner und der Arbeitnehmer an (Nr. 3). 613

Nach dem MitbestG kommt es also zu einer **zahlenmäßig paritätischen Besetzung des Aufsichtsrats**. Dadurch kann es bei Abstimmungen zu einer Stimmengleichheit (sog. **Patt-Situation**) kommen. In diesem Fall hat der Aufsichtsratsvorsitzende nach § 29 Abs. 2 Satz 1 MitbestG bei einer erneuten Abstimmung über denselben Gegenstand, wenn auch diese Stimmengleichheit ergibt, zwei Stimmen. Der Aufsichtsratsvorsitzende gehört – jedenfalls in aller Regel – dem Lager der Anteilseigner an. Der Grund hierfür liegt in den Wahlvorschriften für den Aufsichtsratsvorsitzenden. Nach § 27 Abs. 1 MitbestG wählt der Aufsichtsrat mit einer Mehrheit von zwei Dritteln der Mitglieder aus seiner Mitte einen Aufsichtsratsvorsitzenden und einen Stellvertreter. Wird bei der Wahl des Aufsichtsratsvorsitzenden oder seines Stellvertreters diese Mehrheit nicht erreicht, so findet für die Wahl des Aufsichtsratsvorsitzenden und seines Stellvertreters ein zweiter Wahlgang statt, § 27 Abs. 2 Satz 1 MitbestG. In diesem Wahlgang wählen die Aufsichtsratsmitglieder der Anteilseigner nach § 27 Abs. 2 Satz 2 MitbestG den Aufsichtsratsvorsitzenden und die Aufsichtsratsmitglieder der Arbeitnehmer den Stellvertreter jeweils mit der Mehrheit der abgegebenen Stimmen. 614

Nach § 4 Abs. 1 DrittelbG besteht der Aufsichtsrat eines von diesem Gesetz erfassten Unternehmens zu einem Drittel aus Arbeitnehmervertretern. 615

4. Beschreiben Sie kurz die Begriffe Betrieb und Unternehmen im Sinne des Betriebsverfassungsrechts.

Nach h. M. ist als **Betrieb i. S. d. BetrVG** die organisatorische Einheit anzusehen, innerhalb derer der Unternehmer allein oder zusammen mit seinen Mitarbeitern mit Hilfe sächlicher und immaterieller Mittel bestimmte *arbeitstechnische* Zwecke fortgesetzt ver- 616 folgt.[99] Das **Unternehmen i. S. d. BetrVG** ist dagegen nach h. M. die organisatorische Einheit mit der der Unternehmer *seine wirtschaftlichen oder ideellen Zwecke* verfolgt.[100] Sowohl der Betrieb als auch das Unternehmen stellen damit organisatorische Einheiten dar. Sie unterscheiden sich aber in ihrem Zweck.[101]

5. Was versteht man unter einem sog. Gemeinschaftsbetrieb i. S. d. BetrVG?

617 Nach § 1 Abs. 1 Satz 2 BetrVG können Betriebsräte auch für gemeinsame Betriebe mehrerer Unternehmen gebildet werden.

618 Ein gemeinsamer Betrieb mehrerer Unternehmen setzt nach der Rspr. des BAG voraus, dass die in einer Betriebsstätte vorhandenen **materiellen oder immateriellen Betriebsmittel für einen einheitlichen arbeitstechnischen Zweck zusammengefasst, geordnet und gezielt eingesetzt werden und der Einsatz der menschlichen Arbeitskraft von einem einheitlichen Leitungsapparat gesteuert wird.**[102] Im Falle der Beteiligung mehrerer rechtlich selbstständiger Unternehmen kann nach der Rspr. des BAG von einem einheitlichen Leitungsapparat nur gesprochen werden, wenn sich die Unternehmen über die tatsächliche Zusammenarbeit hinaus zur gemeinsamen Führung eines Betriebs rechtlich verbunden haben (sog. **Führungsvereinbarung**).[103] Auf der Grundlage einer entsprechenden Führungsvereinbarung, die auch stillschweigend erfolgen kann,[104] muss sich die einheitliche Leitung auf die wesentlichen Funktionen eines Arbeitgebers in den sozialen und personellen Angelegenheit (§§ 87 ff., 92 ff. BetrVG) erstrecken.[105] D. h., die Funktionen des Arbeitgebers in den bezeichneten Angelegenheiten müssen institutionell einheitlich für die beteiligten Unternehmen wahrgenommen werden.[106]

619 § 1 Abs. 2 BetrVG enthält zwei Tatbestände, auf deren Grundlage das Vorliegen eines Gemeinschaftsbetriebs vermutet wird.[107]

6. Das Gesetz unterscheidet zwischen Betriebsrat, Gesamtbetriebsrat und Konzernbetriebsrat: Sind diese Vertretungsorgane zwingend zu errichten?

620 Ein **Betriebsrat** ist entgegen der missverständlichen Formulierung des § 1 Abs. 1 Satz 1 BetrVG („*[…] werden Betriebsräte gewählt.*“) **nicht zwingend zu errichten**, sondern nur,

---

99 S. zur st. Rspr. BAG 23.11.2016 – 7 ABR 3/15 – juris Rn. 31; BAG 13.2.2013 – 7 ABR 36/11 – juris Rn. 27; BAG 18.1.2012 – 7 ABR 72/10 – juris Rn. 24; BAG 18.1.1990 – 2 AZR 355/89 – juris Rn. 28; BAG 26.7.1989 – 7 ABR 22/89 – juris Rn. 23; BAG 14.9.1988 – 7 ABR 10/87 – juris Rn. 17 m. w. N.; s. aus der Literatur grdl. *Hueck/Nipperdey*, ArbR, Bd. 1 § 16 II. [S. 93]; *Nikisch*, Arbeitsrecht, Bd. 1 § 18 I. 5 [S. 150 f.]; *Fitting*, BetrVG, § 1 Rn. 93; a. A. z. B. *Gamillscheg*, Kollektives Arbeitsrecht, Bd. 2, § 34 2. f) [S. 268 ff.].

100 S. BeckOK ArbR/*Besgen*, § 1 BetrVG Rn. 26; *Fitting*, BetrVG, § 1 Rn. 227; *Gamillscheg*, Kollektives Arbeitsrecht, Bd. 2, § 34 5. [S. 304]; ErfK/*Koch*, § 1 BetrVG Rn. 7.

101 S. Richardi/*Maschmann*, BetrVG, § 1 Rn. 18.

102 S. BAG 20.5.2021 – 2 AZR 560/20 – juris Rn. 13; BAG 27.6.2019 – 2 AZR 38/19 – juris Rn. 14; BAG 18.10.2006 – 2 AZR 434/05 – juris Rn. 47 m. w. N.; BAG 18.1.1990 – 2 AZR 355/89 – juris Rn. 28.

103 S. BAG 20.5.2021 – 2 AZR 560/20 – juris Rn. 13; BAG 27.6.2019 – 2 AZR 38/19 – juris Rn. 14; BAG 18.10.2006 – 2 AZR 434/05 – juris Rn. 47; BAG 18.1.1990 – 2 AZR 355/89 – juris Rn. 28; BAG 12.11.1998 – 2 AZR 459/97 – juris Rn. 27; ablehnend zum Erfordernis einer rechtlichen Führungsvereinbarung etwa Lutter/*Joost*, UmwG, § 322 Rn. 11; für dessen Erforderlichkeit hingegen nachdrücklich *Rieble*, Festschrift Wiese, 453 ff. (455 f.).

104 S. BAG 20.5.2021 – 2 AZR 560/20 – juris Rn. 13; BAG 27.6.2019 – 2 AZR 38/19 – juris Rn. 14; BAG 18.10.2006 – 2 AZR 434/05 – juris Rn. 47; BAG 18.1.1990 – 2 AZR 355/89 – juris Rn. 28.

105 BAG 20.5.2021 – 2 AZR 560/20 – juris Rn. 13; BAG 27.6.2019 – 2 AZR 38/19 – juris Rn. 14; 18.10.2006 – 2 AZR 434/05 – juris Rn. 47; BAG 18.1.1990 – 2 AZR 355/89 – juris Rn. 28.

106 S. BAG 20.5.2021 – 2 AZR 560/20 – juris Rn. 13; BAG 27.6.2019 – 2 AZR 38/19 – juris Rn. 14; BAG 18.10.2006 – 2 AZR 434/05 – juris Rn. 47.

107 S. dazu etwa NK-GA/*Kloppenburg*, § 1 BetrVG Rn. 22 ff.

wenn sich die Belegschaft für die Wahl eines Betriebsrats in einem betriebsratsfähigen Betrieb[108] entscheidet.[109]

Dagegen ist die Bildung eines **Gesamtbetriebsrats zwingend.**[110] Das ergibt sich aus der Regelung des § 47 Abs. 1 BetrVG, wonach ein Gesamtbetriebsrat zu errichten ist, wenn in einem Unternehmen mit mehreren Betrieben mehrere Betriebsräte bestehen. **621**

Die Bildung eines **Konzernbetriebsrats** ist dagegen wieder **freiwillig.**[111] Gemäß § 54 Abs. 1 Satz 1 BetrVG „*kann*" für einen Konzern i. S. d. § 18 Abs. 1 AktG durch Beschlüsse der einzelnen Gesamtbetriebsräte ein Konzernbetriebsrat errichtet werden. Die Errichtung eines Konzernbetriebsrats liegt damit in der Entscheidungsbefugnis der Gesamtbetriebsräte. **622**

7. Unter welchen Voraussetzungen ist der Gesamtbetriebsrat für die Behandlung von Angelegenheiten originär zuständig?

Der Gesamtbetriebsrat ist nach § 50 Abs. 1 BetrVG kraft Gesetzes zuständig für die Behandlung von Angelegenheiten, die das Gesamtunternehmen oder mehrere Betriebe betreffen **und** nicht durch die einzelnen Betriebsräte innerhalb ihrer Betriebe geregelt werden können. Erforderlich ist, dass es sich zum einen um eine zumindest mehrere Betriebe betreffende Angelegenheit handelt und zum anderen **objektiv ein zwingendes Erfordernis für eine unternehmenseinheitliche oder betriebsübergreifende Regelung** besteht.[112] Das Vorliegen eines zwingenden Erfordernisses bestimmt sich nach dem Inhalt und Zweck des Mitbestimmungstatbestands, der einer zu regelnden Angelegenheit zugrunde liegt.[113] Allein der Wunsch des Arbeitgebers nach einer unternehmenseinheitlichen oder betriebsübergreifenden Regelung, sein Kosten- oder Koordinierungsinteresse sowie reine Zweckmäßigkeitsgesichtspunkte genügen nicht, um in Angelegenheiten der zwingenden Mitbestimmung die Zuständigkeit des Gesamtbetriebsrats zu begründen.[114] Ein zwingendes Erfordernis für eine betriebsübergreifende Regelung kann sich z. B. aus technischen oder rechtlichen Gründen ergeben.[115] Das ist etwa der Fall, wenn in mehreren Betrieben computergestützt Daten erhoben und verarbeitet werden sollen, die auch zur Weiterverwendung in anderen Betrieben bestimmt sind.[116] **623**

8. Was versteht man unter der sog. Betriebsversammlung im Sinne des Betriebsverfassungsgesetzes? Welche Aufgabe hat sie?

Die Betriebsversammlung ist nach § 42 Abs. 1 Satz 1 Hs. 1 BetrVG die Versammlung der Arbeitnehmer des Betriebs (s. § 5 BetrVG), der sog. Belegschaft. Gemäß § 43 Abs. 1 **624**

---

108 D. h. ein Betrieb mit mindestens fünf ständigen wahlberechtigten Arbeitnehmern, von denen drei wählbar sind, § 1 Abs. 1 Satz 1 BetrVG. S. dazu nur Richardi/*Maschmann*, BetrVG, § 1 Rn. 121 ff.

109 S. nur *Preis/Greiner*, Kollektivarbeitsrecht, § 143 Rz. 1780; Richardi/*Maschmann*, BetrVG, § 1 Rn. 2: „kein Errichtungszwang".

110 S. nur Richardi/*Annuß*, BetrVG, § 47 Rn. 1; *Fitting*, BetrVG, § 47 Rn. 7; ErfK/*Koch*, § 47 BetrVG Rn. 2.

111 S. nur *Fitting*, BetrVG, § 54 Rn. 4; Richardi/*Annuß*, BetrVG, § 54 Rn. 1.

112 S. zur st. Rspr. BAG 8.3.2022 – 1 ABR 20/21 – juris Rn. 33; BAG 12.6.2019 – 1 ABR 5/18 – juris Rn. 32; BAG 19.6.2012 – 1 ABR 19/11 – juris Rn. 21; BAG 14.11.2006 – 1 ABR 4/06 – juris Rn. 22; BAG 15.1.2002 – juris Rn. 31.

113 S. BAG 8.3.2022 – 1 ABR 20/21 – juris Rn. 33; BAG 12.6.2019 – 1 ABR 5/18 – juris Rn. 32; BAG 19.6.2012 – 1 ABR 19/11 – juris Rn. 21.

114 So BAG 8.3.2022 – 1 ABR 20/21 – juris Rn. 33; BAG 12.6.2019 – 1 ABR 5/18 – juris Rn. 32; BAG 19.6.2012 – 1 ABR 19/11 – juris Rn. 21; BAG 14.11.2006 – 1 ABR 4/06 – juris Rn. 22; BAG 15.1.2002 – 1 ABR 10/01 – juris Rn. 31.

115 S. etwa BAG 14.11.2006 – 1 ABR 4/06 – juris Rn. 22; BAG 10.10.2006 – 1 ABR 59/05 – juris Rn. 18; BAG 26.4.2005 – 1 AZR 76/04 – juris Rn. 15.

116 S. dazu BAG 14.11.2006 – 1 ABR 4/06 – juris Rn. 30.

Satz 1 BetrVG hat der Betriebsrat einmal in jedem Kalendervierteljahr eine Betriebsversammlung einzuberufen und in ihr einen Tätigkeitsbericht zu erstatten. Die Betriebsversammlung ist das **Forum der Aussprache** zwischen Belegschaft und Betriebsrat **und der Unterrichtung** der Arbeitnehmer über bestimmte wesentliche Fragen durch den Arbeitgeber.[117] Des Weiteren dient sie der Willensbildung der Belegschaft im Hinblick auf die Tätigkeit des Betriebsrats.[118] Der Arbeitgeber oder sein Vertreter hat nach § 43 Abs. 2 Satz 3 BetrVG mindestens einmal in jedem Kalenderjahr in einer Betriebsversammlung über das Personal- und Sozialwesen einschließlich des Stands der Gleichstellung von Frauen und Männern im Betrieb sowie der Integration der im Betrieb beschäftigten ausländischen Arbeitnehmer, über die wirtschaftliche Lage und Entwicklung des Betriebs sowie über den betrieblichen Umweltschutz *zu berichten*, soweit dadurch nicht Betriebs- oder Geschäftsgeheimnisse gefährdet werden.

625 Allerdings ist der Betriebsversammlung **jede Befugnis zu einer nach außen wirkenden oder auch nur nach innen verbindlichen Entscheidung verwehrt.**[119] Die Betriebsversammlung kann aber nach § 45 Satz 2 BetrVG an den Betriebsrat ihre Wünsche und Kritik herantragen, indem sie auf der Betriebsversammlung Anträge (im Sinne von Anregungen) unterbreitet und Stellungnahmen beschließt.[120]

9. Sind bei der Ermittlung der Zahl der Betriebsratsmitglieder im Entleiherbetrieb Leiharbeitnehmer zu berücksichtigen?

626 Die Zahl der Betriebsratsmitglieder richtet sich gemäß § 9 Satz 1 BetrVG nach der Anzahl der im Betrieb in der Regel beschäftigten Arbeitnehmer. Bei kleineren Betrieben kommt es darüber hinaus auf die Wahlberechtigung (§ 7 BetrVG) der in der Regel beschäftigten Arbeitnehmer an. Diese Voraussetzung spielt in Betrieben mit in der Regel 101 und mehr Arbeitnehmern keine Rolle mehr.

627 Die Frage, ob im Rahmen des § 9 Satz 1 BetrVG Leiharbeitnehmer im Entleiherbetrieb zu berücksichtigen sind, war ursprünglich in Rechtsprechung und Literatur sehr umstritten.[121] Mit der Einführung der Regelung des § 14 Abs. 2 Satz 4 AÜG durch Art. 1 Nr. 10 des Gesetzes zur Änderung des Arbeitnehmerüberlassungsgesetzes und anderer Gesetze vom 21.2.2017[122] hat der Gesetzgeber diese Frage dahingehend entschieden, dass bei den Schwellenwerten des BetrVG Leiharbeitnehmer im Entleiherbetrieb grundsätzlich miteinzubeziehen sind. Nach der Gesetzesbegründung fingiert die Vorschrift jedoch nicht das Vorliegen der in § 9 Satz 1 BetrVG genannten weiteren Voraussetzungen.[123] Das heißt, das Vorliegen der Wahlberechtigung[124] und die Beschränkung auf „in der Regel" beschäftigte Arbeitnehmer müssen bei Leiharbeitnehmern ebenso wie bei Stammarbeitnehmern im Einzelfall geprüft werden.[125] Das Merkmal der „in der Regel" beschäftigten Arbeitnehmer bedeutet, dass es nur auf die Arbeitnehmer ankommt, die normalerweise in dem Betrieb beschäftigt und für den Betrieb im Allgemeinen kennzeichnend sind.[126] Werden Arbeitnehmer nicht ständig, sondern nur zeitweilig

---

117 S. BAG 26.5.2021 – 7 ABR 17/20 – juris Rn. 24; BAG 27.6.1989 – 1 ABR 28/88 – juris Rn. 38; s. aus der Literatur nur *Fitting*, BetrVG, § 42 Rn. 7.

118 S. BAG 27.6.1989 – 1 ABR 28/88 – juris Rn. 24.

119 S. BAG 27.6.1989 – 1 ABR 28/88 – juris Rn. 28. Eine Ausnahme besteht nur im Rahmen von Betriebsratswahlen nach § 17 Abs. 2 BetrVG.

120 S. BAG 27.6.1989 – 1 ABR 28/88 – juris Rn. 28.

121 S. dazu näher BAG 13.3.2013 – 7 ABR 69/11 – juris Rn. 19 ff. m. w. N. und aus der Literatur GK-BetrVG/*Jacobs*, § 9 BetrVG Rn. 10 ff.

122 BGBl. 2017 I, 258, in Kraft getreten mit Wirkung zum 1.4.2017.

123 S. BT-Drs. 18/9232 S. 29; s. darauf bezugnehmend auch BAG 2.8.2017 – 7 ABR 51/15 – juris Rn. 25.

124 S. dazu im Folgenden Rn. 630.

125 S. *Fitting*, § 9 BetrVG Rn. 25.

126 S. BAG 2.8.2017 – 7 ABR 51/15 – juris Rn. 25.

beschäftigt, ist entscheidend, ob sie normalerweise während des größten Teils des Jahres, d. h. länger als sechs Monate, in dem Betrieb beschäftigt werden; dies gilt auch für Leiharbeitnehmer.[127] Künftige Entwicklungen sind nur dann zu berücksichtigen, wenn sie aufgrund einer konkreten Unternehmerentscheidung unmittelbar bevorstehen.[128]

10. Erläutern Sie das aktive und passive Wahlrecht nach dem Betriebsverfassungsgesetz unter Berücksichtigung von Leiharbeitnehmern.

Das **aktive Wahlrecht**, sprich die Berechtigung, bei der Wahl des Betriebsrats **mitzuwählen,**[129] ist in § 7 BetrVG geregelt. Gemäß Satz 1 dieser Regelung sind alle Arbeitnehmer des Betriebs, die das 16. Lebensjahr vollendet haben, wahlberechtigt. Hinsichtlich des *aktiven* Wahlrechts von **Leiharbeitnehmern** enthält § 7 Satz 2 BetrVG eine ausdrückliche Regelung. Danach sind Arbeitnehmer eines anderen Arbeitgebers, die zur Arbeitsleistung überlassen werden, wahlberechtigt, wenn sie länger als drei Monate im Betrieb eingesetzt werden. 628

Nach § 8 Abs. 1 Satz 1 BetrVG steht das **passive Wahlrecht**, welches vom Gesetz als Wählbarkeit bezeichnet wird und die Fähigkeit meint, Mitglied des Betriebsrats zu werden,[130] allen **Wahlberechtigten** zu, die das 18. Lebensjahr vollendet und sechs Monate dem Betrieb angehören oder als in Heimarbeit Beschäftigte in der Hauptsache für den Betrieb gearbeitet haben. Wesentliche Voraussetzung des passiven Wahlrechts ist damit die Wahlberechtigung, sprich das *aktive* Wahlrecht nach § 7 BetrVG. 629

Für die Wahlberechtigung nach § 7 BetrVG kommt es – neben der Vollendung des 16. Lebensjahres – wesentlich darauf an, ob es sich um einen „Arbeitnehmer des Betriebs" handelt. Nach Maßgabe des § 5 Abs. 1 Satz 1 BetrVG sind Arbeitnehmer im Sinne des BetrVG Arbeiter und Angestellte einschließlich der zu ihrer Berufsausbildung Beschäftigten, unabhängig davon, ob sie im Betrieb, im Außendienst oder mit Telearbeit beschäftigt werden. Nach ganz h. M. geht § 5 Abs. 1 Satz 1 BetrVG von dem **allgemeinen Arbeitnehmerbegriff** aus, der in § 5 Abs. 1 Satz 2 und 3, Abs. 2 und 3 BetrVG modifiziert wird.[131] Danach ist Arbeitnehmer, wer aufgrund eines privatrechtlichen Vertrages im Dienst eines anderen zur Leistung weisungsgebundener, fremdbestimmter Arbeit in persönlicher Abhängigkeit verpflichtet ist.[132] Allein das Bestehen eines Arbeitsverhältnisses zwischen einem Arbeitnehmer und dem Inhaber eines Betriebs genügt nach der Rspr. des BAG allerdings nicht in jedem Fall, um die Beurteilung zu rechtfertigen, der Arbeitnehmer sei auch Arbeitnehmer „des Betriebs", wie es § 7 Satz 1 BetrVG voraussetzt. Erforderlich ist hierzu vielmehr die **betriebsverfassungsrechtliche Zuordnung des Arbeitnehmers zu einem bestimmten Betrieb.**[133] Notwendig ist also grds. einerseits ein Arbeitsverhältnis zum Betriebsinhaber und andererseits die tatsächliche Eingliederung des Arbeitnehmers in dessen Betriebsorganisation (sog. **Zwei-Komponenten-Lehre**).[134] Die betriebsverfassungsrechtliche Zuordnung setzt regelmäßig voraus, dass die Arbeitnehmer in die Betriebsorganisation des Arbeitgebers eingegliedert sind.[135] Hierzu ist nicht erforderlich, dass der Arbeitnehmer seine Arbeit auf dem Be- 630

127 S. BAG 2.8.2017 – 7 ABR 51/15 – juris Rn. 25.
128 S. BAG 2.8.2017 – 7 ABR 51/15 – juris Rn. 25.
129 S. MHdB-ArbR/*Krois*, § 291 Rn. 65; *Fitting*, BetrVG, § 7 Rn. 5.
130 S. MHdB-ArbR/*Krois*, § 291 Rn 117; *Fitting*, BetrVG, § 8 Rn. 5.
131 S. BAG 5.12.2012 – 7 ABR 48/11 – juris Rn. 17 m. w. N.; BAG 13.10.2004 – 7 ABR 6/04 – juris Rn. 17 m. w. N.; *Fitting*, BetrVG, § 5 Rn. 15.
132 S. BAG 5.12.2012 – 7 ABR 48/11 – juris Rn. 17; BAG 13.3.2008 – 2 AZR 1037/06 – juris Rn. 17; BAG 14.3.2007 – 5 AZR 499/06 – juris Rn. 13, jeweils m. w. N.
133 S. nur BAG 5.12.2012 – 7 ABR 48/11 – juris Rn. 18.
134 S. BAG 5.12.2012 – 7 ABR 48/11 – juris Rn. 18.
135 S. BAG 5.12.2012 – 7 ABR 48/11 – juris Rn. 18; BAG 12.9.2012 – 7 ABR 37/11 – juris Rn. 27; BAG 10.3.2004 – 7 ABR 49/03 – juris Rn. 17.

triebsgelände verrichtet. Entscheidend ist vielmehr, ob der Arbeitgeber mit Hilfe des Arbeitnehmers den arbeitstechnischen Zweck seines Betriebs verfolgt.[136]

631 Schwierigkeiten bereitet diese Zuordnung, wenn ein Arbeitgeber mehrere Betriebe hat oder einen Arbeitnehmer nicht „für" einen bestimmten Betrieb, sondern „betriebsübergreifend" beschäftigt, oder wenn ein Arbeitnehmer im Rahmen eines sog. drittbezogenen Arbeitseinsatzes in einem fremden Betrieb tätig wird (z. B. **Leiharbeit**).[137] Für Fälle des drittbezogenen Personaleinsatzes hat das BAG die Zwei-Komponenten-Lehre zwischenzeitlich aufgegeben, weil sie nicht zu sachgerechten Ergebnissen führt.[138] Denn ihre uneingeschränkte Anwendung hätte zur Folge, dass der Arbeitnehmer einerseits dem Betrieb seines Vertragsarbeitgebers mangels Eingliederung nicht zugeordnet werden könnte, während andererseits mit dem Arbeitgeber, in dessen Betrieb der Arbeitnehmer tatsächlich tätig wird (z. B. bei dem Entleiher), kein Arbeitsvertrag besteht.[139] In derartigen Fällen der aufgespaltenen Arbeitgeberstellung bedarf es daher nach der Rspr. des BAG einer differenzierten Beurteilung der betriebsverfassungsrechtlichen Zuordnung von Arbeitnehmern.[140] Mit Blick auf das **passive Wahlrecht von Leiharbeitnehmern** i. S. d. AÜG (sog. unechte Leiharbeitsverhältnisse)[141] enthält § 14 Abs. 2 Satz 1 AÜG einen Ausschluss des passiven Wahlrechts der überlassenen Arbeitnehmer im Entleiherbetrieb. Nichts anderes soll nach der Rspr. des BAG für andere – nicht vom AÜG erfasste – Fälle der Arbeitnehmerüberlassung gelten.[142] Denn die Einräumung des aktiven Wahlrechts in § 7 Satz 2 BetrVG begründe nicht die Wählbarkeit und damit das passive Wahlrecht von Leiharbeitnehmern nach § 8 Abs. 1 Satz 1 BetrVG.[143] Wahlberechtigt im Sinne der Wählbarkeitsvoraussetzung des § 8 Abs. 1 Satz 1 BetrVG seien im Entleiherbetrieb nur die nach § 7 Satz 1 BetrVG, nicht dagegen die nach § 7 Satz 2 BetrVG Wahlberechtigten.[144]

11. In welchen Angelegenheiten des Betriebs bzw. Unternehmens hat der Betriebsrat Beteiligungsrechte?

632 Der Betriebsrat hat in **sozialen**, **personellen** und **wirtschaftlichen Angelegenheiten** Beteiligungsrechte. Unter sozialen Angelegenheiten versteht man die formellen und materiellen Arbeitsbedingungen.[145] Die formellen Arbeitsbedingungen betreffen die **Art und Weise**, also gleichsam das „Wie" von Leistung und Gegenleistung.[146] Darunter fällt beispielsweise der Mitbestimmungstatbestand des § 87 Abs. 1 Nr. 2 BetrVG betreffend Beginn und Ende der täglichen Arbeitszeit einschließlich der Pausen sowie die Verteilung der Arbeitszeit auf die einzelnen Wochentage. Die materiellen Arbeitsbedingungen regeln Leistung und Gegenleistung und damit das „Ob" von Leistung und Gegenleistung.[147] Darunter fällt etwa die Mitbestimmung nach § 87 Abs. 1 Nr. 11 BetrVG betreffend die Festsetzung der Akkord- und Prämiensätze und vergleichbarer leistungsbezogener Entgelte, einschließlich der Geldfaktoren.

---

136 S. BAG 5.12.2012 – 7 ABR 48/11 – juris Rn. 18; BAG 22.3.2000 – 7 ABR 34/98 – juris Rn. 24.
137 S. nur BAG 5.12.2012 – 7 ABR 48/11 – juris Rn. 18.
138 S. ausf. BAG 5.12.2012 – 7 ABR 48/11 – juris Rn. 19 ff.
139 S. BAG 5.12.2012 – 7 ABR 48/11 – juris Rn. 20.
140 S. BAG 5.12.2012 – 7 ABR 48/11 – juris Rn. 20.
141 S. zur Abgrenzung zwischen sog. echter und sog. unechter Leiharbeit ausf. etwa Schaub/*Koch*, ArbR-Hdb., § 120 Rn. 5 ff.
142 S. zu den in Betracht kommenden Fallkonstellationen etwa *Fitting*, BetrVG, § 5 Rn. 279 ff.
143 Str. s. BAG 17.2.2010 – 7 ABR 51/08 – juris Rn. 25; a. A. etwa *Fitting*, BetrVG, § 8 Rn. 27.
144 S. ausf. BAG 17.2.2010 – 7 ABR 51/08 – juris Rn. 25 ff.
145 S. etwa Richardi/*Richardi*, BetrVG, Vorb. zu §§ 87 ff. Rn. 3.
146 S. *Hromadka/Maschmann*, Arbeitsrecht, Bd. 2, § 16 Rn. 420.
147 S. *Hromadka/Maschmann*, Arbeitsrecht, Bd. 2, § 16 Rn. 420.

Die in den §§ 90, 91 BetrVG geregelten Beteiligungsrechte des Betriebsrats bei der Gestaltung von Arbeitsplatz, Arbeitsablauf und Arbeitsumgebung stellen einen Unterfall der sozialen Angelegenheiten dar.[148] 633

Die Beteiligungsrechte des Betriebsrats in personellen Angelegenheiten sind im Fünften Abschnitt des Betriebsverfassungsgesetzes (§§ 92 ff. BetrVG) geregelt.[149] Darunter fällt z. B. die Mitbestimmung des Betriebsrats bei personellen Einzelmaßnahmen wie der Einstellung oder der Versetzung von Arbeitnehmern nach § 99 BetrVG oder die Beteiligung des Betriebsrats bei arbeitgeberseitigen Kündigungen nach § 102 BetrVG. 634

Die Beteiligung des Betriebsrats in wirtschaftlichen Angelegenheit ist im Sechsten Abschnitt des Betriebsverfassungsgesetzes geregelt (§§ 106 ff. BetrVG).[150] Anders als die Beteiligungsrechte des Betriebsrats in sozialen Angelegenheiten bezieht sich die Betriebsratsbeteiligung in wirtschaftlichen Angelegenheiten nicht auf die arbeitsrechtlichen Beziehungen zwischen Arbeitgeber und Arbeitnehmer, sondern auf den Arbeitgeber in seiner Funktion als Unternehmer.[151] Unternehmerische Entscheidungen in wirtschaftlichen Angelegenheiten unterliegen aber nur eingeschränkt der Beteiligung des Betriebsrats. So beschränkt sich die Beteiligung des Betriebsrats bei Betriebsänderungen, die wesentliche Nachteile für die Belegschaft oder erhebliche Teile der Belegschaft zur Folge haben können, im Ausgangspunkt darauf, dass der Arbeitgeber nach § 111 Satz 1 BetrVG verpflichtet ist, den Betriebsrat rechtzeitig und umfassend zu unterrichten und die geplanten Betriebsänderungen mit dem Betriebsrat zu beraten. 635

12. Welche Arten von Beteiligungsrechten des Betriebsrats gibt es?

Das Betriebsverfassungsgesetz kennt unterschiedliche Arten der Beteiligungsrechte des Betriebsrats. Man unterscheidet („echte") **Mitbestimmungsrechte** (z. B. §§ 87, 91, 112 BetrVG), **Zustimmungsverweigerungsrechte** (s. etwa § 99 Abs. 2 BetrVG), **Widerspruchsrechte** (z. B. § 102 Abs. 3 BetrVG), **Beratungsrechte** (beispielsweise §§ 90 Abs. 2, 96 Abs. 1 Satz 2, 106 Abs. 1 Satz 2 Var. 1, 111 Satz 1 Var. 2 BetrVG), **Anhörungsrechte** (z. B. § 102 Abs. 1 Satz 1 BetrVG) und **Informations- bzw. Unterrichtungsrechte** des Betriebsrats (etwa §§ 80 Abs. 2, 90 Abs. 1, 105 oder § 108 Abs. 5 BetrVG). Die genannten Arten der Beteiligung des Betriebsrats zeichnen sich durch eine unterschiedliche Intensität der Möglichkeit zur Einflussnahme durch den Betriebsrat aus. 636

Die stärkste Form der Beteiligung des Betriebsrats bildet die Gruppe der („echten") **Mitbestimmungsrechte**. Insoweit kann der Arbeitgeber grds. nicht ohne die Zustimmung des Betriebsrats handeln. Das wesentliche Erkennungsmerkmal für ein echtes Mitbestimmungsrecht im BetrVG ist das Einigungsstellenverfahren[152] als Konfliktlösungsmechanismus für den Fall, dass zwischen Arbeitgeber und Betriebsrat eine Einigung nicht zustande kommt. Der Spruch der Einigungsstelle ersetzt die Einigung zwischen Arbeitgeber und Betriebsrat. Insoweit wird von **erzwingbarer Mitbestimmung** gesprochen.[153] 637

Das **Zustimmungsverweigerungsrecht** ist ein eingeschränktes Vetorecht des Betriebsrats. Zwar kann der Arbeitgeber – ebenso wie bei den Mitbestimmungsrechten – nicht 638

---

148 S. Richardi/*Richardi*, BetrVG, Vorb. zu §§ 87 ff. Rn. 6.

149 S. näher zur Beteiligung des Betriebsrats in personellen Angelegenheiten *Hromadka/Maschmann*, Arbeitsrecht, Bd. 2, § 16 Rn. 502 ff.

150 S. näher zur Beteiligung des Betriebsrats in wirtschaftlichen Angelegenheiten *Hromadka/Maschmann*, Arbeitsrecht, Bd. 2, § 16 Rn. 593 ff.

151 S. Richardi/*Richardi*, BetrVG, Vorb. zu §§ 87 ff. Rn. 5.

152 S. zur Einigungsstelle ausf. *Preis/Greiner*, Kollektivarbeitsrecht, § 147 Rz. 2046 ff.; *Hromadka/Maschmann*, Arbeitsrecht, Bd. 2, § 20 Rn. 28 ff.

153 S. etwa §§ 87 Abs. 2, 91 Satz 2 und 3 oder § 112 Abs. 4 BetrVG.

ohne die Zustimmung des Betriebsrats handeln. Allerdings kann der Betriebsrat seine Zustimmung nur aus den jeweils im Gesetz enumerativ genannten Gründen verweigern (z. B. § 99 Abs. 2 BetrVG und auch § 98 Abs. 2 BetrVG). Verweigert der Betriebsrat seine Zustimmung, kann der Arbeitgeber die gerichtliche Ersetzung der Zustimmung durch das Arbeitsgericht beantragen (s. § 99 Abs. 4 BetrVG). Dem Antrag des Arbeitgebers auf Zustimmungsersetzung wird stattgegeben, wenn das Arbeitsgericht feststellt, dass kein Zustimmungsverweigerungsgrund vorgelegen, der Betriebsrat seine Zustimmung also zu Unrecht verweigert hat.

639 Steht dem Betriebsrat ein **Widerspruchsrecht** zu, zeitigt dies lediglich Folgen bei der Durchführung der Maßnahme. Die Entscheidung über die Durchführung der Maßnahme trifft der Arbeitgeber allein. Der Betriebsrat hat nach Maßgabe des § 102 Abs. 3 BetrVG ein Widerspruchsrecht bei einer ordentlichen arbeitgeberseitigen Kündigung des Arbeitnehmers. Ein Widerspruch des Betriebsrats lässt die Wirksamkeit der vom Arbeitgeber ausgesprochenen Kündigung unberührt. Allerdings kommt es unter den Voraussetzungen des § 102 Abs. 5 BetrVG zu einem zeitlich begrenzten betriebsverfassungsgesetzlichen Weiterbeschäftigungsanspruch des Arbeitnehmers.

640 Bei der Fallgruppe der sog. **Beratungsrechte** trifft den Arbeitgeber die Pflicht, vor der Durchführung einer Maßnahme diese mit dem Betriebsrat zu beraten. Dazu ist insbesondere erforderlich, dass der Arbeitgeber mit dem Betriebsrat den Verhandlungsgegenstand gemeinsam *erörtert*.[154] Die Beratung zielt darauf, dass Vorschläge und Bedenken des Betriebsrats bei der Planung berücksichtigt werden können (vgl. § 90 Abs. 2 Satz 1 BetrVG). Die Entscheidung über die Maßnahme trifft der Arbeitgeber nach der Beratung allein.

641 Besteht ein sog. **Anhörungsrecht** des Betriebsrats, ist der Arbeitgeber verpflichtet, dem Betriebsrat Gelegenheit zur Stellungnahme zu geben und sich anschließend mit den Anregungen bzw. Einwendungen des Betriebsrats auseinanderzusetzen.[155] Auch hier trifft der Arbeitgeber die Entscheidung über die Maßnahme – ebenso wie bei den Beratungsrechten – nach der Anhörung allein.

642 Die schwächste Form der Beteiligung des Betriebsrats stellen die sog. **Informations- bzw. Unterrichtungsrechte** dar. Der Arbeitgeber ist verpflichtet, den Betriebsrat rechtzeitig und im jeweils gebotenen Umfang zu unterrichten. Der Betriebsrat hat aber keinen Anspruch darauf, dass sich der Arbeitgeber mit den Anregungen bzw. Einwendungen des Betriebsrats auseinandersetzt und die Entscheidung trifft der Arbeitgeber ebenfalls allein.

13. Welche beiden Vorschriften des Betriebsverfassungsgesetzes sind für das Verhältnis von Tarifvertrag und Betriebsvereinbarung maßgeblich?

643 Das Verhältnis von Tarifvertrag und Betriebsvereinbarung wird durch die Regelungen der § 77 Abs. 3 BetrVG und § 87 Abs. 1 Einleitungssatz BetrVG bestimmt. Nach § 77 Abs. 3 Satz 1 BetrVG können **Arbeitsentgelte und sonstige Arbeitsbedingungen, die durch Tarifvertrag geregelt sind oder üblicherweise geregelt werden, nicht Gegenstand einer Betriebsvereinbarung sein.** Dies gilt nach § 77 Abs. 3 Satz 2 BetrVG nur dann nicht, wenn ein Tarifvertrag den Abschluss ergänzender Betriebsvereinbarungen ausdrücklich zulässt (sog. **Öffnungsklauseln**). Dem Betriebsrat fehlt nach der Rspr. des BAG die **Zuständigkeit** für Betriebsvereinbarungen, deren Gegenstand tarifüblich oder

---

154 S. Schaub/*Ahrendt*, ArbR-Hdb., § 230 Rn. 3; *Preis/Greiner*, Kollektivarbeitsrecht, § 147 Rz. 2029; *v. Hoyningen-Huene*, Betriebsverfassungsrecht, § 11 Rn. 5.

155 S. *Preis/Greiner*, Kollektivarbeitsrecht, § 147 Rz. 2028; *v. Hoyningen-Huene*, Betriebsverfassungsrecht, § 11 Rn. 4; MAH-ArbR/*Ludwig/Kemna*, § 64 Rn. 21.

bereits in Tarifverträgen geregelt ist.[156] Eine gegen § 77 Abs. 3 Satz 1 BetrVG verstoßende Betriebsvereinbarung ist **unwirksam.**[157]

Arbeitsbedingungen sind dann **durch Tarifvertrag geregelt**, wenn sie in einem Tarifvertrag enthalten sind und der Betrieb in den persönlichen, räumlichen und fachlichen Geltungsbereich des Tarifvertrags fällt.[158] Die Frage, ob eine Regelung **tarifüblich** ist, beurteilt sich nach der einschlägigen Tarifpraxis.[159] Tarifüblichkeit liegt insbesondere vor, wenn der Regelungsgegenstand in der Vergangenheit in einem einschlägigen Tarifvertrag enthalten war und die Tarifvertragsparteien über ihn Verhandlungen führen.[160] Bloße zeitliche Geltungslücken zwischen einem abgelaufenen und einem zu erwartenden Tarifvertrag führen nicht zum Wegfall der Sperrwirkung.[161] Keine Tarifüblichkeit liegt allerdings vor, wenn es in der Vergangenheit noch keinen einschlägigen Tarifvertrag gab und die Tarifvertragsparteien lediglich beabsichtigen, die Angelegenheit künftig tariflich zu regeln.[162] Das gilt selbst dann, wenn sie bereits Tarifverhandlungen aufgenommen haben.[163] 644

Die **Sperrwirkung** des § 77 Abs. 3 Satz 1 BetrVG hängt weder von der Tarifbindung des Arbeitgebers noch der des Arbeitnehmers ab.[164] Die Vorschrift soll nach der Rspr. des BAG die **Funktionsfähigkeit der Tarifautonomie** nach Art. 9 Abs. 3 GG gewährleisten. Dazu räume sie den **Tarifvertragsparteien den Vorrang bei der Regelung von Arbeitsbedingungen** ein. Zum **Schutz der ausgeübten und aktualisierten Tarifautonomie** sei jede Normsetzung durch die Betriebsparteien ausgeschlossen, die inhaltlich zu derjenigen der Tarifvertragsparteien in Konkurrenz treten würde. Arbeitgeber und Betriebsrat sollen keine abweichenden oder ergänzenden Betriebsvereinbarungen mit normativer Wirkung abschließen können.[165] 645

Nach § 87 Abs. 1 Einleitungssatz BetrVG besteht das Mitbestimmungsrecht aus § 87 BetrVG nicht, **soweit eine gesetzliche oder tarifliche Regelung vorhanden ist.** Der Inhalt von § 87 Abs. 1 Einleitungssatz BetrVG lässt sich nach der Rspr. des BAG zutreffend nur aus dem Normzweck des § 87 BetrVG erschließen.[166] Die notwendige Mitbestimmung in sozialen Angelegenheiten dient dem Schutz der Arbeitnehmer durch gleichberechtigte Teilhabe des Betriebsrats an den sie betreffenden Entscheidungen.[167] 646

---

156 S. BAG 24.1.2024 – 10 ABR 33/23 – juris Rn. 34; BAG 15.5.2018 – 1 ABR 75/16 – juris Rn. 30; BAG 13.3.2012 – 1 AZR 659/10 – juris Rn. 20; BAG 22.3.2005 – 1 ABR 64/03 – juris Rn. 42.

157 S. BAG 24.1.2024 – 10 ABR 33/23 – juris Rn. 34; BAG 17.8.2021 – 1 AZR 173/20 – juris Rn. 19; BAG 13.3.2019 – 1 AZR 213/18 – juris Rn. 41; BAG 15.5.2018 – 1 ABR 75/16 – juris Rn. 30; BAG 13.3.2012 – 1 AZR 659/10 – juris Rn. 20; BAG 22.3.2005 – 1 ABR 64/03 – juris Rn. 41.

158 S. nur BAG 24.1.2024 – 10 ABR 33/23 – juris Rn. 34; BAG 15.5.2018 – 1 ABR 75/16 – juris Rn. 37; BAG 5.3.2013 – 1 AZR 417/12 – juris Rn. 19; BAG 16.8.2011 – 1 AZR 314/10 – juris Rn. 12; BAG 26.8.2008 – 1 AZR 354/07 – juris Rn. 11; *Fitting*, BetrVG, § 77 Rn. 146; GK-BetrVG/*Kreutz*, § 77 Rn. 110.

159 S. BAG 26.8.2008 – 1 AZR 354/07 – juris Rn. 11.

160 S. BAG 5.3.2013 – 1 AZR 417/12 – juris Rn. 19; BAG 26.8.2008 – 1 AZR 354/07 – juris Rn. 11.

161 S. BAG 5.3.2013 – 1 AZR 417/12 – juris Rn. 19; BAG 26.8.2008 – 1 AZR 354/07 – juris Rn. 11.

162 S. BAG 5.3.2013 – 1 AZR 417/12 – juris Rn. 19; BAG 26.8.2008 – 1 AZR 354/07 – juris Rn. 11.

163 S. BAG 5.3.2013 – 1 AZR 417/12 – juris Rn. 19; BAG 26.8.2008 – 1 AZR 354/07 – juris Rn. 11.

164 Str. s. zur h. M. etwa BAG 24.1.2024 – 10 ABR 33/23 – juris Rn. 34; BAG 17.8.2021 – 1 AZR 173/20 – juris Rn. 19; BAG 13.3.2019 – 1 AZR 213/18 – juris Rn. 41; BAG 15.5.2018 – 1 ABR 75/16 – juris Rn. 30; BAG 13.3.2012 – juris Rn. 20; *Fitting*, BetrVG, § 77 Rn. 150 m. w. N.; *Zöllner/Loritz/Hergenröder*, § 50 Rn. 39; a. A. GK-BetrVG/*Kreutz*, § 77 Rn. 115 f.; Richardi/*Richardi/Picker*, BetrVG, § 77 Rn. 275: Tarifbindung des Arbeitgebers erforderlich. Dafür, dass zusätzlich die Tarifbindung mindestens eines Arbeitnehmers erforderlich ist, etwa *Hablitzel*, NZA 2001, 467 ff. (471).

165 S. zum Ganzen etwa BAG 13.3.2012 – 1 AZR 659/10 – juris Rn. 20; BAG 22.3.2005 – 1 ABR 64/03 – juris Rn. 42; BAG 20.11.2001 – 1 AZR 12/01 – juris Rn. 42.

166 S. BAG 6.11.1990 – 1 ABR 88/89 – juris Rn. 32; BAG 18.4.1989 – 1 ABR 100/87 – juris Rn. 23.

167 S. BAG 6.11.1990 – 1 ABR 88/89 – juris Rn. 32; BAG 18.4.1989 – 1 ABR 100/87 – juris Rn. 23; GK-BetrVG/*Wiese*, § 87 Rn. 56, jeweils m. w. N.

Dafür **fehlt aber das Bedürfnis, wenn der Arbeitgeber selbst nichts bestimmen kann, weil die betreffende Angelegenheit in einem Tarifvertrag oder durch Gesetz inhaltlich und abschließend geregelt ist**, der Arbeitgeber also ohne einen Entscheidungsspielraum das Gesetz oder einen Tarifvertrag anwenden muss.[168] Dem trägt § 87 Abs. 1 Einleitungssatz BetrVG Rechnung, der das Mitbestimmungsrecht ausschließt, wenn die an und für sich mitbestimmungspflichtige Angelegenheit inhaltlich und abschließend durch Gesetz oder Tarifvertrag geregelt ist.[169]

647 Für das Eingreifen des Tarifvorbehalts des § 87 Abs. 1 Einleitungssatz BetrVG muss der **Betrieb zunächst in den räumlichen, fachlichen und persönlichen Geltungsbereich des Tarifvertrags fallen.**[170] Daneben ist es nach h. M. erforderlich, aber auch ausreichend, dass der **Arbeitgeber tarifgebunden** ist, es sei denn, der Tarifvertrag ist für allgemeinverbindlich erklärt worden.[171] Der Grund hierfür liegt darin, dass diese Regelung davon ausgeht, dass eine bestehende tarifliche oder gesetzliche Regelung dem Schutzbedürfnis der Arbeitnehmer ausreichend Rechnung trägt und daher Mitbestimmungsrechte entbehrlich macht.[172] Das ist ohne Weiteres der Fall, wenn eine gesetzliche Regelung besteht, denn diese ist für alle Arbeitsverhältnisse des Betriebs bindend und gewährleistet damit den unabdingbaren Schutz, den § 87 Abs. 1 Einleitungssatz BetrVG für erforderlich hält.[173] Fehlt es an einer gesetzlichen Regelung und überlässt der Gesetzgeber die Regelung der Angelegenheit den Tarifvertragsparteien, so bringt er damit gleichzeitig zum Ausdruck, dass die Arbeitnehmer eines Schutzes nur in dem Maße bedürftig sind, den tarifliche Regelungen bieten können.[174] Tarifliche Regelungen bieten aber nur demjenigen unabdingbaren Schutz, der tarifgebunden ist, sprich, der mit seinem Beitritt zur Tarifvertragspartei diesen Schutz in Anspruch genommen hat.[175] Daher genügt es für den Ausschluss von Mitbestimmungsrechten, wenn der Arbeitgeber hinsichtlich der bestehenden tariflichen Regelung tarifgebunden ist.[176] Der Arbeitnehmer kann durch Beitritt zur tarifvertragsschließenden Gewerkschaft den unabdingbaren Schutz der tariflichen Regelung jederzeit erlangen.[177] Darauf, ob und wie viele Arbeitnehmer des Betriebs von dieser Möglichkeit tatsächlich Gebrauch machen, damit die den Arbeitgeber bindende tarifliche Regelung Mitbestimmungsrechte des Betriebsrats ausschließt, kommt es nicht an.[178]

648 Das Verhältnis der Regelungen des § 77 Abs. 3 Satz 1 BetrVG und § 87 Abs. 1 Einleitungssatz BetrVG ist umstritten. Der Streit kreist um die Frage, ob die Sperrwirkung des § 77 Abs. 3 Satz 1 BetrVG auch im Anwendungsbereich des § 87 Abs. 1 BetrVG gilt, oder ob der in § 87 Abs. 1 Einleitungssatz BetrVG enthaltene Tarifvorbehalt die Regelung des § 77 Abs. 3 Satz 1 BetrVG als lex specialis verdrängt.[179]

---

168 S. BAG 28.3.2017 – 1 ABR 1/16 – juris Rn. 25; BAG 6.11.1990 – 1 ABR 88/89 – juris Rn. 33; GK-BetrVG/*Wiese*, § 87 Rn. 56 mit zahlr. Nachw.

169 S. BAG 6.11.1990 – 1 ABR 88/89 – juris Rn. 33.

170 S. *Fitting*, BetrVG, § 87 Rn. 48; Richardi/*Richardi/Maschmann*, BetrVG, § 87 Rn. 162; GK-BetrVG/*Wiese*, § 87 Rn. 67.

171 S. BAG 28.3.2017 – 1 ABR 1/16 – juris Rn. 25; BAG 18.10.2011 – 1 ABR 25/10 – juris Rn. 21; BAG 24.2.1987 – 1 ABR 18/85 – juris Rn. 59; a. A. *Hueck/Nipperdey*, ArbR, Bd. 2, Halbbd. 2, § 70 IV. 1. b) [S. 1395]; GK-BetrVG/*Wiese*, § 87 Rn. 68 m. w. N.

172 S. BAG 28.3.2017 – 1 ABR 1/16 – juris Rn. 25; BAG 18.10.2011 – 1 ABR 25/10 – juris Rn. 21; BAG 24.2.1987 – 1 ABR 18/85 – juris Rn. 60.

173 S. BAG 24.2.1987 – 1 ABR 18/85 – juris Rn. 60.

174 S. BAG 24.2.1987 – 1 ABR 18/85 – juris Rn. 60.

175 S. BAG 24.2.1987 – 1 ABR 18/85 – juris Rn. 60.

176 S. BAG 24.2.1987 – 1 ABR 18/85 – juris Rn. 60.

177 S. BAG 24.2.1987 – 1 ABR 18/85 – juris Rn. 60.

178 S. BAG 24.2.1987 – 1 ABR 18/85 – juris Rn. 60.

179 S. hierzu im Überblick *Seiwerth*, NZA 2025, 905 ff.

649 Die Vertreter der sog. **Zwei-Schranken-Theorie** gehen davon aus, dass der Tarifvorrang des § 77 Abs. 3 Satz 1 BetrVG auch im Anwendungsbereich des § 87 Abs. 1 BetrVG gilt.[180] Das hat zur Konsequenz, dass insoweit eine Betriebsvereinbarung nicht abgeschlossen werden kann.[181] Begründet wird die Zwei-Schranken-Theorie insbesondere mit dem Wortlaut, der Systematik, dem Telos und der Entstehungsgeschichte der § 77 Abs. 3 Satz 1 BetrVG und § 87 Abs. 1 BetrVG.[182]

650 Nach der von der heute h. M. vertretenen sog. **Vorrangtheorie** greift die Tarifsperre des § 77 Abs. 3 Satz 1 BetrVG dagegen nicht ein, soweit es um Angelegenheiten geht, die nach § 87 Abs. 1 BetrVG der erzwingbaren Mitbestimmung des Betriebsrats unterliegen.[183] Diese Ansicht wird vor allem mit dem Schutzzweck des § 87 Abs. 1 BetrVG begründet, der die Wahrnehmung des Mitbestimmungsrechts des Betriebsrats **auch durch Betriebsvereinbarung** gewährleiste und hiervon nur eine Ausnahme mache, wenn die mitbestimmungspflichtige Angelegenheit durch eine gesetzliche oder tarifliche Vorschrift abschließend geregelt ist.[184]

14. Welches sind die Instrumente der Betriebsparteien zur Regelung betrieblicher Angelegenheiten?

651 Den Betriebsparteien stehen als Instrumente zur Regelung betrieblicher Angelegenheiten die **Betriebsvereinbarung** und die **Regelungsabrede** zur Verfügung. Die Betriebsvereinbarung ist das wichtigste Instrument der innerbetrieblichen Normsetzung.[185] Betriebsvereinbarungen werden nach § 77 Abs. 2 BetrVG von dem **Betriebsrat und dem Arbeitgeber gemeinsam beschlossen** und bedürfen der **Schriftform** oder der gem. § 77 Abs. 2 Satz 3 BetrVG **qualifizierten elektronischen Form**. Gemäß § 77 Abs. 4 Satz 1 BetrVG gelten Betriebsvereinbarungen unmittelbar und zwingend, sprich **normativ**.

652 Unter einer **sog. Regelungsabrede**[186] versteht man jede Vereinbarung von Arbeitgeber und Betriebsrat, die nicht Betriebsvereinbarung ist.[187] Der bedeutsamste Unterschied zwischen einer Betriebsvereinbarung und einer Regelungsabrede ist die fehlende Normwirkung der Regelungsabrede. Sie wirkt – anders als die Betriebsvereinbarung – nicht unmittelbar und zwingend auf die Arbeitsverhältnisse ein, sondern bindet nur die Be-

---

180 S. aus jüngerer Zeit nachdrücklich GK-BetrVG/*Kreutz*, § 77 Rn. 156 ff. m. zahlr. Nachw.; ferner *Hromadka/Maschmann*, Arbeitsrecht, Bd. 2, § 16 Rn. 379; *Zöllner/Loritz/Hergenröder*, § 51 Rn. 84 ff.

181 GK-BetrVG/*Kreutz*, § 77 Rn. 154, verweist insoweit auf die Möglichkeit der Ausübung der Mitbestimmungsrechte durch eine Regelungsabrede (s. dazu noch unten Rn. 652). Dagegen spricht jedoch, dass Regelungsabreden schon wegen der fehlenden Normwirkung zur Verwirklichung der Mitbestimmung nicht in gleicher Weise geeignet sind wie Betriebsvereinbarungen, denn sie wirken nicht unmittelbar und zwingend auf die Arbeitsverhältnisse der Arbeitnehmer ein, sondern entfalten lediglich schuldrechtliche Wirkung zwischen den Betriebsparteien, s. dazu *Fitting*, BetrVG, § 77 Rn. 381.

182 S. näher GK-BetrVG/*Kreutz*, § 77 Rn. 161 ff. m.w.N; einschränkend NK-GA/*Schwarze*, § 87 BetrVG Rn. 61.

183 S. zur st. Rspr. BAG 24.1.2024 – 10 ABR 33/23 – juris Rn. 34; BAG 17.8.2021 – 1 AZR 173/20 – juris Rn. 19; BAG 13.3.2019 – 1 AZR 213/18 – juris Rn. 41; BAG 15.5.2018 – 1 ABR 75/16 – juris Rn. 30; BAG 13.3.2012 – 1 AZR 659/10 – juris Rn. 2; BAG 17.5.2011 – 1 AZR 473/09 – juris Rn. 30; aus der Literatur s. z. B. *v. Hoyningen-Huene*, Betriebsverfassungsrecht, § 12 Rn. 10; *Löwisch/Caspers/Klumpp*, ArbR, Rn. 1412; *Preis/Greiner*, Kollektivarbeitsrecht, § 148 Rz. 2137; inzwischen auch *Fitting*, BetrVG, § 77 Rn. 191 ff. m. w. N.

184 S. BAG 22.3.2005 – 1 ABR 64/03 – juris Rn. 42; BAG 20.11.2001 – 1 AZR 12/01 – juris Rn. 38; *Fitting*, BetrVG, § 77 Rn. 194.

185 S. etwa GK-BetrVG/*Kreutz*, § 77 Rn. 7.

186 S. ausf. zur Regelungsabrede *Fitting*, BetrVG, § 77 Rn. 380 ff.; NK-GA/*Schwarze*, § 77 BetrVG Rn. 93 ff.; grdl. *Adomeit*, Regelungsabrede passim.

187 S. etwa *Fitting*, BetrVG, § 77 Rn. 380; GK-BetrVG/*Kreutz*, § 77 Rn. 8.

triebspartner – d. h. Arbeitgeber und Betriebsrat – schuldrechtlich, sich entsprechend der getroffenen Abrede zu Verhalten.[188]

15. Welche Wirkung entfalten Betriebsvereinbarungen in Bezug auf die Arbeitsverhältnisse?

653 Betriebsvereinbarungen entfalten gemäß der Regelung des § 77 Abs. 4 Satz 1 BetrVG **unmittelbare und zwingende Wirkung**. Die **unmittelbare Wirkung** der Betriebsvereinbarung bedeutet, dass die Bestimmungen des normativen Teils der Betriebsvereinbarung – ebenso wie bei einem Tarifvertrag – den Inhalt der Arbeitsverhältnisse gestalten, ohne dass es auf die Billigung oder Kenntnis der Arbeitsvertragsparteien ankommt.[189] Es bedarf also keiner Anerkennung, Unterwerfung oder Übernahme dieser Normen durch die Parteien des Einzelarbeitsvertrags.[190]

654 Die **zwingende Wirkung** einer Betriebsvereinbarung meint, dass (ungünstigere) abweichende einzelvertragliche Abmachungen nicht getroffen werden können.[191] Die Parteien des Arbeitsvertrags können folglich keine der Betriebsvereinbarung entgegenstehenden (verschlechternden) einzelvertraglichen Abmachungen treffen.[192]

655 Das Betriebsverfassungsgesetz enthält anders als § 4 Abs. 3 TVG keine Regelung für den Fall, dass zwischen Arbeitgeber und Arbeitnehmer eine von der Betriebsvereinbarung abweichende, für den Arbeitnehmer **günstigere** Abmachung getroffen wird. Das Günstigkeitsprinzip ist in § 4 Abs. 3 TVG gesetzlich ausdrücklich geregelt. Danach sind von dem unmittelbar und zwingend wirkenden Tarifvertrag abweichende Abmachungen zulässig, soweit sie durch den Tarifvertrag gestattet sind oder eine Änderung der Regelungen zugunsten des Arbeitnehmers enthalten. Auch wenn dem BetrVG nicht zu entnehmen ist, ob abweichende günstigere Abreden zwischen Arbeitgebern und Arbeitnehmern, die vor oder nach dem Inkrafttreten einer Betriebsvereinbarung getroffen werden, rechtswirksam sind, ist das Günstigkeitsprinzip als allgemeiner Grundsatz des kollektiven Arbeitsrechtsauf das Verhältnis zwischen Arbeitsvertrag und Betriebsvereinbarung anzuwenden.[193] Der wesentliche Grund dafür liegt darin, dass die Möglichkeit günstigerer Abmachungen Ausdruck der von Art. 2 Abs. 1 GG geschützten Vertragsfreiheit ist.[194]

16. Erläutern Sie den Begriff der teilmitbestimmten Betriebsvereinbarung.

656 Teilmitbestimmt ist eine Betriebsvereinbarung, wenn sie sowohl Regelungen in Bezug auf Angelegenheiten enthält, die der erzwingbaren Mitbestimmung des Betriebsrats unterliegen, als auch solche, die mitbestimmungsfrei sind.

657 Das ist beispielsweise bei der Gewährung von freiwilligen übertariflichen Leistungen des Arbeitgebers der Fall.[195] Der Arbeitgeber ist hinsichtlich der Entscheidung, ob überhaupt und mit welchem finanziellen Aufwand er eine solche Leistung den Arbeitnehmern zur Verfügung stellt oder nicht, völlig frei.[196] Er entscheidet mitbestimmungsfrei

---

188 S. etwa BAG 28.7.2020 – 1 ABR 4/19 – juris Rn. 14; BAG 8.9.2010 – 7 ABR 73/09 – juris Rn. 19; BAG 21.1.2003 – 1 ABR 9/02 – juris Rn. 48; *Fitting*, BetrVG, § 77 Rn. 381; BeckOK ArbR/*Werner*, BetrVG § 77 Rn. 74.

189 S. 28.7.2020 – 1 ABR 4/19 – juris Rn. 14; BAG GS 16.9.1986 – GS 1/82 – juris Rn. 58.

190 S. BAG GS 16.9.1986 – GS 1/82 – juris Rn. 58.

191 S. 28.7.2020 – 1 ABR 4/10 – juris Rn. 24; BAG GS 16.9.1986 – GS 1/82 – juris Rn. 58.

192 S. 28.7.2020 – 1 ABR 4/10 – juris Rn. 24; BAG GS 16.9.1986 – GS 1/82 – juris Rn. 58.

193 S. BAG 19.7.2016 – 3 AZR 134/15 – juris Rn. 44; BAG GS 16.9.1986 – GS 1/82 – juris Rn. 58; *Gamillscheg*, Kollektives Arbeitsrecht, Bd. 1, § 18 V. [835].

194 S. z. B. *Heinze*, NZA 1991, 329 ff. (331); *Nikisch*, Arbeitsrecht, Bd. 2, § 82 I. 3. [S. 420].

195 S. zu diesem praxisrelevanten Beispiel auch ErfK/*Kania*, § 77 BetrVG Rn. 15.

196 S. nur BAG 9.7.2013 – 1 AZR 275/12 – juris Rn. 20; ErfK/*Kania*, § 87 BetrVG Rn. 108.

über den **sog. Dotierungsrahmen.**[197] Dagegen unterliegt die Verteilung der freiwilligen übertariflichen Leistungen des Arbeitgebers nach § 87 Abs. 1 Nr. 10 BetrVG der Mitbestimmung des Betriebsrats.[198]

17. Welche rechtliche Folge hat die Verweigerung der Zustimmung durch den Betriebsrat im Falle der geplanten Einstellung eines Arbeitnehmers in Unternehmen mit in der Regel mehr als 20 wahlberechtigten Arbeitnehmern?

Dem Betriebsrat steht nach § 99 Abs. 1 Satz 1 i. V. m. Abs. 2 BetrVG in Unternehmen mit in der Regel mehr als 20 wahlberechtigten Arbeitnehmern ein Mitbestimmungsrecht in Gestalt eines Zustimmungsverweigerungsrechts u. a. für den Fall der geplanten Einstellung eines Arbeitnehmers zu. Der Betriebsrat kann seine Zustimmung aus den in § 99 Abs. 2 BetrVG genannten Gründen verweigern. Verweigert der Betriebsrat seine Zustimmung zu der geplanten Einstellung aus einem in § 99 Abs. 2 BetrVG genannten Grund,[199] darf der Arbeitgeber die Maßnahme grundsätzlich nicht durchführen. Er ist vielmehr auf die Ersetzung der Zustimmung durch das Arbeitsgericht nach § 99 Abs. 4 BetrVG angewiesen. Allerdings kann der Arbeitgeber nach § 100 Abs. 1 Satz 1 BetrVG die personelle Maßnahme – sprich hier die Einstellung – vorläufig durchführen, wenn dies aus **sachlichen Gründen dringend erforderlich**[200] ist. In diesem Fall muss der Arbeitgeber den Betriebsrat nach § 100 Abs. 2 Satz 1 BetrVG unverzüglich von der vorläufigen personellen Maßnahme unterrichten. Bestreitet der Betriebsrat, dass die Maßnahme aus sachlichen Gründen dringend erforderlich ist, darf der Arbeitgeber die vorläufige personelle Maßnahme gemäß § 100 Abs. 2 Satz 3 BetrVG nur aufrechterhalten, wenn er innerhalb von drei Tagen bei dem Arbeitsgericht die Ersetzung der Zustimmung des Betriebsrats und die Feststellung beantragt, dass die Maßnahme aus sachlichen Gründen dringend erforderlich war. Lehnt das Gericht durch rechtskräftige Entscheidung die Ersetzung der Zustimmung des Betriebsrats ab oder stellt es rechtskräftig fest, dass offensichtlich die Maßnahme aus sachlichen Gründen nicht dringend erforderlich war, so endet gemäß § 100 Abs. 3 Satz 1 BetrVG die vorläufige personelle Maßnahme mit dem Ablauf von zwei Wochen nach der Rechtskraft der gerichtlichen Entscheidung. 658

Fraglich ist, welche Auswirkungen die in § 100 Abs. 3 Satz 1 BetrVG angeordnete Beendigung der vorläufigen personellen Maßnahme auf individualrechtlicher Ebene hat. Das ist deshalb problematisch, weil die h. M. davon ausgeht, dass der **Arbeitsvertrag auch dann wirksam ist, wenn bei der Einstellung das Mitbestimmungsrecht des Betriebsrats verletzt** wird.[201] Teilweise wird angenommen, dass die gerichtliche Entscheidung rechtsgestaltend wirkt und es einer Kündigung bei Neueinstellungen nicht bedarf.[202] Das überzeugt nicht. Denn zum einen bedeutet ein solches Verständnis der Wirkung der gerichtlichen Entscheidung einen erheblichen Eingriff in die individualrechtliche Rechtsstellung des betroffenen Arbeitnehmers, zum anderen steht diese Auffassung im Widerspruch zu der Annahme der h. M., dass der unter Verletzung des Mitbestimmungsrechts des Betriebsrats geschlossene Arbeitsvertrag wirksam ist.[203] Die mitbestimmungswidrige Einstellung führt auf der kollektivrechtlichen Ebene zu einem 659

197 S. nur BAG 9.7.2013 – 1 AZR 275/12 – juris Rn. 20; ErfK/*Kania*, § 87 BetrVG Rn. 108.

198 S. nur BAG 9.7.2013 – 1 AZR 275/12 – juris Rn. 20; ErfK/*Kania*, § 87 BetrVG Rn. 110.

199 S. zu den inhaltlichen Anforderungen an die Zustimmungsverweigerungserklärung nach § 99 Abs. 3 Satz 1 BetrVG schon oben Rn. 148 ff.

200 S. dazu etwa *Fitting*, BetrVG, § 100 Rn. 4 f.

201 S. BAG 5.4.2001 – 2 AZR 580/99 – juris Rn. 38; *Fitting*, BetrVG, § 99 Rn. 278; ErfK/*Kania*, § 99 Rn. 45; GK-BetrVG/*Raab*, § 99 Rn. 182; Richardi/*Thüsing*, BetrVG, § 99 Rn. 329 m. w. N.

202 So *Fitting*, BetrVG, § 100 Rn. 18.

203 S. Richardi/*Thüsing*, BetrVG, § 100 Rn. 55.

betriebsverfassungsrechtlichen Beschäftigungsverbot.[204] Das hat auf der individualrechtlichen Ebene zur Folge, dass die Beschäftigung dem Arbeitgeber nach § 275 Abs. 1 BGB rechtlich unmöglich wird.[205] Zur rechtlichen Beendigung des Arbeitsverhältnisses ist eine **Kündigung durch den Arbeitgeber oder der Abschluss eines Aufhebungsvertrages** erforderlich.[206]

18. Können die Betriebsparteien vereinbaren, die Kündigung von der Zustimmung des Betriebsrats abhängig zu machen?

660 Gemäß § 102 Abs. 6 BetrVG können Arbeitgeber und Betriebsrat vereinbaren, dass Kündigungen der Zustimmung des Betriebsrats bedürfen und bei Meinungsverschiedenheiten über die Berechtigung der Nichterteilung der Zustimmung die Einigungsstelle entscheidet. Entsprechende Regelungen sind in der Praxis jedoch selten.[207]

19. Unter welchen Voraussetzungen ist ein Wirtschaftsausschuss einzurichten und welche Funktion übt er aus?

661 Ein Wirtschaftsausschuss ist nach § 106 Abs. 1 Satz 1 BetrVG grds. in allen Unternehmen mit in der Regel mehr als 100 ständig beschäftigten Arbeitnehmern zu bilden. Ausgenommen von der Verpflichtung zur Errichtung eines Wirtschaftsausschusses sind nach § 118 Abs. 1 Satz 2 BetrVG Tendenzbetriebe. Der Wirtschaftsausschuss hat die Aufgabe, wirtschaftliche Angelegenheiten mit dem Unternehmer zu **beraten** und **den Betriebsrat zu unterrichten,** § 106 Abs. 1 Satz 2.[208] Dabei übt er **lediglich Hilfsfunktionen für den Betriebsrat** aus und hat **keine eigenen Entscheidungsbefugnisse.**[209] Diese sind vielmehr dem Betriebsrat vorbehalten.

III. Individualarbeitsrecht

1. Beschreiben Sie den Begriff des Arbeitnehmers.

662 Arbeitnehmer ist nach § 611a Abs. 1 Satz 1 BGB[210], wer aufgrund eines Arbeitsvertrags im Dienste eines anderen zur Leistung weisungsgebundener, fremdbestimmter Arbeit in persönlicher Abhängigkeit verpflichtet ist.

663 Der in der Regelung des § 611a Abs. 1 Satz 1 BGB erstmals gesetzlich niedergelegte Arbeitnehmerbegriff[211] setzt zunächst voraus, dass Dienste aufgrund eines **Arbeitsvertrags, also eines privatrechtlich begründeten Vertrags** erbracht werden. Nicht unter den Anwendungsbereich des Arbeitsrechts fallen damit Dienstleistungen, die aufgrund anderer Beziehungen erbracht werden. Dies betrifft insbesondere Personen, die aufgrund einer öffentlich-rechtlichen Beziehung (z. B. Beamte, Richter, Soldaten und Straf-

---

204 S. BAG 5.4.2001 – 2 AZR 580/99 – juris Rn. 38.

205 S. ErfK/*Kania*, § 99 BetrVG Rn. 45.

206 S. ErfK/*Kania*, § 99 BetrVG Rn. 45; NK-GA/*Preuss*, § 100 BetrVG Rn. 54; GK-BetrVG/*Raab*, § 100 Rn. 47.

207 S. ausf. dazu z. B. APS/*Koch*, § 102 BetrVG Rn. 176–184.

208 S. näher zum Wirtschaftsausschuss etwa *v. Hoyningen-Huene*, Betriebsverfassungsrecht, § 6 Rn. 48 ff. sowie zu dessen allgemeinen Aufgaben *Fitting*, BetrVG, § 106 Rn. 23 ff.

209 S. BAG 15.3.2006 – 7 ABR 24/05 – juris Rn. 23.

210 Eingeführt durch Artikel 2 des Gesetzes zur Änderung des Arbeitnehmerüberlassungsgesetzes und anderer Gesetze vom 21.2.2017, BGBl. 2017 I, 258, in Kraft getreten zum 1.4.2017 (s. Art. 7 des zuvor genannten Gesetzes).

211 Der in § 611a Abs. 1 BGB geregelte Arbeitnehmerbegriff ist von der Rspr. des BAG entwickelt und vom Gesetzgeber übernommen worden, s. zur früheren Rspr. etwa BAG 5.12.2012 – 7 ABR 48/11 – NZA 2013, juris Rn. 17; BAG 13.3.2008 – 2 AZR 1037/06 – juris Rn. 17; BAG 14.3.2007 – 5 AZR 499/06 – juris Rn. 13, jeweils m. w. N.; s. aus jüngerer Zeit zum Arbeitnehmerbegriff etwa BAG 12.11.2024 – 9 AZR 205/23 – juris Rn. 25, 27; BAG 30.11.2021 – 9 AZR 143/21 – juris Rn. 31; BAG 21.11.2017 – 9 AZR 117/17 – juris Rn. 23.

gefangene) oder infolge gesetzlicher Verpflichtungen (z. B. aufgrund der ehelichen Beistandspflicht nach § 1353 Abs. 1 Satz 2 BGB) tätig werden.[212] Weiter ist erforderlich, dass die **Leistung von Diensten** geschuldet ist. Der Arbeitsvertrag ist damit als Unterfall des Dienstvertrags insbesondere vom Werkvertrag (vgl. § 631 BGB) abzugrenzen. Maßgebliches Abgrenzungskriterium hierbei ist der Erfolg: Während der Dienstverpflichtete im Rahmen eines Dienstvertrags lediglich die Tätigkeit als solche schuldet, schuldet der Unternehmer im Rahmen des Werkvertrags den Eintritt eines bestimmten, darüber hinausgehenden Erfolgs.[213] Die Leistung muss für **einen anderen** erbracht werden. Damit werden etwa Leistungen, die nach § 705 Abs. 1 BGB zur Förderung eines Gesellschaftszwecks im Rahmen eines Gesellschaftsvertrags erbracht werden, vom Anwendungsbereich ausgenommen.[214] Schließlich muss es sich – in Abgrenzung zur selbstständigen Tätigkeit – um eine **weisungsgebundene, fremdbestimmte Tätigkeit in persönlicher Abhängigkeit** handeln. Dieses Erfordernis hat der Gesetzgeber ausgehend von der Rspr. des BAG in § 611a Abs. 1 Sätze 2 bis 6 BGB näher konkretisiert.[215]

Über die Beschreibung des Arbeitnehmerbegriffs in § 611a Abs. 1 BGB hinaus hat der **664**
Gesetzgeber in § 611a Abs. 2 BGB die Verpflichtung des Arbeitgebers zur Vergütung geregelt.

2. Was versteht man unter einem fehlerhaften Arbeitsverhältnis?

Ein Arbeitsvertrag bzw. die zum Abschluss des Arbeitsvertrags abgegebenen Willenser- **665**
klärungen können, wie alle anderen Rechtsgeschäfte bzw. Willenserklärungen auch, an verschiedenen Mängeln („Fehlern") leiden. Es kommen sämtliche vertragsrechtlichen Unwirksamkeits- bzw. Anfechtungsgründe in Betracht. Ist etwa an dem Abschluss des Arbeitsvertrags eine geschäftsunfähige Person i. S. d. § 104 BGB[216] beteiligt, hat dies nach § 105 Abs. 1 BGB zur Konsequenz, dass die von dem Geschäftsunfähigen abgegebene **Willenserklärung** nichtig ist und der Arbeitsvertrag infolgedessen nicht zustande kommen kann.[217] Ein Arbeitsvertrag kann auch nach § 134 BGB oder § 138 BGB nichtig sein, wenn er gegen ein gesetzliches Verbot[218] oder die guten Sitten[219] verstößt. Schließlich kann ein Arbeitsvertrag auch vernichtbar sein, wenn die Voraussetzungen einer wirksamen Anfechtung vorliegen.[220]

Sämtliche der aufgezeigten Mängel haben die Gemeinsamkeit, dass das allgemeine Ver- **666**
tragsrecht des BGB als **Regelfolge anordnet, dass der Arbeitsvertrag von Anfang an keine Geltung erlangt**, sei es, weil er überhaupt nicht zustande kommt (§§ 104, 105 Abs. 1 BGB), das Gesetz ihm die Wirksamkeit versagt (z. B. §§ 134, 138 BGB) oder aber, weil er wegen der in § 142 Abs. 1 BGB angeordneten ex-tunc Wirkung der Anfechtung als von Anfang an nichtig anzusehen ist. **Diese Grundsätze gelten im Ausgangspunkt auch für einen unwirksamen oder nicht zustande gekommenen Arbeitsvertrag.**[221]

---

212 S. BeckOK ArbR/*Joussen*, § 611a BGB Rn. 9; NK-GA/*Helm*, § 611a BGB Rn. 14.

213 S. ErfK/*Preis*, § 611a BGB Rn. 23, 102 ff.; NK-GA/*Schöne*, § 611a BGB Rn. 112 f.

214 S. ErfK/*Preis*, § 611a BGB Rn. 97; NK-GA/*Schöne*, § 611a BGB Rn. 116 ff. Dies schließt es jedoch nicht aus, dass ein Gesellschafter neben seiner Beteiligung an der Gesellschaft zu derselben auch in einem Arbeitsverhältnis stehen kann, s. NK-GA/*Schöne*, § 611a BGB Rn. 118. Zu den Voraussetzungen, unter denen auch Gesellschafter Arbeitnehmer sein können, s. näher ErfK/*Preis*, § 611a BGB Rn. 94 ff.; NK-GA/*Helm*, § 611a BGB Rn. 48 ff.

215 S. näher zu dem Kriterium der persönlichen Abhängigkeit ErfK/*Preis*, § 611a BGB Rn. 33 ff.; NK-GA/*Helm*, § 611a BGB Rn. 18 ff.

216 S. näher zur Geschäftsunfähigkeit etwa *Boecken*, BGB-AT, Rn. 212–224.

217 S. nur *Boecken*, BGB-AT, Rn. 211.

218 S. ausf. zum gesetzlichen Verbot *Boecken*, BGB-AT, Rn. 372–380.

219 S. ausf. zur Sittenwidrigkeit *Boecken*, BGB-AT, Rn. 381–402.

220 S. zur Anfechtung ausf. *Boecken*, BGB-AT, Rn. 439–520.

221 S. nur MHdB-ArbR/*Benecke*, § 38 Rn. 46; Schaub/*Linck*, ArbR-Hdb., § 34 Rn. 48.

Das hat zur Konsequenz, dass der Arbeitnehmer nach § 611a Abs. 1 Satz 1 BGB nicht zur Leistung der versprochenen Dienste und der Arbeitgeber nach § 611a Abs. 2 BGB nicht zur Gewährung der vereinbarten Vergütung verpflichtet ist und war.

667 Probleme entstehen, wenn auf der fehlerhaften Vertragsgrundlage **ein Leistungsaustausch stattgefunden** hat. Wenn ein Arbeitnehmer ohne (wirksame) Vertragsgrundlage Arbeit tatsächlich geleistet hat, wird von einem **fehlerhaften Arbeitsverhältnis** gesprochen.[222] Die bürgerlich-rechtliche Folge wäre eine Rückabwicklung nach den Grundsätzen des Bereicherungsrechts nach Maßgabe der §§ 812 ff. BGB. Der Arbeitnehmer hätte nach § 812 Abs. 1 Satz 1 Var. 1 BGB[223] die durch Leistung des Arbeitgebers ohne rechtlichen Grund erlangte Vergütung und der Arbeitgeber die durch Leistung des Arbeitnehmers ohne rechtlichen Grund erlangte Arbeitsleistung herauszugeben. Das ist insbesondere im Hinblick auf die Herausgabe der Arbeitsleistung problematisch. Diese kann nicht in Natur herausgegeben werden. Daher käme es nach § 818 Abs. 2 BGB zu einer Wertersatzpflicht, wobei der **objektive** Wert der Arbeitsleistung herauszugeben ist.[224] Dessen Ermittlung kann zu Schwierigkeiten führen, im Übrigen kann der Wertersatz auch niedriger ausfallen als die vereinbarte Vergütung. Des Weiteren sind Fälle denkbar, in denen der Arbeitgeber durch die Arbeitsleistung nicht bereichert bzw. eine Bereicherung zumindest nicht nachweisbar ist.[225] Weiter könnten sich sowohl der Arbeitgeber als auch der Arbeitnehmer unter den Voraussetzungen des § 818 Abs. 3 BGB auf den Wegfall der Bereicherung berufen. Weiß die leistende Partei, dass sie zur Leistung nicht verpflichtet ist – beispielsweise wenn der Arbeitnehmer von seiner Geschäftsunfähigkeit i. S. d. § 104 Abs. 1 Nr. 2 BGB positive Kenntnis hat – käme es unter den Voraussetzungen des § 814 Var. 1 BGB zum Ausschluss des Bereicherungsanspruchs.

668 Die Vorschriften des Bereicherungsrechts sind primär auf die Abwicklung von vermögensrechtlichen Austauschverhältnissen, insbesondere über die Erbringung von Sachleistungen zugeschnitten und passen nicht für die Rückabwicklung von durchgeführten Arbeitsverhältnissen.[226] Denn die Anwendung des Bereicherungsrechts führt zu den aufgezeigten Rückabwicklungsschwierigkeiten und teilweise zu unbilligen Ergebnissen.[227] Hier setzt die Lehre vom fehlerhaften Arbeitsverhältnis an. Dogmatisch führt sie zu einer **teleologischen Reduktion der gesetzlich vorgesehenen Nichtigkeitsfolgen.**[228] Soweit die Voraussetzungen der Lehre vom fehlerhaften Arbeitsverhältnis vorliegen, ist das fehlerhafte Arbeitsverhältnis für die Vergangenheit wie ein fehlerfrei

---

222 S. zum fehlerhaften Arbeitsverhältnis grdl. BAG 1 AZR 594/56 – juris Rn. 15 ff., sowie nachfolgend etwa BAG 3.12.1998 – 2 AZR 754/97 – juris Rn. 15; BAG 3.11.2004 – 5 AZR 592/03 – juris Rn. 17; BAG 27.5.2020 – 5 AZR 247/19 – juris Rn. 28; aus der Literatur s. MHdB-ArbR/*Benecke*, § 38 Rn. 48 ff.; Schaub/*Linck*, ArbR-Hdb. § 34 Rn. 47 f.; ErfK/*Preis*, § 611a BGB Rn. 151; *Joussen*, NZA 2006, 963 ff. (964 ff.). Wegen der jedenfalls begrifflichen Nähe zur Lehre von den faktischen Vertragsverhältnissen sollte nicht von einem faktischen Arbeitsverhältnis gesprochen werden, so aber z. B. *Hanau/Adomeit*, Arbeitsrecht, Rn. 639.

223 Im Falle der Anfechtung wird teilweise auch angenommen, dass der Rechtsgrund später weggefallen ist, mit der Folge der Anwendung der condictio ob causam finitam, § 812 Abs. 1 Satz 2 Var. 1 BGB. Zutreffend erscheint es dagegen die ex tunc Wirkung der Anfechtung des § 142 Abs. 1 BGB auch auf das Bereicherungsrecht zu erstrecken, sodass der Rechtsgrund von Anfang an gefehlt hat und die condictio indebiti nach § 812 Abs. 1 Satz 1 Var. 1 BGB einschlägig ist. Wie hier Grüneberg/*Retzlaff*, § 812 Rn. 26, der zur Gegenansicht jedoch auf den historischen Gesetzgeber verweist.

224 S. zum objektiven Wertbegriff nur MüKo-BGB/*Schwab*, § 818 Rn. 83 f.

225 S. *Canaris*, BB 1967, 165 ff. (167).

226 S. *Canaris*, BB 1967, 165 ff. (167): §§ 812 ff. BGB passen typologisch nicht auf Arbeitsverhältnisse; vgl. auch MHdB-ArbR/*Benecke*, § 38 Rn. 48.

227 Vgl. BAG 3.12.1998 – 2 AZR 754/97 – juris Rn. 15.

228 S. BAG 26.9.2007 – 5 AZR 857/06 – juris Rn. 13; ErfK/*Preis*, § 611a BGB Rn. 151.

zustande gekommenes Arbeitsverhältnis zu behandeln.[229] Das hat wesentlich zur Konsequenz, dass der Arbeitnehmer, der seine Arbeitsleistung erbracht hat, die **Vergütung in der Höhe, wie sie ursprünglich vereinbart wurde,** verlangen kann und eine Rückabwicklung der wechselseitig erbrachten Leistungen ausgeschlossen ist.[230] Allerdings fehlt dem Arbeitsverhältnis der Bestandsschutz, es kann ohne Einhaltung einer Frist durch einseitige Erklärung aufgelöst werden.[231] Eine wirksame Anfechtung wirkt entgegen § 142 Abs. 1 BGB nur ex-nunc.[232]

Die Anwendung der Lehre vom fehlerhaften Arbeitsverhältnis setzt zunächst voraus, **669**
dass die Arbeit einvernehmlich **auf der Grundlage eines vermeintlichen oder unwirksamen Vertrages erfolgt.**[233] Fehlt jede rechtsgeschäftliche – wenn auch unwirksame – Übereinkunft, liegt nach zutreffender Auffassung auch kein fehlerhaftes Arbeitsverhältnis vor.[234] An dieser Voraussetzung für die Anwendbarkeit der Lehre vom fehlerhaften Arbeitsverhältnis fehlt es beispielsweise bei Zwangsarbeit.[235] Ebenso fehlt es hieran, wenn der Arbeitgeber den Arbeitnehmer bis zum Ende eines Kündigungsschutzprozesses beschäftigt, um so die Zwangsvollstreckung aus einem titulierten allgemeinen Weiterbeschäftigungsanspruch abzuwenden (sog. Prozessbeschäftigung).[236]

Weiter ist Voraussetzung, dass das **Arbeitsverhältnis in Vollzug gesetzt** ist.[237] Damit ist **670**
gefordert, dass der Arbeitnehmer begonnen hat, seine Arbeitsleistung zu erbringen.[238]

Schließlich darf das **Arbeitsverhältnis nicht wieder außer Funktion gesetzt sein.**[239] **671**
Das ist der Fall, wenn der Arbeitnehmer – **aus welchen Gründen auch immer** – tatsächlich nicht gearbeitet hat.[240] Deshalb besteht z. B. kein Entgeltfortzahlungsanspruch des Arbeitnehmers nach § 3 Abs. 1 EFZG, wenn der Arbeitgeber im Anschluss an eine krankheitsbedingte Arbeitsunfähigkeit des Arbeitnehmers den Arbeitsvertrag wegen arg-

---

229 S. BAG 30.4.1997 – 7 AZR 122/96 – juris Rn. 19; BAG 15.1.1986 – 5 AZR 237/84 – juris Rn. 17; BAG 7.6.1972 – 5 AZR 512/71 – juris Rn. 13; BAG 15.11.1957 – 1 AZR 189/57 – juris Rn. 24; Schaub/*Linck*, ArbR-HdbB., § 34 Rn. 49.

230 S. etwa BAG 15.1.1986 – 5 AZR 237/84 – juris Rn. 17.

231 S. BAG 15.1.1986 – 5 AZR 237/84 – juris Rn. 17; ErfK/*Preis*, § 611a BGB Rn. 153.

232 S. nur BAG 12.5.2011 – 2 AZR 479/09 – juris Rn. 19 m. w. N.

233 S. BAG 10.9.2020 – 6 AZR 94/19 (A) – juris Rn. 33; BAG 27.5.2020 – 5 AZR 247/19 – juris Rn. 28; BAG 26.9.2007 – 5 AZR 857/06 – juris Rn. 13; s. aus der Literatur ErfK/*Preis*, § 611a BGB Rn. 151; MHdB-ArbR/*Benecke*, § 38 Rn. 49.

234 S. BAG 10.9.2020 – 6 AZR 94/19 (A) – juris Rn. 33; BAG 27.5.2020 – 5 AZR 247/19 – juris Rn. 28; BAG 26.9.2007 – 5 AZR 857/06 – juris Rn. 13 m. w. N. Die Begründungsansätze im Schrifttum die eine rechtswirksame Entstehung eines Arbeitsverhältnisses losgelöst von einer rechtsgeschäftlichen Begründung annehmen, haben sich zu Recht nicht durchgesetzt. Das gilt insb. für die wesentlich auf Günter Haupt zurückgehende Lehre von den faktischen Vertragsverhältnissen, wonach ohne rechtsgeschäftliche Willenserklärungen allein durch tatsächliche Vorgänge, etwa kraft Einordnung in ein Gemeinschaftsverhältnis (Arbeits-)Verträge entstehen können sollen (s. *Haupt*, Festschrift Siber, Bd. 2, S. 1 ff. (5 ff. und 16 ff.) und für die in der Nachkriegszeit insb. von Arthur Nikisch vertretene sog. Eingliederungstheorie, wonach ein Arbeitsverhältnis auch durch die bloße Eingliederung des Arbeitnehmers in den Betrieb entstehen können soll, s. *Nikisch*, *Arbeitsrecht*, Bd. 1, § 19 2. [S. 174 f.]. Diese Lehren sind abzulehnen, weil sie mit der privatautonomen Konzeption des BGB im Sinne von allein rechtsgeschäftlich und damit willentlich begründeten Vertragsbeziehungen nicht zu vereinbaren sind, s. *Boecken*, BGB-AT, Rn. 254; MHdB-ArbR/*Benecke*, § 38 Rn. 49.

235 S. hierzu den Fall BAG 16.2.2000 – 5 AZB 72/99 – juris.

236 S. BAG 27.5.2020 – 5 AZR 247/19 – juris Rn. 28.

237 S. etwa BAG 12.5.2011 – 2 AZR 479/09 – juris Rn. 19; *Joussen*, NZA 2006, 963 ff. (964).

238 Vgl. BAG 18.4.1968 – 2 AZR 145/67 – juris Rn. 13.

239 S. BAG 12.5.2011 – 2 AZR 479/09 – juris Rn. 19; BAG 3.12.1998 – 2 AZR 754/97 – juris Rn. 15; BAG 16.9.1982 – 2 AZR 228/80 – juris Rn. 45.

240 S. BAG 3.12.1998 – 2 AZR 754/97 – juris Rn. 15; BAG 16.9.1982 – 2 AZR 228/80 – juris Rn. 46; s. ferner *Joussen*, NZA 2006, 963 ff. (964); Schaub/*Linck*, ArbR-Hdb., § 34 Rn. 50.

listiger Täuschung wirksam anficht und die Entgeltfortzahlung verweigert.[241] Die Außerfunktionssetzung des Arbeitsverhältnisses kann aber etwa auch auf einer (unwirksamen) Arbeitgeberkündigung beruhen mit der Folge, dass eine Anfechtung auf den Zeitpunkt dieser Außerfunktionssetzung zurückwirkt.[242]

672 **Keine Anwendung** soll die Lehre vom fehlerhaften Arbeitsverhältnis finden, **wenn ein besonders schwerer Mangel** vorliegt.[243] Das hat das BAG beispielsweise für den Fall eines nach § 134 BGB nichtigen Arbeitsvertrags aufgrund der Erbringung von ärztlichen Tätigkeiten durch einen „falschen Arzt" ohne Approbation angenommen.[244] Entsprechendes gilt für den Fall, dass der Vertrag in besonders schwerwiegender Weise sittenwidrig ist.[245] In diesen Fällen kommt es ausnahmsweise zu einer bereicherungsrechtlichen Rückabwicklung.[246]

673 Bei der Beteiligung von geschäftsunfähigen und in der Geschäftsfähigkeit beschränkten Personen am Vertragsschluss ist der besondere Schutzzweck der §§ 104 ff. BGB zu berücksichtigen. Dieser gebietet es nach h. M., dass die Lehre vom fehlerhaften Arbeitsverhältnis zwar zu deren Gunsten, nicht aber zu deren Lasten Anwendung findet.[247]

3. Erläutern Sie die Zielsetzungen des Nachweisgesetzes.

674 Das Nachweisgesetz verpflichtet den Arbeitgeber, die wesentlichen Vertragsbedingungen schriftlich niederzulegen, die Niederschrift zu unterzeichnen und dem Arbeitnehmer auszuhändigen (§ 2 Abs. 1 Satz 1 NachwG).[248] Das Nachweisgesetz ändert nichts daran, dass der Abschluss eines Arbeitsvertrags formfrei möglich ist. Der Mindestumfang der Niederschrift bei der Neubegründung eines Arbeitsverhältnisses ergibt sich aus § 2 Abs. 1 Satz 7 NachwG. § 2 Abs. 1 Satz 9 NachwG enthält differenzierte, an die einzelnen Pflichtangaben anknüpfende Fristen für die Aushändigung der Niederschrift an den Arbeitnehmer. Nach § 3 Satz 1 NachwG ist eine Änderung der wesentlichen Vertragsbedingungen oder der in § 2 Abs. 2 und 3 NachwG genannten Angaben dem Arbeitnehmer spätestens an dem Tag, an dem sie wirksam wird, schriftlich mitzuteilen. Das Gesetz dient durch die Verpflichtung zur Fixierung der wesentlichen Arbeitsbedingungen **der größeren Rechtssicherheit im Arbeitsverhältnis**[249] **und der Information des Arbeitnehmers.**[250] Eine ausdrückliche Folge der Nichtbeachtung der Anforderungen des Nachweisgesetzes sieht das Gesetz selbst nur in der Bußgeldvorschrift des § 4 NachwG vor. Auswirkungen kann die Nichtbeachtung der Anforderungen des Nachweisgesetzes darüber hinaus u. a. bei der Darlegungs- und Beweislast haben, wenn es über Ansprüche und Pflichten aus dem Arbeitsverhältnis zu gerichtlichen Auseinandersetzungen zwischen Arbeitgeber und Arbeitnehmer kommt.[251] Die Nichterfüllung der

---

241 S. zu diesem Fall BAG 3.12.1998 – 2 AZR 754/97 – juris mit ausf. Begründung und unter Aufgabe der früheren gegenteiligen Rspr.

242 S. BAG 12.5.2011 – 2 AZR 479/09 – juris Rn. 19; BAG 16.9.1982 – 2 AZR 228/80 – juris Rn. 46.

243 S. etwa BAG 3.11.2004 – 5 AZR 592/03 – juris Rn. 17.

244 S. dazu den Fall BAG 3.11.2004 – 5 AZR 592/03 – juris.

245 S. ErfK/*Preis*, § 611a BGB Rn. 152.

246 S. etwa BAG 3.11.2004 – 5 AZR 592/03 – juris Rn. 17; beachte insbesondere § 817 Satz 2 BGB.

247 S. dazu näher MHdB-ArbR/*Benecke*, § 38 Rn. 55 f.; *Pieronczyk*, JuS 2022, 910 ff. (911).

248 Seit dem 1.1.2025 kann die Niederschrift auch in Textform (§ 126b des Bürgerlichen Gesetzbuchs) abgefasst und elektronisch übermittelt werden, sofern das Dokument für den Arbeitnehmer zugänglich gespeichert und ausgedruckt werden kann und der Arbeitgeber den Arbeitnehmer mit der Übermittlung auffordert, einen Empfangsnachweis zu erteilen, s. § 2 Abs. 1 Satz 2 NachwG. Diese Erleichterung wurde eingefügt durch Art. 50 Nr. 1 des Vierten Gesetzes zur Entlastung der Bürgerinnen und Bürger, der Wirtschaft sowie der Verwaltung von Bürokratie (Viertes Bürokratieentlastungsgesetz) vom 29.10.2024 (s. BGBl. 2024 I, 323).

249 S. die Gesetzesbegründung zur ursprünglichen Fassung des NachwG, BT-Drs. 13/668, S. 8.

250 S. nur ErfK/*Preis/Greiner*, § 2 NachwG Rn. 1.

251 S. ErfK/*Preis/Greiner*, § 2 NachwG Rn. 58 ff.

Nachweispflicht berührt jedoch **nicht die Rechtswirksamkeit des Arbeitsvertrags oder dessen Änderungen.**[252]

4. Hat der Arbeitnehmer einen Anspruch auf Beschäftigung im ungekündigten Arbeitsverhältnis?

Nach ganz h. M. hat der Arbeitnehmer einen Anspruch auf Beschäftigung im ungekün- 675
digten Arbeitsverhältnis.[253] Die Rspr. des BAG hat diesen **sog. allgemeinen Beschäftigungsanspruch** schon frühzeitig anerkannt und führt zu dessen Begründung in der grundlegenden Entscheidung vom 10.11.1955 aus, dass das Arbeitsverhältnis ein personenrechtliches Gemeinschaftsverhältnis[254] sei, das nicht nur wie beim Dienstvertrag der selbstständig Tätigen oder sonstigen Schuldverhältnissen lediglich einzelne bestimmte Leistungen betrifft, sondern für seinen Geltungsbereich die ganze Person des Arbeitnehmers erfasse, deshalb wesentlich sein Leben gestalte und seine Persönlichkeit bestimme.[255] Die Achtung und Anerkennung des Arbeitnehmers als Mensch beruhe auch nicht nur auf dem wirtschaftlichen Wert seiner Leistung (der Höhe des Gehaltes), sondern weitgehend darin, wie er die ihm obliegenden Aufgaben erfülle.[256] Gerade das gäbe ihm im Bereich des Arbeitslebens maßgeblich seine Würde als Mensch.[257] Deshalb müsse der Arbeitgeber nicht bloß aufgrund seiner Treuepflicht, sondern vor allem auch aufgrund der jedermann aus Art. 1 und 2 GG[258] obliegenden Verpflichtung alles unterlassen, was die Würde des Arbeitnehmers und die freie Entfaltung der Persönlichkeit beeinträchtigen könne.[259] Eine solche Beeinträchtigung beider Grundrechtspositionen bedeute es aber, wenn einem Arbeitnehmer zugemutet wird, nicht nur vorübergehend, sondern womöglich jahrelang sein Gehalt in Empfang zu nehmen, ohne sich in seinem bisherigen Beruf betätigen zu können.[260] Das würde – so das BAG – auf einen Zwang zum Nichtstun hinauslaufen und den Arbeitnehmer nicht mehr als vollwertiges Glied der Berufsgemeinschaft und der Gesellschaft überhaupt erscheinen lassen.[261] Nicht bloß die Allgemeinheit, sondern auch der größte Teil der ihrer Fähigkeiten und Leistungen bewussten Arbeitnehmer hielten es für verächtlich, Lohn in Empfang zu nehmen, der nicht durch entsprechende Leistungen verdient ist.[262] Im Übrigen würde auch der Arbeitnehmer, der doch während des bestehenden Arbeitsverhältnisses seine Arbeitskraft nicht einem anderen anbieten darf, gehindert werden, sich weiter beruflich zu betätigen, sich seine beruflichen Fähigkeiten zu erhalten und fortzubilden, d. h. er würde gehindert sein, seine Persönlichkeit zu entfalten.[263]

---

252 S. MAH-ArbR/*Benecke*, § 36 Rn. 70; *Richardi*, NZA 2001, 57 ff. (60); *Preis/Schulze*, NJW 2022, 2297 ff. (2297) Rn. 4.

253 S. grdl. BAG 10.11.1955 – 2 AZR 591/54 – juris Rn. 5 und folgend BAG 19.8.1976 – 3 AZR 173/75 – juris Rn. 25; BAG 26.5.1977 – 2 AZR 632/76 – juris Rn. 42 ff.; s. aus der Literatur etwa *Brox/Rüthers/Henssler*, Arbeitsrecht, Rn. 338; *Dütz/Thüsing*, Arbeitsrecht, Rn. 185; *Löwisch/Caspers/Klumpp*, ArbR, Rn. 223; *Waltermann*, Arbeitsrecht, Rn. 211, 212; ausf. MHdB-ArbR/*Reichold*, § 92 Rn. 4–19. Eine in der Literatur vertretene Mindermeinung lehnt einen allgemeinen Beschäftigungsanspruch ab, s. dazu ausf. *Weber/Weber*, RdA 2007, 344 ff. (345 ff.).

254 S. zur (früheren) Lehre vom personenrechtlichen Gemeinschaftsverhältnis und der Kritik hieran ausf. MHdB-ArbR/*Fischinger*, § 3 Rn. 14–20.

255 S. BAG 10.11.1955 – 2 AZR 591/54 – juris Rn. 5.

256 S. BAG 10.11.1955 – 2 AZR 591/54 – juris Rn. 5.

257 S. BAG 10.11.1955 – 2 AZR 591/54 – juris Rn. 5.

258 Diese Ausführungen sind Konsequenz der von der frühen Rspr. des BAG unter ihrem Präsidenten H.C. Nipperdey vertretenen Lehre von der unmittelbaren Drittwirkung bestimmter Grundrechte, s. dazu auch BAG 3.12.1954 – 1 AZR 150/54 – juris Rn. 25 und schon oben Rn. 583.

259 S. BAG 10.11.1955 – 2 AZR 591/54 – juris Rn. 5.

260 S. BAG 10.11.1955 – 2 AZR 591/54 – juris Rn. 5.

261 S. BAG 10.11.1955 – 2 AZR 591/54 – juris Rn. 5.

262 S. BAG 10.11.1955 – 2 AZR 591/54 – juris Rn. 5.

263 S. BAG 10.11.1955 – 2 AZR 591/54 – juris Rn. 5.

676 Diese Rspr. hat das BAG im Kern fortgesetzt.[264] **Der Anspruch wird aus den §§ 611a, 613 BGB i. V. m. § 242 BGB hergeleitet, wobei die Generalklausel des § 242 BGB durch die Wertentscheidung der Art. 1 und 2 GG ausgefüllt wird.**[265] Das BAG bejaht über die Anerkennung eines Anspruchs auf Beschäftigung im ungekündigten Arbeitsverhältnis hinaus einen Beschäftigungsanspruch des Arbeitnehmers grds. auch dann, wenn im Rahmen eines Kündigungsschutzverfahrens das Arbeitsgericht der Klage des Arbeitnehmers stattgeben hat.[266] Dieser sog. **Weiterbeschäftigungsanspruch** ist zu unterscheiden von dem nach Maßgabe des § 102 Abs. 5 BetrVG bestehenden betriebsverfassungsgesetzlichen Weiterbeschäftigungsanspruch.[267]

5. Unter welchen Voraussetzungen kann ein nachvertragliches Wettbewerbsverbot wirksam vereinbart werden?

677 Die Vereinbarung eines nachvertraglichen Wettbewerbsverbots richtet sich nach den §§ 74 ff. HGB. Diese – ihrem Wortlaut nach auf Vereinbarungen „zwischen dem Prinzipal und dem Handlungsgehilfen“ beschränkten – Regelungen finden über die §§ 110 Satz 2, 6 Abs. 2 GewO **für alle Arbeitnehmer entsprechende Anwendung.**[268] Nach § 74 Abs. 1 HGB ist erforderlich, dass das nachvertragliche Wettbewerbsverbot **schriftlich** abgeschlossen wird und der Arbeitgeber eine von ihm unterzeichnete, die **vereinbarten Bestimmungen enthaltende Urkunde** an den Arbeitnehmer übergibt. Es ist nach § 74 Abs. 2 HGB nur verbindlich, wenn sich der Arbeitgeber verpflichtet, für die Dauer des Verbots eine Entschädigung (sog. **Karenzentschädigung**) zu zahlen, die für jedes Jahr des Verbotes mindestens die Hälfte der von dem Arbeitnehmer zuletzt bezogenen vertragsmäßigen Leistungen erreicht (**Grundsatz der bezahlten Karenz**).[269] Nach der Rspr. des BAG soll für den Fall, dass eine **Entschädigungszusage völlig fehlt, das Wettbewerbsverbot entgegen dem Wortlaut des § 74 Abs. 2 HGB nicht nur unverbindlich, sondern nichtig** sein.[270] Ist eine **Entschädigungszusage** zwar **vereinbart**, genügt diese jedoch nicht den in § 74 Abs. 2 HGB normierten Anforderungen, ist das Wettbewerbsverbot lediglich **unverbindlich**, sprich, der Arbeitgeber kann sich nicht auf das Wettbewerbsverbot berufen, während sich der Arbeitnehmer daran halten und daraus Ansprüche herleiten kann.[271] Dem Arbeitnehmer steht damit ein Wahlrecht zu: Er kann die Unverbindlichkeit der Abrede geltend machen oder sich an das Wettbewerbsverbot halten und die vereinbarte Karenzentschädigung fordern.[272]

678 Weitere Gründe für die (partielle) Unverbindlichkeit bzw. Nichtigkeit des Wettbewerbsverbots ergeben sich aus § 74a HGB.[273] Darüber hinaus kann das Wettbewerbsverbot unter den Voraussetzungen des § 75 HGB unwirksam werden.[274]

---

264 S. BAG 19.8.1976 – 3 AZR 173/75 – juris Rn. 25; BAG 26.5.1977 – 2 AZR 632/76 – juris Rn. 47.

265 St. Rspr. s. etwa BAG 29.2.2024 – 8 AZR 359/22 – juris Rn. 12; BAG 1.6.2022 – 5 AZR 407/21 – juris Rn. 17; BAG 24.3.2021 – 10 AZR 16/20 – juris Rn. 33; BAG 18.10.2017 – 10 AZR 47/17 – juris Rn. 15. Das steht im Einklang mit der Lehre von der nur mittelbaren Drittwirkung der Grundrechte im Privatrechtsverkehr, s. dazu schon oben Rn. 583.

266 S. nur BAG 28.2.2023 – 8 AZB 17/22 – juris Rn. 26.

267 S. zur Abgrenzung der jeweiligen (Weiter-)Beschäftigungsansprüche eingänglich *Kempter/Steinat*, NZA 2016, 913 ff.

268 Das wurde von der h. M. auch schon vor dem Inkrafttreten von § 110 GewO angenommen, s. grdl. BAG 13.9.1969 – 3 AZR 138/68 – juris Rn. 32 ff. S. ausf. zum persönlichen Anwendungsbereich Ebenroth/Boujong/*Rudkowski*, HGB, § 74 Rn. 10–17.

269 S. ausf. dazu Ebenroth/Boujong/*Rudkowski*, HGB, § 74 Rn. 57–72.

270 S. BAG 16.12.2021 – 8 AZR 498/20 – juris Rn. 34; BAG 22.3.2017 – 10 AZR 448/15 – juris Rn. 23; BAG 13.9.1969 – 3 AZR 138/68 – juris Rn. 26.

271 Zum Begriff der Unverbindlichkeit eines Wettbewerbsverbots in Gegenüberstellung zur Nichtigkeit s. BAG 13.9.1969 – 3 AZR 138/68 – juris Rn. 26 f.

272 S. BAG BAG 22.3.2017 – 10 AZR 448/15 – juris Rn. 24; 19.1.1978 – 3 AZR 573/77 – juris Rn. 28.

273 S. ausf. dazu Ebenroth/Boujong/*Rudkowski*, HGB, § 74a Rn. 3–33.

274 S. dazu näher Ebenroth/Boujong/*Rudkowski*, HGB, § 75 Rn. 3–25.

IV. Sozialrecht

1. Nennen Sie die verschiedenen Sozialleistungsbereiche.

Die Sozialleistungsbereiche sind die **soziale Vorsorge** (Sozialversicherung), die **soziale Entschädigung**, die **soziale Förderung**, und die **Sozialhilfe.**[275] Der Leistungsbereich der in § 4 SGB I grundlegend normierten **Sozialversicherung**[276] ist dadurch gekennzeichnet, dass zwischen in der Regel zwangsweise versicherten Personen aus von diesen gezahlten Beiträgen ein Risikoausgleich herbeigeführt wird, mit dem bei Eintritt eines Versicherungsfalles unabhängig von der Bedürftigkeit bestimmte Leistungen erbracht werden sollen. Dieser Risikoausgleich erfolgt unter Berücksichtigung eines – je nach Versicherungszweig unterschiedlich stark ausgeprägten – sog. sozialen Ausgleichs. Im Einzelnen gehören zu diesem Leistungsbereich die Kranken-, Pflege-, Renten-, Arbeitslosen- und Unfallversicherung. 679

Der Bereich der **sozialen Entschädigung** bzw. der sozialen Versorgung[277] dient – das gelangt in § 5 Satz 1 SGB I zum Ausdruck – dem Ausgleich besonderer Opfer, die jemand im Interesse der Allgemeinheit erbracht hat bzw. für deren Abgeltung die Allgemeinheit eine besondere Verantwortung trifft. Es werden demzufolge anders als im Bereich der Sozialversicherung beitragsunabhängige, aus Steuermitteln finanzierte Leistungen erbracht. Die Frage der Bedürftigkeit spielt für die Leistungsberechtigung – die an die Erbringung eines besonderen Opfers anknüpft – keine Rolle. Die zentralen Anknüpfungstatbestände sind im SGB XIV zusammengeführt worden, beispielsweise die Entschädigung für Opfer von Gewalttaten (§§ 13 ff. SGB XIV), die Kriegsopferversorgung (§ 21 SGB XIV) sowie die Impfopferentschädigung (§ 24 SGB XIV). 680

Der aus Steuermitteln finanzierte Bereich der **sozialen Förderung**[278] umfasst wesentlich Sozialleistungen, die mit dem Zweck der Herstellung von Chancengleichheit wie auch zum Ausgleich besonderer wirtschaftlicher Belastungen gewährt werden. Hierzu gehören etwa die Ausbildungsförderung (§ 3 Abs. 1 SGB I) ebenso wie der Bereich der Arbeitsförderung (§ 3 Abs. 2 SGB I) wie auch die Leistungen zur Minderung des Familienaufwands (§ 6 SGB I) oder der Zuschuss für eine angemessene Wohnung (§ 7 SGB I). 681

Die, heute im SGB XII geregelte **Sozialhilfe**[279] ist – siehe grundlegend § 9 SGB I – eine individuelle, auf konkrete Notlagen zugeschnittene Hilfe. Sie wird aus Steuermitteln finanziert und nur gewährt, soweit andere Hilfe nicht erlangt werden kann. Kennzeichnend für diesen Sozialleistungsbereich sind danach die Prinzipien der Subsidiarität und Individualisierung.[280] 682

2. Erläutern Sie den Begriff des Sozialrechts „im formellen Sinne".

Unter dem Begriff des Sozialrechts im formellen Sinne versteht man all diejenigen Normen, die im Sozialgesetzbuch enthalten sind.[281] Darüber hinaus gelten nach § 68 SGB I die dort genannten Gesetze mit den zu ihrer Ergänzung und Änderung erlassenen Ge- 683

---

275 S. *Muckel/Ogorek/Rixen*, SozR, § 4 Rn. 4; BeckOGK SozR/*Spellbrink*, § 1 SGB I Rn. 14 (Stand: 1.5.2021); *Waltermann*, SozR, Rn. 79 f.

276 S. näher etwa *Muckel/Ogorek/Rixen*, SozR, §§ 7–12.; *Waltermann*, SozR, Rn. 108 ff. Zum Verhältnis zwischen Arbeitsrecht und Sozialversicherungsrecht s. etwa MüKo-BGB/*Spinner*, § 611a Rn. 495 ff.

277 S. dazu näher z. B. *Muckel/Ogorek/Rixen*, SozR, § 16; *Waltermann*, SozR, Rn. 492 ff.; Gelhausen/Weiner/*Weiner*, § 1 SGB XIV Rn. 1 ff.

278 Dazu etwa *Muckel/Ogorek/Rixen*, SozR, § 15; *Waltermann*, SozR, Rn. 584 ff.

279 S. dazu etwa *Muckel/Ogorek/Rixen*, SozR, § 14; *Mrozynski*, SGB I, § 9 Rn. 38 ff.; *Waltermann*, SozR, Rn. 506 ff.

280 S. dazu näher BeckOK SozR/*Niedermeyer*, § 9 SGB I Rn. 6 m.w.N; *Muckel/Ogorek/Rixen*, SozR, § 14 Rn. 17 ff.

281 S. *Benkel*, NZS 2002, 617 ff. (618); *Muckel/Ogorek/Rixen*, SozR, § 3 Rn. 2; *Waltermann*, SozR, Rn. 43.

setzen bis zu ihrer Einordnung in das SGB als dessen besondere Teile und gehören damit kraft Fiktion auch zum Sozialrecht im formellen Sinne. Eine inhaltliche Bestimmung des Begriffs Sozialrecht im materiellen Sinne dergestalt, dass dazu alle Normen gehören, die auf die Verwirklichung sozialer Gerechtigkeit und sozialer Sicherheit zielen ist als Abgrenzung zu anderen Rechtsbereichen nicht möglich.[282]

3. Unter welchen Voraussetzungen unterliegen Anwartschaften und Ansprüche auf Leistungen der Sozialversicherung dem verfassungsrechtlichen Eigentumsschutz nach Art. 14 GG?

684 Nach der Rspr. des BVerfG unterliegen sozialversicherungsrechtliche Positionen dem verfassungsrechtlichen Eigentumsschutz nach Art. 14 GG, wenn eine **vermögenswerte Rechtsposition** vorliegt, die nach der Art eines **Ausschließlichkeitsrechts** dem Rechtsträger als privatnützig zugeordnet ist, auf nicht unerheblichen **Eigenleistungen** des Versicherten beruht und zudem der **Sicherung seiner Existenz**[283] dient.[284]

4. Begründen Sie die Bedeutung des Begriffs der Beschäftigung für die Sozialversicherung.

685 Der Begriff der Beschäftigung ist in § 7 Abs. 1 SGB IV beschrieben. Danach ist Beschäftigung die nichtselbstständige Arbeit, insbesondere in einem Arbeitsverhältnis. Anhaltspunkte für eine Beschäftigung sind eine Tätigkeit nach Weisungen und eine Eingliederung in die Arbeitsorganisation des Weisungsgebers.[285]

686 Dem Begriff der Beschäftigung kommt in der Sozialversicherung Bedeutung insbesondere im Zusammenhang mit der Begründung von Versicherungspflicht zu. Der **klassische und zugleich wichtigste Tatbestand der Versicherungspflicht** knüpft an das Vorliegen einer Beschäftigung gegen Arbeitsentgelt[286] an. So sind nach § 5 Abs. 1 Nr. 1 SGB V in der gesetzlichen Krankenversicherung u. a. Arbeiter und Angestellte, die gegen Arbeitsentgelt beschäftigt sind, versicherungspflichtig. Der versicherte Personenkreis in der gesetzlichen Pflegeversicherung wird in § 1 Abs. 2 SGB XI benannt. Nach Satz 1 dieser Regelung sind in den Schutz der sozialen Pflegeversicherung kraft Gesetzes alle Personen einbezogen, die in der gesetzlichen Krankenversicherung versichert sind. Damit statuiert der Gesetzgeber den Grundsatz,[287] dass die Versicherungspflicht in der Pflegeversicherung der Versicherteneigenschaft in der Krankenversicherung folgt.[288] Deshalb erlangt der Begriff der Beschäftigung auch hier Bedeutung. Nach § 1 Satz 1 Nr. 1 Hs. 1 SGB VI sind in der gesetzlichen Rentenversicherung unter anderem Personen versicherungspflichtig, die gegen Arbeitsentgelt beschäftigt sind. Entsprechendes gilt in der gesetzlichen Arbeitslosenversicherung gemäß § 25 Abs. 1 Satz 1 SGB III.

---

282 So das Fazit der h. M., s. statt aller BeckOGK SozR/*Spellbrink*, § 1 SGB I Rn. 13 (Stand: 1.5.2021). S. zu einem Definitionsversuch etwa *Waltermann*, SozR, Rn. 44.

283 S. kritisch zu dieser Anforderung Jarass/Pieroth/*Jarass*, GG, Art. 14 Rn. 11; *ders.* NZS 1997, 545 ff. (546).

284 S. grdl. BVerfG 16.7.1985 – 1 BvL 5/80 – juris Rn. 104 sowie anschließend BVerfG 12.2.1986 – 1 BvL 39/83 – juris Rn. 34; BVerfG 28.4.1999 – 1 BvL 32/95, 1 BvR 2105/95 – juris Rn. 119. S. ausf. SRH/*Papier/Shirvani*, § 3 Rn. 42–71. Zu den verfassungsrechtlichen Determinanten in der gesetzlichen Rentenversicherung s. *Sodan*, NZS 2005, 561 ff.

285 Zum Begriff der Beschäftigung s. näher schon oben Fall 10 Rn. 413 ff.

286 Eine Einschränkung gilt für den Bereich der gesetzlichen Unfallversicherung: § 2 Abs. 1 Nr. 1 SGB VII knüpft allein an das Vorliegen einer Beschäftigung an, s. hierzu näher BSG 20.8.2019 – B 2 U 1/18 R – juris Rn. 13; BSG 6.9.2018 – B 2 U 18/17 R – juris Rn. 13.

287 Zu den über diesen Grundsatz hinausgehend versicherungspflichtigen Personen s. § 21 SGB XI.

288 S. LPK-SGB XI/*Krahmer/Plantholz*, § 1 Rn. 2.

5. Beschreiben Sie den Unterschied zwischen dem Begriff der Beschäftigung im versicherungs- und beitragsrechtlichen Sinne und der Beschäftigung im leistungsrechtlichen Sinne.

Dem Begriff der **Beschäftigung im versicherungs- und beitragsrechtlichen Sinne** kommt als Tatbestandsmerkmal des für die Sozialversicherung zentralen Versicherungspflichttatbestands der Beschäftigung gegen Arbeitsentgelt die Bedeutung zu, den Versicherungsschutz von Beschäftigten zu begründen und zu gewährleisten.[289] 687

Von dem Begriff der **Beschäftigung im leistungsrechtlichen Sinne** wird hingegen gesprochen, wenn der Begriff der Beschäftigung leistungsrechtliche Relevanz hat, weil das Vorliegen oder Nichtvorliegen einer Beschäftigung Tatbestandsvoraussetzung für einen Anspruch auf Leistungen der Sozialversicherung ist.[290] Der leistungsrechtliche Begriff der Beschäftigung hat vor allem Bedeutung im Zusammenhang mit dem Anspruch auf Arbeitslosengeld nach §§ 136 Abs. 1, 137 Abs. 1 SGB III. Denn die nach § 137 Abs. 1 Nr. 1 SGB III u. a. geforderte Arbeitslosigkeit setzt gemäß § 138 Abs. 1 Nr. 1 SGB III voraus, dass der Versicherte nicht in einem Beschäftigungsverhältnis steht, also beschäftigungslos ist.[291] Insoweit kommt dem Begriff der Beschäftigung im leistungsrechtlichen Sinne bezogen auf § 138 Abs. 1 Nr. 1 SGB III die Bedeutung zu, das durch Leistung der Arbeitslosenversicherung gedeckte Risiko zu bestimmen.[292] Nach der Rechtsprechung des BSG knüpft der Begriff der Beschäftigung im leistungsrechtlichen Sinne an die tatsächlichen Verhältnisse an, hingegen nicht an den rechtlichen Bestand des Beschäftigungsverhältnisses etwa in Gestalt eines Arbeitsverhältnisses.[293] Deshalb ist Beschäftigungslosigkeit im Sinne des § 138 Abs. 1 Nr. 1 SGB III durch die tatsächliche Nichtbeschäftigung des Versicherten gekennzeichnet.[294] Das bedeutet, dass Beschäftigungslosigkeit schon dann vorliegt, wenn eine nichtselbstständige Arbeit tatsächlich nicht mehr ausgeübt wird.[295] 688

Im Hinblick auf die Relevanz des Begriffs der Beschäftigung sowohl versicherungs- und beitragsrechtlich wie auch leistungsrechtlich spricht das Bundessozialgericht von einer **funktionsdifferenten Auslegung** des in § 7 Abs. 1 SGB IV beschriebenen Begriffs der Beschäftigung.[296] Die funktionsdifferente Abgrenzung hat wesentlich zur Folge, dass Beschäftigungslosigkeit im leistungsrechtlichen Sinne auch dann vorliegen kann, wenn versicherungs- und beitragsrechtlich das Beschäftigungsverhältnis etwa in Gestalt eines Arbeitsverhältnisses fortbesteht[297]. Bedeutsame Fallkonstellationen sind vor allem Sachverhalte der einvernehmlich unwiderruflichen Freistellung vor der rechtlichen Beendigung des Arbeitsverhältnisses wie auch die erfolgreiche Durchführung einer Kündigungsschutzklage mit der Folge eines Anspruchs auf Annahmeverzugslohn nach § 615 Satz 2 BGB.[298] 689

---

289 S. BSG 24.6.2020 – B 11 AL 3/19 – juris Rn. 15; BSG 12.9.2019 – B 11 AL 20/18 R – juris Rn. 16; BSG 28.9.1993 – 11 Rar 69/92 – juris Rn. 13; NK-GA/*Boecken*, § 7 SGB IV Rn. 2. S. zum Begriff der Beschäftigung bereits ausf. Fall 10 Rn. 413 ff.

290 S. BSG 28.9.1993 – 11 RAr 69/92 – juris Rn. 13; NK-GA/*Boecken*, § 7 SGB IV Rn. 3.

291 S. dazu auch bereits Fall 11 Rn. 442.

292 BSG 24.6.2020 – B 11 AL 3/19 – juris Rn. 16; BSG 12.9.2019 – B 11 AL 20/18 R – juris Rn. 17; BSG 28.9.1993 – 11 RAr 69/92 – juris Rn. 13.

293 BSG 24.9.2024 – B 11 AL 5/23 R – juris Rn. 24.

294 Grdl. BSG 25.4.2002 – B 11 AL 65/01 R – juris Rn. 26; BSG 24.9.2024 – B 11 AL 5/23 R – juris Rn. 24.

295 S. NK-GA/*Boecken*, § 7 SGB IV Rn. 38; *Schlegel*, NZA 2005, 972 (993).

296 S. BSG 24.9.2024 – B 11 AL 5/23 R – juris Rn. 24; BSG 28.9.1993 – 11 RAr 69/92 – juris Rn. 12; s. auch NK-GA/*Boecken*, § 7 SGB IV Rn. 4.

297 S. nur BSG 25.4.2002 – B 11 AL 65/01 R – juris Rn. 26, s. auch BSG 24.9.2024 – B 11 AL 5/23 R – juris Rn. 26, das von der „... rechtliche(n) Möglichkeit der leistungsrechtlichen Beschäftigungslosigkeit bei fortbestehendem Arbeitsverhältnis ...“ spricht.

298 S. nur BSG 24.9.2024 – B 11 AL 5/23 R – juris Rn. 26; NK-GA/*Boecken*, § 7 SGB IV Rn. 38.

6. Beschreiben Sie den zweigliedrigen Begriff der Krankheit in der gesetzlichen Krankenversicherung.

690 Das Krankenversicherungsrecht geht nach h. M. von einem sog. **zweigliedrigen Krankheitsbegriff** aus.[299] Ausgangspunkt der h. M. ist dabei der **medizinische Krankheitsbegriff.** Danach ist unter einer Krankheit jeder regelwidrige, vom Leitbild des gesunden Menschen[300] abweichende körperliche oder geistige Zustand zu verstehen.[301] Hinzutreten muss aber als Folge der Krankheit im medizinischen Sinne nach h. M. als **zweites Glied noch eine ärztliche Behandlungsbedürftigkeit und/oder Arbeitsunfähigkeit.**[302] Behandlungsbedürftigkeit liegt vor, wenn die körperlichen oder geistigen Funktionen in einem so beträchtlichen Maße eingeschränkt sind, dass ihre Wiederherstellung der Mithilfe des Arztes bedarf.[303] Arbeitsunfähigkeit ist gegeben, wenn der Versicherte seiner arbeitsvertraglich geschuldeten Tätigkeit überhaupt nicht mehr oder nur auf die Gefahr hin nachgehen kann, dass sein Zustand verschlimmert wird.[304] Mit dem zweiten Begriffsteil schränkt die h. M. den sehr weiten Begriff der Krankheit im medizinischen Sinne ein um einen Bezug zum Leistungsspektrum und den Behandlungszielen des SGB V herzustellen.[305] Denn nicht jeder körperlichen oder geistigen Unregelmäßigkeit kommt im Sinne der h. M. Krankheitswert zu.[306] Mit dem zweigliedrigen Krankheitsbegriff soll sichergestellt werden, dass nur solche regelwidrigen körperlichen oder geistigen Zustände erfasst werden, die für die Leistungen der gesetzlichen Krankenversicherung,[307] also insbesondere für eine Krankenbehandlung[308] und die Zahlung von Krankengeld[309], bedeutsam sind.[310]

7. Beschreiben Sie das Verhältnis zwischen den Ansprüchen auf Entgeltfortzahlung und Krankengeld.

691 Das Verhältnis zwischen arbeitsrechtlicher Entgeltfortzahlung im Krankheitsfall (§§ 3 ff. EFZG)[311] und dem sozialversicherungsrechtlichen Anspruch auf Krankengeld (§§ 44 ff. SGB V) wird maßgeblich durch den Ruhenstatbestand des § 49 Abs. 1 Nr. 1 Hs. 1 SGB V

---

299 St. Rspr. s. nur BSG 28.9.2010 – B 1 KR 5/10 R – juris Rn. 10 m.w.N; BSG 23.11.1971 – 3 RK 26/70 – juris Rn. 10; aus der Lit. s. etwa FPB/*Greiner*, Sozialversicherungsrecht, § 19 Rn. 10; SRH/*Hofmann/Wallrabenstein*, § 16 Rn. 82; LPK-SGB V/*Kraftberger*, § 27 Rn. 9 ff.; Sodan/*Schramm/Witte*, Krankenversicherungsrecht, § 10 Rn. 19; krit. dazu z. B. *Krasney*, ZfS 1976, 411 ff. (412).

300 Zur Bestimmung des Leitbilds des gesunden Menschen s. BSG 19.10.2023 – B 1 KR 16/22 R – juris Rn. 13.

301 S. zur st. Rspr. BSG 19.10.2023 – B 1 KR 16/22 R – juris Rn. 15; BSG 22.4.2015 – B 3 KR 3/14 R – juris Rn. 19; BSG 28.9.2010 – B1 KR 5/10 R – juris Rn. 10 m. w. N.

302 St. Rspr. s. BSG 19.10.2023 – B 1 KR 16/22 R – juris Rn. 15; BSG 22.4.2015 – B 3 KR 3/14 R – juris Rn. 19; BSG 28.9.2010 – B 1 KR 5/10 R – juris Rn. 10; BSG 20.10.1972 – 3 RK 93/71 – juris Rn. 19; BSG 23.11.1971 – 3 RK 26/70 – juris Rn. 10; aus der Literatur s. etwa Becker/Kingreen/*Lang*, § 27 SGB V Rn. 14; Sodan/*Schramm/Witte*, Krankenversicherungsrecht, § 10 Rn. 19; kritisch dazu z. B. *Krasney*, ZfS 1976, 411 ff. (412).

303 S. nur BSG 30.9.1999 – B 8 KN 9/98 KR R – juris Rn. 20; BSG 10.7.1979 – 3 RK 21/78 – juris Rn. 28.

304 S. nur BSG 15.11.1984 – 3 RK 21/83 – juris Rn. 23; BSG 12.9.1978 – 5 RJ 6/77 – juris Rn. 37; BSG 30.5.1967 – 3 RK 15/65 – juris Rn. 15.

305 S. FPB/*Greiner*, Sozialversicherungsrecht, § 19 Rn. 10; BeckOGK SozR/*Müller-Götzmann*, § 27 SGB V Rn. 14 (Stand: 15.2.2025): „Relevanzindikator"; Sodan/*Schramm/Witte*, Krankenversicherungsrecht, § 10 Rn. 19.

306 S. BSG 11.3.2017 – B 3 KR 30/15 R – juris Rn. 20; BSG 22.4.2015 – B 3 KR 3/14 R – juris Rn. 19; BSG 28.9.2010 – B1 KR 5/10 R – juris Rn. 10; BSG 28.2.2008 – B 1 KR 19/07 R – juris Rn. 11; BeckOGK SozR/*Müller-Götzmann*, § 27 SGB V Rn. 14 (Stand: 15.2.2025).

307 S. zum Regelungskonzept des Leistungs- und Leistungserbringungsrechts im Bereich der gesetzlichen Krankenversicherung die Einführung von *Jansen*, JA 2025, 705 ff. (707).

308 §§ 27 ff. SGB V.

309 §§ 44 ff. SGB V.

310 S. BeckOGK SozR/*Müller-Götzmann*, § 27 SGB V Rn. 14 (Stand: 15.2.2025).

311 S. dazu im Einzelnen ausf. NK-GA/*Sievers*, § 3 EFZG Rn. 1–212.

bestimmt. Danach ruht der Krankengeldanspruch u. a., soweit und solange beitragspflichtiges Arbeitsentgelt[312] bezogen wird. Der Zweck der Ruhensanordnung ist es, einen Doppelbezug von Krankengeld und Arbeitsentgelt zu vermeiden.[313] Indem der Krankengeldanspruch während des Entgeltfortzahlungszeitraums zum Ruhen gebracht wird, **statuiert das Gesetz einen Vorrang der Entgeltfortzahlung.**

8. Erläutern Sie das Wirtschaftlichkeitsgebot in der gesetzlichen Krankenversicherung.

Das Wirtschaftlichkeitsgebot in der gesetzlichen Krankenversicherung ist gesetzlich in § 12 SGB V verankert. Nach § 12 Abs. 1 Satz 1 SGB V müssen die Leistungen der gesetzlichen Krankenversicherung **ausreichend, zweckmäßig und wirtschaftlich** sein; sie dürfen das **Maß des Notwendigen nicht überschreiten**. Das Wirtschaftlichkeitsgebot konkretisiert und begrenzt den Leistungsanspruch des Versicherten.[314] 692

Eine Leistung ist **ausreichend**, wenn Art und Umfang der Leistung genügen, um das jeweilige Behandlungsziel zu erreichen.[315] Dabei beinhaltet das Merkmal „ausreichend" sowohl eine Begrenzung nach unten als auch nach oben.[316] Zum einen muss die Leistung eine hinreichende Chance für einen Heilerfolg haben.[317] Zum anderen darf der Grad des Genügenden nicht überschritten werden.[318] 693

Zweckmäßig ist eine Leistung, wenn sie objektiv medizinisch geeignet und auf eine hinreichend wirksame Behandlung einer Krankheit ausgerichtet ist.[319] Die Leistung muss mit anderen Worten geeignet sein, die Krankheit zu heilen, zu bessern, zu lindern oder eine Verschlimmerung zu verhüten.[320] 694

Notwendigkeit i. S. d. Wirtschaftlichkeitsgebots ist gegeben, wenn die Leistung nach Art und Umfang zur Zweckerreichung unvermeidlich, zwangsläufig und unentbehrlich ist, um im Einzelfall ausreichend und zweckmäßig zu sein.[321] Von mehreren ausreichenden und zweckmäßigen Leistungen ist nur diejenige notwendig, die am kostengünstigsten ist.[322] Damit kommt dem Tatbestandsmerkmal der „Notwendigkeit" innerhalb des Wirtschaftlichkeitsgebots eine negative Abgrenzungsfunktion hinsichtlich der Wirtschaftlichkeit einzelner Leistungen zu (Übermaßverbot).[323] 695

Die **Wirtschaftlichkeit i. e. S.** stellt eine Relation zwischen den Kosten und dem diagnostischen und therapeutischen Nutzen von Leistungsinhalt und -umfang her.[324] Dabei ist zunächst erforderlich, dass überhaupt mehrere ausreichende und zweckmäßige Leis- 696

---

312 S. zum Begriff des Arbeitsentgelts § 14 Abs. 1 Satz 1 SGB IV und hierzu Kreikebohm/Dünn/*Zipperer*, SGB IV, § 14 Rn. 2 ff.

313 S. nur BT-Drs. 11/2237, 181; *Berchtold*, Krankengeld, Rn. 802; Schulin/*Kummer*, SozVers, Bd. 1, § 23 Rn. 141.

314 S. BT-Drs. 11/2237, 163.

315 S. Hauck/Noftz/*Noftz*, SGB V, § 12 Rn. 18; Krauskopf/*Wagner*, § 12 SGB V Rn. 5.

316 S. Krauskopf/*Wagner*, § 12 SGB V Rn. 5. Hinsichtlich der Obergrenze auf die Notwendigkeit verweisend LPK-SGB V/*Schuler/Hellkötter-Backes*, § 12 Rn. 6.

317 S. BSG 28.9.2016 – B 6 KA 25/15 – juris Rn. 48; BSG 28.6.1983 – 8 RK 22/81 – juris Rn. 31.

318 S. Becker/Kingreen/*Scholz*, SGB V, § 12 Rn. 8.

319 S. Becker/Kingreen/*Scholz*, SGB V, § 12 Rn. 8.

320 S. BSG 9.2.1989 – 3 RK 19/87 – juris Rn. 14.

321 S. BSG 26.10.1982 – 3 RK 28/82 – juris Rn. 12; LSG NRW 4.11.1999 – L 7 VG 11/97 – juris Rn. 35; SG Aachen 10.6.2003 – S 6 KR 72/01 – juris Rn 13; aus der Literatur s. BeckOK SozR/*Joussen*, § 12 SGB V Rn. 9; BeckOGK SozR/*Roters*, § 12 SGB V Rn. 39 (Stand: 1.12.2018); LPK-SGB V/*Schuler/Hellkötter-Backes*, § 12 Rn. 8.

322 S. BeckOK SozR/*Joussen*, § 12 SGB V Rn. 9.

323 S. Hauck/Noftz/*Noftz*, SGB V, § 12 Rn. 21.

324 S. Hauck/Noftz/*Noftz*, SGB V, § 12 Rn. 23; BeckOGK SozR/*Roters*, § 12 SGB V Rn. 41 (Stand: 1.12.2018); Krauskopf/*Wagner*, § 12 SGB V Rn. 8.

tungen zur Verfügung stehen.[325] Von diesen verschiedenen zur Verfügung stehenden Mitteln ist dasjenige das wirtschaftliche Mittel i. e.S., welches den zu erreichenden Leistungszweck mit dem geringst möglichen finanziellen Aufwand verwirklicht.[326] Bei dieser Kosten- und Nutzenanalyse sind auf der Nutzenseite auch qualitative medizinische Gesichtspunkte wie Art, Dauer und Nachhaltigkeit des Heilerfolges zu berücksichtigen.[327]

9. Welche Funktion haben die Pflegegrade in der sozialen Pflegeversicherung?

697 Die Pflegegrade dienen der Festlegung der Intensität einer Pflegebedürftigkeit. Maßgeblich dafür sind die Schwere der Beeinträchtigungen der Selbstständigkeit und der Fähigkeiten in den in § 14 Abs. 2 SGB XI genannten Bereichen: Mobilität (Nr. 1); kognitive und kommunikative Fähigkeiten (Nr. 2); Verhaltensweisen und psychische Problemlagen (Nr. 3); Selbstversorgung (Nr. 4); Bewältigung von und selbstständiger Umgang mit krankheits- oder therapiebedingten Anforderungen und Belastungen (Nr. 5); Gestaltung des Alltagslebens und sozialer Kontakte (Nr. 6). Das Gesetz unterscheidet in § 15 SGB XI fünf Pflegegrade:

698 Nach § 15 Abs. 3 Satz 4 Nr. 1 SGB XI sind Pflegebedürftige **des Pflegegrads 1** Personen mit **geringen** Beeinträchtigungen der Selbstständigkeiten oder der Fähigkeiten.

699 Pflegebedürftige des **Pflegegrads 2** sind nach § 15 Abs. 3 Satz 4 Nr. 2 SGB XI Personen mit **erheblichen** Beeinträchtigungen der Selbstständigkeit oder der Fähigkeiten.

700 **Pflegegrad 3** erhalten gemäß § 15 Abs. 3 Satz 4 Nr. 3 SGB XI Personen, die **schwere** Beeinträchtigungen der Selbstständigkeit oder der Fähigkeiten aufweisen.

701 In den **Pflegegrad 4** werden gemäß § 15 Abs. 3 Satz 4 Nr. 4 SGB XI Personen eingeordnet, die **schwerste** Beeinträchtigungen der Selbstständigkeit oder der Fähigkeiten aufweisen.

702 Pflegebedürftige mit **Pflegegrad 5** weisen nach § 15 Abs. 3 Satz 4 Nr. 5 SGB XI **schwerste** Beeinträchtigungen der Selbstständigkeit oder der Fähigkeiten auf und haben zudem **besondere Anforderungen an die pflegerische Versorgung**.

10. Wie ist der Versicherungsstatus von geringfügig beschäftigten Personen in der gesetzlichen Rentenversicherung?

703 Hinsichtlich des Versicherungsstatus von geringfügig beschäftigten Personen ist zu differenzieren zwischen Personen, die entgeltgeringfügig, und solchen, die zeitgeringfügig beschäftigt sind. Eine sog. **entgeltgeringfügige Beschäftigung** liegt nach § 8 Abs. 1 Nr. 1 SGB IV vor, wenn das Arbeitsentgelt aus dieser Beschäftigung regelmäßig die Geringfügigkeitsgrenze[328] (derzeit im Monat EUR 603,00[329]) nicht übersteigt.[330] Demgegenüber liegt eine sog. **zeitgeringfügige Beschäftigung** nach § 8 Abs. 1 Nr. 2 SGB IV vor, wenn die Beschäftigung innerhalb eines Kalenderjahres auf längstens drei Monate oder 70 Arbeitstage nach ihrer Eigenart begrenzt zu sein pflegt oder im Voraus vertrag-

---

325 S. BeckOK SozR/*Joussen*, § 12 SGB V Rn. 8.

326 S. Hauck/Noftz/*Noftz*, SGB V, § 12 Rn. 23; LPK-SGB V/*Schuler/Hellkötter-Backes*, § 12 Rn. 9; Krauskopf/*Wagner*, § 12 SGB V Rn. 8.

327 S. Hauck/Noftz/*Noftz*, SGB V, § 12 Rn. 23; BeckOGK SozR/*Roters*, § 12 SGB V Rn. 41 (Stand: 1.12.2018); Becker/Kingreen/*Scholz*, SGB V, § 12 Rn. 9.

328 Dieser Grenzwert ist an den gesetzlichen Mindestlohn gekoppelt (s. dazu im Einzelnen die Legaldefinition in § 8 Abs. 1a Satz 1 SGB IV) und wird jeweils vom Bundesministerium für Arbeit und Soziales im Bundesanzeiger bekannt gegeben, s. § 8 Abs. 1a Satz 3 SGB IV.

329 S. Bekanntmachung der Geringfügigkeitsgrenze nach § 8 Abs. 1a des Vierten Buches Sozialgesetzbuch des Bundesministeriums für Arbeit und Soziales vom 20.11.2025 (Banz AT 20.11.2025 B1).

330 S. dazu näher etwa BeckOGK SozR/*Zieglmeier*, § 8 SGB IV Rn. 31–51.1 (Stand: 15.2.2025).

lich begrenzt ist, es sei denn, dass die Beschäftigung berufsmäßig ausgeübt wird und die Geringfügigkeitsgrenze übersteigt.[331]

In § 5 Abs. 2 Satz 1 Nr. 1 SGB VI wird die Versicherungsfreiheit lediglich für Beschäftigungen nach § 8 Abs. 1 Nr. 2 SGB IV, sprich für zeitgeringfügige Beschäftigungen angeordnet. Demgegenüber sind **entgeltgeringfügig beschäftigte Personen** (§ 8 Abs. 1 Nr. 1 SGB IV) gemäß § 1 Satz 1 Nr. 1 Var. 1 SGB VI **versicherungspflichtig in der gesetzlichen Rentenversicherung.** Sie haben aber die Möglichkeit, sich nach § 6 Abs. 1b SGB VI von der Versicherungspflicht in der gesetzlichen Rentenversicherung befreien zu lassen.[332] 704

11. Was meint der Grundsatz Rehabilitation vor Rente?

Der Grundsatz Rehabilitation vor Rente ist allgemein in § 9 Abs. 2 Satz 1 SGB IX niedergelegt. Danach haben Leistungen zur Teilhabe Vorrang vor Rentenleistungen, die bei erfolgreichen Leistungen zur Teilhabe nicht oder voraussichtlich erst zu einem späteren Zeitpunkt zu erbringen wären. Für die gesetzliche Rentenversicherung ist dieser Grundsatz in der Regelung des § 9 Abs. 1 Satz 3 SGB VI wortgleich niedergelegt.[333] Insoweit besagt der Grundsatz Rehabilitation vor Rente, dass Renten wegen verminderter Erwerbsfähigkeit erst dann bewilligt werden sollen, wenn zuvor Leistungen zur Teilhabe erbracht wurden bzw. wenn die Erbringung von Teilhabeleistungen nicht erfolgversprechend ist.[334] Die Teilhabeleistungen der gesetzlichen Rentenversicherung sind in § 9 Abs. 1 Satz 1 SGB VI beschrieben. Danach erbringt die Rentenversicherung Leistungen zur medizinischen Rehabilitation,[335] Leistungen zur Teilhabe am Arbeitsleben,[336] Leistungen zur Nachsorge,[337] sowie ergänzende Leistungen,[338] um den Auswirkungen einer Krankheit oder einer körperlichen, geistigen oder seelischen Behinderung[339] auf die Erwerbsfähigkeit der Versicherten entgegenzuwirken oder sie zu überwinden und dadurch Beeinträchtigungen der Erwerbsfähigkeit der Versicherten oder ihr vorzeitiges Ausscheiden aus dem Erwerbsleben zu verhindern oder sie möglichst dauerhaft in das Erwerbsleben wiedereinzugliedern. Die Teilhabeleistungen der gesetzlichen Rentenversicherung zielen also darauf, die sich aus gesundheitlichen oder behinderungsbedingten Gründen für die Erwerbsfähigkeit der Versicherten ergebenden Auswirkungen zu überwinden.[340] Die erwerbsgeminderten Versicherten sollen durch Teilhabeleistungen möglichst wieder in die Lage versetzt werden, einer Erwerbstätigkeit nachzugehen. 705

12. Welche Altersrenten kennt die gesetzliche Rentenversicherung?

Die Renten wegen Alters ergeben sich aus § 33 Abs. 2 SGB VI: 706

- Regelaltersrente (§§ 35, 235 SGB VI);
- Altersrente für langjährig Versicherte (§§ 36, 236 SGB VI);
- Altersrente für schwerbehinderte Menschen (§§ 37, 236a SGB VI);
- Altersrente für besonders langjährig Versicherte (§§ 38, 236b SGB VI);
- Altersrente für langjährig unter Tage beschäftigte Bergleute (§ 40 SGB VI);

331 S. dazu näher etwa BeckOGK SozR/*Zieglmeier*, § 8 SGB IV Rn. 52–75 (Stand: 15.2.2025).
332 S. dazu schon oben Fall 13 Rn. 509.
333 Für den Bereich der gesetzlichen Unfallversicherung s. § 26 Abs. 3 SGB VII, wonach die Leistungen zur Heilbehandlung und zur Rehabilitation Vorrang vor Rentenleistungen haben.
334 S. nur die Gesetzesbegründung zum RRG 1992 BT-Drs. 11/4124, 153.
335 S. § 15 SGB VI i. V. m. §§ 42 ff. SGB IX.
336 S. § 16 SGB VI i. V. m. §§ 49 ff. SGB IX.
337 S. § 17 SGB VI i. V. m. der gemeinsamen Richtline der Träger der Rentenversicherung nach § 17 Abs. 2 Satz 1 SGB VI für Leistungen zur Nachsorge (in der aktuellen Fassung vom 28.6.2018).
338 S. § 28 SGB VI i. V. m. §§ 73 f. SGB IX.
339 S. zum Begriff der Behinderung § 2 Abs. 1 Satz 1 SGB IX.
340 So die die Gesetzesbegründung zum RRG 1992 BT-Drs. 11/4124, 153.

- Altersrente wegen Arbeitslosigkeit oder nach Altersteilzeitarbeit (§ 237 SGB VI);[341]
- Altersrente für Frauen (§ 237a SGB VI).[342]

13. Nennen Sie die Voraussetzungen des Anspruchs auf Arbeitslosengeld bei Arbeitslosigkeit.

707 Gemäß § 136 Abs. 1 Nr. 1 SGB III haben Arbeitnehmer Anspruch auf Arbeitslosengeld bei Arbeitslosigkeit.[343] Die materiell-rechtlichen Voraussetzungen des **Anspruchs auf Arbeitslosengeld bei Arbeitslosigkeit** sind in § 137 Abs. 1 SGB III überblicksweise geregelt und werden in den Vorschriften der §§ 138 ff. SGB III im Einzelnen näher entfaltet. Nach § 137 Abs. 1 SGB III setzt der Anspruch auf Arbeitslosengeld bei Arbeitslosigkeit voraus, dass der Arbeitnehmer arbeitslos ist (Nr. 1), sich bei der Agentur für Arbeit arbeitslos gemeldet (Nr. 2) und die Anwartschaftszeit erfüllt hat (Nr. 3).

708 **Arbeitslosigkeit** liegt nach § 138 Abs. 1 SGB III vor, wenn der Arbeitnehmer nicht in einem Beschäftigungsverhältnis steht (**Beschäftigungslosigkeit**), sich bemüht, seine Beschäftigungslosigkeit zu beenden (**Eigenbemühungen**) und den Vermittlungsbemühungen der Agentur für Arbeit zur Verfügung steht (**Verfügbarkeit**). Diese drei Untervoraussetzungen des Begriffs der Arbeitslosigkeit im Sinne des § 137 Abs. 1 Nr. 1 SGB III i. V. m. § 138 Abs. 1 SGB III müssen kumulativ vorliegen.[344] Die Anforderungen an das Vorliegen einer wirksamen **Arbeitslosmeldung**, bei der es sich ihrer Rechtsnatur nach nicht um eine öffentlich-rechtliche Willenserklärung, sondern eine Tatsachenerklärung handelt,[345] sind in § 141 SGB III näher geregelt.[346] Nach § 141 Abs. 1 Satz 1 SGB III hat sich der Arbeitslose **persönlich bei der zuständigen Agentur für Arbeit** oder **elektronisch im Fachportal der Bundesagentur** arbeitslos zu melden. Die Meldung kann auch erfolgen, wenn die Arbeitslosigkeit noch nicht eingetreten, der Eintritt der Arbeitslosigkeit aber innerhalb der nächsten drei Monate zu erwarten ist (§ 141 Abs. 1 Satz 3 SGB III). Schließlich setzt der Anspruch die **Erfüllung der Anwartschaftszeit** voraus. Die Voraussetzungen der Erfüllung der Anwartschaftszeit sind in den Vorschriften der §§ 142, 143 SGB III geregelt. Nach § 142 Abs. 1 Satz 1 SGB III hat die Anwartschaftszeit erfüllt, wer in der Rahmenfrist des § 143 SGB III mindestens zwölf Monate in einem Versicherungspflichtverhältnis gestanden hat. Gemäß § 143 Abs. 1 SGB III beträgt die Rahmenfrist 30 Monate und beginnt mit dem Tag vor der Erfüllung aller sonstigen Voraussetzungen für den Anspruch auf Arbeitslosengeld. Das bedeutet, dass die Rahmenfrist mit dem Tag beginnt, der vor dem Tag liegt, an dem der Arbeitslose

---

341 Diese Altersrente kommt nur noch für Versicherte in Betracht, die vor dem 1.1.1952 geboren sind, s. § 237a Abs. 1 Nr. 1 SGB VI.

342 Die Altersrente für Frauen hat nur noch für Versicherte Bedeutung, die vor dem 1.1.1952 geboren sind, s. § 237a Abs. 1 Nr. 1 SGB VI.

343 Unter dem Begriff des Arbeitnehmers im Sinne des § 136 Abs. 1 SGB III sind Personen zu verstehen, die beabsichtigen, eine Beschäftigung aufzunehmen, vgl. die Gesetzesbegründung in BT-Drs. 13/4941 zu § 3 SGB III a. F. und BSG 11.3.1976 – 7 RAr 93/74 – juris Rn. 22. Nach § 136 Abs. 1 Nr. 2 SGB III haben Arbeitnehmer Anspruch auf Arbeitslosengeld auch bei beruflicher Weiterbildung, hierzu näher § 144 SGB III. Bei dem Arbeitslosengeld bei beruflicher Weiterbildung handelt es sich im Verhältnis zum Arbeitslosengeld bei Arbeitslosigkeit um eine einheitliche Versicherungsleistung mit der Folge, dass der Anspruch auf Arbeitslosengeld bei beruflicher Weiterbildung im Hinblick auf Voraussetzungen und Leistungsumfang im Grundsatz den Regelungen der §§ 137 ff. SGB III unterliegt, s. BSG 10.12.2019 – B 11 AL 4/19 R – juris Rn. 13.

344 S. dazu im Einzelnen bereits ausf. Fall 11 Rn. 441 ff.

345 BSG 6.3.2023 – B 11 AL 31/22 B – juris Rn. 3; BSG 7.10.2004 – B 11 AL 23/04 R – juris Rn. 13; BSG 19.3.1986 – 7 RAr 17/84 – juris Rn. 15.

346 Zu den Anforderungen an eine wirksame Arbeitslosmeldung s. bereits Fall 11 Rn. 446 ff.

alle (sonstigen) materiell-rechtlichen Voraussetzungen für den Anspruch auf Arbeitslosengeld – Arbeitslosigkeit und Arbeitslosmeldung – erfüllt hat.[347]

14. Welche rechtliche Folge hat die Verhängung einer Sperrzeit nach § 159 Abs. 1 Satz 1, Satz 2 Nr. 1 SGB III?

Die Verhängung einer Sperrzeit bei Arbeitsaufgabe nach § 159 Abs. 1 Satz 1, Satz 2 Nr. 1 SGB III führt zunächst zum Ruhen des Anspruchs für die Dauer der Sperrzeit.[348] Nach § 159 Abs. 3 Satz 1 SGB III beträgt die Dauer der Sperrzeit bei Arbeitsaufgabe 12 Wochen, die sich aber unter den Voraussetzungen des § 159 Abs. 3 Satz 2 SGB III verkürzt. Darüber hinaus führt die Verhängung einer Sperrzeit bei Arbeitsaufgabe nach Maßgabe des § 148 Abs. 1 Nr. 4 SGB III zu einer Minderung der Anspruchsdauer, sprich, die Bezugsdauer für den Anspruch auf Arbeitslosengeld wird verkürzt. Diese rechtliche Folge kann unter den Voraussetzungen des § 148 Abs. 2 Satz 2 SGB III vermieden werden.[349] **709**

15. Welche Verbindung besteht zwischen der gesetzlichen Unfallversicherung und dem privaten Haftungsrecht?

Ein zentrales Strukturprinzip der gesetzlichen Unfallversicherung ist das sog. **Prinzip der Haftungsersetzung.**[350] Das bedeutet, dass die gesetzliche Unfallversicherung seit ihrer Einführung durch das Unfallversicherungsgesetz von 1884 den Schadensausgleich bei Arbeitsunfällen aus dem individualrechtlichen in den sozialrechtlichen Bereich verlagert.[351] Die zivilrechtliche Haftpflicht u. a. des einzelnen Unternehmers gegenüber seinem Arbeitnehmer wird durch die öffentlich-rechtliche Leistungspflicht der zu Berufsgenossenschaften körperschaftlich zusammengeschlossenen Unternehmergemeinschaft grds. abgelöst.[352] An die Stelle der haftungsbegründenden Tatbestände des bürgerlichen Rechts (z. B. §§ 280 Abs. 1, 823 ff. BGB, §§ 7 Abs. 1, 18 StVG) tritt ein öffentlich-rechtlicher Versicherungsfall, der Arbeitsunfall, der die Leistungspflicht der gesetzlichen Unfallversicherung begründet.[353] Diese Haftungsersetzung ist dadurch gerechtfertigt, dass der Arbeitgeber die Beiträge für die Unfallversicherung allein trägt,[354] weshalb es nicht gerechtfertigt ist, wenn daneben zusätzlich eine privatrechtliche Einstandspflicht tritt (sog. **Finanzierungsargument**), dadurch Anlässe zu Konflikten im Betrieb eingeschränkt werden (sog. **Friedensargument**) und sichergestellt ist, dass dem Geschädigten stets ein solventer Schuldner in der Gestalt des Unfallversicherungsträgers gegenübersteht (sog. **Liquiditätsargument**).[355] Die Haftungsersetzung für die **Unternehmer** ist in § 104 SGB VII geregelt.[356] Eine entsprechende Regelung enthält § 105 Abs. 1 SGB VII **für andere im Betrieb tätige Personen**, worunter insbesondere die Arbeitnehmer fallen.[357] **710**

---

347 S. dazu näher Fall 11 Rn. 448 ff.

348 S. zu den Voraussetzungen der Verhängung einer Sperrzeit bei Arbeitsaufgabe bereits Fall 11 Rn. 454 ff.

349 S. zu den rechtlichen Folgen im Zusammenhang mit der Verhängung einer Sperrzeit bei Arbeitsaufgabe näher *Boecken*, SGb 2020, 713 ff.

350 S. etwa BAG 19.8.2004 – 8 AZR 349/03 –juris Rn. 23 m. w. N.; BVerfG 7.11.1972 – 1 BvL 4 u. 17/71, 1 BvR 355/71 – juris Rn. 84.

351 S. BAG 28.11.2019 – 8 AZR 35/19 – juris Rn. 18; BVerfG 7.11.1972 – 1 BvL 4 u. 17/71, 1 BvR 355/71 – juris Rn. 84.

352 S. BVerfG 7.11.1972 – 1 BvL 4 u. 17/71, 1 BvR 355/71 – juris Rn. 84.

353 S. BVerfG 7.11.1972 – 1 BvL 4 u. 17/71, 1 BvR 355/71 – juris Rn. 84.

354 S. § 150 Abs. 1 Satz 1 SGB VII.

355 S. BVerfG 7.11.1972 – 1 BvL 4 u. 17/71, 1 BvR 355/71 – juris Rn. 44; *Muckel/Ogorek/Rixen*, SozR, § 10 Rn. 80; SRH/*Spellbrink*, § 17 Rn. 198; FPB/*Preis/Seiwerth*, Sozialversicherungsrecht, § 34 Rn. 10; ausf. *Fuhlrott*, NZS 2007, 237 ff. (238 f.).

356 S. näher etwa FPB/*Preis/Seiwerth*, Sozialversicherungsrecht, § 40; SRH/*Spellbrink*, § 17 Rn. 198–204.

357 S. zur Legitimation der Ausdehnung der Haftungsersetzung auch auf andere im Betrieb tätige Personen etwa Knickrehm/*von Koppenfels-Spies*, SozR, § 105 SGB VII Rn. 2.

711 Nach den §§ 104, 105 SGB VII werden nach h. M. auch die privatrechtlichen Ansprüche des Geschädigten auf den **Ersatz immaterieller Personenschäden ausgeschlossen.** Das wird für den Geschädigten insbesondere im Falle des **Schmerzensgeldes** (§ 253 Abs. 2 BGB) virulent, weil die gesetzliche Unfallversicherung keine dem Schmerzensgeld kongruenten Leistungen erbringt.[358] Dennoch ist der Ausschluss von Schmerzensgeldansprüchen nach § 104 Abs. 1 SGB VII, entgegen der in Teilen der Literatur geäußerten Kritik,[359] angesichts der Vorteile (etwa das Vorhandensein eines leistungsfähigen Schuldners oder der Verschuldensunabhängigkeit des Entschädigungsanspruchs), die das System der gesetzlichen Unfallversicherung dem Geschädigten bei der anzustellenden Gesamtbetrachtung gewährt, (verfassungsrechtlich) gerechtfertigt.[360]

16. Grenzen Sie die Versicherungsfälle des Arbeitsunfalls und der Berufskrankheit voneinander ab.

712 Nach § 8 Abs. 1 Satz 1 SGB VII versteht man unter einem Arbeitsunfall die Unfälle von Versicherten infolge einer den Versicherungsschutz nach §§ 2, 3 oder 6 SGB VII begründenden Tätigkeit. Gemäß § 8 Abs. 1 Satz 2 SGB VII sind Unfälle **zeitlich begrenzte**, von außen auf den Körper einwirkende Ereignisse, die zu einem Gesundheitsschaden oder zum Tod führen.[361]

713 Die Berufskrankheiten werden in § 9 Abs. 1 Satz 1 SGB VII dahingehend definiert, dass darunter Krankheiten zu verstehen sind, die die Bundesregierung durch Rechtsverordnung mit Zustimmung des Bundesrates als Berufskrankheiten bezeichnet (sog. **Enumerations- oder Listenprinzip**)[362] und die Versicherte infolge einer den Versicherungsschutz nach §§ 2, 3 oder 6 SGB VII begründenden Tätigkeit erleiden.

714 Das wesentliche Abgrenzungsmerkmal zwischen einem Arbeitsunfall und einer Berufskrankheit ist das Erfordernis der **zeitlich begrenzten Einwirkung bei einem Arbeitsunfall**, § 8 Abs. 1 Satz 2 SGB VII. Danach ist eine Einwirkung erforderlich, die **längstens innerhalb des Zeitraums einer Arbeitsschicht** erfolgt.[363] Demgegenüber ist eine Berufskrankheit typischerweise von längerer, teilweise auch Jahrzehnte dauernder Einwirkung geprägt,[364] kann jedoch bei Infektionen auch durch eine kurzzeitige massive Exposition mit Krankheitserregern entstehen.[365]

17. Welche Besonderheiten kennzeichnen die gesetzliche Unfallversicherung im Vergleich zu den anderen Zweigen der Sozialversicherung, insbesondere bezogen auf die Finanzierung?

715 Eine wesentliche Besonderheit der gesetzlichen Unfallversicherung im Vergleich zu den anderen Zweigen der Sozialversicherung ist die **Beitragstragung allein durch den Arbeitgeber.** Das ergibt sich aus § 150 Abs. 1 Satz 1 SGB VII, wonach beitragspflichtig

---

358 S. etwa ErfK/*Rolfs*, § 104 SGB VII Rn. 15; FBP/*Preis/Seiwerth*, Sozialversicherungsrecht, § 40 Rn. 25.

359 S. etwa *Brose*, RdA 2011, 205 ff. (218); *Fuhlrott*, NZS 2007, 237 ff. (240 ff.); ErfK/*Rolfs*, § 104 SGB VII Rn. 2.

360 S. grdl. BVerfG 7.11.1972 – 1 BvL 4/71. 17/71, 110/72, 1 BvR 355/71 – juris Rn. 36ff; s. aus jüngerer Zeit BAG 28.11.2019 – juris Rn. 23, 25; s. aus der Literatur ErfK/*Rolfs*, § 104 SGB VII Rn. 3.

361 S. ausf. dazu schon oben Fall 14 Rn. 570.

362 S. dazu etwa BeckOGK SozR/*Ricke*, § 9 SGB VII Rn. 8 (Stand: 1.9.2021).

363 S. BSG 27.6.2014 – B 2 U 3/22 R – juris Rn. 10; BSG 31.1.2012 – B 2 U 2/11 R – juris Rn. 24; BSG 28.1.1966 – 2 RU 151/63 – juris Rn. 21; BSG 26.9.1961 – 2 RU 191/59 – juris Rn. 15; BSG 25.8.1961 – 2 RU 106/59 – juris Rn. 19; FPB/*Preis/Seiwerth*, Sozialversicherungsrecht, § 38 Rn. 12; BeckOGK SozR/*Ricke/Kellner*, § 8 SGB VII Rn. 38 (Stand: 15.2.2025); ErfK/*Rolfs*, § 8 SGB VII Rn. 1; LPK-SGB VII/*Ziegler*, § 8 Rn. 163.

364 S. LPK-SGB VII/*Brandenburg*, § 9 Rn. 7; Knickrehm/*Holtstraeter*, SozR, § 9 SGB VII Rn. 2; Schmitt/*Schmitt*, SGB VII, § 9 Rn. 3.

365 S. dazu das in BSG 26.9.1961 – 2 RU 191/59 – juris Rn. 15 angeführte Beispiel, dass ein Versicherter einem schweren Hustensturz eines „Offentuberkulösen“ aus kürzester Entfernung ausgesetzt ist.

die Unternehmer sind, für deren Unternehmen Versicherte tätig sind oder zu denen Versicherte in einer besonderen, die Versicherung begründenden Beziehung stehen.[366] Demgegenüber gilt in allen anderen Zweigen der Sozialversicherung eine anteilige – in der Regel hälftige[367] – Beitragstragung sowohl durch den Beschäftigten als auch den Arbeitgeber.[368]

Des Weiteren knüpft der Versicherungsschutz in der gesetzlichen Unfallversicherung stets an eine konkrete Tätigkeit an und besteht deshalb, anders als in den übrigen Zweigen der Sozialversicherung, nicht gleichsam „rund um die Uhr“, weshalb auch von einer sog. **tätigkeitsbezogenen Personenversicherung** gesprochen wird.[369] 716

Schließlich erfolgt die Beitragserhebung in der gesetzlichen Unfallversicherung u. a. nach sog. **Gefahrklassen**, wodurch anders als in den übrigen Zweigen der Sozialversicherung für die Höhe der Beiträge auch an das (abstrakte) Risiko des Eintritts des Versicherungsfalls anknüpft wird.[370] 717

18. Was versteht man unter dem Nachrangprinzip in der Sozialhilfe?

Das Nachrangprinzip in der Sozialhilfe ist gesetzlich in § 2 Abs. 1 SGB XII niedergelegt. Danach erhält Sozialhilfe nicht, wer sich vor allem durch den Einsatz seiner Arbeitskraft, seines Einkommens[371] und seines Vermögens[372] selbst helfen kann oder wer die erforderliche Leistung von anderen, insbesondere von Angehörigen oder von Trägern anderer Sozialleistungen, erhält. Damit wird eine Subsidiarität der Sozialhilfe statuiert.[373] 718

V. Verfahrensrecht

1. Welche Rechtsmittel gibt es im arbeitsgerichtlichen Urteils- und Beschlussverfahren?

Im **arbeitsgerichtlichen Urteilsverfahren** gibt es das Rechtsmittel der **Berufung** (§§ 64 ff. ArbGG), der **Revision** (§§ 72 ff. ArbGG), der **sofortigen Beschwerde** (§§ 78, 72b ArbGG) und als außerordentlichen Rechtsbehelf eigener Art[374] die sog. **Anhörungsrüge** (§ 78a ArbGG). 719

Die **Berufung** an die Landesarbeitsgerichte findet gemäß §§ 8 Abs. 2, 64 Abs. 1 ArbGG gegen die Urteile der Arbeitsgerichte statt, soweit nicht nach § 78 ArbGG das Rechtsmittel der sofortigen Beschwerde[375] gegeben ist und einer der Tatbestände des § 64 Abs. 2 lit. a) bis d) ArbGG vorliegt. Die Berufung kann gemäß § 64 Abs. 6 Satz 1 ArbGG i. V. m. § 513 Abs. 1 ZPO auf **zwei Berufungsgründe** gestützt werden. Zum einen darauf, dass die Entscheidung auf einer **Rechtsverletzung** i. S. d. § 546 ZPO beruht, sprich darauf, dass eine Rechtsnorm nicht oder nicht richtig angewendet worden ist. Zum anderen 720

366 S. dazu auch schon oben Frage 15 Rn. 710 f.
367 Im Bereich der sozialen Pflegeversicherung ist der Grundsatz der hälftigen Beitragstragung durch § 58 Abs. 1 Satz 3 SGB XI insoweit durchbrochen, als der versicherte Beschäftigte den Beitragszuschlag für Kinderlose (§ 55 Abs. 3 Satz 1 SGB XI) ohne Beteiligung des Arbeitgebers trägt.
368 S. für die Arbeitslosenversicherung § 346 Abs. 1 Satz 1 SGB III, für die Krankenversicherung § 249 Abs. 1 SGB V, für die Rentenversicherung § 168 Abs. 1 Nr. 1 SGB VI, für die Pflegeversicherung § 58 Abs. 1 Satz 1 SGB XI.
369 S. dazu FPB/*Preis/Seiwerth*, Sozialversicherungsrecht, § 34 Rn. 14.
370 S. dazu etwa FPB/*Preis/Seiwerth*, Sozialversicherungsrecht, § 36.
371 S. §§ 82 ff. SGB XII.
372 S. §§ 90 f. SGB XII.
373 S. dazu näher Grube/Wahrendorf/Flint/*Deckers*, § 2 SGB XII Rn. 2 ff.
374 S. Germelmann/*Prütting*, ArbGG, § 78a Rn. 7.
375 S. dazu sogleich Rn. 722.

kann die Berufung darauf gestützt werden, dass die nach § 529 ZPO zugrunde zu legenden **Tatsachen eine andere Entscheidung rechtfertigen.**[376]

721 Die **Revision** an das Bundesarbeitsgericht findet nach den §§ 8 Abs. 3, 72 Abs. 1 Satz 1 ArbGG gegen das Endurteil eines Landesarbeitsgerichts statt, wenn sie in dem Urteil des LAG oder aufgrund einer Nichtzulassungsbeschwerde nach § 72a ArbGG durch das BAG zugelassen worden ist. Ausnahmsweise kommt eine Revision an das BAG auch gegen ein Urteil eines Arbeitsgerichts in der Gestalt einer sog. **Sprungrevision** in Betracht, wenn die Voraussetzungen des § 76 ArbGG vorliegen. Die Revision kann nach § 73 Abs. 1 ArbGG nur darauf gestützt werden, dass das Urteil des LAG – bzw. im Falle einer Sprungrevision ausnahmsweise das Urteil des ArbG – auf der **Verletzung einer Rechtsnorm beruht.**[377]

722 Die **sofortige Beschwerde** findet gegen Entscheidungen der Arbeitsgerichte oder ihrer Vorsitzenden nach Maßgabe des § 78 ArbGG i. V. m. § 567 ZPO statt, wenn dies im Gesetz ausdrücklich bestimmt ist.[378] Darüber hinaus ist die sofortige Beschwerde gegen Entscheidungen zulässig, wenn es sich um solche, eine mündliche Verhandlung nicht erfordernde Entscheidungen handelt, durch die ein das Verfahren betreffendes Gesuch zurückgewiesen worden ist. Nach § 72b Abs. 1 Satz 1 ArbGG kann das Endurteil eines Landesarbeitsgerichts durch sofortige Beschwerde angefochten werden, wenn es nicht binnen fünf Monaten nach der Verkündung vollständig abgefasst und mit den Unterschriften sämtlicher Mitglieder der Kammer versehen der Geschäftsstelle übergeben worden ist.[379]

723 Mit der sog. **Anhörungsrüge** nach § 78a ArbGG, kann die Verletzung des Anspruchs auf rechtliches Gehör unter den Voraussetzungen des § 78a ArbGG gerügt werden.[380] Dabei handelt es sich nicht um ein Rechtsmittel im technischen Sinn, sondern um einen **außerordentlichen Rechtsbehelf eigener Art.**[381]

724 Das **arbeitsgerichtliche Beschlussverfahren** kennt als Rechtsmittel die **Beschwerde** (§§ 87 ff. ArbGG), die **Rechtsbeschwerde** (§§ 92 ff. ArbGG), die **sofortige Beschwerde** (§ 83 Abs. 5 i. V. m. § 78 ArbGG, § 92b ArbGG) und als außerordentlichen Rechtsbehelf eigener Art[382] die sog. **Anhörungsrüge** (§ 78a Abs. 8 i. V. m. Abs. 1–7 ArbGG).

725 Die **Beschwerde** an das Landesarbeitsgericht findet nach den §§ 8 Abs. 4, 87 Abs. 1 ArbGG gegen die das Verfahren beendenden Beschlüsse der Arbeitsgerichte statt.[383] Das Rechtsmittel der Beschwerde im Beschlussverfahren **entspricht der Berufung im Urteilsverfahren.**[384] Deshalb enthalten die §§ 87–91 ArbGG auch keine selbstständige abschließende Regelung des Beschwerdeverfahrens, sondern verweisen auf die Vorschriften über das Berufungsverfahren.[385]

---

376 S. zum Rechtsmittel der Berufung im Urteilsverfahren etwa *Preis/Greiner*, Kollektivarbeitsrecht, § 175 Rz. 3039 ff.

377 S. überblicksweise zum Revisionsverfahren im Urteilsverfahren *Preis/Greiner*, Kollektivarbeitsrecht, § 176 Rz. 3056 ff.

378 S. § 567 Abs. 1 Nr. 1 ZPO. Eine entsprechende gesetzliche Bestimmung findet sich z. B. in den Vorschriften der §§ 71 Abs. 2, 91a Abs. 2 Satz 1, 99 Abs. 2 Satz 1, 104 Abs. 3 Satz 1, 107 Abs. 3, 127 Abs. 2 Satz 2 Hs. 1, 252, 269 Abs. 5 Satz 1, 319 Abs. 3, 336 Abs. 1 Satz 1, 406 Abs. 5, 793, 934 Abs. 4 ZPO oder §§ 17a Abs. 4 Satz 3 GVG.

379 S. zum Rechtsmittel der sofortigen Beschwerde den Überblick bei *Preis/Greiner*, Kollektivarbeitsrecht, § 177 Rz. 3067 ff. sowie ausf. Germelmann/*Müller-Glöge*, ArbGG, § 78 Rn. 1 ff.

380 S. dazu ausf. Germelmann/*Prütting*, ArbGG, § 78a Rn. 10–18.

381 S. Germelmann/*Prütting*, ArbGG, § 78a Rn. 7.

382 S. Germelmann/*Prütting*, ArbGG, § 78a Rn. 7.

383 S. näher dazu etwa Germelmann/*Schlewing/Spinner*, ArbGG, § 87 Rn. 3–5.

384 S. Germelmann/*Schlewing/Spinner*, ArbGG, § 87 Rn. 2.

385 S. näher Germelmann/*Schlewing/Spinner*, ArbGG, § 87 Rn. 8.

Die **Rechtsbeschwerde** an das Bundesarbeitsgericht findet nach Maßgabe der §§ 8 Abs. 5, 92 Abs. 1 Satz 1 ArbGG gegen einen das Verfahren beendenden Beschluss eines Landesarbeitsgerichts statt, wenn sie in dem Beschluss des LAG oder aufgrund einer Nichtzulassungsbeschwerde nach § 92a ArbGG durch das BAG zugelassen worden ist. Ausnahmsweise kommt eine Rechtsbeschwerde an das BAG auch gegen einen das Verfahren beendenden Beschluss eines Arbeitsgerichts in der Gestalt einer sog. **Sprungrechtsbeschwerde** in Betracht, wenn die Voraussetzungen des § 96a ArbGG vorliegen. Nach § 93 Abs. 1 Satz 1 ArbGG kann die Rechtsbeschwerde nur darauf gestützt werden, dass der Beschluss des Landesarbeitsgerichts[386] **auf der Nichtanwendung oder der unrichtigen Anwendung** einer Rechtsnorm beruht. Damit entspricht die Rechtsbeschwerde im Beschlussverfahren der Revision im Urteilsverfahren. **726**

Für die **sofortige Beschwerde** wird in § 83 Abs. 5 auf die Regelung zum Urteilsverfahren in § 78 ArbGG verwiesen.[387] In § 92b ArbGG ist eine dem § 72b ArbGG[388] entsprechende Regelung für den Fall einer verspäteten Absetzung der Beschwerdeentscheidung enthalten. **727**

Die sog. **Anhörungsrüge**[389] findet über § 78a Abs. 8 ArbGG auch im Beschlussverfahren Anwendung. **728**

2. Mit welcher Klage muss ein Arbeitnehmer die Unwirksamkeit der Befristung seines Arbeitsvertrages geltend machen?

Die richtige Klageart für die Geltendmachung der Unwirksamkeit einer Befristung ist eine sog. **Befristungskontrollklage**[390] bzw. **Entfristungsklage**[391] nach § 17 TzBfG. Die Regelung des § 17 Satz 1 TzBfG ist der Bestimmung des § 4 Satz 1 KSchG betreffend die Erhebung einer Kündigungsschutzklage nachgebildet. Der Arbeitnehmer muss für den Fall, dass er die Rechtsunwirksamkeit der Befristung eines Arbeitsvertrages[392] geltend machen will, innerhalb von drei Wochen nach dem vereinbarten Ende des befristeten Arbeitsvertrages Klage bei dem Arbeitsgericht auf Feststellung erheben, dass das Arbeitsverhältnis aufgrund der Befristung nicht beendet ist.[393] **729**

3. In welchen Fällen entscheidet der große Senat des Bundesarbeitsgerichts und wie setzt er sich zusammen?

Der Große Senat entscheidet nach § 45 Abs. 2 ArbGG, wenn ein Senat des Bundesarbeitsgerichts in einer Rechtsfrage von der Entscheidung eines anderen Senats oder des Großen Senats abweichen will (sog. **Divergenzvorlage**). Darüber hinaus entscheidet der Große Senat nach § 45 Abs. 4 ArbGG, wenn eine Frage von grundsätzlicher Bedeutung zur Entscheidung steht und das zur Fortbildung des Rechts oder zur Sicherung einer einheitlichen Rspr. erforderlich ist (sog. **Grundsatzvorlage**). Die Vorlage an den Großen Senat ist nach zutreffender Auffassung **in beiden Fällen zwingend.**[394] Eine Verletzung **730**

---

386 Im Falle einer Sprungrechtsbeschwerde ausnahmsweise der Beschluss des Arbeitsgerichts.

387 S. dazu schon oben Rn. 722.

388 S. dazu oben Rn. 722.

389 S. oben Rn. 723.

390 S. zur Verwendung dieses Begriffs etwa BAG 15.5.2012 – 7 AZR 6/11 – juris Rn. 8 ff.

391 So z. B. BAG 22.9.2005 – 6 AZR 607/04 – juris Rn. 23.

392 Rechtsdogmatisch zutreffend wäre es, in Abweichung zur gesetzlichen Terminologie von einer Befristung des Arbeits*verhältnisses* zu sprechen, s. zur Abgrenzung von Vertrag und Schuldverhältnis sowie der Terminologie des TzBfG *Borho*, RdA 2022, 159 (160 f.).

393 S. ausf. Boecken/Joussen/*Joussen*, TzBfG, § 17 Rn. 1 ff.

394 S. Germelmann/*Prütting*, ArbGG, § 45 Rn. 4, 25 und 34. Str. ist die Vorlagepflicht im Fall der Grundsatzvorlage wegen des Wortlauts des § 45 Abs. 4 ArbGG („kann"). Entgegen der h. M. ist mit dieser Formulierung nach zutreffender Auffassung keine Ermessenseinräumung für den vorlagepflichtigen Senat verbunden, s. Germelmann/*Prütting*, ArbGG, § 45 Rn. 34 m. w. N.

der Vorlagepflicht kann einen Verstoß gegen das **grundrechtsgleiche Recht** (Art. 93 Abs. 1 Nr. 4a GG) **auf den gesetzlichen Richter** nach Art. 101 Abs. 1 Satz 2 GG begründen.[395]

731 Der Große Senat besteht nach § 45 Abs. 5 Satz 1 ArbGG aus dem Präsidenten, je einem Berufsrichter der Senate, in denen der Präsident nicht den Vorsitz führt, und je drei ehrenamtlichen Richtern aus den Kreisen der Arbeitnehmer und Arbeitgeber, momentan also aus 16 Richtern.[396]

4. Erläutern Sie den Begriff des sog. „Forum Shoppings" und das dahinterstehende Problem bei arbeitskampfrechtlichen Streitigkeiten.

732 Der Begriff des sog. „Forum Shoppings„ stammt aus dem amerikanischen Recht und bezeichnet dort den Versuch des Klägers, die Zuständigkeit des Gerichts (des Forums) in dem US-Staat herbeizuführen, dessen Recht für die Sache des Klägers besonders günstig scheint.[397] Im deutschen Zivilprozessrecht wird der Begriff des sog. „Forum Shoppings" insbesondere[398] für die Beschreibung des Phänomens gebraucht, dass der Kläger durch die Auswahl eines für seine Interessen (vermeintlich) besonders günstigen Gerichtsstandes versucht, auf das Verfahren zu seinen Gunsten Einfluss zu nehmen.[399]

733 Möglich ist dies in arbeitskampfrechtlichen Streitigkeiten aufgrund der Vielzahl der in Betracht kommenden Gerichtsstände nach den §§ 12ff. ZPO, weil der Kläger bzw. Antragsteller nach Maßgabe des § 35 ZPO unter mehreren zuständigen Gerichten die Wahl hat. Als Gerichtsstände in arbeitskampfrechtlichen Streitigkeiten kommen neben dem *allgemeinen Gerichtsstand* des Arbeitgebers, des Arbeitgeberverbandes bzw. der Gewerkschaft (§ 12 i. V. m. § 17 bzw. § 22 ZPO) auch der *besondere Gerichtsstand der Niederlassung* (§ 21 ZPO), der *besondere Gerichtsstand des Erfüllungsorts* (§ 29 ZPO) vor allem hinsichtlich der aus dem Tarifvertrag folgenden Friedenspflicht[400] und insbesondere der *besondere Gerichtsstand der unerlaubten Handlung* (§ 32 ZPO) in Betracht.[401] Nach § 32 ZPO ist für Klagen aus unerlaubten Handlungen das Gericht zuständig, in dessen Bezirk die Handlung begangen ist (sog. Begehungsort). Der Begehungsort kann sowohl der Ort sein, an dem das schadensbegründende Ereignis veranlasst wurde (Handlungsort), als auch der Ort, an dem der schädigende Erfolg eingetreten ist (Erfolgsort).[402] Virulent wird die große Auswahlmöglichkeit unter den verschiedenen Gerichtsständen insbesondere bei Flächenstreiks in Großunternehmen, die nicht nur aus einer Gesellschaft, sondern aus mehreren (Tochter-)Gesellschaften bestehen, die jeweils selbst Arbeitgeber sind.[403] Denn hier besteht die Möglichkeit, dass jedes einzelne Arbeitgeberunternehmen arbeitskampfrechtliche Fragen bei einem anderen, jeweils örtlich zuständigen Arbeitsgericht zu klären versucht mit dem Ziel, dasjenige Gericht ausfindig zu machen, das für die Arbeitgeberseite möglichst günstig entscheidet.[404]

---

395 S. etwa Germelmann/*Prütting*, ArbGG, § 45 Rn. 36.

396 Der Präsidentin des BAG, je einem Berufsrichter aus den insgesamt 10 Senaten des BAG mit Ausnahme des „Präsidentensenats" (1. Senat) und je drei ehrenamtlichen Richtern aus dem Kreis der AN und AG.

397 S. *Koch/Magnus/Winkler von Mohrenfels*, IPR und Rechtsvergleichung, § 2 Rn. 60.

398 S. zu Fällen mit Auslandsberührung mit Blick auf die Ausnutzung von in mehreren Staaten nebeneinander existierenden *internationalen Zuständigkeiten Schack*, Internationales Zivilverfahrensrecht, Rn. 272 ff.

399 S. *Preis/Greiner*, Kollektivarbeitsrecht, § 131 Rz. 1489; s. auch LAG Sachsen 2.11.2007 – 7 SaGA 19/07 – juris Rn. 83 ff.

400 S. dazu und den damit verbundenen Problemen der Bestimmung des Erfüllungsortes in Arbeitskampfstreitigkeiten näher Germelmann/*Künzl*, ArbGG, § 48 Rn. 50–52.

401 S. *Fischer*, FA 2008, 2 ff. (3); *Preis/Greiner*, Kollektivarbeitsrecht, § 130 Rz. 1482 f.

402 S. nur BGH 28.2.1996 – XII ZR 181/93 – juris Rn. 15; MüKo-ZPO/*Jungmann*, § 32 Rn. 60; Musielak/Voit/*Heinrich*, § 32 Rn. 15; speziell für den Fall arbeitskampfbezogener Streitigkeiten s. *Fischer*, FA 2008, 2 ff. (3); Germelmann/*Künzl*, ArbGG, § 48 Rn. 52.

403 S. *Fischer*, FA 2008, 2 ff. (3).

404 S. *Fischer*, FA 2008, 2 ff. (3).

Als Beispiel sei der Streik des Fahrpersonals der deutschen Bahn im Jahr 2007, der von der Gewerkschaft Deutscher Lokomotivführer (GDL) getragen wurde, genannt. Hier hat die Arbeitgeberseite einstweilige Verfügungen zur Unterlassung von Streiks gegen die GDL bei mehreren Arbeitsgerichten anhängig gemacht und alle Anträge, die an das ArbG Frankfurt a.M. – das unter Anknüpfung an den Sitz der GDL zuständige Arbeitsgericht – verwiesen wurden, wieder zurückgenommen.[405] **734**

Die Auswahlmöglichkeit unter den verschiedenen Gerichtsständen wird im Schrifttum teilweise kritisiert. Verwiesen wird insbesondere auf die Gefahr divergierender instanzgerichtlicher Entscheidungen, die mit dem verfassungsrechtlichen Gebot des effektiven Rechtsschutzes konfligiere.[406] **735**

5. Erläutern Sie die Klageart der kombinierten Anfechtungs- und Leistungsklage.

Eine kombinierte Anfechtungs- und Leistungsklage kommt im sozialgerichtlichen Verfahren sehr häufig in der Gestalt einer **sog. unechten Leistungsklage** gemäß § 54 Abs. 4 SGG vor. Diese Klageart betrifft Fälle, in denen der **Antrag** des Bürgers auf Gewährung einer **Leistung**, auf die ein **Rechtsanspruch** besteht, **abgelehnt** worden ist und nunmehr die **Aufhebung des Ablehnungsbescheides** und eine **Verurteilung des Beklagten zur Leistung** angestrebt wird.[407] **736**

6. Erläutern Sie den Grund, warum bei der Erhebung einer Verpflichtungsklage im sozialgerichtlichen Verfahren häufig auch eine Anfechtungsklage zu erheben ist.

Während im allgemeinen Verwaltungsprozessrecht nach h.M. die Verpflichtungsklage in ihrer Emanation als sog. Versagungsgegenklage[408] zugleich die Aufhebung des ablehnenden Verwaltungsakts umfasst,[409] geht die h.M. im Sozialrecht davon aus, dass der **ablehnende Bescheid stets kumulativ mit der Anfechtungsklage angegriffen werden muss, also mit einer sog. kombinierten Anfechtungs- und Verpflichtungsklage.**[410] **737**

---

405 S. LAG Sachsen 2.11.2007 – 7 SaGA 19/07 –juris Rn. 84. Das LAG führt insoweit aus, dass dem Vortrag der GDL zuzugeben ist, „*dass das Verhalten der Verfügungsklägerin (...) den Eindruck erwecken könnte, dass es (...) darum ging zu verhindern, dass das ArbG Frankfurt a.M. über Unterlassungsanträge zu entscheiden hatte. Dies auch unter dem Gesichtspunkt, dass eben das vorgenannte ArbG wegen des Sitzes der Verfügungsbeklagten durchaus örtlich zuständig ist.*“ Einer Überprüfung des beschrittenen Rechtswegs stand aber u.a. die Regelung des § 65 ArbGG entgegen, wonach das Berufungsgericht nicht überprüft, ob der beschrittene Rechtsweg zulässig ist. S. ferner *Fischer*, FA 2008, 2 ff. (3).

406 S. *Fischer*, FA 2008, 2 ff. (3 f.) mit eigenem Lösungsvorschlag.

407 SRH/*Flint*, § 13 Rn. 204; MKS/*Keller*, SGG, § 54 Rn. 38; Krasney/Udsching/*Udsching*, HdB-SGB, Kapitel IV. Rn. 70.

408 Damit ist die Klage gegen die ausdrückliche Ablehnung eines Verwaltungsakts gemeint. Etwa wenn die vom Bürger beantragte Baugenehmigung durch die Baurechtsbehörde abgelehnt worden ist oder die nach § 2 Abs. 1 GastG erforderliche und beantragte Gaststättenerlaubnis versagt wurde.

409 S. etwa *Detterbeck*, VerwR-AT, Rn. 1380; *Hufen*, Verwaltungsprozessrecht, § 15 Rn. 4; *Kopp/Schenke*, VwGO, § 42 Rn. 29; Schoch/Schneider/*Pietzcker/Marsch*, VwGO, § 42 Rn. 96 m.w.N.; *Sodan/Ziekow*, Grundkurs ÖR, § 99 Rn. 2 f.

410 S. BeckOGK SGG/*Bieresborn*, § 54 Rn. 53 (Stand: 1.2.2025); *Muckel/Ogorek/Rixen*, SozR, § 18 Rn. 8; Krasney/Udsching/*Udsching*, HdB-SGB, IV. Rn. 15; a.A. etwa *Kummer*, DAngVers 1984, 308 ff. (314).

Dritter Abschnitt: Beispiel einer Studien- bzw. Seminararbeit[1] im Rahmen eines arbeits- und sozialrechtlichen Seminars zu Schnittstellen zwischen Arbeitsrecht und Sozialversicherungsrecht mit dem Thema:

Entgeltfortzahlung und Krankengeld: Ausgestaltung, Folgen und Sinnhaftigkeit der dualen Absicherung bei krankheitsbedingter Arbeitsunfähigkeit

Max Mustermann
Matrikelnummer: 01/12 34 56

Übersicht Rn.

1 S. zur Anfertigung von Studien- bzw. Seminararbeiten und möglichen Fehlerquellen dabei etwa *Büdenbender/Bachert/Humbert*, JuS 2002, 24 ff.; *Herold/Müller*, JA 2013, 808 ff.; *Lahnsteiner*, JURA 2011, 580 ff.; *Möllers*, Juristische Arbeitstechnik, insb. §§ 5–8; *Mann*, Juristische Arbeitstechnik, §§ 8–10. S. zur Zitierweise in juristischen Arbeiten *Byrd/Lehmann*, Zitierfibel für Juristen.

Literaturverzeichnis

Albrecht, Georg, „Ruhen oder Wegfall des Krankengeldes neben einer anderen Geldleistung aus der Sozialversicherung“, KrV 1969, S. 195–198.

AnwaltKommentar Arbeitsrecht, hrsg. von Klaus *Hümmerich* (†), Winfried *Boecken*, Franz Josef *Düwell*, 2. Aufl., Bd. I, Bonn 2010, Bd. II, Bonn 2010 (zitiert: AnwK-ArbR/*Bearbeiter*).

Bäcker, Gerhard/Naegele, Gerhard/Bispinck, Reinhard et al., Sozialpolitik und soziale Lage in Deutschland, 5. Aufl., Bd. II – Gesundheit, Familie, Alter und soziale Dienste, Wiesbaden 2010 (zitiert: Soziale Lage II).

Bauer, Jobst Hubertus, „Arbeitsrechtlicher Wunschkatalog für mehr Beschäftigung“, NZA 2005, S. 1046–1051.

Becker, Susanne, „Krankengeld und Arbeitslosigkeit: Konturen des Begriffs der Arbeitsunfähigkeit“ SozSich 2004, S. 134–139.

Becker, Ulrich/Kingreen, Thorsten, SGB V – Gesetzliche Krankenversicherung, Kommentar, 4. Aufl., München 2014 (zitiert: B/K/*Bearbeiter*).

Beckmann, Roland Michael/Matusche-Beckmann, Annemarie, Versicherungsrechtshandbuch, 2. Aufl., München 2009 (zitiert: VersRH/*Bearbeiter*).

Beck'scher Online-Kommentar Sozialrecht, hrsg. v. Christian *Rolfs*, Richard *Giesen*, Ralf *Kreikebohm*, Peter *Udsching*, Ed. 35, München, Stand: 1.9.2014 (zitiert: BeckOK/*Bearbeiter*).

Berchtold, Josef, Krankengeld – Handbuch, Baden-Baden 2004 (zitiert: *Berchtold*).

Bernzen, Matthias, „Die neue Mitteilungspflicht nach § 294a Abs. 2 SGB V und der Leistungsausschluss nach § 52 Abs. 2 SGB V – verschleiert, verschmälert, verfassungswidrig“ MedR 2008, S. 549–553.

Boecken, Winfried, „Entgeltfortzahlung bei nebentätigkeitsbedingtem Arbeitsunfall bzw. Unfall“, NZA 2001, S. 233–237.

Ders., „Probleme der Entgeltfortzahlung im Krankheitsfall“, NZA 1999, S. 673–683.

Ders., BGB – Allgemeiner Teil, 2. Aufl., Stuttgart 2012 (zitiert: *Boecken*-AT).

Boecken, Winfried/Jacobsen, Daniel, „Rechtliche Folgen der Unverfallbarkeit von Urlaubs(abgeltungs)ansprüchen bei krankheitsbedingter Arbeitsunfähigkeit“, ZTR 2011, S. 267–277.

Bökenkamp, Gérard, Das Ende des Wirtschaftswunders – Geschichte der Sozial-, Wirtschafts- und Finanzpolitik der Bundesrepublik 1969–1998, Stuttgart 2010 (zitiert: *Bökenkamp*).

Boss, Alfred, Ist die Lohnfortzahlung im Krankheitsfall ökonomisch sinnvoll?, Arbeitspapier Nr. 187, IFW-Kiel 1983 (zitiert: *Boss*).

Brecht, Hans-Theo, Entgeltfortzahlung an Feiertagen und im Krankheitsfall – Entgeltfortzahlungsgesetz, 2. Aufl., München 2000 (zitiert: *Brecht*).

Brenke, Karl, „Reallöhne über mehrere Jahre rückläufig“, DIW Wochenbericht 2009, S. 550–560.

Brocke, Erwin, „Die stufenweise Wiedereingliederung in den Arbeitsprozeß“, SGb 1990 S. 45–49.

Brox, Hans/Rüthers, Bernd/Henssler, Martin, Arbeitsrecht, 18. Aufl., Stuttgart 2011 (zitiert: B/R/H).
Canaris, Claus-Wilhelm, „Die Reform des Rechts der Leistungsstörungen", JZ 2001, S. 499–524.
Däubler, Wolfgang, „Die Auswirkungen der Schuldrechtsmodernisierung auf das Arbeitsrecht", NZA 2001, S. 1329–1337.
Diller, Martin, „Krankfeiern seit 1.6.1994 schwieriger? – Das neue Entgeltfortzahlungsgesetz", NJW 1994, S. 1690–1693.
Dudek, Klaus, Lohnfortzahlung und Kündigung von Arbeitsverhältnissen, zugl. Diss. jur. (Würzburg 1981), Dortmund 1981 (zitiert: *Dudek*).
Eichenhofer, Eberhard, Sozialrecht, 8. Aufl., Tübingen 2012 (zitiert: *Eichenhofer*).
Erfurter Kommentar zum Arbeitsrecht, hrsg. v. Rudi *Müller-Glöge*, Ulrich *Preis*, Ingrid *Schmidt*, 15. Aufl., München 2015 (zitiert: ErfK/*Bearbeiter*).
Erlenkämper, Arnold/Fichte, Wolfgang, Sozialrecht – Allgemeine Rechtsgrundlagen, Sozialgesetze, Verfahrensrecht, 6. Aufl., Köln 2008, (zitiert: E/F/*Bearbeiter*).
Fuhrmann, Maria Monica, „Stufenweise Wiedereingliederung – Umdenken bei der Anrechnung des Wiedereingliederungsentgeltes auf das Krankengeld?", NZS 2008, S. 299–304.
Gerlach, Werner/Popken, Harald, Das Krankengeld, 8. Aufl., Sankt Augustin 2008 (zitiert: *Gerlach/Popken*).
Geyer, Karl Heinrich/Knorr, Gerhard/Krasney, Otto Ernst, Entgeltfortzahlung – Krankengeld – Mutterschaftsgeld, Erläuterungen zu den arbeits- und sozialrechtlichen Vorschriften über die Entgeltfortzahlung an Feiertagen und im Krankheitsfall, das Krankengeld der gesetzlichen Krankenversicherung und die Geldleistungen bei Mutterschaft, Ergänzungslieferung 2/14, Stand: Juli 2014 (zitiert: G/K/K).
Giesen, Richard, „Das neue Entgeltfortzahlungs- und Urlaubsrecht", RdA 1997, S. 193–204.
Gitter, Wolfgang, „Arbeitsrechtliche Probleme der stufenweisen Wiedereingliederung arbeitsunfähiger Arbeitnehmer – Zugleich ein Beitrag zum Rechtsbegriff der Teilarbeitsfähigkeit", ZfA 1995, S. 123–179.
Glaubitz, Werner, „Nochmals: Das Rechtsverhältnis zur stufenweisen Wiedereingliederung arbeitsunfähiger Arbeitnehmer", NZA 1992, S. 402.
Gotthardt, Michael/Greiner, Stefan, „Leistungsbefreiung bei Krankheit des Arbeitnehmers nach § 275 Abs. 1 oder 3 BGB", DB 2002, S. 2106–2112.
Handkommentar zum Arbeitsrecht, Individualarbeitsrecht mit kollektivrechtlichen Bezügen, hrsg. v. Wolfgang *Däubler*, Jens Peter *Hjort*, Michael *Schubert*, Martin *Wolmerath*, 3. Aufl., Baden-Baden 2013 (zitiert: Hk-ArbR/*Bearbeiter*).
Handkommentar zum BGB, hrsg. v. Reiner *Schulze*, Heinrich *Dörner*, Ina *Ebert*, et al., 8. Aufl., Baden-Baden 2014 (zitiert: Hk-BGB/*Bearbeiter*).
Handkommentar zum Entgeltfortzahlungsrecht, Arbeitsrecht, Sozialrecht, Bürgerliches Recht, hrsg. von Peter *Feichtinger*, Hans *Malkmus*, 2. Aufl., Baden-Baden 2010 (zitiert: Hk-EFZR/*Bearbeiter*).
Harth, Angela, Die Neuregelung der Entgeltfortzahlung im Krankheitsfall, zugl. Diss. jur. (Köln 1999), Köln 2000 (zitiert: *Harth*).
Heinze, Meinhard, „Krankenstand und Entgeltfortzahlung – Handlungsbedarf und Anpassungserfordernisse", NZA 1996, S. 785–791.
Ders., Möglichkeiten der Fortentwicklung des Rechts der Sozialen Sicherheit zwischen Anpassungszwang und Bestandsschutz, Verhandlungen des 55. Deutschen Juristentages, Hamburg 1984, Gutachten E, München 1984 (zitiert: *Heinze*, DJT 55, E).
Heise, Daniela, Die Zulässigkeit zweiseitig zwingender Normen im Arbeitsrecht – Unter besonderer Berücksichtigung des § 4 Abs. 1 EFZG, zugl. Diss jur. (Bonn 2000), Frankfurt a. M. 2001 (zitiert: *Heise*).
Henssler, Martin/Muthers, Christof, „Arbeitsrecht und Schuldrechtsmodernisierung", ZGS 2002, S. 219–225.
Henssler, Martin/Willemsen, Heinz Josef/Kalb, Heinz-Jürgen, Arbeitsrecht Kommentar, 6. Aufl., Köln 2014 (zitiert: HWK/*Bearbeiter*).
Herder-Dornreich, Phillipp/Niederfahrenhorst, Heinrich/Gerdelmann, Werner, Systemanalyse und Problemgeschichte der arbeitsrechtlichen und versicherungsrechtlichen Lösung sozialer Aufgaben, Opladen 1973 (zitiert: *Herder-Dornreich* et al.).
Hofmann, Paul, „Zum Problem des Verschuldens bei krankheitsbedingter Arbeitsunfähigkeit", ZfA 1979, S. 275–334.
Hümmerich, Klaus (†)/Boecken, Winfried/Spirolke, Matthias, Das arbeitsrechtliche Mandat, 6. Aufl., Bonn 2012 (zitiert: H/B/S/*Bearbeiter*).
Joussen, Jacob, „Arbeitsrecht und Schuldrechtsreform", NZA 2001, S. 745–751.
Ders., „Der Vertrauensschutz im fehlerhaften Arbeitsverhältnis", NZA 2006, 963–967.

Junker, Abbo, Grundkurs Arbeitsrecht, 13. Aufl., München 2014 (zitiert: *Junker*).

Kaiser, Heinrich/Dunkl, Hans/Hold, Dieter/Kleinsorge, Georg, Entgeltfortzahlungsgesetz – Kommentar, 5. Aufl., Köln 2000 (zitiert: KDHK/*Bearbeiter*).

Kasseler Kommentar zum Sozialversicherungsrecht, hrsg. v. Stephan Leitherer, 82. Ergänzungslieferung, München, Stand: 1. Juni 2014 (zitiert: KK/*Bearbeiter*).

Kießling, Erik/Jünemann, Michael, „Dienstbefreiung, Entgeltfortzahlung und Kündigung bei der Erkrankung von Kindern", DB 2006, S. 1684–1690.

von Koppenfels, Katharina, „Die Entgeltfortzahlung im Krankheitsfall an der Schnittstelle von Arbeits- und Sozialrecht", NZS 2002, S. 241–247.

Krahmer, Utz/Trenk-Hinterberger, Peter, Sozialgesetzbuch I – Allgemeiner Teil, Lehr- und Praxiskommentar, 3. Aufl., Baden-Baden 2014, (zitiert: LPK-SGB I/*Bearbeiter*).

Krasney, Otto Ernst, „Zum Krankheitsbegriff in der Entwicklung der gesetzlichen Krankenversicherung", ZfS 1976, S. 411–428.

Krauskopf – Soziale Krankenversicherung, Pflegeversicherung, hrsg. v. Regine *Wagner*, Stefan *Knittel*, Bd. I – SGB I, SGB IV, SGB V §§ 1– 88, 85. Ergänzungslieferung, München, Stand: Mai 2014 (zitiert: Krauskopf/*Bearbeiter*).

Kreikebohm, Ralf, Sozialgesetzbuch, Gemeinsame Vorschriften für die Sozialversicherung – SGB IV, 2. Aufl., München 2014 (zitiert: Kreikebohm/*Bearbeiter*).

Kruse, Jürgen/Hänlein, Andreas/ Schuler, Rolf, Sozialgesetzbuch V – Gesetzliche Krankenversicherung, Lehr- und Praxiskommentar, 4. Aufl., Baden-Baden 2012 (zitiert: LPK-SGB V/*Bearbeiter*).

Kunz, Olaf/Wedde, Peter, EFZR – Entgeltfortzahlungsrecht, Kommentar für die Praxis zum Entgeltfortzahlungsrecht und zu ergänzenden Vorschriften, 2. Aufl., Frankfurt a. M. 2005 (zitiert: Kunz/Wedde/*Bearbeiter*).

Legerlotz, Martina, Die Auswirkungen des Gesundheitsreform-Gesetzes auf die arbeitsrechtliche Entgeltfortzahlung, zugl. Diss. jur. (Köln 1991), Frankfurt a. M. et al. 1992 (zitiert: *Legerlotz*).

Lehmann, Karl/Ring, Viktor, Das Handelsgesetzbuch für das Deutsche Reich, Bd. I, Berlin 1902 (zitiert: *Lehmann/Ring*, HGB).

Lepke, Achim, „Krankheitsbegriff im Arbeitsrecht", NZA-RR 1999, S. 57–63.

Ders., „Pflichtverletzungen des Arbeitnehmers bei Krankheit als Kündigungsgrund", NZA 1995, S. 1084–1091.

Ders., Kündigung bei Krankheit – Handbuch für die betriebliche, anwaltliche und gerichtliche Praxis, 14. Aufl., Berlin 2012 (zitiert: *Lepke*).

Löwisch, Manfred, „Zweifelhafte Folgen des geplanten Leistungsstörungsrechts für das Arbeitsvertragsrecht", NZA 2001, S. 465–467.

Mezger, Gabriele/Richter, Klaus/Wahsner, Roderich, „Krankheit als Kündigungsgrund im Arbeitsverhältnis", DuR 1979, S. 264–288.

Mihm, Katja, „Die Verschuldensrelevanz im Sozialleistungsrecht", NZS 1995, S. 7–12.

Moll, Wilhelm, „Dienstvergütung bei persönlicher Verhinderung – Ein historisches Problem und seine heutige Bewältigung", RdA 1980, S. 138–155.

Muckel, Stefan/Ogorek, Markus, Sozialrecht, 4. Aufl., München 2011 (zitiert: *Muckel/Ogorek*).

Mugdan, Benno, Die gesamten Materialien zum Bürgerlichen Gesetzbuch für das Deutsche Reich, Bd. II – Recht der Schuldverhältnisse, Berlin 1899 (zitiert: *Mugdan*).

Müller, Gerhard, „Kritische Bemerkungen zur Pflegeversicherung", DB 1993, S. 90–94.

Müller-Glöge, Rudi, „Aktuelle Rechtsprechung zum Recht der Entgeltfortzahlung im Krankheitsfall", RdA 2006, S. 105–116.

Münchener Handbuch zum Arbeitsrecht, hrsg. v. Reinhard *Richardi*, Otfried Wlotzke, 2. Aufl., Bd. I – Individualarbeitsrecht I, München 2000 (zitiert: MüArbR²/*Bearbeiter*).

Münchener Handbuch zum Arbeitsrecht, hrsg. v. Reinhard *Richardi*, Otfried Wlotzke, Hellmut *Wißmann*, Hartmut *Oetker*, 3. Aufl., Bd. I – Individualarbeitsrecht, München 2009 (zitiert: MüArbR/*Bearbeiter*).

Münchener Kommentar zum Bürgerlichen Gesetzbuch, hrsg. von Franz Jürgen *Säcker*, Roland *Rixecker*, 6. Aufl., Bd. II – Schuldrecht Allgemeiner Teil, §§ 241–432 BGB, München 2012, Bd. IV – Schuldrecht Besonderer Teil II, §§ 611–704, EFZG, TzBfG, KSchG, München 2012 (zitiert: MüKo/*Bearbeiter*).

Bungard, Sven/Hertle, Dagmar/Kliner, Karin et al. , BKK Gesundheitsreport 2013 – Gesundheit in Bewegung, hrsg. v. BKK Dachverband, Berlin 2013 (zitiert: BKK Gesundheitsreport 2013).

N.N., Bundesministerium für Gesundheit, Daten des Gesundheitswesens 2013, Stand: Juli 2013, abgerufen am 13.11.2014 unter: *https://www.bundesgesundheitsministerium.de/fileadmin/dateien/Publikationen/Gesundheit/Broschueren/Daten_des_Gesundheitswesens_2013.pdf* (zitiert: BMG, Daten des Gesundheitswesens 2013).

N.N., Bundesministerium für Gesundheit, Kennzahlen der Gesetzlichen Krankenversicherung 1999 bis 2009, Stand: 2.8.2010, abgerufen am 13.11.2014 unter: *http://www.bmg.bund.de/filead min/redaktion/pdf_statistiken/krankenversicherung/Kennzahlen-und-Faustformeln.pdf* (zitiert: BMG, Kennzahlen GKV 1999–2009).
N.N., Bundesministerium für Gesundheit, Kennzahlen der Gesetzlichen Krankenversicherung 2001 bis 2012, Stand: Juli 2013, abgerufen am 13.11.2014 unter: http://www.bmg.bund.de/filead min/dateien/Downloads/Statistiken/GKV/Kennzahlen_Daten/KF2013Bund_Juli_2013.pdf (zitiert: BMG, Kennzahlen GKV 2001–2012).
N.N., Bundesvereinigung der Deutschen Arbeitgeberverbände, BDA kompakt – Krankenstand, Oktober 2014, abgerufen am 13.11.2014 unter: *http://www.arbeitgeber.de/www/arbeitgeber.nsf/res/Krankenstand.pdf/$file/Krankenstand.pdf* (zitiert: BDA kompakt, Krankenstand).
N.N., Bürokratieverursachende Normen – Analyse der Bürokratiekosten ausgewählter Normen, Institut der deutschen Wirtschaft Köln, 2008 (zitiert: IW-Köln, Bürokratiekosten).
N.N., Institut der deutschen Wirtschaft Köln, Kosten die keiner kennt – Das soziale Netz der Betriebe, Ausgabe 2010, 30. Aufl., Köln, 2010 (zitiert: IW-Köln, soziales Netz).
N.N., „Vor 50 Jahren…24.10.1956: Beginn des Streiks der Metallarbeiter in Schleswig-Holstein", Friedrich Ebert Stiftung, Archiv der sozialen Demokratie (AdsD), abgerufen am 13.11.2014 unter: http://www.fes.de/archiv/adsd_neu/inhalt/stichwort/metallarbeiterstreik.htm (zitiert: AdsD, Stichwort: Metallarbeiterstreik).
Palandt, Otto, Bürgerliches Gesetzbuch, 73. Aufl., München 2014 (zitiert: Palandt/*Bearbeiter*).
Pietzner, Gunnar, Krankenstands- und Arbeitslosenquote in Deutschland – Eine ökonomische Perspektive, zugl., Diss. oec. (Witten/Herdecke 2006), München, Mering 2007 (zitiert: *Pietzner*).
Prehn, Annette, „Des Menschen Wille ist sein Himmelreich, aber auch auf Kosten der Solidargemeinschaft? – Wunscherfüllende Medizin und body modifications unter dem Blickwinkel der Leistungsbeschränkung in der gesetzlichen Krankenversicherung –" NZS 2010, S. 260–266.
Preis, Ulrich, Arbeitsrecht – Individualarbeitsrecht, Lehrbuch für Studium und Praxis, 4. Aufl., Köln 2012 (zitiert: *Preis*, I).
Ders., „Das arbeitsrechtliche Beschäftigungsförderungsgesetz 1996", NJW 1996, S. 3369–3378.
Puhani, Patrick/Sonderhof, Katja, The Effects of a Sick Pay Reform on Absence and on Health Related Outcomes, SOEP Paper No. 248, DIW Berlin 2009 (zitiert: *Puhani/Sonderhof*).
Richardi, Reinhard, „Leistungsstörungen und Haftung im Arbeitsverhältnis nach dem Schuldrechtsmodernisierungsgesetz", NZA 2002, S. 1004–1012.
Schaub, Günther (†) , Arbeitsrechts- Handbuch – Systematische Darstellung und Nachschlagewerk für die Praxis, 15. Aufl., München 2013 (zitiert: Schaub/*Bearbeiter*).
Schmitt, Jochem, „Die Auswirkungen der Schuldrechtsmodernisierung auf das Recht der Entgeltfortzahlung im Krankheitsfall", in: Gedenkschrift für Meinhard Heinze, München 2005, S. 785–796.
Ders., Entgeltfortzahlungsgesetz und Aufwendungsausgleichsgesetz – Kommentar, 7. Aufl., München 2012 (zitiert: *Schmitt*).
Scholl, Bernd, „Die Unzumutbarkeit der Arbeitsleistung nach § 275 Abs. 3 BGB", JURA 2006, S. 283–290.
Schulin, Bertram, „Anfängliche Arbeitsunfähigkeit im Lohnfortzahlungsrecht – Ein Beitrag zur arbeitsrechtlichen Lehre vom Begriff der Arbeitsunfähigkeit unter besonderer Berücksichtigung des Rechts der sozialen Krankenversicherung", ZfA 1978, S. 215–267.
Ders., „Empfiehlt es sich, die Zuweisung von Risiken und Lasten im Sozialrecht neu zu ordnen?", Verhandlungen des 59. Deutschen Juristentages, Hannover 1992, Gutachten E, München 1992 (zitiert: *Schulin*, DJT 59, E).
Ders., „Gedanken über die Rolle der Arbeitgeber bei der sozialen Sicherung der Arbeitnehmer", in: Festschrift für Otto Rudolf Kissel, München 1994, S. 1055–1076.
Ders., „Zum Problem der Teilarbeitsunfähigkeit im Krankenversicherungs- und Entgeltfortzahlungsrecht", SGb 1984, S. 285–293.
Ders., Handbuch des Sozialversicherungsrechts, Bd. I – Krankenversicherungsrecht, München 1994 (zitiert: HS-KV/*Bearbeiter*).
Schulz, Manuela, „Die Entgeltfortzahlung heute – Eine Fehlentwicklung zum Arbeitsrechtlichen Beschäftigungsförderungsgesetz", ZRP 2005, S. 227–230.
Dies., „Entgeltfortzahlung bei Erkrankung von Kindern von Arbeitnehmern – Zugleich Erwiderung auf Kießling/Jünemann (DB 2005 S. 1684) und Replik." DB 2006, S. 838–842.
Schulze, Reiner/Ebers, Martin, „Streitfragen im neuen Schuldrecht", JuS 2004, S. 265–272.
Schwarze, Roland, Das Recht der Leistungsstörungen, Berlin 2008 (zitiert: *Schwarze*).

Seffen, Achim, Gesetzliche Krankenversicherung, Analysen – Probleme – Lösungsansätze, Einzelgutachten Entgeltfortzahlung, Kiel 1982 (zitiert: *Seffen*).
Sodan, Helge, Grundgesetz, Beck'scher Kompakt-Kommentar, 2. Aufl., München 2011 (zitiert: Sodan/*Bearbeiter*).
Sozialrechtshandbuch – SRH, hrsg. v. Bernd *Baron von Maydell*, Franz *Ruland*, Ulrich *Becker*, 5. Aufl., Baden-Baden 2012 (zitiert: SRH/*Bearbeiter*).
von Staudinger, Julius, Kommentar zum Bürgerlichen Gesetzbuch mit Einführungsgesetz und Nebengesetzen, Buch 2 – Recht der Schuldverhältnisse §§ 613a–619a, Berlin 2011 (zitiert: Staudinger/*Bearbeiter*).
Steinke, Mika/Badura, Bernhard, Präsentismus – Ein Review zum Stand der Forschung, Dortmund, Berlin, Dresden 2011 (zitiert: *Steinke/Badura*).
Stückmann, Roland, „«Krankfeiern» und «Krankschreiben» – Überlegungen zur Entgeltfortzahlung im Krankheitsfalle", NZS 1994, S. 529–537.
Thome, Martin, Lohnfortzahlung bei Arbeitsverhinderung, zugl. Diss. jur. (Heidelberg 1986/87), Frankfurt a. M. et al. 1987 (zitiert: *Thome*).
Thüsing, Gregor, „Wahltarife nach § 53 Abs. 4 bis 6 SGB V n. F. im Lichte des Verfassungsrechts – Teil 1, Auswirkungen der Neuregelungen", NZS 2008, S. 449–455.
Treber, Jürgen, EFZG – Kommentar zum Entgeltfortzahlungsgesetz und zu wesentlichen Nebengesetzen, 2. Aufl., 2007 (zitiert: *Treber*).
Vogelsang, Hinrich, Entgeltfortzahlung, München 2003 (zitiert: *Vogelsang*).
Vossen, Reinhard, Entgeltfortzahlung bei Krankheit und an Feiertagen, Neuwied, Kriftel, Berlin 1997 (zitiert: *Vossen*).
Waltermann, Raimund, Sozialrecht, 10. Aufl., Heidelberg 2012 (zitiert: *Waltermann*).
Wank, Rolf, Arbeiter und Angestellte: Zur Unterscheidung im Arbeits- und Sozialversicherungsrecht, Berlin, New-York 1992 (zitiert: *Wank*).
Wannagat, Sozialversicherungsrecht, hrsg. v. Eberhard *Eichenhofer*, Ulrich *Wenner*, Sozialgesetzbuch V – Gesetzliche Krankenversicherung, Köln 2013 (zitiert: Wannagat/*Bearbeiter*).
Weiland, Heinz, Probleme der Lohnfortzahlung, zugl. Diss. jur. (Gießen 1981), Gießen 1981 (zitiert: *Weiland*).
Winkler, Jürgen, Sozialgesetzbuch IV – Gemeinsame Vorschriften für die Sozialversicherung, Lehr- und Praxiskommentar, Baden-Baden 2007 (zitiert: LPK-SGB IV/*Bearbeiter*).
Zachert, Ulrich, „Auslegungsgrundsätze und Auslegungsschwerpunkte bei der aktuellen Diskussion um die Entgeltfortzahlung", DB 1996, S. 2078–2079.
Ziebarth, Nicolas Robert, Sickness Absence and Economic Incentives, zugl., Diss. oec. (Berlin 2011), Berlin 2011 (zitiert: *Ziebarth*).

A. Einleitung

738 Das Recht der Einkommenssicherung bei krankheitsbedingter Arbeitsunfähigkeit ist eine bedeutungsvolle Schnittstelle zwischen dem Arbeits- und Sozialversicherungsrecht. Der Grund hierfür liegt in der Ausgestaltung in der Form eines sog. dualen Systems. Der Arbeitnehmer hat im Krankheitsfall, zeitlich begrenzt, zunächst einen arbeitsrechtlichen Anspruch gegenüber seinem Arbeitgeber auf Fortzahlung des Entgelts nach Maßgabe der §§ 3 ff. EFZG. Bei länger andauernder Arbeitsunfähigkeit infolge Krankheit schließt sich daran in der Regel ein sozialversicherungsrechtlicher Anspruch auf Krankengeld gem. den §§ 44 ff. SGB V an.

739 Die Ausgestaltung, die Folgen und die Sinnhaftigkeit dieses dichotomen Systems der Absicherung bei krankheitsbedingter Arbeitsunfähigkeit sind Gegenstand der vorliegenden Untersuchung. Im Einzelnen wird nach einem Abriss der geschichtlichen Entwicklung auf die Normzwecke der Entgeltsicherung im Krankheitsfall eingegangen. Sodann wird in einem ersten Schritt das arbeitsrechtliche System der Entgeltfortzahlung dargestellt. Hieran anknüpfend wird in einem zweiten Schritt die sozialrechtliche Krankengeldversicherung mit ihren Gemeinsamkeiten und Unterschieden zur arbeitsrechtlichen Entgeltfortzahlung behandelt. Danach wird auf die Folgen der dualen Absicherung im Krankheitsfall eingegangen. Schließlich werden im Rahmen der Sinnhaftigkeit die Fragen der Rechtfertigung der Inanspruchnahme der Arbeitgeber, das Missbrauchspotential insb. der Entgeltfortzahlung sowie mögliche Reformansätze untersucht.

Ausgeklammert bleiben Sondersysteme wie etwa die agrarsoziale Sicherung nach dem KVLG 1989, Sonderprobleme wie z. B. die Arbeitsunfähigkeit infolge einer Sterilisation oder eines Schwangerschaftsabbruchs (§ 3 Abs. 2 EFZG) und Sonderregelungen für besondere Personengruppen wie bspw. für Seeleute[1] oder Heimarbeiter.[2] Auf den in § 9 EFZG geregelten Entgeltfortzahlungsanspruch bzw. den Krankengeldanspruch gemäß § 44 Abs. 1 Var. 2 SGB V im Falle der Durchführung einer Maßnahme der medizinischen Vorsorge oder Rehabilitation wird ebenso wenig eingegangen wie auf den Anspruch auf Krankengeld bei der Erkrankung des Kindes gem. § 45 SGB V, da es sich hierbei um Ansprüche bzw. Anspruchserweiterungen bezogen auf Fälle handelt, die außerhalb einer krankheitsbedingter Arbeitsunfähigkeit liegen. **740**

B. Duale Absicherung bei krankheitsbedingter Arbeitsunfähigkeit

I. Historische Entwicklung

Die Entgeltsicherung im Krankheitsfall ist geprägt durch eine lange und wechselvolle Geschichte, die für das Verständnis des heutigen Rechts von eminenter Bedeutung ist. **741**

Im Zuge der Industrialisierung und dem Aufkommen der „Sozialen Frage“ gegen Ende des 19. Jahrhunderts kam es erstmals in größerem Umfang[3] zu einer Kodifikation der Entgeltsicherung im Krankheitsfall.[4] Ausgangspunkt war die im Jahre 1861 geschaffene Regelung des Art. 60 ADHGB,[5] der eine längstens sechswöchige Gehaltsfortzahlung für „Handlungsgehülfen“ vorsah, wenn diese „durch unverschuldetes Unglück“[6] an der Erbringung ihrer Arbeitsleistung gehindert waren.[7] Eine in den Rechtsfolgen vergleichbare Regelung wurde 1891 in § 133c GewO[8] für gewerbliche Angestellte implementiert. Mit dem Inkrafttreten des BGB wurde in § 616 Satz 1[9] für alle übrigen Arbeiter und Angestellten ein Entgeltfortzahlungsanspruch für den Fall der Verhinderung an der Dienstleistung für eine „verhältnismäßig nicht erhebliche Zeit“[10] statuiert, wobei die Zahlungspflicht des Arbeitgebers gem. § 616 Satz 2 BGB u. a. insoweit ausgeschlossen war, als die Krankenkasse Krankengeld leistete. Die vorgenannten Regelungen erlangten aber wegen ihrer Dispositivität kaum praktische Relevanz.[11] **742**

1 S. insb. § 104 SeeArbG sowie § 16 Abs. 3 SGB V.

2 S. § 10 EFZG und dazu ausf. etwa *Vogelsang*, Rn. 934 ff.

3 S. zu den schon in vorindustrieller Zeit erkennbaren rudimentären Ansätzen einer wirtschaftlichen Absicherung im Krankheitsfall, z. B. im Gemeinen Recht oder im ALR, *Dudek*, S. 4 ff.; *Legerlotz*, S. 3 ff.; *Moll*, RdA 1980, 138 ff. (142 ff.); HS-KV/*Schlenker*, § 1 Rn. 10 ff., *Thome*, S. 5 ff.

4 S. ausf. zur historischen Entwicklung MüArbR²/*Boecken*, § 82 Rn. 2 ff.; *Heinze*, NZA 1996, 785 ff. (785 ff.); s. ferner auch *Schmitt*, Einl. Rn. 22 ff. und *Vogelsang*, Rn. 4 ff.

5 Auf Empfehlung der Bundesversammlung vom 31.5.1861 von den meisten Staaten erlassen; seit 1869 Bundesgesetz des Nd. B., BGBl. 1869, 404; seit 1871 Reichsgesetz, RGBl. 1871, 63.

6 Wozu auch die krankheitsbedingte Arbeitsunfähigkeit rechnete. S. nur *Lehmann/Ring*, HGB, § 63 Rn. 2 zu § 63 HGB a. F.

7 Später weitgehend durch § 63 HGB übernommen, der am 1.1.1900 in Kraft trat, RGBl. 1897, 219.

8 Durch das G. betr. der Abänderung der Gewerbeordnung vom 1. Juni 1891, RGBl. 1891, 261.

9 I.d.F. d.B.v. 18.8.1896, RGBl. 1896, 195, gem. Art. 1 Abs. 1 EGBGB zum 1.1.1900 in Kraft.

10 Durch die Verordnung vom 6.6.1931, RGBl. I 1931, 279, wurde in § 616 Abs. 2 S. 2. BGB grds. eine Zeit von sechs Wochen als verhältnismäßig nicht erheblich definiert.

11 S. MüArbR²/*Boecken*, § 82 Rn. 6; *Herder-Dornreich* et al., S. 99 f.; *Thome*, S. 7.

743 Es verblieb zumeist bei dem erstmals durch das Krankenversicherungsgesetz von 1883[12] in § 6 für bestimmte Versicherte[13] eingeführten sozialversicherungsrechtlichen Anspruch auf Krankengeld.[14] Nachdem die Krankenkassen im Zuge der Weltwirtschaftskrise in erhebliche Finanzierungsschwierigkeiten geraten waren, erließ der damalige Reichspräsident *von Hindenburg* im Jahr 1930 verschiedene Notverordnungen, deren primäre Zielsetzung es war, die finanziell angespannte Situation der Krankenkassen zu entschärfen.[15] Dazu wurde zunächst in § 189 Abs. 1 RVO u. a. ein Ruhen des Krankengeldanspruchs für den Fall angeordnet, dass der Versicherte während der Krankheit Arbeitsentgelt erhält.[16] Im Anschluss daran wurden die §§ 63 HGB, 133c GewO und § 616 BGB als zwingendes Recht ausgestaltet versehentlich zunächst für **Arbeiter und Angestellte.** Wenige Tage später wurde § 616 Abs. 2 BGB dahin gehend „berichtigt“, dass die zwingende Wirkung fortan nur noch für Angestellte galt.[17] Damit wurde die Spaltung der Rechtsstellung von Arbeitern und Angestellten im Sinne einer Schlechterstellung der Arbeiter verfestigt. Die Notverordnungen waren nicht nur ein wesentlicher Grundstein für die arbeitsrechtlich verankerte Entgeltfortzahlung, vielmehr bildeten sie zugleich auch den Auftakt der bis heute[18] erhalten gebliebenen Anrechnung der Entgeltfortzahlung auf die Krankengeldleistungen.[19] Mit Blick auf die Regelungssystematik im Sinne der zwingenden und vorrangigen arbeitgeberseitigen Entgeltfortzahlung unter umfänglicher Anrechnung auf das Krankengeld kann man von der Geburtsstunde der dualen Absicherung im heutigen Sinn sprechen.

744 Als verschiedene Anläufe zur Beseitigung der Ungleichbehandlung zwischen Arbeitern und Angestellten scheiterten,[20] kam es 1956 in Schleswig-Holstein zu dem viel beachteten Metallarbeiterstreik.[21] Das war der Anlass dafür die Rechtsstellung der Arbeiter im Krankheitsfall 1957 zu verbessern.[22] In § 1 Abs. 1 ArbKrankhG wurde eine akzessorische Zuschusspflicht des Arbeitgebers zum Krankengeld eingeführt[23] und zugleich das Krankengeld auf 65–75 % erhöht[24]. Das 1970 in Kraft getretene Lohnfortzahlungsgesetz[25] schuf auch für Arbeiter eine volle arbeitgeberseitige Lohnfortzahlung für längstens sechs Wochen ohne Berücksichtigung einer Karenzzeit.[26]

---

12 S. den Entwurf eines G. betreffend der Krankenversicherung der Arbeiter vom 29.5.1883, Reichstagsprotokolle 1882/1883, Bd. VI, 1332.

13 S. §§ 1 bis 3 KGV.

14 Nach Ablauf von drei Karenztagen in Höhe der „Hälfte des ortsüblichen Tagelohns“ für eine Höchstdauer von dreizehn Wochen. Der Krankengeldanspruch wurde modifiziert in die §§ 182 ff. RVO vom 19.7.1911, RGBl. 1911, 509 übernommen und später mehrfach geändert.

15 S. ausf. hierzu *Herder-Dornreich* et al., S. 92 ff.

16 S. die Verordnung des Reichspräsidenten zur Behebung finanzieller, wirtschaftlicher und sozialer Notstände vom 26.7.1930, RGBl. I 1930, 311.

17 S. die Berichtigung zur Verordnung des Reichspräsidenten zur Sicherung von Wirtschaft und Finanzen vom 8.12.1930, RGBl. I 1930, 608.

18 § 49 Abs. 1 Nr. 1 SGB V.

19 S. zu letzterem MüArbR^2/*Boecken*, § 82 Rn. 7.

20 S.z.B. den Entwurf der SPD-Fraktion vom 28.9.1955, BT-Drs. 2/1704.

21 S. ausf. zum längsten Streik in der Geschichte der BRD, AdsD, Stichwort: Metallarbeiterstreik.

22 Durch das G. zur Verbesserung der wirtschaftlichen Sicherung der Arbeiter im Krankheitsfalle (ArbKrankhG) v. 26.6.1957, BGBl. I 1957, 649.

23 In Höhe der Differenz des Krankengeldes zu 90 v. H. des Nettoarbeitsentgelts, nach Ablauf von zwei Karenztagen und für längstens sechs Wochen Dauer, § 1 Abs. 1 ArbKrankhG. Durch Änderungsgesetz vom 12.7.1961, BGBl. I 1961, 913, wurde ein Karenztag abgeschafft und der Zuschuss auf 100 v. H. des Differenzbetrages erhöht.

24 S. Art. 2 ArbKrankhG (oben Fn. 22).

25 Art. 1 des G. über die Fortzahlung des Arbeitsentgelts im Krankheitsfalle und über Änderungen des Rechts der gesetzlichen Krankenversicherung v. 27.7.1969, BGBl. I 1969, 946.

26 S. näher zur Entwicklung MüArbR^2/*Boecken*, § 82 Rn. 10.

Mit der Einführung des SGB V[27] betrug die Höhe des Krankengeldes gem. § 47 Abs. 1 SGB V 80 % des Regelentgelts. Diese wurde aber durch das Beitragsentlastungsgesetz[28] von 1996 auf 70 % reduziert. **745**

Das EFZG von 1994[29] bildet den wesentlichen Schlussstein der arbeitsrechtlichen Entwicklung und ein für alle Arbeitnehmer gleichermaßen geltendes Rechtsregime, das die verbliebenen Ungleichbehandlungen zwischen Arbeitern und Angestellten[30] nivelliert und das System der dualen Absicherung bei krankheitsbedingter Arbeitsunfähigkeit perpetuiert hat. Das Beschäftigungsförderungsgesetz von 1996 führte u. a. zu einer Reduzierung der Entgeltfortzahlung von 100 auf 80 %,[31] was jedoch nach dem Regierungswechsel 1998 wieder rückgängig gemacht wurde.[32] **746**

II. Sinn und Zweck der Entgeltsicherung im Krankheitsfall

Das Recht der Entgeltsicherung im Krankheitsfall dient verschiedenen Normzwecken. Das wesentliche Ziel ist es, eine materielle Absicherung der durch krankheitsbedingte Arbeitsunfähigkeit an ihrer Erwerbstätigkeit gehinderten Menschen zu gewährleisten.[33] Ein weiteres wesentliches Ziel im Zusammenspiel zwischen arbeitgeberfinanzierter Entgeltfortzahlung und dem sozialrechtlichen Anspruch auf Krankengeld war und ist die finanzielle Entlastung der GKV.[34] Darüber hinaus ist den Regelungen der Entgeltsicherung im Krankheitsfall im Grundsatz[35] eine Funktionsbegrenzung dahingehend immanent, dass ausschließlich das Risiko des Einkommensausfalls während einer durch vorübergehende Krankheit verursachten Arbeitsunfähigkeit abgesichert wird.[36] Ferner hat der Gesetzgeber den Versuch unternommen, einem Missbrauch der Rechtsinstitute zur Entgeltsicherung im Krankheitsfall entgegenzutreten.[37] **747**

III. Ausgestaltung des dichotomen Systems

1. Arbeitsrechtlicher Anspruch auf Entgeltfortzahlung

a) Rechtsgrundlagen, Rechtsnatur und dogmatische Einordnung. Sedes materiae der arbeitsrechtlichen Entgeltfortzahlung bei krankheitsbedingter Arbeitsunfähigkeit sind primär die gem. § 12 EFZG grds. einseitig zwingenden[38] gesetzlichen Regelungen **748**

---

27 Art. 1 des G. zur Strukturreform im Gesundheitswesen v. 20.12.1988, BGBl. I 1988, 2477.

28 Art. 1 des G. zur Entlastung der Beiträge in der Gesetzlichen Krankenversicherung v. 1.11.1996, BGBl. I 1996, 1631.

29 Art. 53 des G. zur soz. Absicherung des Risikos der Pflegebed. v. 26.5.1994, BGBl. I 1994, 1014.

30 S. hierzu MüArbR²/*Boecken*, § 82 Rn. 11 m. w. N.

31 Art. 3 des G. zur Förderung von Wachstum und Beschäftigung v. 25.9.1996, BGBl. I 1996, 1476.

32 Art. 7 des G. zu Korrekturen in der Sozialversicherung und zur Sicherung der Arbeitnehmerrechte v. 19.12.1998, BGBl. I 1998, 3843; S. näher Bökenkamp, 455 ff.

33 S. nur *v. Koppenfels*, NZA 2002, 241 ff. (242); Hk-ArbR/*Spengler*, § 3 EFZG Rn. 1.

34 S. BAG 12.12.2001, NZA 2002, 734 ff. (738); BGH 19.6.1952, NJW 1952, 1249 ff. (1250) zu § 616 Abs. 2 a. F.; ErfK/*Reinhard*, § 3 EFZG Rn. 1; MüKo/*Müller-Glöge*, § 3 EFZG Rn. 2; MüArbR/*Schlachter*, § 72 Rn. 7.

35 Zu den Durchbrechungen dieses Grds. bei Maßnahmen der medizinischen Vorsorge und Rehabilitation s. § 9 EFZG sowie § 44 Abs. 1 Var. 2 SGB V und ausf. dazu *Vogelsang*, Rn. 736 ff. bzw. KK/*Brandts*, § 44 SGB V Rn. 55 ff.

36 Zur Entgeltfortzahlung s. MüArbR²/*Boecken*, § 82 Rn. 35; zum Krankengeld s. BSG 8.11.2005, SozR 4–2500 § 48 Nr. 3 Rn. 20; *Schulin*, DJT 59, E 77.

37 S. etwa §§ 5, 7 EFZG, § 275 Abs. 1 Nr. 3 lit. b), Abs. 1a SGB V; BT-Drs. 12/5263, 10. Zur Unzulänglichkeit der Regelungen de lege lata s. unten B.V. 3. a).

38 Eine Ausnahme hiervon enthält lediglich § 4 Abs. 4 EFZG zugunsten der Tarifvertragsparteien.

des EFZG[39]. Ferner sind tarifvertragliche Regelungen weit verbreitet.[40] Freiwilligen Betriebsvereinbarungen nach § 88 BetrVG[41] kommt demgegenüber wegen der Regelungssperre des § 77 Abs. 3 Satz 1 BetrVG ebenso wie einzelvertraglichen Vereinbarungen infolge der Unabdingbarkeit nach § 12 EFZG nur eine sehr geringe Bedeutung zu.[42] Das AAG[43] ist im Hinblick auf die Entgeltfortzahlung im Krankheitsfalle lediglich für kleinere Unternehmen bedeutsam.[44]

749 Der Anspruch auf Entgeltfortzahlung ist arbeits- und damit privatrechtlicher Natur.[45] Ein Teil des Schrifttums geht unter Berufung auf den Wortlaut des § 3 Abs. 1 Satz 1 EFZG[46] von einem eigenständigen Anspruch mit Entgeltersatzfunktion aus.[47] Die überwiegende Auffassung[48] nimmt hingegen zu Recht an, dass lediglich der vertragliche Vergütungsanspruch aus § 611 Abs. 1 BGB aufrechterhalten wird. Das Wortlautargument der Gegenansicht trägt schon deshalb nicht, weil § 3 EFZG selbst von **Entgeltfortzahlung** spricht, womit naheliegend nur die Fortzahlung, sprich die Aufrechterhaltung des vertraglich geschuldeten Arbeitsentgelts gemeint sein kann. Systematisch sprechen die Regelungen der §§ 1 Abs. 1, 4 Abs. 1 EFZG[49] ebenso gegen einen eigenständigen Anspruch[50] wie die Entstehungsgeschichte der Norm. Die Ursprungsfassung des § 3 EFZG[51] und ganz ähnlich auch dessen Vorgängerregelungen[52] waren dahingehend formuliert, dass der Arbeitnehmer „nicht den Anspruch auf Arbeitsentgelt“ verliert. Seinen heutigen Wortlaut erhielt § 3 EFZG im Zuge der Herabsetzung der Entgeltfortzahlung auf 80 % durch das BeschFG 1996.[53] Die Umformulierung diente ausweislich der Gesetzesbegründung aber allein der Klarstellung, dass die Vorschrift den Anspruch auf Entgeltfortzahlung nur dem Grunde nach regelt.[54] Eine Änderung der Rechtsnatur war mit der Neufassung nicht beabsichtigt.[55] Deshalb erhält § 3 EFZG lediglich den arbeitsvertraglichen Vergütungsanspruch aufrecht.

750 Die Regelung des § 3 EFZG modifiziert auf der Rechtsfolgenseite das allgemeine Leistungsstörungsrecht des BGB. Der krankheitsbedingt arbeitsunfähige Arbeitnehmer wird nach Maßgabe des § 275 BGB von seiner Pflicht zur Erbringung der Arbeitsleistung gem. § 611 Abs. 1 BGB frei, wobei umstritten ist, ob die Leistungsbefreiung aus § 275 Abs. 1[56] oder Abs. 3[57] BGB folgt. Nach zutreffender Ansicht ist zu unterscheiden, ob

---

39 S. oben Fn. 29.

40 S. etwa § 12 MTV Metall- und Elektroindustrie Nordwürttemberg/Nordbaden v. 14.6.2005; § 9 Ziff. 3 MTV Holz und Kunststoff BW v. 23.4.2009; s. ferner die zahlr. Nachw. bei Schaub/*Linck*, § 98 Rn. 112, Fn. 257 f.

41 S. zur grds. Regelungskompetenz der Betriebsparteien MüArbR/*Schlachter*, § 72 Rn. 5.

42 S. MüArbR/*Schlachter*, § 72 Rn. 5 f.

43 Art. 1 des G. über den Ausgleich von Arbeitgeberaufwendungen und zur Änderung weiterer Gesetze v. 22.12.2005, BGBl. I 2005, 3681.

44 S. folgend B. III. 1. f).

45 S. zum Arbeitsrecht als Sonderprivatrecht der Arbeitnehmer *Boecken*-AT, Rn. 22.

46 „Hat er (scil. der AN) Anspruch auf Entgeltfortzahlung“.

47 S. *Giesen*, RdA 1997, 193 ff. (194); *Schmitt*, § 3 EFZG Rn. 230; *Vogelsang*, Rn. 423; ähnl. Staudinger/*Oetker*, § 616 BGB Rn. 179; widersprüchlich K/W/*Kunz*, § 3 EFZG Rn. 19: *„Eigenständige(r) (...) Anspruch“* ggü. Rn. 20: *„Aufrecht erhaltene(r) Vergütungsanspruch“*.

48 S. BAG 16.1.2001, NZA 2002, 746 ff. (747) m. w. N.; Hk-EFZR/*Feichtinger*, § 3 EFZG Rn. 252; *Müller-Glöge*, RdA 2006, 105 ff. (105) m. w. N.; AnwK-ArbR/*Sievers*, § 3 EFZG Rn. 1.

49 *„Zahlung des Arbeitsentgelts“* bzw. *„Arbeitsentgelt fortzuzahlen“*.

50 S. MüArbR/*Schlachter*, § 72 Rn. 9.

51 § 3 EFZG i. d. F. d. B.v. vom 26.5.1994, BGBl. I 1994, 1014.

52 §§ 1 LFZG (o. Fn. 25), 616 Satz 1 BGB (o. Fn. 9), 133c GewO (o. Fn. 8), 63 HGB (o. Fn. 6).

53 S. oben Fn. 31.

54 S. die Gesetzesbegründung zum BeschFG BT-Drs. 13/4612, 15.

55 S. MüArbR²/*Boecken*, § 82 Rn. 38; ErfK/*Reinhard*, § 3 EFZG Rn. 45.

56 Ausschließlich dafür etwa *Canaris*, JZ 2001, 499 ff. (501 u. 504); *Däubler*, NZA 2001, 1329 ff. (1332); *Joussen*, NZA 2001, 745 ff. (747); *Schwarze*, § 4 Rn. 13.

57 Allein dafür *Löwisch*, NZA 2001, 465 ff. (465 f.); wohl auch BT-Drs. 14/6857, 47.

dem Arbeitnehmer die Erbringung der Arbeitsleistung aus rechtlichen[58] oder tatsächlichen[59] Gründen schlechterdings nicht möglich ist – dann § 275 Abs. 1 BGB –, oder ob er potentiell zur Leistungserbringung imstande ist, diese für ihn jedoch unzumutbar ist[60] – dann § 275 Abs. 3 BGB –.[61] Rechtliche Bedeutung erlangt diese Unterscheidung deshalb, weil die Rechtsfolgen des § 275 Abs. 1 BGB ipso iure eintreten, während § 275 Abs. 3 BGB lediglich ein Leistungsverweigerungsrecht begründet.[62] Die hier vertretene Ansicht vermag dogmatisch schlüssig das Bestehen des Vergütungsanspruchs in den Fällen zu erklären, in denen trotz krankheitsbedingter Arbeitsunfähigkeit gearbeitet wird. Der Arbeitnehmer behält, sofern er die Arbeit antritt[63] und nicht die Einrede nach § 275 Abs. 3 BGB erhebt, seinen originären Anspruch aus § 611 Abs. 1 BGB. Die Autoren, die allein § 275 Abs. 1 BGB heranziehen wollen, kommen hingegen, soweit überhaupt thematisiert, folgerichtig zu dem Ergebnis, dass der Vergütungsanspruch gem. den §§ 275 Abs. 1, 4, 326 Abs. 1 Satz 1 BGB ex lege untergegangen ist,[64] wollen dem Arbeitgeber aber die Berufung hierauf gem. § 242 BGB verwehren.[65] *Löwisch*, der ausschließlich auf § 275 Abs. 3 BGB rekurriert, verkennt die Subsidiarität dieser Norm gegenüber Abs. 1.[66]

Als Ausnahme zu § 326 Abs. 1 Satz 1 Hs. 1 BGB, wonach der Arbeitnehmer seinen 751
Entgeltanspruch verliert, wenn einer der Tatbestände des § 275 BGB vorliegt,[67] bestimmt § 3 EFZG unter Durchbrechung des den Arbeitsvertrag prägenden konditionellen Synallagmas,[68] sprich des Prinzips des do ut des, dass der Arbeitnehmer seinen Vergütungsanspruch für längstens sechs Wochen behält.[69]

b) Voraussetzungen des Anspruchs

aa) Anwendungsbereich des EFZG. Der persönliche Anwendungsbereich des EFZG 752
ergibt sich aus § 1 Abs. 1 EFZG. Danach sind Normadressaten des EFZG u. a. Arbeitnehmer. Maßgeblich ist der allgemeine arbeitsrechtliche Arbeitnehmerbegriff.[70] Territorial findet das EFZG im gesamten Bundesgebiet Anwendung.[71]

bb) Bestehendes Arbeitsverhältnis und Erfüllung der Wartezeit. Der Entgeltfortzah- 753
lungsanspruch setzt zunächst ein nach allgemeinen Grundsätzen rechtswirksam begründetes Arbeitsverhältnis voraus.[72] In Betracht kommen Arbeitsverhältnisse jeder Art.[73] Nach ganz h. M. soll ein Entgeltfortzahlungsanspruch zudem auch im fehlerhaften Ar-

---

58 Z.B. Tätigkeits- und Beschäftigungsverbote nach § 42 IfSG.

59 Z.B. der Kellner mit gebrochenen Armen.

60 Etwa weil eine Verschlechterung des Gesundheitszustandes droht.

61 So auch *Gotthardt/Greiner*, DB 2002, 2106 ff.; *Henssler/Muthers*, ZGS 2002, 219 ff. (223); ErfK/*Preis*, § 611 BGB Rn. 685; *Schmitt*, GS-Heinze, 785 ff. (787 ff.); *Scholl*, JURA 2006, 283 ff. (286); *Schulze/Ebers*, JuS 2004, 265 ff. (266).

62 S. nur Palandt/*Grüneberg*, § 275 BGB Rn. 31 f.

63 Bei Nichtantritt kommt es grds. zur Unmöglichkeit durch Zeitablauf nach § 275 Abs. 1 BGB, s. nur AnwK-ArbR/*Brors*, § 611 Rn. 822; *Richardi*, NZA 2002, 1004 ff. (1007).

64 § 3 EFZG kommt wegen fehlender Arbeitsverhinderung nicht zum Zuge.

65 So *Canaris*, JZ 2001, 499 ff. (504); *Joussen*, NZA 2001, 745 ff. (747).

66 S. zur Subsidiarität nur Palandt/*Grüneberg*, § 275 BGB Rn. 30.

67 S. zum Grds. „ohne Arbeit kein Lohn" nur BAG 7.6.1963, NJW 1963, 1798 f. (1798).

68 S. zum Begriff etwa MüKo/*Emmerich*, Vorb. zu § 320 BGB Rn. 15.

69 Vgl. nur MüKo/*Müller*-Glöge, § 3 EFZG Rn. 3; AnwK-ArbR/*Sievers*, § 3 EFZG Rn. 1.

70 S. zu diesem statt vieler dezidiert MüArbR/*Richardi*, § 16 Rn. 1 ff. m. w. N.

71 S. nur HWK/*Schliemann*, § 1 EFZG Rn. 10. Bei Arbeitsverhältnissen mit Auslandsberührung ist das IPR, insb. Art. 3 EGBGB i. V. m. Art. 3, 8 Rom I VO zu beachten.

72 S. Hk-EFZR/*Feichtinger*, § 3 EFZG Rn. 7; sowie allg. *Junker*, Rn. 145 ff.

73 Insb. auch Teilzeit-, geringf. u. befristete AV, AnwK-ArbR/*Sievers*, § 3 EFZG Rn. 6. Zu den Besonderheiten im gekündigten Arbeitsverhältnis, insb. zum Weiterbeschäftigungsverhältnis s. ausf. MüArbR²/*Boecken*, § 82 Rn. 15 ff.

beitsverhältnis[74] bestehen.[75] Dem ist nicht zu folgen. Es fehlt schon an der für die Anwendung der Lehre vom fehlerhaften Arbeitsverhältnis erforderlichen negativen Voraussetzung, dass das Arbeitsverhältnis nicht außer Funktion gesetzt sein darf.[76] Hinzu kommt, dass der tragende Grund für die Einschränkung der allgemeinen zivilrechtlichen Unwirksamkeitsfolgen[77] durch die Lehre vom fehlerhaften Arbeitsverhältnis in der Schwierigkeit, wenn nicht Unmöglichkeit, einer bereicherungsrechtlichen Rückabwicklung der erbrachten Leistungen liegt.[78] Derartige Kondizierungsprobleme können indes nicht auftreten, wenn der Arbeitgeber – wie hier – nicht um die Arbeitsleistung bereichert ist. Auch der Einwand der Schutzwürdigkeit des Arbeitnehmers greift nicht durch, da i. d. R. ein Anspruch auf Krankengeld[79] besteht. Es verbleibt folglich bei der Unwirksamkeit, sodass Entgeltfortzahlungsansprüche im fehlerhaften Arbeitsverhältnis ausscheiden.[80]

754 Ferner setzt § 3 Abs. 3 EFZG eine vierwöchige, ununterbrochene Dauer des Arbeitsverhältnisses als Wartezeit voraus. Abzustellen ist allein auf den rechtlichen Bestand des Arbeitsverhältnisses.[81] In die Wartezeit fallende Krankheitstage sind für die Anspruchsdauer unerheblich.[82]

755 cc) **Arbeitsverhinderung durch Arbeitsunfähigkeit infolge Krankheit.** Weitere Anspruchsvoraussetzung ist das Vorliegen einer Krankheit in der Person des Arbeitnehmers,[83] die zur Arbeitsunfähigkeit führt und in einer Arbeitsverhinderung, d. h. der Nichtarbeit des Arbeitnehmers,[84] mündet.[85]

756 (1) **Zum Begriff der Krankheit.** Zur Bestimmung des gesetzlich nicht definierten Begriffs der Krankheit ist der medizinische Krankheitsbegriff, wonach unter Krankheit jeder regelwidrige körperliche, geistige oder seelische[86] Zustand zu verstehen ist, maßgeblich.[87] Regelwidrig ist ein Zustand, der unter Berücksichtigung des natürlichen Verlaufs des Lebens nicht bei jedem anderen Menschen gleichen Alters und Geschlechts zu erwarten ist,[88] also vom Leitbild des gesunden Menschen abweicht.[89] Auf die Ursache der Krankheit kommt es insoweit nicht an.[90] Streitig ist, ob der Krankheitsbegriff im

74 S. hierzu ausf. MüArbR/*Richardi*, § 34 Rn. 1 ff.

75 S. BAG 15.1.1986, NZA 1986, 561 f. (562); *Schmitt*, § 3 EFZG Rn. 28; *Treber*, § 3 EFZG Rn. 8; *Vossen*, Rn. 50; Staudinger/*Oetker*, § 616 BGB Rn. 185; AnwK-ArbR/*Sievers*, § 3 Rn. 7; grds. auch H/B/S/*Boecken*, § 6 Rn. 14.

76 S. schon BAG 16.9.1982, NJW 1984, 446 f. (447) und ausdr. zum Fall der Erkrankung unter Aufgabe der früheren Rspr. BAG 3.12.1998, NZA 1999, 584 ff. (585) zu § 123 BGB.

77 S. hierzu ausf. *Boecken*-AT, Rn. 418 ff.

78 So ausdr. BAG 3.12.1998a. a. O. (586); *Preis*, I, S. 315; B/R/H, Rn. 173.

79 S. zu diesem noch ausf. unten B. III. 2.

80 Wie hier Schaub/*Linck*, § 34 Rn. 50; ähnl. *Vogelsang*, Rn. 44.

81 S. H/B/S/*Boecken*, § 6 Rn. 51; Hk-EFZR/*Feichtinger*, § 3 EFZG Rn. 182.

82 S. näher BAG 26.5.1999, NZA 1999, 1273 ff. (1274 f.) m. w. N.; *Boecken*, NZA 1999, 673 ff. (677); *M. Schulz*, ZRP 2005, 227 ff. (227 f.); a. A. *Preis*, NJW 1996, 3369 ff. (3374).

83 S. MüArbR/Schlachter, § 73 Rn. 11; *M. Schulz*, DB 2006, 838 ff., (839 ff.); unzutreffend *Kießling/Jünemann*, DB 2006, 1684 ff. (1687 f.): Auch bei Erkrankung des Kindes.

84 S. ausf. zum Begriff der Arbeitsverhinderung *Schulin*, ZfA 1978, 215 ff. (250 f.).

85 S. statt aller H/B/S/*Boecken*, § 6 Rn. 19.

86 S. Hk-EFZR/*Feichtinger*, § 3 EFZG Rn. 22; G/K/K, § 3 EFZG Rn. 17; *Lepke*, Rn. 76.

87 S. z. B. BAG 9.1.1985, NZA 1985, 562 ff. (562); BAG 7.8.1992, NZA 1992, 69 (69); LAG Köln 15.2.2008, NZA-RR 2008, 622 ff. (624); H/B/S/*Boecken*, § 6 Rn. 20; AnwK-ArbR/*Sievers*, § 3 EFZG Rn. 16; *Vogelsang*, Rn. 67; *Vossen*, Rn. 75 jew. m.w.N; sonderbar abweichend *Mezger/Richter/Wahsner*, DuR 1979, 264 ff. (265 u. 276).

88 S. K/W/*Kunz*, § 3 EFZG Rn. 40; Staudinger/*Oetker*, § 616 BGB Rn. 198.

89 S. zur st. Rspr. nur BSG 28.9.2010 – B 1 KR 5/10 R – juris Rn. 10 m. w. N.

90 S. BAG 5.4.1976, AP LohnFG § 1 Nr. 40; *Treber*, § 3 EFZG Rn. 19; *Boecken*, NZA 2001, 233 ff. (234); zumindest missverständl. BAG 6.6.1986, NZA 1987, 487 f. (487).

EFZG auch eine Behandlungsbedürftigkeit[91] oder die Herbeiführung einer Arbeitsunfähigkeit[92] voraussetzt. Dieser Streit ist dahingehend zu lösen, dass die beiden letztgenannten Voraussetzungen allein im Leistungsrecht der gesetzlichen Krankenversicherung[93] Bedeutung erlangen.[94]

(2) Zum Begriff der Arbeitsunfähigkeit infolge Krankheit. Arbeitsunfähigkeit infolge Krankheit liegt vor, wenn der Arbeitnehmer objektiv die ihm obliegende Tätigkeit nicht mehr ausüben kann bzw. nicht mehr ausüben sollte, weil dadurch nach ärztlicher Prognose die Ausheilung der Krankheit verzögert oder verhindert wird.[95] Des Weiteren kann eine Arbeitsunfähigkeit auch bei einer bloß mittelbaren Auswirkung der Krankheit auf die Leistungsfähigkeit des Arbeitnehmers gegeben sein, etwa wenn sich der Arbeitnehmer wegen einer Krankheit, die für sich betrachtet keine Arbeitsunfähigkeit auslöst, in (stationäre) Behandlung begibt.[96] Ob eine Krankheit Arbeitsunfähigkeit verursacht, ist im Einzelfall ärztlich zu prüfen und hängt sowohl vom individuellen Gesundheitszustand als auch von der geschuldeten Arbeitsleistung ab.[97] 757

(3) Teilarbeitsunfähigkeit. Problematisch sind Fälle, in denen der Arbeitnehmer nur teilweise zur Erbringung seiner Arbeitsleistung imstande ist, sog. Teilarbeits(un)fähigkeit.[98] Dabei sind zwei Konstellationen zu unterscheiden: 758

Ist der Arbeitnehmer zwar nicht mehr in der Lage, die unmittelbar vor der Erkrankung ausgeübte, wohl aber eine andere Tätigkeit im bisherigen zeitlichen Umfang auszuüben, spricht man von qualitativer[99] oder tätigkeitsbezogener[100] Arbeitsunfähigkeit. Demgegenüber liegt eine quantitative[101] bzw. zeitbezogene[102] Teilarbeitsunfähigkeit vor, wenn der Arbeitnehmer seine bisherige Tätigkeit nur noch in zeitlich vermindertem Umfang erbringen kann. Denkbar ist auch eine Kombination beider Erscheinungsformen. 759

Im ersten Fall kommt es für die Beantwortung der Frage, ob Arbeitsunfähigkeit vorliegt, darauf an, ob der Arbeitgeber insbesondere unter Berücksichtigung des Direktionsrechts nach § 106 GewO[103] rechtlich und tatsächlich in der Lage ist, dem Arbeitnehmer eine andere Tätigkeit zuzuweisen.[104] Soweit dies möglich ist, liegt keine Arbeitsunfähigkeit vor.[105] Das steht im völligen Einklang mit der tradierten Rspr. des BAG hinsichtlich des Nichtentstehens eines Urlaubsabgeltungsanspruchs nach § 7 Abs. 4 BUrlG, wenn der Arbeitnehmer über die Beendigung des Arbeitsverhältnisses hinaus langfristig arbeitsun- 760

---

91 So K/W/*Kunz*, § 3 EFZG Rn. 40; MüKo/*Müller-Glöge*, § 3 EFZG Rn. 4; *Treber*, § 3 EFZG Rn. 14 f.; *Lepke*, NZA-RR 1999, 57 ff. (57).

92 So *Brecht*, § 3 EFZG Rn. 9.

93 S. zur Begründung noch unten B. III. 2. b) bb) (1) (a).

94 S. MüArbR²/*Boecken*, § 83 Rn. 25; Staudinger/*Oetker*, § 616 BGB Rn. 199; *Schulin*, ZfA 1978, 215 ff. (248).

95 S. BAG 23.1.2008, NZA 2008, 595 f. (596); ähnl. BAG 7.8.1992, NZA 1992, 69 (69); Schaub/*Linck*, § 98 Rn. 15; *Treber*, § 3 EFZG Rn. 21; AnwK-ArbR/*Sievers*, § 3 EFZG Rn. 20; vgl. auch § 2 Abs. 1 AU-Rl. des G-BA.

96 S. ausf. dazu mit Bsp. MüArbR²/*Boecken*, § 83 Rn. 36 ff.; *Schulin*, ZfA 1978, 215 ff. (250 ff.).

97 S. z. B. BAG 25.6.1981, NJW 1982, 712 f. (713); H/B/S/*Boecken*, § 6 Rn. 26; B/R/H, Rn. 370.

98 S. zum Begriff nur HWK/*Schliemann*, § 3 EFZG Rn. 46; *Schmitt*, § 3 EFZG Rn. 67.

99 S. MüArbR²/*Boecken*, § 83 Rn. 48; Staudinger/*Oetker*, § 616 BGB Rn. 216.

100 S. *Gitter*, ZfA 1995, 123 ff. (160).

101 MüArbR²/*Boecken*, § 83 Rn. 48; *Schmitt*, § 3 EFZG Rn. 67 u. 69.

102 S. *Gitter*, ZfA 1995, 123 ff. (166).

103 S. hierzu ausf. AnwK-ArbR/*Boecken*, § 106 GewO Rn. 107 ff.

104 S. MüArbR²/*Boecken*, § 83 Rn. 42; *Schmitt*, § 3 EFZG Rn. 68; wohl auch BAG 20.3.1985 – 5 AZR 260/83 – juris Rn. 12 ff.; teilw. a. A. LAG RP 4.11.1991, NZA 1992, 169 ff. (171); *Treber*, § 3 EFZG Rn. 24 f.; *Vogelsang*, Rn. 88, wonach das Direktionsrecht tatsächlich ausgeübt sein muss. I.d.S. auch BAG 19.5.2010, NZA 2010, 1119 ff. (1120) zu § 294 BGB.

105 S. ErfK/*Reinhard*, § 3 EFZG Rn. 11; *Stückmann*, NZS 1994, 529 ff. (532); BT-Drs. 10/211, 16 f.

fähig erkrankt ist.[106] Das BAG ging in diesem Zusammenhang davon aus, dass sich die Arbeitsunfähigkeit auch danach bestimmt, ob dem Arbeitnehmer vertragsgemäß eine andere als die zuletzt ausgeübte Tätigkeit zugewiesen werden kann.[107]

761 Die Behandlung einer quantitativen Teilarbeitsunfähigkeit ist umstritten. Nach Auffassung des BAG ist dem geltenden Arbeits- und Sozialrecht eine Teilarbeitsunfähigkeit unbekannt.[108] Es spiele keine Rolle, ob der Arbeitnehmer ganz oder teilweise arbeitsunfähig ist.[109] Begründet wird dies u. a. auch damit, dass der Arbeitgeber nach Maßgabe des § 266 BGB nicht verpflichtet sei, eine nur eingeschränkt angebotene Arbeitsleistung anzunehmen.[110] Das damit seitens des BAG statuierte „Alles-oder-Nichts-Prinzip“[111] ist abzulehnen. Es lässt sich weder mit dem EFZG begründen noch mit dem allgemeinen Leistungsstörungsrecht vereinbaren. Der Arbeitnehmer wird nach § 275 Abs. 1 BGB von seiner Arbeitspflicht nur befreit, „soweit“ diese unmöglich ist. Nichts anderes gilt für eine Leistungsbefreiung nach § 275 Abs. 3 BGB,[112] da die Leistungserbringung im Übrigen nicht unzumutbar ist. Folglich liegt nur eine Teilunmöglichkeit[113] hinsichtlich der in ihrem zeitlichen Umfang teilbaren Arbeitsleistung[114] vor,[115] mit der Folge, dass der Arbeitnehmer bezogen auf das verbleibende „Restleistungsvermögen“ zur Arbeitsleistung verpflichtet bleibt.[116]

762 Das EFZG durchbricht diese schuldrechtliche Wertung nicht. Vielmehr modifiziert § 3 Abs. 1 Satz 1 EFZG allein auf Rechtsfolgenseite das Leistungsstörungsrecht, d. h. die Regelung des § 326 Abs. 1 Satz 1 Hs. 1 BGB.[117] Auch § 74 SGB V ändert hieran schon deshalb nichts, weil diese Norm die Arbeitsunfähigkeit des Rehabilitanden voraussetzt, sodass eine teilweise Arbeitsunfähigkeit nicht in den Anwendungsbereich von § 74 SGB V fällt.[118]

763 Die Regelung des § 266 BGB, wonach der Schuldner zu Teilleistungen nicht berechtigt ist, steht entgegen der Auffassung des BAG der Annahme einer Teilarbeitsunfähigkeit nicht entgegen.[119] Eine Teilleistung i. S. d. § 266 BGB liegt im Fall der (Rest)leistungserbringung bei Teilunmöglichkeit nicht vor, weil § 266 BGB eine vollständig mögliche Leistung voraussetzt.[120] Der Grund hierfür liegt darin, dass sich die Leistungsverpflich-

---

106 S. dazu u. zur neuen Rspr. näher *Boecken/Jacobsen*, ZTR 2011, 267 ff. (274 ff.)

107 S. BAG 28.6.1984, NZA 1985, 156 f. (157); BAG 24.11.1987, NZA 1998, 243 f. (244); BAG 20.1.1998, NZA 1998, 816 f. (817).

108 S. BAG 13.6.2006, NZA 2007, 91 ff. (92); ähnl. BAG 29.1.1992, NZA 1992, 643 f. (643); dem folgend ErfK/*Reinhard*, § 3 EFZG Rn. 12; AnwK-ArbR/*Sievers*, § 3 EFZG Rn. 34; *Treber*, § 3 EFZG Rn. 28; *Vogelsang*, Rn. 89.

109 S. BAG 25.10.1973, AP BGB § 616 Nr. 42 zu 1. m. w. N.; BAG 25.6.1981, NJW 1982, 712 f. (713); BAG 29.1.1992, a.a.O; so auch *Preis*, I, S. 619.

110 S. BAG 13.6.2006, a. a. O.; so auch Hk-EFZR/*Feichtinger*, § 3 EFZG Rn. 35; ähnl. BAG 29.1.1992, a. a. O. (644).

111 So MüArbR²/*Boecken*, § 83 Rn. 50; *Gitter*, ZfA 1995, 123 ff. (156).

112 S. Schaub/*Linck*, § 98 Rn. 17; MüKo/*Müller-Glöge*, § 3 EFZG Rn. 9; Hk-BGB/*Schulze*, § 275 BGB Rn. 24.

113 S. zum Begr. und zur Vorauss. der Teilbarkeit der Leistung nur Palandt/*Grüneberg*, § 275 Rn. 7.

114 Vgl. § 8 TzBfG.

115 S. *Boecken*, NZA 1999, 673 ff. (675); *Gitter*, ZfA 1995, 123 ff. (166); *Schwarze*, § 4 Rn. 32.

116 S. *Boecken*, a. a. O. (675); *Gitter*, a. a. O. (167); MüArbR/*Krause*, § 54 Rn. 15; und allg. zur Teilunmöglichkeit Palandt/*Grüneberg*, § 275 BGB Rn. 7; MüKo/*Ernst*, § 275 BGB Rn 127.

117 S. oben B. III. 1. a).

118 S. dezidiert *Gitter*, ZfA 1995, 123 ff. (129) m. w. N.; Staudinger/*Oetker*, § 616 Rn. 221.

119 Im Erg. ebenso MüArbR²/*Boecken*, § 83 Rn. 52; *Boecken*, a. a. O. (675); *Gitter*, a. a. O. (169 ff.).

120 Insoweit a. A. MüArbR²/*Boecken*, § 83 Rn. 52; *Boecken*, a. a. O. (675), der von einer Teilleistung ausgeht, jedoch die Ablehnung der Teilleistung durch den Arbeitgeber über § 242 BGB grds. ausschließt. Wie hier Palandt/*Grüneberg*, § 266 BGB Rn. 7; *St. Lorenz*, NJW 2003, 3097 f. (3097 f.); MüKo/*Krüger*, § 266 Rn. 2; Staudinger/*Oetker*, § 616 Rn. 217; Hk-BGB/*Schulze*, § 266 BGB Rn. 5; Ba/Ro/*Unberath*, § 266 Rn. 3; ähnl. auch *Gitter*, a. a. O. (170).

tung des Arbeitnehmers nach Eintritt der teilweisen Unmöglichkeit gem. § 275 Abs. 1 oder 3 auf den noch möglichen respektive zumutbaren Teil der ursprünglich geschuldeten Arbeitsleistung beschränkt. D. h., die anfänglich geschuldete Leistung i. S. d. § 362 Abs. 1 BGB verdichtet sich gem. § 275 Abs. 1 bzw. 3 BGB auf den dann allein geschuldeten noch möglichen bzw. zumutbaren Leistungsrest.[121] Die verbleibende Arbeitsleistung stellt keine Teilleistung i. S. v. § 266 BGB dar, sondern die nunmehr gem. § 362 Abs. 1 BGB allein geschuldete Gesamtarbeitsleistung in der Form der nach der Teilunmöglichkeit noch verbleibenden Restarbeitsleistung. In diesem Umfang bleibt der Arbeitnehmer zur Arbeitsleistung verpflichtet, sodass insoweit ein Entgeltfortzahlungsanspruch ausscheidet.

dd) Kausalität. Der Entgeltfortzahlungsanspruch setzt neben der Ursächlichkeit der Krankheit für die Arbeitsunfähigkeit[122] voraus, dass die krankheitsbedingte Arbeitsunfähigkeit die alleinige Ursache für die Arbeitsverhinderung ist.[123] Das ist der Fall, wenn der Arbeitnehmer ohne die krankheitsbedingte Arbeitsunfähigkeit Arbeitsentgelt erhalten hätte.[124] Anders gewendet besteht der geforderte Kausalzusammenhang nicht, wenn der Arbeitnehmer im Falle der Nichterkrankung aus anderen Gründen nicht gearbeitet und kein Entgelt erhalten hätte.[125] Führen mehrere Verhinderungsfälle[126], die jeweils für sich einen Vergütungs(fortzahlungs)anspruch begründen, zur Arbeitsverhinderung, ist der Kausalzusammenhang zu bejahen.[127] Auf die vielgestaltigen in Betracht kommenden Fallkonstellationen kann hier nicht eingegangen werden.[128] 764

ee) Berücksichtigung eines Verschuldens des Arbeitnehmers. Schließlich ist der Entgeltfortzahlungsanspruch ausgeschlossen, wenn den Arbeitnehmer ein Verschulden trifft, § 3 Abs. 1 Satz 1 EFZG. Bezugspunkt für das Verschulden ist alternativ die Krankheit oder die Arbeitsunfähigkeit.[129] Verschulden i. S. d. § 3 Abs. 1 Satz 1 EFZG meint einen gröblichen Verstoß gegen das von einem verständigen Menschen im eigenen Interesse zu erwartende Verhalten[130] und damit ein Verschulden gegen sich selbst.[131] In Betracht kommen nur Vorsatz und grobe Fahrlässigkeit.[132] Zum anspruchsausschließenden Verschulden i. S. d. § 3 Abs. 1 Satz 1 EFZG hat sich eine facettenreiche, jedoch enorm restriktive Kasuistik entwickelt, die hier nicht im Einzelnen dargestellt werden kann.[133] 765

c) Entstehung und Dauer des Anspruchs. Der Anspruch auf Entgeltfortzahlung für längstens sechs Wochen[134] entsteht unmittelbar, sobald die vorgenannten Vorausset- 766

121 S. *St. Lorenz*, a. a. O. (3098); Ba/Ro/*Unberath*, § 266 Rn. 3.

122 S. hierzu nur MüArbR²/*Boecken*, § 83 Rn. 57.

123 St. Rspr. s. nur BAG 1.10.1991, NZA 1992, 163 f. (163); BAG 4.12.2002, NJOZ 2003, 1154 ff. (1155); BAG 28.1.2004, NJOZ 2005, 2340 ff. (2344); BAG 24.3.2004, NJOZ 2004, 2666 ff. (2668); so auch Staudinger/*Oetker*, § 616 BGB Rn. 229 m. w. N.

124 S. BAG 1.10.1991, a. a. O.; BAG 4.12.2002, a. a. O.; BAG 24.3.2004a. a. O.; LAG RP 20.3.2009 - 6 Sa 361/08 – juris Rn. 18; H/B/S/*Boecken*, § 6 Rn. 30.

125 So *Schmitt*, § 3 EFZG Rn. 83; Staudinger/*Oetker*, § 616 BGB Rn. 229.

126 Z.B. Beschäftigungsverbot nach § 3 Abs. 2 MuSchG und krankheitsbedingte AU.

127 S. näher dazu u. zur Auflösung der entstehenden Anspruchskonkurrenz MüArbR²/*Boecken*, § 83 Rn. 58, 82 und 89 ff.; unzutreffend BAG 12.3.1997, NZA 1997, 763 f. (764).

128 S. zur Kasuistik ausf. MüArbR/*Schlachter*, § 73 Rn. 23 ff.; *Vogelsang*, Rn 96 ff.

129 S. *Vogelsang*, Rn. 124; KDHK/*Dunkl*, § 3 EFZG Rn. 96; HWK/*Schliemann*, § 3 EFZG Rn. 52; a. A. wohl BT-Drs. 12/5263, 12: *„Die Krankheit nicht verschuldet"*.

130 St. Rspr., s. statt aller BAG 1.6.1983, NJW 1983, 2659 ff. (2560) m. w. N.; ArbG FR, 13.1.2010 – 2 Ca 215/09 – juris Rn. 27n.r.; instruktiv *Hofmann*, ZfA 1979, 275 ff.

131 BAG a. a. O.; Hk-EFZR/*Feichtinger*, § 3 EFZG Rn. 105; ErfK/*Reinhard*, § 3 EFZG Rn. 23.

132 S. nur ErfK/*Reinhard*, § 3 EFZG Rn. 23; MüKo/*Müller-Glöge*, § 3 EFZG Rn. 36.

133 S. ausf. dazu etwa G/K/K, § 3 EFZG Rn. 78 ff.; *Schmitt*, § 3 EFZG Rn. 132 ff.

134 D. h. 42 Kalendertage, s. statt aller BAG 22.8.2001, NZA 2002, 610 ff. (611).

zungen vorliegen.[135] Die Verletzung der Pflichten aus § 5 EFZG hindert die Anspruchsentstehung ebenso wenig wie die Erhebung der Einrede nach § 7 EFZG.[136]

767 Bei mehrfacher Arbeitsunfähigkeit des Arbeitnehmers ist zu unterscheiden, ob diese auf einer neuen oder auf derselben Krankheit beruht. Von derselben Krankheit ist auszugehen, wenn die Krankheit, auf der die frühere Arbeitsunfähigkeit beruhte, medizinisch nicht vollständig ausgeheilt war, sondern als Grundleiden latent fortbestanden hat, sog. Fortsetzungserkrankung.[137] Wird der Arbeitnehmer aufgrund derselben Krankheit abermals arbeitsunfähig, so entsteht gem. § 3 Abs. 1 Satz 2 Nr. 1 EFZG nur dann ein neuer Anspruch auf Entgeltfortzahlung für längstens weitere sechs Wochen, wenn er mindestens sechs Monate nicht infolge dieser Krankheit arbeitsunfähig war oder wenn seit dem Beginn der ersten Arbeitsunfähigkeit zwölf Monate vergangen sind, § 3 Abs. 1 Satz 2 Nr. 2 EFZG, und die Arbeitsunfähigkeit erst nach Ablauf der 12 Monate eingetreten ist.[138] Erkrankt der Arbeitnehmer hingegen an einer neuen Krankheit, entsteht nach dem Grundsatz der sog. Einheit des Verhinderungsfalls dann kein neuer Anspruch auf Entgeltfortzahlung, wenn die Arbeitsunfähigkeit wegen der früheren Krankheit noch nicht beendet war.[139] Entsteht kein neuer Anspruch, ermittelt sich die Dauer des Entgeltfortzahlungsanspruchs durch die Zusammenrechnung der einzelnen Krankheitsphasen, bis der Sechswochenzeitraum des § 3 Abs. 1 Satz 1 EFZG ausgeschöpft ist.[140]

768 **d) Höhe und Berechnungsfaktoren des Anspruchs.** Gemäß der Regelung des § 4 Abs. 1 EFZG ist dem Arbeitnehmer das ihm bei der für ihn maßgebenden regelmäßigen Arbeitszeit zustehende (Brutto[141])arbeitsentgelt zu 100 % fortzuzahlen, sog. Entgeltausfallprinzip[142]. Es ist grds. dasjenige Entgelt fortzuzahlen, das der Arbeitnehmer erzielt hätte, wäre er nicht arbeitsunfähig gewesen.[143] Die Ermittlung des fortzuzahlenden Entgelts erfolgt somit auf der Grundlage einer zukunftsbezogenen Betrachtungsweise.[144] Einschränkungen erfährt das Entgeltausfallprinzip etwa durch die Ausklammerung von Überstunden in § 4 Abs. 1a Satz 1 EFZG oder für den Fall, dass leistungsabhängig vergütet wird,[145] weshalb man auch von einem modifizierten Entgeltausfallprinzip spricht.[146]

769 Für die Berechnung sind zwei Faktoren maßgeblich, nämlich erstens die Bestimmung der ausgefallenen individuellen[147] Arbeitszeit des Arbeitnehmers und zweitens die Feststellung des maßgeblichen Entgelts für die betreffende Arbeit, sprich derjenigen Leistung des Arbeitgebers, die der Arbeitnehmer als Gegenleistung für seine Dienste[148] erhält.[149] Gem. § 4a Satz 1 EFZG sind vertragliche Regelungen über die Kürzung von Sondervergütungen, wie etwa Anwesenheitsprämien oder Gratifikationen,[150] in den Grenzen des Satz 2 zulässig. Tarifvertragliche Abweichungen von der Berechnungsme-

---

135 S. nur H/B/S/*Boecken*, § 6 Rn. 63; *Vogelsang*, Rn. 174 *Treber*, § 3 EFZG Rn. 110.

136 S. nur MüArbR/*Boecken*, § 84 Rn. 52; *Vogelsang*, Rn. 174. Zu § 5 und § 7 EFZG s. noch folgend B. III. 1. e).

137 S. nur BAG 14.11.1984, NZA 1985, 501 f. (501); BAG 13.7.2005, AP EntgeltFG § 3 Nr. 25 zu I. 4.; Schaub/*Linck*, § 98 Rn. 62; *Schmitt*, § 3 EFZG Rn. 241 ff.; *Treber*, § 3 EFZG Rn. 129.

138 S. BAG 14.3.2007, AP EntgeltFG § 3 Nr. 29 Rn. 12 ff.

139 S. BAG 13.7.2005, a. a. O.; LAG RP 4.3.2010 – 11 Sa 547/09 – juris Rn. 39 m. w. N.

140 S. H/B/S/*Boecken*, § 6 Rn. 66; BAG 22.2.1973, AP LohnFG § 1 Nr. 28 zu 2. f.

141 S. BAG 31.5.1978, AP LohnFG § 2 Nr. 9 zu II.; G/K/K, § 4 EFZG Rn. 33 m. w. N.

142 S. nur Hk-EFZR/*Malkmus*, § 4 EFZG Rn. 1; *Vogelsang*, Rn. 441.

143 S. nur LAG Köln 27.4.2009 – 5 Sa 1362/08 – juris Rn. 20; *Brecht*, § 4 EFZG Rn. 1.

144 S. MüArbR/*Schlachter*, § 74 Rn. 2; Hk-EFZR/*Malkmus*, § 4 EFZG Rn. 26.

145 § 4 Abs. 1a S. 2 EFZG.

146 S. BAG 24.3.2004, NZA 2004, 1042 ff. (1043); BAG 18.11.2009, NJOZ 2010, 1060 ff. (1061); HWK/*Schliemann*, § 4 EFZG Rn. 2; *Schmitt*, § 4 EFZG Rn. 27.

147 S. BAG 9.7.2003 – 5 AZR 610/01 – juris Rn. 12; BAG 24.3.2004 a. a. O.

148 S. nur BAG 11.1.1978, AP LohnFG § 2 Nr. 7 zu II. 1. a); *Vossen*, Rn. 527.

149 S. H/B/S/*Boecken*, § 6 Rn. 56; ErfK/*Reinhard*, § 4 EFZG Rn. 2; *Treber*, § 4 EFZG Rn. 7.

150 S. näher AnwK-ArbR/*Sievers*, § 4a EFZG Rn. 7 ff.; HWK/*Schliemann*, § 4a EFZG Rn. 2.

thode und der Berechnungsgrundlage sind gem. den §§ 4 Abs. 4, 12 EFZG zulässig.[151] Die Entgeltfortzahlung unterliegt der Einkommensteuerpflicht[152] und der Sozialversicherungsbeitragspflicht[153].

e) **Anzeige- und Nachweispflichten des Arbeitnehmers.** Nach Maßgabe des § 5 Abs. 1 Satz 1 EFZG trifft den Arbeitnehmer die Pflicht, dem Arbeitgeber die Tatsache der Arbeitsunfähigkeit und deren voraussichtliche Dauer unverzüglich, sprich ohne schuldhaftes Zögern (§ 121 Abs. 1 Satz 1 BGB), mitzuteilen.[154] Nur ausnahmsweise ist dabei auch die Art und Ursache der Arbeitsunfähigkeit anzugeben.[155] Erst wenn die Arbeitsunfähigkeit länger als drei Tage andauert, muss diese durch die Vorlage eines ärztlichen Attestes spätestens am darauffolgenden Arbeitstag nachgewiesen werden, § 5 Abs. 1 Satz 2 EFZG, wobei der Arbeitgeber berechtigt ist, die Vorlage auch früher, sprich sowohl zu einem früheren Zeitpunkt als auch für Krankheiten, die nicht länger als drei Tage dauern,[156] zu verlangen, § 5 Abs. 1 Satz 3 EFZG.[157] Im Falle des Andauerns der Arbeitsunfähigkeit über den bescheinigten Zeitraum hinaus obliegt es dem Arbeitnehmer gem. Satz 4, erneut eine Arbeitsunfähigkeitsbescheinigung vorzulegen. Nach Satz 5 hat die Arbeitsunfähigkeitsbescheinigung bei einem in der gesetzlichen Krankenversicherung versicherten Arbeitnehmer den Vermerk zu enthalten, dass der Krankenkasse eine Arbeitsunfähigkeitsbescheinigung einschließlich der Angaben über den Befund und die voraussichtliche Dauer der Arbeitsunfähigkeit übersandt wird.[158] § 5 Abs. 2 EFZG regelt Besonderheiten für den Fall, dass sich der Arbeitnehmer zu Beginn der Arbeitsunfähigkeit im Ausland aufhält.[159] Bei Zweifeln an der Arbeitsunfähigkeit hat der Arbeitgeber gem. § 275 Abs. 1a Satz 3 SGB V in den Grenzen von Satz 4 einen Anspruch gegen die Krankenkasse auf Veranlassung der Überprüfung der Arbeitsunfähigkeit durch den Medizinischen Dienst der Krankenversicherung (MDK). 770

Verletzt der Arbeitnehmer schuldhaft seine Pflichten aus § 5 Abs. 1 Satz 2, 3, 4, oder Abs. 2 EFZG, steht dem Arbeitgeber ein zeitweiliges Leistungsverweigerungsrecht zu, § 7 Abs. 1 Nr. 1, Abs. 2 EFZG. Erfüllt der Arbeitnehmer, wenn auch verspätet, seine Verpflichtungen, erlischt das Leistungsverweigerungsrecht mit der Folge, dass der Arbeitgeber zur Entgeltfortzahlung rückwirkend für den gesamten Zeitraum der Arbeitsunfähigkeit verpflichtet ist.[160] 771

f) **Ausgleich von Arbeitgeberaufwendungen.** Das AAG[161] regelt u. a. ein zwingendes Ausgleichsverfahren für Entgeltfortzahlungsaufwendungen von Unternehmen mit in der Regel nicht mehr als 30 Arbeitnehmern, § 1 Abs. 1 AAG. In diesem sog. U1-Verfahren[162] werden dem Arbeitgeber auf Antrag[163] grds. 80 % des nach § 3 Abs. 1 EFZG fortgezahlten Arbeitsentgelts,[164] sowie die in § 1 Abs. 1 Nr. 2 AAG genannten Arbeitgeberanteile erstattet. Die Satzung der Krankenkasse kann gem. § 9 Abs. 2 Nr. 1 AAG[165] 772

---

151 S. hierzu ausf. G/K/K, § 4 EFZG Rn. 95 ff.; Schaub/*Linck*, § 98 Rn. 108 ff.
152 § 19 Abs. 1 S. 1 Nr. 1 EStG, und dazu BFH 4.5.2006, NZA-RR 2006, 527 f. (527).
153 S. nur KK/*Seewald*, § 14 SGB IV Rn. 30; LPK-SGB IV/*Vor*, § 14 Rn. 25.
154 S. HWK/*Schliemann*, § 5 EFZG Rn. 9; *Schmitt*, § 5 EFZG Rn. 27.
155 Z.B. bei einer AU durch Schädigung eines Dritten, § 6 Abs. 2 EFZG. S. zu den in Betracht kommenden Fallkonstellationen AnwK-ArbR/*Sievers*, § 5 EFZG Rn. 9.
156 S. nur BAG 25.1.2000, NZA 2000, 665 ff. (666); BAG 1.10.1997, NZA 1998, 369 ff. (371).
157 S. zur Entstehungsgeschichte und den Problemen der Nachweispflicht de lege lata unten B.V. 3. a).
158 S. zur Bedeutung der AUB für den Krankengeldanspruch noch unten B. III. 2. c).
159 S. dazu ausf. MüArbR/*Schlachter*, § 75 Rn. 22 u. 27; *Vogelsang*, Rn. 333 ff.
160 S. BAG 19.2.1997, NZA 1997, 652 ff. (654) m. w. N.; BAG 1.10.1997, NZA 1998, 372 ff. (373).
161 S. oben Fn. 43.
162 § 1 Abs. 3 AAG.
163 § 2 Abs. 2 Satz 1 AAG.
164 § 1 Abs. 1 Nr. 1 AAG.
165 I.d.F. d.B.v. 26.3.2007, BGBl. I 2007, 378 (466).

die Höhe der Erstattung beschränken und auch verschiedene Erstattungssätze vorsehen, wobei die Grenze von 40 % nicht unterschritten werden darf.[166] Die dafür erforderlichen Mittel werden arbeitgeberseits durch eine gesonderte Umlage aufgebracht, § 7 AAG.[167]

2. Sozialversicherungsrechtlicher Anspruch auf Krankengeld

773 **a) Rechtsgrundlage, Rechtsnatur und dogmatische Einordnung.** Rechtsgrundlage des Krankengeldrechts sind im Wesentlichen die §§ 44 ff. SGB V. Das Krankengeld ist eine Sozialleistung, die seitens der Krankenkasse als Geldleistung erbracht wird.[168] Es unterscheidet sich von der Entgeltfortzahlung v. a. dadurch, dass es sich der Rechtsnatur nach um eine öffentlich-rechtlich organisierte Leistung handelt,[169] der dogmatisch eine Entgeltersatzfunktion[170] (vgl. § 47 Abs. 3 SGB V) zukommt.

774 **b) Voraussetzungen für das Entstehen des Stammrechts.** Die in § 44 SGB V geregelte Entstehung des Stammrechts auf Krankengeld, d. h. die Entstehung des Leistungsanspruchs an sich,[171] hängt von dem Bestehen eines Versicherungsverhältnisses und dem Eintritt eines Versicherungsfalles ab. Liegen diese Voraussetzungen vor, entsteht das Stammrecht auf Krankengeld ex lege, ohne dass es dazu eines Antrags bedarf, § 40 Abs. 1 SGB I.[172]

775 **aa) Bestehen eines Versicherungsverhältnisses.** Voraussetzung für das Entstehen des Stammrechts auf Krankengeld ist zunächst grds. das Bestehen eines Versicherungsverhältnisses[173] mit Anspruch auf Krankengeld in Form der Mitgliedschaft in einer Krankenkasse.[174] Diese Mitgliedschaft kann sowohl für Pflichtversicherte nach § 5 SGB V als auch für freiwillig Versicherte[175] nach § 9 SGB V bestehen.[176] Wegen der Entgeltersatzfunktion des Krankengeldes werden jedoch in § 44 Abs. 2 SGB V v. a. Personen ausgeschlossen, die nicht in einem Erwerbsverhältnis stehen.[177] Wichtigster Fall der Anspruchsberechtigung ist die versicherungspflichtige Beschäftigung in einem Arbeitsverhältnis[178]. Die Versicherteneigenschaft muss im Zeitpunkt des Eintritts des Versicherungsfalles vorliegen.[179] Unerheblich ist dagegen der Zeitpunkt des Auftretens der Krankheit.[180] Solange ein Krankengeldanspruch besteht, bleibt gem. § 192 Abs. 1 Nr. 2 SGB V die Mitgliedschaft auch nach der Beendigung der Versicherungspflicht erhalten.

776 **bb) Versicherungsfälle.** Weitere Voraussetzung für die Stammrechtsentstehung ist der Eintritt eines der in § 44 Abs. 1 SGB V genannten Versicherungsfälle.[181]

---

166 S. dazu BSG 13.12.2011, NZA-RR 2012, 537 (538 f.).
167 S. zum U1-Verfahren näher etwa Schaub/*Linck*, § 100 Rn. 3 ff. u. 16; zur Kritik an diesem Erstattungsverfahren s. noch B.V. 3. b).
168 § 11 Satz 1 i. V. m. § 21 Abs. 1 Nr. 2 lit. g) SGB I.
169 S. E/F/*Erlenkämper*, S. 2; *Eichenhofer*, Rn. 6; SRH/*v. Maydell*, § 1 Rn. 2; *Waltermann*, Rn. 20.
170 S. nur BSG 21.8.1957, BSGE 5, 283 ff. (287); BSG 30.1.1963, BSGE 18, 236 ff. (238); BSG 7.5.2002, NZS 2003, 429 ff. (431); *Berchtold*, Rn. 6; *Fuchs/Preis*, S. 334; *Muckel/Ogorek*, § 8 Rn. 129.
171 S. zur Unterscheidung zw. Stammrecht und Einzelansprüchen dezidiert *Berchtold*, Rn. 142 ff.
172 S. *Berchtold*, Rn. 146; LPK-SGB I/*Krahmer*, § 40 Rn. 6 u. 8.
173 S. BSG 5.10.1977, BSGE 45, 11 ff. (13). Zur eng begrenzten Ausnahme s. § 19 Abs. 2 SGB V.
174 S. Hk-EFZR/*Porzner*, § 44 SGB V Rn. 3; vgl. ausdr. §§ 48 Abs. 2, 50 Abs. 1 Satz 4 SGB V.
175 Das hat v. a. für Selbstständige Bedeutung, die eine Wahlerklärung i. S. d. §§ 53 Abs. 6, 44 Abs. 2 Satz 1 Nr. 2 SGB V abgegeben haben. S. hierzu *Thüsing*, NZS 2008, 449 ff.
176 S. LPK-SGB V/*Kruse*, § 44 Rn 1; ErfK/*Rolfs*, § 44 SGB V Rn. 3; Krauskopf/*Knittel*, § 44 SGB V Rn. 8.
177 S. B/K/*Joussen*, § 44 SGB V Rn. 2 u. 4; Hk-EFZR/*Porzner*, § 44 SGB V Rn. 4.
178 § 5 Abs. 1 Nr. 1 SGB V i. V. m. § 7 Abs. 1 SGB IV.
179 St. Rspr. s. BSG 26.6.2007, NZS 2008, 315 ff. (316); s. aus der Lit. z. B. B/K/*Joussen*, § 44 SGB V Rn. 3; G/K/K, § 44 SGB V Rn. 4 m. w. N.
180 S. BSG 5.10.1977, BSGE 45, 11 ff. (15); *Fuchs/Preis*, S. 336.
181 D. h. entweder krankheitsbedingte Arbeitsunfähigkeit, Var. 1 oder stationäre Behandlung auf Kosten der Krankenkasse u. a. in einem Krankenhaus, Var. 2.

(1) Krankheitsbedingte Arbeitsunfähigkeit

(a) Zum Begriff der Krankheit. Das Krankenversicherungsrecht geht von einem zweigliedrigen Krankheitsbegriff aus.[182] Ausgangspunkt ist dabei – nicht anders als bei der Entgeltfortzahlung – der medizinische Krankheitsbegriff.[183] Hinzutreten muss aber als Folge der Krankheit im medizinischen Sinn auf zweiter Stufe noch eine ärztliche Behandlungsbedürftigkeit und/oder Arbeitsunfähigkeit.[184] Der Grund für diese Restriktion liegt darin, dass ein Bezug zum Leistungsspektrum und den Behandlungszielen des SGB V gleichsam durch einen Relevanzindikator[185] hergestellt werden soll, um die Feststellung des Versicherungsfalles operationabel zu machen.[186] **777**

Nur eine vermeintliche Unlogik stellt es dar, auf das Tatbestandsmerkmal der Arbeitsunfähigkeit mehrfach, nämlich sowohl indirekt bei der Definition des Krankheitsbegriffs als auch direkt als Anspruchsvoraussetzung abzustellen.[187] Die Verwendung des Begriffs Arbeitsunfähigkeit als Definitionsmerkmal des Krankheitsbegriffs liegt darin begründet, eine umständliche Umschreibung des Zustandes, der, obschon keine Behandlungsbedürftigkeit mehr besteht,[188] trotzdem aber noch Krankheit i. S. d. SGB V ist, zu vermeiden.[189] Stattdessen wird konzis auf den Begriff der Arbeitsunfähigkeit abgestellt. **778**

(b) Zum Begriff der Arbeitsunfähigkeit. Arbeitsunfähig i. S. v. § 44 Abs. 1 Satz 1 SGB V ist, wer seiner vor dem Auftreten der Krankheit ausgeübten Erwerbstätigkeit nicht mehr oder nur auf die Gefahr hin nachgehen kann, seinen Gesundheitszustand zu verschlimmern.[190] Bezugspunkt der Arbeitsunfähigkeit[191] ist grds. die zuletzt ausgeübte und damit die an sich arbeitsvertraglich geschuldete[192] Tätigkeit.[193] Dieser Begriff der Arbeitsunfähigkeit ist mit dem des § 3 Abs. 1 Satz 1 EFZG im Wesentlichen identisch.[194] Ein solcher Gleichklang ist schon wegen des Zusammenspiels von Krankengeld und Entgeltfortzahlung i. S. e. zeitlichen Ergänzung der Leistungen und der Verfolgung derselben Zielsetzung[195] geboten.[196] Er kommt im Gesetz selbst zum Ausdruck, wenn § 44 SGB V in Abs. 1 den Begriff der Arbeitsunfähigkeit im versicherungsrechtlichen und in Abs. 3 im arbeitsrechtlichen Sinn gebraucht[197] oder § 5 EFZG einheitlich für beide Rechtsgebiete Regelungen zur Arbeitsunfähigkeitsbescheinigung[198] trifft. Die Kongruenz der Begriffe stößt aber insb. dort an ihre Grenzen, wo das dem Beschäfti- **779**

---

182 LPK-SGB V/*Kraftberger*, § 27 Rn. 9 ff.; *Fuchs/Preis*, S. 282; ähnl. *Eichenhofer*, Rn. 364.
183 S. dazu ausf. oben B. III. 1. b) cc) (1).
184 St. Rspr. s. nur BSG 23.11.1971, BSGE 33, 202 ff. (203); BSG 20.10.1972, BSGE 35, 10 ff. (12); BSG 28.9.2010 – B 1 KR 5/10 R – juris Rn. 10 m. w. N.; aus der Lit. s. nur B/K/*Lang*, § 27 SGB V Rn. 31 ff.; SRH/*Ebsen*, § 15 Rn. 88; krit. dazu z. B. *Krasney*, ZfS 1976, 411 ff. (412).
185 So KK/*Nolte*, § 27 SGB V Rn. 9a.
186 S. *Fuchs/Preis*, S. 282; HS-KV/*Kummer*, § 20 Rn. 27; s. auch B/K/*Lang*, § 27 SGB V Rn. 13 u. 31.
187 S. kritisch hierzu etwa KK/*Nolte*, § 27 SGB V Rn. 9b; Hk-EFZR/*Porzner*, § 44 SGB V Rn. 10.
188 Etwa nach Abschluss der ärztlichen Behandlung.
189 So ausdr. BSG 23.11.1971, BSGE 33, 202 ff. (203).
190 St. Rspr. s. BSG 30.5.1967, BSGE 26, 288 ff. (290); 15.11.1984, BSGE 57, 224 ff. (228 f.); BSG 8.2.2000, NZS 2000, 611 ff. (612); aus der Lit. s. KK/*Brandts*, § 44 SGB V Rn. 29; LPK-SGB V/*Kruse*, § 44 Rn. 14; ferner § 2 Abs. 1 AU-Rl. des G-BA.
191 Jedenfalls im bestehenden Beschäftigungsverhältnis und im Fall des § 192 Abs. 1 Nr. 2 SGB V.
192 S. dazu schon oben B. III. 1. b) cc) (2).
193 S. BSG 7.8.1991, BSGE 69, 180 ff. (183 ff.); BSG 7.12.2004, NZS 2005, 650 ff. (652); *Becker*, SozSich 2004, 134 ff. (135); KK/*Brandts*, § 44 SGB V Rn. 33; B/K/*Joussen*, § 44 SGB V Rn. 13.
194 S. nur BAG 14.1.1972, AP LohnFG § 1 Nr. 12; G/K/K, § 44 SGB V Rn. 16; *Berchtold*, Rn. 355.
195 D. h. der finanziellen Absicherung des Betroffenen.
196 S. MüArbR²/*Boecken*, § 83 Rn. 33; HS-KV/*Schulte-Mimberg*, § 13 Rn. 19; *Weiland*, S. 32 f.
197 S. MüArbR²/*Boecken*, § 83 Rn. 33.
198 S. hierzu oben B. III. 1. e).

gungsverhältnis zugrunde liegende Arbeitsverhältnis beendet ist. Dann ist der Bezugspunkt für die Beurteilung der Arbeitsunfähigkeit eine gleichartige Tätigkeit.[199]

780 (c) **Teilarbeitsunfähigkeit.** Die hier vertretene Anerkennung der arbeitsrechtlichen Teilarbeitsunfähigkeit wirkt sich wegen der Verzahnung der beiden Rechtsgebiete auch im Krankengeldrecht unmittelbar aus. Hinsichtlich der qualitativen Teilarbeitsunfähigkeit gilt das oben[200] gesagte mutatis mutandis auch hier. Das Krankengeldrecht kann nicht das Arbeitsrecht modifizieren.[201] D. h. das Arbeitsrecht bestimmt die Grenze der „Verweisbarkeit" des Arbeitnehmers.[202]

781 Das BSG lehnt eine zeitbezogene Teilarbeitsunfähigkeit im Krankengeldrecht mit der Begründung ab, dass sich Arbeitsfähigkeit und Arbeitsunfähigkeit gegenseitig ausschlössen.[203] Für deren Anerkennung spricht jedoch, dass die Ablehnung der Teilarbeitsunfähigkeit[204] zu einer Unterminierung der Entgeltersatzfunktion des Krankengeldes führt.[205] Es ist nicht einzusehen, warum die Versichertengemeinschaft eintreten soll, obschon der Versicherte in zumutbarer Weise seine Arbeitskraft in vermindertem Umfang verwerten kann.[206] Unabhängig davon, ob man die Ansicht des BSG teilt, führt jedenfalls die nach hier vertretener Auffassung anzuerkennende arbeitsrechtliche Teilarbeitsunfähigkeit zu einem Ruhen des Krankengeldanspruchs nach § 49 Abs. 1 Nr. 1 SGB V[207] in der Höhe und während der Dauer des Bezugs von Arbeitsentgelt.[208] Ein funktionierendes Zusammenspiel zwischen Arbeits- und Sozialrecht ist somit losgelöst von der Anerkennung einer quantitativen Teilarbeitsunfähigkeit im Krankenversicherungsrecht gewahrt.

782 (d) **Kausalzusammenhang.** Schließlich ist noch erforderlich, dass die Arbeitsunfähigkeit durch die Krankheit verursacht wurde. Dabei muss die Krankheit nicht die alleinige Ursache sein, wie dies im Entgeltfortzahlungsrecht für die Kausalität zwischen Arbeitsverhinderung und Arbeitsunfähigkeit gefordert wird,[209] ausreichend ist vielmehr, dass die Krankheit die wesentliche Bedingung für den Eintritt der Arbeitsunfähigkeit ist.[210]

783 (2) **Stationäre Behandlung in einem Krankenhaus.** Ein weiterer Versicherungsfall ist die stationäre Behandlung u. a. in einem Krankenhaus[211] auf Kosten der Krankenkasse, § 44 Abs. 1 Var. 2 SGB V. Hierbei wird unwiderleglich vermutet, dass die Durchführung der Behandlung die Ausübung der Erwerbstätigkeit unzumutbar werden lässt.[212]

---

199 S. BSG 7.12.2004, NZS 2005, 650 ff. (652); ausf. hierzu KK/*Brandts*, § 44 SGB V Rn. 40 ff.

200 S. hierzu oben B. III. 1. b) cc) (2).

201 S. MüArbR²/*Boecken*, § 83 Rn. 47; *Brocke*, SGb 1990, 45 ff. (48).

202 S. etwa *Gitter*, ZfA 1995, 123 ff. (152) m. w. N.; HS-KV/*Schulte-Mimberg*, § 13 Rn. 41.

203 S. BSG 26.7.1978 – 3 RK 26/76 – juris Rn. 27; 12.9.1978, BSGE 47, 47 ff. (50); BSG 7.12.2004, NZS 2005, 650 ff. (653); so auch ohne eigene Begründung KK/*Brandts*, § 44 SGB V Rn. 31; HS-KV/*Kummer*, § 20 Rn. 52; Hk-EFZR/*Porzner*, § 45 SGB V Rn. 12; ferner *Berchtold*, Rn. 360, der einen Rückschluss für die Unteilbarkeit der AU aus § 47 Abs. 1 Satz 1 SGB V zieht.

204 Zumindest bei Fortbestand des Arbeitsverhältnisses.

205 Vgl. ausf. zur Anerkennung der Teil-AU de lege ferenda *Schulin*, SGb 1984, 285 ff. passim.

206 Vgl. *Schulin*, SGb 1984, 285 ff. (289 f.): Übersicherung ohne ersichtlichen sozialpolitischen Grund. Um den damit aufgeworfenen Fragen vertieft nachzugehen, fehlt hier der Platz.

207 S. zum Ruhen gem. § 49 SGB V noch unten B. III. 2. e).

208 S. LPK-SGB V/*Kruse*, § 49 Rn. 3; *Legerlotz*, S. 88 f.; vgl. LSG NRW 4.2.1987, Breith. 1987, 450 ff. (452); *Fuhrmann*, NZS 2008, 299 ff. (303); *Glaubitz*, NZA 1992, 402 (402).

209 S. oben B. III. 1. b) dd).

210 S. BSG 23.11.1971, BSGE 33, 202 ff. (203); BSG 9.12.1986, BSGE 61, 66 ff. (69); G/K/K, § 44 SGB V Rn. 17; Wannagat/*Just*, § 44 SGB V Rn. 14; AnwK/*Klattenhoff/Lang*, § 44 SGB V Rn. 8.

211 S. § 39 i. V. m. §§ 107 Abs. 1, 108 SGB V.

212 S. BeckOK/*Tischler*, § 44 SGB V Rn. 31; B/K/*Joussen*, § 44 SGB V Rn. 18.

c) Entstehung des Anspruchs. Die Entstehung des (Zahlungs-)anspruchs auf Krankengeld ist in § 46 SGB V geregelt und davon abhängig, welcher Versicherungsfall zum Anspruch führt. Nach § 46 Satz 1 Nr. 1 SGB V ist der Beginn der Krankenhausbehandlung maßgeblich. Bei krankheitsbedingter Arbeitsunfähigkeit entsteht der Anspruch dagegen gem. § 46 Satz 1 Nr. 2 SGB V erst an dem Tag, der auf den Tag der tatsächlichen[213] ärztlichen Feststellung der Arbeitsunfähigkeit[214] folgt und damit anders als der Entgeltfortzahlungsanspruch erst nach Ablauf eines Karenztages.[215] Dieser Karenztag hat jedoch aufgrund der vorrangigen Entgeltfortzahlung praktisch kaum Bedeutung.[216] Die Krankenkasse ist an die ärztliche Feststellung nicht gebunden und muss bei Zweifeln an der Arbeitsunfähigkeit gem. § 275 Abs. 1 Nr. 3 lit. b) SGB V den MDK um Stellungnahme ersuchen. 784

d) Dauer und Wiederaufleben des Anspruchs. Gemäß der Regelung des § 48 Abs. 1 Satz 1 Hs. 1 SGB V wird das Krankengeld grds. ohne zeitliche Höchstbegrenzung gewährt. Dieser Grundsatz wird jedoch in den praktisch bedeutsamsten Fällen, dass nämlich die Arbeitsunfähigkeit auf derselben[217] (Hs. 2) oder einer während der Arbeitsunfähigkeit neu hinzugetretenen Krankheit (Satz 2) beruht, auf maximal insgesamt 78 Wochen[218] innerhalb einer Frist von je drei Jahren beschränkt.[219] Die Dreijahresfrist wird nach der Methode der starren Rahmenfrist (sog. Blockfrist) vom tatsächlichen Beginn der ersten Arbeitsunfähigkeit wegen derselben Krankheit an berechnet.[220] Dabei ist für jede nach der Beendigung der Arbeitsunfähigkeit eingetretene neue Krankheit mit Ausnahme einer hinzugetretenen Krankheit (§ 48 Abs. 1 Satz 2 SGB V) eine eigene Blockfrist zu bilden.[221] Nach Ablauf der Blockfrist lebt ein erschöpfter Anspruch unter den in § 48 Abs. 2 SGB V genannten Voraussetzungen für erneut höchstens 78 Wochen wieder auf.[222] Auf die Höchstbezugsdauer werden gem. § 48 Abs. 3 Satz 1 SGB V Zeiten des Ruhens und der Versagung[223] des Krankengeldes angerechnet, mit der Folge, dass die Höchstbezugsdauer von 78 Wochen in diesen Fällen faktisch verkürzt wird.[224] 785

e) Ruhen des Anspruchs und Verhältnis zu anderen Sozialleistungen. Die §§ 49–51 SGB V enthalten bedeutsame Vorschriften für die Interaktion zwischen dem Arbeits- und Sozialrecht einerseits und der Aufgabenteilung zwischen den Krankenkassen und anderen Sozialversicherungsträgern, insb. der Rentenversicherung, andererseits.[225] In § 49 SGB V wird über die allgemeine Regelung des § 16 SGB V[226] hinaus in bestimmten Fällen ein Ruhen des Krankengeldanspruchs angeordnet. Dogmatisch bedeutet das Ruhen, dass das Stammrecht unberührt bleibt, jedoch der Anspruch auf Auszahlung der jeweils fällig werdenden Einzelleistungen entfällt.[227] 786

Der für die Wechselbeziehung zwischen Entgeltfortzahlungs- und Krankengeldrecht wichtigste Ruhenstatbestand ist in § 49 Abs. 1 Nr. 1 Hs. 1 SGB V geregelt. Danach ruht 787

---

213 Unerheblich ist das Ausstelldatum der Bescheinigung, BSG 26.6.2007, NZS 2008, 315 ff. (316).
214 Zu den eng begrenzten Ausnahmen hiervon s. BSG 8.11.2005, BSGE 95, 219 ff. (223 ff.).
215 *Fuchs/Preis*, S. 340; G/K/K, § 46 SGB V Rn. 14; Hk-EFZR/*Porzner*, § 46 SGB V Rn. 3.
216 S. BT-Drs. 11/2237, 181; LPK-SGB V/*Kruse*, § 46 Rn. 3.
217 S. zum deckungsgleichen Begriff in § 3 Abs. 1 Satz 2 EFZG schon oben B. III. 1.c).
218 D. h. 546 Tage, s. nur G/K/K, § 48 SGB V Rn. 12; LPK-SGB V/*Kruse*, § 48 Rn. 3.
219 S. BSG 8.12.1992, BSGE 71, 290 ff. (292); G/K/K, § 48 SGB V Rn. 7.
220 S. nur BSG 17.4.1970, BSGE 31, 125 ff. (130); Hk-EFZR/*Porzner*, § 48 SGB V Rn. 6 u. 8.
221 S. BSG 8.12.1992, BSGE 71, 290 ff. (292).
222 S. näher G/K/K, § 48 SGB V Rn. 17 ff.; LPK-SGB V/*Kruse*, § 48 Rn. 8 ff.
223 S. zum Ruhen sogleich folgend im Text und zur Versagung noch unten B. III. 2. f).
224 S. nur G/K/K, § 48 SGB V Rn. 35; Hk-EFZR/*Porzner*, § 48 SGB V Rn. 15.
225 Vgl. *Gerlach/Popken*, S. 193; *Schulin*, DJT 59, E 77.
226 S. hierzu näher KK/*Peters*, § 16 SGB V Rn. 6 ff.; Krauskopf/*Wagner*, § 16 SGB V Rn. 4 ff.
227 S. BSG 27.2.1957, BSGE 5, 4 ff. (6); BSG 29.6.1994, BSGE 74, 287 ff. (290); *Albrecht*, KrV 1969, 195 ff. (195); AnwK-ArbR/*Klattenhoff/Lang*, § 49 SGB V Rn. 2.

der Krankengeldanspruch u. a., soweit und solange beitragspflichtiges Arbeitsentgelt[228] bezogen wird. Das Arbeitsentgelt muss grds.[229] tatsächlich zugeflossen sein, um die Ruhensfolge auszulösen.[230] Das bloße Bestehen eines Anspruchs des Arbeitnehmers genügt also nicht.[231] Zweck der Ruhensanordnung ist es, einen Doppelbezug von Krankengeld und Arbeitsentgelt zu vermeiden.[232] Indem der Krankengeldanspruch während des Entgeltfortzahlungszeitraums zum Ruhen gebracht wird, statuiert das Gesetz einen Vorrang der Entgeltfortzahlung.[233]

788 Eine andere Zielsetzung verfolgt § 49 Abs. 1 Nr. 5 SGB V, wonach der Krankengeldanspruch ruht, solange die Arbeitsunfähigkeit nicht gemeldet wird bzw. die Meldung nicht innerhalb einer Woche nachgeholt wird.[234] Aus dieser Norm ergibt sich zunächst die Obliegenheit des Versicherten zur Meldung der Arbeitsunfähigkeit bei der Krankenkasse.[235] Allerdings erfolgt die Meldung in der Mehrzahl der Fälle durch den Automatismus des § 5 Abs. 1 Satz 5 EFZG i. V. m. §§ 294, 295 Abs. 1 Nr. 1, Satz 2 SGB V und damit durch den Vertragsarzt.[236] Die Meldeobliegenheit dient der Sanktionierung von Meldeversäumnissen[237] und stellt das krankengeldrechtliche Äquivalent zu § 7 EFZG[238] dar. Bemerkenswert ist, dass der Regelung des § 49 Abs. 1 Nr. 5 i. V. m. § 48 Abs. 3 Satz 1 SGB V, anders als der dilatorischen Einrede nach § 7 EFZG, gleichsam ein peremptorischer Charakter zukommt, indem die Höchstbezugsdauer faktisch verkürzt wird.

789 Auch § 50 SGB V dient der Vermeidung von Doppelleistungen[239] und ordnet die Subsidiarität des Krankengeldes vor den dort genannten Leistungen[240] an. Das Gesetz geht also von der vorrangigen Einstandspflicht insb. der Rentenversicherung aus.[241] Bei vollwertigen Rentenzahlungen oder vergleichbaren Leistungen (Abs. 1) fällt das Stammrecht auf Krankengeld weg,[242] während es bei ergänzenden Leistungen fortbesteht, der Krankengeldanspruch aber um den Zahlbetrag dieser Leistungen gekürzt wird (Abs. 2).[243] § 51 SGB V stellt eine Schutzvorschrift zugunsten der Krankenkasse dar und dient dazu, die sich aus § 50 SGB V ergebende Subsidiarität des Krankengeldes zu sichern und durchzusetzen.[244]

790 Das Verhältnis zu den Leistungen der Unfallversicherung[245] wird in § 11 Abs. 5 SGB V i. S.e. Vorrangs der Unfallversicherung geregelt. Damit besteht bei einem Arbeitsunfall oder einer Berufskrankheit grds. kein Anspruch auf Krankengeld.[246]

---

228 S. § 14 Abs. 1 Satz 1 SGB IV und hierzu Kreikebohm/*Marschner*, § 14 SGB IV Rn. 4 ff.
229 S. zur Ausnahme der Aufrechnung des Arbeitgebers, BSG 29.6.1994, BSGE 74, 287 ff. (289).
230 S. nur BSG a. a. O. (290); G/K/K, § 49 SGB V Rn. 9; Hk-EFZR/*Porzner*, § 49 SGB V Rn. 10.
231 In diesem Fall ist zwar die KK zur Zahlung von KG verpflichtet, indes geht der Entgeltanspruch insoweit im Wege der cessio legis nach § 115 Abs. 1 SGB X auf die KK über.
232 S. nur BT-Drs. 11/2237, 181; *Berchtold*, Rn. 802; HS-KV/*Kummer*, § 23 Rn. 141.
233 S. nur *Gerlach/Popken*, S. 193 f.; AnwK-ArbR/*Klattenhoff/Lang*, § 49 SGB V Rn. 2.
234 Eine Wiedereinsetzung ist gem. § 27 Abs. 5 SGB X ausgeschlossen, KK/*Brandts*, § 49 Rn. 34.
235 S. BSG 8.2.2000, NZS 2000, 611 (613); *Berchtold*, Rn. 550; G/K/K, § 49 Rn. 49.
236 Vgl. nur *Berchtold*, Rn. 497; ErfK/*Rolfs*, § 49 SGB V Rn. 16.
237 S. AnwK-ArbR/*Klattenhoff/Lang*, § 49 SGB V Rn. 11; LPK-SGB V/*Kruse*, § 49 Rn. 14.
238 S. dazu schon oben B. III. 1. e).
239 S. BSG 15.12.1993, NZS 1994, 316 f. (317) m. w. N.; HS-KV/*Kummer*, § 23 Rn. 162.
240 Z.B. einer Erwerbsminderungsrente nach § 43 SGB VI.
241 S. G/K/K, § 50 SGB V Rn. 2; LPK-SGB V/*Kruse*, § 50 Rn. 2; Krauskopf/*Vay*, § 50 Rn. 4.
242 BSG 8.12.1992, NZS 1993, 166 ff. (167); *Berchtold*, Rn. 907; B/K/*Joussen*, § 50 SGB V Rn. 2.
243 S. SRH/*Ebsen*, § 15 Rn. 113; G/K/K, § 50 SGB V Rn. 29; Wannagat/*Just*, § 50 SGB V Rn. 14.
244 B/K/*Joussen*, § 51 SGB V Rn. 1; HS-KV/*Kummer*, § 23 Rn. 200.
245 Etwa Verletztengeld gem. § 45 ff. SGB VII.
246 S. zum Vorrang der UV nur B/K/*Becker/Kingreen*, § 11 SGB V Rn. 32. Anderes gilt hingegen für den arbeitsrechtlichen Entgeltfortzahlungsanspruch, s. nur MüArbR[2]/*Boecken*, § 83 Rn. 28.

f) Leistungsbeschränkung bei Selbstverschulden. Die Regelung des § 52 SGB V enthält eine Konkretisierung des Grundsatzes der Eigenverantwortlichkeit aus § 1 Satz 2 SGB V[247] und ermöglicht es den Krankenkassen, in tatbestandlich eng begrenztem Rahmen das Krankengeld ganz oder teilweise zu versagen. Nach der in Abs. 1 enthaltenen Ermessensregelung kann das Krankengeld versagt werden, wenn sich der Versicherte die Krankheit vorsätzlich[248] oder bei einem von ihm begangenen Verbrechen (§ 12 Abs. 1 StGB) bzw. einem vorsätzlichen Vergehen (12 Abs. 2 StGB) zugezogen hat. In allen Fällen kommt eine Versagung folglich nur bei mind. bedingt[249] vorsätzlichem Handeln in Betracht.[250] 791

In Abs. 2 ordnet das Gesetz die Versagung des Krankengeldes zwingend und abschließend[251] an, wenn sich der Versicherte die Krankheit durch eine medizinisch nicht indizierte ästhetische Operation, eine Tätowierung oder ein Piercing zugezogen hat.[252] 792

g) Höhe und Berechnungsgrundsätze. Nach § 47 Abs. 1 Satz 1 SGB V beträgt das Krankengeld 70 % des erzielten regelmäßigen (Brutto-)[253]arbeitsentgelts (§ 14 Abs. 1 SGB IV), soweit es der Beitragsberechnung unterliegt, sog. Regelentgelt. Das Regelentgelt im Bemessungszeitraum[254] als maßgebende Bezugsgröße für die Höhe des Krankengeldes wird nach Satz 5 gem. den Abs. 2, 4 und 6 berechnet. Nach § 47 Abs. 1 Satz 2 darf das (für Beschäftigte) aus dem Arbeitsentgelt berechnete Krankengeld zudem 90 % des Nettoarbeitsentgelts[255] nicht übersteigen, es sei denn, dass sich das Arbeitsentgelt gem. § 47 Abs. 2 Satz 6 SGB V durch die Hinzurechnung von einmalig gezahltem Arbeitsentgelt i. S. d. § 23a SGB IV erhöht.[256] 793

Aus dem Vorgesagten ergeben sich bedeutsame Unterschiede zum Recht der Entgeltfortzahlung.[257] Zunächst wird deutlich, dass sich die Höhe des Krankengeldes nicht aus einer bloßen betragsmäßigen Übernahme des Arbeitsentgelts ergibt, sondern diverse Reduktionen stattfinden. Zudem erfolgt die Berechnung des Krankengeldes durch eine retrospektive Betrachtungsweise, sprich unter Anknüpfung an das in der Vergangenheit zuletzt verdiente Arbeitsentgelt und damit nach der sog. Referenzmethode,[258] im Gegensatz zum Entgeltausfallprinzip bei der Entgeltfortzahlung. Änderungen des Entgelts nach Eintritt des Versicherungsfalles bleiben damit außer Betracht.[259] Das Krankengeld ist nach § 3 Nr. 1a EStG einkommensteuerfrei und unterliegt gem. § 224 Abs. 1 Satz 1 SGB V nicht der Beitragspflicht in der GKV, wohl aber der Beitragspflicht in der Arbeits- 794

247 S. BT-Drs. 11/2237, 182 und zu § 1 Krauskopf/*Krauskopf*, § 1 SGB V Rn 9 ff.

248 Damit ist wie bei der Entgeltfortzahlung, wo allerdings bereits grob fahrlässiges Verhalten ausreicht, ein Verschulden gegen sich selbst gemeint, s. näher oben B. III. 1. b) ee).

249 S. LSG Sachsen, 9.10.2002 – L 1 KR 32/02 – juris Rn. 25; B/K/*Lang*, § 52 Rn. 2.

250 S. nur KK/*Höfler*, § 52 SGB V Rn. 6; Krauskopf/*Krauskopf*, § 52 SGB V Rn. 5; unzutreffend B/K/*Lang*, § 52 SGB V Rn. 3, der *„fahrlässige Verbrechen"* mit einbezieht, die es aber nicht gibt.

251 S. nur Krauskopf/*Krauskopf*, § 52 SGB V Rn. 10 u. 12; B/K/*Lang*, § 52 SGB V Rn. 8 f.

252 Zu den durchgreifenden verfassungsrechtlichen Bedenken gegen diese Norm im Lichte des Art. 3 GG s. etwa *Bernzen*, MedR 2008, 549 ff. (550 f.): *„willkürliche Zuschreibung von Leistungsausschlüssen"*; *Prehn*, NZS 2010, 260 ff. (264 ff.) vgl. schon *Mihm*, NZS 1995, 7 ff. (9).

253 S. nur B/K/*Joussen*, § 47 SGB V Rn. 5 f.; LPK-SGB V/*Kruse*, § 47 Rn. 6.

254 S. § 47 Abs. 2 Satz 1 SGB V.

255 Sprich, das um Steuern und Beiträge verminderte Arbeitsentgelt.

256 In diesem Fall steigt grds. die Höchstgrenze gem. § 47 Abs. 1 Satz 4 SGB V von 90 auf 100 % des nach § 47 Abs. 2 Satz 1 u. 3 SGB V um einmalig gezahltes Arbeitsentgelt verminderten kalendertäglichen Nettoarbeitsentgelts an. Diese pauschale Erhöhung gilt nach der Rspr. aber wiederum dann nicht, wenn der AG den überwiegenden Teil der Einmalzahlungen kürzen kann. S. hierzu und zur Begründung ausf. BSG 21.2.2006, SozR 4-2500 § 47 Nr. 3 Rn. 26 ff.

257 S. zur Höhe und den Berechnungsfaktoren der Entgeltfortzahlung schon oben B. III. 1. d).

258 S. nur BSG 14.12.2006, SozR 4-2500 § 47 Nr. 5 Rn. 11 m. w. N.; ausf. *Berchtold*, Rn. 159 ff.; KK/*Brandts*, § 47 SGB V Rn. 4 f.; HS-KV/*Kummer*, § 23 Rn. 70.

259 S. nur BSG 30.5.2006, NZS 2007, 204 ff. (206); LPK-SGB V/*Kruse*, § 47 Rn. 1.

losen- (§ 26 Abs. 2 Nr. 1 i. V. m. § 345 Nr. 5 SGB III), Renten- (§ 3 Satz 1 Nr. 3 i. V. m. § 166 Abs. 1 Nr. 2 SGB VI) und Pflegeversicherung (§ 5 Abs. 1 Satz 1 i. V.m § 57 Abs. 2 SGB XI).

IV. Folgen des Systems der dualen Absicherung

1. Notwendigkeit einer planvollen Abstimmung des Gesamtsystems

795 Als Folge der dualen Ausgestaltung der Entgeltsicherung im Krankheitsfall ergibt sich zunächst die Unerlässlichkeit einer planvollen Abstimmung der beiden gesetzlichen Regelkreise, um einerseits drohende Doppelleistungen und damit eine Übersicherung der Betroffenen und umgekehrt auch eine Untersicherung durch potentielle Schutzlücken zu vermeiden.[260] Auf die wesentlichen Normen, die das Zusammenspiel von Arbeits- und Sozialrecht regeln wurde bereits eingegangen.[261]

796 Das Gesamtsystem der sozialen Sicherung im Krankheitsfall weist eine gewisse Sensibilität gegenüber singulären Änderungen in einem der beiden Regelungskomplexe auf, da jede Änderung nahezu stets auch Auswirkungen auf das andere Teilsystem zeitigt.[262] Aus diesem Grund können Änderungen sowohl der Rechtsprechung als auch des Gesetzes selbst nur unter Berücksichtigung und in Abstimmung mit dem Gesamtsystem erfolgen. Problematisch ist dies v. a. deshalb, weil die Entgeltsicherung im Krankheitsfall zwei unterschiedlichen Rechtsregimen entspringt und deshalb auch zwei verschiedene Rechtswege für einen einheitlichen Lebenssachverhalt eröffnet sind. Für Streitigkeiten aus dem Bereich der privatrechtlichen Entgeltfortzahlung sind gem. § 2 Abs. 1 Nr. 3 lit. a) ArbGG die Arbeitsgerichte zuständig, währenddessen für die öffentlich-rechtlichen Krankengeldstreitigkeiten gem. § 51 Abs. 1 Nr. 2 SGG der Rechtsweg zu den Sozialgerichten eröffnet ist. Auch wenn Rechtsprechung und Schrifttum ersichtlich um eine möglichst weitgehende Kongruenz, etwa bei der Auslegung des zentralen Begriffs der Arbeitsunfähigkeit, bemüht sind,[263] wird doch auch deutlich, dass die Gemeinsamkeiten Grenzen haben, wie beispielsweise die insb. im Arbeitsrecht geführte Diskussion um die Anerkennung einer quantitativen Teilarbeitsunfähigkeit oder die Frage der Verweisbarkeit des Arbeitnehmers auf gleichartige Tätigkeiten im Krankenversicherungsrecht zeigt.[264]

2. Folgen für die Verteilung und Entwicklung der Finanzierungslast

797 Die dichotome Ausgestaltung der Entgeltsicherung im Krankheitsfall hat nicht unbeträchtliche Konsequenzen für die Verteilung und die Entwicklung der Finanzierungslast zwischen Arbeitgebern und Krankenkassen. Die Kosten der Entgeltfortzahlung betrugen im Jahr 1990 rd. 14,7 Mrd. €[265] und 2012 rd. 33,5 Mrd. €[266]. Hinzu kommen die hierauf entfallenden Arbeitgeberbeiträge zur Sozialversicherung, 2012i. H. v. rd. 7 Mrd. € und die anteilig auf die Krankengeldzahlungen entfallenden Arbeitgeberbeiträge i. H. v. rd. 3,1 Mrd. €.[267] Die Krankengeldausgaben der GKV schlugen 1990 mit rd. 4,6 Mrd. €[268] und 2012 mit rd. 9,2 Mrd. €[269] zu Buche. Der Krankenstand sank von 5,2 % im Jahr

260 S. HS-KV/*Kummer*, § 13 Rn. 20; s. auch *Berchtold*, Rn. 761.
261 S. insb. oben B. III. 2. e).
262 Vgl. etwa *Berchtold*, Rn. 766.
263 S. hierzu oben B. III. 1. b) cc) (2) zur EFZ und unter B. III. 2. b) bb) (1) (b) zum Krankengeld.
264 Vgl. hierzu *Gitter*, ZfA 1995, 123 ff. (152).
265 S. Sozialbericht 1990, BT-Drs. 11/7527, 172: 28,77 Mrd. DM.
266 S. BDA kompakt, Krankenstand, S. 1.
267 S. BDA kompakt, Krankenstand, S. 1.
268 S. Sozialbericht 1990, BT-Drs. 11/7527, 142: 8,9 Mrd. DM.
269 S. BMG, Kennzahlen GKV 2001–2012, S. 1. Die Verwaltungskosten betrugen 2012 9,67 Mrd. €.

1990 auf rd. 3,6 % im Jahr 2012,[270] wobei Kurzzeiterkrankungen bis zu einer Dauer von drei Tagen i. d. R. statistisch untererfasst bleiben. Aus diesen statistischen Daten ergibt sich folgendes Bild:

Im Zeitraum von 1990–2012 erhöhten sich die Entgeltfortzahlungsaufwendungen der Arbeitgeber um rd. 130 %, die Krankengeldausgaben dagegen nur um 100 %. Der Krankenstand ist im selben Zeitraum um rd. 31 % gesunken. Ein erheblicher Anteil des Zuwachses in beiden Teilsystemen ist allerdings auf die Kosten der Wiedervereinigung zurückzuführen, wie der sprunghafte Anstieg zu Beginn der 1990er Jahre zeigt.[271] Des Weiteren haben bspw. auch Änderungen des Leistungsniveaus[272] Einfluss auf die Steigerungsraten.[273] Die Aussagekraft der absoluten Kostenzunahmen ist folglich begrenzt. Relativ betrachtet zeigt sich jedoch, dass die Entgeltfortzahlungskosten in stärkerem Maße gestiegen sind. Der wesentliche Grund hierfür liegt darin, dass die Lohnentwicklung auf die Krankengeldausgaben nur vermindert durchschlägt, da die Höhe des Krankengeldes[274] im Verhältnis zur Entgeltfortzahlung signifikant niedriger ist. Das bedeutet cum grano salis, dass eine Lohnerhöhung i. H. v. 100,00 € lediglich eine Mehrbelastung für die GKV i. H. v. ca. 70,00 €[275] zur Folge hat, während der Arbeitgeber die vollen 100,00 € zuzüglich entsprechend höherer Beitragsanteile in der Sozialversicherung zu tragen hat. 798

Mit Blick auf die Verteilung der Gesamtausgaben der Entgeltsicherung im Krankheitsfall i. H. v. rd. 49,7 Mrd. € im Jahr 2012 zeigt sich, dass die Arbeitgeber mit insg. rd. 43,6 Mrd. €[276] belastet sind, die um den Arbeitgeberbeitrag bereinigten Krankengeldaufwendungen dagegen nur 6,1 Mrd. € betragen. Die auf die Arbeitgeber entfallenden Kosten entsprechen damit ca. 88 %, die nicht arbeitgeberfinanzierten Krankengeldaufwendungen dagegen nur 12 % der Gesamtkosten. Die potentiellen, teils beträchtlichen Kosten, die auf Arbeitgeberseite durch den Ausfall der Arbeitskraft entstehen,[277] sind dabei nicht berücksichtigt. Insoweit zeigt das duale System der Entgeltsicherung im Krankheitsfall eine auffallend einseitige Verteilung der Finanzierungslast zum Nachteil der Arbeitgeber. 799

V. Sinnhaftigkeit der dualen Ausgestaltung

1. Zur Frage der Rechtfertigung der Inpflichtnahme der Arbeitgeber

Die umfangreiche Beteiligung der Arbeitgeber an der Entgeltsicherung im Krankheitsfall bedarf v. a. aus verfassungsrechtlichen Gründen einer Legitimation. Die Zuweisung der Kostenlast tangiert das Grundrecht der Berufsausübungsfreiheit der Arbeitgeber aus Art. 12 Abs. 1 GG in seiner abwehrrechtlichen Dimension.[278] Die arbeitgeberseitige Berufsausübungsfreiheit wird auch durch die Aufbürdung von Kostenlasten berührt, die 800

270 S. BMG, Daten des Gesundheitswesens 2013, S. 22, Ziff. 2.1.

271 S. zum Krankengeld Sozialbericht 1993, BT-Drs. 12/7130. Danach betrugen d. Krankengeldausgaben 1993 rd. 6,2 Mrd. €. Das entspricht im Zeitraum 1990–1993 einem Anstieg um 34 %. Zur EFZ s. IW-Köln, soziales Netz, S. 22. Anstieg von 1990–1995 um 41 % einschl. AG-Beiträge.

272 Z.B. die Absenkung des KG von 80 auf 70 % durch das Beitragsentlastungsgesetz (o. Fn. 28).

273 Die Krankengeldausgaben sanken durch die Absenkung von 80 auf 70 % deutlich. Ausgaben 1996: 9,46 Mrd. €, s. Sozialbericht 1996, BT-Drs. 13/10142, 61 f.; 1999: 7,15 Mrd. €, s. BMG, Kennzahlen GKV 1999–2009, S. 1. Das entspricht im Zeitraum 1996–1999 einer Verringerung um 24 %.

274 S. hierzu oben B. III. 2. g).

275 Außer Betracht bleiben bei diesem Bsp. andere Reduktionen, z. B. die 90 %-Netto-Grenze.

276 33,5 Mrd. € EFZ; 7 Mrd. € SV-Beiträge. f. EFZ; 3,1 Mrd. Beitragsanteil Krankengeld.

277 Verursacht etwa durch die Einstellung einer Ersatzkraft oder durch Mehrarbeit anderer AN.

278 S. allg. z. status negativus des Art. 12 GG etwa BVerfG 18.7.1972, NJW 1972, 1561 ff. (1564).

aus der Beschäftigung von Arbeitnehmern resultieren.[279] Die Auferlegung der Entgeltfortzahlungskosten stellt damit einen Eingriff in den Schutzbereich des Art. 12 Abs. 1 GG dar, weil diese Kosten dem Arbeitgeber aufgrund der Beschäftigung von Arbeitnehmern zugewiesen sind.

801 Ein derartiger Eingriff ist nach Art. 12 Abs. 1 Satz 2 GG auf der Grundlage gesetzlicher Vorschriften gerechtfertigt, die kompetenzgemäß erlassen wurden, durch hinreichende, der Art der betroffenen Betätigung und der Intensität des jeweiligen Eingriffs Rechnung tragende Gründe des Gemeinwohls gerechtfertigt sind und dem Verhältnismäßigkeitsgrundsatz entsprechen.[280] Hinsichtlich der Gesetzgebungskompetenz des Bundes zum Erlass des EFZG (Art. 74 Abs. 1 Nr. 12 GG) und an dessen Gemeinwohlbegründetheit bestehen keine Zweifel, weshalb hier lediglich auf die Frage der Verhältnismäßigkeit näher eingegangen werden soll.

802 Verhältnismäßig ist ein Eingriff, wenn er zur Zielerreichung geeignet, erforderlich und im engeren Sinne zumutbar ist.[281] Die Entgeltfortzahlungsverpflichtung ist ohne Weiteres geeignet, den Zweck, sprich insb. die Gewährleistung einer wirtschaftlichen Absicherung der Arbeitnehmer im Krankheitsfall, zu fördern.[282] Die Erforderlichkeit wäre nur dann zu verneinen, wenn die verfolgte Zielsetzung auch durch ein anderes Mittel erreicht werden könnte, das die Arbeitgeber in ihrer Berufsausübung weniger stark belastet.[283] Mildere Mittel sind allerdings nicht solche, die die Kostenlast lediglich verschieben.[284] Ein milderes Mittel, das nicht lediglich in einer Verschiebung der Kostenlast resultiert, ist nicht ersichtlich, weshalb die Erforderlichkeit der Entgeltfortzahlungsverpflichtung zu bejahen ist.[285]

803 Fraglich ist indes die Zumutbarkeit der umfänglichen Inanspruchnahme der Arbeitgeber. Diesen können nach der Rechtsprechung des BVerfG im Zusammenhang mit der Beschäftigung von Arbeitnehmern zusätzliche Kostenlasten auferlegt werden, sofern eine besondere Verantwortungsbeziehung hinsichtlich des verfolgten Zwecks besteht, etwa weil die Kostentragung an Risiken im Zusammenhang mit dem Arbeitsverhältnis anknüpft[286] oder weil der Arbeitgeber selbst von der mit der Kostentragung zu bewältigenden Aufgabe profitiert.[287] Das Risiko der krankheitsbedingten Arbeitsunfähigkeit des Arbeitnehmers weist aber in der Mehrzahl der Fälle[288] gerade keinen spezifischen Bezug zum Arbeitsverhältnis auf, vielmehr handelt es sich um ein allgemeines Lebensrisiko.[289] Die Verantwortungsbeziehung wurde insb. früher mit der Fürsorgepflicht des Arbeitgebers begründet.[290] Der Fürsorgegedanke trägt aber die Begründung zur Inanspruchnahme der Arbeitgeber jedenfalls insoweit nicht mehr, als die wirtschaftliche Existenzsicherung des Arbeitnehmers durch das Krankengeld gewährleistet ist.[291]

---

279 S. BVerfG 15.12.1987, NZA 1988, 355 ff. (356); BVerfG 18.11.2003, NZA 2004, 33 ff. (35).

280 S. BVerfG 26.2.1997, BVerfGE 95, 193 ff. (214); Sodan/*Sodan*, Art. 12 GG Rn. 26 u. 30.

281 S. BVerfG 17.10.1984, NJW 1985, 963 ff. (963); BVerfG 18.11.2003, NZA 2004, 33 ff. (35).

282 S. zu den Anforderungen an die Geeignetheit, BVerfG 28.3.2006, NJW 2006, 1261 ff. (1264).

283 S. BVerfG 6.10.1987, NJW 1988, 1195 ff. (1197); BVerfG 28.3.2006, NJW 2006, 1261 ff. (1264).

284 So ausdr. BVerfG 18.11.2003, NZA 2004, 33 ff. (36); BVerfG 2.3.2010, NJW 2010, 833 ff. (850).

285 A. A. *Wank*, S. 154 f.: Arbeitsrechtl. Lösung wg. fehlender Erforderlichkeit verfassungswidrig.

286 S. BVerfG 18.11.2003, NZA 2004, 33 ff. (36), zur besonderen Verantwortungsbeziehung des AG bezüglich der Aufgabe des Mutterschutzes im Rahmen der Zuschusspflicht nach § 14 MuSchG.

287 S. BVerfG 15.12.1987, NZA 1988, 355 ff. (357), zur besonderen Verantwortungsbeziehung bezüglich der Entgeltfortzahlung während des Bildungsurlaubs nach landesrechtlichen Vorschriften.

288 Anderes gilt für Arbeitsunfälle und Berufskrankheiten im weiteren Sinn.

289 S. nur Herder-Dornreich et al., S. 37; Schulin, FS-Kissel, 1055 ff. (1065); ders. DJT 59, E 102.

290 S. BGH 20.6.1974, NJW 1974, 1767 f. (1768) zu § 1 LFZG; Mot. b. *Mugdan* II, S. 258 zu § 616 BGB a. F., der auf *„sozialpolitischen Rücksichten und Gründen der Humanität"* beruhte.

291 S. MüArbR²/*Boecken*, § 82 Rn. 31; *v. Koppenfels*, NZS 2002, 241 ff. (244); a. A. *Berchtold*, Rn. 758; *G. Müller*, DB 1993, 90 ff. (90).

Die verfassungsrechtlich erforderliche besondere Verantwortungsbeziehung und damit der tragende Grund für die Inanspruchnahme der Arbeitgeber nach dem EFZG liegt vielmehr in der historisch gewachsenen Sozialbeziehung zwischen Arbeitgeber und Arbeitnehmer, gleichsam in Form einer sozialen Partnerschaft, begründet.[292] Auch hat der Arbeitgeber i. d. R. ein Eigeninteresse an der Wiederherstellung der Arbeitskraft seines Schuldners.[293] Hinzu kommt, dass der Gesetzgeber über einen weiten Gestaltungsspielraum bei der Festlegung der zu verfolgenden berufs-, arbeits- oder sozialpolitischen Ziele verfügt.[294] Die Zumutbarkeit der Entgeltfortzahlungsverpflichtung ist folglich zu bejahen.[295] **804**

2. Missbrauchspotential der Entgeltsicherung im Krankheitsfall

Der Missbrauch der Entgeltsicherung im Krankheitsfall, sprich die Abwesenheit vom Arbeitsplatz wegen einer nur simulierten Krankheit, sog. Absentismus,[296] hat eine ebenso lange Geschichte wie die Entgeltsicherung selbst.[297] Problematisch ist aber die Quantifizierung des Missbrauchsumfangs. Als untauglich hierfür erweist sich zunächst die immer wieder behauptete Häufung der Verteilung von Arbeitsunfähigkeitstagen auf Montag oder Freitag.[298] Der Freitag spielt mit einem Anteil von ca. 10 % der Tage des Arbeitsunfähigkeitsbeginns eine eher untergeordnete Rolle.[299] Der Montag weist zwar mit über 30 % vordergründig den höchsten Anteil auf, der Grund hierfür liegt jedoch in der Einbeziehung der überhängenden Krankheitsfälle vom Wochenende; lässt man diese außer Betracht, verbleibt nur noch ein Anteil von ungefähr 13 %.[300] Eine empirische Evidenz für ein Missbrauchsverhalten lässt sich aus diesen Zahlen nicht ableiten. **805**

Als belastbarer und zugleich gewichtiger Anhaltspunkt für einen Missbrauch der Entgeltfortzahlung bei Kurzzeiterkrankungen erweist sich aber der Blick auf die Lage während und nach der Kürzung der Entgeltfortzahlung von 100 auf 80 % durch das BeschFG 1996.[301] Die Kürzung führte dazu, dass die Anzahl der krankheitsbedingten Fehltage um 12 % p.a. sank, die Revozierung der Kürzung Ende 1998[302] führte demgegenüber wieder zu einem nahezu identischen Anstieg um ca. 10 % p.a.[303] Besonders bemerkenswert ist in diesem Zusammenhang, dass nur etwa 20 % der Arbeitnehmer von der Kürzung betroffen waren, da im Übrigen eine tarifvertraglich verankerte Entgeltfortzahlung i. H. v. 100 % galt.[304] Die Absenkung des Krankengeldes von 80 auf 70 % im Jahr 1996[305] **806**

---

292 Vgl. zu diesem, sog. Traditionsargument, *Schulin*, DJT 59, E 22 u. 92 f.; BVerfG 8.4.1987, NJW 1987, 3115 ff. (3118) zum KSVG. Das Gericht erkannte *„eine in den Lebensverhältnissen, wie sie sich geschichtlich entwickelt haben"* angelegte besondere Verantwortlichkeit die *„z. B. aus auf Dauer ausgerichteten integrierten Arbeitszusammenhängen oder aus einem kulturgeschichtlich gewachsenen besonderen Verhältnis gleichsam symbiotischer Art"* entsteht; a. A. *v. Koppenfels*, NZS 2002, 241 ff. (245 ff.), die im Ergebnis wenig überzeugend ein synallagmatisches Verhältnis der Entgeltfortzahlung konstruiert.

293 S. *Berchtold*, Rn. 757.

294 BVerfG 18.11.2003, NZA 2004, 33 ff. (35) m. w. N.

295 Krit. *Schulin*, DJT 59, E 101 u. 127 f.; *ders.*, FS-Kissel, 1055 ff. (1062); s. auch Staudinger/*Oetker*, § 616 BGB Rn. 172: Fehlen einer abschließenden verfassungsrechtl. Würdigung. Dem BVerfG lag, soweit ersichtlich, nur ein Fall zum LFZG vor, der aber wegen fehlender Erfolgsaussichten nicht zur Entscheidung angenommen wurde, s. DOK 1971, 751.

296 S. zum Begriff nur *Pietzner*, S. 8; *Steinke/Badura*, 18 m. w. N.

297 Vgl. schon das Edict von Friedrich dem Großen v. 17.3.1783 *„wegen der Abstellung einiger Missbräuche besonders des sogenandten Blauen Montages bei den Handwerkern"*.

298 So. z. B. *Lepke*, NZA 1995, 1084 ff. (1088); vgl. auch *Bauer*, NZA 2005, 1046 ff. (1048).

299 S. Soziale Lage II, 83; BKK Gesundheitsreport 2013, 18: Di ca. 20 %, Mi ca. 17 %, Do ca. 16 %.

300 S. Soziale Lage II, 83; s. auch BKK Gesundheitsreport 2013, 18.

301 S. hierzu schon oben B.I.

302 S. oben Fn. 32.

303 S. dezidiert *Ziebarth*, passim insb. S. 20, 60, 105; ferner *Puhani/Sonderhof*, 11 ff.

304 So ausdr. BT-Drs. 14/45, 17.

305 S. hierzu schon oben.

zeigt demgegenüber keinen empirischen Anhaltspunkt für eine Veränderung des Inanspruchnahmeverhaltens bei langfristigen Erkrankungen.[306]

807 Aus den vorgenannten Daten lässt sich jedenfalls auf eine Steuerungsfähigkeit des „Krankheitsverhaltens" bei Kurzzeiterkrankungen schließen.[307] Allerdings ist die Reduzierung der krankheitsbedingten Fehltage nach der Absenkung des Leistungsniveaus hinsichtlich der Ableitung eines Missbrauchspotentials insoweit zu relativieren, als sich dieser Befund empirisch auch durch den sog. Präsentismus, sprich, dass der Arbeitnehmer trotz Krankheit zur Arbeit geht, erklären lässt.[308] Dabei ist jedoch zu berücksichtigen, dass die Arbeitgeber in der Regel kein Interesse daran haben, dass ihre Arbeitnehmer krank und deshalb nur eingeschränkt leistungsfähig zur Arbeit kommen. Der wesentliche Grund hierfür liegt darin, dass die durch den Präsentismus verursachte wirtschaftliche Belastung der Unternehmen, etwa durch Fehler, die behoben werden müssen, Arbeiten, die wiederholt werden müssen etc., mindestens ebenso hoch ist wie die Kosten durch krankheitsbedingte Fehlzeiten.[309]

808 Auch wenn eine Quantifizierung des Missbrauchsumfangs nicht mit mathematischer Genauigkeit gelingen kann, dürfte kaum zu bestreiten sein, dass es auch eine missbräuchliche Inanspruchnahme der Entgeltfortzahlung gibt, der es mit effizienten Mitteln zu begegnen gilt.[310] Auf die vielfältigen denkbaren Ursachen des Missbrauchs bei Kurzzeiterkrankungen, sei es etwa die oft allzu große Willfährigkeit vieler Ärzte bei der Ausstellung und der Bemessung der Dauer von Arbeitsunfähigkeitsbescheinigungen[311] oder die Steigerung der „moralischen Versuchung" zur Absenz durch das Fehlen jedweder Selbstbeteiligung der Arbeitnehmer,[312] um nur zwei zu nennen, kann hier nicht näher eingegangen werden.

3. Reformansätze

809 Mit der Frage der Sinnhaftigkeit der dualen Ausgestaltung ist auch die Frage nach einer Reformbedürftigkeit des Rechts der Entgeltsicherung im Krankheitsfall aufgeworfen. Hierbei lassen sich zwei Themenkreise von besonderer Relevanz ausmachen. Zum einen handelt es sich um das Erfordernis der Effektivierung der Missbrauchsbekämpfung. Zum anderen geht es um die Frage einer partiellen Neuordnung der Lastenverteilung.

810 **a) Missbrauchsbekämpfung.** Die gegenwärtigen Regelungen zur Bekämpfung einer missbräuchlichen Inanspruchnahme insb. der Entgeltfortzahlung[313] erweisen sich als unzulänglich, um einem Missbrauch effektiv entgegenzutreten. Die wesentlichen Gründe hierfür liegen u. a. in der Schwierigkeit des Missbrauchsnachweises für den Arbeitgeber,[314] in dem in § 5 Abs. 1 Satz 2 EFZG niedergelegten Grundsatz, dass die Arbeitsunfähigkeit nur nachzuweisen ist, wenn diese länger als drei Tage andauert, darin, dass eine Verletzung der Nachweispflicht ein nur vorübergehendes Leistungsverweigerungsrecht des Arbeitgebers begründet,[315] weshalb es an einer wirkungsvollen Sanktionierung von Verstößen gegen die Nachweispflicht fehlt und schließlich in dem auch

306 S. ausf. *Ziebarth*, passim insb. S. 21 f.; 145 ff.
307 S. *Ziebarth*, S. 23 u. 60; vgl. auch *Schulin*, DJT 59, E 68.
308 S. *Ziebarth*, S. 20; s. zum Phänomen des Präsentismus ausf. *Steinke/Badura*, 14 ff.
309 S. hierzu dezidiert die Zusammenfassung von 85 Studien bei *Steinke/Badura*, 78 ff., 110 f.
310 S. hierzu sogleich a).
311 Dazu etwa ausf. *Seffen*, 110 ff. m. w. N.
312 S. näher aus ökonomischer Perspektive *Boss*, 4 ff. m. w. N.
313 S. hierzu insb. schon oben B. III. 1. e).
314 S. zum hohen Beweiswert der ärztlichen AUB nur BAG 26.2.2003, AP EntgeltFG § 5 Nr. 8 zu I. 1. m. w. N. zur st. Rspr.; zu den ebenfalls hohen Anforderungen an die Erschütterung des Beweiswertes s. ausf. *Schmitt*, § 5 EFZG Rn. 112 ff.; AnwK-ArbR/*Sievers*, § 5 EFZG Rn. 64 ff.
315 S. zu diesen beiden Aspekten schon oben B. III. 1. e).

im Entgeltfortzahlungsrecht anerkannten Prinzip der freien Arztwahl,[316] das die Gefahr von Gefälligkeitsattesten in sich birgt[317].

Für eine effektive Missbrauchsverhinderung könnte zunächst eine Attestpflicht beginnend am ersten Tag der Arbeitsunfähigkeit eingeführt werden. Dies steht auch im Einklang mit der Ursprungsfassung des Gesetzentwurfs zum EFZG.[318] Seine heutige Fassung erhielt § 5 Abs. 1 im Laufe des Gesetzgebungsverfahrens unter Verweis auf mögliche Kostensteigerungen bei den Krankenkassen und darauf, dass der Arbeitgeber „in jedem Fall die Möglichkeit" habe, die AUB ab dem ersten Tag zu verlangen.[319] Letzteres ist unzutreffend. Zwar sieht § 5 Abs. 1 Satz 3 EFZG vor, dass der Arbeitgeber berechtigt ist, die Bescheinigung früher zu verlangen,[320] jedoch ist dabei jedenfalls sowohl die Bindung aus § 315 Abs. 1 BGB an billiges Ermessen als auch der allgemeine Gleichbehandlungsgrundsatz zu berücksichtigen.[321] Darüber hinaus soll es sich bei der Anweisung des Arbeitgebers i. S. d. § 5 Abs. 1 Satz 3 EFZG nach, jedenfalls für die Praxis bindender Ansicht des BAG, um eine Frage der betrieblichen Ordnung i. S. v. § 87 Abs. 1 Nr. 1 BetrVG handeln, weshalb dem Betriebsrat ein erzwingbares Mitbestimmungsrecht zustehen soll.[322] Damit ist der Arbeitgeber in seinem Verlangen nach einem früheren Nachweis der Arbeitsunfähigkeit zumindest nicht gänzlich frei, wie das die Gesetzesbegründung suggeriert. Die mit den Einschränkungen verbundenen Schwierigkeiten ließen sich durch eine gesetzlich verankerte Nachweispflicht ab dem ersten Tag vermeiden. 811

Des Weiteren könnte das vorübergehende Leistungsverweigerungsrecht des § 7 Abs. 1 Nr. 1 EFZG – ähnlich der Ruhensanordnung in § 49 Abs. 1 Nr. 5 SGB V für den Krankengeldanspruch – dergestalt umgestaltet werden, dass der nach der Ausübung des Leistungsverweigerungsrechts verstrichene Zeitraum auf die Höchstbezugsdauer von sechs Wochen angerechnet wird, um den Arbeitnehmer nachdrücklich zur Erfüllung der Nachweispflicht anzuhalten.[323] Demgegenüber erscheint eine Einschränkung des Prinzips der freien Arztwahl nicht zuletzt wegen dessen verfassungsrechtlicher Verankerung sowohl in der allgemeinen Handlungsfreiheit gem. Art. 2 Abs. 1 GG als auch im Allgemeinen Persönlichkeitsrecht, Art. 1 Abs. 1 i. V. m. Art. 2 Abs. 1 GG[324] des Arbeitnehmers problematisch.[325] 812

Die bislang vorgeschlagenen Änderungen leisten zwar einen Beitrag zur Missbrauchsbekämpfung, reichen aber dennoch nicht aus, um etwa der Gefahr von Gefälligkeitsattesten wirkungsvoll zu begegnen. Daher sollten zusätzlich auch unbezahlte Karenztage eingeführt werden, wie dies in der Ursprungsfassung des Entwurfs zum EFZG vorgesehen war[326] und bis heute immer wieder zu Recht gefordert wird.[327] Karenztage sind geeignet, dem Missbrauch der Entgeltfortzahlung bei Kurzzeiterkrankungen erfolgversprechend zu begegnen.[328] Die damit verbundenen finanziellen Einbußen für die Arbeitnehmer erscheinen hinnehmbar. 813

---

316 S. nur Hk-EFZR/*Feichtinger*, § 5 EFZG Rn. 90 m. w. N.; *Treber*, § 5 EFZG Rn. 41.
317 So mit Recht etwa *Boecken*, NZA 1999, 673 ff. (679).
318 S. BT-Drs. 12/5263, 4, 10, 14 unter ausdr. Hinweis auf das Ziel der Missbrauchsbekämpfung.
319 S. die Beschlussempf. des Ausschusses für Arbeit und Sozialordnung BT-Drs. 12/5798, 26.
320 S. hierzu oben B. III. 1. e).
321 S. nur *Boecken*, NZA 1999, 673 ff. (679); *Treber*, § 5 EFZG Rn. 36 m. w. N.
322 S. BAG 25.1.2000, NZA 2000, 665 ff. (666 f.); zu Recht dagegen MüArbR^2/*Boecken*, § 85 Rn. 45; *Diller*, NJW 1994, 1690 ff. (1692); *Harth*, S. 167 ff.
323 S. nur *Boecken*, NZA 1999, 673 ff. (680).
324 S. HK-EFZR/*Feichtinger*, § 5 EFZG Rn. 89; B/K/*Lang*, § 76 SGB V Rn. 4.
325 Weitergehend *Boecken*, NZA 1999, 673 ff. (679).
326 S. § 3 Abs. 1 des Entwurfs zum EFZG der zwei Karenztage vorsah, BT-Drs. 12/5263, 4.
327 S. z. B. *Bauer*, NZA 2005, 1046 ff. (1048); *Heinze*, DJT 55, E 110; ferner MdB E. Lotter, sowie der Präsident des BVMW Ohoven, s. WELT ONLINE v. 4.1.2011 Stichwort: Karenztage.
328 S. zum Erfordernis der Umsetzung durch eine zweiseitig zwingende Norm sogleich folgend b).

814 **b) Neuordnung der Lastenverteilung.** Innerhalb des Teilsystems der Entgeltfortzahlung empfiehlt es sich zudem über eine Absenkung des Leistungsniveaus[329] nachzudenken.[330] Eine solche Absenkung trägt dem Gedanken Rechnung, Leistung und Gegenleistung in ein ausgewogenes Verhältnis zu bringen[331] und führt neben einem Einsparpotential auch dazu, dass der künftige Kostenanstieg im Bereich der Entgeltfortzahlung verlangsamt werden kann.[332] Zwar wurde die Absenkung mit dem BeschFG von 1996[333] schon einmal versucht und ist misslungen[334], weil für etwa 80 % der Arbeitnehmer eine tarifvertraglich verankerte Entgeltfortzahlung i. H. v. 100 % galt[335] und zudem eine der Rechtssicherheit abträgliche erhebliche Auseinandersetzung darüber stattfand, ob bestimmten tarifvertraglichen Entgeltfortzahlungsregelungen konstitutiver oder nur deklaratorischer Charakter zukam.[336] Für das Scheitern ist demnach aber nicht die Unzulänglichkeit der hinter der Absenkung stehenden Idee, sondern die Insuffizienz der gesetzgeberischen Umsetzung verantwortlich. Sinnvoll ist die Absenkung des Leistungsniveaus bzw. die Einführung von Karenztagen nur, wenn dies mittels zweiseitig zwingender Normen geschieht, da nur so verhindert wird, dass die entsprechenden Regelungen durch Tarifverträge ausgehebelt werden können.[337] Damit wird auch nicht das Grundrecht der Koalitionsfreiheit aus Art. 9 Abs. 3 Satz 1 GG der Tarifpartner in Gestalt der Tarifautonomie verletzt.[338] Den Tarifvertragsparteien steht zwar ein Normsetzungsrecht, nicht aber ein Normsetzungsmonopol zu, was sich schon aus der Gesetzgebungszuständigkeit des Art. 74 Abs. 1 Nr. 12 GG ergibt.[339]

815 Im Gegenzug zur Absenkung der Entgeltfortzahlungshöhe könnte ein steuerfinanzierter Zuschuss in Höhe des Differenzbetrages zum gegenwärtigen Niveau eingeführt werden. Eine Finanzierung dieses Zuschusses aus Steuermitteln ist insb. deshalb naheliegend, weil sich die Absicherung des allgemeinen Lebensrisikos der Krankheit[340] jedenfalls auch als gesamtgesellschaftliche Aufgabe begreifen lässt und zudem zumindest weit überwiegend aus den Steuereinnahmen finanziert werden könnte, die aus der Unterwerfung der Entgeltfortzahlung unter die Einkommensteuerpflicht[341] resultieren. Alternativ hierzu kann die entstehende Schutzlücke – nicht anders als das bereits hinsichtlich einer Aufstockung des Krankengeldes vielfach geschieht – auf freiwilliger Basis durch eine private, von den Arbeitnehmern zu finanzierende Krankentagegeldversicherung geschlossen werden.[342] Diese Lösung hätte den Vorteil, dass sich die Arbeitnehmer selbst entscheiden könnten, ob und in welcher Höhe das verbleibende Risiko abgesichert werden soll[343] und zudem ein weiterer Beitrag zur Missbrauchsbekämpfung geleistet wird.

---

329 z. B. auf 80 %.

330 Dafür z. B. *M. Schulz*, ZRP 2005, 227 ff. (229); ähnl. *Heinze*, NZA 1996, 785 ff. (787).

331 S. *M. Schulz*, ZRP 2005, 227 ff. (230).

332 S. zur Kostenentwicklung schon oben Rn. 851 f.

333 S. oben Fn. 53.

334 S. *Boecken*, NZA 1999, 673 ff. (677): *„Kurzzeitiges Intermezzo (…) das kaum vielmehr als ein Beschäftigungsprogramm für die Gerichte für Arbeitssachen gewesen ist"*.

335 S. schon oben Rn. 806.

336 S. BAG 1.7.1998, NZA 1998, 1066 ff. (1067); BAG 16.6.1998, NZA 1998, 1062 ff. (1064 f.); näher *Boecken*, a. a. O. (677 f.); *Heise*, S. 236 ff. jew. m. w. N.

337 S. etwa *Bauer*, NZA 2005, 1046 ff. (1048); *Heinze*, NZA 1996, 785 ff. (788).

338 A. A. *Zachert*, DB 1996, 2078 f. (2078).

339 So ausdr. BVerfG 24.4.1996, NZA 1996, 1157 ff. (1158); sowie dezidiert zu § 4 EFZG a. F. *Heinze*, NZA 1996, 785 ff. (788 ff.); *Heise*, passim insb. S. 231 ff.; vgl. *Boecken*, a. a. O. (678).

340 S. hierzu schon oben B.V. 1. und die Nachw. in Fn. 289.

341 S. hierzu schon oben B. III. 1. d) a. E.

342 S. ausf. zur Krankentagegeldversicherung VersRH/*Tschersich*, § 45 Rn. 8 ff.

343 S. *Boss*, 17.

Demgegenüber ist unter dem Gesichtspunkt einer partiellen Neuordnung der Lastenverteilung die insb. von *Schulin* vorgeschlagene Rückführung der Entgeltfortzahlung in das Sozialversicherungssystem[344] abzulehnen. Das Gros der damit verbundenen Vorzüge, wie etwa die Unterscheidung von Grund- und freiwilliger Zusatzversicherung oder eine wirkungsvolle Missbrauchsbekämpfung[345] lassen sich jedenfalls im Ergebnis auch systemkonform in das bestehende duale System implementieren. Die Kollektivierung des Krankheitsrisikos bringt gewiss den Vorteil der Risikostreuung, aber eben auch entscheidende Nachteile mit sich, wie ein Blick auf die insoweit vergleichbare Problematik des U1-Verfahrens im Rahmen des AAG[346] zeigt. Erstens wird der Anreiz für betriebliche Anstrengungen zur Krankenstandsenkung wegen der fehlenden unmittelbaren finanziellen Belastung der Unternehmen mit Entgeltfortzahlungskosten deutlich verringert und zweitens wird ein Missbrauchspotential insoweit eröffnet, als die Möglichkeit besteht, dass sich Unternehmen einen Teil der Lohnkosten z. B. in Zeiten geringer Kapazitätsauslastung über die kollektivierte Entgeltfortzahlung „subventionieren" lassen, ohne dass einem der Beteiligten[347] ein unmittelbarer Nachteil entsteht.[348] Bei realistischer Betrachtungsweise muss zudem von einer faktischen Irreversibilität des in seiner rd. 100-jährigen Geschichte gewachsenen Systems der dualen Absicherung ausgegangen werden.[349] 816

C. Schluss

Die Entgeltsicherung im Krankheitsfall ist zweifelsohne ein wichtiger Baustein der Sozialen Sicherung der Arbeitnehmer. Dabei erweist sich die duale Ausgestaltung als eingespieltes und weitgehend schlüssiges System. 817

Die vorgeschlagenen Restriktionen reden nicht der Demontage des sozialen Netzes das Wort. Vielmehr geht es zum einen um das legitime Interesse der Arbeitgeberseite, eine missbräuchliche Inanspruchnahme der Entgeltfortzahlung möglichst weitgehend einzudämmen. Auf mittelfristige Sicht profitieren auch die Arbeitnehmer, da den Gewerkschaften für künftige Tarifrunden ein gewichtiges Verhandlungsargument für die Forderung nach höheren Löhnen zur Seite gestellt würde. Die damit realisierbaren Lohnzuwächse wären gerade in Zeiten mittelfristig sinkender[350] bzw. stagnierender Reallöhne zu begrüßen. Letztlich wird mit den vorgeschlagenen Maßnahmen der Grundsatz der Eigenverantwortlichkeit gestärkt und der Gedanke der sozialen Partnerschaft, die nicht nur einseitig in einem Geben der Arbeitgeber besteht, befördert. 818

D. Selbstständigkeitserklärung

Der Unterzeichnete versichert, die vorstehende Arbeit selbstständig, unter Kenntlichmachung von fremdem geistigen Eigentum und ohne unzulässige Hilfsmittel erstellt zu haben. 819
Ort, den X.X.XXXX Unterschrift

344 S. *Schulin*, FS-Kissel, 1055 ff. (1064); *ders.*, DJT 59, E 129.
345 S. *Schulin*, FS-Kissel, 1055 ff. (1063); *ders.*, DJT 59, E 129.
346 S. zu diesem schon oben B. III. 1. f).
347 D. h. Arbeitgeber, Arbeitnehmer und Sozialversicherungsträger.
348 Vgl. zu diesen Kritikpunkten in Bezug auf das AAG etwa, IW-Köln, Bürokratiekosten, 35.
349 So zutreffend *Seffen*, 151.
350 S. eingehend hierzu z. B. *Brenke*, DIW Wochenbericht 2009, 550 ff. (557).

Stichwortverzeichnis

Das Sachwortverzeichnis verweist auf die Randnummern.